Rita Schneider-Sliwa

USA

Westermann Schulbuchverlag, Braunschweig

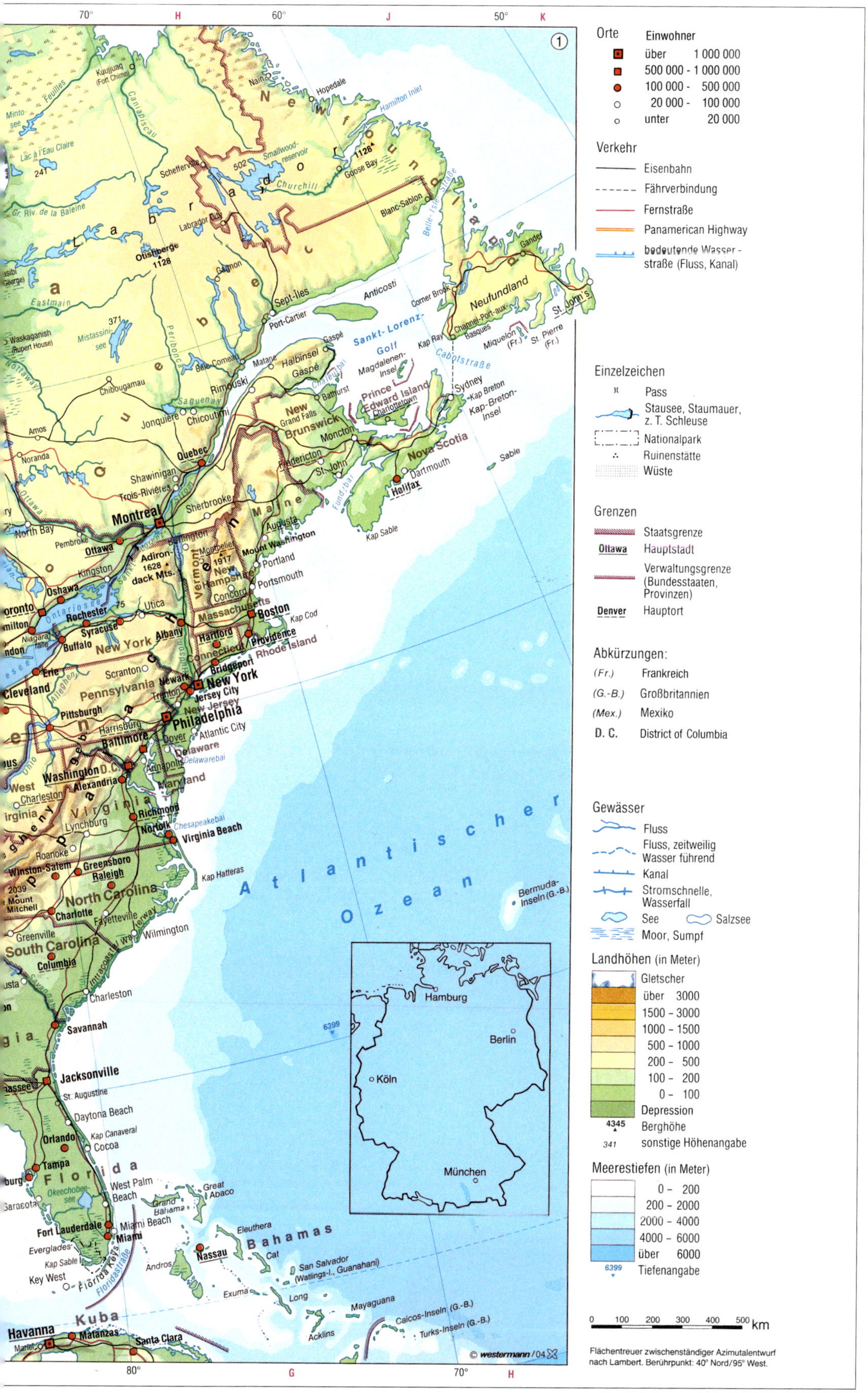

Topographische Karte der USA

Wissenschaftliche Länderkunden

USA

Rita Schneider-Sliwa

Mit 140 Abbildungen
und 54 Tabellen

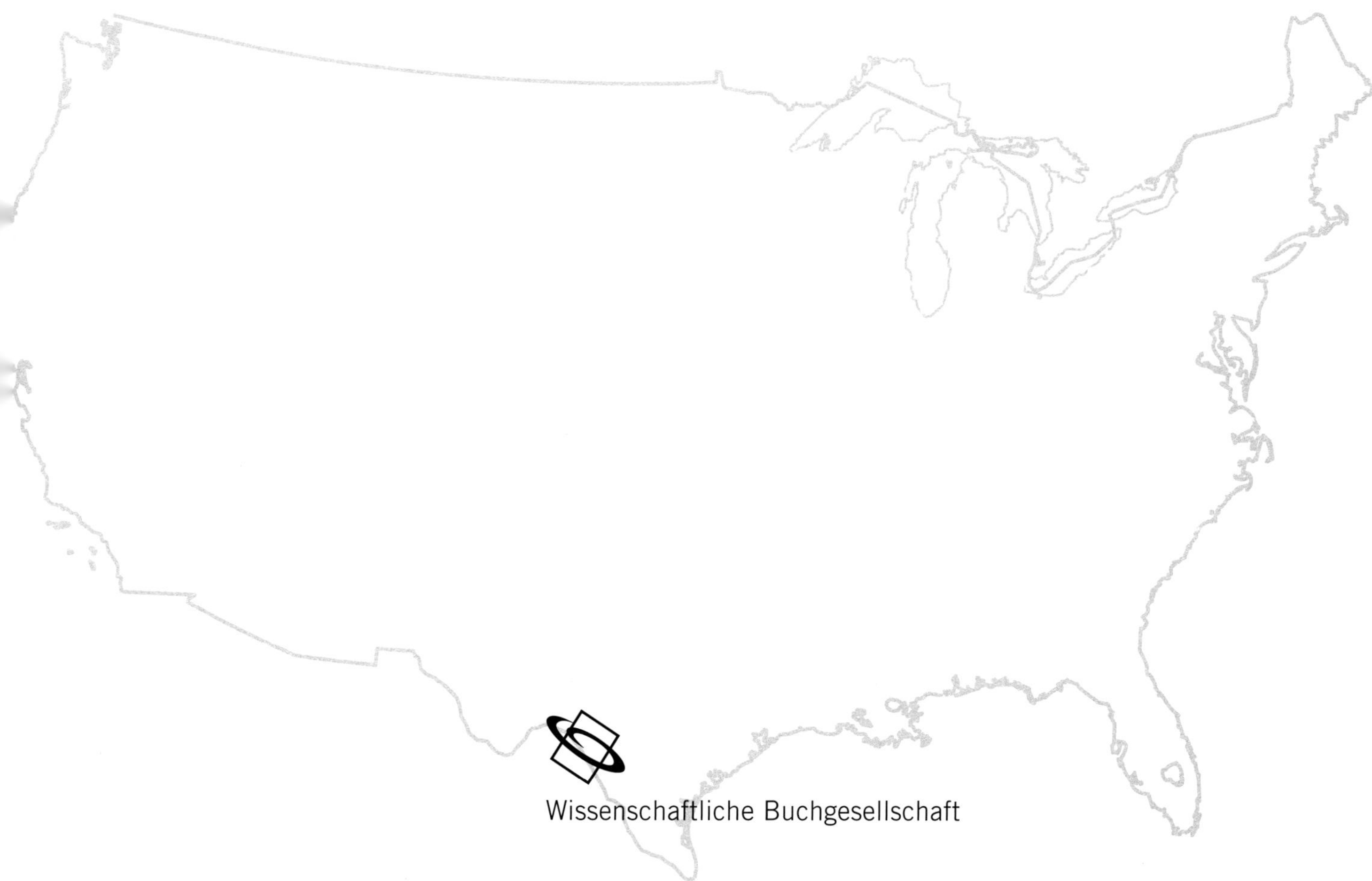

Wissenschaftliche Buchgesellschaft

Die Deutsche Bibliothek verzeichnet diese Publikation
in der Deutschen Nationalbibliografie;
detaillierte bibliographische Daten sind im Internet über
http://www.dnb.ddb.de abrufbar.

Die Herausgabe des Werkes wurde
durch die Vereinsmitglieder der WBG ermöglicht.
Redaktion: Gerd Hintermaier-Erhard
Layout, Satz und Prepress: schreiberVIS, Seeheim
Fotos: Die Autorin, wenn nicht anders angegeben
Gedruckt auf säurefreiem und alterungsbeständigem Papier
Printed in Germany

www.wbg-darmstadt.de

ISBN 3-534-14116-4

Inhaltsverzeichnis

Einführung

Amerika! Dies war schon immer Traum, Inspiration, Vision: Hegel sah in Amerika das „Land der Zukunft" (Hegel 1980, S. 143–147), Dvořák die „Neue Welt", Franz Kafka (Amerika, 1912/14) das neue Leben. „Amerika, Du hast es besser / als unser Kontinent, der alte / hast keine verfall'nen Schlösser / und keine Basalte. / Dich stört nicht im Innern / zu lebend'ger Zeit / unnützes Erinnern / und vergeblicher Streit", pries Goethe (1827) das Land. Revolutionen und Verfassungswerke der Alten Welt wurden durch Amerikas Demokratieverständnis inspiriert, das Alexis de Tocqueville (1835–1840, S. 48) rühmte: „Man kann sagen, dass das Volk sich wirklich selbst regiert, so gering und so begrenzt ist der Anteil der Verwaltung, so sehr ist die Verwaltung sich ihres Ursprungs aus dem Volke bewusst und gehorcht der Gewalt, in der sie wurzelt. Das Volk ist Anfang und Ende aller Dinge; alles geht vom Volke aus, alles in ihm auf."

Amerika – dies war auch das Land, dem man immer schon mit kritischer Distanz begegnete:

- *Historisch* betrachtet schuf das Land, das bei seiner Gründung eine bewusste Abkehr von gesellschaftlichen Normen des alten Europa vollzog und auf die Gleichheit aller setzte, früh neue innere Gegensätze. Das „Land der unbegrenzten Möglichkeiten", in dem *privatism* und privates Unternehmertum Grundwerte der Gesellschaftsordnung sind, ermöglichte seine Inwertsetzung nicht zuletzt durch Benachteiligung: Sklaverei, Aus- und Abgrenzung in Reservaten, „Politik der Vernachlässigung" sowie diskriminierende Gesetzgebung, die bis in die jüngere Vergangenheit Menschen, Stadtviertel und Regionen betraf.
- *Innen- und sozialpolitisch* barg eine Gesellschaftsordnung, die dem Individuum und Privateigentum einen fundamentalen Stellenwert zuweist, stets in erheblichem Maße Gefahren für das Gemeinwesen.
- *Außenpolitisch* belegen nicht zuletzt zahlreiche Beispiele, wie auch fremde Gemeinwesen durch die USA immer wieder tangiert wurden. Die Exempel negativer Einflussnahme wie in Korea, Vietnam, Chile, Grenada, Irak und viele mehr erscheinen häufig prominenter als die positiven Beispiele, so u. a. der Marshall-Plan. Dies fördert Vorurteile und nicht selten das Bild vom „hässlichen Amerikaner". Nationale Interessen der USA, die von ihnen selbst beanspruchte Rolle als Garant des Weltfriedens (Weltpolizist), die sogar vor Präventivkrieg nicht zurückschreckt, lassen einmal mehr weltweite Ambivalenz aufkommen.

Die heutige Politik ist jedoch nicht nur ein Wechselspiel von Tagesaktualitäten, sondern erklärt sich zu einem großen Teil aus jahrhundertealtem Gedankengut und Traditionen. Daher ist der Fokus dieser Länderkunden-Reihe auf Geschichte, Wirtschaft, Politik und Gesellschaft gerade im Kontext der USA von heute von besonderer Bedeutung. Auf diesen kulturellen Traditionen, die auch die heutige Wirtschafts- und Sozialpolitik sowie Welt- und Weltwirtschaftspolitik der USA entscheidend mitprägen, und ihren jahrhundertealten religiös-kulturellen Legitimationen liegt der Schwerpunkt dieses Buches.

Das Image der USA in der Welt

Zwei Jahrhunderte der Versuche, einen Zugang zum Faszinosum USA zu erlangen, haben eine Fülle von Überblicksinformationen über das Land hervorgebracht (z. B. Adams 2000; Adams & Lösche 1999; Blume 1985; Hahn 1990, 2002; Heeb 1990; Hodgson 1992; Hofmeister 1973, 1992; Knox 1988; Schäfer 1998; Tenbrock 1996; Uthmann 1988). Trotz guter Literatur spiegelt das vorherrschende Meinungsbild über die USA häufig nicht die Summe der Informationen über die Vereinigten Staaten wider, sondern Ambivalenzen und von Medien oder Kurzaufenthalten geprägte Eindrücke. Als junges Land ohne Tradition wird Amerikas Kultur nicht selten gering geschätzt. Zu leicht vergisst man, dass die meisten europäischen Staaten und zwei Drittel der Staaten der Welt jünger als die USA sind und dass die amerikanische die älteste geltende Verfassung ist. Obwohl die weltweite „McDonaldisierung", also die Ausbreitung gering bezahlter „McJobs" oder andere sogenannte „amerikanische Verhältnisse" auf Ablehnung stoßen, zeigen westeuropäische Gesellschaften gleichwohl eine weitgehende Amerikanisierung. Der *American way of life* erfährt de facto eine Akzeptanz auch von jenen, bei denen Anti-Amerikanismus zu einem intellektuell-differenzierten Habitus gehört. Dies gilt mittlerweile auch für jene Länder, die in Amerika ihren Feind sehen.

Entwicklungen der Gegenwart steigern die Ambivalenzen wie auch die Faszination gegenüber den USA einmal mehr. Die Globalisierung sowie politische Krisen und Wenden positionieren weltweit Standorte neu, wobei viele ihre relativen Wettbewerbsvorteile verlieren. Globales Kapital lässt die Bedeutung der Nationalstaaten und ihre wirtschaftliche Steuerungsfunktion schwinden (Held et al. 1999; Boyer 2000). Die Größe und Einheitlichkeit des Staatsgebiets, die große regionale Vielfalt des Naturraums und die mächtige Binnenwirtschaft erlauben eine geringere Abhängigkeit von anderen Staaten. Die starke Verflechtung mit der NATO ließ zusätzlich eine enge Anbindung anderer Staaten an die USA entstehen und festigte ihre Rolle als Führungsmacht. Durch die Vielzahl aktueller Ereignisse sehen sich die USA einmal mehr in der Auslebung ihrer selbstbestimmten weltpolitischen Führungsrolle bestätigt. Nach Ansicht vieler Experten wird sich an ihrer Rolle als einzige weltwirtschaftliche Großmacht, politische und militärische Supermacht und global agierende Ordnungsmacht auch so schnell nichts ändern.

Vorreiter USA

Als bedeutende westliche Industrienation setzen die USA Trends, die auch auf andere Länder mit zeitlicher Verzögerung übergreifen:

- Die Vereinigten Staaten sind der am stärksten anthropogen veränderte Großraum. Der am weitgehendsten verstädterte Staat der Welt brachte neuartige, zersiedelte Stadtlandschaften hervor. Sie sind einerseits Ausdruck des noch lebendigen Frontiergeists mit seiner Präferenz für das Leben in der freien Natur, andererseits Auslöser innerstädtischen Verfalls und „amerikanischer Probleme". Stadtphänomenologien und städtische Sozialpathologien nach amerikanischem Vorbild sind auch in Europa nicht länger unbekannt, wo Stadtflucht und der Wunsch nach dem Leben im Grünen die gleiche Wirkung zeigen.
- Andere europäische Länder teilen mittlerweile die gleiche Symptomatik einer hoch automatisierten, arbeitsteiligen Industrie- und Dienstleistungsnation mit sinkender Steuerungsfähigkeit durch den Staat. Neue Rahmenbedingungen der wirtschaftlichen Entwicklung machen deutlich, dass Arbeitsplätze und Teilhabe am Wohlstand nicht mehr selbstverständlich sind. Das „Land der unbegrenzten Möglichkeiten" wie auch europäische Länder mit „Wirtschaftswunder" zeigen wachsende Arbeits- und Obdachlosigkeit, „Neue Armut", neue Phänomene wie die *working poor* und die dauerhafte Abhängigkeit von staatlichen Fürsorgeeinrichtungen.
- Europäische Länder werden zu klassischen Einwanderungsländern, die wie die USA lernen müssen, dass der „Schmelztiegel" und die Idee von der „*einen* Gesellschaft" ein Mythos sind. Die fragmentierte, multikulturelle Gesellschaft wird zur Normalität, in welcher der Umgang mit anderen Ethnien und Rassen gelernt werden und *cross-cultural learning* als Leitmotiv einer multiethnischen Gesellschaft erst noch begriffen werden muss.

„Amerikanische Verhältnisse" – dies ist ein gängiges Pauschalurteil für gesellschaftlich unerwünschte Entwicklungen in Europa. Es fällt leicht, amerikanische Entwicklungen stets als Abweichung von europäischen Normen zu sehen. Die ureigenen Besonderheiten, das Selbstverständnis der USA als Teil eines gänzlich anderen Kulturerdteils und die damit verbundene, fundamentale Unterschiedlichkeit zu Europa in Gesellschaft, Wirtschaft und politischer Kultur, aber auch die spezifischen Entwicklungen der Kulturlandschaft bleiben dabei jedoch fremd.

Welche „Imagologie der USA in unseren Köpfen" (Leggewie 2000) auch existieren mag, schon wegen der Rolle der USA als Trendsetter wirtschaftlicher und gesellschaftlicher Entwicklungen ist es im ureigenen Interesse, sich mit diesem Land zu befassen. Viele jüngere Entwicklungen kommen hinzu, die es interessant und spannend machen, die USA nicht wie in früheren Länderkunden aufgrund gemeinsamer kultureller, landschaftsgestaltender Natur- und Kulturelemente und des Zusammenhangs des historischen Ablaufs zusammen mit Kanada als eine Einheit zu sehen (z. B. Boal und Royle 1999; Hofmeister 1973; Birdsall und Florin 1992; Patterson 1994). Solche aktuellen Entwicklungen, die sich z. T. erst nach Erscheinen klassischer USA-Länderkunden (z. B. Blume 1985; Hodgson 1992) in aller Deutlichkeit abzeichneten, sind unter anderem:

- massiver Strukturwandel mit Bedeutungswandel einzelner Wirtschaftszweige in der Beschäftigtenstruktur oder als Anteil am Bruttosozialprodukt,
- neue regionale und internationale Konstellationen im nordamerikanischen Raum (z. B. die NAFTA – North American Free Trade Association),
- Wachstum neuartiger Wirtschaftszweige, z. B. unternehmensbezogener Dienstleistungen,
- Veränderungen in der Organisation des Arbeitsmarktes und der Unternehmensstruktur („Flexibilisierung" etc.),
- Erreichung eines Sättigungsgrades von Massenproduktion und -konsum, welche nicht mehr Motoren der Volkswirtschaft sind,
- politisch-ökonomisch-soziale Entwicklungen (z. B. „Reaganomics" der Reagan-, Bush-, Clinton- und Bush-Jr.-Administrationen) mit Abkoppelung wirtschaftlicher von sozialen Zielsetzungen,
- zunehmende Ungleichheiten im Zusammenhang mit Wirtschaftswachstum,
- Eigengesetzlichkeit von Auf- und Abstieg innerhalb der Mittelschicht,
- Erkenntnis der Dauerhaftigkeit dieser Entwicklungen, die nicht länger als Krise, sondern als Epochenbruch gewertet werden,
- Auseinanderdriften von Sozial- und Wirtschaftspolitik zwischen den USA und Kanada,
- neues Verständnis von der Unterschiedlichkeit von Planungskulturen, raumwirksamen Staatsaktivitäten und kulturhistorischen Entwicklungen,
- Gleichzeitigkeit großer sozialer Probleme (u. a. Hyper-Ghettos) und neuer sozialräumlicher Phänomene (z. B. *gated communities*),
- neue Verständnisweisen vom Raum als Ergebnis sozialer Strukturationsprozesse (Giddens 1992), als handlungsbedingend (Werlen 1995 und 1997) oder als vorgegeben durch die jeweiligen Regulationsweisen kapitalistischer Ökonomien (Boyer 2000).

Wendepunkt „11. September"

Die Ereignisse des 11. September 2001 veränderten im wörtlichen Sinne den Horizont Amerikas. Eingeleitet wurde ein epochaler Wandel, der einmal mehr die Notwendigkeit unterstreicht, sich intensiv mit diesem Land auseinander zu setzen:

- *Die USA entwickeln erstmals in ihrer gesamten Geschichte ein neues Verständnis von sich selbst.* Noch nie zuvor war die innere Sicherheit so nachhaltig bedroht. Das Regionalgefüge eines gleichsam unbesiegbaren, selbstsicheren Landes, das nie auf seinem eigenen kontinentalen Territorium einen von außen hereingetragenen Krieg führte, das von seiner Konsumgesellschaft beherrscht und von scheinbarem Frieden im eigenen Land überzeugt war, wurde dauerhaft beeinträchtigt. Zudem stieß der Handlungsspielraum der USA zum ersten Mal in seiner Geschichte an seine Grenzen. Genügte es während der Kubakrise 1962 noch, mit dem Dritten Weltkrieg zu drohen, um den Gegner zum Nachgeben zu zwingen, ist das Nachgeben der Welt vor Amerika vorbei. In der Durchsetzung seiner Ziele wird stellenweise Amerikas Eingehen auf Kooperationspartner erkennbar, auch wenn der traditionelle Unilateralismus der USA wenige Monate nach dem 11. September schon wieder stark in den Vordergrund rückte. Das Selbstverständnis anderer Partner im Weltgeschehen – auch amerikanischer Verbündeter – wurde jedoch deutlich erweitert: Sie tragen Alleingänge der USA nicht mehr mit, fordern stärker die Rolle der UNO als Ordnungskraft ein und somit einen dauerhaft behutsameren, neuen Kurs Amerikas.

- *Amerika stellt sich unter dem Druck der Ereignisse vom 11. September und dem seither geltenden Diktat neuer kommunikativer Politikweisen die Frage nach einer neuen Selbstbehauptung und einer neuen Identität.*
  Mindestens drei Auswirkungen sind die Folge:

1. Innen-, Außen- und Wirtschaftspolitik sind im Begriff, sich unter anderen Vorzeichen neu zu konsolidieren – mit Auswirkungen auf die Regionalgeographie. Mit Tausenden von verlorenen Arbeitsplätzen, wozu auch die Multiplikatorwirkung in den vor- und zugelagerten Industrien gerechnet wird, verschärften sich innerhalb von Tagen regionale und soziale Ungleichgewichte.
2. Das Pendel der amerikanischen politisch-kulturellen Philosophie, die auf Privatwirtschaft und den Schutz des Privaten vor dem Gemeinwesen angelegt war, schwingt zurück. Nach über zweihundert Jahren eines Rückzugs des amerikanischen Staates von dem, was in Europa als staatliche Verantwortung begriffen wird, erfahren die USA im Gegensatz zu ihrem traditionellen Credo *„let private enterprise do it"* nun das ahistorische Prinzip *„bring the state back in"* mit Personenkontrollen, Einschränkung von Bürgerrechten, Geheimdienstausbau und staatlich erlaubtem Abschuss von Passagierflugzeugen, wenn diese die nationale Sicherheit gefährden.
3. Die USA haben über Jahrzehnte hinweg im Inneren wie auch in der Außen- und Entwicklungspolitik unzulängliche soziale Reformen praktiziert, ohne das darin beinhaltete Konfliktpotenzial zu erkennen. Sie werden jetzt mit der Tatsache konfrontiert, dass das Versäumnis, dem Armutsgefälle der Welt adäquat zu begegnen, eine Gefahr für die innere Sicherheit darstellt: Die Ereignisse von Los Angeles 1992 finden ihr Abbild im Weltgeschehen und schlagen auf die USA zurück. Analog zum „Untergang des Mittelalters" oder dem „Untergang des Abendlandes" erkennt man eine eigenverschuldete Gefährdung Amerikas. Vor diesem Hintergrund wird in den USA selbst die gesamte Außen-, Entwicklungs- und Sozialpolitik neu bewertet.

- *Weite Kreise in den USA, darunter viele Persönlichkeiten des öffentlichen Lebens, zeigen erstmals in der Geschichte ein vertieftes, besseres Verständnis von anderen Kulturen.* Es begann sich eine deutliche Abkehr von vierhundertjähriger WASP (White Anglo-Saxon Protestant)-Dominanz abzuzeichnen; man wandte sich erstmals, jedoch nur für kurze Zeit wegen eines weltweit gemeinsamen Anliegens subtiler jeder einzelnen der Weltkulturen zu. Der neue, wenn auch kurzfristige Fokus auf einem gemeinsamen Anliegen versus dem früher praktizierten, der Weltgemeinschaft oft zuwiderlaufenden „nationalen Interesse" war bis dahin einmalig in der amerikanischen Geschichte.
- *Europäer und Intellektuelle in der Welt begannen die Rolle Amerikas in der Welt neu und differenzierter zu bewerten.* Unsere eigene Sichtweise vom „Weltpolizisten", für dessen politische Kultur und Gesellschaft wir nur mit Mühe Verständnis aufbringen konnten, begann sich zu ändern. Die bislang abgelehnte Rolle der USA als Weltordnungskraft wurde im Zuge des 11. September neu bewertet und als Schutzmacht unser aller Sicherheit in einigen Ländern kurzzeitig gefördert. Dabei behält sich Europa mehr Entscheidungskompetenz vor als in den vergangenen Jahrzehnten. Wegen des vertieften Verständnisses für Amerika nach dem 11. September und der Tatsache, dass solche Ereignisse überall geschehen können, wurde die wichtige Rolle der USA in der Welt zunächst mit verständnisvolleren Augen betrachtet, was eine kritische Distanz zu erneuten militärischen Alleingängen aber nicht ausschloss.

Ziel des Buches

Im Zentrum des Bandes stehen Geographie, Geschichte, Wirtschaft, Politik und Gesellschaft der USA vor dem spezifischen Hintergrund ihrer politisch-kulturellen Besonderheiten. Zugrunde liegt ein Konzept, welches

- das missverstandene Amerika, das sich selbst stets ambivalent und missverständlich der Welt gegenüber verhält, in seiner fundamentalen Andersartigkeit – seiner nichteuropäischen Identität – darstellt. Als Land, das seine Wurzeln in verschiedenen europäischen Kulturen hat, entfaltete es sich schnell in einer Europa unbekannten Weise nach einem eigenen, amerikanischen Paradigma der Entwicklung. Nach Europa als eigenständige Kultur re-exportiert, erzeugte es Ablehnung und Unverständnis dem „typisch Amerikanischen" gegenüber.
- die Facetten gesellschaftlicher und wirtschaftlicher Entwicklungen dieses Landes aufzeigt, die in wesentlichem Maße von einem besonderen Wirtschafts- und Demokratieverständnis geprägt wurden. Gemeint ist die politisch-planerische und gesellschaftliche Tradition des *privatism,* die direkte Auswirkungen auf die Raumerschließung und Inwertsetzung, die Kulturlandschaft sowie wirtschafts- und sozialräumliche Entwicklungen, Strukturen und Prozesse der Vergangenheit und Gegenwart hat.
- vor dem Hintergrund des amerikanischen Selbstverständnisses die gegenwärtigen Entwicklungen der USA in der neu begonnenen geopolitischen Phase erklären will.

Moral und Ethik basieren auf sozialen Wertordnungen, die in jeder Kultur anders definiert sind. In den USA sind Moral- und Ethikvorstellungen einer puritanisch-calvinistischen Gesellschaft über Jahrhunderte sorgfältig zur vorherrschenden Norm kultiviert worden, in der das Streben nach individuellem Wohlstand ebenso moralischer Grundwert war wie die dazu nötigen Maßnahmen wie z. B. Sklavenhaltung. Die amerikanische Sozialisation brachte jeder Generation diese grundsätzlich amerikanischen Werte bei, die aus einer ursprünglich europäisch-kollektiven Gesellschaftsstruktur eine individualistische entstehen ließen. In dieser Gesellschaft, die zum Vorbild der europäischen Revolutionen und des Gedankens von Freiheit und Gleichheit wurde, bedeutete letztlich individuelle Freiheit auch Akzeptanz von Ungleichheit. Die Freiheit des Einzelnen wurde zum Normwert von Verfassung und Politik, welche lediglich eine über dreihundertjährige koloniale Tradition amerikanischer Wirklichkeit institutionalisierten und damit zum Leitwert der politischen Kultur der USA machten.

Jede Epoche und Kultur, insbesondere die politische Kultur und das zugrunde liegende Demokratieverständnis, schaffen ihre eigenen sozial- und wirtschaftsräumlichen Entwicklungen und Muster – ein Leitmotiv des vorliegenden Bandes. Ein weiterer zentraler Gedanke ist, dass sich die USA in ihrer Besonderheit nicht zufällig oder von selbst entwickelt haben: „sich entwickeln" wird im amerikanischen Sprachgebrauch nicht grundlos im Passiv verwendet – *to be developed.* Während europäische Städte und Regionen aus der Geschichte gewachsene Strukturen aufweisen, wurden amerikanische Städte und Regionen seit der Kolonialzeit gezielt in Wert gesetzt und „beplant". Die spezifischen wirtschafts- und sozialräumlichen Entwicklungen – auch die negativen – sind als Resultat einer andersartigen Vorgehensweise bei der Inwertsetzung des Raumes, kurz, eines *amerikanischen Paradigmas* der Entwicklung zu verstehen. Dies basiert auf einer bewusst geschaffenen, neuen politischen Kultur und einem anderen Staatsverständnis als in Europa, welches zu neuartigen gesellschaftlichen Normen führte. Amerika hat daher ein nichteuropäisches, spezifisch amerikanisches Verhältnis des Menschen zur Umwelt, ihrer Inwertsetzung, zu anderen Kulturen und sozialen Schichtungen. Politische Kultur, gesellschaftliche Tradition, Demokratie- und Staatsverständnis führten in Amerika zu einer anderen Bewertung von Naturraum- und Inwertsetzungspotenzial, Kulturlandschaftsentwicklung sowie sozialen Strukturen und Disparitäten als in westeuropäischen Ländern.

Vom Sinn einer Länderkunde in der heutigen Zeit

Einer Länderkunde über die USA scheint durch die Ereignisse des 11. September und den dadurch eingeleiteten epochalen Wandel eine besondere Verpflichtung zuzufallen. Sie kann in dieser Phase vertiefte Kenntnisse zu Kultur und Politik, zu Hintergründen der wirtschaftlichen und gesellschaftlichen Entwicklungen vermitteln, auf Geisteshaltung und Gesellschaft eingehen und dadurch das Bewusstsein für die strukturellen Veränderungen und die geostrategische Neuausrichtung von Wirtschaft und Gesellschaft, den Identitäts- und Politikwandel der USA schärfen.

In der Ära der Globalisierung, da die Wirtschaft Großräume sucht und die Menschen sich in einer homogener werdenden Welt mit eigener und fremder Identität auseinander setzen, bedarf es mehr denn je der Gesamtbetrachtungen von Geographie, Wirtschaft und Politiksystemen eines Landes.

Es gibt vielfältige Arten, Länderkunden und Regionalgeographien zu schreiben (Bahrenberg 1970; Mondada und Racine 1998; Wirth 1978; Wood 1996; Gilbert 1988; Johnston 1990; Pohl 1996, Hahn 2002). Der vorliegende Band will keine klassische Länderkunde mit geradezu enzyklopädischem Anspruch sein. Ziel ist eine bewusste Schwerpunktbildung, welche die amerikanische Identität hervorhebt. Es werden politisch-kulturelle, naturräumliche und ausgewählte Aspekte wie Geschichte, Bevölkerung, Gesellschafts- und Wirtschaftsstruktur dargestellt, welche die außerordentlich großen Gegensätze in Landschaft, Raum und Gesellschaft und die Entwicklungen in den USA verstehen helfen. Moderne Länderkunden und Regionalgeographien leisten einen Beitrag, behutsam mit kultureller Differenz umzugehen, die sich trotz oder vielleicht gerade wegen der Globalisierung und der scheinbaren Entwicklung einer einheitlichen Weltzivilisation zu einer immer kritischeren Größe herauskristallisiert. De facto haben Länder auch in der Globalisierung unterschiedliche soziale, politische und kulturelle Traditionen, die sich als Konstanten und Schlüsseltatsachen erweisen. Länderkunden gewinnen daher eine erweiterte Bedeutung, Kultur und Identität zu pflegen: Sie sind eine geographisch-räumliche Antwort auf die Globalisierung, welche virtuelle Räume schafft, die Bedeutung realer Wirtschaftsregionen relativiert und global verflochtene Räume hervorbringt, in denen die historische oder wirtschaftpolitisch geförderte Besonderheit des Lokalkontextes letztlich wieder zum ausschlaggebenden Faktor wird.

Aufbau des Buches

Die systematischen Kapitel sind bewusst gewählt, um diesen Zusammenhang zwischen der politisch-kulturellen Tradition des *privatism* und geographischen, kulturlandschaftlichen, wirtschaftlichen und gesellschaftlichen Entwicklungen aufzuspüren und zu dokumentieren.

Das *erste Kapitel* skizziert das amerikanische Paradigma der Entwicklung, das Unterschiedlichkeiten in Kultur und Wertevorstellungen der USA begründet und sich in der Andersartigkeit der Kulturlandschaftsentwicklung, Gesellschaft und Wirtschaft der USA manifestiert.

Das *zweite Kapitel* behandelt die naturräumlichen Grundlagen.

Das *dritte Kapitel* erläutert, wie das Land in kolonialer und postkolonialer Pionierzeit gezielt in Wert gesetzt wurde. In nur rund 100 Jahren vollzog sich die Entwicklung der USA von einer Agrarnation zur führenden Industriemacht bis hin zur postindustriellen Dienstleistungsgesellschaft.

Wie Industrialisierung und Urbanisierung verliefen, ist Thema des *vierten Kapitels*.

Bevölkerungsentwicklung und -strukturen sowie der Umgang des klassischen Einwanderungslandes USA mit seinen ethnischen und rassischen Minderheiten sind Schwerpunkte des *fünften Kapitels*.

Soziale Disparitäten und die sich immer stärker ausdifferenzierende multiethnische Gesellschaft werden im *sechsten Kapitel* behandelt.

Die Beeinflussung der Städte und der Gesellschaft durch die rasante Kulturlandschaftsentwicklung, der strukturelle und sozialpolitische Wandel und die planerischen Neuorientierungen zur Abwehr der dabei entstehenden sozialräumlichen Probleme in den Großstädten werden im *siebten Kapitel* dargestellt, das auch die politisch-kulturellen und planungspolitischen Hintergründe der Fronten zwischen der Wohlstands- und der Wohlfahrtsgesellschaft aufzeigt.

Das *achte Kapitel* behandelt die postindustrielle Wirtschaftsentwicklung, die das Bild Amerikas wiederum entscheidend verändert hat.

Das *neunte Kapitel* widmet sich der Regionalentwicklung und Regionalförderungspolitik. Diese beiden Abschnitte betonen die Strukturation des Raumes durch gesellschaftliche Prozesse bzw. raumrelevante Handlungen gesellschaftlicher Akteure. Dabei sind es besonders Kollektive von Entscheidungsträgern mit einem gesellschaftlichen und politischen Mandat, welche den Charakter eines Ortes, den *genius loci*, bestimmen. Dieser kann beabsichtigt oder unbeabsichtigt negativ behaftet sein. Geographische Entwicklungen und Probleme sind daher nicht das Produkt einer unabänderlichen raum-zeitlichen Abfolge, sondern ein Handlungsergebnis.

Das *zehnte Kapitel* gibt einen Einblick und einen Überblick über politische Strukturen und die anhaltenden Disparitäten in Amerika.

Der Band vermittelt also:

- problemorientierte, fächerübergreifende, systemanalytisch orientierte Sachinformationen,
- eine themenspezifische und gleichzeitig länderkundliche Gesamtdarstellung,
- einen Einblick in übergeordnete Systemzusammenhänge, insbesondere den Einfluss von Identität und Planungskultur auf Regionen und gesellschaftliche Entwicklungen,
- historische, kulturelle und planungspolitische Gegebenheiten und Perspektiven zu regionalen und sozialräumlichen Entwicklungen,
- eine an Handlungsträgern orientierte Darstellung, welche die politischen und wirtschaftlichen Institutionen, Macht- und Entscheidungsstrukturen ins Zentrum rückt,
- eine Betrachtungsweise, welche die sozial- und wirtschaftsräumlichen Entwicklungen und Probleme als Manifestation einer spezifisch amerikanischen Kultur, Politik, Planung, Geschichte, Gesellschaftsstruktur und deren Wechselwirkungen sieht.

Eine Länderkunde, die Geographie, Geschichte, Wirtschaft und Politik behandeln soll, muss sich an der bestehenden wissenschaftlichen Literatur dieser Disziplinen ausrichten. Neun Jahre Arbeit im interdisziplinären John F. Kennedy-Institut für Nordamerikastudien der Freien Universität Berlin mit der größten, auf USA-Themen ausgelegten Bibliothek in Europa, das interdisziplinäre Programm und die Kollegenkontakte erlaubten einen guten Zugang zu zentralen Werken der anderen Disziplinen. Eine über zwanzigjährige Lehr- und Forschungserfahrung in und über die USA – mit fast elfjährigem Studien- und Arbeitsaufenthalt in den USA – sowie anhaltende Kontakte mit Behörden und der Wissenschaftsszene der USA und zahlreiche Forschungsreisen vertieften die Kenntnisse über Kultur, Wirtschaft und Gesellschaft, die für die Abfassung einer Länderkunde USA hilfreich sind. Gleichwohl gebührt einer großen Anzahl von Personen Dank für ihre engagierte Mithilfe an diesem Band. Herrn Harald Vogel sei recht herzlich für seine Bereitschaft gedankt, das hier vorgestellte Länderkundenkonzept für die USA bei der WBG zu fördern, und Herrn Wolfram Schwieder für die weitere Betreuung im Verlag. Herzlicher Dank gilt Nadezhda Sliwa für redaktionelle Arbeiten. Mein besonderer Dank gilt unserer Kartographin und Landkarteningenieurin Leena Baumann für die kartographische und reprotechnische Bearbeitung zahlreicher Abbildungsentwürfe sowie Ruth Hausammann und Thomas Braun für die Mitwirkung bei kartographischen Arbeiten, ferner Ronald Wiss für die Arbeiten mit Geographischen Informationssystemen. Mein ganz herzlicher Dank gilt Nicole Ammann für ihre unermüdlichen Arbeiten in der computergestützten Kartographie, Bildbearbeitung und Vermittlung technischer Abläufe sowie ihrer engagierten Unterstützung und Solidarität in der Endphase des Buches. Charlotte Ciprian, Jennifer Whitebread, Regula Egli sowie Claudia Erismann gebührt herzlicher Dank für ihre Mitarbeit bei der Erstellung der Register und andere Arbeiten in der Endphase des Buches. Ruth Hausammann und dem Hausammann-Fonds sei gedankt für ihre Unterstützung des Projekts. Mein Dank gilt auch folgenden Firmen und Institutionen für ihre großzügige Abdrucksbewilligung von Materialien: Alex MacLean, Landslides, Boston; John Reps, Cornell University; Reimer Verlag Berlin; Westermann Verlag, Braunschweig.

Gewidmet ist dieser Band *Nadezhda.*

Basel, im Frühjahr 2005
Rita Schneider-Sliwa

Politisch-kulturelle Tradition

Abb. 1: Das Kapitol in Washington, D.C. (Foto: Alex S. MacLean).

Überblick

- „Amerika" ist als Konstrukt einer spezifisch religiös geprägten Kultur, einer speziellen Sichtweise des Naturraums sowie einer Ideologisierung und Institutionalisierung von Volk, Nation, Staat und Gemeinde zu verstehen.
- „Amerika als Idee" wurde über vielfältige Entwicklungen und bewusste Propagierung von Mythen gefördert, welche eine eigenständige, genuin amerikanische Identität und Tradition bilden sollten.
- Besonders mit der englisch-puritanischen Kolonisierung wurde Amerika systematisch zum Symbol des im Evangelium verheißenen Reiches Gottes auf Erden erhoben, als „Neues Jerusalem", in dem sich die biblische Heilsgeschichte mit einer neuen sozialen Ordnung mit Vorbildcharakter für die ganze Welt wiederholen sollte.
- Der „Exzeptionalismus" Amerikas und seine von der Vorsehung vermeintlich bestimmte Rolle in der Welt wurden somit religiös begründet und über fast zweihundert Jahre der Kolonialzeit als allgemeines Gedankengut verankert.
- Der in der Kolonialzeit angelegte Exzeptionalismus Amerikas wurde in der jungen Republik auf säkulärer Ebene durch weitere Mythen ausgebaut, die das Selbstverständnis der USA, den „amerikanischen Charakter" und Amerikas Vorrangstellung in der Welt etablieren sollten.
- Zu den Mythen gehört die Frontierthese Turners. Danach mischten sich an der offenen Grenze durch die extremen Lebensbedingungen indianische Überlebensformen und weiße Kultur und ließen einen neuen, von allen konformistischen Zwängen befreiten Menschentypus (*new breed*) entstehen.
- Die Mystifizierung des Amerikanismus durch Geschichten von der Frontier und den *frontiersmen* wurden in der Politik und in literarischen Genres weithin propagiert und verankerten sich in der Gesellschaft als Tatsache.
- Die amerikanische Gegenwart zeigt ein aus der Geschichte, Ideengeschichte und Kultur heraus zu verstehendes Gesellschaftsmuster, in der vierhundertjährige tradierte Werte und Normen von der Auserwähltheit sowie eine vorbestimmte Rolle in der Welt (*Manifest Destiny*) verankerte Größen sind.

Amerika – das nichteuropäische Paradigma der Entwicklung

Ideengeschichtlicher Ursprung Amerikas

„Geschichtslosigkeit", „Traditionslosigkeit", „Kulturlosigkeit", „Oberflächlichkeit" – dies sind viel gebrauchte Schlagwörter im Zusammenhang mit den USA, insbesondere von jenen, für die einzig Europa kulturelle Orientierung und Höhepunkt zivilisatorischer Leistung darstellt. Will man jedoch das Land verstehen, muss man *Amerika als Idee* und als Konstrukt einer spezifisch religiös geprägten Kultur und Institutionalisierung von Gemeinwesen begreifen (Beitzinger 1972; Hall 1959; Adams 2000; Marty 1986, 1987; Schneider 1947; Savelle 1965). Der Begriff „Amerika" beinhaltet dabei weniger ein Land oder einen Kontinent: Vielmehr bezeichnet er die Idee einer neuen Welt, die zu einem anderen Selbstverständnis, anderen Normen und politischen Strukturen und einer bürgerlichen Gesellschaft führen sollte, die jedoch erst über sorgfältig kultivierte nationale Mythen aufgebaut wurde (Fluck 1999; Kamphausen 1992; Zöller 1992; Sabine 1963; Lerner 1960).

Würde man Amerika immer nur an Europa messen, übersähe man die eigenständige Leistung und die Neuartigkeit seiner Gesellschaft, die sich bei ihrer Entstehung von sämtlichen in der Alten Welt bekannten politischen, ökonomischen und sozialen Strukturen befreite und ihre eigenen kulturellen Formen hervorbrachte. Selbst das kolonisierte Amerika war zu keiner Zeit mit anderen Kolonien vergleichbar, die nur eine Erweiterung der Alten Welt darstellten und alle nach denselben Grundstrukturen funktionierten: Mit den ersten Pilgervätern um 1620 bis zur amerikanischen Revolution von 1776 und darüber hinaus kamen europäische Einwanderer als Siedler gerade deshalb nach Amerika, weil sie den vorherrschenden Machtverhältnissen, rigiden gesellschaftlichen Strukturen von Berufsständen, der religiösen Unfreiheit oder auch der Armut entfliehen wollten. Mit dem Eintritt in die Neue Welt wurde die Befreiung von gesellschaftlichen, religiösen und politischen Zwängen Europas nicht nur erhofft, sondern auch real – zumindest in der Wahrnehmung – vollzogen. Ein Blick auf die eigenen Entstehungsbedingungen und Zielsetzungen verdeutlicht, dass Amerika eine neuartige, d. h. ahistorische Gesellschaft mit genuinen politischen, sozialen und ökonomischen Strukturen ist, die auch neuartige, d. h. mit europäischen Normen nicht vergleichbare Kulturformen hervorgebracht hat (Fluck 1999, S. 722).

Wenn von einer andersartigen Kultur der Neuen Welt die Rede ist, bezieht sich dies auf den weiter gefassten Begriff nach Max Weber (Wirth 1979, S. 28–30), der Kultur als Gesamtheit von Ideen und Idealen, Geisteshaltungen und Normen sowie Wertschätzung gewisser materieller und immaterieller Güter ansieht, die wiederum das menschliche Streben und Handeln leiten und spezifische Formen der schönen Künste und der Architektur hervorbringen können. Neu an der sogenannten Neuen Welt war insbesondere das, was man unter dem Sammelbegriff *Politische Kultur* fassen kann: jene Ideale und Wertvorstellungen, Lebensformen und Institutionen, die eine Staatsform hervorbrachten, die sich in mehrfacher Hinsicht von damaligen und gegenwärtig in Europa bestehenden unterscheidet. Als Demokratie wählte Amerika eine Staatsform, die im klaren Gegensatz zu vorherrschenden politischen Systemen stand. In ihrer besonderen Form der Demokratie, die *nicht* auf soziale und politische Gleichstellung ausgerichtet ist, sondern sich durch ein spezifisches System der Gewaltenteilung und der verfassungsmäßig verankerten Individualrechte auszeichnet, stand und steht sie im Gegensatz zu heutigen Demokratien. Die amerikanischen Staatsstrukturen sind so angelegt, dass sie nicht unbedingt gerechtere Verhältnisse schaffen, sondern allen die gleichen Möglichkeiten der individuellen Selbstentfaltung, der sozialen Anerkennung und der politischen Willensbildung zusichern (Tocqueville 1985; Fluck 1999, S. 723). Nach dem Willen der Verfassungsväter waren alle Menschen a priori gleich geschaffen, daher brauchte es zunächst in der Verfassung keinen Bezug zur Gleichstellung. Vorrang hatte klar die Zusicherung von Freiheit und freier Lebensgestaltung.

Amerika als das „Reich Gottes auf Erden"

Die puritanische Einwanderung, die ab 1620 in jeder Dekade rund 25 000 Personen in das Land brachte, war eine religiöse Bewegung, in der Amerika als das Land des auserwählten Volkes angesehen wurde. Für die zumeist strenggläubigen Einwanderer galten die Kolonien als das „Neue Jerusalem", der „Neue Garten Eden", als Ort, in dem Gott einen neuen Bund mit ihnen als dem verlorenen Stamm Israels schloss, als Zeichen der Gnade und Chance der Menschheit auf einen „Zweiten Neuanfang".

Der Mayflower Compact war die erste politische Vereinbarung über eine Selbstverwaltung und Regierungsform Amerikas. Er wurde am 21. November 1620 an Bord des Emigrantenschiffes Mayflower vor der Küste von Cape Cod, Massachusetts, nach dem Vorbild kirchlicher Vertragswerke abgefasst, weil einige der Siedler außerhalb der durch englische Hoheit vorgegebenen Ländereien ansässig werden und ihre eigenen Gesetze aufstellen wollten. Das Dokument sollte bürgerkriegsähnliche Verhältnisse im Siedlungsneuland der Kolonien verhindern helfen und interimistische Regeln aufstellen, die so lange Gültigkeit haben sollten, bis ein abschließendes Vertragswerk erstellt würde. Die partizipatorische Abfassung und freiwillige Unterzeichnung durch die Emigranten sollten der Garant des Friedens sein. Das Dokument wurde 1691 in ein Vertragswerk für die Kolonie Massachusetts integriert und zum Vorbild für die geschriebenen Verfassungen anderer Kolonien und Staaten.

Prediger und religiöse Führer wie John Winthrop oder Nathaniel Ward sowie Juristen, die auf den ersten Einwandererschiffen in das Land gekommen waren, machten deutlich, dass das Neue Land gleichbedeutend mit „Freiheit von Sünde und Irrtum" sei und eine bessere Möglichkeit böte, ein gottgefälliges Leben zu führen (Boorstin 1965; Lerner 1960; Persons 1975; Hall 1959). In seiner berühmten Predigt auf dem Einwandererschiff Arabella inspirierte John Winthrop 1630 die Siedler mit dem biblischen Bild der „city upon a hill", in der Gott seine Heilsgeschichte mit einer neuen sozialen Ordnung wiederhole, die vorbildlich für die ganze Welt werden sollte (zit. in Fluck 1999, S. 726). Mit Bedacht wurde das Bild des „Neuen Jerusalem", das in der Alten Welt bekannt war, gewählt. Seit die Kreuzzüge des Mittelalters das Heilige Land zu befreien und ein „Neues Jerusalem" zu errichten suchten, war diese Metapher zu einem weithin gebrauchten Leitbild utopischer Gesellschaften und des idealen Städtebaus geworden. Diese religiöse Überzeugung von der eigenen Auserwähltheit ist auch heute noch als Gefühl der moralischen Überlegenheit omnipräsent und wirkt sich signifikant auf die Politik aus. Dabei muss betont werden, dass dieser quasifundamentalistische Gedankentopos eine vierhundertjährige Vorgeschichte hat, die um 1600 begann und der Gesellschaft sorgfältig über vielfältige Mechanismen als Kulturwert eingepflanzt wurde.

Das religiöse Selbstverständnis der Puritaner, in der ihre Neue Welt einen gottgegebenen historischen Neuanfang für die gesamte Zivilisation darstellte, wurde von der Vorstellung genährt, dass der amerikanische Kontinent selbst Teil des göttlichen Heilsplans sei (Fluck 1999, S. 726). Amerika war das „Gelobte Land", das, so der Glaube, von der göttlichen Vorsehung auserwählt sei. Für jene, die an diesen „Exzeptionalismus Amerikas" und seine Rolle im angeblichen göttlichen Heilsplan glaubten – dies schloss viele spätere Generationen bis in die Gegenwart ein –, blieb Europa der Ort von feudalen und neuzeitlichen Abhängigkeitsverhältnissen, Dekadenz, Korruption und Eingrenzung individueller Selbstentfaltung (in neuerer Terminologie wurde dies mit dem Begriff „Altes Europa" bezeichnet). Da sich diese Sichtweise sehr früh religiös begründete, war es auch von jeher schwierig, eine Meinung zu vertreten, die von der vorherrschenden abwich: Amerikas vermeintlicher Exzeptionalismus konnte von Anbeginn an zur vorherrschenden Gesellschaftsnorm hochstilisiert werden, eine Norm, die sich bis in die Gegenwart in der tiefen Überzeugung von der Richtigkeit des eigenen (welt-)politischen Handelns äußert.

Als Grundbaustein des Exzeptionalismus Amerikas und des göttlichen Heilsplans sahen die Puritaner den gottgefällig lebenden, selbstbestimmten Menschen. Unterstützung fanden diese Ansichten in den zu Beginn der Neuzeit in Europa diskutierten utopischen Vorstellungen von einer besseren Welt, ferner in den aufkommenden philosophischen und ökonomischen Wertvorstellungen der Aufklärung. Als einer der Ersten stellte John Locke (1632–1704) einen Zusammenhang zwischen der Gottähnlichkeit des Menschen, seiner Vernunft und Erfahrung her, der es jedem vernünftigen Menschen erlaubte, ein sinnvolles, eigenbestimmtes und moralisches Leben zu führen (Abb. 2). Führende amerikanische Persönlichkeiten wie Thomas Jefferson machten später deutlich: „Eure eigene Vernunft ist das einzige Wunder, das euch der Himmel geschenkt hat" (zit. in Kamphausen 1992, S. 266). Durch seinen gesunden Menschenverstand konnte damit das Individuum zur moralischen Instanz seiner selbst werden, das nur durch eben diesen Individualismus und seine Unabhängigkeit auch zum Wohl der Gemeinschaft wie auch seiner selbst beitragen konnte (Kamphausen 1992, S. 266). Der Ökonom und Moralphilosoph Adam Smith (1723–1790) betonte daher auch in seinem Buch „An Inquiry into the Wealth of Nations" von 1776 die individuelle Arbeit und das Selbstinteresse als Quelle des Wohlstands und der natürlichen Harmonie von Wirtschaft und Gesellschaft.

Das Mayflower-Bündnis

In ye name of God Amen. We whose names are underwritten, the loyall subjects of our dreadsoveraigne Lord King James, by ye grace of God, of Great Britaine, France, and Ireland king, defender of ye faith etc. Haveing undertaken, for ye glorie of God, and advancemente of ye Christian faith and honour of our king and country, a voyage to plant ye first colonie in ye Northerne parts of Virginia, doe by these presents solemnly and mutualy in ye presence of God, and one another, covenant and combine ourselves togeather into a Civill body politick; for our better ordering, and preservation and furtherance of ye ends aforesaid; and by vertue hereof enacte, constitute, and frame such just and equall Lawes, ordinances, Acts, constitutions, and offices, from time to time, as shall be thought most meete and convenient for ye generall good of ye colonie: unto which we promise all due submission and obedience. In witnes whereof we have herunder subscribed our names at Cape-Codd ye 11-of November, in ye year of ye raigne of our soveraigne Lord King James of England, France and Ireland ye eighteenth, and of Scotland ye fiftie fourth. Anno Dom. 1620.

Amerikanisierung durch Bildung des religiösen Kollektivbewusstseins

Die Grundzüge der amerikanischen Geisteshaltung und Kultur, die auf puritanischen Wertvorstellungen beruht, fanden rasch weite Verbreitung. Dies lag an der frühen Koppelung der Bürgerrechte an religiöse Eignungstests. Mit dem Gesetz von 1637 waren in den Kolonien Neuenglands die Niederlassung und die Übernahme öffentlicher Ämter sowie die Zugehörigkeit zu Religionsgemeinschaften an die behördliche Bestätigung des „rechten Glaubens" gebunden. Zudem trug das wachsende Schrifttum zur Verbreitung der religiösen Doktrin bei. Die stetig wachsende Bevölkerung der britischen Kolonien

Aufklärung

John Locke (1632–1704)

- Menschenbild
  Menschliches Bewusstsein als „tabula rasa“
- Einzige Erfahrungsquellen äußere Sinneswahrnehmung

Staatslehre
- Naturrecht auf Eigentum
- Staat als Schützer des Eigentumsrechts
- Widerstandsrecht des Volkes gegen verfassungswidrige Herrschaft
- Grundsatz der Volkssouveränität, des Repräsentativsystems und der monarchischen Exekutive

Puritanismus

Von J. Calvin beeinflusste Bewegung seit 1560 mit Ablehnung kirchlicher Kultusfrömmigkeit

- Glaube an individuelle Heiligung durch geistige, asketische Lebensform und Neuanfang aus moralischem Verfall
- Glaube an ein Neues Bündnis mit Gott und das Reich Gottes auf Erden („New Jerusalem“)
- Glaube an die eigene Auserwähltheit im göttlichen Heilsplan (Exzeptionalismus)
- Vorstellung von Amerika als Reich Gottes auf Erden
- Eigenverantwortlichkeit/Individualismus, individuelle Selbstentfaltung in christlichen Gemeinden als Grundelement des Heilsplans
- Gewissen als übergeordnete Instanz
- Politische Institutionen, Verfassung, Staatsform als untergeordnete Medien im Heilsplan
- Staatsform mit Volkssouveränität als Garant des staatlichen Schutzes individueller Grundrechte auf „Leben, Unabhängigkeit und individuelle Selbstentfaltung“ (life, liberty and pursuit of happiness)

Zeitgeist der Sozialutopie

- Modelle einer idealen Gesellschaftsordnung fernab bestehender zeitgenössischer Verhältnisse

Vorläufer
- Entwurf des Idealstaats nach Platon (Politeia)

Entstehung des Genres utopischer Schriften, Reisebeschreibungen, Satiren
- Utopische (Staats-)Romane: Thomas More (1516 Utopia), Francis Bacon (1627 Nova Atlantis) u. v. a.

Neoklassische Ökonomie und Moralphilosophie

Adam Smith (1723–1790)

- Arbeit als treibende Kraft der Wirtschaft und des Wohlstands
- Eigeninteresse als Quelle des Gemeinwohls
- Eigentum als Grundlage moralischen Seins
- Eigentum als Grundrecht

Gottes Heilsplan für christliche Gemeinden eigenverantwortlicher Bürger

- Religiöse und rationalistische Weltanschauung mit dem Individuum im Zentrum

Staatsform als Mittel zur Erreichung des „New Jerusalem“

- Staat als Förderer des individuellen und damit des gesellschaftlichen Wohls und spirituellen Heils

Religiöse Grundlage für Individualismus

- Recht auf Wahl des eigenen Lebensentwurfs
- Widerstand gegen etablierte doktrinäre politische und kirchliche Autoritäten
- Abkoppelung von Kirche und Staat
- Entwicklung der „Culture of Privatism“

Religiöse Grundlage der besonderen Staatsform und politischen Kultur

- Enge Verquickung von Religion und Politik
- Religiöses Sendungsbewusstsein und missionarischer Charakter amerikanischer Politik

Entwurf: R. Schneider-Sliwa

***Abb. 2:** Ideengeschichtlicher Ursprung der angloamerikanischen Gesellschaft.*

(250 900 Personen um 1700, 466 200 im Jahre 1720 und 2 204 500 im Jahr 1775) sah in zahlreichen religiösen und philosophischen Schriften die Besiedlung Amerikas als Erweiterung der Genesis widergespiegelt (Schäfer 1998, S. 68–71).

Die älteste Druckerei entstand 1638 in Cambridge, Massachusetts. Religiöses Schrifttum begann ab 1738 auch in nichtenglischer Sprache die deutschen Einwanderer entsprechend zu unterweisen. In rascher Folge entstanden auch in den übrigen Kolonien Druckereien, die nach europäischem Standard arbeiteten. Seit Mitte des 18. Jahrhunderts verbreiteten auch Zeitungen politische, religiöse und wissenschaftliche Themen. Benjamin Franklin setzte sich als Erster für die Abschaffung religiöser Eignungstests bei der Zulassung zur Universität ein. Dadurch erhielt die rationalistische Weltanschauung ab 1749 eine stärkere Basis. Diese beruhte jedoch, ähnlich wie im Puritanismus, auf dem Wertbild des freien, eigenverantwortlichen Menschen. Auf diese Weise festigte die säkularisierte Betrachtungsweise also die gleichen fundamental-puritanisch geprägten Normen für die menschliche Gesellschaft und zementierte demnach die puritanischen Werte endgültig (Schäfer 1998, S. 67–71).

Die erste Hälfte des 18. Jahrhunderts war von säkularen Tendenzen in der gebildeten Oberschicht, Ideen der Aufklärung und neuen wissenschaftlich-physikalischen Erkenntnissen geprägt. Da zudem die Siedlerströme an der sich westwärts ausdehnenden Siedlungsgrenze ohne die traditionell-religiöse Unterweisung auskommen mussten und ein Rückgang des Glaubens befürchtet wurde, begannen die Kirchen, ausgehend von Massachusetts und Pennsylvania, eine aktive Wiederbelebung des religiösen Lebens im Sinne des Puritanismus. Das sogenannte „Great Awakening“ wurde seit den 1730er Jahren zur großen sozialen Bewegung Amerikas. Noch vor der Unabhängigkeit der Vereinigten Staaten von 1776 wurde damit das ganze bekannte Amerika auf seine ursprünglichen religiös-ideologischen Grundwerte eingeschworen und wurden amerikanische Traditionen geschaffen, die bis in die Gegenwart weiterleben (Abb. 3): Beide Geistesrichtungen, die Säkularisierung und das „Great Awakening“, wiesen dem Individuum, dem Recht des Einzelnen auf freie Lebensgestaltung und seiner Eigenverantwortlichkeit zentrale Bedeutung zu (Schäfer 1998, S. 77). Dabei erhielt der Gedanke, in der individuellen Selbstentfaltung den gelebten Sendungsauftrag zu sehen, eine uneingeschränkte Akzeptanz.

Wegen der Komplementarität der beiden konträr scheinenden Geistesströmungen verwundert es nicht, dass Vernunft und Offenbarung, Politik und Religion bis in die Gegenwart eng verwoben blieben. Das Bürgerliche, Kirchliche und Politische existieren separat, jedoch in einem komplexen Systemzusammenhang, der in seiner Gesamtheit die als göttlich gesehene Aufgabe und Vorbildfunktion für die Welt ausüben möchte. Wenn man also dem heutigen Unilateralismus Amerikas in der Welt mit Unverständnis begegnet, muss man sich in Erinnerung rufen: Der „Weltpolizist“, der die Welt immer wieder mit seinen Handlungen bewegt, versteht sich in seiner Handlungsweise als Akteur, der aus einem fundamental *religiösen* Auftrag, einem „göttlichen Sendungsauftrag“ heraus in das Weltgeschehen eingreift.

Bemerkenswert ist, dass sich dieses Selbstverständnis Amerikas nicht etwa in neuerer Zeit herausgebildet hat, sondern bereits in der kolonialen Gesellschaft, also noch vor Bestehen der USA, angelegt wurde: Zwischen der Ankunft der *Pilgrim Fathers* in den englischen Kolonien und der Gründung der Vereinigten Staaten von Amerika konstituierte die Gesellschaft Werte und machte sie zur Norm, die bereits zweihundert Jahre lang bestand, bevor sie per Verfassung zur Staatsnorm wurde. In der „Vertragstheorie“ des Puritanismus, nach der die Siedler den Gnadenbund mit Gott als Individuen zu leben hatten, mussten sich daher sowohl starke religiöse als auch politisch-weltliche Doktrinen mit entsprechenden Regierungsformen bilden. Da dem Einzelnen eine zentrale Rolle zukommt, musste zwangsläufig eine Regierungsform entstehen, welche die individuellen Rechte gegenüber jedermann, auch der Vorherrschaft einer einzelnen Kirchendoktrin, zu schützen hatte. Die Abkoppelung einer solchen Regierungsform von den Kirchen galt daher als geeignete und einzige Staatsform, um dem „göttlichen Heilsauftrag“, in Amerika ein „Neues Jerusalem“ zu gründen, zu dienen (Adams 2000, S. 56).

In Amerika ist darin die bis heute gültige absolute Volkssouveränität mit Trennung von Staat und Kirche und die gleichzeitig enge Verbindung von Politik und Religion begründet – eigentlich ein Paradoxon. Wie stark diese enge Verbindung auch heute noch ist, zeigt sich auch in der Usance amerikanischer Politiker, wichtige Reden oder Ereignisse grundsätzlich mit dem Segen *God bless America/ God bless you* zu beenden. Es gibt keine offizielle Ansprache an die Nation, in der die angedeutete Auserwähltheit von Volk und Mandatsträgern ausgelassen werden darf. Politik und Religion sind in den USA demnach kein Gegensatz, sondern Teile desselben großen Ganzen: des gerechten Gemeinwesens, der „idealen Republik“, der *city upon a hill.* Diese Tradition begründet auch Amerikas weitergreifenden messianischen Anspruch auf moralische Hilfestellung für die ganze Welt. Von George Washington ist der Ausspruch von 1789 bekannt: „Die Vereinigten Staaten sind von der Vorsehung dazu bestimmt, der menschlichen Größe und dem menschlichen Glück eine Heimat zu geben. Das Resultat muss eine Nation sein, die einen verbessernden Einfluss auf die ganze Menschheit ausübt.“ Herman Melville schrieb: „We Americans are the peculiar, chosen people – the Israel of our times (...) God has predestinated, mankind expects great things from our race (...) we are the pioneers of the world (...) sent on to break a new path in the New World that is ours“ (zit. in: Adams 2000, S. 56).

Da sich diese sinnstiftenden religiösen Philosophien bestens mit dem individuellen Streben nach Glück und Wohlstand und der gewinnbringenden Erforschung des Kontinents verbanden und auch einen spirituellen Triumph nach jeder Niederlage erlaubten, konnte sich dieses Gedankengut zu der nationalen Mythologie und einer weithin akzeptierten amerikanischen Identität, zu dem „Wesen Amerikas“ herausbilden. Dass die Weltgemeinschaft der selbstgewählten Rolle der USA (*Manifest Destiny*) so lange uneingeschränkt zustimmte, lag an der tatsächlichen Vorbildfunktion einer freien Demokratie auf ein seinerzeit noch feudales Europa. Dass die freiheitliche demokratische Welt der selbstgegebenen moralischen Vorrangstellung Amerikas heute *nicht* mehr zustimmen kann, zeigt sich besonders pointiert in internationalen Angelegenheiten, wenn Amerika Unilateralismus, Militarismus und wirtschaftliche Interessen mit internationalem Interventionismus verbindet.

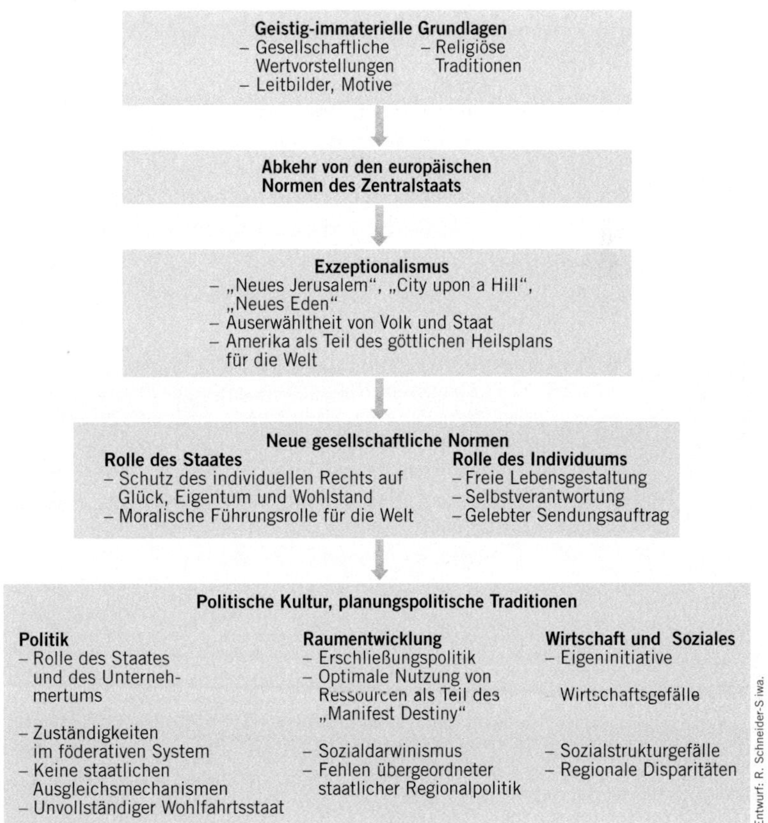

Abb. 3: *Wertevorstellungen in Staat und Gesellschaft.*

Das Neue an der „Neuen Welt"

Ausgehend von den geschilderten ideellen Grundlagen Amerikas stellt sich die Frage, was denn konkret das Neue an der Neuen Welt war und ist. Acht wesentliche Punkte sind zu nennen:

1. Mit „Amerika" wurde eine ahistorische Situation geschaffen: Utopia wurde Wirklichkeit, zumindest in der Vorstellung der *Pilgrim Fathers* und später der Gründungsväter. Als Siedler in Amerika lebten sie zunächst in eher sozialutopischen Gemeinwesen, die auf die Unabhängigkeit der einzelnen selbstverwalteten religiösen Gemeinden von einer nationalen Kirche größten Wert legten (Kamphausen 1992, S. 259).
2. Es entwickelte sich eine eigenständige und vom europäischem Vorbild unabhängige intellektuelle Tradition, deren Fundament puritanisch-religiösen Ursprungs und stark von Geistesströmungen der Zeit wie Aufklärung, Sozialutopien, Neoklassischer Ökonomie und Moralphilosophie geprägt war.
3. Die geschichtliche Einzigartigkeit Amerikas und seine ideengeschichtlichen Ursprünge übten einen starken Einfluss auf individualistische Geisteshaltung und Lebensform sowie den gesamtgesellschaftlichen Pluralismus aus. Es sollte der Überzeugung nach ein neuer Menschenschlag, der *„new breed"*, entstehen.
4. Die individualistische und zugleich pluralistische Gesellschaft der Einwanderer bedurfte besonderer Mechanismen, um eine nationale Identität zu erzeugen, das Land in Wert zu setzen und innere Stabilität zu garantieren. Als Mechanismen in einer enthierarchisierten Welt dienten sorgfältig kultivierte Mythen. Als neues Credo (*new creed*) in religiösen und offiziellen politischen Schriften propagiert, machten sie Amerika über vier Jahrhunderte selbst zum mythischen Raum, zur normativen Idee und zur kollektiven Metapher für individuelle Freiheit. Amerika wurde zur Projektionsfläche für Vorstellungen vom Gelobten Land – weltweit (Zöller 1992, S. 286 f.; Kamphausen 1992, S. 260).
5. Die bewusste Einpflanzung von Mythen im amerikanischen Kollektivbewusstsein machte individuelles Streben nach Glück, Wohlstand sowie nach einem naturnahen Leben zum Garanten von Freiheit, Mündigkeit und Selbstentfaltung. Auf gesamtgesellschaftlicher Ebene wurden diese Mythen zu Kräften der Inwertsetzung des Kontinents und der inneren Stabilität.
6. Diese fast zwei Jahrhunderte vorherrschenden Geisteshaltungen und kulturellen Werte kolonialer Zeit schufen 1789 die ihnen entsprechende politische Verfassung und Staatsform der Vereinigten Staaten von Amerika, welche wiederum die (Geisteshaltung und) gesellschaftlichen Normen bis in die Gegenwart prägen.
7. Die Verfassungsdokumente von 1789 besiegelten juristisch die religiös begründeten, individualistischen Rechte. Vorherrschende Normen und Traditionen wurden mit Hilfe weiterer Verfassungswerke, welche die Zuständigkeiten des Staates nochmals einschränkten, ausgebaut.
8. Verfassungsmäßig verankerte Zuständigkeiten von privater und öffentlicher Seite wurden richtungsweisend für die gesamte wirtschaftliche, politische und soziale Entwicklung der USA.

Ahistorische Situation und eigenständige intellektuelle Tradition

Veränderungen von politischen, wirtschaftlichen und gesellschaftlichen Systemen haben nachhaltige Folgewirkungen auf das individuelle und kollektive Selbstverständnis. Den sozialpsychologischen Wirkungen des neuen amerikanischen politischen Lebens kam bereits in der kolonialen und besonders in der post-kolonialen Ära eine besondere Bedeutung zu. Alexis de Tocqueville schrieb in seinem Werk über die Demokratie in Amerika (1835/1840, 1985):

„Es stimmt, dass die Angloamerikaner die Gleichheit der Bedingungen in die Neue Welt gebracht haben. Nie gab es bei ihnen Bürger und Adelige; die Vorurteile der Geburt waren dort ebenso unbekannt wie die des Berufes. Da der gesellschaftliche Zustand mithin demokratisch war, konnte die Demokratie mühelos ihr Reich errichten. Dieser Tatbestand ist aber keine Besonderheit der Vereinigten Staaten; fast alle Kolonien sind durch Menschen gegründet worden, die unter sich gleich waren oder die es als Einwohner wurden. Es gibt kein einziges Gebiet in der Neuen Welt, wo die Europäer eine Aristokratie zu gründen vermochten" (Tocqueville 1835/1840, 1985, S. 184).

Mit Gründung der USA wurde diese neue freiheitliche Gesellschaftsform politisch zementiert, da ein *„government by the people, through the people and for the people"* eingesetzt wurde. Über Jahrhunderte hinweg blieb die Verteidigung dieses freiheitlichen Gedankens zentrales Element im Selbstverständnis der Amerikaner und wurde sogar als weltweite Sendungsaufgabe begriffen. So wurde der Eintritt in den Ersten Weltkrieg 1917 mit den Worten Präsident Wilsons begründet: „The world must be made safe for democracy" (Adams 2000, S. 13). Vor diesem gedanklichen Hintergrund ist auch der sogenannte Präventivkrieg im Irak im Jahr 2003 zu verstehen, der die Welt vor vermeintlichen Massenvernichtungswaffen schützen sollte.

Die amerikanische Verfassung setzte das Menschenrecht auf Glück und Wohlstand fest und legitimierte politisch, was bereits als Kernstück des „Neuen Eden" religiös begründet war. In Fortführung dieser Gedanken sind in Amerika Unilateralismus und strikte Verfolgung nationaler wirtschaftlicher Interessen moralisch, religiös und politisch vom Mythos der vorbestimmten Rolle Amerikas in der Welt (*Manifest Destiny*) getragen. Dieser ideelle Hintergrund erklärt auch, warum einseitige Vorgehensweisen gegen Länder wie den Irak im Jahr 2003 von beiden Parteien im Kongress und der Mehrheit der Amerikaner unterstützt wurden.

Abb. 4: *Pioniere auf den Stromschnellen eines Flusses im Westen, 1897.*

Quelle: Bibliothek des John F. Kennedy-Instituts der Freien Universität Berlin.

Neuer Persönlichkeitstyp des Individualismus – *new breed*

Individualismus war eine zentrale Konstitutionsbedingung dieser Demokratie, noch bevor sie sich eine Verfassung gab, in der das Streben nach Glück und Selbstentfaltung als Grundrecht anerkannt wurden. Der fast dreihundertjährige angloamerikanische Besiedlungsprozess eines derart riesigen Raumes hat die Menschen, die bereits von religiös geprägter Geisteshaltung der Eigenverantwortlichkeit und des Individualismus durchdrungen waren, in viel stärkerem Maße als in den europäischen Ländern auf sich selbst gestellt (Adams 2000, S. 8f.).

Charakteristikum dieses „neuen Persönlichkeitstypus“ war eine veränderte, individualistische Weltanschauung, die in dieser Form im Europa der Feudalstrukturen nicht entstehen konnte: „Individualismus ist ein neuer Ausdruck, den eine neue Anschauung schuf. Unsere Väter kannten nur den Egoismus. Der Egoismus ist eine leidenschaftliche und übertriebene Eigenliebe, die den Menschen bestimmt, alles nur auf sich zu beziehen und sich selbst allem vorzuziehen. Der Individualismus ist eine überlegte und friedliche Anschauung, die jeden Staatsbürger geneigt macht, sich von der Masse zu isolieren und sich mit seiner Familie und seinen Freunden abseits zu halten; so überlässt er gerne die große Gesellschaft sich selbst, nachdem er sich eine kleine Gesellschaft zum eigenen Gebrauch geschaffen hat (…). Der Individualismus ist demokratischen Ursprungs und seine Entwicklung droht mit der fortschreitenden Gleichheit zu wachsen“ (Tocqueville 1835/1840, 1985, S. 238f.).

Menschen, die als neue Siedler in einem solch großen Land auf sich selbst angewiesen waren und sich aus dem Glauben heraus zur Selbstverantwortung verpflichtet fühlten, wurden notgedrungen zu Individualisten, deren gesamtes soziales Beziehungsgeflecht sich änderte. Verhaltensweisen, Normen und soziale Strukturen der zukünftigen Generationen und des gesellschaftlichen Miteinanderlebens wurden dauerhaft geprägt – „Das Band menschlicher Gefühlsverbindungen dehnt sich und wird locker“ (Tocqueville 1835/1840, 1985, S. 240), der „Individualismus kann auch alle Tugenden aufzehren und im Egoismus enden“ (S. 239). „Hier tauchen ständig neue Familien aus dem Nichts auf und andere verschwinden wieder (…) Leicht vergisst man seine Vorfahren und hat keine Vorstellungen von seinen Nachkommen. Nur die Nächsten beschäftigen einen (…) Sie (die Individuen, *Anm. d. Verf.*) gewöhnen sich daran, sich immer nur in der Isolierung zu betrachten, und stellen sich gerne vor, dass das Schicksal nur von ihnen selbst abhinge“ (S. 240).

Mythologisierung der Einzigartigkeit

Das religiöse Fundament, die Befreiung von den historischen Fesseln des „Alten Europa“ und die darin verborgenen Möglichkeiten der Selbstverwirklichung, ebenso wie das Leben an der *frontier* mit seinem Verlust von Gemeinschaft haben früh dazu angeregt, diese Geisteshaltung auch als einzigartig zu mythologisieren. Kultur- und Literaturforschung zeigen im kolonialen Amerika die Entstehung eines neuen Genres von Romanen und Erzählungen, das während mehrerer Jahrhunderte einen Aufschwung erlebte. Diese untermauerten die *„city upon a hill“* mit jenem heroischen und zivilisationsgeschichtlichen Pathos, das die junge Republik im Vergleich mit den Weltkulturen mithalten lassen sollte (Fluck 1999, S. 740–803). Auch die amerikanische Malerei widmete sich diesem Sujet (Abb. 4) der einsamen Helden (*lone riders*), die den Widrigkeiten des Frontierlebens trotzen.

Gemeinsam sind vielen dieser Werke die Konflikte zwischen Indianern und Weißen, die Schilderung des Ausgesetztseins von Mensch und Tier an der

Poetisierung der amerikanischen Republik	
Prospects of the Future Glory of America (John Trumbull 1770)	
The Rising Glory of America (Philip Freneau und Hugh Henry Brackenridges 1771)	
The Vision of Columbus (Joel Barlow 1787)	
The Columbiad (Joel Barlow 1807)	
The Conquest of Canaan (Timothy Dwight 1785)	
Persönlichkeitstypus/Frontier Novels	
Aufwertung demokratischer Helden	
The Pioneers (James Fenimore Cooper 1823)	
The Last of the Mohicans (James Fenimore Cooper 1826)	
The Prairie (James Fenimore Cooper 1827)	
The Pathfinder (James Fenimore Cooper 1840)	
The Deer Slayer (James Fenimore Cooper 1841)	
Romantische Aufwertung der Natur	
Nature (Ralph Waldo Emerson 1836)	
Philosophische Aufwertung des Individuums, Befreiung von konformistischen Zwängen (auch der neuen amerikanischen Gesellschaft)	
Civil Disobedience (Henry David Thoreau 1849)	
Walden (Henry David Thoreau 1854)	
The Scarlet Letter (Nathaniel Hawthorne 1850)	
The House of Seven Gables (Nathaniel Hawthorne 1851)	
The Blithedale Romance (Nathaniel Hawthorne 1852)	
Moby Dick (Herman Melville 1852)	
Billy Budd (Herman Melville 1881)	
Varianten: Domestic Novel (weibliche Eigenständigkeit im Hause/Berufstätigkeit, 1830–1870) und Slave Novel (Freiheitskampf der Sklaven)	
The Wide, Wide World (Susan Warner 1852)	
The Lamplighter (Maria Cummins 1854)	
Uncle Tom's Cabin (Harriet Beecher Stowe 1852)	
The Narrative of the Life of Frederick Douglass, an American Slave, Written by Himself (Frederick Douglass 1845)	
Incidents in the Life of a Slave Girl, Written by Herself (Harriet Jacobs 1861)	
Amerikanische Renaissance Aufwertung des amerikanischen Selbstverständnisses im Zeitalter des Realismus	
Leaves of Grass (Walt Whitman 1855)	
The Adventures of Tom Sawyer (Mark Twain 1876)	
Huckleberry Finn (Mark Twain 1885)	
Life in the Iron Mills (Rebecca Harding Davis 1861)	
Varianten: Local Color/Regionalliteratur weiblicher und schwarzer Literaten Soziale Kompatibilität/gemeinschaftsfähige Individuen	
(Romane von Henry James, Winslow Homer, Thomas Eakins)	
Aufsteigermythos	
From Rags to Riches (Horatio Alger 1868–74)	
Kritische, satirische, zynische Varianten	
The Great Gatsby (F. Scott Fitzgerald 1925)	
Death of a Salesman (Arthur Miller 1949)	
Populäre therapeutische Selbsthilfeliteratur	
How to Win Friends and Influence People (Dale Carnegie 1937)	
The Power of Positive Thinking (Norman Vincent Peale 1938)	

Tab. 1: Ausgewählte literarische Darstellungen des 18. bis frühen 20. Jahrhunderts.

Quelle: zusammengestellt nach W. Fluck 1999, S. 719–803.

Frontier und der sozialdarwinistische Überlebenskampf. Diese zweifellos von vielen Siedlern tatsächlich gemachte, literarisch aufgearbeitete Erfahrung wirkte sich prägend auf die Mythologisierung eines sogenannten „amerikanischen Charakters" aus. Die Verklärung des harten Pionierlebens und des einfachen Lebens in Stadt und Land diente der Schaffung jenes Kollektivbewusstseins, das für den Zusammenhalt des Landes als nötig erachtet wurde (Abb. 5 u. 6, Tab. 1).

Das bereits bekannte Thema variierte im späten 19. und beginnenden 20. Jahrhundert: Während die Frontier bis dahin die offene Grenze in der freien Wildnis war, verlagerte sie sich mit dem Einsetzen der Industrialisierung in die Städte. Der „einsame Held" sicherte sich nun sein Überleben in den Industrien und verslumten Großstädten und arbeitete sich vom Tellerwäscher zum Millionär hoch – der *self-made man* der offenen Prärie hatte sein städtisches Pendant. Erstmals wurde dies literarisch in Horatio Algers (1832–1898) zahlreichen Werken zum Themenkreis *„From Rags to Riches"* dargestellt, in denen er viele berühmte Fälle von Personen aufzeigte, die einen phänomenalen sozialen Aufstieg gemeistert hatten. Gegen die kriminelle Frontier ließen Literaten und Hollywood seit den 1920er Jahren charismatische, einsame Detektive und damit einen neuen Heldentyp antreten. Überhaupt nahm sich Hollywood der nicht korrumpierbaren, einsamen Helden im Kampf für Gerechtigkeit filmisch stark an: sei es im Western, im Detektivgenre, in Politthrillern oder in der Darstellung von *self-made people* (Fluck 1999, S. 740 bis 803). Während sich also seit dem 19. Jahrhundert die Frontier von der Natur in die Städte verschoben hatte, reitet der „Marlboro Man" in der Zigarettenwerbung bis heute in die Wildnis hinein und soll damit bei Millionen von amerikanischen Kunden mehr als nur ein Klischee bedienen, vielmehr wird auf den heroisierten Ur-Amerikaner in jedem Normalbürger abgezielt.

Pluralismus und nationale Identität

Die Individualisierung bedingt ein weiteres Wesensmerkmal Amerikas: das des kulturellen Pluralismus. Eine Gesellschaft, deren Menschenideal das des unkonventionell lebenden Individualisten ist, muss zwangsläufig auch

Quelle: Bibliothek des John F. Kennedy-Instituts der Freien Universität Berlin.

Abb. 5: *Farmstätte im Winter, 1862.*

Quelle: Bibliothek des John F. Kennedy-Instituts der Freien Universität Berlin.

Abb. 6: *Straßenszene in Boston vor Einführung der Straßenbahn, 1885.*

die Vielfalt individueller, nicht selten widersprüchlicher geistiger und weltlicher Interessen als grundsätzlichen gesellschaftlichen Wert verankern. Dennoch gab und gibt es oft Phasen, in denen das Idealbild der Gesellschaft von sich selbst von der Realität der Lebensbedingungen, institutionellen Praxis und gesetzlichen Normen zum Schutze kultureller und ethnischer Minderheiten sehr stark abwich (s. Kap. „Bevölkerungsentwicklung“).

Religiöse Vielfalt mit einer starken Eigenentwicklung von Kirchen und Sekten sowie kultureller Pluralismus waren nicht nur Kennzeichen der frühen Kolonien (Tab. 2), sondern gewannen in den folgenden dreihundert Jahren noch an Bedeutung und schlugen sich in der ausgeprägt multikulturellen Gesellschaft (Schlesinger 1992) nieder.

Der amerikanische Historiker Arthur Schlesinger erklärt die Besonderheit des amerikanischen Pluralismus: Die Durchtrennung von Wurzeln, Befreiung von der Vergangenheit und der Eingang in ein neues Leben erforderten eine Verflechtung von verschiedenen ethnischen Kulturen zu einem einheitlichen Muster. Die großen Denker und Politiker Amerikas förderten diesen Gedanken ideologisch dadurch, dass sie den Amerikaner zu einer neuen Rasse, einem neuen Menschenschlag hochstilisierten – *a new race, a new breed* –, der offen gegenüber den Unterdrückten und Verfolgten sein und seinen Teil zur Regierung, den bürgerlichen Pflichten und politischen Rechten für alle beitragen sollte. Dadurch glaubte man, eine neue Gesellschaft zu formen, die ethnische und andere politisch-kulturelle Unterschiede durch ein System aus Idealen ersetzen und überwinden sollte (Schlesinger 1992; Fluck 1999, S. 725–734; Kamphausen 1992, S. 259–269; Zöller 1992, S. 285–295; Vorländer 1999; Scheuch/Scheuch 1992).

Mit Hilfe von Ideen, Idealen und letztlich Ideologien sollte jeder ungeachtet der Rasse, nationalen Herkunft, der ethnischen Wurzeln, des Geschlechts oder des Glaubens wahrhaft zum Amerikaner werden und eine neue Heimat erhalten. Dazu benötigt wurden Mechanismen, die sowohl die individuelle Selbstentfaltung als auch die friedliche Koexistenz garantierten. Ersteres wurde im Recht auf Privateigentum, Letzteres in der Schaffung und Kultivierung einer nationalen Identität durch Propagierung von Mythen gesehen, die in ihrer Gesamtheit zum *American Creed* werden sollten.

Kirchliche Gemeinschaft	Anzahl d. Bev.	Anteil d. Bev. %
Kongregationalisten	575 000	24,0
Anglikaner	500 000	20,8
Presbyterianer	410 000	17,1
Holländische Reformierte	75 000	3,1
Lutheraner	75 000	3,1
Deutsche Reformierte	50 000	2,1
Andere deutsche Kirchen	75 000	3,1
Quäker	40 000	1,7
Baptisten	25 000	1,0
Katholiken	25 000	1,0
Methodisten	5 000	0,2
Juden	2 000	0,1
Sklaven ohne kirchl. Zugehörigkeit	543 000	22,6

***Tab. 2:** Geschätzte Kirchenmitgliedschaften in den Kolonien 1775.*

Quelle: Purvis, Thomas L.: Revolutionary America 1763–1800 (Almanacs of American Life), New York 1995, S. 197.

Identitätsbildung und Mythenpflege

Privateigentum als Seinsgrundlage des Individuums

Das Ideal des sich selbst verwirklichenden, eigenverantwortlichen, neuen und guten Menschen wurde sehr früh mit einem Leitgedanken der Aufklärung und der neoklassischen Ökonomie und Moralphilosophie verbunden: dem Eigentum als Grundlage des moralischen Seins. Beide Gedanken untermauerten die puritanische Vorstellung, nach der wahre Sittlichkeit und die Ausführung des Gnadenbundes mit Gott an das Recht auf Privateigentum gebunden seien. Weitere Impulse erfolgten durch die moralische Sinngebung, die man in der Natur und ihrem Wert für die Herausbildung eines tugendhaften Menschen zu erkennen glaubte.

Gründungsmythen

Die über fast vierhundert Jahre bestehenden, religiös fundierten Vorstellungen vom Exzeptionalismus für die neuere Menschheitsgeschichte haben sich also nicht zufällig entwickelt oder erhalten, sondern wurden sehr bewusst in jeder Phase der Inwertsetzung des Landes von den gesellschaftsrelevanten Akteuren – der Geistlichkeit, der politischen Führung, der Kunst und Kultur – zur Bildung der Nation eingesetzt.

Für die Besiedlung des riesigen Kontinents erwiesen sich die Geistesgeschichte und ihre Gründungsmythen als ungemein hilfreich: Die religiös-puritanischen Ideale des individuellen Heilsauftrages und der Selbstverantwortlichkeit, der unbedingte Glaube an die eigene Vernunft sowie die realen Lebensbedingungen, die einen individuellen Überlebenskampf notwendig machten, waren integrationsfördernde Leitbilder bei der schwierigen nationalen Aufgabe, die Vielzahl der Individualisten und Millionen von Migranten zu einer friedlichen Koexistenz zu bewegen. Politische Mechanismen, die eine zentrale Orientierung für Integrationsbemühungen hätten geben können (Ähnliches wird in der sich erweiternden Europäischen Union des 21. Jahrhunderts kontrovers diskutiert), hätte es aufgrund der enthierarchisierten, neuartigen Gesellschafts- und Demokratiestruktur nicht geben können – gründete sich doch der ganze politische Aufbau des kolonialen Alltagslebens und später der Vereinigten Staaten auf der Idee der dezentralen, im Individuum verankerten Entscheidungsstruktur (Kamphausen 1992, S. 273–280; Zöller 1992, S. 290–293).

Um eine solche Vielzahl der stetig wachsenden und sich verändernden Einwandererströme also auf *eine* nationale Identität einzuschwören, bedurfte es der eigenen Überzeugung jedes Einzelnen, einer Überzeugung, die beispielsweise mit einer zentral von oben gesteuerten, als unamerikanisch empfundenen Politik nie hätte erreicht werden können. Als stärkere Kräfte im Prozess der kontinentalen Besiedlung und der nationalen Identitätsbildung eines Vielvölkerstaates konnten daher nur Vorstellungen, Ideen, Ideale und Mythen dienen, wie beispielsweise die puritanische Analogie zwischen dem Auszug des Volkes Israel aus Ägypten in das Gelobte Land und ihrer eigenen Emigration nach Amerika (Fluck 1999, S. 725).

Die Frontier

Als Quelle moralischer Transformation der „Auserwählten“ galten also Besitz und das Leben in der Natur, zwei Faktoren, die zu den vielleicht bedeutendsten Kräften in der Besiedlung und der westwärts vorrückenden Frontier wurden. Es erklärt auch, warum heute noch für die Mehrheit der Amerikaner das Eigenheim außerhalb der Stadt im grünen, suburbanen Raum überaus erstrebenswert ist. „Suburbia“ kommt in der modernen, amerikanischen Industriegesellschaft der Idee der Gründerväter vom ländlichen Leben und dem guten Menschen am nächsten, auch wenn es mittlerweile „Trouble In Paradise“ (Baldassare 1986) gibt.

Rückblickend wird deutlich, dass es bei den Einwanderern, die zwar großteils freiwillig nach Amerika gekommen waren, dennoch der ideellen Kräfte, Hoffnung auf Landbesitz und des religiösen Sendungsbewusstseins bedurfte, um sie dazu zu bewegen, freiwillig in immer weitere Extremumgebungen vorzustoßen. Unerwartete und fremde Klima- und Lebensbedingungen wie Dürren, Wüsten, Kälte, die oft Armut, Hunger und Krankheit mit sich brachten, forderten ihren Tribut. Die Besiedlung der rauen, aber reichen Wildnis wurde in Amerika – im Gegensatz zur Zwangskolonisation von Sibirien durch die sowjetische Regierung im 20. Jahrhundert – von Ideen getragen. Wo diese ideellen Kräfte in den Siedlern der Unterstützung bedurften, erfolgte aktive Missionierung oder das „Wiedererwecken“ des inneren Sendungsbewusstseins. Wo das Wissen um die Möglichkeiten des Landes fehlte, wurde es mit Hilfe von Expeditionen, wie der berühmt gewordenen Clark-Lewis-Expedition von 1803, erschlossen. Wo die rechtlichen Voraussetzungen für Besitz und das Leben in der freien Natur fehlten, wurden sie geschaffen – wie in den Landvergabegesetzen von 1862. Wo Ureinwohner der Landnahme im Weg standen, wurde das Problem durch Krieg, Vertreibung und Vernichtung gelöst. Wann immer nötig, wurde dabei das Sendungsbewusstsein, das der Inwertsetzung des riesenhaften Kontinents so dienlich war, durch sorgfältig orchestrierte Öffentlichkeitskampagnen von Regierungsseite aktiviert. Dabei wurde der sich wandelnde Zeitgeist einer industrialisierenden Gesellschaft berücksichtigt, indem man die ideellen Kräfte beispielsweise auch mit säkularisierten Leitbildern stärkte, wie der These von Turner und der nationalen Bewegung zum Schutz der Natur, die mit der Gründung des ersten Nationalparks 1872 im Yellowstone-Park begann.

Frederick Jackson Turners These war Instrument in der Säkularisierung der puritanisch-religiösen Vorstellung, die der Philosophie der weltlich gewordenen Industriegesellschaft des 19. Jahrhunderts mehr entsprach. Turner erklärte die Einzigartigkeit der amerikanischen Gesellschaft nicht länger theistisch, sondern mittels einer naturalistischen Wertevorstellung. Er leitete die Besonderheit der amerikanischen Demokratie aus der materiellen und psychischen Erfahrung des Frontierlebens ab, in welcher der Einzelne in der Sicherung der Lebensgrundlagen völlig auf sich selbst gestellt war. Nach Turner wurde der Kolonist aufgrund seiner Lebensumstände in der Wildnis zum Individualisten, der nur den Naturkräften und seinem eigenen Verstand als letzter Instanz unterworfen war. Die Frontier wurde zur reinigenden und erneuernden Kraft mystifiziert, an der man das Europa der Dekadenz und Unfreiheiten hinter sich lassen und zu einem neuen Bürger – einem amerikanischen Charaktertypus – werden konnte. Das Leben in der Wildnis schuf daher, so Turner, einen neuen, amerikanischen Charaktertypus. Dieser Glaube wurde zum säkularen Gegenstück der religiösen Begründung Amerikas, da Turner zufolge die amerikanische Demokratie nicht mit den Pilgervätern nach Amerika kam, sondern sich in den Wäldern entwickelte und durch jede neue Frontierverschiebung stärker wurde.

Seit Turners weithin akzeptierter These wurde also der Exzeptionalismus Amerikas nicht nur über die religiöse, sondern auch über die naturalistische Ebene vertreten und der Boden für den Amerikanismus als nationaler Ideologie bereitet. Demokratie wurde nun als originär amerikanisches Produkt verstanden, das sich aus der Erfahrung der Republik selbst herleitete (Kamphausen 1992, S. 275; Beck 1955). Wie der führende Historiker Richard Hofstadter (1947, 1973) erklärte (in: Huntington 1981, S. 25 und Kamphausen 1992, S. 260): „It has been our faith as a nation not to have ideologies but to *be* one.“

Frederick Jackson Turners Frontier-These

„Das Vorhandensein einer weiten Strecke von freiem Land, dessen ständiges Zurückweichen und das Vordringen der amerikanischen Bevölkerung nach dem Westen erklärt die Entwicklung der Vereinigten Staaten. Die Einzigartigkeit amerikanischer Institutionen geht daraus hervor, dass diese sich den Bedürfnissen des sich weiter und weiter über den Kontinent ausdehnenden Volkes anpassten und sich von ihrer einfachen Form in der Wildnis zu einer komplexen Form in städtisch-industriellen Zonen entwickelten. (...) Die Wildnis beherrscht den Kolonisten. Sie findet ihn als Europäer in Kleidung, Handwerk, Reisearten und Denken. Sie holt ihn aus dem Eisenbahnwagen heraus und setzt ihn in ein Birkenrindenkanu. Sie reißt das Gewand der Zivilisation von ihm ab und kleidet ihn in ein Hirschlederhemd und Mokassins. Sie steckt ihn in das Blockhaus der Irokesen und Cherokesen und errichtet einen indianischen Palisadenzaun um ihn herum. Über kurz oder lang pflanzt er Mais und pflügt mit einem primitiven Hakenpflug (...) Kurz, an der Frontier ist die Umwelt vorerst zu mächtig. Der Neusiedler muss sich deren Bedingungen anpassen, will er nicht untergehen. (...)

Langsam verändert er die Wildnis, aber das Ergebnis ist nicht das alte Europa, Tatsache ist, dass ein neues Gebilde entsteht, das genuin amerikanisch ist. Anfangs war die Frontier die Atlantikküste, und diese war tatsächlich die Grenze Europas. In der Westwärts-Verschiebung wurde die Frontier immer mehr Amerika. Die Ausdehnung der Frontier bedeutete ein immer stärkeres Abwerfen des europäischen Einflusses und ein stetiges Wachstum amerikanischer Unabhängigkeit. (...)

Diese Grobheit und Kraft, kombiniert mit Scharfsinn und Wissensbegierde, dieser praktische, erfinderische Geist, schnell das Zweckmäßige zu finden, diese meisterhafte Erfassung materieller Dinge, nicht künstlerisch, aber mächtig im Streben nach großen Zielen, diese ruhelose kräftige Energie, dieser vorherrschende Individualismus und alle diese Spannkraft und Überschwänglichkeit im Gefolge der Freiheit, diese sind die Charakterzüge des Frontiers (...) Frische, Vertrauen und Verachtung für die alte, zurückgebliebene Gesellschaft, Unwilligkeit, deren Schranken und Ideen anzuerkennen, und eine Gleichgültigkeit deren Lehren gegenüber begleiten den Pionier.“

Frederick Jackson Turner: The Significance of the Frontier in American History. American Historical Association. Annual Report for 1893, Washington, D.C. 1894, S. 199–227.

Dass Turners These ein Mythos war, zeigt die Geschichte: Als die Transkontinentalbahnen ab 1848 durch die Wildnis verlegt wurden und sich die Frontier westwärts schob, gab es die von ihm beschriebenen Blockhäuser von Irokesen bereits nicht mehr, waren diese doch im Krieg von 1756–1763 nahezu ausgerottet worden. Auch die von ihm zitierten Cherokesen waren nicht mehr an der Frontier, sondern im „Marsch der Tränen" von 1838 über Tausende von Kilometern in ein Reservat zwangsumgesiedelt und dabei dezimiert worden. Das Land westlich des Mississippi befand sich bereits im Besiedlungsprozess, und Städte westlich des Mississippi wurden als *paper towns* an der Aktienbörse von New York gehandelt. Große Industrien entstanden im Mittleren Westen südlich der Großen Seen und belieferten den neu entstehenden Agrarsektor mit Landmaschinen.

Der Mythos der Frontier als „Ort der Amerikanisierung" überlebte noch lange, nachdem diese selbst für beendet erklärt worden war (1890). Frontierdenken ist, wie auch die Rhetorik zum amerikanischen Sendungsauftrag, ein fester Bestandteil der amerikanischen Kultur geworden, und so wird auch heute noch bei der Bewältigung jeder neuen nationalen Aufgabe an den Pioniergeist der Amerikaner appelliert (Fluck 1999, S. 729). Dies gilt ebenso für die Weltraumfahrt als Amerikas neuer Frontier als auch für den Krieg gegen Armut oder Drogen oder die *„get up and go"*-Mentalität, die nur wenige Wochen nach dem 11. September 2001 das ganze Land ergriff. Frontierdenken ist auch erkennbar im amerikanischen Kampf gegen den internationalen Terrorismus, der weltweit, sozusagen an Amerikas letzter Frontier, bekämpft werden soll. Vor diesem Hintergrund ist es nicht verwunderlich, dass ein amtierender Präsident das Volk auf einen Krieg gegen das Böse einschwört, der so lange geführt werden müsse, bis er gewonnen sei – wobei auch diese politische Rhetorik gegen „das Böse" schon von früheren Präsidenten her bekannt ist.

Über Jahrhunderte förderten auf diese Weise Religion, Bildungswesen, Kultur und Politik den Primat des Privateigentums und die Vision vom eigenen Stück Land. Bis in die Gegenwart sind dies auch die Kräfte der Entwicklung von Stadtlandschaften, die das verselbständigte Leben im Grünen in seiner heutigen Manifestation des suburbanen Eigenheims mit Grundstück oder der *gated community* weiter so erstrebenswert machen.

Erfolgsmythos

Wichtige Besonderheit dieser Mythen war, dass sie das Bild des *erfolgreichen* Individuums zeichneten und verklärten. Schon in der puritanischen, im Calvinismus ruhenden Verhaltensethik galt das Streben nach sozialem und materiellem Erfolg als Teil des Gnadenbunds mit Gott, den die Menschen durch Selbstdisziplin, Berufspflicht, Tüchtigkeit im Beruf und Moral einzuhalten hatten. Nach Benjamin Franklin, einem der ersten Millionäre Amerikas, waren dies die Tugenden und Pflichten des Menschen, vor allem aber des *auserwählten* Menschen.

Diese puritanisch-kapitalistischen Gedanken, die Max Weber in seinem Werk „Die protestantische Ethik und der Geist des Kapitalismus" 1904/05 darlegte, wurden zur Triebkraft des westlichen Kapitalismus und waren Ausgangspunkt des eigenen sozialen Aufstiegs und der Unterscheidung zwischen gesellschaftlich Wünschenswertem und nicht Akzeptiertem. Zum Verständnis der amerikanischen Geisteshaltung sei aus den Tugendbüchern Benjamin Franklins von 1748 und 1763 zitiert, die den Ausgangspunkt für die im 19. Jahrhundert einsetzende und mittlerweile uferlose Selbsthilfeliteratur in den USA und anderswo darstellten.

Bei der umfassenden Propagierung des Erfolgsmythos durch Benjamin Franklin, dessen Autobiographie lange zu den meistgelesenen Büchern Amerikas gehörte, ist nicht verwunderlich, dass fast einhundert Jahre später de Tocqueville (1835/1840, 1985, S. 264) feststellte: „Die Menschen, die in demokratischen Zeiten leben, haben viele Leidenschaften; aber die meisten ihrer Leidenschaften münden in die Liebe zum Reichtum oder sie entspringen ihr. Das rührt nicht daher, dass sie kleinmütiger sind, sondern dass das Geld tatsächlich wichtig ist (...). Die Liebe zum Reichtum ist also gewöhnlich der Haupt- oder Nebenantrieb im Handeln der Amerikaner; es verleiht all ihren Leidenschaften einen verwandten Zug, und deren Bild ermüdet sehr bald."

Besonderheiten des Amerikanismus, der mit den Gründungs- und Erfolgsmythen zusammenhängen, entdeckte de Tocqueville (S. 278) auch hier:
„An die Spitze der Tugenden stellt sie [die amerikanische Ehre] den Mut und macht aus ihm für den Menschen die größte moralische Notwendigkeit; aber der Mut hat bei ihnen eine andere Bedeutung (...) der Mut, den man am besten kennt und am höchsten achtet, besteht darin, der Wut des Ozeans zu trotzen, um schneller im Hafen zu sein, die Nöte der Wüste ohne Klagen zu erdulden und die Einsamkeit, die grausamer ist als alles Elend; der Mut, der für den plötzlichen Zusammenbruch eines mühevoll erworbenen Vermögens Unempfindlichkeit verleiht und neue Kraft eingibt, wieder von vorne anzufangen. Dieser Mut ist es, der für die Erhaltung des amerikanischen Staats besonders notwendig ist und der von ihm besonders geehrt wird. Ohne ihn wäre man ehrlos. (...) In einer demokratischen Gesellschaft wie den Vereinigten Staaten, in der die Vermögen klein und wenig sicher sind, arbeitet jedermann, führt die Arbeit zu allem. Dies wandelt den Ehrbegriff und richtet ihn gegen den Müßiggang."

Auch der Erfolgsmythos erfreute sich in Amerika zu allen Zeiten ungebrochener Faszination, wurde doch die Utopie der erfolgreichen Selbstverwirklichung von Kunst und Literatur bis in das 21. Jahrhundert weitergetragen. Literatur- und Kulturforscher zeigen, dass die Tugendfibeln Benjamin Franklins in vielfältiger Weise literarisch verwertet wurden.

Da wirtschaftliche Interessen des Einzelnen immer einen hohen Stellenwert hatten, verwundert nicht, dass auch das Kollektiv Amerika seine Wirtschaftsinteressen mit der Selbstverständlichkeit

Benjamin Franklins Ratschläge

„Bedenke, dass Zeit Geld ist; wer täglich zehn Schillinge durch seine Arbeit erwerben könnte und den halben Tag spazieren geht, oder auf seinem Zimmer faulenzt, der darf, auch wenn er nur sechs Pence für sein Vergnügen ausgibt, nicht dies allein berechnen, er hat nebendem noch fünf Schillinge ausgegeben oder vielmehr weggeworfen.

Bedenke, dass Kredit Geld ist. Lässt jemand sein Geld, nachdem es zahlbar ist, bei mir stehen, so schenkt er mir die Interessen, oder so viel, als ich während dieser Zeit damit anfangen kann. Dies beläuft sich auf eine beträchtliche Summe, wenn ein Mann guten oder großen Kredit hat und guten Gebrauch davon macht.

Bedenke, dass Geld von einer zeugungskräftigen und fruchtbaren Natur ist. Geld kann Geld erzeugen und die Sprösslinge können noch mehr erzeugen und so fort. Fünf Schillinge umgeschlagen sind sechs, wieder umgetrieben sieben Schillinge drei Pence und so fort, bis es hundert Pfund Sterling sind. Je mehr davon vorhanden ist, desto mehr erzeugt das Geld beim Umschlag, sodass der Nutzen immer schneller und schneller steigt. Wer ein Mutterschwein tötet, vernichtet seine ganze Nachkommenschaft bis ins tausendste Glied. Wer ein Fünfschillingstück umbringt, *mordet* (!) alles, was damit hätte produziert werden können: ganze Kolonnen von Pfunden Sterling.

Bedenke, dass – nach dem Sprichwort – ein guter Zahler der Herr von jedermanns Beutel ist. Wer dafür bekannt ist, pünktlich zur versprochenen Zeit zu zahlen, der kann jederzeit alles Geld entlehnen, was seine Freunde gerade nicht brauchen.

Dies ist bisweilen von großem Nutzen. Neben Fleiß und Mäßigkeit trägt nichts so sehr dazu bei, einen jungen Mann in der Welt vorwärts zu bringen, als Pünktlichkeit und Gerechtigkeit bei allen Geschäften. Deshalb behalte niemals erborgtes Geld eine Stunde länger als du versprachst, damit nicht der Ärger darüber deines Freundes Börse dir für immer verschließt.

Die unbedeutendsten Handlungen, die den Kredit eines Mannes beeinflussen, müssen von ihm beachtet werden. Der Schlag deines Hammers, den dein Gläubiger um 5 Uhr morgens oder um 8 Uhr abends vernimmt, stellt ihn auf sechs Monate zufrieden; sieht er dich aber am Billardtisch oder hört er deine Stimme im Wirtshaus, wenn du bei der Arbeit sein solltest, so lässt er dich am nächsten Morgen um Zahlung mahnen, und fordert sein Geld, bevor du es zur Verfügung hast.

Außerdem zeigt dies, dass du ein Gedächtnis für deine Schulden hast, es lässt dich als einen ebenso sorgfältigen wie ehrlichen Mann erscheinen und das vermehrt deinen Kredit.

Hüte dich, dass du alles, was du besitzt, für dein Eigentum hältst und demgemäß lebst. In diese Täuschung geraten viele Leute, die Kredit haben. Um dies zu verhüten, halte eine genaue Rechnung über deine Ausgaben und dein Einkommen. Machst du dir die Mühe, einmal auf die Einzelheiten zu achten, so hat das folgende gute Wirkung: Du entdeckst, was für wunderbare kleine Ausgaben zu großen Summen anschwellen, und du wirst bemerken, was hätte gespart werden können und was in Zukunft gespart werden kann …

Für 6 Pfund jährlich kannst du den Gebrauch von 100 Pfund haben, vorausgesetzt, dass du ein Mann von bekannter Klugheit und Ehrlichkeit bist. Wer täglich einen Groschen nutzlos ausgibt, gibt an 6 Pfund jährlich nutzlos aus, und das ist der Preis für den Gebrauch von 100 Pfund. Wer täglich einen Teil seiner Zeit zum Werte eines Groschens verschenkt (und das mögen nur ein paar Minuten sein), verliert, einen Tag in den anderen gerechnet, das Vorrecht 100 Pfund jährlich zu gebrauchen. Wer nutzlos Zeit im Wert von 5 Schilling vergeudet, verliert 5 Schillinge und könnte ebenso gut 5 Schillinge ins Meer werfen. Wer 5 Schillinge verliert, verliert nicht nur die Summe, sondern alles, was damit bei Verwendung im Gewerbe hätte verdient werden können, – was, wenn ein junger Mann ein höheres Alter erreicht, zu einer ganz bedeutenden Summe aufläuft."

Benjamin Franklin (aus: Necessary hints to those that would be rich. 1736; Advice to young tradesmen. 1748), zitiert in: Max Weber: Die protestantische Ethik und der Geist des Kapitalismus. Gesammelte Aufsätze zur Religionssoziologie 1, 1988, S. 31f.

aller guten Tugenden in der Welt und im Weltgeschehen auslebt, zumal mit der Monroe-Doktrin von 1823 sogenannte „nationale (Wirtschafts-)Interessen" definiert und mit der Ideologie des *Manifest Destiny* von 1838 untermauert wurden.

Der Mythos vom Schmelztiegel

Mit dem Werk von Hector St. John de Crèvecœur „Letters from an American Farmer" (1782) wurde ein weiterer Amerikanisierungs-Mythos angelegt. In dem naturverbundenen agrarischen Leben wurde ein egalisierender Mechanismus gesehen, der Menschen aller Nationalitäten und Kulturen den gleichen harten Lebensbedingungen aussetzte und Unterschiede auf diese Weise nivellierte. Solange die Einwandererströme, die zwischen 1800 und 1890 Millionen von Menschen in das Land gebracht hatten, vorwiegend aus Nordeuropäern bestanden, die sich aufgrund ihrer Sprache und ihres Aussehens gut assimilierten, beinhaltete dieser Mythos eine gewisse Richtigkeit. Den Überfremdungsängsten und beginnenden Restriktionen gegen die sich verändernden Einwandererströme nach 1890 versuchte man mit einer Wiederbelebung des Schmelztiegel-Mythos zu begegnen. Mit dem gleichnamigen Broadway-Bühnenstück „Melting Pot" von Israel Zangwill (1908) wurde die Idee enorm popularisiert, nach der Amerika Gottes großer Schmelztiegel sei, in dem alle Völker Europas ineinander aufgingen. Demzufolge habe jeder in den USA die Möglichkeit, in seiner Eigenart integriert und toleriert zu werden, oder auch gänzlich in der Gesellschaft assimiliert, ja von ihr aufgesogen zu werden. Hierbei darf nicht vergessen werden, dass „amerikanische Identität" zu jenem Zeitpunkt seit fast dreihundert Jahren bereits eine überwiegend *angloamerikanische* war.

The Gettysburg Address

„Fourscroe and seven years ago our fathers brought forth upon this continent a new nation, conceived in Liberty, and dedicated to the proposition that all men are created equal.

Now, we are engaged in a great civil war, testing wether that nation, or any nation so conceived, and so dedicated, can long endure. We are men on a great battlefield of that war. We have come to dedicate a portion of it as a final resting place for those who gave their lives that that nation might live. It is altogether fitting and proper that we should do this.

But in a larger sense we cannot dedicate, we cannot consecrate, we cannot hallow this ground. The brave men, living and dead, who struggled here have consecrated it far above our poor power to add or detract. The world will little note, nor longer remember what we say here, but we can never forget what they did here. It is for us the living, rather, to be dedicated here to the unfinished work which they have, thus far, so nobly carried on. It is rather for us to be here dedicated to the great task remaining before us – that from these honored dead we take increased devotion to that cause for which they gave the last full measure of devotion – that we here highly resolve that these dead shall not have died in vain – that this nation, under God, shall have a new birth of freedom – and that this government of the people, by the people, for the people, shall not perish from the earth."

Abraham Lincoln

Wegen der Dominanz der WASP (White Anglo-Saxon Protestant-)Kultur bedeutete das Verschmelzen in erster Linie die Anpassung der Einwanderer an die vorherrschenden gesellschaftlichen Normen *eines* Bevölkerungssegments, nämlich des angloamerikanischen. Zwar widerspricht diese Art von Assimilation der Idee von Individualismus und kulturellem Pluralismus *prinzipiell*, allerdings verstand sich die angloamerikanische Identität als eine, in der die Anpassungsprozesse zur Bereicherung des Individuums und der Gesellschaft beitragen sollten. Amerikanismus galt im kulturellen Selbstverständnis also quasi als höhere Identitätsebene, die Individualismus und kulturellen Pluralismus der Einwanderer dann einschloss und akzeptierte, wenn der Anpassungswille und die Loyalität zur Nation über allem standen.

Es dauerte nach der Bürgerrechtsbewegung der 1960er Jahre noch weitere drei Jahrzehnte, bevor sich Amerika von dieser Vorstellung verabschiedete. Mit dem Buch *The Disuniting of America* von Arthur Schlesinger (1992) trennte sich Amerika angesichts von bestehenden und nicht mehr zu ignorierenden Parallelgesellschaften erstmals bewusst von diesem Mythos, um zu einem älteren zurückzukehren: den Idealen von Individualismus und kulturellem Pluralismus. Angesichts der sozialen und räumlichen Ausdifferenzierung der amerikanischen Gesellschaft, so Schlesinger, sei Einheit nur zu erreichen, wenn man auch von den anderen Kulturen im selben Land lerne und das ethnische Bewusstsein zwar als kulturelles Erbe, aber nicht als fragmentierendes Element betrachte, sondern Stolz und Inspiration auch von Vorbildern der anderen Ethnie und Rasse annähme. *Cross-cultural learning* sollte als einendes Element der multiethnischen Gesellschaft betrachtet werden. Der Mythos des Schmelztiegels ist damit endgültig von der Vorstellung vom „Regenbogen Amerika" (Alternativmetaphern sind „Salatschüssel", „Mosaik", „Kaleidoskop") abgelöst worden. Dass diese jüngere, realitätsbedingte Rückführung auf das Prinzip des Individualismus und Multikulturalismus seine eigenen Gefahren birgt, liegt auf der Hand. Die (Pseudo-)Akzeptanz für andersartige Lebenswelten („Parallelgesellschaften") kann eine Alibifunktion für Amerikas ungelöste Segregationsprobleme annehmen, in der das segregierte Nebeneinander verschiedener ethnischer Gruppen, Kulturen und Subkulturen in ihrer Verschiedenheit, also auch in ihrem Elend akzeptiert und mit einer gewissen Gleichgültigkeit betrachtet wird, ohne Handlungsbedarf auslösen zu müssen.

In den USA gibt es heute Minderheiten, die nicht mehr aufgrund ihrer Rasse nicht integriert werden, sondern aufgrund ihrer *Klasse* marginalisiert sind. Es ist ihre Armut, die sie innerhalb der eigenen Ethnie ebenso wie in der multikulturellen Gesellschaft an den Rand drängt. Begriffe und Konzepte akzeptieren also eine vermeintliche kulturelle Identität, die vor allem auch eine Realität des Elends beinhaltet, wie sie vielfach nur in der Dritten Welt ähnlich ausgeprägt zu finden ist. Mythos, Semantik, Scheinakzeptanz und Legitimation für geringen Handlungsbedarf der öffentlichen Hand sind in den USA also eng miteinander verbunden.

Amerika als normative Idee

Von Anfang an bewirkte das Einschwören auf gemeinsame Grundwerte des Landes (Gründungsmythen, Exzeptionalismus, Individualismus und Pluralismus) und die Rolle des Individuums (Sendungsbewusstsein, Erfolgsmythos, Assimilation/Anpassungspflicht im *melting pot*) eine über alle Kultur-, Glaubens- und Klassenschranken hinwegreichende Nivellierung und Amerikanisierung. Das Einschmelzen der unterschiedlichen Immigrantenkulturen in Amerika bedeutete nicht, seine herkunftsbedingte Identität aufzugeben, sondern sich zusätzlich bewusst zu der neuen, amerikanischen Identität zu bekennen. Dazu gehörte das Annehmen des *American Way of Life* mit seinen Idealen und Werten. Amerikaner war man nicht nur durch Geburt, sondern durch innere Identifikation mit jenen Werten, die man in ihrer Gesamtheit als *American Creed* bezeichnet.

In der Nivellierung der Geisteshaltungen auf das amerikanische Credo sah schon Tocqueville (1835/1840, 1985, S. 150f.) die „drohende Gefahr der Mehrheit": „Ich kenne kein Land, in dem im Allgemeinen weniger geistige Unabhängigkeit und wirkliche Diskussionsfreiheit herrscht als in Amerika (…) In Amerika zieht die Mehrheit einen drohenden Kreis um das Denken (…) Die Inquisition hat niemals verhindert, dass in Spanien Bücher umliefen, die der Religion der Mehrzahl widersprachen. Die Herrschaft der Mehrheit in Amerika kann es besser: Sie hat sogar den Gedanken getilgt, sie zu veröffentlichen."

Diese 1835–40 gemachten Beobachtungen bewahrheiteten sich beispielsweise auch noch über einhundert Jahre später in der McCarthy-Ära der 1950er Jahre, die von Denunziantentum, Berufsverboten und Bestrafungen Andersdenkender gekennzeichnet war. Amerikanisierung und die Einheit der Nation wurden also auf einer ideengeschichtlichen Tradition errichtet, die aus bestimmten Glaubensüberzeugungen entstanden war und das amerikanische Selbstverständnis entscheidend prägte.

Das scheinbar geschichtslose Amerika hat also als erste westliche Industrienation und Demokratie eine längere ungebrochene ideengeschichtliche Tradition als alle modernen europäischen Länder (Kamphausen 1992, S. 264). In einer auf Individualismus und Pluralismus angelegten, multikulturellen und sich immer stärker entlang sozioökonomischer Merkmale ausdifferenzierenden Gesellschaft spielten die Gründungsmythen eine besondere Rolle. Durch die nationalen Mythen schuf der Vielvölkerstaat, der als Einheit nur schwer so lange hätte bestehen können, für jede Einwanderer- und Kulturgruppe die Möglichkeit, ihre eigene Identität und sogar Sprache zu bewahren und dennoch gerne und freiwillig zu der neuen Nation gehören zu können, so jedenfalls die amerikanische Selbstinterpretation (Zöller 1992, S. 298–302).

Die Mythen haben nicht nur überdauert, sondern eine stetige Vertiefung erfahren. Sie gehören nach wie vor zu den Mechanismen, die das Selbstbild der amerikanischen Gesellschaft jeder weiteren Generation vermitteln. Nur ein Beispiel unter vielen ist die berühmte Ansprache von Gettysburg (*The Gettysburg Address*) von Abraham Lincoln, die als eines der wichtigsten Vermächtnisse gilt, welche Amerika angesichts der Krisen der Welt, auch gegenwärtiger, bemüht, um die Rolle Amerikas in der Welt und die Selbsthingabe der Amerikaner („*last full measure of devotion*") bei der Verteidigung von Grundwerten zu legitimieren.

In die gleiche Richtung zielt auch das Gelöbnis auf die Fahne. Es wurde anlässlich der Vierhundertjahrfeier der Entdeckung Amerikas 1892 konzipiert, erstmals am 22. Juni 1942 vom Kongress in offiziellen Zeremonien eingesetzt und 1954 unter Eisenhower um den Wortlaut „under God" erweitert. Millionen von amerikanischen Kindern beginnen täglich ihren Schultag damit.

Das Gelöbnis auf die Fahne – The Pledge of Allegiance

„I pledge allegiance to the Flag of the United States of America and to the Republic for which it stands, one nation under God, indivisible, with liberty and justice for all."

Amerikanisches Selbstverständnis und Staatsform

Verfassungswerke

Ideengeschichtlicher Ursprung und Gründungsmythen führten zu der besonderen Verfassung und politischen Staatsform, die sich Amerika auf dem Kongress in Philadelphia 1787 gab. Insbesondere der religiöse Bündnisgedanke der Einwanderer, der Unabhängigkeitskrieg von 1776, der im Glauben an eine ideale Republik geführt wurde, sowie der Glaube an Natur- bzw. Menschenrechte wurden ausschlaggebend für die Art der Verfassung, die als freie Vereinbarung zwischen dem Volk und den Regierenden konzipiert wurde (Shell 1992).

Drei Dokumente machen das amerikanische Verfassungswerk aus:

- die Unabhängigkeitserklärung,
- die Verfassung und
- die Grundrechtsgarantien (*Bill of Rights*) (Abb. 7) mit den verfassungsändernden Gesetzen (*Ten Amendments*). Sie vervollständigten die Verfassung, in der viele Rechte zunächst nicht explizit erwähnt waren.

In seiner Gesamtheit zeigt das Verfassungswerk deutlich die Geisteshaltung, die ihm zugrunde lag.

1. Die *Unabhängigkeitserklärung* (*The Declaration of Independence*), die unter der Federführung von Thomas Jefferson, Benjamin Franklin und John Adams entstand, wurde am 4. Juli 1776 vom Kongress angenommen. Sie legt Ideen der neuen Demokratie und die Staatstheorie dar. In der Präambel werden die sogenannten „selbstverständlichen Wahrheiten", nämlich Gleichheit, Natur- und Menschenrechte genannt. Zudem wird die Sicherung dieser Rechte als Staatsaufgabe definiert, der Volkswille als Grundlage staatlichen Handelns anerkannt und das Widerstandsrecht des Volkes gegen staatliche Willkür als Grundprinzip festgelegt.

   Bemerkenswert ist die *Auslassung* von Sachverhalten, die in den Verfassungswerken anderer Länder enthalten sind und die auch in späteren Zusatzartikeln nicht mehr hinzugefügt wurden. Zu nennen wären die Brüderlichkeit der Menschen, die strikte Trennung von Kirche und Staat oder die Forderung nach Veränderung der sozialen Ordnung (Kamphausen 1992, S. 271). Die in der Deklaration festgeschriebenen Freiheitsrechte galten nicht für Sklaven und wurden erst am 1. Januar 1863 mit der Ausrufung der Gleichstellung (*Emancipation Proclamation*) von Abraham Lincoln auf sie übertragen. Dies wurde im 13. Zusatzartikel vom 18. Dezember 1865 verfassungsmäßig verankert. Außerdem gestaltete sich die Verfassung insofern als problematisch, als sie keinen Schutz der Bürger vor der Staatsmacht selbst gewährte.
2. Die eigentliche *Verfassung* (*The Constitution of the United States*) vom 17. September 1787, ratifiziert am 21. Juni 1788, ist die älteste geschriebene, noch gültige Verfassung der Welt: „We, the People of the United States, in Order to

BILL OF RIGHTS

Congress of the United States

begun and held at the City of New York, on Wednesday the Fourth of March, one thousand seven hundred and eighty nine

THE Conventions of a number of the States having at the time of their adopting the Constitution expressed a desire, in order to prevent misconstruction or abuse of its powers, that further declaratory and restrictive clauses should be added: And as extending the ground of public confidence in the government will best insure the beneficent ends of its institution.

RESOLVED by the Senate and House of Representatives of the United States of America in Congress assembled, two-thirds of both Houses concurring, That the following articles be proposed to the legislatures of the several States, as amendments to the Constitution of the United States, all or any of which articles, when ratified by three-fourths of the said legislatures, to be valid to all intents and purposes, as part of the said Constitution, viz.:

ARTICLES in addition to, and amendment of, the Constitution of the United States of America, proposed by Congress and ratified by the legislatures of the several States, pursuant to the fifth article of the original Constitution.

Article the first
After the first enumeration required by the first Article of the Constitution, there shall be one Representative for every thirty thousand, until the number shall amount to one hundred, after which, the proportion shall be so regulated by Congress, that there shall be not less than one hundred Representatives, nor less than one Representative for every forty thousand persons, until the number of Representatives shall amount to two hundred, after which the proportion shall be so regulated by Congress, that there shall not be less than two hundred Representatives, nor more than one Representative for every fifty thousand persons.

Article the second
No law, varying the compensation for the services of the Senators and Representatives, shall take effect, until an election of Representatives shall have intervened.

Article the third
Congress shall make no law respecting an establishment of religion, or prohibiting the free exercise thereof; or abridging the freedom of speech, or of the press; or the right of the people peaceably to assemble, and to petition the Government for a redress of grievances.

Article the fourth
A well regulated Militia, being necessary to the security of a free State, the right of the people to keep and bear Arms, shall not be infringed.

Article the fifth
No Soldier shall, in time of peace be quartered in any house, without the consent of the Owner, nor in time of war, but in a manner to be prescribed by law.

Article the sixth
The right of the people to be secure in their persons, houses, papers, and effects, against unreasonable searches and seizures, shall not be violated, and no Warrants shall issue, but upon probable cause, supported by Oath or affirmation, and particularly describing the place to be searched, and the persons or things to be seized.

Article the seventh
No person shall be held to answer for a capital, or otherwise infamous crime, unless on a presentment or indictment of a Grand Jury, except in cases arising in the land or naval forces, or in the Militia, when in actual service in time of War or public danger; nor shall any person be subject for the same offence to be twice put in jeopardy of life or limb; nor shall be compelled in any criminal case to be a witness against himself, nor be deprived of life, liberty, or property, without due process of law; nor shall private property be taken for public use without just compensation.

Article the eighth
In all criminal prosecutions, the accused shall enjoy the right to a speedy and public trial, by an impartial jury of the State and district wherein the crime shall have been committed, which district shall have been previously ascertained by law, and to be informed of the nature and cause of the accusation; to be confronted with the witnesses against him; to have compulsory process for obtaining Witnesses in his favor, and to have the assistance of counsel for his defence.

Article the ninth
In Suits at common law, where the value in controversy shall exceed twenty dollars, the right of trial by jury shall be preserved, and no fact tried by a jury, shall be otherwise reexamined in any Court of the United States, than according to the rules of the common law.

Article the tenth
Excessive bail shall not be required, nor excessive fines imposed, nor cruel and unusual punishments inflicted.

Article the eleventh
The enumeration in the Constitution, of certain rights, shall not be construed to deny or disparage others retained by the people.

Article the twelfth
The powers not delegated to the United States by the Constitution, nor prohibited by it to the States, are reserved to the States respectively, or to the people.

Attest,

John Beckley, Clerk of the House of Representatives
Sam. A. Otis, Secretary of the Senate

Frederick Augustus Muhlenberg, Speaker of the House of Representatives
John Adams, Vice-President of the United States, and President of the Senate

Abb. 7: *Verfassungswerke der USA – Die Grundrechte.*

form a more perfect Union, establish Justice, insure domestic Tranquility, provide for the common defence, promote the general Welfare, and secure the Blessings of Liberty to ourselves and Posterity, to ordain and establish this Constitution of the United States of America" (Preamble, The Constitution of the United States of America, 1787).
Sie wollte die Ideen der Unabhängigkeitserklärung in die politische Praxis umsetzen und entstand als Folge des Unabhängigkeitskrieges von 1775–1783. Die von Mai bis September 1787 in Philadelphia tagende, verfassunggebende Versammlung forderte, eine starke Regierung zu schaffen, die jedoch einen gebührenden Respekt vor der Republik und den Rechten des Individuums bewahren sollte.

Auf der Grundlage der Einzelverfassungen der Staaten, vor allem Massachusetts und Pennsylvania, der Gedanken der Aufklärung sowie der Magna Charta von 1215 wurde die aus einer Präambel und sieben Artikeln bestehende Verfassung formuliert, die ein innovatives Prinzip des Föderalismus etablierte, welches der Souveränität der Einzelstaaten Rechnung trug und eine klare Machtverteilung zwischen der Bundesregierung und den Bundesstaaten festlegte. Neben der Dreiteilung der staatlichen Gewalt in die Legislative (den Kongress), die Exekutive (den Präsidenten) und die Judikative (den Obersten Gerichtshof) legte die Verfassung explizit die Rechte der Bundesregierung fest. Ferner zeigte sie an, welche Rechte implizit der Bundesregierung zufallen und welche dem Volk oder den einzelnen Bundesstaaten vorbehalten bleiben. Gewisse Kompetenzen können gleichermaßen von Bundes- bzw. Einzelregierungen ausgeübt werden, wobei es dem Obersten Gerichtshof vorbehalten ist, die Rechtmäßigkeit der Gesetzesausübung auf jeder Ebene des föderativen Systems im Hinblick auf ihre Verfassungskonformität zu überprüfen und darüber abschließend zu bestimmen. Er kann somit auch Gesetze der Bundesregierung, der einzelstaatlichen oder kommunalen Ebene außer Kraft setzen, wenn diese dem Geist der Verfassung widersprechen.
Die wesentlichen Elemente der Verfassung sind:

- die strikte Trennung der Gewalten,
- ein System von *checks and balances*, das als Voraussetzung für die Bewahrung der persönlichen Freiheit gilt,
- die Volkssouveränität, in der alle Gewalt vom Volke ausgeht und die zum Schutz des Individuums gegen staatlichen Missbrauch eingesetzt wurde,
- die gewählte Demokratieform, die nicht kollektivistisch oder egalitär ist, sondern auf politischer Vertretung und Repräsentation beruht (Shell 1992, S. 331). Verfassungsschöpfer wie James Madison waren sich darin einig: *„Let it stand as a principle that government originates from the people; but let the people be taught (...) that they are not able to govern themselves ...“* (zit. in Hofstadter 1973, S. 8). Nur mit Hilfe eines Repräsentativsystems schienen den Gründungsvätern Machtkonzentrationen und Majorisierungen kleiner Bundesstaaten durch bevölkerungsreiche vermeidbar.

3. Die *Grundrechtsgarantien (Bill of Rights) mit den verfassungsändernden Gesetzen (Ten Amendments).* Der möglichen Bedrohung der Individualrechte, die von der Verfassung selbst ausging – sie enthielt keine Rechte zum Schutz des Bürgers gegen die Macht des Staates und seiner Organe –, wurde am 15. Dezember 1791 mit dem Grundrechtsschutz in der *Bill of Rights* begegnet. Sie definiert die grundlegenden Rechte der Bürger und untersagt es der Regierung, diese zu beschneiden.

Seither wurden weitere 26 Zusatzartikel zur Verfassung von 1791 mit Zwei-Drittel-Mehrheit der Bundesstaaten ratifiziert.

Zu den Grundrechten gehören die Freiheit der Rede und Religionsausübung sowie die Presse- und Versammlungsfreiheit. „Der Kongress darf kein Gesetz erlassen, das die Einführung einer Staatsreligion zum Gegenstand hat, die freie Religionsausübung verbietet, die Rede- und Pressefreiheit oder das Recht des Volkes einschränkt, sich friedlich zu versammeln und die Regierung durch Petition um Abstellung von Missständen zu ersuchen (Zusatzartikel 1). Zu den wichtigen Garantien gehört auch die festgeschriebene Sicherheit des Privateigentums (Zusatzartikel 4): „Das Recht des Volkes auf Sicherheit der Person und der Wohnung, der Urkunden und des Eigentums vor willkürlicher Durchsuchung, Verhaftung und Beschlagnahmung darf nicht verletzt werden, und Haussuchungs- und Haftbefehle dürfen nur bei Vorliegen eines eidlich oder eidesstattlich erhärteten Rechtsgrundes ausgestellt werden und müssen die zu durchsuchende Örtlichkeit und die in Gewahrsam zu nehmenden Personen oder Gegenstände genau bezeichnen.“ Das Recht jedes Bürgers, Waffen zu besitzen und zu tragen, ist im zweiten Zusatzartikel zur Verfassung verankert: „Da eine gut ausgebildete Miliz für die Sicherheit eines freien Staates erforderlich ist, darf das Recht des Volkes, Waffen zu besitzen und zu tragen, nicht beeinträchtigt werden.“ So lässt sich erklären, warum in amerikanischen Haushalten im Jahre 2003 rund 200 Mio. Schusswaffen verwahrt sind: Es handelt sich hier um das verfassungsmäßig garantierte Grundrecht eines jeden amerikanischen Bürgers.

Das Recht auf Zeugnisverweigerung gegen sich selbst in Strafsachen und dasjenige auf einen schnellen öffentlichen Prozess gewährleistet der fünfte Zusatzartikel: „Niemand darf wegen eines Kapitalverbrechens oder eines sonstigen schimpflichen Verbrechens zur Verantwortung gezogen werden, es sei denn aufgrund eines Antrages oder einer Anklage durch ein Großes Geschworenengericht. Hiervon ausgenommen sind Fälle, die sich bei den Land- und Seestreitkräften ereignen, wenn diese in Kriegszeiten oder bei öffentlichem Notstand im aktiven Dienst stehen. Niemand darf wegen derselben Straftat zweimal durch ein Verfahren in Gefahr des Leibes und des Lebens gebracht werden. Niemand darf in einem Strafverfahren zur Aussage gegen sich selbst gezwungen, noch des Lebens, der Freiheit oder des Eigentums ohne vorheriges ordentliches Gerichtsverfahren nach Recht und Gesetz beraubt werden. Privateigentum darf nicht ohne angemessene Entschädigung für öffentliche Zwecke eingezogen werden."

Während die ersten neun Zusatzartikel Menschenrechtsverletzungen und prozedurale Sachverhalte beinhalten, stellt der zehnte Zusatzartikel eine fundamentale Weiche für das Verhältnis von Bundesregierung, Einzelstaaten und Kommunen sowie dem Volk: „Die Machtbefugnisse, die von der Verfassung weder den Vereinigten Staaten übertragen noch den Einzelstaaten entzogen werden, bleiben den Einzelstaaten oder dem Volke vorbehalten." Dieser Artikel stellte sicher, dass der Zentralstaat auch in künftigen Zeiten die Einzelstaaten in ihren Rechten nicht beschneiden konnte (Corwin 1957). Er legte fest, dass die Aufgabe des Bürgers ebenso groß ist wie die des Staates. Alexis de Tocqueville beschreibt dies treffend (1835/1840, 1985, S. 75): „Man glaubt die Bürger ihrer Pflichten nicht enthoben, weil der Vertreter der Öffentlichkeit handelt. Im Gegenteil, man leitet, unterstützt und verteidigt ihn. Dadurch, dass viele Kräfte der Einzelnen sich im Handeln der Gemeinschaft verbinden, bringt man oft etwas zustande, das die gesammeltste und tatkräftigste Verwaltung durchzuführen außerstande wäre."

Der Zehnte Verfassungszusatz (*Tenth Amendment*) hatte große Bedeutung für die Erschließung, die wirtschaftliche und soziale Entwicklung der gesamten USA. Unbeabsichtigt ist er für die Permanenz sozialer Disparitäten und regionaler Entwicklungsgefälle mitverantwortlich: Der Artikel legte ein für alle Mal fest, dass sämtliche Aufgaben, die in der Verfassung und den ersten neun Zusatzartikeln *nicht* als Bundesaufgaben definiert sind, automatisch in die Verantwortlichkeit der Einzelstaaten oder Gemeinden fallen. Damit wurde ausgeschlossen, dass die Zentralregierung nach 1791 je Aufgabenbereiche übernehmen konnte, die in europäischen Ländern in späteren Jahrhunderten als Staatsaufgaben definiert wurden. Zu solchen Aufgaben gehören beispielsweise die infrastrukturelle Erschließung des Landes oder unterversorgter Gebiete, der Ausgleich ungleicher Lebensverhältnisse durch staatliche Planung sowie entsprechende Stadt- und Regionalplanung.

Culture of Privatism

Aufgabenteilung zwischen öffentlicher Hand und privatem Unternehmertum

Mit dem Zehnten Zusatzartikel setzte die Bundesregierung das Signal für die führende Rolle des privaten Unternehmertums und privater Initiative bei grundlegenden Aufgaben der Erschließung und Versorgung des Landes. *Privatism* und *culture of privatism* leiten sich aus dem gesellschaftlichen Wertesystem und den kulturellen Normen her, die das besondere Jefferson'sche Demokratieverständnis hervorbrachte, in dem individuelle Selbstentfaltung (*pursuit of happiness*) ein verbrieftes Grundrecht ist.

Dieses Verständnis brachte eine politische Kultur hervor, welche im föderalen System den privaten, privatwirtschaftlichen und kommunalen Entscheidungen eine verfassungsmäßig garantierte, zentrale Rolle zuweist. Basierend auf der Überzeugung, dass die Privatwirtschaft auch soziale Aufgaben effektiver, schneller und gerechter handhaben könne, wurden ihr von jeher bedeutende sozialstaatliche Aufgaben von der Zentralregierung zugewiesen. Diese Tatsache leistete dem *privatism* Vorschub, also dem größtmöglichen Einbezug der Privatwirtschaft in staatliche oder kommunale Erschließungs- und Entwicklungsaufgaben. Da Zielsetzungen privater und öffentlicher, am Gemeinwesen orientierter Träger prinzipiell unterschiedlich sind, bedeutet die Übergabe öffentlicher Entwicklungsfunktionen an die Privatwirtschaft eine Veränderung der Schwerpunkte: Stadt- und Regionalentwicklung wird überwiegend unter der Profitmaxime betrieben. Dies ist auf allen Ebenen sichtbar: so zum Beispiel in der Großstadtpolitik des Bundes (*New Urban Privatism/New Urban Reality*) und der Erneuerungsplanung der Kommunen (*Public-private Partnerships*, s. Schneider-Sliwa 1996) sowie in der Wirtschafts- und Sozialpolitik des Bundes, bekannt als *New Federalism* und *Reagonomics*.

Nach Warner (1968), auf den die wissenschaftliche Theorie vom *privatism* als dominanter Kulturtradition Amerikas zurückgeht, die sich von christlichen Idealen und klassischen Philosophien ableitet, liegt das Hauptmerkmal des *privatism* in der Betonung auf dem Individuum und dem individuellen Streben nach Wohlstand: „Psychologisch gesehen bedeutet Privatism, dass der Einzelne sein Glück in persönlicher Unabhängigkeit und in dem Streben nach Wohlstand suchen sollte; auf der sozialen Ebene bedeutet Privatism, dass der Einzelne vorrangig gegenüber seiner unmittelbaren Familie verpflichtet ist und dass eine Gemeinde eine Union solcher Geld verdienenden und akkumulierenden Familien sein sollte. Auf der politischen Ebene bedeutet Privatism dass die Gemeinde Frieden zwischen den einzelnen Geldverdienern bewahren und, wenn möglich, eine offene und gedeihliche Atmosphäre schaffen sollte, in der jeder Bürger beträchtliche Möglichkeiten hat, zu prosperieren" (Sam Bass Warner 1968, S. 3–4).

Mehrere Aspekte machen die Planungstradition des *Privatism* auf Bundes- oder Kommunalebene verständlicher:

- Obwohl Privatismus kein ausschließlich amerikanisches Phänomen ist, ist dort sein Ausprägungsgrad viel stärker, weil weniger zentralstaatliche Mechanismen existieren und wirksam werden. Die vom Privatismus vorangetriebenen Stadtentwicklungen unterscheiden sich dadurch wesentlich von denen in anderen Ländern, in denen die Privatwirtschaft ebenfalls dominant ist. Selbst wenn z. B. in der Bundesrepublik Deutschland ähnliche postindustrielle Desorganisationserscheinungen aufträten oder der *American way of life* übernommen würde, gäbe es noch das Mandat des Grundgesetzes, wonach sozialräumliche Disparitäten durch zentralstaatliche Maßnahmen ausgeglichen werden müssen. In den USA gibt es kein verfassungsmäßiges Mandat, das den Ausgleich ungleicher Lebensverhältnisse beinhaltet, was u. a. die Permanenz von Slums und Ghettos erklärt.

- In den USA ist es die Verfassung selbst, die wichtige Entscheidungsbefugnisse den Kommunen und dem Volk überlässt, um die bestmöglichen Voraussetzungen für das Streben nach Glück und Wohlstand zu schaffen, auch dann, wenn diese Entscheidungen zu sozioökonomischen und räumlichen Disparitäten führen können. Eine ausgleichende Rolle der Zentralregierung war weder in der Verfassung noch ihren Zusatzartikeln je vorgesehen. Staatliche Intervention gilt daher in vielen Bereichen als unnötig, sogar als fundamental unamerikanisch und unangemessen, da sie grundsätzlich dem amerikanischen Demokratieverständnis, d. h. der Vorstellung von Selbstherrschaft und Selbstverwaltung widerspricht.
- Die entscheidende Rolle, welche dem privatwirtschaftlichen Handeln zugewiesen wird, ist jedoch nicht gleichzusetzen mit ohnmächtigem Aufgeben des Staates gegenüber den Wirtschaftsinteressen oder mangelndem Sozial- oder Problembewusstsein. *Privatism* in den USA war von jeher *bewusste* Politik, d. h. *public policy choice* beider politischer Parteien und offizielle Planungspolitik. In einem Land, das zu groß ist, um allein durch Regierungskräfte erschlossen zu werden, bediente sich der Staat der Privatwirtschaft und privater Initiative, um Erschließung, Besiedlung und Inwertsetzung des Raumes durchzuführen. Um die private Initiative anzuregen, wurde von Anfang an eine bewusst unternehmerfreundliche Politik mit diesbezüglichen gesetzlichen Regelungen konzipiert. In jeder Administration, vor allem auch in der sozial orientierten Regierung Roosevelts, die den *New Deal* einsetzte, oder in der Johnson-Ära, welche die *Great Society*-Sozialprogramme einführte, wurde dem Unternehmertum eine bedeutende Rolle zugewiesen. Dies galt auch für die Ära Carter, in der Bundesprogramme zur Stadtentwicklung in großem Maße privatwirtschaftliche Investitionen in den Innenstädten unter Vernachlässigung der Sozialbindung von Bundesprogrammen förderten (s. Kap. „Stadtentwicklung"). Dabei akzeptierte man, dass durch privatwirtschaftliche *developments* durchaus sozial unverträgliche Entwicklungen eintreten können. Insgesamt aber ging man davon aus, dass die Privatwirtschaft sehr viele soziale Aufgaben besser, schneller, effektiver und kostengünstiger übernehmen könne als Bundes- oder Länderregierungen. Dieses Verständnis zeigen auch alle bedeutenden Gesetzestexte zum Wohnungs- und Städtebau. Obwohl die Privatwirtschaft bei der Wohnungsversorgung für Einkommensschwache nur eine geringe Rolle spielte, wurde weder ihre soziale Verantwortung (*corporate social responsibility*, *social responsibility of businesses*) noch ihre vermeintlich inhärente Überlegenheit dem behördlichen Sektor gegenüber je in Frage gestellt, zumal die Philanthropie im amerikanischen Kapitalismus von jeher eine große Rolle spielte.

„Amerika", das Konstrukt einer spezifisch religiös geprägten Kultur, Sichtweise von Natur sowie Ideologisierung und Institutionalisierung von Volk, Nation, Staat und Gemeinde hatte stets eine besondere Wechselbeziehung zwischen Staat, privaten und privatwirtschaftlichen Trägern bei der Erschließung und Gestaltung des Raumes. Dies und die besonderen räumlichen Auswirkungen dieser Rollenverteilung sind ein Leitmotiv, das weitere Kapitel durchzieht.

Naturraum und natürliche Ressourcen

***Abb. 8:** Bryce Canyon, Utah.*

Überblick

- Wichtigstes Merkmal des US-amerikanischen Naturraumes ist seine Größe. Der sich über 50 Breitengrade und 115 Längengrade erstreckende Raum impliziert eine Vielfalt an Großlandschaften, Klimaten, Böden, Vegetationsformen, Bodenschätzen und Regionen.
- Diese Vielfalt naturräumlicher regionaler Gegebenheiten schließt z. B. subtropische Wüsten und tropische Inseln ebenso ein wie arktische Tundren.
- Neben der Größe des Naturraums schaffen Höhenunterschiede von über 4000 m eine Vielfalt von Landschaften, Boden- und Vegetationsformen.
- Größe und Vielfalt des Naturraums beinhalten nachteilige Naturgegebenheiten und ein großes Potenzial für Naturgefahren.
- Die Größe des Raumes, die physisch-geographischen Gegensätze und die regionale Vielfalt der naturräumlichen Ausstattung erweisen sich in ihrer Gesamtheit jedoch als Gunstfaktoren mit hervorragendem Potenzial für die wirtschaftliche Inwertsetzung.
- Die groß- und kleinräumige naturräumliche Differenziertheit impliziert vielfältige Standortbedingungen, die – gesamtwirtschaftlich gesehen – den jeweiligen Einfluss negativer Naturfaktoren ausgleichen können.
- Naturräumliche Gegebenheiten stellen daher einen wichtigen Faktor in der Entwicklung der Kulturlandschaft dar.
- Diese naturräumlichen Besonderheiten ließen, zusammen mit den politisch-kulturellen Wertvorstellungen, der Erschließungspolitik und den spezifischen Planungstraditionen, die USA in weniger als einem Jahrhundert von einem Agrarland zur führenden Industriemacht aufsteigen.

Diversität des Naturraums

Physisch-geographische Gegensätze und Vielfalt im Überblick

Markante physisch-geographische Gegensätze sind in einem Naturraum dieser Größenordnung zu erwarten. Mit ca. 9 809 155 km^2 entspricht die Fläche der gesamten USA einschließlich der Bundesstaaten Alaska und Hawaii annähernd derjenigen von Europa (ca. 10,5 Mio. km^2). In Distanzen umgesetzt erstreckt sich der Raum der USA:

- von Tijuana/San Diego bis zum nördlichsten Punkt Alaskas über fast 50 Breitengrade oder 5000 km,
- von Maine nach San Francisco über fast 60 Längengrade oder rund 4800 km sowie über vier Zeitzonen.
- Zwischen Key West, dem südlichsten Punkt Floridas, und dem 49. Breitengrad, der die Grenze zwischen den USA und Kanada darstellt, sind es rund 2700 km.
- Die beiden außerhalb des zusammenhängenden Staatsgebietes liegenden Bundesstaaten Hawaii und Alaska reichen bis auf 2000 km an den Äquator bzw. den Nordpol heran.

Die USA haben somit Anteil an allen Klimagürteln – vom polaren bis zum randtropischen – und können daher eine Vielzahl landwirtschaftlicher Produkte dieser Klimazonen ganzjährig im eigenen Land produzieren.

Klima und Vegetation

Die Klimazonen nach Köppen stellen Niederschlags- und Temperaturregimes dar, die sich auch in klar abgrenzbaren Vegetationszonen widerspiegeln. Der markanteste klimatische Gegensatz ist der zwischen dem ariden und semiariden Westen und dem humiden Osten (Abb. 9). Östlich des Mississippi fallen ganzjährig ausreichende Niederschläge von ca. 1000 mm, im Mississippi-Delta sogar über 1500 mm pro Jahr. Westlich des Mississippi wird das Klima zunehmend trockener, bis hin zum Wüstenklima im Südwesten. Lediglich der pazifische Nordwesten verzeichnet an den Westseiten der Küstengebirge hohe ganzjährige Regenfälle, die eine Regenwaldvegetation erlauben. Neben diesem Ost-West-Gegensatz gibt es den latitudinal bedingten Nord-Süd-Temperaturgegensatz, der sich überwiegend in der Dauer der Hitze- bzw. Frostperioden und weniger in der Intensität manifestiert. Die Vegetationszonen (Abb. 10), die mit Ausnahme der Tundra generell den drei Kategorien Wald, Grasland und Strauchlandschaften zugehörig sind, zeigen den Einfluss des Klimas deutlich. Auch wenn ein Großteil der ursprünglichen Vegetation anthropogen verdrängt wurde, zeigt der einst von Laubwald bedeckte Osten noch heute ausgedehnte Bewaldung, während die ursprünglichen offenen Graslandschaften (Prärie) auch heute wegen der zu geringen Niederschläge kaum bewaldet sind. Strauchlandschaften (*scrubs*) sind im ariden Südwesten und den innermontanen Becken und Hochebenen zu finden (Birdsall und Florin 1992, S. 29–35).

Relief und Großlandschaften

Im Gegensatz zur relativ geringen Ausdehnung europäischer Großlandschaften sind jene der USA extrem weiträumig. Je nach Nord-Süd- oder West-Ost-Ausrichtung können sich einzelne Großlandschaften über Tausende von Kilometern erstrecken (Abb. 11). Die wichtigsten topographischen Gegensätze sind durch die in Nord-Süd-Richtung verlaufenden Gebirgszüge im Osten und Westen der USA sowie dem dazwischenliegenden Tiefland gegeben. Letzteres erstreckt sich vom Golf von Mexiko bis in die kanadische Arktis, wo die Ost-West-Ausdehnung rund 5000 km beträgt, während es sich entlang der amerikanisch-kanadischen Grenze noch über 3000 km, weiter im Süden „nur“ noch über 2000 km erstreckt.

Für die Unterscheidung der topographischen Großstrukturen sind geologische Entstehung und Gesteinsschichten, klimabedingte Oberflächenprozesse und insbesondere Klimaunterschiede ausschlaggebend (Bradshaw 1988, S. 16 ff.; US Geological Sur-

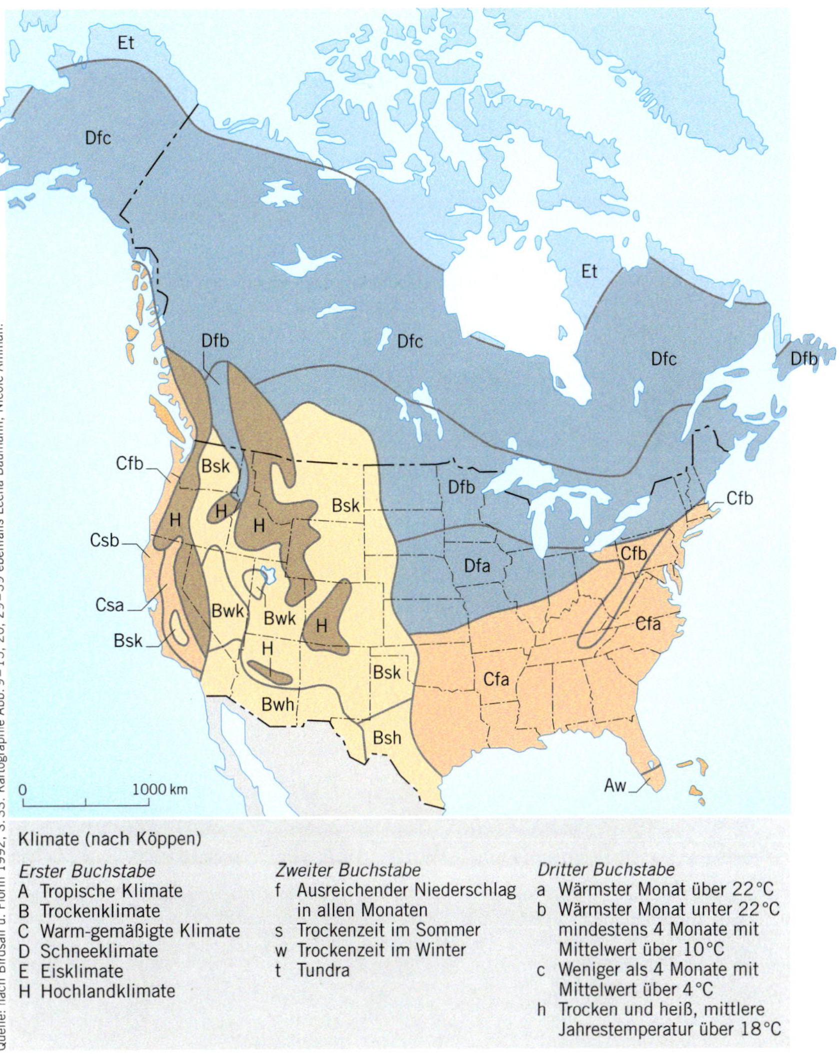

Abb. 9: *Klimaregionen nach Köppen.*

Quelle: nach Birdsall u. Florin 1992, S. 33. Kartographie Abb. 9–15, 20, 29–39 ebenfalls Leena Baumann, Nicole Amman.

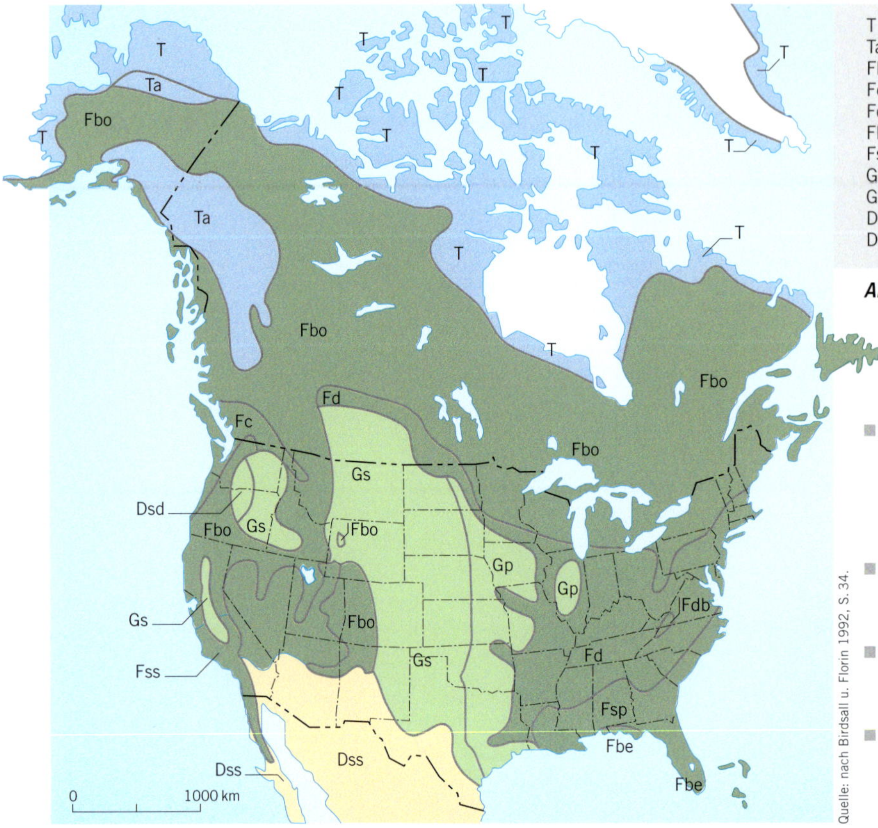

Quelle: nach Birdsall u. Florin 1992, S. 34.

Abb. 10: *Vegetationszonen Nordamerikas.*

Quelle: nach Birdsall u. Florin 1992, S. 23.

Abb. 11: *Physiogeographische Großlandschaften Nordamerikas.*

vey 1970). Von West nach Ost ergibt sich folgende topographische Gliederung (Fenneman 1928; Glawion 1991; Hunt 1973):

- Pazifische Küstengebirge: eine Küstenkette (bis ca. 1000 m) sowie landeinwärts Kaskadengebirge und Sierra Nevada (bis etwa 4500 m), welche die zwischenliegenden tiefen Täler, z. B. das große kalifornische Längstal, einfassen.
- Intermontanes Hochplateau (ca. 700 bis 2300 m), das von einzelnen Gebirgszügen und Schluchten durchzogen ist.
- Rocky Mountains (bis ungefähr 4300 m Höhe, Mt. Whitney in Nevada mit 4421 m, der höchste Berg Mt. McKinley in Alaska mit 6189 m).
- Großes Zentrales Tiefland (*Interior Plains*): im Westen die ca. 500 bis 1800 m hoch gelegenen *Great Plains*, also die Prärien; östlich anschließend das Zentrale Tiefland, das sich bis zu den Appalachen erstreckt, wobei entlang des Mississippi das tiefer gelegene Mississippi-Tiefland ausgegliedert wird. Es ist eine der größten Tieflandebenen der gemäßigten Breiten und aufgrund des Mississippi und seiner Nebenflüsse auch eine der am besten bewässerten.
- Im Süden schiebt sich das Ozark- und Ouachita-Plateau (Zentrales Hochland) zwischen das Zentrale Tiefland und die Golf-Küstenebene.
- Appalachen-Gebirgsketten, die über 400 km breit, 2000 km lang und bis 2000 m hoch sind und im Norden bis an den Atlantik heranreichen.
- Die Küstenebene, die nach Süden immer breiter wird und sich einerseits südlich der Appalachen über das Mississippidelta bis nach Texas erstreckt und sich andererseits östlich der Appalachen entlang der Atlantikküste ausdehnt.

Böden und ursprüngliche Vegetation

Mehr als 225 Gruppen von Böden (*soil groups*) und 1000 Bodentypen (*soil series*) werden vom US Department of Agriculture klassifiziert (Gersmehl 1977; US Department of Agriculture 1975). Die an der Erdoberfläche entstandene Verwitterungsschicht aus mineralischen und organischen Substanzen, die sich unter der Einwirkung von natürlichen und anthropogenen Umweltfaktoren herausgebildet hat, variiert regional und lokal sehr stark. Es gibt vorherrschende regionale Bodentypen, die sich aus natürlichen Bodenbildungsfaktoren und nutzungsbedingten Veränderungen, z. B. durch Bodenbearbeitung, -degradierung, -pflegemaßnahmen, -konservierung oder Ab-

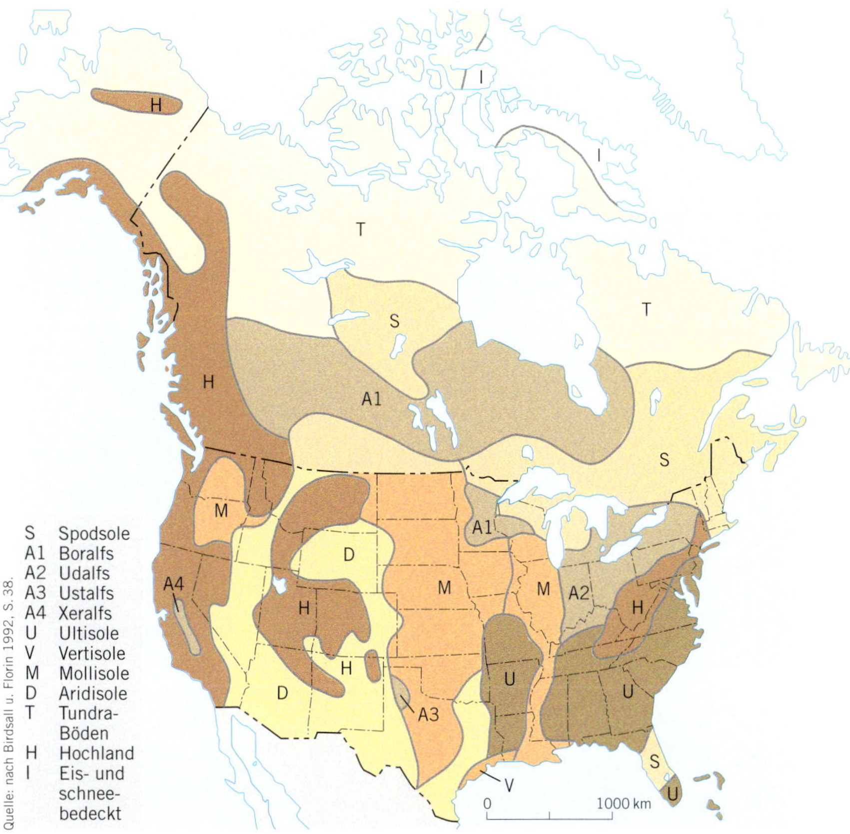

Abb. 12: *Vorherrschende Bodentypen Nordamerikas.*

holzung ergeben haben. Zu den wichtigsten Bodentypen der US-Klassifikation, die sich an bodenbildenden Prozessen orientiert, gehören (Birdsall und Florin 1992, S. 37–39) (Abb. 12):

- *Aridisole* der Trocken- und Wüstengebiete, wozu auch die Wüsten- und Halbwüstenböden gehören.
- *Spodosole* (Podsole), durch Podsolierung entstandene, nährstoffarme Böden hoher Durchlässigkeit mit typischer Nadelwald- oder Heidevegetation.
- *Tundrenböden* mit *Moorböden* der feuchtkalten Klimate, die nährstoffarm und kaum anthropogen nutzbar sind.
- *Mollisole* (Schwarzerden), mächtige, dunkle, humusreiche Böden, deren hoher Nährstoffgehalt sie zu den landwirtschaftlich fruchtbarsten Böden macht.
- *Alfisole* mit Tonanreicherungshorizonten und mäßiger Silikatverwitterung, insbesondere Parabraunerden und mediterrane Böden. Sie sind nach den Mollisolen die ertragreichsten Böden, die in den gemäßigten Breiten der USA Forst- und Grünlandwirtschaft erlauben. Folgende vier Untergruppen der Alfisole (sie enthalten die für sie kennzeichnende Endung -alfs) sind von Bedeutung:
  - *Boralfs* (z. T. Podsole und Fahlerden) der borealen Nadelwälder, die flachgründig, sauer und von geringem landwirtschaftlichem Nutzwert sind;
  - *Udalfs*, die sauren Böden der Laubwälder des amerikanischen Mittelwestens, die bei Kalkanreicherung hohe landwirtschaftliche Erträge erzeugen.
  - *Ustalfs*, die in den wärmeren Landesteilen (bis nach Texas) mit starker jahreszeitlich bedingter Niederschlagsschwankung zu finden sind und sich bei Bewässerung als besonders ertragreich erweisen.
  - *Xeralfs* sind als Böden der mediterranen Klimate in kalten, feuchten Wintern und heißen, trockenen Sommern in Zentral- und Südkalifornien zu finden und von großem landwirtschaftlichem Wert (z. B. Weinanbau, Zitrus).

Ferner sind folgende Bodentypen weit verbreitet:

- *Ultisole,* die stark verwitterten Silikatböden, die sich in Gebieten überdurchschnittlichen Niederschlags und langer frostfreier Perioden bilden und von hoher Produktivität sein können, sofern nicht Auswaschung, Erosion oder Übersauerung vorherrschen. Sie erfordern gezieltes Düngemanagement.
- *Entisole* (z. B. Gleye, Pseudogleye, Regosole, Auenböden), die zwar regional nirgendwo vorherrschend sind, jedoch mancherorts große lokale Bedeutung haben: Das landwirtschaftliche Nutzpotenzial der Entisole, die von Nebraska bis zum Mississippidelta und dem St.-Lawrence-Strom zu finden sind, ist je nach Standort unterschiedlich zu bewerten.

Bodenschätze

Wie kaum ein anderes Land zeichnen sich die USA durch großen Ressourcenreichtum und eine Vielfalt von Bodenschätzen aus. Diese stehen mit der geologischen Genese und der Bildung der physisch-geographischen Großlandschaften in engem Zusammenhang (Abb. 13). Insbesondere zwei geologische Gesteinsarten gelten als Träger jener Erze, Mineralien und fossilen Brennstoffe, die für moderne Volkswirtschaften unabdingbar sind und zudem unter rentablen Bedingungen geschürft werden können (Abb. 14 u. 15). Zum einen handelt es sich um sedimentäre, zum anderen um metamorphe Gesteinsschichten, die in den USA bzw. Nordamerika eine weite Verbreitung haben.

Metamorphe Gesteine, die sich unter Druck- und Temperaturbedingungen im Erdinnern geformt haben und oft reich an Bodenschätzen wie Erzen sind, finden sich in drei Hauptzonen (Eisbacher 1992, S. 372–379; Birdsall und Florin 1992, S. 29–44; Munsart 1997):

- dem Kanadischen oder Laurentischen Schild,
- in Teilen der Appalachen und ihres östlichen Piedmonts sowie
- in Teilen der westlichen Gebirgsketten.

Die industriell wichtigen Erzvorkommen des Laurentischen Schilds sind an dessen Rändern in einem weiten Bogen vom Nordatlantik bis zu den Großen Seen und zur kanadischen Arktik angesiedelt. Obwohl diese Lagerstätten überwiegend in Kanada liegen, sind auch US-amerikanische Gebiete um den Oberen See wie die Mesabi-Gebirgszüge und der nördliche Teil Michigans, Minnesotas und Wisconsins von Eisenerzvorkommen begünstigt. Die zweite Zone metamorpher Gesteine entlang der östlichen Appalachen

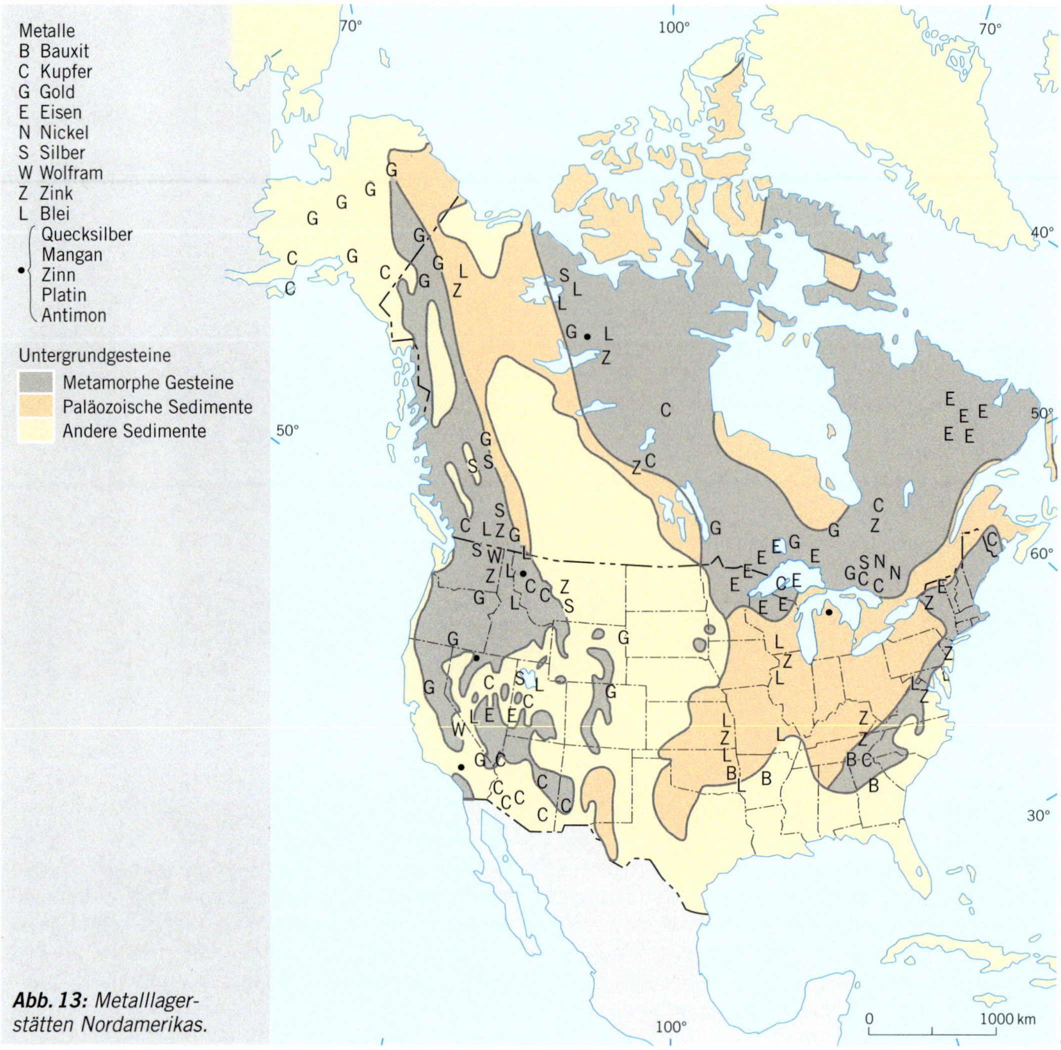

***Abb. 13:** Metalllagerstätten Nordamerikas.*

ist von Eisen- und Kupferlagerstätten gekennzeichnet, die bis nach Tennessee und Alabama an das Südende der Appalachen reichen. Sie waren in der frühen Besiedlung wie auch der frühen Industrialisierung von großer Bedeutung; einige Vorkommen werden jedoch auch gegenwärtig noch abgebaut. Die dritte besonders erzreiche Zone metamorpher Gesteine in den Rocky Mountains erstreckt sich von Alaska bis an die mexikanische Grenze und schließt große Gold- und Silberlagerstätten sowie Vorkommen von Kupfer, Zink, Blei, Molybdän, Uran, Wolfram, Chrom und Mangan ein, die für die modernen Industrien und die Hochtechnologie von Bedeutung sind. Es gibt nur wenige Erze (Bauxit, Zinn, Mangan) und Mineralien, an denen die USA ihren industriellen Bedarf nicht gänzlich aus eigenen Vorkommen oder durch kanadische Importe decken können, was in der Herausbildung der gigantischen Industrieregion im Nordosten der USA (*Manufacturing Belt*) eine entscheidende Rolle gespielt hat (Birdsall und Florin 1992, S. 43, 127–151; Keller 1999; Eisbacher 1988).

In den Sedimentgesteinen des Karbon, das vor rund 300 Mio. Jahren die Reste riesiger tropischer Regenwälder durch Sedimentation begrub, sind als Resultat der steigenden Druckverhältnisse über Jahrmillionen die fossilen Brennstoffe Kohle, Erdöl und Erdgas entstanden. Die großen Vorkommen liegen im Zentralen Tiefland der *Great Plains* sowie in der Mississippi-Tiefebene, in der Golfküstenebene, in den Rocky Mountains sowie in Südkalifornien, ferner in den westlichen Appalachen.

Die wichtigsten Kohlevorkommen in den Appalachen sind aufgrund der Topographie oberflächennah, ungestört horizontal lagernd und daher rentabel abzubauen. Ein weiterer Teil der hochwertigen Anthrazitkohlevorkommen der Appalachen befindet sich in stark gefalteten Schichten in ca. 1000 m Tiefe und erlaubt derzeit keine profitable Förderung. Der Kohlebergbau von Ost-Kentucky, West-Virginia und West-Pennsylvania liefert allein die Hälfte der Kohleproduktion der USA. Die Vorkommen selbst stellen nur 20 % der Gesamtreserven der Kohlevorkommen dar. Der östliche Teil der Mississippi-Tiefebene um Illinois, West-Indiana und West-Kentucky besitzt ebenfalls große, kommerziell genutzte Kohlevorkommen. Wegen des hohen Schwefelgehalts ist

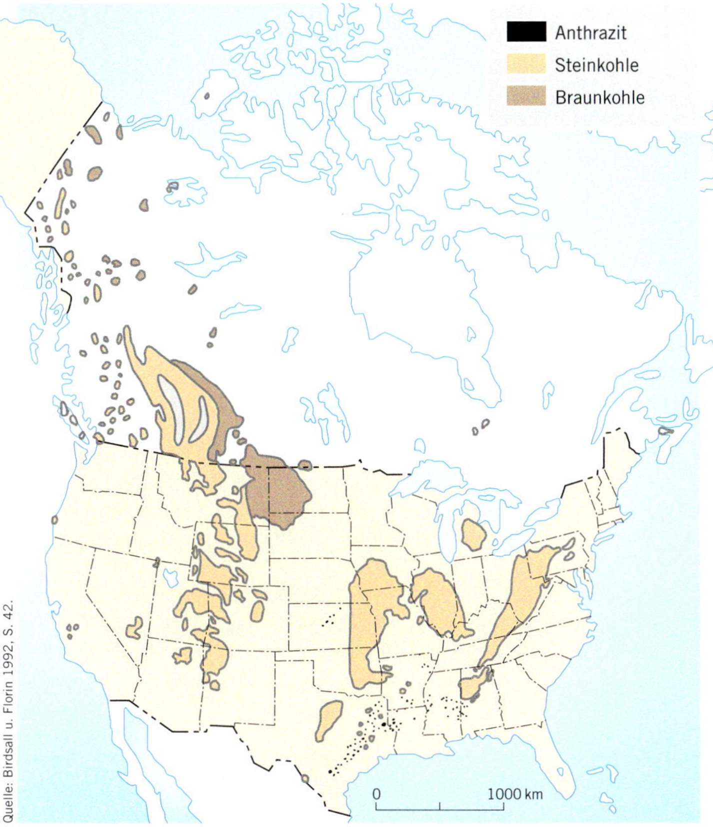

Quelle: Birdsall u. Florin 1992, S. 42.

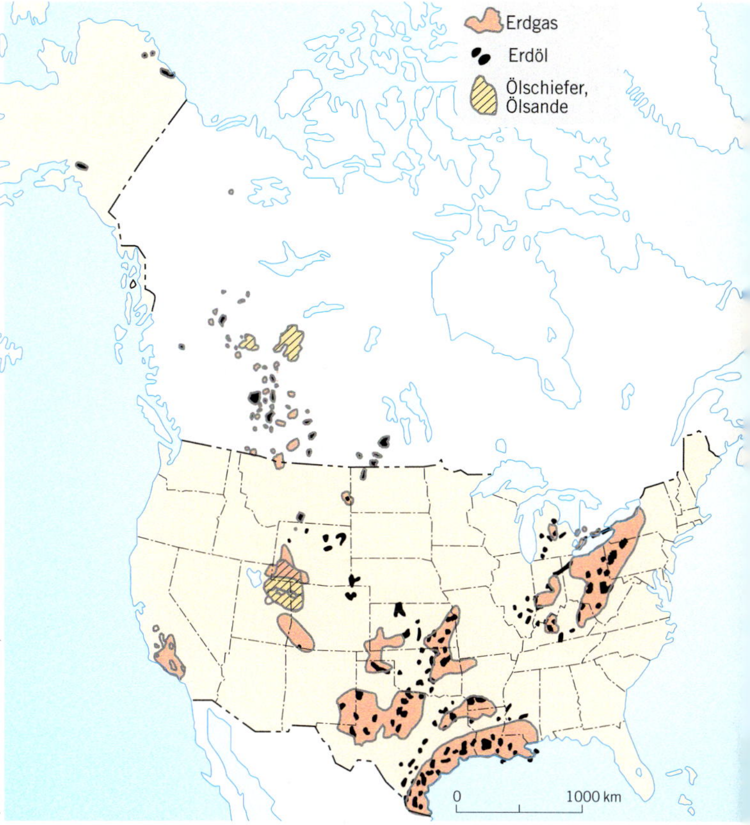

Quelle: Birdsall u. Florin 1992, S. 41.

Abb. 14: *(links) Kohlevorkommen Nordamerikas.*

Abb. 15: *Erdöl- und Erdgaslagerstätten Nordamerikas.*

diese Kohle jedoch von minderer Qualität; ihre Verbrennung in Kohlekraftwerken führt zu saurem Regen und gravierenden Umweltschäden. Die westliche Mississippi-Tiefebene ist in Iowa, Missouri und Ost-Oklahoma ebenfalls reich an Kohlelagerstätten, die jedoch wegen ihrer geringeren Qualität noch nicht umfassend genutzt werden. Die Ostausläufer der Rocky Mountains, vor allem in Montana und Wyoming, den in der Kohleförderung führenden Bundesstaaten der USA, besitzen hochwertige Anthrazitkohle. Im nördlichen Zentralen Tiefland der USA erstrecken sich ausgedehnte Braunkohlelagerstätten. Gefördert wird Kohle überall dort, wo sie horizontal lagert, schnell und rentabel zu erreichen ist, wie z.B. im Reservat der Navajo-Indianer in Arizona, was dort besondere Probleme für die Umwelt und die Bevölkerung ergibt (s. Kap. „Bevölkerungsstruktur").

Erdöl und Erdgas finden sich auch in den Kohlebergbaugebieten der Appalachen, besonders in Pennsylvania, Süd-Illinois und Michigan. Im Zentralen Tiefland und in den nördlichen Rocky Mountains sind ebenfalls verstreute Lagerstätten. Die größten und bedeutendsten befinden sich jedoch im südlichen Teil der *Great Plains*, und zwar in zwei großen Bögen: entlang der Golfküstenebene von Texas bis Louisiana sowie von Kansas nach Oklahoma, Texas und New Mexico. Hinzu kommen bedeutende Einzelvorkommen in Ost-Texas sowie in Südkalifornien. Erdöl- und Erdgasvorkommen wurden seit den 1960er Jahren auch in Alaska erschlossen. Die wichtigsten fossilen Lagerstätten der USA sind also die Kohlevorkommen südlich der Großen Seen sowie die ausgedehnten Erdöl- und Erdgasvorkommen südwestlich der Hauptkohlelagerstätten, die sich durch die *Great Plains* bis zur Golfküste hinziehen. Um diese immensen eigenen Vorkommen zu schonen, solange diese preiswert sind (s. Kap. „Wirtschaftsstruktur"), verfolgen die USA eine Strategie der Erdölimporte.

Großlandschaften

Überblick

In der großen physisch-geographischen Vielfalt der USA lassen sich drei Großräume anhand der geologisch-tektonischen Genese und der Orographie (Oberflächengestalt) unterscheiden:

- Das Hochgebirge der Kordilleren als Ergebnis der mesozoisch-tertiären Orogenese stellt ein mehrgliedriges Gebirgssystem dar, das aus den eigentlichen Rocky Mountains im Osten, den innermontanen Becken und Hochplateaus sowie den mehrfach untergliederten westlichen Kordilleren einschließlich der Küstengebirge besteht.
- Die Zentralen Ebenen (*Great Plains*, Mississippi-Tiefland sowie Golfküstenebenen): sie liegen größ-

tenteils als ungefaltete Sedimentdecken paläozoischen, mesozoischen und tertiären Alters auf dem kratogenen Schelf des Laurentischen Schildes.
- Die Ausläufer des kanadischen oder Laurentischen Schildes als geologisch ältester Festlandkern der USA in den Mittelgebirgen (*Mesabi Range*) im Gebiet des Oberen Sees und im Adirondack-Gebirgszug der nördlichen Appalachen im Bundesstaat New York.

Orographische und geologische Profile entlang des 35. Breitengrades zeigen deutlich die Beziehung zwischen Großreliefformen, geologischen Strukturformen und Lagerungsverhältnissen der Gesteinsschichten, welche durch endogene Kräfte entstanden sind (Hunt 1973, S. 30–31; Glawion 1991, S. 7).

Die US-amerikanischen Kordilleren

Das Gebirgssystem der Kordilleren, das von der Verschiebung tektonischer Platten aufgefaltet wurde und sich von Alaska bis Feuerland auf einer Breite von rund 1500 km erstreckt, ist deutlich dreigeteilt:
- Im Westen erstrecken sich die Ketten des Pazifischen Gebirgssystems.
- Im Osten liegen die eigentlichen Rocky Mountains (Felsengebirge). Sie ragen mit der *Front Range* steil aus den *Great Plains* heraus, Mt. Elbert südlich von Denver ist mit 4396 m die höchste Erhebung.
- Zwischen den östlichen und westlichen Teilen der Kordilleren liegen die Intermontanen Hochplateaus und Beckenlandschaften mit Tälern, Wüsten und Halbwüsten.

In Alaska ist die gleiche Dreiteilung von östlichen und westlichen Gebirgsketten und dazwischen liegenden Hochplateaus erkennbar, wenngleich nicht in der Nord-Süd-Ausrichtung, die im zusammenhängenden Staatsgebiet vorherrscht. Hier gibt es die südlich verlaufende Alaska-Kette, das nach Norden anschließende Yukon-Becken und die im Norden liegende *Brook Range.* Die Gebirgsbildung des gesamten Großraums vollzog sich zu einem großen Teil in der Laramischen Phase (Alpidische Gebirgsbildung) an der Wende von der oberen Kreidezeit zum Paläozän des Tertiärs, also vor ca. 65 Mio. Jahren. Die Auffaltungen hoben viele Sedimentgesteine, die dann im Tertiär von Erosionskräften abgetragen wurden, und legten jene präkambrische Gesteine (Granite der Sierra Nevada und *Cascade Range*) frei, welche die Pazifischen Gebirgsketten ausmachen. Die östlichen Rocky Mountains sind in der Alpidischen Gebirgsbildungsphase als zwei überwiegend parallele granitische Gebirgsketten aufgefaltet worden. Die meisten Gebirgszüge ebenso wie die Verwerfungen folgen der allgemeinen Nord-Süd-Richtung. Nur an wenigen Stellen herrschen größere Verwerfungen und Bruchtektonik in Ost-West-Richtung vor. Ein Beispiel ist der zwischen den kanadischen und den amerikanischen Felsengebirgen verlaufende *Rocky Mountain Trench* (geologischer Graben), der zwischen 187 km breit und bis 1448 km lang ist und seinen Anfang beim Flathead Lake im Norden Montanas nimmt (Paterson 1994, S. 12ff.; Smith & Siegel 2000). Ein weiteres Beispiel ist ein ähnlicher Graben in Wyoming, der als Teil des historischen *Oregon Trail* (s. Kap. „Territoriale Expansion") für die westwärts gerichtete Besiedlung wichtig war. Schließlich ist das nahe der mexikanischen Grenze gelegene Grabensystem in der Gila-Wüste zu nennen: Es unterbricht das ansonsten in Nord-Süd-Richtung verlaufende Felsengebirge der USA in Ost-West-Richtung. Diese Tatsache war von größter strategischer Bedeutung, da man durch diesen Graben eine transkontinentale Eisenbahnstrecke von Ost nach West führen konnte, ohne ein Gebirgssystem überqueren zu müssen. Aus diesem Grunde lag der amerikanischen Bundesregierung sehr daran, dieses Territorium zu erwerben und zu einem Teil des amerikanischen Staatsgebiets zu machen. Mit dem Gadsen-Kauf von 1853 wurde der Gila-Graben als letztes Teilstück innerhalb des *zusammenhängenden* Staatsgebiets hinzugewonnen.

Das Pazifische Gebirgssystem

Es besteht aus drei in Richtung Nord–Süd verlaufenden Landschaftsgürteln:
- den Küstengebirgen (*Coast Range*), die in Alaska mit dem Mt. Logan eine Höhe von 6050 m erreichen,
- einer Senkungszone mit zwei großen Längstälern (Kalifornisches Längstal und Puget-Willamette-Senke) und
- küstenparallelen Gebirgsketten (im Süden die Sierra Nevada sowie im Norden die Kaskaden).

Das Pazifische Gebirgssystem zeigt eine große Vielfalt von Landschaften und Extremen (Paterson 1994, S. 15f.). In relativer Nähe zueinander befinden sich die höchste Erhebung und der tiefste Punkt des zusammenhängenden Staatsgebietes: Mt. Whitney und Death Valley liegen 112 km Luftlinie voneinander entfernt und weisen eine Höhendifferenz von 4560 m auf.

Die Kaskaden zeigen Vulkanismus in unterschiedlicher Ausprägung (Haguerud 1999): Während der Mt. Rainier im Bundesstaat Washington mit 4260 m Höhe eine typische Kegelform aufweist, zeigen sich auch Formen, die entstehen, wenn der vulkanische Kegel selbst in der Eruption zerstört wird, so z. B. beim Crater Lake in Oregon, der eine aufgefüllte Caldera ist, oder beim Mt. St. Helens nach dessen Ausbruch von 1980, der die Höhe des Kegels von 2950 m auf 1549 m verringerte. Im Westen der von orogenen Faltungsvorgängen aufgeworfenen Sierra Nevada hingegen beeindrucken glaziale Formen, so z. B. im Yosemite-Nationalpark, wo die granitische Felskuppel des fast 1600 m hohen Half Dome glazial überprägt wurde (Abb. 16). Gletscher ließen eindrucksvolle Täler und Wasserfälle von 90 m Höhenunterschied entstehen. Das gesamte Küstengebirgssystem ist, wie auch die amerikanischen Kordilleren insgesamt, von intensiver tektonischer Aktivität gekennzeichnet. Die westlichen wie auch die östlichen Kordilleren sind mesozoisch-tertiäre Bruchfaltengebirge. Im Küstenraum von San Francisco bis Los

Abb. 16: *Der eiszeitlich überformte Granitpluton Half Dome im Yosemite-Nationalpark, Kalifornien.*

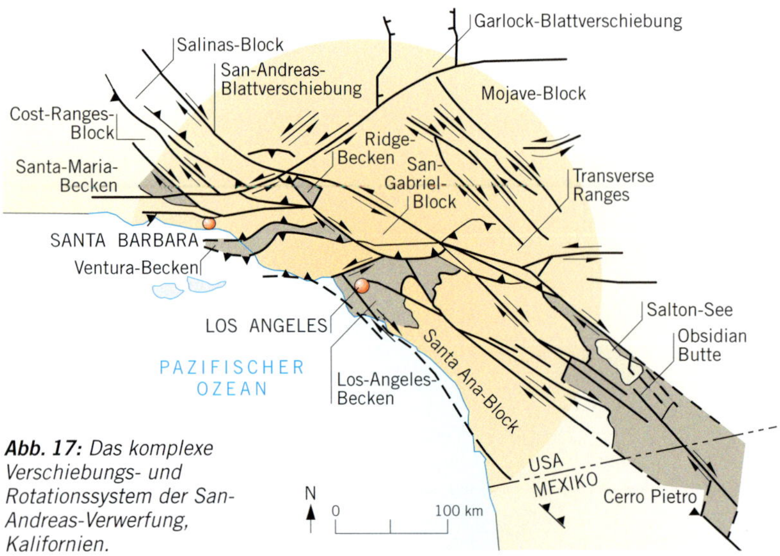

Abb. 17: *Das komplexe Verschiebungs- und Rotationssystem der San-Andreas-Verwerfung, Kalifornien.*

Quelle: Eisbacher 1988, S. 141.

Abb. 18: *Vom Lavastrom des Mauna-Loa-Ausbruchs (1950) verschüttete Straße, Volcanoes National Park, Hawaii (Foto: US Geological Survey).*

Angeles treffen die Amerikanische und die Pazifische Platte entlang des rund 1000 km langen San-Andreas-Verwerfungssystems mit 127 größeren Verwerfungslinien aufeinander (Abb. 17). Das gesamte Gebiet zeichnet sich durch plattentektonische Bewegungen aus, die sich in Erdbeben und Vulkanismus äußern. Betroffen sind vor allem die westlichen Kordilleren, während sich tektonische Aktivität in den östlichen Kordilleren nur noch in den Geysiren und Solfataren des Yellowstone-Plateaus zeigt. Vulkanismus ist außerhalb der kontinentalen USA auf Hawaii bedeutend (Abb. 18).

Die Intermontane Region

Die intermontane Region ist in mehrere große Hochbecken gegliedert. Von Süden nach Norden sind dies:

- das Hochland von New Mexico und Arizona,
- das Colorado-Plateau,
- die *Basin and Range Region* mit dem Großen Becken,
- eine Reihe kleinerer, meist abflussloser Beckenlandschaften, wozu beispielsweise die Sonora-Wüste oder Teile der südkalifornischen Wüste (Abb. 19) gehören, ferner
- die Columbia- und Snake-River-Plateaus,
- in Alaska das Yukon-Becken.

In der intermontanen Zone wurden Sedimentgesteine um 1520 m bis 3340 m über NN gehoben. Bei der Hebung schnitten sich die antezedenten Flüsse in die Schichten tief ein und hinterließen imposante Canyons, die eindrucksvolle Schichtenfolgen bis hin zum präkambrischen Gestein zeigen. Die Hebung ließ ferner Plateaus mit Tafellandcharakter entstehen. Sie zeichnen sich durch Gesteinsschichten von unterschiedlicher Widerstandskraft gegenüber Erosionsprozessen aus; zudem finden sich Decken aus basaltischer Lava, die zwar vulkanischen Ursprungs sind, jedoch von erosiven Kräften exogen geprägt wurden und spektakuläre Landschaften hinterließen. Das Colorado-Plateau ist mit 1500 bis 3300 m das höchstgelegene Plateau der USA. Das vom Colorado-Fluss durchschnittene Hochland liegt in den Bundesstaaten Colorado, Utah, Arizona und New Mexico. Es ist aus paläozoischen und mesozoischen Sedimentschichten von mehr als 1000 m Mächtigkeit aufgebaut, die reich an Uran und Kohle sind. Nach Nordosten steigt das Colorado-Plateau an. Spättertiäre tektonische Heraushebungen der sedimentären Abfolgen und die Einkerbung von Flusssystemen haben besonders in der *Four Corners Region* der USA (Arizona, Colorado, Utah, New Mexico) tiefe und stark zerklüftete Erosionsschluchten hinterlassen (Abb. 20 u. 21). Canyonbildung legt die gesamte mesozoisch-tertiäre Schichtstufenfolge frei (River & Harris 1999), die eindrucksvolle Naturmonumente wie z. B. die Formationen des Grand Canyon, des Zion-Nationalparks, des Arches-Nationalparks, des Monument Valley und des Bryce Canyon (Abb. 22 u. 23) schufen. Die erosiven Steilstufen und terrassenförmigen, paläozoischen Schichtpakete bestehen aus Wechsellagerungen von rötlich bis grünlich-braun verwitterten Sandsteinen, fossilreichen Flachwasserkalken und Tonen. Wechselnde Gesteinsschichten lassen hier im Verlauf des Tages durch Sonneneinstrahlung leuchtende, bizarre Landschaften von unterschiedlicher Farbgebung entstehen.

Die geologisch bedeutendsten Naturmonumente allerdings sind der Grand Canyon, der Zion Canyon und der Bryce Canyon. Insbesondere im Gebiet des Grand Canyon, der quer durch das nördlich aufsteigende, stark bewaldete Kaibab-Plateau verläuft, ist die Schichtenfolge in getreppten Steilhängen von bis zu 3000 m Tiefe sichtbar. Sie reichen z. T. bis zum präkambrischen kristallinen Gestein des südwestlichen Ausläufers des abgetauchten Laurentischen Schilds im Grand Canyon. Bei den Schichten handelt es sich um flach gelagerte paläozoische und mesozoische Sedimentdecken aus teils vulkani-

Abb. 19: Beckenlandschaft bei Palm Desert, Kalifornien (Foto: Alex S. MacLean).

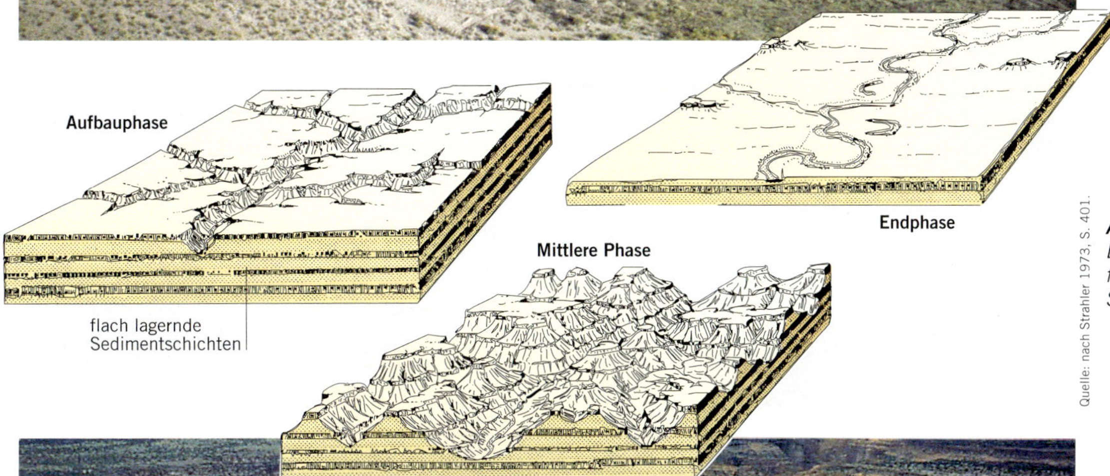

Quelle: nach Strahler 1973, S. 401.

Abb. 20: Erosion und Entwicklung von Oberflächenformen im ariden Südwesten der USA.

Abb. 21: Blick auf die Steilwände des Canyon de Chelly, Arizona (Foto: Alex S. MacLean).

Abb. 22: *Inselberg im Monument Valley, Arizona.*

schem Material (Neef 1970, S. 379). Flüsse wie der Colorado mit seinen Nebenarmen, die sich durch endogene Hebungen in die Tiefe gruben, haben Canyon-Landschaften mit isoliert herausragenden Tafelbergen (*mesas*) und Inselbergen (auch Zeugenberge genannt, engl. *buttes*) geschaffen (s. Bild 6).

Vor allem die Sandsteinschichten in den Canyongebieten unterliegen starker Wind- und Wassererosion, die im Laufe der Jahrmillionen u. a. über 200 natürliche Sandsteinbrücken entstehen ließen, so die 88 m hohe und 84 m breite *Rainbow Bridge* (Abb. 24) oder den Bryce Canyon, der im südlichen Utah mit seinen zu Felstürmen erodierten, rötlichgelben Sandsteinformationen besticht. Da viele der Canyons für außerordentlich große, natürliche Wasserreservoirs geeignet waren und die harten Gesteinsschichten ihrer Talböden und Seitenwände hohe Staudämme stützen können, wurden sie seit den 1920er Jahren von der US-Regierung im Rahmen des *Colorado River Storage*-Projekts zur ganzjährigen und regelmäßigen Wasserversorgung des Südwestens vorgesehen. Ein Beispiel ist der Glen Canyon Dam des Colorado, der 1966 fertig gestellt wurde und den fast 300 km langen Lake Powell mit einer Uferlänge von rund 2000 km und einer Wassertiefe am Damm von ca. 1200 m aufstaute.

Westlich und südlich des Colorado-Plateaus befinden sich vulkanische Formationen (Abb. 25), und im Nordwesten New Mexicos erstreckt sich die als *Basin and Range Province* bezeichnete Beckenlandschaft. Das rund 500 000 km^2 Große Becken, das im Osten von der Bruchfaltenkette des Wasatch-Gebirges und im Westen von der Sierra Nevada begrenzt wird und in etwa der Größe Spaniens entspricht, besteht aus zahlreichen kurzen, bis 3000 m hohen Gebirgsketten, die Pultschollen im Bereich der Bruchtektonik darstellen (Glawion 1991, S. 8; Neef 1970, S. 553). Die dazwischen liegenden, einzelnen, kleineren abflusslosen Becken sinken, wie das Death Valley nordöstlich und das Imperial Valley südöstlich von Los Angeles, sogar unter den Meeresspiegel ab.

Im Death Valley beispielsweise wurden die paläozoischen, also vor 200 Mio. Jahren abgelagerten Sedimentsschichten aufgrund tektonischer Aktivität im Zeitraum von 53 und 5 Mio. Jahren vor heute zu einem (Halb-)Graben abgesenkt, während im gleichen Zeitraum die umgebenden Bergketten durch vulkanische Aktivität und Faltung entstanden sind. Der Talboden des Death Valley lagert rund 3000–4000 m über dem präkambrischen Gestein, das jedoch durch Faltung auch in den Black und Panamint Mountains im Westen des Tales zu Tage tritt. Die heutige Morphologie des Talbodens ist gekennzeichnet von Erosionsschutt der umliegenden Bergketten, der in Schwemmfächern abgelagert ist, ferner von Terrassen, die wechselnde Klima- und Feuchtebedingungen und Seen in verschiedenen Phasen des

Abb. 23: *Erosionsformen in der sog. Silent City, Bryce Canyon, Utah.*

Quartärs zurückließen, sowie Salzbecken, die bei der Verdunstung der Seen entstanden (Abb. 26 u. 27).

Im Allgemeinen zeichnen sich die paläozoischen Schichtenfolgen der *Basin and Range Province* durch bedeutende Lagerstätten von Blei, Zink, Phosphor, Kalisalz, Uran, Erdöl (in Erdölschiefer und -sand gebunden) sowie Kohle aus. Der sich nach Kalifornien, Arizona und Mexiko erstreckende südliche Teil des *Basin and Range*-Gebietes unterscheidet sich in zweifacher Hinsicht vom Großen Becken (Paterson 1994, S. 14): Die Bruchschollengebirge sind von geringerer Höhe und weniger regelmäßig in Nord-Süd-Richtung angeordnet als im Großen Becken; zudem ist dieser Teil insgesamt tiefer gelagert. Ferner sind diese Gebiete wüstenhafter als das Große Becken, bedingt durch die geringeren Niederschläge der südlicheren Breiten. Weitere größere Beckenlandschaften der Intermontanen Zone sind die Columbia- und Snake-River-Plateaus im südlichen Idaho und im östlichen Teil des Bundesstaates Washington. Sie wurden von ausgedehnten Lavadecken aus den vulkanisch aktiven Kaskadenbergen gebildet und zeigen von Erosion geformte, tief einschneidende Canyon-Landschaften, die jedoch weniger treppenartig als jene des Colorado-Plateaus sind. Die in Alaska gelegene, nördliche intermontane Beckenlandschaft ist von einzelnen aus Lavaströmen geformten Plateaus gekennzeichnet.

Abb. 24: *Lake Powell, wirtschaftliche Inwertsetzung der Canyonlandschaft durch Stauseetourismus. In der oberen Bildmitte die „Rainbow Bridge", der größte bekannte natürliche Sandsteinbogen.*

Zentrale Ebenen und Küstenebenen

Die inneren Ebenen erstrecken sich zwischen den Nordamerikanischen Kordilleren und dem Appalachischen Gebirgssystem. In Nord-Süd-Ausrichtung reichen die Ebenen über 20 Breitengrade oder ca. 2000 km, in Ost-West-Ausdehnung von den Appalachenausläufern in Ohio bis nach Denver ebenfalls über rund 2000 km. In geologischer Hinsicht handelt es sich bei diesen Ebenen um die abgetauchten und mit paläozoischen Sedimenten aufgefüllten

Abb.25: *Shiprock – vulkanischer Rücken im nordwestlichen New Mexico (Foto: Alex S. MacLean).*

Abb. 26: *Schwemmkegel im Death Valley, Südkalifornien (Foto: Death Valley NHA).*

Abb. 27: *Dante's View, ein abflussloses Salzbecken.*

Abb. 28: *Weizenfelder in Montana, Ostabdachung der Rocky Mountains (Foto: Alex S. MacLean).*

Ränder des Laurentischen Schildes. Die Großregion besteht aus fünf landschaftlichen Großeinheiten:

- den *Great Plains*,
- dem Zentralen Tiefland an den Großen Seen,
- dem Mississippi-Tiefland,
- der Ozark-Ouachita-Plateaulandschaft,
- der Schichtstufenlandschaft an der östlichen Übergangszone zu den Appalachen.

Die Küstenebenen gliedern sich in die südliche Golfküstenebene und die südöstliche atlantische Küstenebene.

Die Plateaulandschaft der *Great Plains* neigt sich von der Front Range der Rocky Mountains und einer Höhe von 1215 bis 1520 m in mehreren Stufen hinunter auf ein Niveau von rund 610 m (Abb. 28). Dort schließt sie sich nach Osten zwischen dem 100. und 98. Grad westlicher Länge an das Zentrale Tiefland sowie das Mississippi-Tiefland an. Vereinzelte Höhenzüge durchdringen jedoch die *Great Plains*, von denen die höchsten die Black Hills in Süd-Dakota mit einer Maximalerhebung von 2130 m sind. Es handelt sich dabei, wie auch bei den Ozark-Höhenzügen (*Interior Highlands*), um präkambrische Granite, die zum Laurentischen Schild gehören und sich an einigen Stellen bis 610 m aus den paläozoischen Sedimentdecken erheben. Bei den Ouachita-Höhen sind es jedoch die Ausläufer der Appalachischen Faltungssysteme, die hier aus den Sedimentsschichten bis zu einer Höhe von 820 m hervorragen. Als Ausläufer des Laurentischen Schildes sind in diesen Gebirgszügen noch Bodenschätze in geringer Menge vorhanden, z. B. Gold in den Dakotas oder den südlichen Appalachen. Das war der Grund für die Zwangsumsiedlung der hier ansässigen Indianerstämme in der ersten Hälfte des 19. Jahrhunderts.

In West-Ost-Richtung werden die *Great Plains* westlich des Missouri von Wind und Wasser sehr stark erosiv zerschnitten, wie es sich in der Topographie der *Badlands* besonders in den Dakotas zeigt. Das Zentrale Tiefland, das nach Westen mit einer immer jünger werdenden Serie von Schichtstufenlandschaften abschließt, umfasst die Region um die Großen Seen. Mit Ausnahme der ca. 700 m hohen, eisenerzreichen *Mesabi Range* liegt das Zentrale Tiefland etwa 200 m über dem Meer.

Durch die pleistozäne Inlandvereisung wurde der nördliche Teil des Zentralen Tieflands in mehreren Schüben, die bis zum Missouri- und Ohio-Fluss reichten, glazial überformt (Abb. 29). Die Inlandvereisung, die bis zu zwei Drittel des nordamerikanischen Kontinents umfasste, reichte in den USA bis zu jener imaginären Linie, die den Bundesstaat Minnesota mit dem Missouri und Ohio River verbindet. Die wichtigsten Eiszeiten, die das Gebiet der USA betrafen, sind jeweils nach dem Bundesstaat bezeichnet, in dem ihre größte Überprägung stattfand, so z. B. die Nebraska-, Kansas-, Illinois- und Wisconsin-Eiszeiten (Strahler & Strahler 1973, S. 366 f., 485). Sie entsprechen den in Europa üblichen Be-

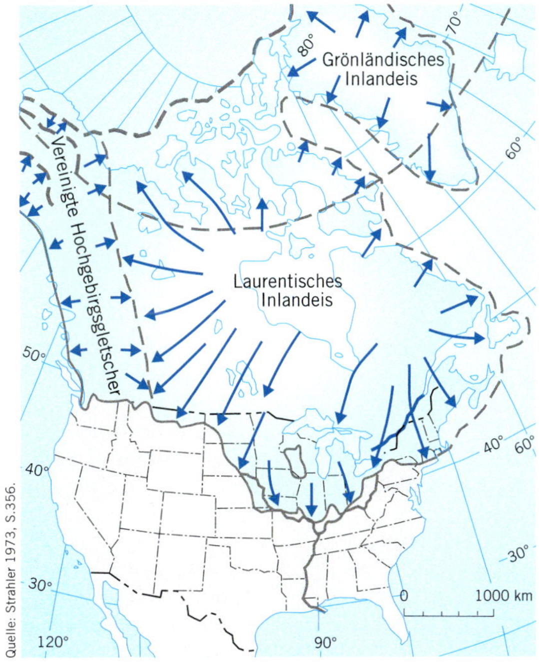

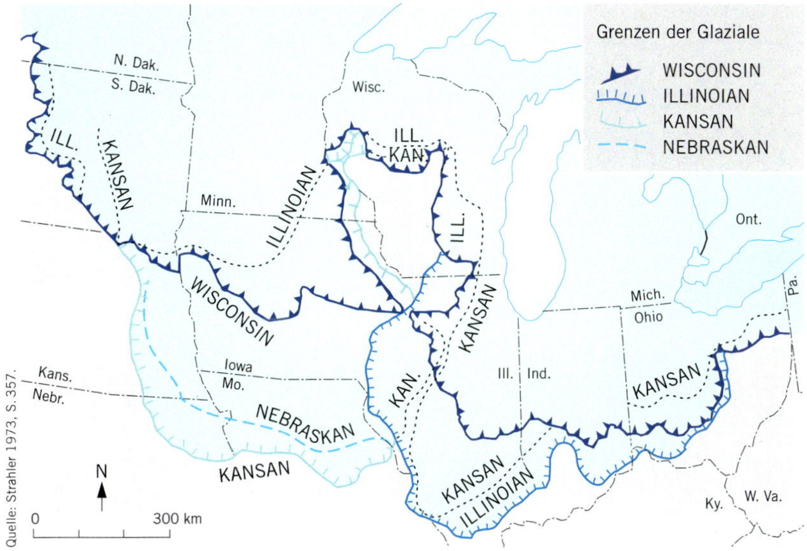

Abb. 29: *(links) Kontinentale Vereisung im Pleistozän.*

Abb. 30: *(oben) Die Ausdehnung des Inlandeises im Pleistozän.*

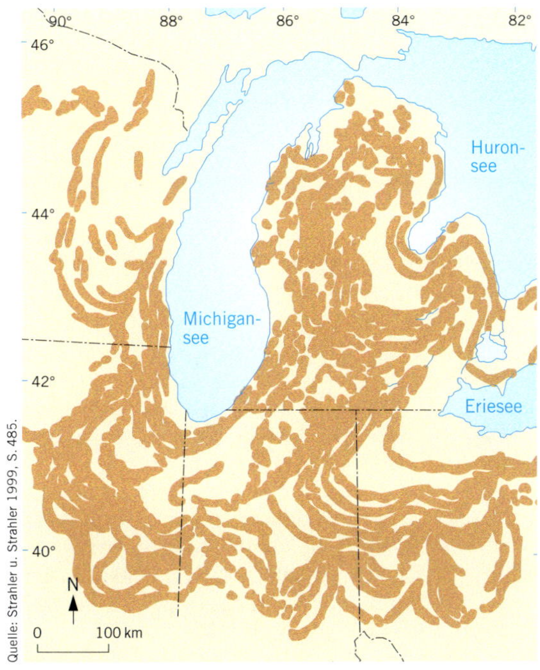

Abb. 31: *Vom Inlandeis erzeugte girlandenförmige Moränengürtel.*

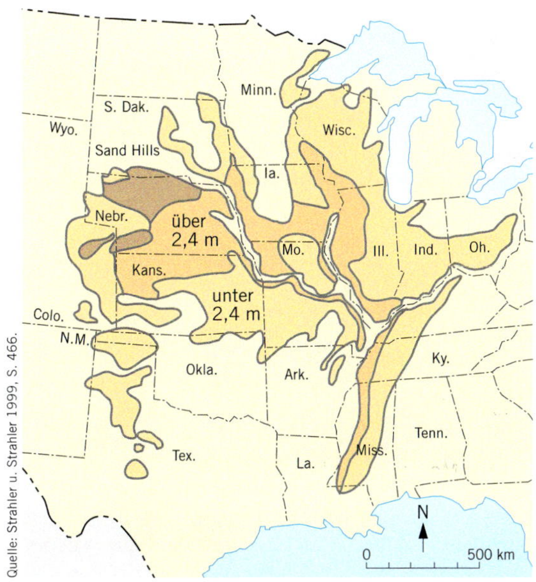

Abb. 32: *Verbreitung und Mächtigkeiten von Löss im amerikanischen Mittelwesten.*

zeichnungen Günz, Mindel, Riss und Würm und stellen die jeweils südlichen Vorstöße der Vereisungsschübe dar (Abb. 30). In jeder Phase schuf die erosive Kraft der Vereisung Grund- und Endmoränenlandschaften, die vor allem im Bereich der Großen Seen von einer Häufung Nord–Süd verlaufender Drumlins und Seen gekennzeichnet sind (Abb. 31). Die Inlandvereisung prägte die Gewässerdichte und -verteilung sowie die Entwässerungssysteme (*drainage systems*). Die Großen Seen selbst (Oberer See, Michigansee, Huronsee, Eriesee, Ontariosee) sind pleistozäne Eiszungenbecken, Inseln wie Nantucket und Martha's Vineyard vor Massachusetts oder Long Island sind Ablagerungen ehemaliger Endmoränen.

Die Inlandvereisung generierte auch den größten Teil des Materials, das für die Bildung der fruchtbarsten Böden der USA verantwortlich ist. Besonders in den interglazialen Perioden entstanden weite Lösslandschaften (Abb. 32). Das Ausgangsmaterial dieser Böden wurde während der Kaltzeiten des Pleistozäns aus Moränen und Schotterfeldern sowie aus periglazialen Schuttdecken ausgeweht und lagerte sich als meterdicke Lösslagen ab (Leser 1997, S. 479). Die glaziale Überprägung wurde auch in anderer Weise zu einem wichtigen Wirtschaftsfaktor:

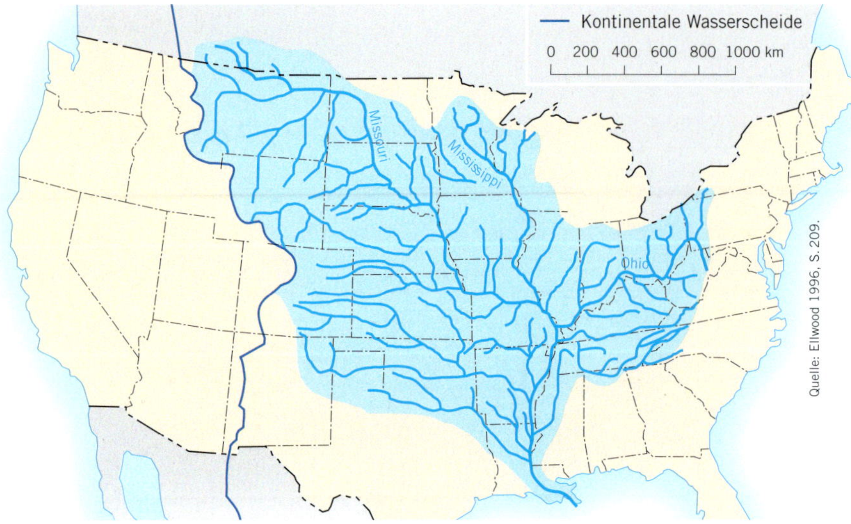

Abb. 33: *Das Einzugsgebiet des Mississippi.*

Sie schuf jene weiten fruchtbaren Flächen, die sich fast über den halben Kontinent erstrecken, kaum topographische Barrieren haben und daher in der westwärts gerichteten Besiedlung innerhalb weniger Jahre zu erschließen waren. Hinzu kamen die guten Bewässerungsmöglichkeiten, die das Einzugsgebiet des Mississippi-Stromes (Abb. 33) bereitstellte.

Die östliche Übergangszone zu den Appalachen zeichnet sich durch eine nach Westen orientierte Schichtstufenlandschaft aus, welche die Endungen der appalachischen Faltungen bildet. Erosion und Verkarstung prägten die Sand- und Kalkschichten aus dem Karbon außerordentlich stark und hinterließen einerseits Karstphänomene wie die Mammoth Cave in Kentucky, andererseits die aufgrund von Erosion ausgewaschenen Becken wie das Bluegrass-und-Nashville-Becken von Tennessee, die speziell für die Viehwirtschaft geeignete, kalkreiche Böden aufweisen.

Die Küstenebenen am Golf von Mexiko und an der Atlantikküste sind aus weichen sedimentären Gesteinen entstanden, die sich in jüngerer geologischer Zeit aufgrund von Meeresspiegelverlagerungen bildeten. Der Meeresspiegel lag während der Inlandvereisungsphasen sehr viel tiefer als gegenwärtig. Küstenterrassen, die bis 76 m über dem heutigen Meeresspiegel herausragen, zeugen davon (Birdsall & Florin 1992, S. 26 ff.). Eine Verlängerung erfahren die Aufschüttungsebenen der Golf- und Atlantikküste im kontinentalen Schelf, der ca. 400 km weit in den Ozean hineinreicht. Die Küstenebenen erstrecken sich von der südlichsten Spitze von Texas bis zu den Neuenglandstaaten. Während die Golfküstenebene in Texas rund 500 km breit ist, reicht sie von der Mündung des Mississippi bis nach St. Louis etwa 1000 km landeinwärts. Die weiträumigen Küstenebenen am Golf umschließen bei Alabama die südlichsten Ausläufer der Appalachen. Nördlich von Florida verengen sich die Küstenebenen und fallen stark bis zum Kontinentalschelf ab. Florida selbst besteht großenteils aus Kalksteinen. An seiner höchsten Erhebung liegt Florida nur 99 m über dem Meeresspiegel, während sich seine fast 13 000 km^2 großen sumpfigen Everglades (heute weitgehend entwässert) durchwegs nur wenige Meter über NN befinden. Aufgrund der Abflachung vom Piedmont der Appalachen bis unter den Meeresspiegel entstand eine von Haffs, Sümpfen und Nehrungen durchsetzte, atlantische Küstenebene. Viele Flüsse, die zum Teil weit in das heutige Meeresgebiet hinein entwässerten, frästen daher tiefe Täler aus. Mit dem Ansteigen des Meeresspiegels ertranken insbesondere die tiefen Täler des Susquehenna River und bilden heute die Chesapeake Bay, ferner das Tal des Hudson River und die New York Bay mit den Endmoränen Staten Island und Long Island. Sowohl die Chesapeake Bay als auch die New York Bay zählen aufgrund ihrer Genese zu den bedeutendsten natürlichen Tiefseehäfen der Welt, die zur Grundlage des wirtschaftlichen Wachstums an der Ostküste wurden (Birdsall & Florin 1992, S. 26 ff.).

Die Appalachen

Das Appalachische Gebirgssystem wurde durch die variszische Orogenese im Erdaltertum zwischen 600 und 230 Mio. Jahren vor heute im Ordovizium, Devon und Perm aufgefaltet. Die über 3000 km langen Appalachen stellen ein System von Gebirgszügen dar, das von Neufundland bis nach Alabama reicht. Es wird in mehrere Teile gegliedert: Einen nördlichen, der die Neuengland-*Uplands* einschließt und südlich von den Hudson-Mohawk-Tälern begrenzt wird. Er umfasst als höchste Erhebung den Adirondack-Gebirgszug, der hier als Teil des präkambrischen Schildes metamorphe Gesteine im Faltengebirge der Appalachen aufragen lässt. Die sich südlich anschließenden Appalachen teilen sich in mehrere, sehr unterschiedliche Gebiete auf. Gemäß der Stoßrichtung der Faltung sind dies von West nach Ost:

- die Appalachen-Plateaus, die als Schichtstufenlandschaft eine Übergangszone zum Zentralen Tiefland bilden;
- die Schichtrippenlandschaft der *Valley and Ridge Province*, ein Gebiet ausgeprägter, parallel gelagerter Gebirgsfalten der Appalachen.
- Die 900 km langen, steil aufragenden Blue Ridge Mountains, die in den Great Smoky Mountains eine Höhe von ca. 2000 m erreichen, sowie
- das sich östlich anschließende Piedmont-Plateau bilden die beiden anderen landschaftlichen Einheiten der südlichen Appalachen.
- Das Piedmont-Plateau, das sich von ca. 455 m auf 365 m Höhe zur atlantischen Küstenebene hin absenkt, grenzt sich mit der markanten *fall*-Linie zur Küstenebene ab.

Im Gegensatz zur großen wirtschaftlichen Bedeutung der horizontal lagernden, kohlereichen Gesteinsfolgen in den Appalachenplateaus wirkte sich die *fall*-Linie wegen der Stromschnellen in den Flüssen entwicklungshemmend für den Restraum der Appalachen aus, der auch gegenwärtig noch zu den Gebieten der USA mit Entwicklungsrückstand zählt. Lediglich die *fall*-Linie selbst begünstigte die Gründung von Handelsstädten am Umschlagspunkt der verschiedenen Verkehrsträger.

Klimadifferenzierung und Ökosystemregionen

Das Klima als typische Abfolge und Summe aller Witterungseinflüsse ist in den USA stark differenziert. Die Klimafaktoren, welche die Ausprägung und Differenzierung bestimmen, sind

- die geographische Breite,
- das Verhältnis von Land und Wassermassen und die Nähe zu großen Wasserkörpern, sowie
- die Topographie, insbesondere das Großrelief (Paterson 1994; Glawion 1991).

Klimafaktoren und Klimagliederung

Geographische Breite

Wegen des Spektrums geographischer Breitenlagen haben die Vereinigten Staaten Anteil an fast allen Klimatypen. Von Alaska mit seinem nördlichsten Punkt bei rund 71° N bis zu den südlichen Hawaii-Inseln auf 18° N und Floridas südlicher Inselgruppe Key West bei rund 25° N sind arktische bis subtropische Klimatypen vertreten, wobei warm- und kühlgemäßigte Zonen im zusammenhängenden Staatsgebiet dominieren. Extrema sind auch von Ost nach West zu finden: Gebiete von über 5000 mm an der Pazifikküste im Gegensatz zu 250 mm Niederschlag im ariden Südwesten sind zu finden. Große Gegensätze zwischen kontinentalem und maritimem Klima kennzeichnen die USA.

Kontinentalität und maritime Verhältnisse

Da die USA eine sehr große Landmasse darstellen, die sich im Sommer extrem erwärmt und im Winter stark abkühlt, sind die Temperaturgegensätze auch auf der gleichen geographischen Breite enorm. Teile des Mittelwestens können jährliche Temperaturschwankungen von 60 bis 80 °C aufweisen. So kann die winterliche Temperatur, den Windkühlungsfaktor (*wind chill factor*) eingerechnet, in Ohio in kalten Wintern durchaus bei −45 °C liegen, die sommerliche Höchsttemperatur dagegen bei rund 35 °C. In Teilen der *Great Plains* sind Extremwerte von +50 °C und −50 °C registriert worden.

Der Einfluss des maritimen Faktors, der die Verhältnisse aufgrund der sich erwärmenden bzw. abkühlenden Wassermassen moderiert, ist an allen Küsten der USA spürbar. Dieser maritime Einfluss mildert in Küstenbereichen generell die Temperaturen der im Winter einfließenden Kaltluftmassen. An der atlantischen Nordostküste wird es jedoch auf Höhe der Neuenglandstaaten (und nicht selten bis auf 35° N) wegen des kalten Labradorstroms, der den nach Europa verlaufenden Golfstrom ablöst, im Winter wesentlich kälter als beispielsweise an der europäischen Atlantikküste auf gleicher Höhe. Der Einfluss von Meeresströmungen ist auch an der Westküste in unterschiedlicher Weise fühlbar. Der kühle Kalifornienstrom führt vor allem in Nordkalifornien im Sommer zu Nebel und Temperaturminderung.

Topographie

Generell sind die USA den Einflüssen sowohl extrem kalter wie auch extrem warmer Luftmassen ausgesetzt. Die Interaktionen von einerseits kontinentalen, arktischen und andererseits tropisch-maritimen Luftmassen und deren Beeinflussung durch die Topographie bestimmen die Wetterverhältnisse der USA. Wegen der Nord-Süd-Ausrichtung der Kordilleren, die wie eine Wetterscheide wirken, haben polar-maritime Luftmassen aus dem nördlichen Pazifik vor allem im Westen einen großen Einfluss: Da quer gelagerte Gebirgsbarrieren in den zentralen Ebenen fehlen, können polar-kontinentale Luftmassen aus dem Norden und feuchtwarme tropische Luftmassen vom Golf von Mexiko ungehindert meridional ausgetauscht werden (Birdsall & Florin 1992, S. 22; Glawion 1991). Dieser ungehinderte Austausch von so unterschiedlichen Luftmassen bedeutet, dass im Winter in den niederen, subtropischen ebenso wie in den nördlichen Breiten mit relativ hohen Temperaturen gerechnet werden kann. In New Orleans, das wie Kairo auf 30° N liegt, sind −14 °C die gemessene Minimaltemperatur. Kaltluftmassen aus dem Norden (*cold waves, northerners*) können daher zu dieser Jahreszeit in Florida zu Ernteschäden bei Zitrusfrüchten und anderen Sonderkulturen führen. Umgekehrt sind warme Luftmassen aus dem Golf von Mexiko (*hot waves, southerners*) bis in die Neuenglandstaaten für sogenannte *Indian Summers* bekannt, die dort für spätsommerlich-warmes Wetter, teils bis in den Dezember hinein, verantwortlich sind.

Der Einfluss der Topographie auf das Klima zeigt sich auch in der Verteilung der Niederschläge. Das Makrorelief, vor allem die orographische Barriere des Kordilleren-Systems, lässt an der pazifischen Nordwestküste von Alaska bis Oregon um 3000 mm Stauniederschläge fallen. Eine Ausnahme von den feucht-maritimen Westküstenbedingungen bildet das trocken-aride Südkalifornien, das ganzjährig unter dem Einfluss warm-trockener, stabiler Luftmassen steht, die das Vordringen der sich über dem Nordpazifik bildenden Tiefdrucksysteme nach Süden verhindern. Jenseits der westlichen Kordilleren löst Aridität diese auf die Küstenbereiche begrenzten maritimen Bedingungen ab, sodass die größten Niederschlags- und Temperaturextrema auf einer sehr kurzen Distanz beiderseits der westlichen Küstengebirge anzutreffen sind. Im Regenschatten der westlichen Kordilleren (*Cascade Range* und *Sierra Nevada*) sind extreme Trockengebiete mit nur unregelmäßig fallenden Niederschlägen um 100–250 mm im Jahr zu finden. Erst östlich der klimatischen Trockengrenze des 100. Längengrades führen die vom Golf von Mexiko ungehindert einströmenden, feuchtwarmen Luftmassen aus den Küstengebieten sowie den *Central Plains* wieder zu mittleren jährlichen Niederschlägen, welche die jährliche Verdunstung übersteigen. Mit über 1000 mm Niederschlägen – im Südosten auch 1500 bis 2500 mm – sind die

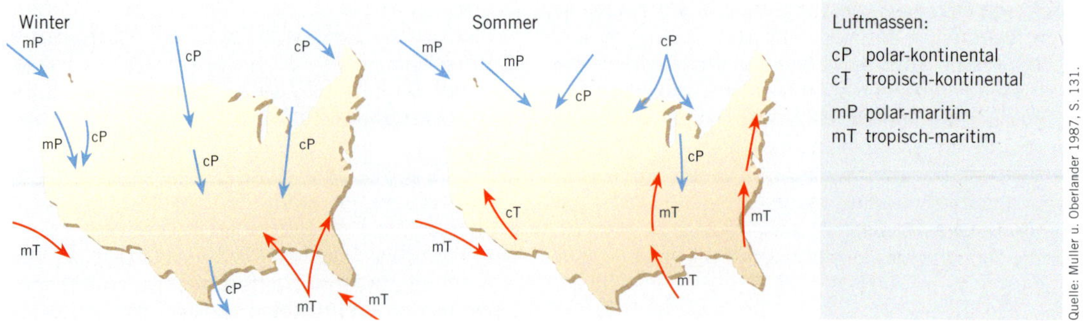

Abb. 34: *Luftmassen in den USA.*

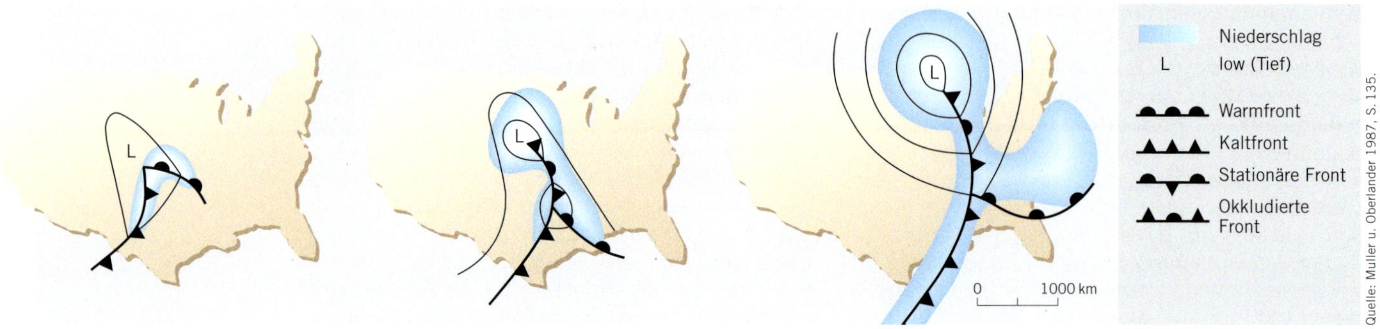

Abb. 35: *Typischer Verlauf von Tiefdrucksystemen in den USA.*

Gebiete östlich des Mississippi niederschlagsreich und überwiegend humid.

Luftmassen und Windsysteme

Das amerikanische Klima und Wetter ist in markanter Weise vom Zusammenspiel polar-kontinentaler (kalter, trockener, stabiler) und tropisch-maritimer (warmer, feuchter, instabiler) Luftmassen geprägt (Abb. 34). Die ungefähr bei 60° N aufeinander stoßenden Luftmassen (Polarfront) können sich wegen der Topographie ungehindert meridional auf kontinentalem Ausmaß austauschen. Dabei entstehen an der stark südlich verschobenen Luftmassengrenze besonders über den Gebieten östlich der Kordilleren Tiefdrucksysteme, die unter dem Einfluss vorherrschender Westwinde von Westen nach Osten über die USA hinwegziehen (Abb. 35). Dies bewirkt einerseits, dass das kontinentale Klima sich bis an die Ostküste erstreckt: Neuengland und die atlantischen Küstenstaaten haben daher auch größere saisonale Temperaturschwankungen als Gebiete an der Westküste, die auf vergleichbarer Breite liegen.

Andererseits bewirken die schnell durchziehenden, über Colorado und Texas entstehenden Tiefdruckgebiete, die sich erst auf ihren Zugbahnen nach Osten voll ausbilden, eine sich stetig wiederholende, vom Mittleren Westen bis zur Ostküste reichende, typische Abfolge wechselhaften Wetters. Sie ist bestimmt von sinkendem Luftdruck, steigenden Temperaturen, Aufkommen von Winden und Bewölkung, dem Durchzug einer Warmfront mit Niederschlägen, gefolgt von weiterem Temperaturanstieg und Zufluss warmer Luft aus südwestlicher Richtung, Aufkommen von Quellbewölkung, z. T. starkem Temperaturabfall, steigendem Luftdruck, Durchzug einer Kaltfront, Zustrom kalter Winde aus Nordwesten, Durchzug eines Hochdruckgebietes mit trockenen, klaren, im Sommer kühleren, im Winter eisigen Luftverhältnissen. Während das Tief durchzieht, regenerieren sich die vom Golf von Mexiko herrührenden feucht-warmen Luftmassen des Systems noch einmal im Bereich der Großen Seen, die eine regionale Quelle feuchter Luft darstellen. Auf ihrem Weg an die Ostküste bringt dann die Warmfront, die dem angereicherten Warmluftsektor der Zyklone vorangeht, ebenso wie die sich schneller bewegende und daher zur Okklusion aufschließende Kaltfront über Neuengland Niederschlagsfelder mit Dauerregen, je nach Jahreszeit als Regen oder Schnee.

Ferner ist der Austausch großer arktischer und subtropischer Luftmassen auch verantwortlich für die Vehemenz, mit der sich manche Wetterphänomene entwickeln. Beispiele dafür sind die Tornados – außertropische Wirbelstürme, die zumeist vom Frühjahr bis zum September beim Zusammentreffen von kalter und warmer Luft und extremen, vertikalen Temperaturgradienten entlang von Kaltfronten und in deren Vorfeld entstehen.

Weitere extreme Wetterbedingungen betreffen die Küstenzonen der USA aufgrund von Vorgängen, die ihre Genese außerhalb der Zone haben, in der Warm- und Kaltluft zusammentreffen. Zu nennen sind hier die Hurricanes. Diese tropischen Wirbelstürme entstehen besonders im Spätsommer über dem stark erwärmten mittleren Atlantik, ziehen zunächst von Südost nach Nordwest über die Karibik, um dann in Küstennähe der USA nach Nordosten abzubiegen und entlang der amerikanischen Küste in nördlicher Richtung weiterzuwandern (s. Abb. 38 sowie S. 42).

Auch im Winter führt das Zusammentreffen extremer Kaltluftvorstöße und maritim-tropischer Luftmassen, vor allem in den östlichen USA, zu extremen

Wetterbedingungen wie den Blizzards. Blizzards, die von feuchten, maritimen Luftmassen, welche vom Golf von Mexiko nach Norden vordringen, und von extremen Druckunterschieden gespeist werden, sind nur *eine* besondere Form von Stürmen, die im Winter auftreten können. Arktische Kaltluftvorstöße können wegen des ungehinderten Luftmassenwechsels in den südlichen Tiefebenen im Winter zu Temperaturstürzen von über 40° C innerhalb von 24 Stunden und zu signifikanten Frostschäden führen.

Klimagliederung nach Temperatur und Niederschlag

Das Zusammenwirken der genannten Klimafaktoren bewirkt eine zwischen dem Westen und Osten der USA deutlich differenzierte klimatische Regionalisierung: Im Osten sind die Klimaregionen durch die geographische Breite, die Temperatur und die Dauer der Wachstumsperioden der Vegetation definiert, also die Zeit der letzten Frühjahrsfröste bis zum einsetzenden Frost im Herbst, ferner die sommerliche Maximal- und die winterliche Minimaltemperatur. Regionale Klimaunterschiede im Westen der USA werden von der Topographie und den damit verbundenen jährlichen Niederschlagsmengen determiniert (Birdsall & Florin 1992, S. 32).

Die für die USA bis heute gebräuchliche Klimaklassifikation von Köppen auf der Grundlage der Temperaturen und Niederschläge und des daraus resultierenden Vegetationsbestandes zeigt folgende Temperatur- und Niederschlagsdifferenzierungen: Das Temperaturminimum der USA liegt bei −55 °C in Alaska, das Temperaturmaximum mit 57 °C im Death Valley. In den *Great Plains* und den intermontanen Becken sind sommerliche Temperaturmaxima von 40 – 45 °C die Norm. Mit Ausnahme der pazifischen Küste zeigen alle Wetterstationen der USA große Jahresamplituden, die durch das Kontinentalklima bedingt werden. Die jährlichen Niederschlagsmengen zeigen Maxima an der pazifischen Küste Alaskas (> 4000 mm), im pazifischen Nordwesten (> 2000 mm), im nördlichen Mittelwesten (1500 – 1000 mm) und an der klimatischen Trockengrenze des 98. bis 100. Längengrades westlicher Breite (um 500 mm).

Klimaregionen im Überblick

Die Klimaklassifikation zeigt im Überblick sieben Hauptklimaregionen in den USA (Paterson 1994, S. 27 f.):

1) Polares Klima mit kurzen Sommern und Temperaturen von maximal 10 °C, Niederschläge von maximal 250 mm sowie Tundrenvegetation charakterisieren den nördlichen Teil Alaskas.
2) Die subarktische Region des borealen Nadelwaldes mit langen, relativ trockenen Wintern, kurzen, teils warmen Sommern und mittleren Niederschlägen umfasst den größten Teil von Alaska.
3) Die ausgedehnten pazifischen Küstengebiete, die generell von milden Temperaturen gekennzeichnet sind, werden in zwei Klimaregionen eingeteilt: den Küstenstreifen mit kühlen, trockenen Sommern und niederschlagsreichen Wintern nördlich von San Francisco und die mediterrane Klimaregion mit ihrem Spektrum von maritimen, nördlich gelegenen sowie wüstenhaften, südlichen Gebieten.
4) Die stark differenzierte Klimaregion der westlichen Kordilleren ist das Resultat der in der Höhe zunehmenden Niederschläge und abnehmenden Temperatur.
5) Die ausgedehnten ariden Gebiete der USA, die nicht im Bereich der polar-maritimen pazifischen Westwinde oder subtropisch-maritimen Luftmassen vom Golf von Mexiko liegen, sind regional sehr unterschiedlich und können in zwei große Zonen eingeteilt werden: den ariden wüstenhaften Südwesten der USA mit trockenen, heißen Sommern und milden, sonnigen Wintern, ferner in Halbwüsten und Steppen höherer nördlicher Breiten und höher gelegener Regionen. Sie haben weniger heiße und trockene Sommer als der wüstenhafte Südwesten und erfahren im Winter polar-kontinentale Kaltlufteinbrüche.
6) Die humiden, subtropischen Klimaregionen der USA werden vor allem im Sommer von subtropischen und tropischen Luftmassen vom Atlantik und dem Golf von Mexiko beeinflusst. Im Sommer sind fast täglich kurze, heftige Konvektionsregen zu erwarten, in der Zeit der Hurricanes auch zumindest Ausläufer dieser tropischen Wirbelstürme. Im Winter prägen Ausläufer von Tiefdrucksystemen und Kaltfronten mit starken Niederschlägen (selten als Schnee), gefolgt von Kaltluftvorstößen und Frost, die Region.
7) Humide kontinentale Gebiete der USA erstrecken sich von der kanadischen Grenze annähernd bis in den subtropischen Südosten. Wegen der Durchdringung von polar-kontinentalen und subtropisch-maritimen Luftmassen in den von Westen nach Osten durchziehenden Tiefdrucksystemen sind sowohl saisonale als auch tägliche Wetterschwankungen groß.

Zwei Klimagroßregionen können unterschieden werden, von denen die erste nur im äußersten Norden der kontinentalen USA einen kleinen Anteil hat: *Die Subregion der kühlen Sommer* am nördlichen Grenzbereich der Großen Seen und des St.-Lawrence-Seeweges unterliegt stets, besonders aber im Winter, dem Einfluss polarer Luftströmungen, die klare, kalte Tage und sehr kalte Nächte bringen. Im Sommer erfährt diese Region als Gebiet im Bereich der Tiefdruckbildung eine schnelle Abfolge warmer, humider, von Gewittern begleiteter Wetterbedingungen sowie von kalten, trockenen und klaren Wetterverhältnissen. *Die Subregion der warmen Sommer* mit hoher Lufttemperatur und -feuchtigkeit und häufigen Gewittern steht vor allem im Sommer unter tropisch-atlantischem Einfluss. Im Winter bringt der ostwärts gerichtete Durchzug von Tiefdrucksystemen in den Gebieten des Ohio und des Mississippi eine typische, sich fast im Wochenabstand wiederholende Abfolge von Regen, Schnee, Kaltlufteinbrüchen, klaren und kalten Tagen (Paterson 1994, S. 30).

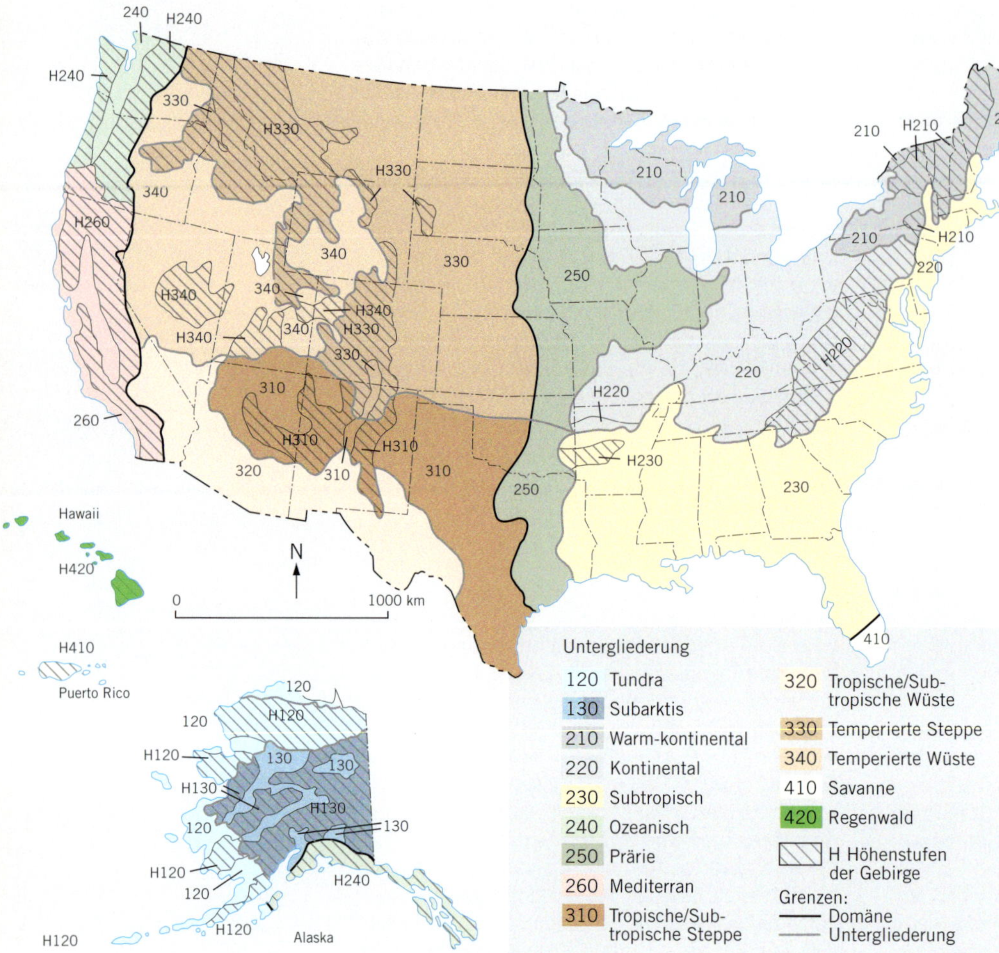

Abb. 36: *Zonale Ökosystemdifferenzierung nach Bailey.*

Polare Ökozone
Ökosubzone der Tundra
Ökosubzone der Subarktis
Humid-gemäßigte Ökozone
Warm-kontinentale Subzone
Heiß-kontinentale Subzone
Subtropische Subzone
Marine Subzone
Subzone der Prärie
Mediterrane Subzone
Trockene Ökozone
Subzone der Tropisch-Subtropischen Steppe
Subzone der Tropisch-Subtropischen Wüste
Subzone der gemäßigten Steppe
Subzone der gemäßigten Wüste
Humid-tropische Ökozone
Subzone der Savannen
Subzone des Regenwalds

Ökosystemzone oder Ökozonen bezeichnen Großräume der Erde, die sich durch ihr eigenständiges Klima, eine charakteristische Morphodynamik, typische Bodenbildungsprozesse sowie daran angepasste, charakteristische Lebensweisen von Pflanzen und Tieren auszeichnen.

Tab. 3: *Ökosystemzonen und ihre subzonale Differenzierung in den USA.*

Quelle: Thannheiser & Wüthrich, 2000, S. 13.

Ökosystemgliederung

Um die Großräume der USA in noch umfassenderer Weise zu unterteilen, lassen sich integrative, multifunktionale Gliederungskonzepte anwenden, die die Landschaften als ein System interagierender Prozesse im Bereich des Klimas, des Bodens, der Vegetation sowie der agraren und forstlichen Nutzungsformen ansehen. Das Konzept der Ökosystemzonen scheidet naturräumliche und ansatzweise auch kulturräumliche Ordnungsmuster in Landschaftsräumen aus (Bailey 1996; Leser 1997; Schultz 2000a, b; Birot 1970; Czajka 1956; Klijn 1994; Maull 1954; Lukashova 1988; Müller-Hohenstein 1981; Passarge 1929; Thannheiser & Wüthrich 2000). Ökozonen erlauben eine qualitative Darstellung von Merkmalskomplexen hinsichtlich der Klimagenese, Bodenbildungsprozesse, Lebensweisen von Pflanzen und Tieren sowie naturräumlich-wirtschaftlicher Ertragsleistungen. Die ökozonale Gliederung berücksichtigt auch die kleinräumige Vielfalt der Standortbedingungen und kategorisiert diese nach klimazonalen Raumeinheiten und makroklimatisch begründeten Vegetationsdifferenzierungen. Im Vordergrund der funktional-strukturellen Erfassung stehen das räumliche Zusammentreffen und die Muster funktionaler Verflechtungen, nicht aber die einzelnen Komponenten von Klima, Vegetation und Boden (Bailey 1996, S. 9).

Ökosystemregionen und Vegetationszonen der USA

Die feiner differenzierten Ökosystemregionen der USA sind im Überblick auf Tab. 3 u. Abb. 36 dargestellt. Die vier Hauptkategorien von Ökosystemregionen lassen sich unterscheiden in: (1) die polare, (2) die humid-temperierte, (3) die trockene und (4) die humid-tropische Ökosystemregion. Abb. 36 zeigt ihre feinere Differenzierung, die in den folgenden Abschnitten nach Bailey 1996 zusammengefasst wird.

Die *polare und subpolare Ökozone.* Extrembedingungen kennzeichnen die Klimate der polaren Ökozone sowie die Lebensbedingungen für Flora und Fauna. Nur in den Sommermonaten erhöhen sich in den polaren Ökozonen die extrem niedrigen Minustemperaturen, wobei die jährlichen Temperaturschwankungen größer als die täglichen sind (Abb. 37). Auch wegen der geringen Intensität der Sonneneinstrahlung und der generell niedrigen Niederschlagsmenge, die auf die Sommermonate konzentriert ist, ermöglichen diese Gebiete nur bedingt Vegetationsformen und Tierleben. Innerhalb der polaren Ökozone Alaskas lassen sich jedoch zwei deutlich unterschiedliche Subzonen erkennen. Dem Verlauf der 10 °C-Juli-Isotherme folgend, die der polaren Baum- und Waldgrenze entspricht, werden die baumlose Tundra und die subarktische bewaldete Taiga unterschieden. Die Tundra der südlichen Arktis, die sich in Alaska vom Polarkreis bis ungefähr 75° N erstreckt, erreicht bei Barrow (Alaska) zwischen 55 und maximal 188 Tagen im Jahr eine mittlere Temperatur um den Gefrierpunkt (s. Klimadiagramm, Abb. 37). Wegen der jährlichen Niederschlagsmenge von unter 200 mm und der relativ geringen Verdunstung ist das Klima jedoch humid. Aufgrund der geringen Sommertemperaturen sind trotz der Feuchtebedingungen nur Grasbewuchs, Flechten und Moose, niedrigwüchsige Vegetationsdecken und Gebüschinseln möglich. Die Bodenverhältnisse sind von Dauerfrost geprägt: Permafrostböden, die mehr als 3 m Mächtigkeit haben, lagern unter der obersten Bodenschicht, die durch den Wechsel von Frost und sommerlichem Auftauen entsteht, jedoch maximal 10–60 cm tief reicht. Nicht nur Bodenmikrofauna (Urtierchen, Fadenwürmer u. a.), Bodenmesofauna (Spinnen, Milben etc.) und größere Bodentiere (Schnecken, Regenwürmer, Tausendfüßler) sind in der Tundra zu finden. Erstaunlich vielfältig ist auch die größere Tierwelt: saisonal brütende Vogelarten sowie Polarfüchse, Schneehasen, Lemminge und Wölfe sind für dieses Gebiet typisch.

Die *Ökozone der Subarktis mit der subarktischen Taiga und dem borealen Nadelwald* erstreckt sich in Alaska von 50° bis 70° N. Große jahreszeitliche Schwankungen mit harschen Wintern und Temperaturen, die nur während fünf Monaten über dem Gefrierpunkt und nur einen Monat lang über 10 °C liegen (s. Klimadiagramm von Ft. Yukon, Alaska), kennzeichnen diese Ökosubzone. Das Klima ist wegen einer jährlichen Niederschlagsmenge von 500 bis 1000 mm feucht, doch gelangen die Niederschläge nur teilweise in den Bodenwasserhaushalt, da sie von der Baumschicht des borealen Nadelwaldes (Tannen, Kiefern, Fichten, Lärchen), von der Moosschicht sowie der Schicht aus der reichlich anfallenden, humusbildenden Nadelstreu zurückgehalten werden. Der Winter ist auch in dieser Subzone die vorherrschende Jahreszeit. Der Boden taut selbst im Sommer nicht mehr als einen halben Meter bis maximal 4 m über dem Permafrost auf. Wegen des Permafrostbodens wird das Bodenwasser oft gestaut, die Niederschläge tragen daher zur verbreiteten Bildung von Torfmooren bei.

Feuchtgemäßigte Ökozonen nach Bailey (1996) sind in den mittleren Breiten der USA (30–60° N) anzutreffen, die gleichermaßen von tropischen wie polaren Luftmassen beeinflusst werden.

Die *warm-kontinentale Subzone* zwischen 40° und 50° nördlicher Breite erstreckt sich – unter dem Einfluss von kontinentaler, polarer Luft aus dem Norden und maritimer oder kontinentaler tropischer Luftmassen aus dem Süden – vom Innern des Kontinents von den Großen Seen bis zur Ostküste. Es gibt daher starke jahreszeitliche Schwankungen und ebenfalls charakteristische Wetterabläufe, die mit dem Durchzug der Tiefdrucksysteme zusammenhängen, die beim Zusammentreffen polarer und subtropisch-maritimer Luftmassen entstehen. Nadelbäume und Laubmischwälder kennzeichnen dieses Übergangsgebiet, dessen Wälder im Herbst besonders gut in den Neuengland-Staaten touristisch in Wert gesetzt werden (*Indian Summer*).

Südlich der warm-kontinentalen Zone und durch die 22 °C-Isotherme abgegrenzt schließt sich die *heiß-kontinentale Subzone* an, deren frostfreie Wachstumsperiode fünf bis sechs Monate dauert und deren Vegetation von hochwachsenden Winterhartlaubgewächsen bestimmt wird. Da sich diese Zone vom Atlantik bis zum Innern des Kontinents erstreckt und die Niederschläge zum 100. Längengrad hin abnehmen, wird diese Zone in warmgemäßigt-kontinentale (Klimadiagramm Iron Mountain, Michigan) und warm-kontinentale Unterzonen (Klimadiagramm Fort Wayne, Indiana) gegliedert.

Die *subtropische Zone* (Klimadiagramm Atlanta, Georgia) an der südlichen Atlantikküste und am Golfküstensaum ist von hoher Luftfeuchtigkeit im Sommer und dem Fehlen eines ausgeprägten Winters gekennzeichnet. Typisch für diese regenreiche Zone mit heißen Sommern ist die Bewaldung, die in den sandigen Küstengebieten teils aus Pinienwäldern und landeinwärts aus Laubmischwäldern besteht. Die *maritime Zone* (Klimadiagramm Astoria, Oregon) befindet sich an der pazifischen Westküste zwischen dem 40. und 60. Grad nördlicher Breite. Geprägt von überdurchschnittlich viel Steigungsniederschlag zeigt diese Zone nur eine geringe Temperaturschwankung. Nadelwälder, Zedern und Sequoia-Bäume, die zu den ältesten und größten der Welt gehören, sind hier zu finden.

Die *Subzone der Prärie* (Klimadiagramm Fargo, North Dakota) erstreckt sich in den mittleren Breitengraden und weist Kontinentalklima mit Niederschlägen von rund 500 bis 1000 mm auf. Die Präriegebiete dehnen sich von Texas bis nach Alberta in Kanada aus; in allen Breitengraden teilen sie die gleichen Merkmale: hochwüchsige Präriegräser und das Fehlen eines Baumbestands, da die Niederschlagsmengen hierfür zu gering sind und die wasserführenden Schichten für Baumwurzeln zu tief liegen.

Die *mediterrane Subzone* (Klimadiagramm Pasadena, Kalifornien), die zwischen 30° und 45° Nord anzutreffen ist, zeigt sowohl Trocken- als auch Regenzeiten. Trockene, heiße Sommer und feuchte, nicht zu kalte Winter kennzeichnen dieses Klima, in dem besonders gut immergrüne Hartlaubgewächse gedeihen.

Die *trockene Zone Amerikas,* die aufgrund von Evaporation mehr Wasser verliert als sie an Niederschlägen erhält, ist extrem weitläufig: Fast alle Gebiete westlich des 100. Längengrands gehören zu der trockenen Zone, in der wiederum zwei Subzonen ausgeschieden werden. Es sind die tropische und subtropische Steppe und die tropisch-subtropische Wüste.

Die *Steppe der gemäßigten Breiten* (Klimadiagramm Colorado Springs) und die *subtropischen Steppen* (Klimadiagramm Abilene, Texas) sind ebenfalls von einem Missverhältnis von Niederschlag und

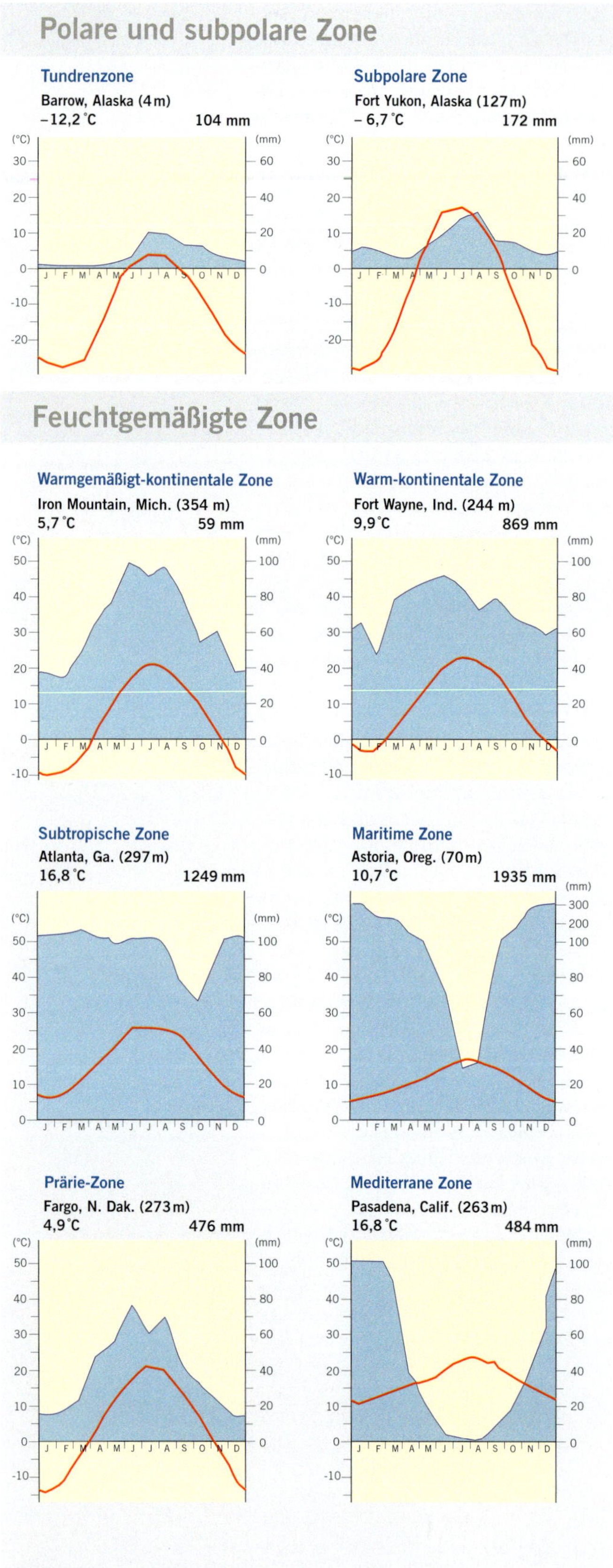

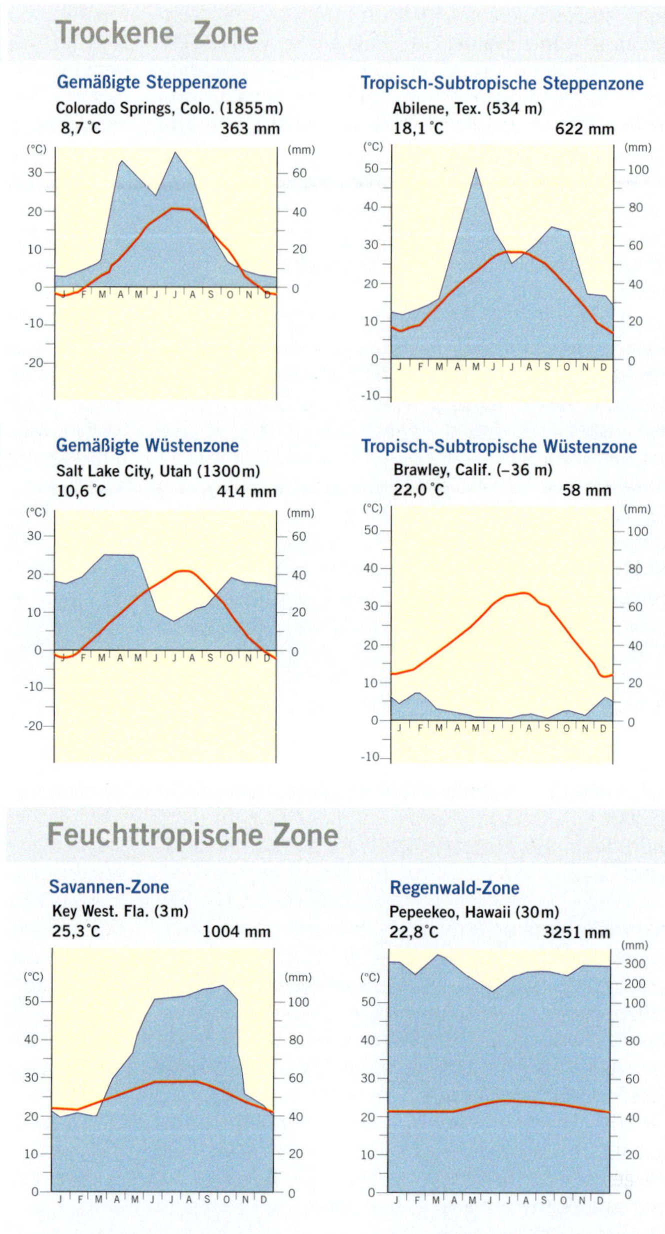

Quelle: Bailey 1996, S. 84/89.

Abb. 37: *Klimadiagramme ausgewählter Wetterstationen.*

Verdunstung geprägt, das überwiegend durch eine Kurzgras-Prärievegetation, in einzelnen Bundesstaaten auch durch Salbeibüsche gekennzeichnet ist, jedoch auch halbwüstenhafte Vegetation bis hin zu bewaldeten Flächen aufweisen kann. Gully-Erosion in den *Badlands* und geringe Humusauflagen machen andere landwirtschaftliche Nutzungen als Beweidung wenig rentabel. Wüsten der gemäßigten Breiten, insbesondere im Regenschatten der Gebirge in den intermontanen Hochebenen, zeichnen sich durch geringe Niederschläge und starke saisonale Temperaturunterschiede, eine halbwüstenhafte Vegetation (Salbeibüsche – *sagebrush*), Dürren und kurze Feuchteperioden aus.

Die *Steppenzone* ist ein zwischen den humiden und ariden Klima- und Ökosystemzonen gelagerter Übergangsraum. Sie weist niedrig wachsende Gräser und Kraut-, Strauch- (*shrubs*) und kleinwüchsige Baumvegetation auf. Auf dem Colorado-Plateau, insbesondere dem Kaibab-Plateau stehen ausgedehnte Pinienwälder. In Texas geht das Grasland dort in Savannenvegetation über, wo das Klima semiarid-subtropisch wird. Im Süden Kaliforniens sind Joshua-Bäume und Salbeisträucher charakteristisch. Wirtschaftlich sind die Grasländer begrenzt als Weideland zu nutzen, allerdings regenerieren sie sich nicht schnell genug bei großen Viehbeständen. Ackerbauliche Nutzung ist aufgrund der geringen Niederschläge ohne künstliche Bewässerung nicht möglich.

Südlich des Gebirgslands von Arizona und New Mexico beginnen die *suptropischen* (Klimadiagramme Salt Lake City und Brawley, Kalifornien) *und tropischen Wüsten* (Gila-, Sonora-, Mojave-Wüste), die von hoher Aridität sowie extremen Luft- und Bodentemperaturen geprägt sind. Die thermischen Unterschiede durch direkte Sonneneinstrahlung am Tag und Abstrahlung bei Nacht wirken sich in einer starken physikalischen Verwitterung aus. Erkennbar ist diese Insolationsverwitterung u.a. an Rissen im Felsgestein und an plattenförmiger Abspaltung von Gestein, z. B. bei Schuttkegelbildungen von Inselbergen. Die der Trockenheit der Wüste angepasste Vegetation umfasst Kakteen, Hartgräser und Xerophyten. Teile der Wüsten haben keine wahrnehmbare Vegetation, andere Areale sind durch Riesenkakteen, Creosole-Sträucher, Dorn- und Strauchsavannenvegetation gekennzeichnet. Ein Charakteristikum des Bodens ist seine Neigung zu Versalzung und das Fehlen von Humus, was jegliche Form von Bewässerungslandwirtschaft ausschließt. Dennoch sind einige dieser Gebiete aufgrund von Mineral- und Erzvorkommen wirtschaftlich interessant oder in der Vergangenheit bedeutend gewesen.

Humid-tropische Ökozonen sind zweigeteilt: die Savannenzone zwischen 10° und 30° N, die in Südflorida anzutreffen ist (Klimadiagramm Key West) und Wechsel von Regen und Trockenzeiten, hohe Grasvegetation, subtropische und tropische Sträucher sowie Baumbewuchs aufweist. Die *tropische Regenwaldzone* zwischen dem Äquator und 10° N ist in den USA auf die Hawaii-Inseln beschränkt (Klimadiagramm Pepeekeo, Hawaii).

Naturrisiken und Naturkatastrophen

Die Größe des Landes, sein Anteil an vielen Klimazonen, seine Topographie, Flusssysteme und nicht zuletzt sein geologischer Untergrund bedingen, dass die USA ständig vielfältigen Naturgefahren ausgesetzt sind.

Kaltlufteinbrüche, Tornados, Hurricanes

Ein mit der Nord-Süd-Erstreckung der Rocky Mountains zusammenhängendes Phänomen sind die Kaltluftvorstöße, die ihren Ausgang in Alaska oder Nordkanada haben. Vor allem während des Winters führen sie polare Luftmassen entlang der Rückseite des Felsengebirges bis in die Golfküstenregion und nach Florida. Sie sind Teile der Kaltfront-Tiefdrucksysteme, die periodisch über den Kontinent ziehen. Wegen der fehlenden Ost–West verlaufenden Gebirgsmassen und der enormen Ausmaße des zentralen Tieflands der USA können sich diese Kaltlufteinbrüche (*cold waves*) ungehindert über Tausende von Kilometern in Gebiete ausdehnen, in denen diese Kälteeinbrüche sonst – aufgrund der geographischen Entfernung – unbekannt wären. Auf diese Weise können *cold waves* aus arktischen Breitengraden bis nach Florida, die Golfküstenebene oder den Golf von Mexiko, also in die geographische Breite von Zentral-Algerien, Ägypten oder Saudi-Arabien hineinreichen. Die wirtschaftlichen Schäden können insbesondere bei spät im Winter einsetzenden *cold waves* beträchtlich sein, da zum Ausgang des Winters ganz im Süden bereits die Wachstumsperiode eingesetzt hat. Gerade in Florida sind bei solchen Ereignissen die Ernten von Sonderkulturen durch Absterben der Blüten gefährdet. Um dieser Schadenswirkung der *cold waves* vorzubeugen, haben die großen Sonderkulturplantagen seit Jahrzehnten eine Infrastruktur aufgebaut, die das Heizen bei Frostgefahr erlaubt. Neben den Frostschäden in der Landwirtschaft und der Fischerei richten insbesondere die Blizzards Schäden in den Städten und in der Versorgungsinfrastruktur an. Blizzards mit Geschwindigkeiten von bis zu 220 km pro Stunde können die Stromversorgung weiter Teile von Bundesstaaten oder Städten lahm legen, da das Stromversorgungsnetz in den USA im Allgemeinen aus Kostengründen oberirdisch geführt wird.

Tornados, außertropische Wirbelstürme von räumlich begrenzter Reichweite, richten oft Schäden großen Ausmaßes an. Tornados entstehen in der wärmeren Jahreszeit, meist zwischen Frühjahr und September, unter gewissen Bedingungen:

- Entlang von Kaltfronten und unmittelbar davor in einer Linie von Gewitterstürmen (*squall line*) im warmen Sektor eines Tiefdrucksystems.
- Bei extremen Temperatur- und Druckunterschieden zwischen den warmen und kälteren aufeinander treffenden Luftmassen, die sich nicht nur horizontal, sondern vor allem vertikal vollziehen, dadurch starke, abwärts gerichtete Winde einleiten und einen intensiven Wirbel auslösen. Dessen große Luftdruckunterschiede und die enorme Windgeschwindigkeit entfalten die gefürchtete zerstörerische Wirkung.

Wegen der vorherrschenden Windrichtung, in der die Tiefdrucksysteme über die USA ziehen, und wegen der Windrichtungen innerhalb dieser außertropischen Zyklone bewegen sich die Gewitterfronten vor den Kaltfronten mit großer Geschwindigkeit von Südwesten nach Nordosten, wobei sie besonders schwere Gewitter und vielfach Tornadobedingungen mit sich bringen. Aufgrund der großen Län-

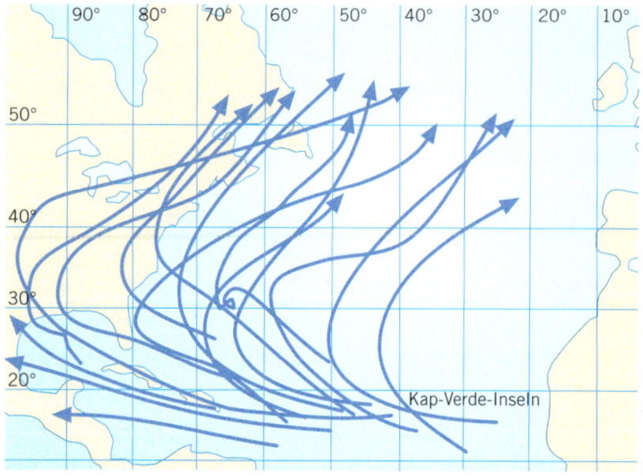

Abb. 38: *Typische Bahnen tropischer Wirbelstürme (Hurricanes) im Westatlantik.*

Quelle: Strahler u. Strahler 1999, S. 167.

genausdehnung solcher Fronten in einer von Südwest nach Nordost verlaufenden Linie über mehrere tausend Kilometer können unter solchen Wetterbedingungen Dutzende von Tornados entstehen und mit der Gewitterfront in charakteristischen *tornado tracks* über den Mittelwesten rasen, wobei sie bei Bodenberührung (*tornado touch down*) zwar selten Schneisen von mehr als 200 m Breite schlagen, dort aber eine außerordentliche Zerstörungskraft entfalten. Die am 3. und 4. April 1974 entstandenen 148 Tornados, die in über 10 Bundestaaten des Mittelwestens gewaltige Zerstörungen anrichteten, waren bis dahin die schwersten des Jahrhunderts, die in einer Zeitspanne von nur 24 Stunden 315 Menschenleben und 6142 Verletzte forderten, ganze Stadtteile verwüsteten und 25 790 Familien Schäden zufügten (Arnfield 1976, S. 161–169).

Hurricanes sind tropische Wirbelstürme, von denen die US-amerikanischen Küstengebiete periodisch betroffen werden. Diese Wirbelstürme haben üblicherweise einen Durchmesser von mehr als 500 km, eine Bahnlänge von mehreren tausend Kilometern auf bekannten *hurricane tracks* (Abb. 38) und eine Aufbauphase von etwa 9 Tagen bis zum größten Impakt. Mit ihren Windgeschwindigkeiten, Regenfällen und den begleitenden Flutwellen richten sie massive Schäden an. So hat Hurricane Frederick von 1978, der massivste Zerstörungen in der Karibik anrichtete, noch in der Phase seiner Auflösung einige tausend Kilometer nördlich im Stadtgebiet von Washington, D.C. starke Bäume entwurzelt.

Diese tropischen Tiefdrucksysteme mit Zuggeschwindigkeiten von rund 60 km und Windgeschwindigkeiten von 120 bis 240 km/h entwickeln sich zwischen dem 5. und dem 20. Breitengrad über dem Atlantik und der Karibik, wenn die Temperaturen über 27 °C liegen. Dies ist besonders zwischen Juni und September der Fall. Von ihrem Ausgangspunkt ziehen sie in breiten Pfaden (*hurricane tracks*) in östlicher Richtung auf die Karibik und den Golf von Mexico zu, um dann in den mittleren Breiten unter Einfluss der atmosphärischen Zirkulation nach Norden oder Nordwesten gelenkt zu werden (s. Abb. 38). Die Höhenausdehnung der Hurricanes kann 10 bis 15 km betragen, das windstille Zentrum des Wirbels („Auge") erstreckt sich meist über mehr als 30 km im Durchmesser. Die Verwüstungen beim Durchzug von Hurricanes ergeben sich aus der typischen Wetterabfolge: Da der über dem Meer mit großer Geschwindigkeit herannahende Wirbelsturm Flutwellen vor sich herschiebt, verursachen diese an Küsten und in küstennahen Gebieten schwere Schäden. So brachte der Hurricane Audrey von 1957 an die Küste von Texas bis 50 km landeinwärts eine drei Meter hohe Flutwelle über einer Breite von 500 km. Während der erste Teil des Hurricane über eine Region zieht, sind wolkenbruchartige, schwere Regenfälle die Norm, zieht das Auge über ein Gebiet, ist der Himmel wolkenlos und ruhig. Hinter dem Auge kommt die andere Hälfte des Wirbelsturms mit ebenfalls sintflutartigen Regenfällen: Als Abschluss nach dem Hurricane folgen wegen der aufgewühlten See noch weitere Flutwellen.

Mit Hilfe der Satellitentechnologie kann man die Entstehung und Pfade von Hurricanes verfolgen, sodass man mittlerweile in den USA rechtzeitig ganze Küstenzonen evakuieren und Verluste an Menschenleben reduzieren kann. Die amerikanische Regierung verfügt mit dem US Geological Survey (USGS), insbesondere dem Center for Coastal Geology, zusammen mit der NASA und der National Oceanic and Atmospheric Administration (NOAA) über die nötige Satelliten-Infrastruktur und Forschungsnetzwerke, um Grundlagen- und angewandte Forschung sowie Vorhersagen zum Schutz der Bevölkerung zu betreiben (USGS, Center for Coastal Geology 2003).

Hochwasser und Überschwemmungen

Hochwasser und Überschwemmungen können jede Region der gesamten Vereinigten Staaten, auch die ariden Gebiete westlich des 100. Längengrads heimsuchen. Schneeschmelze oder Frühjahrsniederschläge führen im gesamten Einzugsgebiet des Mississippi zu saisonalen Hochwässern. Um diese Gefahren zu minimieren, setzte die Bundesregierung 1933 ein regionalpolitisches Krisenmanagement ein, das die Tennessee Valley Authority (TVA) und die Regional Commissions schuf, welche mit dem Bau von Staudämmen und anderen Infrastrukturmaßnahmen die Hochwassergefahr eindämmte.

Dürre, Erosion

Trockenheit und Dürren sind normale und regelmäßig wiederkehrende, klimatische Ereignisse in den USA, die in fast allen Klimazonen auftreten, deren Charakteristika jedoch regional variieren. Dürren als temporäre Wetteranomalie treten auch außerhalb der ariden Gebiete auf, in denen permanent niedrige Niederschläge ein Kennzeichen sind. Dürren sind jedoch nicht nur oder überwiegend ein Naturereignis, sondern spiegeln eine Beziehung zwischen einem Naturphänomen und dem Wasserverbrauch der Menschen wider (National Drought Mitigation Center 2003). Dürren werden regelmäßig in einer Zusammenarbeit zwischen dem US Department of Agriculture, der National Oceanic and Atmospheric Administration, dem National Climatic Data Center und dem National Drought Mitigation Center erfasst und täglich für alle Regionen dokumentiert (National

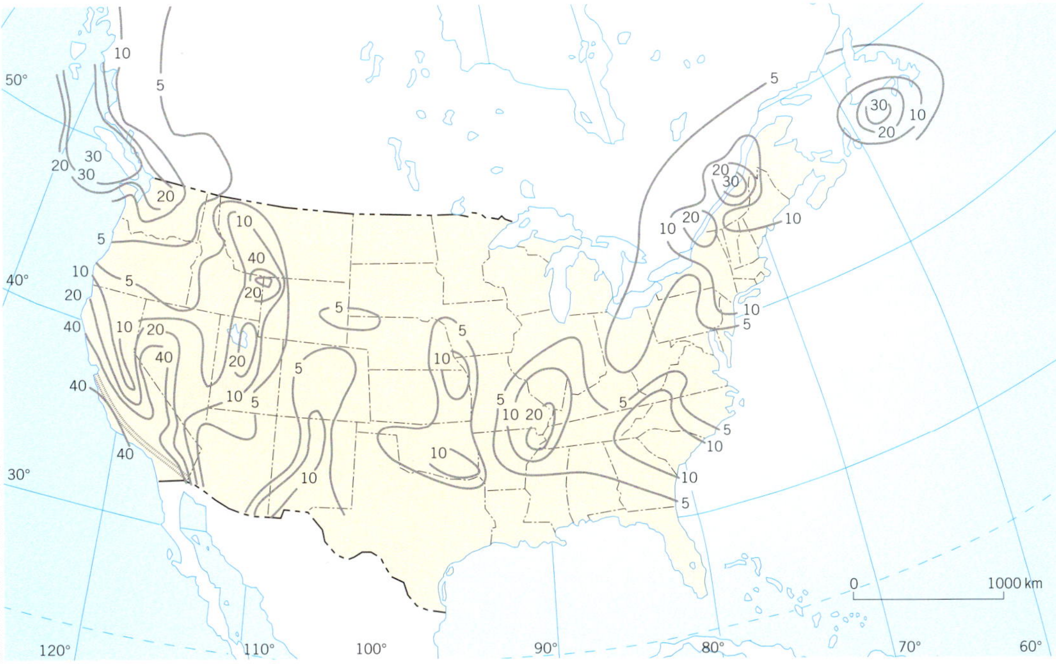

Quelle: Strahler u. Strahler 1999, S. 324.

Abb. 39: *Das Erdbebenrisiko in den 48 zusammenhängenden Staaten der USA und im südlichen Kanada.*

Aeronautic and Atmospheric Administration – NOAA Drought Information Center 2003; US Drought Monitor 2003).

Die Auswirkungen von Dürren sind für die Landwirtschaft und selbst die heutigen Stadtlandschaften katastrophal: In den 1930er Jahren waren die Farmen der *Dust Bowl* – insgesamt 50 Mio. *acres* (1 *acre* = 0,405 ha) Farmland – besonders betroffen, 1988 wurden 35 Bundesstaaten von der Dürre schwer heimgesucht. Dabei hatte es in einigen Gebieten seit fünf Jahren keinen Niederschlag mehr gegeben. In diesem Jahr lagen die Niederschläge bis zu 85 % unter dem Normwert. Über 4 Mio. *acres* fielen Feuern anheim, allein die Hälfte des Yellowstone-Nationalparks mit über 2 Mio. *acres* verbrannte. Es wird berichtet, dass der Gouverneur von Alabama, Guy Hunt, während dieser größten Dürre seit fünfzig Jahren im gesamten Staat einen Gebetsappell um Regen initiierte, der – Zufall oder nicht – am folgenden Tag in Form wochenlanger Gewitterstürme einsetzte (National Aeronatic and Atmospheric Administration – NOAA Drought Information Center 2003). Im Allgemeinen aber wird auf Staatenebene fundiert für Dürreereignisse vorausgeplant (Drought Mitigation Center, Lincoln 2003; Planning for Drought).

Erdbebenrisiko

Bedingt durch anhaltende Krustenbewegungen am aktiven Kontinentalrand mit Auffaltung sowie Subduktion im Westen und passiver Kontinentalrandbewegungen im Osten, wo sich Becken als Teil der amerikanischen Platte mit unterschiedlichen Bewegungsraten nach Westen verschieben, gibt es ein hohes Gefährdungspotenzial durch Erdbeben (Eisbacher 1992) (Abb. 39). Im Westen gibt es wegen der tektonischen Aktivität große Verwerfungssysteme mit Hunderten von größeren und kleineren Bruchlinien wie beispielsweise der San-Andreas-Verwerfung. Die größten Beben werden in den tektonisch aktiven Küstengebirgen Kaliforniens und Alaskas und der Puget-Willamette-Senke registriert. Allein in Nordkalifornien wurden beispielsweise zwischen dem 25. Juni und dem 1. Juli 2003 genau 258 Erdbeben registriert, im Raum Kalifornien-Nevada 279 Beben mit einer Stärke auf der Richterskala von unter 3,0 sowie drei „große" Erdbeben mit einer Stärke von rund 3 auf der Richterskala, ferner in den Gebieten Alaska, Washington, Oregon, Kalifornien, Nevada, Utah, Kentucky, Hawaii und Puerto Rico 350 Erdbeben (US Geological Survey – USGS Earthquake Hazards Program – Northern California 2003). Wegen der unterschiedlichen Richtungen, in die Teile der amerikanischen Platte driften, werden auch in den Bundesstaaten des Mittelwestens Erdbeben registriert, z. B. in Ohio, den Appalachen und dem gesamten Mississippi-Einzugsgebiet. Die amerikanische Bundesregierung unterhält mit dem USGS-Earthquake Hazard Program, dem National Earthquake Information Center sowie dem West Coast and Alaska Tsunami Warning Center ein überregionales Frühwarn- und Monitoring-System, dem die großen Universitäten sowie Erdbeben- und Tsunami-Forschungszentren angeschlossen sind (Advanced National Seismic System – ANSS). Für viele Bundesstaaten und alle Großregionen der USA gibt es weitere Forschungs- und Beobachtungseinrichtungen im US Seismic Network, das alle Beben sehr genau verfolgt und im Internet mit Karten und anderen relevanten Informationen präsentiert.

Inwertsetzung des Naturraums – Erschließung, Besiedlung, geistig-politische Legitimationen

Abb. 40: *Indianische Farmen am Grund eines Canyons, Arizona (Foto: Alex S. MacLean).*

Überblick

- Die Erschließungsgeschichte Amerikas zeigt eine Tradition zielorientierter Ressourcenausnutzung und dezidiert verfolgter Wirtschaftsinteressen, die sich von der Kolonialzeit bis in die heutige Zeit gleichermaßen verfolgen lässt.
- Vorkoloniale Kulturregionen wurden nicht nur durch eingeschleppte Krankheiten dezimiert, sondern nachdem der enorme Ressourcenreichtum des Landes erkannt war, schon in vorkolonialer Zeit systematisch von ihrem Land vertrieben. Mythen von den „Wilden" und „Heiden" wurden insbesondere von Kirchengemeinden benutzt, um ihr „Neues Eden" in der Wildnis zu gründen und die Ressourcen intensiver und profitabler in Wert zu setzen.
- Phasen der Kolonialisierung unterscheiden sich deutlich hinsichtlich ihres Langzeiteffekts auf die amerikanische Kulturlandschaft. Während die spanisch-mexikanische Vergangenheit ihre Spuren in materiellen Artefakten der Kulturlandschaft hinterlassen hat, blieb der französische Einfluss in den riesigen französischen Territorien aufgrund der Nutzungspolitik gering. Die englische Kolonialzeit hingegen legte den Grundstein für die bis in die Gegenwart von Werten und Normen der White Anglo-Saxon Protestants (WASP) dominierten Gesellschaft.
- Die Unabhängigkeit Amerikas setzte eine fast dreihundertjährige koloniale Tradition fort und baute darauf eine eigenständige amerikanische Kulturentwicklung auf, die wichtige Normen für die heutige Gesellschaft und das Gemeinwesen verankerte.
- Normativ für das *Gemeinwesen* wurden eine Politik der Kooperation mit dem privaten Unternehmertum, der Glaube an einen Sonderstatus und „amerikanische Interessen".

Vorkoloniale Kulturregionen

Die Geschichte Amerikas beginnt nicht mit den Europäern – viele indigene Völker existierten lange bevor der Wikinger Leif Erikson um das Jahr 1000 nach Nordamerika kam oder der Kontinent von Christoph Kolumbus (1492) entdeckt wurde. Indianische Völker migrierten während der letzten Eiszeit zwischen 40 000 und 20 000 Jahren v. Chr. nach Alaska und weiter nach Süden, als es eine Landverbindung zwischen Asien und Amerika über die Beringstraße und die Aleuten gab. Die indigenen indianischen Völker bildeten verschiedene *Kulturregionen der USA* und gehörten einer großen Vielfalt von Sprachfamilien an; ihre Gesellschaftsordnungen waren ebenso vielfältig. Im Territorium der heutigen USA allein lebten um 1492 rund fünf bis sieben Millionen Indianer. Infolge der von den Europäern eingeschleppten Infektionskrankheiten und Seuchen wurde die indianische Bevölkerung jedoch auf zwischen 10 % und 25 % ihres ursprünglichen Bevölkerungsbestandes dezimiert (Crosby 1972; Cumming, Skelton & Quinn 1971).

Archäologische Artefakte wie z. B. Felsen- und Pyramidenbauten geben zu Spekulationen Anlass, wonach indianische Völker auf dem amerikanischen Kontinent in geschichtlicher Zeit früh mit Einflüssen aus Hochkulturen in Asien oder sogar des Vorderen Orients in Berührung gekommen sein könnten. Die Anasazi- und Sinaguabauten aus dem 7. Jahrhundert im heutigen New Mexico haben Pendants in der Türkei oder in Ländern des Nahen Ostens, ebenso wie sich zu den Stufenpyramiden Zentralamerikas Gegenstücke im Alten Orient und in Zentralasien finden. Puebloähnliche Architektur (Abb. 41–43) zum Schutz gegen Klima- und Witterungseinflüsse gibt es auch in ariden Klimaten außerhalb der USA.

Während die altamerikanischen Hochkulturen Zentral- und Südamerikas jedoch auch nach ihrem Untergang als Weltkulturerbe gewürdigt werden, gehören indianische Kulturen Nordamerikas zu den vergessenen Hinterlassenschaften: Mit Ausnahme der Pueblo-Indianer des ariden Südwestens ließen sie keine Städte und Monumente zurück. Die Indianer des westlichen Nordamerika waren überwiegend Küstenfischer, im zentralen Tiefland Jäger und Sammler und im Osten Ackerbauern. Viele indianische Völker lebten teilnomadisch und betrieben sowohl Acker- als auch Wanderfeldbau, wobei Frauen für den Ackerbau zuständig waren und Männer als Sammler und Jäger die Existenz sicherten (Mauk & Oakland 1997, S. 28–34). Da nomadische oder teilnomadische Völker keine Monumente oder materiellen Artefakte ihrer Kultur hinterlassen, fanden ihre kulturellen Leistungen schwer die Aufmerksamkeit einer Mit- und Nachwelt, die architektonischen Kulturformen einen hohen Stellenwert einräumte. So wie bei Afrikas mobilen Völkern nicht die Baukunst, sondern die Maskenkunst eine hohe Blüte erreichte, die selbst europäische Expressionisten beeinflusste, so hatten indianische Völker die Kunst der perlenbestickten Bekleidung, der Lederverarbeitung, Weberei sowie der Holz- und Steinschnitzerei entwickelt. Als kulturelle Manifestationen, die der mobilen Lebensweise entsprachen, ließen diese jedoch in einem Europa mit über dreitausendjähriger Architekturgeschichte zur Zeit ihrer Entdeckung wenig Respekt entstehen.

Abb. 41: *Montezuma's Castle: prähistorische Felswohnungen der Sinagua-Indianer, Beaver Creek, Arizona.*

Unterschiedliche indianische Regionalkulturen entwickelten sich in Abhängigkeit vom Naturraumpotenzial, so z. B. im Nordosten und Südosten die „Maiskulturen", in denen die Menschen überwiegend mit Mais als Grundnahrung, aber auch mit Fischfang, Ackerbau oder als Sammler ihre Existenz bestritten (z. B. Irokesen, Delaware, Cherokee, Seminole). Aufgrund der gesicherten Grundversorgung verzeichneten sie eine relativ starke und dichte Bevölkerung. In den Prärien des Zentralen Tieflandes waren die indianischen „Prärie-Indianer" oder „Bison-Kulturen" (Blackfoot, Crow, Sioux, Cheyenne) zu finden, die vom Ackerbau entlang der Flüsse, aber auch vom Sammeln und der jährlichen Bisonjagd lebten. Eine effizientere Bisonjagd wurde mit den um 1700 eingeführten Pferden aus Europa möglich,

Abb. 42: *Pueblo auf einer Mesa (Foto: Alex S. MacLean).*

Abb. 43: *Adobehäuser im Pueblo (Foto: Alex S. MacLean).*

was einen starken Bevölkerungszuwachs begünstigte (Mauk & Oakland 1997, S. 28–34). Erst in dieser Zeit wurden einige Ackerbau treibende indianische Völker zu jenen nomadischen, ganzjährig Büffel jagenden Kulturen, die man mit der von Hollywoodfilmen geprägten Vorstellung von Indianern verbindet.

Im ariden Südwesten entstand eine große Vielfalt von indianischen Kulturen, die sowohl aus Ackerbauern als auch aus Sammlern und Jägern bestanden. Im Ackerbau konstruierten sie zwischen 1000 und 1500 n. Chr. ausgeklügelte Bewässerungssysteme, die Sesshaftigkeit und hochentwickelte Sozialsysteme in befestigten Gemeinschaftssiedlungen (Pueblos) erlaubten. Neben den Pueblobauten entwickelten die Hopi, Zuni, Acoma und die später zuwandernden Navajo und Apache die Kunst der Töpferei, die auf Schafzucht basierende Weberei und unter spanischem Einfluss die Herstellung von Silberschmuck (Mauk & Oakland 1997, S. 30, 32). Die in den intermontanen Becken auf dem Colorado-Plateau und in Südkalifornien unter Extrembedingungen lebenden indianischen Sammler und Jäger gehörten zu den ärmsten Gruppen, die hochmobil und ohne eigene Territorien waren und sich vielleicht deswegen durch demokratische politische Tradition und eine nicht kriegerische, „bürgerliche" Lebensweise auszeichneten. An der amerikanischen Westküste erlaubte der große Fisch- und Wildreichtum den indianischen Völkern eine sesshafte Lebensweise in politisch und kulturell eigenständigen Gemeinden, die nicht auf Ackerbau angewiesen waren. Die indianischen Völker des waldreichen pazifischen Nordwestens, die vom Lachsfang lebten, schufen auch rituelle Holzschnitzereien. Die Inuit des Nordens lebten überwiegend sesshaft, betrieben jedoch aufgrund ihrer effizienten Transportmöglichkeiten mit Hundeschlitten im Winter oder Kajaks im Sommer über sehr weite Strecken Jagd (Mauk & Oakland 1997, S. 32–34).

Mythen über vorkoloniale indianische Kulturen

Für die Erschließung Amerikas war es bedeutend, dass sesshafte wie auch teil- oder hochmobile indianische Gruppen keinen individuellen, sondern nur kollektiven Landbesitz kannten. Dennoch hatten sie von dem zur Existenz als Ackerbauern oder Nomaden notwendigen Lebensraum, ihren Familiengärten sowie kollektiven Jagdgründen eine klare Vorstellung. Nach dem ersten Vordringen der Europäer (Corbett 1953; Hoffmann 1961; Morrison 1971a, b; Jones 1979; Quinn 1977; Sauer 1971) verfestigte sich jedoch die Meinung darüber, dass die Indianer dem Landbesitz keinerlei Wert beimaßen, dass sie vielmehr „Wilde" und Kulturlose waren. Diese Mythen entstanden vor allem aus drei Gründen:

- *Heterogenität der Indianerkulturen.* Die Indianerstämme entlang der atlantischen Küste waren sehr divers. Lebens- und Bewirtschaftungsweisen selbst der sesshaften Indianer wirkten auf die englischen Siedler, von denen viele aus dem ländlichen Raum Englands mit seinen steinumzäunten Feldern kamen, ineffizient. Das von den Indianern anders bewirtschaftete Land glaubte man einer intensiveren Nutzung als durch sammelnde Jäger und Wanderbauern zuführen zu müssen.
- Das vermeintliche *„Heidentum"* verstärkte bei den kolonialen Mächten, vor allem den reformierten englischen Kirchengemeinden, nicht den Wunsch zu missionieren, sondern den missionarischen Eifer, die amerikanische Wildnis – das „Neue Eden" – auch um den Preis der Missachtung und Zerstörung von vorhandenen Kulturen in eine blühende „christliche Gartenlandschaft" verwandeln zu wollen (Mitchell 1990, S. 97–100).
- *Kommerzielle Interessen.* Die europäischen Reisenden, Entdecker und Eroberer kamen mit Auftragsexpeditionen, die von ihren Regierungen großzügig finanziert worden waren und einen kommerziellen Erfolg einbringen mussten. Neue Territorien zu entdecken, zu bewerten und im Hinblick auf ihre Inwertsetzung zu erfassen, waren die Aufträge, die den Expeditionen von Christoph Kolumbus 1492, John Cabot 1497, Juan Ponce de León 1513, Giovanni Da Verrazano 1523 und Jacques Cartier 1534/1535 zugrunde lagen. Diese Priorität der frühen transatlantischen Entdeckungsreisen ließ nach der Entdeckung neuer Territorien keinen Platz für Interesse, Zeit oder Handlungsspielräume, um sich mit der behutsamen Erforschung der Kulturenvielfalt sowie ihrer nichtmateriellen Erscheinungsformen zu befassen.

Die rasch entstehenden Mythen über die „Wilden" waren den wirtschaftlichen Prioritäten außerordentlich dienlich. Man kann davon ausgehen, dass nicht Ignoranz, sondern eine wirtschaftliche Zielorientierung diese Mythen schuf und zu vertiefen half. Man bedenke, dass zur gleichen Zeit, als Europäer den nordamerikanischen Kontinent betraten und indigene Völker in ihrer kulturellen Eigenart nicht wahrnahmen, der Humanismus in Europa schon seine Blüte erlebt hatte. Dieser hatte die Würde des Menschen, die Bedeutung der Einzelpersönlichkeit und die volle Entfaltung seiner Fähigkeiten als geistige Haltung und Bestrebung, die auf Humanität ausgerichtet war, bereits in der Literatur und im 15. Jahrhundert auch über kirchliche und weltliche Machteliten (so z. B. bei den Reformkonzilien von Konstanz 1414–18 und Basel 1431–49) und neue Universitäten wohl etabliert. Als die koloniale Inwertsetzung in Nordamerika ab 1502, verstärkt jedoch ab 1607 begann, war der Humanismus mit seinem Bildungsideal bereits in allen bedeutenden Ländern Europas fest verankert. Wenn das antike Gedankengut zur Würde des Menschen zwar in Europa selbst, aber in der Neuen Welt durch die Europäer nicht zur Anwendung kam, darf man dies dem Gewicht anderer Interessen zuschreiben, so z. B. dem Merkantilismus im 17. Jahrhundert. Dieser strebte einen großen einheitlichen Wirtschaftsraum, die Förderung des Außenhandels sowie die Erhöhung der Staatseinkünfte durch Geld oder Edelmetalle aus dem Ausland an.

Der hochstilisierte Mythos von den „wilden" Indianern, denen an sesshafter Lebensweise und Agrarwirtschaft nach europäischem Muster nichts gelegen war, erwies sich demnach als dienlich in der Vertreibung der Indianer von „suboptimal" genutztem Land, das die Europäer intensiver und profitabler in Wert zu setzen gedachten. Hinzu kam, dass die Europäer den enormen Ressourcenreichtum des neuen Landes früh erkannten und um jeden Preis zu nutzen gedachten, auch unter Verdrängung und Vernichtung der bereits ansässigen indigenen Bevölkerung. Die eingeschleppten Infektionskrankheiten und Seuchen, die vor Kolumbus unbekannt gewesen waren (Masern, Windpocken, Malaria, Gelbfieber, Typhus oder Dysenterie) und der dadurch eingeleitete massive Bevölkerungsrückgang unter den verstreut lebenden Indianern leisteten der schnellen Eroberung oder Besiedlung durch die Europäer Vorschub (De Vorsey 1990, S. 29 f.).

Phasen der Kolonialisierung und wichtigste europäische Einflüsse

Mit dem Vordringen der Europäer in die Neue Welt und mit der Kolonialzeit beginnt die eigentliche amerikanische Geschichte, die auch eine Geschichte unterschiedlicher, kulturell geprägter Wirtschaftsinteressen ist. Drei wichtige Einflüsse und Phasen kennzeichnen die Kolonialisierung Amerikas, die um 1500 begann und 1776 zu Ende ging. Bedeutend sind die spanische, die englische und die französische Phase für die Erschließung des Landes, die Kulturlandschaftsentwicklung und die Herausbildung des eigenständigen amerikanischen Paradigmas. Wichtig wurden diese Perioden, weil sie ihre unterschiedlichen Wirtschaftsinteressen jeweils auf eine andere Art durchsetzten, was anhaltende Folgen für die gesamte Entwicklungsgeschichte hatte: Während die Spanier und Franzosen den nordamerikanischen Kontinent als Rohstoffressource betrachteten, deren Reichtum nach Europa überführt werden sollte, kamen die Engländer in der Absicht, den Kontinent zu besiedeln und seine Ressourcen in situ in Wert zu setzen. Kurz-, mittel- und langfristiges Abschöpfen der Reichtümer an Erzen und mineralischen Rohstoffen seitens der Spanier und der Pelzhandel der Franzosen standen den langfristigen englischen Interessen des Besiedelns, der Urbarmachung und der Inwertsetzung einer Landreserve kontinentalen Ausmaßes, einschließlich der anhaltenden Nutzung all seiner Reichtümer, diametral entgegen. In der Orientierung und der Durchsetzung ihrer Wirtschaftsinteressen blieb langfristig die englische Strategie jene, die sich gegenüber den anderen kolonialen Kräften erfolgreich behaupten konnte. Unbedeutend geblieben waren die frühen europäischen wikingischen Siedler um das Jahr 1000 und die Vorstöße der Holländer und Schweden im 17. Jahrhundert, die keine erkennbaren Initiativen einleiteten, sich dauerhaft auf dem Kontinent niederzulassen.

Spanische und spanisch-mexikanische Kolonialzeit (1492 – 1848)

Nachdem das von Kolumbus 1492 entdeckte Gebiet als Teil eines großen neuen Kontinents erkannt war, bot das spanische Königshaus seine gesamte unternehmerische und infrastrukturelle Kraft auf, dieses Gebiet zu erschließen und zu besiedeln. Schon um 1542 drangen spanisch-mexikanische Entdecker ins Gebiet des heutigen Kansas, also weit ins Landesinnere vor, lange bevor die Engländer 1607 die Küstenstadt Jamestown im heutigen Virginia gründeten.

Institutionen und Gouverneursverwaltungen wurden ab 1502 allerdings nur in Neuspanien – dem heutigen Mexiko – systematisch aufgebaut. Zwangsarbeit der unterworfenen Bevölkerung trug zum raschen Wohlstand der Kolonialmacht bei. Schon um 1512 lebten über zehntausend Europäer in der Kolonie; die erste überseeische Erzdiözese hatte sich im Neuen Amerika etabliert. Der Vertrag von Sevilla von 1503, der den Welthandel auf dem Atlantik regelte, machte diese Kolonie zur wirtschaftlich bedeutenden westlichen „Grenze“ Europas (Meinig 1986, S. 8f.).

Eroberung, Besiedlung und aufwendige Verwaltungsregimes waren Kennzeichen des spanischen Ansatzes, mit den neuen, bis in die südlichen Gebiete Nordamerikas hineinreichenden Territorien umzugehen. Im Norden Mexikos und in Südwestkalifornien suchte die spanische Kolonialmacht Silber und andere Edelmetalle. In Gebieten mit Rohstoffvorkommen wurde die indianische Bevölkerung rücksichtslos unterworfen (Spicer 1962). Befestigte Militärposten und ausgedehnte Transportrouten wurden angelegt, und es erfolgte die Ansiedlung von indianischen Zwangsarbeitern aus anderen Gebieten, die sowohl in den Minen als auch im Ackerbau arbeiteten.

Die spanische Kolonisation in Amerika begann an den vier Eintrittspforten Florida, New Mexico, Texas und Kalifornien.

Florida. Die seit 1520 regelmäßig befahrene Küste von Florida, von der aus spanische Schiffe mit Silber beladen nach Europa fuhren, wurde Ausgangspunkt für die Erstbesiedlung um 1565, die sich jedoch aufgrund der Ressourcenarmut und kriegerischer Auseinandersetzungen mit Indianern, des ungesunden Klimas in Teilen Floridas und der Tatsache, dass die rund 4000 spanischen Siedler keine kritische Masse bildeten, nicht rentierte (Homberger 1996, S. 38; Norstrand 1990, S. 51).

New Mexico. Um 1529 begannen spanische Expeditionen, an der nördlichen Grenze Mexikos Ressourcen zu erkunden. Im Bereich von Santa Fé, San Gabriel, Taos und Cibola wurden eine Reihe von Militärposten und Forts gegründet. Das Gebiet erwies sich zwar zunächst als ressourcenarm, die Möglichkeit, Gold und Silber zu finden, war jedoch nicht gänzlich ausgeschlossen. Da sich wegen der Ackerbau treibenden, sesshaften Pueblo-Indianer auch eine leichte Kolonisierungsmöglichkeit abzeichnete, wurde zunächst ein Unternehmer 1598 von der spanischen Regierung mit der Privatkolonisation des Gebiets vom heutigen New Mexico beauftragt (Norstrand 1990, S. 52), das Gebiet jedoch 1610 von Spanien zurückgenommen. Mit der Gründung von Santa Fé begannen eine rege Missionstätigkeit und intensiver Mais- und Baumwollanbau mit indianischen Zwangsarbeitern.

Texas. Nach 1690 drangen die Spanier nach Texas vor, wo sie bis 1714 eine Reihe von Missionsstationen errichteten; die bedeutendsten unter ihnen waren Nacogdoches (1716), Los Alamos (1718), La Bahía (1722) und San Antonio (1749). Mit Santa Fé, San Augustine und San Antonio hatten die Spanier ihre wichtigsten Stützpunkte im südlichen Teil Amerikas etabliert (Norstrand 1990, S. 54f.).

Kalifornien. Ab 1769 gründeten die Spanier 20 Missionsstationen in Kalifornien, darunter San Diego (1769), Monterrey (1770), San José (1777), Los Angeles (1781), Santa Cruz (1782), Santa Barbara (1782) und San Francisco (1776) (Norstrand, 1990, S. 55f.; Homberger 1996, S. 38). In Kalifornien waren die spanischen Bemühungen von starken ökonomischen Nutzungsinteressen getragen. Die Übertragung der europäischen Sonderkulturen Wein, Obst, Gemüse, Oliven und die Viehzucht wurden der Grundstein für die bis heute bedeutenden Wirtschaftszweige.

Die spanische Besiedlung hatte in Amerika insgesamt keinen so nachhaltigen Effekt wie die britische Kolonisation. Das spanische Vorgehen war während seiner 200 Jahre nicht auf langfristige, friedliche Besiedlung des kolonisierten Gebietes von New Mexico angelegt, sondern auf Besiedlung zum Zwecke der Ausbeutung, wobei Indianer in die Zwangsarbeit verschleppt wurden. Zu Beginn des 19. Jahrhunderts, als US-amerikanische Interessen bereits eindeutig auf Expansion und Erwerb der Territorien bis zum Pazifik ausgerichtet waren, wurde die aufgrund verfehlter Ausbeutungspolitik schwach etablierte Position Spaniens/Mexikos zusätzlich von den Wirtschaftsinteressen der USA unterhöhlt. So wurde 1845 Texas annektiert, und der Krieg zwischen den USA und Mexiko erzwang eine neue Grenzziehung. Die USA, die zu der Zeit bereits ihrer Politik und dem Mythos von ihrem vermeintlich „von der Vorsehung bestimmten Schicksal“ nachgingen (*Manifest Destiny*), übernahmen die spanisch-mexikanischen Teile Amerikas und vollendeten ihre Gebietsinteressen auf dem Kontinent 1853 mit dem Gadsen-Kauf, der eine südliche Umgehung der Rocky Mountains durch die Gila-Wüste und damit eine südliche Trasse der Transkontinentalbahn ermöglichte.

Die spanisch-mexikanische Vergangenheit hat dauerhafte Spuren in der Kulturlandschaft hinterlassen: Die Namen sämtlicher wichtiger Städte und Ortschaften, die Stadtgrundrisse, ferner der Stil der vorherrschenden Architektur – insgesamt eine klar erkennbare, spanisch-mexikanisch orientierte Kulturlandschaft – sind die noch gegenwärtig sichtbaren materiellen Artefakte jener Zeit.

Die französische Kolonialzeit in Nordamerika (1502 – 1763)

Die französische Einflussnahme auf dem nordamerikanischen Kontinent (Trudel 1973) begann um 1500 und endete mit dem Siebenjährigen Krieg in Europa (1756 – 1763), bei dem Frankreich auch einen Großteil seiner amerikanischen Überseegebiete an England abtreten musste. Während der über zweihundertfünfzigjährigen französischen Kolonialzeit in Nordamerika, als ein ressourcenreiches Territorium von mehr als der Hälfte der Größe der USA in französischem Besitz war, hatte Frankreich weder anhaltende Besiedlung noch zielorientierte Ausbeutung von Bodenschätzen betrieben oder deswegen Eroberungskriege geführt. Zwar waren die französischen Wirtschaftsinteressen nicht gering, doch beschränkten sie sich auf Fischfang und Pelzhandel, was mit einer hohen Gewinnmarge in Europa und geringem Siedlungsaufwand in der Neuen Welt zu bewältigen war. Trotz der Größe der französischen Kolonien, welche diejenige aller anderen Kolonialgebiete auf dem nordamerikanischen Kontinent übertraf, blieb die Siedlungsdichte stets spärlich, die Anzahl der Stadtgründungen relativ klein, und von den riesigen Inlandgebieten im französischen Einzugsbereich (Abb. 44) wurde kaum Gebrauch gemacht. Daher hat die französische Landnahme den geringsten Einfluss im Gebiet der späteren USA hinterlassen.

Die französischen Interessen in Nordamerika begannen um 1502, nachdem verschiedene Expeditionen europäischer Mächte den Ressourcenreichtum der Territorien in der Neuen Welt erahnen ließen. Insbesondere die Expeditionen des englischen Seefahrers John Cabot hatten den Reichtum der Fischgründe vor der Küste Neufundlands entdeckt, wo Fisch in den flachen *Off-shore*-Gebieten leicht zu fangen war. Europäische Fischer und Händler von England bis Portugal, vor allem aber von den französischen Küsten der Bretagne, der Normandie und dem Baskenland begannen einen regen Fischhandel, der bis zum Ende des 16. Jahrhunderts 60 französische Hafenstädte und ihr Unternehmertum involvierte. Um 1577 waren jährlich mindestens 150 französische Schiffe mit bis zu 4000 Mann Besatzung vor der Küste und in den Buchten von Neufundland tätig (Harris 1990, S. 65).

Die Fischer arbeiteten zumeist vom Frühjahr bis zum Herbst in den nordamerikanischen Gewässern, wo sie in kleinen Siedlungen Salz- und Trockenfisch präparierten und lagerten, bis sie im Herbst nach Europa zurückkehrten. Da das Konservieren des Fisches nur rund 10 Tage dauerte, war die Produktivität der Fischer während der wenigen Monate des Fischfangs sehr hoch, während die notwendigen Investitionen äußerst gering waren. Der Handel mit Trocken- und Salzfisch gehörte daher zu den ertragreichsten Wirtschaftszweigen jener Zeit. Erträge und Produktivität der Fischerei stiegen weiter, als im ausgehenden 16. Jahrhundert das Konservieren der Fische auf den Schiffen selbst möglich wurde und damit der Landgang nicht mehr nötig war (Harris 1990, S. 66). Fischfang wurde zu jener Zeit eine moderne Großindustrie, und auch baskische, dänische und englische Fischkutter etablierten sich in der Region.

Die Ende des 16. Jahrhunderts auftretende scharfe Konkurrenzsituation veranlasste die französischen Schiffe wiederum, die Fischfanggründe den St.-Lorenz-Seeweg hinauf zu erkunden und sich weiter im Inland niederzulassen. Um 1550 wurde dabei der Pelzhandel als zweiter wichtiger Wirtschaftszweig durch kleine, private Pelzhandelsunternehmen etabliert (Harris 1990, S. 66). Die Suche nach weiteren Ressourcen entlang des St.-Lorenz-Seewegs hatte Tradition: Um 1534 erhielt Jacques Cartier den königlichen Auftrag, in mehreren Expeditionen von

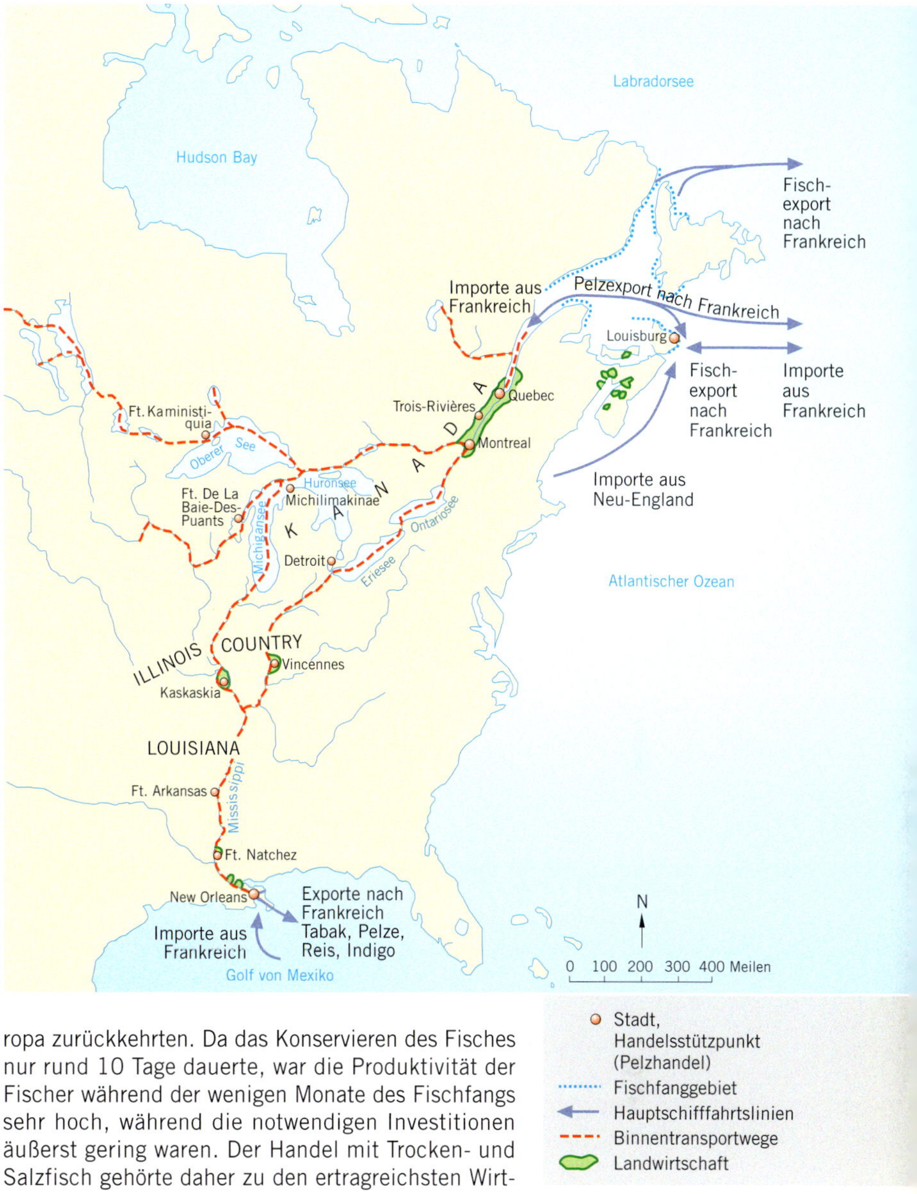

Quelle: nach Harris 1998, S. 87.

Abb. 44: Französische Einflussnahme in Nordamerika.

1534 bis 1536 von Neufundland aus entlang der Binnengewässer Gold und wertvolle Mineralien zu erkunden. Etabliert wurde dabei der Anspruch Frankreichs auf die erkundeten Gebiete. Die Expeditionen und wenigen Siedlungsversuche von Cartier waren bereits zu Beginn von großer Brutalität gegenüber den Indianervölkern gekennzeichnet; daher konnten französische Kolonisationsversuche bis 1600 keinen nennenswerten Erfolg auf dem Festland mehr verzeichnen. Man entschied sich, mit Indianervölkern bei den bewährten wirtschaftlichen Tätigkeiten Fischfang und Pelzhandel zu bleiben, was nur wenig Siedlungstätigkeit und Investition bedeutete (Harris 1990, S. 68).

Um 1663 entzog die französische Regierung der privaten Siedlungscompagnie von Neu-Frankreich den Freibrief und übernahm die bis dahin von Privatunternehmen erfolgreich erschlossenen Territorien mit rund 2500 französischen Kolonisten am unteren St.-Lorenz-Seeweg. Bis zum Zeitpunkt der ersten Volkszählung 1692 lebten ungefähr 10 000 Siedler in dem Gebiet, bis 1750 kamen weitere 9000 französische Siedler nach Neu-Frankreich. Insgesamt gab es bis 1700 jedoch nur rund 20 000 französische Siedler vom St.-Lorenz-Seeweg bis zur Mündung des Mississippi (Harris 1990, S. 71–73). Zu keinem Zeitpunkt erreichten französische Ortschaften jene kritische Masse ansässiger Siedler, die sich gegenüber englischen Wirtschaftinteressen hätte behaupten können. Daher mussten französische Siedlungen am Lorenzstrom (Acadien) nach dem Frieden von Utrecht 1713 an England übergeben werden, das zum Schutze seiner Interessen mit großem Militäraufgebot von Neuengland bis Kanada im Einsatz war (Harris 1990, S.73, 80–83).

Erst 1717, also zwei Jahrhunderte, nachdem Franzosen erstmals nach Nordamerika gekommen waren, vergab die französische Regierung ein Handelsmonopol an ein Unternehmen, das während 25 Jahren mit 6000 Siedlern und 3000 Sklaven entlang des Mississippi operieren sollte. 1718 wurde New Orleans als zentrale Anlaufstation für französische Siedler gegründet, die in Frankreich, den Niederlanden und Deutschland rekrutiert wurden, ferner für die zur Zwangsarbeit nach Louisiana deportierten Sträflinge. Um 1750 gehörte Frankreich ein großer Teil Amerikas, der von Neufundland bis New Orleans reichte. Entlang des St.-Lorenz-Stroms, der Großen Seen und des Mississippi waren französische Siedler mit rund 80 000 Personen den Engländern zahlenmäßig zwar überlegen. Allerdings war ihre Zahl in Anbetracht der über zweihundertjährigen französischen Besiedlung verglichen mit englischen Siedlern spärlich, welche ab 1606 mit jährlich 2000 bis 3000 Personen nach Amerika kamen, sich an der Küste niederließen und bereits um 1641 annähernd 70 000 Personen zählten (Harris 1990, S. 83, 86).

Der französische Pelzhandel, der in seiner Blütezeit um 1750 den gesamten Einzugsbereich der Großen Seen und des oberen Mississippi erfasste, wurde zu 80 % über Montreal, Quebec und La Rochelle (Frankreich) abgewickelt. Der Norden blieb trotz der französischen Kolonisation bis zum Golf von Mexiko wirtschaftliches Zentrum. Die verstreut liegenden, nordamerikanischen Wirtschaftsgebiete Frankreichs wie Montreal und Quebec im Norden und New Orleans mit einem Einzugsgebiet, das bis nach St. Louis reichte, wurden nie systematisch zu einem einheitlichen Wirtschaftsraum mit Stadt- und Verwaltungshierarchien aufgebaut. Fehlende Strategien, das riesenhafte Gebiet durch Besiedlung in Wert zu setzen, führten dazu, dass Frankreich fast sein gesamtes Kolonialgebiet in Nordamerika nach dem Siebenjährigen Krieg in Europa abtreten musste (Harris 1990, S. 86, 90 f.). Das St.-Lorenz-Tal und das Gebiet östlich des Mississippi fielen an England, während Teile des französischen Gebiets westlich des Mississippi Spanien zugesprochen wurde. England ließ in diesen neuen Gebieten die Grundstrukturen einer bis dahin einträglichen Wirtschaft im Wesentlichen unverändert: die Dorschfischerei vor der Küste Neufundlands und Neuenglands, den Pelzhandel und die ihn unterstützenden Subsistenzbewirtschaftungen. Wichtige Wirtschaftsräume in ehemaligen französischen Territorien blieben jedoch abgekoppelt von den sich entwickelnden, neuen wirtschaftlichen Zentren und deren sozialem Leben. Die von den Engländern übernommenen französischen Gebiete blieben daher bis weit in die jüngere Zeit Gebiete mit Entwicklungsrückstand und strukturellen Problemen.

Vorbestimmung einer WASP-Gesellschaft

Die englische Kolonialzeit (1606–1776)

Die englische Kolonisierung, die als letzter der europäischen Kolonisierungsprozesse ab 1606 begann, war zugleich jene mit dem dauerhaftesten Einfluss. Dies ist auf folgende Gründe zurückzuführen (Mitchell 1990, S. 94; Meinig 1986, S. 28–35):

- Zum einen hatte England bereits seit Mitte des 15. Jahrhunderts Erfahrung als Kolonialmacht, hatte es doch Verwaltungshoheit über Gebiete in Frankreich erlangt und Irland, Schottland und Wales in sein Staatsgebiet integriert. Als England ab 1565 gezielt Überseekolonien suchte, gab es also ein großes Erfahrungswissen in der Besetzung und Bewirtschaftung von Territorien.
- Zum anderen war die Vorgehensweise bei der Kolonisierung nicht zufällig. Sie hatte mehrere Merkmale, die wesentlich zur Kontinuität, Expansion und territorialen Konsolidierung sowie der Ausprägung einer vorherrschenden Identität (*White Anglo-Saxon Protestant* – WASP) beitrug, die als gesellschaftliches Standardmaß überdauern sollte.

Im Gegensatz zu den Eroberungskolonien anderer europäischer Mächte waren die englischen zweckorientiert als Siedlungskolonien angelegt (Abb. 45). Siedlungswillige Glaubenskongregationen, Händler, Handwerker und Unternehmer sowie ärmere ländliche Schichten wurden mit Kaufmanns- und Siedlungsgesellschaften planmäßig in die Neue Welt gebracht. Es gab ein Auswanderungs- und Siedlungsgewerbe, das unter betriebswirtschaftlichen Gesichtspunkten Transport- und Siedlungsgründungsgeschäfte abwickelte (Meinig 1986, S. 56 f.; Mitchell 1990, S. 94). Aufgrund des wachsenden Marktes in Amerika entwickelte sich als nächster großer Wirtschaftszweig ein blühender Transatlantikhandel, der später im Dreieck Afrika – England – Amerika mit den als Gütern gehandelten Zwangsarbeitskräften sowie Baumwolle und Zucker eine ähnlich globale Einflussnahme in den Herkunfts- und Zielregionen hatte wie die Internationalisierung und Globalisierung heute (vgl. Abb. 30).

Die privatwirtschaftlich orientierte Kolonisierung durch Kaufmannsgesellschaften, Freibriefe und Landschenkungen war für europäische Verhältnisse ein Novum. Erstmals wurde eine eigennützige Erschließungstätigkeit im großen Maßstab erlaubt, die zum wichtigsten Impuls der Entwicklung der Kolonien wurde. Die zusätzlich praktizierte Politik der „wohlwollenden Akzeptanz“ der englischen Regierung ermöglichte dabei allen, einschließlich der englischen Regierung, den größtmöglichen wirtschaftlichen Nutzen zu erzielen. Die Erlaubnis zum eigenständigen Vorgehen bei der Besiedlung und frühen Inwertsetzung der Kolonien ließ es auch zu, eine Vielfalt verschiedener kolonialer Gebietskörperschaften zu institutionalisieren, wodurch unterschiedliche wirtschaftliche Zielsetzungen wahrgenommen werden konnten. So gab es Kolonien, die als kaufmännische Unternehmen begannen und später unter die direkte Verwaltung Englands kamen, wie z. B. Virginia und Massachusetts. Andere hatten ihren Ursprung als Eigentümerkolonien, in denen die Besitzer ungehindert von externen Einflüssen ihren Unternehmungen nachgehen konnten, wie z. B. in Maryland und Pennsylvania. Connecticut und Rhode Island waren mit einer Gründungsurkunde ausgestattete, von Massachusetts ausgegliederte Territorien (Tab. 4).

Dem Mutterland ermöglichte die flexible Gestaltung der Beziehung der einzelnen Kolonien die beste wirtschaftliche Inwertsetzung und Ausbeutung des neuen Landes. In den Kolonien gewährte daher die englische Regierung den unterschiedlichen Glaubensgemeinschaften auch das Recht auf freie Religionsausübung, das im Mutterland nicht existierte. Die Hauptsiedlergruppen konnten daher sofort in größtmöglichem Maße ihren wirtschaftlichen Interessen nachgehen, ohne ihre religiöse oder kulturelle Identität verteidigen zu müssen (Mitchell 1990, S. 101 – 103). Die Förderung eigener Wirtschaftsinteressen und die wohlwollende Haltung allen kirchlichen und freikirchlichen Denominationen gegenüber waren also Teil einer umfassenden merkantilen Erschließungsstrategie des Mutterlandes.

***Abb. 45:** Englische Siedlungsgebiete.*

Der Glaube an die eigene Auserwähltheit, verbunden mit den rigiden wirtschaftlichen Interessen von Siedlern, Kaufmanns- und Terraingesellschaften und die zweckdienliche Mythenbildung über den eigenen Wert bewirkten eine Stärkung der monokulturellen (*White Anglo-Saxon Protestant*) Gesellschaft und untermauerten eine Legitimation für die Verdrängung der indigenen Gesellschaft. Das religiöskulturell geprägte Sendungsbewusstsein der puritanischen Siedler räumte im wahrsten Wortsinne jenen keinen Platz ein, die nicht konform mit der effektiven Inwertsetzung einer christlich geprägten Neuen Welt waren und sich darin nicht anpassen und integrieren konnten oder wollten. Aufschlussreich dazu sind die Predigten von Jonathan Edwards von 1739 in der puritanisch-protestantischen Gemeinde Northampton, die als „Geschichte des Erlösungswerkes“ veröffentlicht wurden und weite Verbreitung fanden. Darin entwickelte der Prediger den Gedanken, dass die in Palästina mit dem Christen-

Name	Verfassungsstatus durch Charter	Besiedelung	Ursprüngl. Religion/ Denomination	Ursprüngl. Status	Veränderung im Status
Virginia	1606 1609 1612	1607	Anglikanisch	Kommerzielle Gesellschaft	1624 Kronkolonie
New York	1664	1614	Anglikanisch	Privateigentümer	1685 Kronkolonie
Plymouth	1620	1620	Separatistisch	Religiöse Gesellschaft Puritanisch	1691 zu Massachusetts
New Hampshire	1679	1623	Puritanisch	Kronkolonie	–
Massachusetts	1629	1630	Puritanisch	Religiöse Gesellschaft	1691 Kronkolonie
Maryland	1632	1634	Katholisch	Privateigentümer	–
Connecticut	1662	1635	Puritanisch	Gesellschaft	–
Rhode Island	1644 1663	1636	Separatistisch Puritanisch	Religiöse Gesellschaft	–
Delaware	1702	1638	Quäker	Privateigentümer	–
North Carolina	1663	1653	Anglikanisch	Privateigentümer	1729 Kronkolonie
New Jersey	1664	1660	Anglikanisch	Privateigentümer	1702 Kronkolonie
South Carolina	1663	1670	Anglikanisch	Privateigentümer	1729 Kronkolonie
Pennsylvania	1681	1682	Quäker	Privateigentümer	–
Georgia	1732	1733	Anglikanisch	Treuhänder	1753 Kronkolonie

Tab. 4: *Gründung und ursprünglicher Status der Kolonien.*

Quelle: Sautter 2000, S. 99f.

tum begonnene „Heilsgeschichte Gottes", die in der Zerstörung Jerusalems ihr vorläufiges Ende fand, nach der Reformation in Amerika fortgeführt würde. Als Sinnbild des Antichristen, den es in der neuen, amerikanischen Welt zu besiegen galt, sah Edwards 1739 die „heidnischen" Indianer ebenso wie das Papsttum und den Islam. Diese entsprachen Edwards zufolge jeweils der in der Offenbarung vorausgesagten Verhinderung des Fortschritts bzw. der Entfesselung des Terrors (Offenbarung 9,15–21; s. auch Gäbler 2002, S. 13).

Nach Edwards kam in Amerika die Heilsgeschichte zum Ende, wobei die Geographie eine besondere Rolle spielte: Die Erlösung der Welt, die ihren Ausgang dieser Lehre zufolge in Palästina genommen hatte, wurde im „westlichsten Land Europas" in der protestantischen Reformation wiederbelebt, von geschichtlichen Wirren bedrängt und wanderte nach Amerika, von wo aus entsprechend zukünftiges Heil zu erwarten sei. Für Edwards war Amerika also historisch und geographisch vorbestimmt, den Platz des Protestantismus in der Welt zu stellen und das Instrument der Heilsgeschichte zu sein. Das neue Land Amerika mit seiner protestantisch-religiösen Qualität schuf nach Edwards einen besonderen Platz in der heilsgeschichtlichen Fortschrittsbewegung gegen das Böse in der Welt, das mit allen nicht Bekehrten und allem Andersartigen assoziiert wurde. Es ist beachtenswert, in welch starkem Maße dieser über zweihundertfünfzigjährige Gedanke in der aktuellen Weltpolitik der USA dominiert. Ein Keim für eine interkulturell gemischte, multiethnische Gesellschaft wurde daher in der englischen als der wichtigsten aller Siedlergesellschaften nicht einmal ansatzweise angelegt.

Die Überzeugung vom Sendungsauftrag wirkte sich prägend auf die Entwicklung einer WASP-Gesellschaft aus, die von Anfang an zur Norm und „Leitkultur" wurde und den Nicht-Anglokonformen im eigenen Land, aber auch weltweit mit Skepsis begegnet. Sie führte auch zu einer rücksichtslosen Verdrängung und Vernichtung der den wirtschaftlichen Interessen entgegenstehenden indigenen Bevölkerung, wobei ein kollektives Unrechtsbewusstsein dafür auch in historischer Perspektive der kolonialen und postkolonialen Zeit nicht erkennbar ist. Auch in der heutigen Zeit wäre ein solches Unrechtsbewusstsein ökonomisch nicht opportun, würde es doch Ausgleichszahlungen implizieren. So erhielten Indianer erst 1924 die vollen Staatsbürgerrechte, und bis zur Gegenwart versuchen Indianervölker, ihre Landbesitzrechte vor der amerikanischen Regierung geltend zu machen.

Günstig für die tief greifende territoriale Besitznahme, landwirtschaftliche Besiedlung und Inwertsetzung waren auch die historischen Umstände, die zu einer großen Anzahl von siedlungsbereiten Menschen führten. So war die Gesetzgebung von 1593, welche die puritanischen Separatisten, die in England blieben, der gerichtlichen Verfolgung aussetzte, Auslöser dafür, in überseeische Kolonien zu gehen. Dabei hatten die Erkundungsexpeditionen unter Elisabeth I. (Königin Englands von 1558–1603) in den Jahren 1565, 1578, 1580 und 1583 und 1587 bereits geeignete Territorien an der amerikanischen Küste in Neuengland, an der Chesapeake Bay und in Virginia identifiziert, die Siedler anzogen.

Die Zentralisierung wirtschaftlicher und politischer Macht in London im 17. Jahrhundert sowie landwirtschaftliche Restrukturierung (verstärkte Ex-

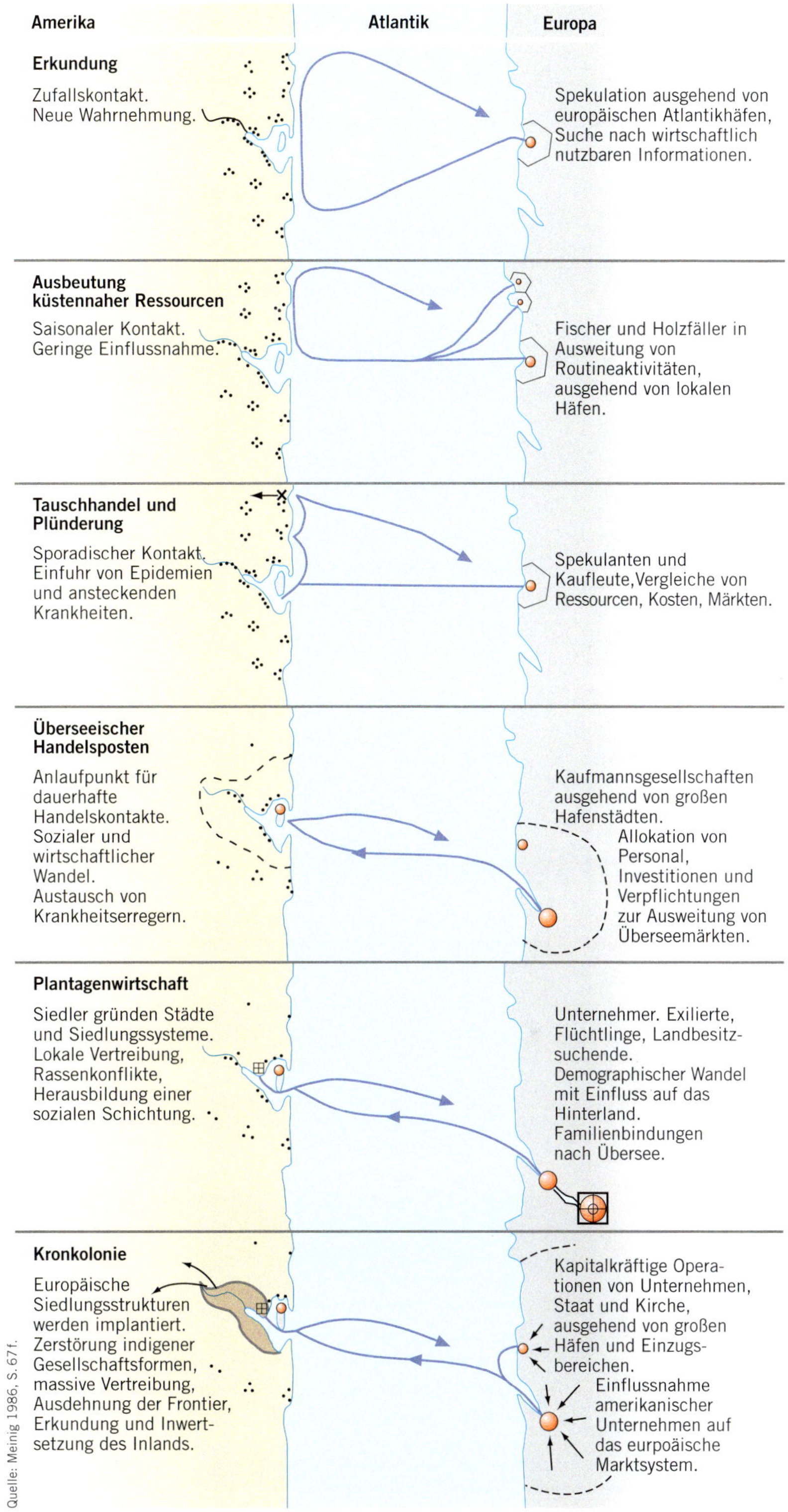

***Abb. 46:** Transatlantische Verbindungen.*

portorientierung und Nutzungsbeschränkungen des Landes für Subsistenzwirtschaft) führten viele Arme, Tagelöhner und Landarbeiter auf der Suche nach besseren wirtschaftlichen Möglichkeiten in die Großstädte Englands und später nach Amerika (Dippel 1999, S. 12; Mitchell 1990, S. 96).

Schließlich hatten die Agrarreform und der dadurch mögliche Aufstieg eine neue Mittelschicht aus Händlern, Handwerkern, Unternehmern und Exporteuren entstehen lassen, die zwar wirtschaftliche Macht besaß, jedoch von den traditionellen Hierarchiegrenzen behindert wurde. Daher suchten nicht nur religiöse Flüchtlinge oder arme Landarbeiter, sondern auch wohlhabende Mittelschichtspersonen bessere Möglichkeiten in der Neuen Welt (Rode 1992, S. 18; Schäfer 1998, S. 26, 29). Letztere hatten sich bereits in England als Großunternehmen zusammengeschlossen und um königliche Aufträge zur Kolonisierung und Gründung von Handelsposten ersucht.

Es waren also nicht etwa nur Arme und politisch-religiös Verfolgte, sondern auch zahlreiche wirtschaftskräftige Personen, die nach Amerika auswanderten, um an den sich ergebenden Möglichkeiten in Landnahme, Bewirtschaftung, Städtegründung und Transatlantik-Handel zu partizipieren, diese zu steuern und Profite zu erzielen. Dabei war der *englische* Anteil der Auswanderer und ihr Einfluss in der Neuen Welt größer als der anderer Auswanderer. Da sie Fachwissen und Führungsqualitäten mitbrachten und ein enges soziales Gefüge pflegten, waren sie bedeutend für den Aufbau einer eigenständigen Wirtschaft. Mit Beginn des 17. Jahrhunderts, als zahlreiche englische Siedler nach Amerika kamen, verfügten die Transatlantik-Schifffahrt und Hochseefischerei bereits über einhundert Jahre Erfahrung, so dass man mit den modernsten Mitteln der Technik und Navigation jener Zeit reisen konnte. Die Schifffahrt selbst wurde daher nach 1600 auch zu einem der wichtigsten Wirtschaftszweige, der Tausende von Schiffsbauern sowie vor- und nachgelagerte Handwerksbetriebe, Großunternehmen und Städte auf beiden Seiten des Atlantik einbezog.

Beiderseits des Atlantik führte dies zu Ausbau und Spezialisierungen im Städtesystem sowie zur Ausbildung von Hinterlandbeziehungen (Abb. 46). In den wichtigen amerikanischen Anlaufstationen konzentrierte sich sehr bald das Kapital für kommerzielle, aber auch gemeinnützige oder kulturelle Unternehmen und die Erschließung des Kontinents (Meinig 1986, S. 70 f.). Es ist bezeichnend, dass beispielsweise Bostoner Kapital 1632 die Universität Harvard in Cambridge, Massachusetts gründete und dass zwei Jahrhunderte später die Transkontinental-Eisenbahnen ganz wesentlich vom Bostoner Kapital finanziert wurden. Während die wirtschaftlichen Verflechtungen eine beginnende Netzwerkstruktur von Küstenstädten und ihrem Hinterland aufzubauen begannen und prosperierende Regionen schufen, waren die Auswirkung von dreierlei Art:

- Die Indianer wurden aus dem kolonialen Siedlungsgebiet vertrieben und durch feste Grenzen – wie in Virginia – abgetrennt. Das Abgrenzen von Siedlungsgebieten der *White Anglo-Saxon Protestants* (WASPs) von denen anderer Bevölkerungsgruppen, wie es später in Indianerreservaten vollzogen wurde und gegenwärtig im Phänomen der *gated community* auftaucht, hat somit nicht nur

Tradition, sondern war auch gesellschaftlich akzeptiert, da es bereits bei der Staatsgründung mit dem verfassungsmäßig garantierten Grundrecht des *pursuit of happiness* vereinbar war.

- Separate Gesellschaften wie im nördlichen Neuengland entstanden, die jedoch wirtschaftlich eng miteinander verflochten waren.
- Es bildete sich eine rigide Klassenhierarchie innerhalb der „Leitkultur" heraus, in der die Urbevölkerung und die Mestizen die unterste, segregierte Schicht darstellten.

In Retrospektive lassen sich zwei Perioden der englischen Kolonisierung unterscheiden, die für die gesellschaftliche Entwicklung bis in die Gegenwart entscheidend waren (Schäfer 1998, S. 20–28). Dies ist zum einen die frühe englische Besiedlung, die von der englischen Regierung über renditeorientierte Aktiengesellschaften privatwirtschaftlich abgewickelt wurde. Diese Phase, die zu Beginn des Bürgerkriegs 1641 rund 70 000 Engländer nach Amerika brachte, dauerte bis gegen das Ende des 17. Jahrhunderts. Es ist die Phase der ungehinderten privatwirtschaftlichen und puritanisch-calvinistischen Einflussnahme im 17. Jahrhundert. Sie erfolgte zielgerichtet aus zwei Gründen: erstens aus ökonomischen, da man nicht nur der Armut entkommen, sondern auch an dem zu erwartenden wirtschaftlichen Aufschwung und Handel teilhaben wollte; ferner aus religiösen Motiven, um eine „bessere Welt" zu gründen. In der zweiten Phase des verstärkten britischen Hegemonialstrebens erfolgte eine schrittweise Übernahme der privatwirtschaftlich betriebenen Kolonien seitens der englischen Regierung, um deren Potenzial in einem stärkeren Maße für sich abschöpfen zu können.

Privatwirtschaftliche, puritanisch-calvinistische Einflussnahme im 17. Jahrhundert

In der ersten Phase fanden die Überzeugungen der puritanisch-calvinistischen Gründungsväter und Siedler Eingang in die Entwicklung jener Bräuche, Normen, Gesetze und Institutionen, denen sich die späteren Zuwanderer anpassen mussten. Mit dem Mayflower-Vertrag von 1620 wurde auf dem Schiff selbst noch vor der Landung am Cape Cod in Plymouth ein Vertragswerk zur Selbstverwaltung eines Gemeinwesens mit selbstgegebenen Gesetzen, Rechten und Pflichten eingesetzt, das für die spätere Verfassung richtungsweisend wurde (siehe Kap. 1).

In dem ungehinderten privat-religiösen und privatwirtschaftlichen Handeln in den Kolonien kristallisierte sich ab 1620 das puritanisch-calvinistische Gesellschaftsmodell als vorherrschende Norm heraus. Die Puritaner – Calvinisten nach dem Schweizer Reformer Calvin (1509–1564) – gingen von der Lehre der wenigen von Gott Auserwählten aus, worin sie sich von der anglikanischen und lutherischen Heilserwartung, die allein im Glauben begründet war, unterschieden (Schäfer 1998, S. 25). Frömmigkeit und eine asketische Weltauffassung, die sich bis in ein Alkoholverkaufsverbot an Sonntagen in einigen Bundesstaaten bis in jüngerer Zeit auswirkte, wurden daher, zusammen mit harter Arbeit, zu den gesellschaftsbestimmenden Faktoren.

Der Einfluss von Kirchenältesten, Kirchengemeinden und Kirchenzugehörigkeit als Voraussetzung für ein Leben im Gemeinwesen wurde ein die ganze Alltagswelt bestimmender Faktor. Die *Community*, zunächst als Kirchengemeinde, später auch weiter gefasst als Nachbarschaft und soziales Umfeld des Einzelnen, wurde somit von jeher ein bestimmender Faktor im Alltags- und politischen Leben Amerikas (Schäfer 1998, S. 25): Bis in die heutige Zeit kommt der extrem konformistischen *Community* in den USA eine viel größere Bedeutung zu als anderen Einrichtungen: *Community* wurde zum Korrektiv der Gesellschaft, *Community* leistet soziale Korrekturarbeit, die in Europa der Staat übernimmt, *Community* und Voluntarismus sind das Korrektiv der Marktkräfte – nicht etwa die staatliche Ordnung.

Die Puritaner, welche die anglikanische Kirche zu refomieren suchten, gehörten zumeist dem gebildeten Mittelstand an. Mit dem in Amerika neu zu gründenden „Neuen Jerusalem" hofften sie, ihre materiellen und religiösen Belange gleichermaßen zu festigen. Wie wohlorganisiert die Puritaner vorgingen, zeigt sich daran, dass sie sich als Aktiengesellschaft formierten und allein zwischen 1620 und 1640 an die 20 000 Gleichgesinnte nach Massachusetts brachten (Adams 2000, S. 26 ff.; Schäfer 1998, S. 23; Meinig 1986, S. 92). Da fester Glaube an die eigene Auserwähltheit eine Toleranz Andersgesinnten gegenüber ausschloss, wurden andere Gedankenrichtungen in Neuengland verhindert. Die Puritaner Neuenglands konnten sich daher als die Gruppe mit der größten Homogenität herausbilden. Ihre neue Gesellschaft war nicht nach europäischem Vorbild in eine aristokratische Oberklasse, Mittel- und Unterschicht strukturiert, da der Mayflower-Vertrag mit seinen demokratischen Verwaltungsformen diese Art der Hierarchie ausschloss. Dennoch war die soziale Schichtung auch innerhalb der homogenen, puritanisch-calvinistischen Siedler rigide strukturiert, existierte doch eine Oberklasse aus Großgrundbesitzern, Fernhandelskaufleuten und Regierungsbeamten, eine Dienstleistungselite aus Geistlichen, Rechtsanwälten und Ärzten, eine Mittelschicht der freien Bauern auf eigenem, schuldenfreiem Land sowie eine unterhalb der Mittelklasse stehende Schicht der Handwerker, Tagelöhner und Knechte (Rode 1992, S. 18). Zu Letzteren gehörten auch die Kontraktarbeiter (*indentured servants*), die sich für ihre Überfahrt nach Amerika verschuldet hatten und diese Schulden während einer vier- bis siebenjährigen Vertragsphase in den Kolonien abarbeiten mussten. Nach Ablauf ihres Vertrages konnten sie sich, ausgestattet mit einem geringen Startkapital und Handwerkszeugen, an der Frontier niederlassen. Am untersten Ende der sozialen Schichtung standen in allen Kolonien die Sklaven oder die Indianer mit Zulieferfunktion an Arbeit, Land oder Ressourcen für die *city upon a hill*.

Auch wenn es in der Neuen Welt keine Aristokratie gab, etablierte sich im vermeintlich klassenlosen

Amerika über die Faktoren Vermögen und Bildung sowie das Bewusstsein einer religiösen Sendungsmission früh eine neuartige, Aristokratie-ähnliche Elite. Noch in der Gegenwartsgesellschaft spricht man beispielsweise von einer *Boston Aristocracy*, also einer finanzstarken Oberschicht, die sich in direkter Nachkommenschaft der Pilgerväter glaubt, im gesellschaftlichen Leben Neuenglands und der USA eine wichtige Rolle spielt und Richtlinienfunktion hat.

Der Glaube an die eigene Auserwähltheit und die calvinistische Ethik, wonach sich Gottes Segnungen dem Tüchtigen bereits auf Erden zeigen, trugen zu zwei Entwicklungen im neuen Land Amerika bei:

- zur militärischen Expansion ins Indianerland und zu den militärischen Auseinandersetzungen mit französischen Konkurrenten (Abb. 47) sowie
- zur Suche nach Arbeitskräften, die man auf den Plantagen einsetzen konnte.

Der Import verschleppter afrikanischer Sklaven, die nach puritanischer Auffassung nicht den Auserwählten, sondern einem minderwertigen Status zugehörten, begann 1619. Bis zum Jahre 1700 hatten englische Tabakpflanzer Virginias bei einer Bevölkerung von nur 75 000 Weißen bereits 10 000 schwarze Sklaven aus Afrika importiert (Schäfer 1998, S. 51 ff.). Dabei galten diese Menschen gleichermaßen als Investitionsgut, das die Inwertsetzung der Plantagen erlaubte, und als Ware, die gegen Wertverlust versicherbar war. So wurden beispielsweise 1781 erwiesenermaßen 133 kranke Sklaven bei der Überfahrt über Bord geworfen, damit der Besitzer des Sklavenschiffes die Versicherungssumme kassieren konnte. Bis zur Abschaffung der Sklaverei 1865 wurden Schwarze generell wie Waren versichert. Die gängige Versicherungspolice für einen zehn Jahre alten Haussklaven in Tennessee um 1856 betrug 2 Dollar pro Jahr; bei einem „Ausfall“ durch vorzeitigen Tod zahlte die Versicherung eine Entschädigung von 100 Dollar. Bei 45-jährigen Haussklaven betrug die Versicherungssumme 5,50 Dollar pro Jahr. Versicherungsabschlüsse von Sklavenhaltern, vor allem jenen, die ihre Sklaven schlecht behandelten, waren eine übliche Praxis, die von heute noch bestehenden Versicherungskonzernen (Aetna Inc., Fleet Boston Financial Corporation, CSX Corporation, New York Life Insurance) praktiziert wurden. Seit im Mai 2002 der Bundesstaat Kalifornien, der nie ein Sklaven haltender Staat war, die Versicherungen in einem Grundsatzurteil zur Offenlegung ihrer die Sklavenhaltung betreffenden Akten verpflichtete und weitere Staaten wie das ehemals Sklaven haltende Georgia dem Beispiel folgen werden, beginnt derzeit die „vierte Stufe der Bürgerrechtsbewegung“ und eine erneute Welle von Forderungen nach Reparationszahlungen an Afroamerikaner, welche bereits seit dem ausgehenden 19. Jahrhundert bestehen (Neue Zürcher Zeitung 2002).

Zwischen 1670 und dem Ende der Kolonialzeit 1776 wuchs die *White Anglo-Saxon Protestant*-Bevölkerung von 112 000 auf 2,5 Mio. an, wobei sich ein beträchtlicher Anteil der Bevölkerung auf folgende Städte konzentrierte: Philadelphia (40 000 Einwohner) – nach London, Dublin und Bristol viertgrößte Stadt des britischen Empire, New York (25 000), Boston (16 000), Charleston (12 000), Newport (10 000) und Baltimore (6000) (Schäfer 1998, S. 61; Dippel 1999, S. 15). Der Anteil der schwarzen Sklaven machte bereits 20 % aus. Die Geschichte der amerikanischen WASP-Gesellschaft ist damit von Anfang an, also ab 1620, aufs Engste mit der Akzeptanz von Diskriminierung und Disparitäten verbunden. Die erste Phase der Einwanderung, die von 1680 bis 1776 dauerte, fand daher bereits in vorgegebenen Gesellschaftsstrukturen statt.

Quelle: Meinig 1986, S. 309.

Abb. 47: *Britische Stützpunkte in Amerika 1768.*

Mit annähernd 200 000 deutschen Einwanderern und schottisch-irischen Immigranten kamen beispielsweise die größten nicht englischsprachigen bzw. nicht protestantischen Glaubensgruppen nach Amerika. Da beide während zweihundert Jahren an ihren Traditionen festhielten, sonderten sie sich ab und siedelten konzentriert in ländlichen Gemeinden

Abb. 48: *Amish People in Pennsylvania.*

Pennsylvanias. Fälschlicherweise als *Pennsylvania Dutch* (gleich Deutsch) bezeichnet, behielten sie, wie die Amish (Abb. 48) oder Krefelder Mennoniten in Pennsylvania ihre deutsch-pfälzische Mundart bei. Schotten siedelten in New Jersey, Virginia und North Carolina, wo sie sich aufgrund ihrer Sprache zwar assimilierten, jedoch ihrer katholischen Tradition wegen in einer protestantischen Gesellschaft fremdartig blieben. Beide Gruppen blieben bis weit in die nachrevolutionäre Zeit Außenseiter, vor allem deshalb, weil sie in ihrer Eigenart verblieben und zugleich wirtschaftlich erfolgreich wurden. Die Amish und Mennoniten Pennsylvanias beispielsweise waren autarke Bauern, die sich mit Fleiß und traditionellen Solidaritätssystemen zu wohlhabenden Landwirten mit überregionaler Versorgungs- und Nischenfunktion emporarbeiteten. Da sie besondere Fertigkeiten in der Herstellung von Produkten besaßen, die sie aus ihren Heimatgebieten mitgebracht hatten, die aber in Amerika neu waren, füllten sie immer eine Marktlücke; zudem betrieben sie stets eine naturnahe Landbewirtschaftung, die unter dem Begriff „ökologische Landwirtschaft" heute wieder modern geworden ist.

Weitere Gruppen mit einer eigenständigen kulturellen Identität waren die in den Küstenstädten siedelnden Juden sowie die französischen Hugenotten. Durch Heirat und Konvertierung in die puritanisch-religiöse Gemeinschaft assimilierten sich diese Bevölkerungsgruppen sehr früh in den Mainstream der Gesellschaft. Es gibt nur wenige Ausnahmen, in denen Andersartigkeit akzeptiert wurde, weil sie eine Gewinn bringende Situation schuf. Dort, wo dies geschah, haben sich die Auswirkungen bis in die heutige Zeit erhalten. In den mittleren Kolonien New York, New Jersey und Delaware beispielsweise, die ursprünglich auf schwedische Siedlungstätigkeit zurückgingen (1638 bis 1655 als New Sweden bekannt, dann von den Holländern als New Amsterdam annektiert) und 1664 an England fielen, bewahrten holländische Siedlergruppen ihre eigene Tradition multikultureller und interreligiöser Akzeptanz. Bevor New Amsterdam als New York an die Engländer verkauft wurde, lebten hier bereits Weiße aus vielen Herkunftsländern, ferner freie Schwarze und Indianer.

Als New York im ausgehenden 17. Jahrhundert eine englische Kolonie wurde, übernahm die englische Regierung die Politik der wohlwollenden Akzeptanz der Vielfalt: Zu wichtig war dieses Gebiet an der Mündung des Hudson River als Zugang zu den Großen Seen und dem Landesinnern, um die Impulse für die wirtschaftliche Entwicklung, die sich aus der Vielfalt ergaben, verhindern zu wollen. Dass New York – *the Big Apple* – innerhalb der USA als untypisch gilt und nicht Mainstream-Amerika repräsentiert, mag damit zusammenhängen, dass die Stadt von jeher in ihrer Andersartigkeit, in ihrem Kultur- und Lebensstilpluralismus akzeptiert und gefördert wurde.

Britisches Hegemonialstreben und die neue amerikanische Gesellschaft

Die zweite Periode der englischen Kolonialisierung zwischen 1680 und 1776 war von der schrittweisen Rückführung privatwirtschaftlich gegründeter Kolonien in die Kontrolle der englischen Regierung gekennzeichnet (Schäfer 1998, S. 25ff.). Da sich die englischen Auswanderer im 17. Jahrhundert aus Handwerker- und Manufakturarbeiterschichten sowie dem Stand der Bauern, Landarbeiter und Händler rekrutierten, konnten ihre Arbeitskraft, ihr Know-how und ihr Kapital schnell die Grundlage für die in Amerika erwartete wirtschaftliche und soziale Sicherheit legen. Nach schwierigen Anfangsjahren begann ein deutlicher wirtschaftlicher Aufschwung. In der Hudson-Mohawk-Senke und in den südlichen Kolonien von Maryland über Delaware nach Georgia hatten sich die Kolonien durch Latifundien-Bewirtschaftung von mehreren Hunderttausend Hektar zu Großerzeugern von Tabak, Baumwolle, Reis und Indigo für den europäischen Markt entwickelt (Adams 2000, S. 25).

Zu den *Pull*-Faktoren der Migration gehörten der wirtschaftliche Aufschwung, die Möglichkeit des Landbesitzes, das höhere Lohnniveau gegenüber Europa sowie günstigere Lebensbedingungen aufgrund der landwirtschaftlichen Überproduktion. Zu den *Push*-Faktoren im Mutterland gehörten die Englische Revolution von 1640 sowie die Bürgerkriege um die Herrschaft der Stuart- bzw. der anglikanischen Monarchie, welche sich mit der Revolution von 1689 etablierte. Als die englische Regierung begann, ihre Macht in den Kolonien zu konsolidieren, verfügten diese bereits über zukunftsträchtige Wirtschaftszweige und waren durch Privatwirtschaft und religiöse Gemeinschaften sehr stark englisch (WASP) geprägt. Dennoch hatten die Kolonien bereits eine eigene neue Gesellschaftsstruktur gebildet (Schäfer 1998, S. 26; Rode 1992, S. 14 f.; Adams 2000, S. 34, 38): Eine Erbaristokratie wie in Europa wurde nicht übernommen, die religiös-kommunitären Gemeinden verstanden sich im bewussten Gegensatz dazu als neue, klassenlose Gesellschaften. Dennoch entwickelte sich eine Klassengesellschaft auf der Grundlage von Besitz durch das in den Kolonien eingeführte Repräsentationsprinzip der englischen parlamentarischen Demokratie, das an einen Mindestgrundbesitz gebunden war.

Mehrere Maßnahmen schränkten Rechte auf wirtschaftliche Entfaltung und Eigenständigkeit der Kolonien ein. Die Ausdehnung der Kolonien nach Westen in das Indianerterritorium bis zum Ohio und Mississippi erfolgte unter Verdrängung der ansässigen indigenen Bevölkerung. Dies wurde von England zwar missbilligt, jedoch nicht aus humanitären Gründen, sondern vielmehr, weil diese Vorgehensweise die Autarkie der Kolonien stärkte und die Kontrolle Englands schwächte. Die über Jahrzehnte vollzogene Eingrenzung der ursprünglich gewährten wirtschaftlichen Freiheiten führte zur Eskalation, als England die Kosten seines in Kontinentaleuropa geführten Siebenjährigen Krieges 1763 in Form höherer Besteuerung auf seine amerikanischen Kolonien abzuwälzen suchte, ohne für die erhöhten Pflichten mehr Rechte zu gewähren. Um die Monopolstellung der frühen Industrialisierung in England zu sichern, erfolgten zudem Produktionsverbote, Exportbeschränkungen, Import- und Exportzölle zu Lasten der Kolonien.

Da die frühen Kolonien sich auf dem Gedanken der Freiheit des Einzelnen auf wirtschaftliche Unabhängigkeit und der individuellen Wahl seines Lebensentwurfs gründeten, bedeutete das Ende der Politik des Wohlwollens für die privatwirtschaftlichen Interessen von Unternehmern, religiösen Gemeinden, Handels-, Erschließungs- und Terraingesellschaften einen radikalen Einschnitt in ihre Existenzgrundlage. Die Protestaktionen wie die sogenannte *Boston Tea Party* von 1773, bei der die hoch besteuerte Teeladung aus England versenkt wurde, lösten den Unabhängigkeitskrieg aus.

Die fortschreitende Individualisierung der amerikanischen Gesellschaft, die bereits mit der Gründung der Kolonien eingesetzt hatte, verschärfte den Interessenskonflikt. Die um 1776 verzeichneten 2,5 Mio. englischen Siedler lebten in einem 2000 km langen und rund 300 km breiten Küstensaum. Die Realität des Lebens an der dünn besiedelten Frontier, das Überleben als Bauer oder Händler mit Anschluss an die Weltmärkte erforderte Eigeninitiative, Planung und innovative Lebensbewältigungsstrategien, was der Mythenbildung und „Selbstamerikanisierung Amerikas“ sehr dienlich war.

Wertvorstellungen der Kolonialzeit – Fundamente der modernen Gesellschaft

In beiden Phasen der britischen Kolonialisierung wurden permanente, angelsächsisch-puritanisch-calvinistische Normen, Werte und Denkmuster der amerikanischen Gesellschaft angelegt, die bis in die Gegenwart wirken. Ihre Elemente waren:

- Eine agrare Gesellschaft mit einer bestimmten sozialen Rangordnung und Stabilität sowie einer deutlichen, allgemein akzeptierten Ungleichheit.
- Der Glaube, dass Werte aus der Alten Welt in der Neuen Welt nicht nur durch Ausübung religiöser Praktiken besser verwirklicht werden und zur Entfaltung kommen konnten, sondern dass die Neue Welt dazu geschaffen war, das Gute in der Welt zu vollenden.
- Gesellschaftlicher Aufstieg mit Hilfe von Familie und Verwandten, der Kirchengemeinde und lokalen Verwaltung, des eigenen Landbesitzes und der kommunalen Gesetzgebung.
- Betonung auf der individuellen Verantwortung innerhalb einer (reformierten) protestantischen Gesellschaft, deren Leben ländlich-agrarisch und gemeindeorientiert war.
- Christlicher Glaube und Sozialordnung, Privateigentum und Stellenwert des Individuums sowie eine staatlich-militärische Obrigkeit, welche diese Werte als kulturelle Einheit ohne Anpassungen zu bewahren suchte.

All diese Faktoren trugen zum spezifischen Wesen der amerikanischen Gesellschaft bei, das durch die isolierte Lebensweise der frühen Kolonien begünstigt wurde. Grundlage dieser Gesellschaft wurde die Familie, die das individuelle Überleben im Alltag und im Alter sicherte. Die Kernfamilie war die Einheit, auf der Kirchen, Gemeinden und Lokalregierungen aufbauten. Individualisierung und Tendenz zum Privatismus bedeuteten sowohl persönliche Unabhängigkeit wie auch Loyalität zum engsten Familienkreis, mit der der Einzelne sein Leben teilte (Warner 1967). Im Vergleich zur europäischen Großfamilie in einer hierarchisch strukturierten Gesellschaft konnten die Auswanderer nach der Atlantiküberquerung allein oder mit einer Kleinfamilie ihr neues Leben in Amerika beginnen. Ressourcenreichtum, leichter Zugang zu Landbesitz und der Imperativ des Individualismus machten es den in den Kolonien geborenen Mitgliedern der Familie wiederum leicht, ihre wirtschaftliche Unabhängigkeit und ihren Lebensentwurf auch durch Wegzug von der Familie zu verwirklichen. Die Familie als Lebensmittelpunkt, der Fortzug von der Herkunftsfamilie und die Neugründung einer eigenen sowie die sogenannten *family values*, welche die Politiker der Gegenwart als ureigene Norm Amerikas heraufbeschwören, entsprechen also einer über vierhundert Jahre angelegten Tradition des Überlebens in der Kleinfamilie in einem dünn besiedelten Land. Die Kleinfamilie wurde kulturelle Norm, da sie mit der individuellen Wahl des wirtschaftlichen Lebensschicksals und aller sich daraus ableitenden, individuellen Freiheit verbunden war.

Kolonien als Teil der globalen Ökonomie (1763–1789)

Ab Mitte des 18. Jahrhunderts zeigte sich in den Kolonien eine ausgeprägt individualisierte, auf persönliches wirtschaftliches Überleben und Wohlergehen ausgerichtete Gesellschaft. Die auf wirtschaftliche Inwertsetzung ihrer Territorien fokussierte Kolonialmacht, welche für ihre Gebiete eigene Nutzungskonzepte hatte, legte mit der Königlichen Proklamation von 1763 die Appalachen als Westgrenze der Besiedlung fest. Damit sollten nach dem Siebenjährigen Krieg in Europa, den England und Frankreich auch an ihren amerikanischen Grenzen ausgefochten hatten, Investitionsabflüsse für Kriege im Indianerland westlich der Appalachen ebenso verhindert werden wie die ungeordnete Besiedlung dieser Gebiete durch Privatleute und Terraingesellschaften. Beides hätte der zukünftigen kommerziellen Ausbeutung seitens der englischen Regierung entgegengestanden.

Bereits am Vorabend der Revolution waren die Kolonien Teil einer weltweiten Marktwirtschaft geworden. Im Dreieckshandel vertrieb man nach Europa Fisch, Pelze und landwirtschaftliche Produkte wie Tabak, Reis, Indigo, Weizen und Pökelfleisch. Aus Europa bezog man z. B. Wein. In die Karibik exportierte man Weizen, Mehl, Holz, Pferde und führte Zucker und Melasse für die Rumherstellung, ferner Kaffee, Tee, Kakao, Baumwolle und Mahagonihölzer ein. Sklavenhandel verband die Kolonien mit Westafrika. Die Kolonien hatten sich zu Netto-Exporteuren landwirtschaftlicher Produkte entwickelt; sowohl die Agrarwirtschaft des Nordens wie auch der südlichen Plantagenstaaten war kommerziell ausgerichtet. Die Plantagenwirtschaft erwies sich als besonders ertragreich (Schäfer 1998, S. 57–61): Der Tabakanbau in den südlichen Kolonien erreichte allein 1760 einen Exportwert von 80 Mio. Pfund, sein Anteil am Gesamtexport der Kolonien lag bei 45 %. Um 1760 stellte Reis 20 % des kolonialen Exports dar; die Baumwolle hatte noch keine Bedeutung. Die Einfuhr und Beschäftigung von afrikanischen Sklaven erreichte wegen der Produktionserfordernisse zwischen 1763 und 1775 ihren Höhepunkt. Im Gegensatz zu den *indentured servants*, die sich für die Überfahrt nach Amerika auf mehrere Jahre in Niedriglohnverhältnisse von ca. 20 Pfund pro Jahr begaben und durch mehrjährigen Dienst freikauften, konnten schwarze Sklaven für ca. 8 Pfund als unbezahlte Arbeitskräfte zur lebenslangen Verfügung eingekauft werden (Schäfer 1998, S. 50 f.). *Indentured servants,* die bevorzugten Arbeitskräfte in den frühen Kolonien, waren im ausgehenden 18. Jahrhundert bereits zu teuer geworden: Um 1800 konnten Dienstherren noch für ungefähr 70 Dollar einen gesunden erwachsenen *indentured servant* als Gegenleistung für 3 Jahre Arbeit erhalten. Der Arbeitgeber konnte dadurch in drei Jahren zwischen 500 und 900 Dollar erwirtschaften. Im Gegensatz zu freien Arbeitern, die bei voller Kost und Logis zwischen 50 Cents und einem Dollar pro Tag verdienten (Adams 1992, S. 14), waren die 6 Cents, die ein *indentured servant* pro Tag kostete, vergleichsweise gering. Afrikanische Sklaven stellten im Vergleich dazu jedoch eine noch größere Kostenersparnis und damit eine Profitmaximierung dar.

Landwirtschaftliche Großunternehmer wie der spätere Präsident George Washington (1732–1799) oder Thomas Jefferson (1743–1826) beschäftigten auf ihren Gütern mehrere hundert Sklaven. Um 1774 lebten in Neuengland 15 000 Sklaven, rund 38 000 waren in New York und Delaware überwiegend in Haushalten und Manufakturen tätig, 433 000 arbeiteten auf den Plantagen und sogar den Subsistenzfarmen des Südens (Schäfer 1998, S. 35).

Exportlandwirtschaft und Handel mit landwirtschaftlichen Produkten oder Manufakturwaren (Gewehre, Uhren, Möbel, Töpferei, Glaswaren) sowie Produkten der lokalen Eisenerzeugung bewirkten einen starken wirtschaftlichen Aufschwung der Großstädte an der Ostküste. Der Weltmarktanteil amerikanischer Handelsgüter stieg so rasant, dass die englische Regierung ihre eigene Industrie ab 1750 gegen die leistungsstarke amerikanische Eisenproduktion mit Importzöllen und Produktionskontingentierung schützte. Der Aufschwung dieser Wirtschaftszweige bewirkte in den Kolonien zweierlei: zum einen den steigenden Wohlstand und weit gehende Autarkie, zum anderen weit reichende soziale Differenzierung (Lemon 1990, S. 141 ff., 144).

Entstehung sozialer Ungleichheit

Das Aufkommen neuer Handwerks- und Gewerbezweige wie auch gut bezahlter Lohnarbeit in Manufakturen ließ in der kolonial-amerikanischen Gesellschaft eine neue soziale Schichtung der mittelständischen Gewerbetreibenden entstehen. Vermögende Kaufleute, Manufakturbesitzer, Schiffseigner und sozioprofessionelle Kategorien wie Lehrer, Geistliche, Apotheker oder Ärzte bildeten den gehobenen Mittelstand; Arbeiter, Dienstboten, Handwerker, Tagelöhner und Seeleute machten die untere Mittelschicht aus (Schäfer 1998, S. 62 f.). Gegenüber Europa, das um 1750 noch keine Gewerbefreiheit kannte, war die kolonial-amerikanische Gesellschaft in eine moderne Ära eingetreten und beschritt einen modellhaften neuen Weg. Soziale, wirtschaftliche und kulturelle Entfaltungsmöglichkeiten, begleitet von religiös-moralischer Legitimierung, ließen insbesondere die Städte Amerikas zu den neuen Wirtschaftszentren werden. Dabei blieb jedoch die religiös-kulturelle Identität der ursprünglichen Kolonien in den einzelnen Regionen erhalten, was sich bis in die Gegenwart in unterschiedlichen, regional geprägten Gesellschaften zeigt: Die Neuenglandstaaten konnten aufgrund ihrer diversen Wirtschaftsstruktur und der Tatsache, dass sie sowohl Europa am nächsten als auch an den Zugangswegen zum Inneren des Kontinents lagen, den größten Anteil an ausländischen und einheimischen Investitionen anziehen. Die Gesellschaft von Neuengland entwickelte sich daher bereits vor Gründung der USA zur „Leitgesellschaft“ Amerikas, die sich durch ihren Wohlstand und ihre puritanisch-calvinistische Grundlage, insbesondere der Tatsache, dass sich viele der wohlhabenden Familien in direkter Abstammung von den Pilgervätern wussten, in der Gesellschaft hervorhoben. Der sogenannte „Geldadel der Ostküste“ (*Boston Aristocracy*) ist bis in die Gegenwart in Wirtschaft, Politik und Gesellschaft hinsichtlich des Zusammenspiels von Wirtschaftsgeist und religiös-sozialen Werten im „Weißen Amerika“ tonangebend. Noch heute zeugen politische Kampagnen von Führungspersonen von der festen Verankerung der amerikanischen Gesellschaft in dieser Mentalität. Man denke hier z. B. an Präsidentenfamilien beider großer Parteien, die eine Verbindung zur Bostoner „Aristokratie“ oder deren Umfeld herleiten (die Kennedy-Familie, Barbara Bush, Hillary Clinton) und die fundamentalen amerikanischen Leitwerte *hard work* – in der Sozialhilfepolitik auch die Maxime *work for pay* und *family values* – propagieren. Die stets von Haus aus sehr wohlhabenden amerikanischen Spitzenpolitiker demonstrieren bewusst die vollständige Verankerung im puritanischen Ideal: Danach besitzt nur der moralisch hochstehende Mensch, der durch eigene Arbeit Reichtum erworben hat oder den Familienreichtum mehren konnte und dadurch unkorrumpierbar ist, die moralische Integrität, einem Gemeinwesen vorzustehen.

Die Prosperität der sich ausdifferenzierenden Gesellschaft am Ende des kolonialen Zeitalters war in den Städten besonders auffallend. Küstenstädte wurden Knotenpunkte von Wirtschaft, Gesellschaft, Politik und Kultur. Um 1750 lebten 5 % der Amerikaner, ca. 132 000 Menschen, in Städten. Aufgrund des Sklavenhandels als wichtigstem Wirtschaftszweig war Charleston die reichste Stadt unter ihnen, gefolgt von Philadelphia, das zunächst vom Getreidehandel mit Europa lebte, dann zur wichtigsten Schiffsbaustadt an der Ostküste aufstieg. New York gehörte wegen seiner Orientierung auf den Binnenhandel, der über die Hudson-Mohawk-Senke abgewickelt wurde, nicht zu den wichtigen internationalen Städten im kolonialen Amerika.

Bereits im 18. Jahrhundert gehörten die amerikanischen Städte zu den Welthandelszentren: Die koloniale Wirtschaft war eine quasi weltweit operierende, großkapitalistisch geprägte, welche nicht nur im Mutterland, sondern vor allem in den Kolonien großen Wohlstand und starke Interessen am Erhalt des wirtschaftlichen Status quo hervorgebracht hatte.

Die Jahre der Prosperität vor der amerikanischen Revolution waren durch immer gravierendere Disparitäten gekennzeichnet. Zwar waren die Lebens- und Arbeitsbedingungen und Löhne der Weißen in den amerikanischen Kolonien im 18. Jahrhundert insgesamt besser als in Europa, wo noch Hungersnöte und Leibeigenschaft herrschten. Soziale Spannungen, die bis in die Gegenwart anhalten, begannen sich jedoch bereits abzuzeichnen. Die unregelmäßige Beschäftigung der unteren sozialen Schichten in einer Wirtschaft, die auf noch billigere Arbeitskräfte zurückgreifen konnte, wurde zu einem Problem, das immer mehr Menschen in prekäre Verhältnisse führte.

Wirtschaftliche Interessen als Auslöser des Unabhängigkeitskrieges

Am Vorabend der amerikanischen Revolution waren die Kolonien vermögende Regionen. Unternehmer und Mittelschicht hatten erkannt, dass die Kolonien nicht nur im Begriff waren, europäische Nationen wirtschaftlich zu überholen, sondern auch, dass ihre Investitions- und Expansionsabsichten durch eine Reihe von Maßnahmen stark beschnitten wurden. Dazu gehörten:

- britische Handels- und Produktionsbeschränkungen,
- stärkere Besteuerung („Zuckergesetz“ von 1764),
- Beschränkung der in den Kolonien in Umlauf gebrachten Geldmenge („Währungsgesetz“),
- die Königliche Proklamation von 1763 zur westwärtigen Siedlungsgrenze,
- die Stempelsteuergesetzgebung von 1765 und
- das Einquartierungsgesetz zur Unterbringung von militärischem Personal.

Die Steuergesetze für die Kolonien entsprachen nicht der englischen Verfassung, wonach das Volk selbst über seine Repräsentanten und Besteuerung bestimmte. Dies führte zu starkem Protest („*No taxation without representation*“), der sich in einem Importboykott für britische Waren und der Entstehung radikaler Geheimbünde äußerte, die Protestaktionen vorbereiteten. Der 1765 einberufene Stempelsteuerkongress der 13 Kolonien forderte die britische Regierung zur Rücknahme der Gesetze auf. Mit der Townshend-Gesetzgebung von 1767 verzichtete diese zwar auf einige der Abgaben; sie legte jedoch neue Importzölle auf wichtige britische Waren wie Tee fest. Die britische Truppenstationierung in Boston von 1768 und eine blutige Demonstration gegen die britische Staatsmacht – das sogenannte „Massaker von Boston“ von 1770 – ließen die wirtschaftlichen und politischen Gegensätze weiter eskalieren.

Mehrere Maßnahmen sollten die Kolonien zur Orientierung auf England zwingen (Adams 2000, S. 38–41): Ein Handelskrieg seitens der britischen Regierung sollte den Protest der Kolonien brechen. So wurde mit dem Teegesetz von 1773 dem Wirtschaftskonzern East India Company, der zweitgrößten Finanzgesellschaft Englands nach der Bank von England und Monopolgesellschaft zur Inwertsetzung von Indien, eine interessante Bilanzierungsmöglichkeit gewährt: Die in England zu entrichtenden Einfuhrzölle auf Tee konnten fortan mit den britischen Einfuhrzöllen auf Teelieferungen in die Kolonien verrechnet werden, sofern indischer Tee direkt in die amerikanischen Kolonien geliefert würde. Mit dieser Maßnahme wollte die Londoner Regierung den Einfuhrboykott der amerikanischen Kolonien gegen Teelieferungen aus England brechen. Ferner sollte Tee des Großproduzenten East India Company im Sinne eines Dumpings auf dem amerikanischen Markt so billig abgesetzt werden, dass amerikanische Unternehmen, die Tee unter Umgehung Englands direkt einführten, ruiniert würden. Dem Wirtschaftskampf und dem britischen Druck auf die kolonial-amerikanische Wirtschaft folgte der Widerstand. Die *Boston Tea Party*, bei der 1773 auf Geheiß von Samuel Adams, einem der Verfassungsväter der USA, die Teeladung der East India Company im Bostoner Hafen versenkt wurde, war daher mehr als ein symboli-

***Abb. 49:** Anspruchsgebiete der ersten amerikanischen Bundesstaaten auf Territorien östlich des Mississippi.*

scher Akt. Zu den darauf folgenden drakonischen Strafmaßnahmen der britischen Regierung gehörten (Adams 2000, S. 40f.):

- die Schließung des Bostoner Hafens,
- versuchte Stilllegung des Handels und der Versorgung,
- Außerkraftsetzen der Grundgesetze von Massachusetts,
- der Erlass zur Einquartierung von Militär in allen Kolonien und Privatwohnungen.

Mit der expliziten Verweigerung der weiteren Selbstverwaltung der Provinz Quebec, die nach dem Siebenjährigen Krieg wieder englische Domäne wurde, sowie des Gebiets zwischen den Kolonien und dem Mississippi waren die Wirtschaftsinteressen der Kolonien und die Ansprüche der Siedler auf Besiedlung der westlichen Frontier jenseits der dreizehn Kolonien vollends unterbunden. Der 1774 einberufene Erste Kontinentalkongress bestimmte folgende Maßnahmen:

- Beschluss zur Bewaffnung des Volkes – eine Maxime, die auch in der amerikanischen Verfassung Eingang fand und bis in die Gegenwart als tragende Säule der amerikanischen Gesellschaft verstanden wird,
- Einrichtung bewaffneter Milizen und
- die Ablehnung der britischen Zwangsgesetze.

Zwar war bis 1775 der Begriff „Unabhängigkeit" in der politischen Debatte nicht präsent, da es nicht um Unabhängigkeit, sondern nur um diametral konträre Wirtschaftsinteressen ging (Dippel 1999, S. 24). Allerdings bereiteten die amerikanischen Kolonien durch entsprechende Aufrüstung und ein Milizsystem die Verteidigung ihrer Interessen mit allen Mitteln vor. Die britische Razzia eines Waffenlagers der Milizen der dreizehn Kolonien bei Concord war daher der Vorwand für den bewaffneten Kampf. Nach ersten Gefechten bei Boston (*Bunker Hill*) um 1775 stellten die Kolonien ihre Kontinentalarmee mit George Washington als Oberbefehlshaber auf. Aus wirtschaftlichen Interessengegensätzen war Bereitschaft zur militärischen Durchsetzung beidseitiger Ansprüche geworden.

Der Zweite Kontinentalkongress in Philadelphia von 1776 ließ die Kriegssituation eskalieren: Die Kolonien riefen den Verteidigungszustand aus und appellierten an die Bevölkerung Britisch-Kanadas, dem zuvor die Selbstverwaltung verweigert worden war, sich dem Kampf gegen England anzuschließen. Nach dem Beschluss des Kongresses zur Unabhängigkeit vom 2. Juli 1776 war die eigentliche Unabhängigkeitserklärung vom 4. Juli 1776 der Auslöser des sogenannten „Freiheitskrieges der Vereinigten Staaten", der von 1775 bis 1783 dauerte (Adams 2000, S. 44). Die britische Vorherrschaft wurde mit Hilfe internationaler Solidarisierung endgültig gebrochen, nachdem Ausrüstung, Waffen und Freiwillige aus Deutschland, Frankreich und den Niederlanden den Kolonien Beistand leisteten. Das Bündnis mit der französischen Regierung von 1777, die ebenfalls auf dem amerikanischen Kontinent territoriale Gebietsansprüche zu festigen suchte, bedeutete in erster Linie militärische und finanzielle Hilfe für die amerikanischen Freiheitskämpfer. Die Freundschaft zwischen Frankreich und den USA während des Unabhängigkeitskrieges war später eine Grundlage für Frankreichs Übernahme des US-amerikanischen Modells einer freiheitlichen Demokratie nach seiner Revolution.

Nach der Niederlage Englands von 1781 regelte der Friedensvertrag von Paris vom 3. September 1783 die Neustrukturierung Nordamerikas (Abb. 49 u. 50). Großbritannien erkannte die Unabhängigkeit des neuen Staates an, dessen Territorium nun das Gebiet südlich der Großen Seen und östlich des Mississippi umfasste. Bei der Erweiterung der ursprünglich dreizehn Kolonien zu den USA, die nunmehr bis zum Mississippi reichten, handelte es sich also um jene Gebiete, welche sich die britische Regierung zur zukünftigen Ausbeutung zunächst vorbehalten hatte und die weit über die Grenzen der ehemaligen Kolonien hinausreichten. Das Staatsgebiet der USA wurde somit um 1783, wie vom Kongress gefordert, mehr als verdoppelt, was der tatsächlich vollzogenen Besiedlung und dem dadurch

Abb. 50: *Konfligierende Landansprüche der ersten Bundesstaaten.*

bedingten Gewohnheitsrecht entsprach. Florida verblieb bei Spanien, Kanada bei Großbritannien. Die letzten 100 000 Königstreuen wurden aus den neuen amerikanischen Bundesstaaten nach Kanada vertrieben, ihr Besitz konfisziert und verkauft, um die neue Republik vor einer Konterrevolution zu schützen (Dippel 1999, S. 27).

Grundlagen der Inwertsetzung der USA nach 1783

Die durch den Frieden von Paris 1783 den USA zugesprochenen, riesenhaften neuen Territorien östlich des Mississippi mussten rasch erschlossen und besiedelt werden. Den enormen logistischen Aufgaben gegenüber waren die sozialen Bereiche nicht minder wichtig. Es galt, die sozialen Probleme einer Gesellschaft im Umbruch auf einem Minimum zu halten. Beide Aufgaben waren jedoch engstens miteinander verbunden: Die territoriale Konsolidierung konnte nur durch ökonomische, politische und soziale Kohärenz erreicht werden. Es galt auch, Gebiete der Indianer zu integrieren und diese zu Landabtretungen zu bewegen. Die Schaffung eines einheitlichen Binnenmarkts, die Institutionalisierung eines Nationalstaats und sämtlicher Verwaltungsebenen im föderativen System, aber auch die Schaffung einer politischen Repräsentation und Partizipation sowie eines nationalen Wir-Gefühls – einer nationalen Identität als dem Mörtel, der das Gefüge der Vereinigten Staaten zusammenhält – waren daher die vordringlichen Aufgaben (Hilliard 1990, S. 150–152; Schäfer 1998, S. 81–87). Auf institutioneller Ebene wurden mehrere Vorgehensweisen wichtig, um die USA östlich des Mississippi und die noch zu erwerbenden Territorien westlich davon wirtschaftlich in Wert zu setzen und auf sozialer und politischer Ebene zu integrieren.

Die institutionelle Ebene und der politisch-kulturelle Ansatz

Neben einer gänzlich neuen Staatsordnung mussten *politische* und *administrative Institutionen* geschaffen werden. Gewählt wurde ein föderatives politisches System, das der Bundesregierung begrenzte Befugnis und den Bundesstaaten klar zugewiesene Kompetenzen mit einem hohen Grad an Autonomie erteilte (s. die Kap. „Politisch-kulturelle Tradition", „Stadtentwicklung" und „Einblicke"). Dies erschien als das geeignete System sowohl zur Administration der riesigen Territorien als auch zur Sicherung der individuellen Freiheiten und Bürgerrechte. Die neue Bundesregierung regelte Einfuhrzölle, Steuern und den Außenhandel. Bereits unter der Präsidentschaft George Washingtons (1789–97) und den folgenden Administrationen wurde ein so hohes Volkseinkommen erreicht, dass nicht nur die Schuldenlast aus dem Krieg, sondern auch diejenige aus den ersten Jahren des Aufbaus abgebaut werden konnte. Es wurde darüber hinaus ein solch solides Finanz- und Währungssystem aufgebaut, dass es massiv Investitionen aus Europa anzog (Rode 1992, S. 22–24). Diese wurden auch dadurch begünstigt, dass durch die territoriale Expansion und die fortdauernde Besiedlung in Richtung des Mississippi auch der Binnenmarkt konsolidiert wurde. Gelddruck und Geldausgabe wurden in die Hand der Bundesregierung gegeben, die Bundesstaaten erhielten für ihre Abgabe von Befugnissen, die sie als Kolonien gehabt hatten, eine Aufwertung durch Repräsentanz im politischen System: Die neue demokratische Gewaltenteilung sah einen Kongress mit zwei Kammern – Senat und Repräsentantenhaus –, ferner einen Präsidenten und Obersten Gerichtshof vor. Im Senat erhielt jeder Staat ein Mitspracherecht über zwei Senatoren, unabhängig von Territorium und Bevölkerungsgröße. Der Senat nahm Einfluss auf die Gesetzgebung, den Abschluss von Staatsverträgen und die Ernennung aller wichtigen Amtsinhaber der Exekutive und Judikative. Die Machtbefugnisse des Kongresses selbst wurden durch eine Exekutive mit einem auf vier Jahre gewählten Präsidenten eingeschränkt (s. Kap. „Einblicke").

Jeder Bundesstaat erhielt einen sehr starken Grad an Autonomie; dies begründete das *weak state*-Modell der USA („Anti-Etatismus"), die bewusst „durch das Volk eine Regierung aus dem Volk und für das Volk" gewählt hatten. Es erschwerte allerdings auch zeitweise der Bundesregierung, zentral bzw. in einem europäischen Verständnis von einem Zentralstaat zu regieren. Viele interstaatlichen Angelegenheiten wurden von den einzelnen Staaten selbst geregelt. Dies führte schon um 1786 zu politischen Debatten um die Rolle des Zentralstaates – eine Debatte, die bis in die Gegenwart anhält und von beiden großen politischen Parteien der USA zwar mit gegensätzlichen Argumenten zu seiner Ausgestaltung geführt hat, aber nie grundsätzlich hinterfragt wird.

Um das Individuum vor zu viel zentralstaatlicher, bundesstaatlicher oder kommunaler Macht zu schützen, wurde das Recht des Einzelnen als das fundamentale Grundrecht in die Unabhängigkeitserklärung und das gesamte noch folgende Verfassungswerk (*Constitution* 1787, *Bill of Rights* 1787, *Amendments to the Bill of Rights* – Verfassungszusätze und -änderungen ab 1787 bis in das 20. Jahrhundert) aufgenommen. Das Recht des einzelnen Bürgers wurde nicht nur mit dem universellen Recht auf Leben, Freiheit und dem Streben nach Glück – in der Erstversion noch Streben nach Wohlstand genannt –, sondern mit dem System von Regeln und Kontrollmechanismen (*checks and balances*) zur Verhinderung des Machtmissbrauchs der Zentralregierung verankert (Corwin & Peltason 1985). Drei Aspekte sind darin ganz besonders wichtig:

- Zehn individuelle freiheitliche Grundrechte wurden direkt in der *Bill of Rights* als Zusatzartikel *(amendments)* zur Verfassung aufgenommen.
- Der Zehnte Zusatzartikel zur Verfassung *(Tenth Amendment)* bestimmt, dass all jene Verfügungsgewalten und Kompetenzen, die sich die Bundesregierung nicht explizit vorbehalten hat, in der Domäne der unteren föderativen Ebenen angesiedelt sind. Damit wurden a priori viele Aufgaben, die in anderen Ländern als zentralstaatlich verstanden werden, wie z. B. die moderne Raumordnung zum Ausgleich ungleicher Lebensbedingungen, in die Hand der Bundesstaaten oder Kommunen gegeben. Die Bundesregierung der USA übernahm damit von Anbeginn an explizit *nicht* jene Zuständigkeit für den Ausgleich ungleicher Entwicklungen, die in westeuropäischen Ländern die Zentralregierungen auf sich nahmen.
- Das in der Unabhängigkeitserklärung als erstem Dokument des Verfassungswerkes verankerte Recht auf Streben nach Glück sichert dem Einzelnen zu, jederzeit Bundesgesetze, einzelstaatliche und kommunale Gesetzgebung auf ihre Verfassungsmäßigkeit, ob sie tatsächlich mit dem „Streben nach Glück" vereinbar sind, überprüfen zu lassen. Damit wurde in den USA das Recht des Individuums prinzipiell vor das Recht des Gemeinwesens gestellt.

Für die junge Republik und die Erschließung der riesenhaften Territorien bedeutete dies, dass jeder fast ungehindert seinem Gewinnstreben nachgehen konnte und dabei von der Verfassung gedeckt war. Die USA hatten damit bewusst eine völlig neue, von europäischen Staaten sich unterscheidende Gesellschaftsordnung geschaffen, die das Land im wirtschaftlichen und juristischen Sinne fast zu einem „Land der unbegrenzten Möglichkeiten" machte. Angesichts eines noch feudal strukturierten Europa wurde Amerika zumindest in der Wahrnehmung der Welt zu einem Hafen für all jene, die auch religiöse und individuelle Freiheit suchten.

Privatism zur Lösung nationaler Aufgaben im kontinentalen Maßstab

Der plötzliche Zuwachs eines immens großen Territoriums als Ergebnis des Unabhängigkeitskrieges trug wesentlich dazu bei, die Entwicklung Amerikas in dem bereits seit über 150 Jahre praktizierten Muster des Individualismus und Privatismus – also einer Erschließung nach der Maxime: *Let private enterprise do it* – fortzuführen.

Die Bundesregierung begann ab 1783 mit der gezielten territorialen Erschließung; sie benutzte dazu Steuerungsmechanismen, die Unternehmergeist und privatwirtschaftliche Interessen einbinden sollten. Die bewusste Übergabe nationaler Erschließungsaufgaben an das Unternehmertum und privatwirtschaftliches Interesse wurde fortan ein Grundmuster der politischen und planungspolitischen Kultur.

Informationsbeschaffung und Regelwerke für die neuen Territorien

Die Potenziale, welche der Unternehmergeist in der gezielten Erschließung des neuen Territoriums sah, und die tatsächlichen Renditen, die dabei erzielt wurden, ließen den Erwerb oder die Übernahme weiterer Territorien westlich des Mississippi sehr früh interessant erscheinen. Um die wirtschaftlichen Möglichkeiten auszuloten, entschloss sich die Bundesregierung zur Beschaffung von Informationen über die neuen und möglicherweise zu erwerbenden Territorien. Im Auftrag der Bundesregierung wurden zwischen 1787 und 1806 vom *Army Corps of Engineers* unter Beteiligung von Geologen Territorien und Bodenschätze erfasst und durch Vermessungsingenieure eine Evaluierung, Georeferenzierung und Kartierung des Landes durchgeführt. Diese erlaubten die punktgenaue Verortung von Ressourcen. Der Ressourcenreichtum war grundsätzlich nicht unbekannt, waren doch schon zu Ende des Siebenjährigen Krieges Siedler zu Zehntausenden in das Gebiet jenseits der Appalachen gelangt und hatten Informationen zurück an die Atlantikküste geleitet. Nach dem Unabhängigkeitskrieg, in dem die USA die englischen Besitzansprüche auf Territorien ablösten, erhoben alle dreizehn Kolonien, die sich mittlerweile zu Bundesstaaten erklärt hatten, Anspruch auf Territorien vom Oberen See bis in den Süden zum 31. Breitengrad. Dass diese Territorien eigentlich den Indianern gehörten, galt dabei als weniger relevant. Die zwischen der Bundesregierung und den Bundesstaaten geführte politische Debatte wurde dahingehend entschieden, dass der Bundesstaat New York seinen Anspruch nur wenige Jahre nach der Unabhängigkeit als Erster an die Bundesregierung abtrat (Hilliard 1990, S. 154). Als Ergebnis entstand die *public domain*, eine immense Reserve von Staatsland. Dies diente der Konsolidierung und geordneten, friedlichen Infrastrukturerschließung für eine territoriale und wirtschaftliche Entwicklung der USA. Verwaltung, Aufteilung und Organisation der *public domain*, die Neugründung von Bundesstaaten auf diesem Gebiet sowie der Umgang mit Terraingesellschaften, die als Einzige in der Lage waren, riesige Erschließungsprojekte zu realisieren, blieben bis 1872 ein brisantes politisches Thema. Erst in jenem Jahr konnten Ansprüche der Privatwirtschaft durch die Einführung einer Gesetzgebung zur Schaffung von Nationalparks, welche somit öffentliches Land dauerhaft vor privatwirtschaftlichem Zugriff schützte, geregelt werden.

Landspekulation erwies sich seit dem Unabhängigkeitskrieg als gravierendes Problem, sodass der Kongress unter Thomas Jefferson mit der *Northwest Ordinance* von 1787 alle neuen westlichen Territorien zu selbstverwalteten Staaten deklarierte, bis sie in der Union Aufnahme fänden. Danach war die Gründung von zehn weiteren Bundesstaaten nördlich des Ohio River sowie im Süden und Südwesten bis zum Mississippi vorgesehen und es wurden folgende Voraussetzungen dafür festgesetzt: Jedes Gebiet mit einer Besiedlungszahl von mindestens 60 000 Einwohnern konnte sich eine Verfassung als Bundesstaat geben und um Aufnahme in die Vereinigten Staaten ersuchen. Um die Gründung von Bundesstaaten und deren rasche Besiedlung zu erleichtern, führte die *Ordinance* die quadratische Landvermessung ein, die vom *Army Corps of Engineers* vorgenommen wurde.

Das Landvermessungssystem – effiziente Grundlage für die wirtschaftliche Erschließung

Das Landvermessungssystem von 1787 war die rationellste und schnellste Art, den gesamten Kontinent flächendeckend zu vermessen. Es lieferte die Katastergrundlage für die Besiedlung und Landnutzung und schuf damit die Voraussetzung für die privatwirtschaftliche Inwertsetzung. Landvermessung war in den USA nicht gänzlich neu, allerdings war die über zweihundert Jahre lang praktizierte Landvermessung in den Kolonien nicht systematisch gewesen, sondern hatte vielfältige, an der Topographie orientierte Grundraster geschaffen. Auch in juristischer Hinsicht war die Landvermessung bis dahin flexibel gewesen: Wurden in Neuengland die Parzellen *vor* den Landverkäufen vermessen, so erwarb der Siedler in den südlichen Staaten zuerst das Recht auf eine Parzelle im neuen Siedlungsgebiet, welche er selber aussuchen und vermessen lassen konnte. Erstankömmlinge hatten so den Vorteil, die besten Ländereien aussuchen zu können; für Zuspätgekommene blieb häufig nur die weitere Migration nach Westen (Hilliard 1990, S. 150). Aufgrund der *Northwest Ordinance* von 1787 wurde das neuenglische System der Absteckung von vorgegebenen Siedlungsparzellen vor dem Grundstückskauf landesweit übernommen; der erwartete wirtschaftliche Nutzen der neuen Territorien bedeutete, dass die Vermessung standardisiert zu erfolgen hatte. So wurde innerhalb von nur fünfzig Jahren die erste Gesamtvermessung des zusammenhängenden Staatsgebiets der damaligen USA vorgenommen. Sie registrierte die verfügbaren Parzellen vor dem Verkauf, was Verzögerungen bei der Besiedlung verhinderte.

Zur Vereinfachung der Besiedlung wurde in den ersten Jahren nach der Unabhängigkeit die illegale

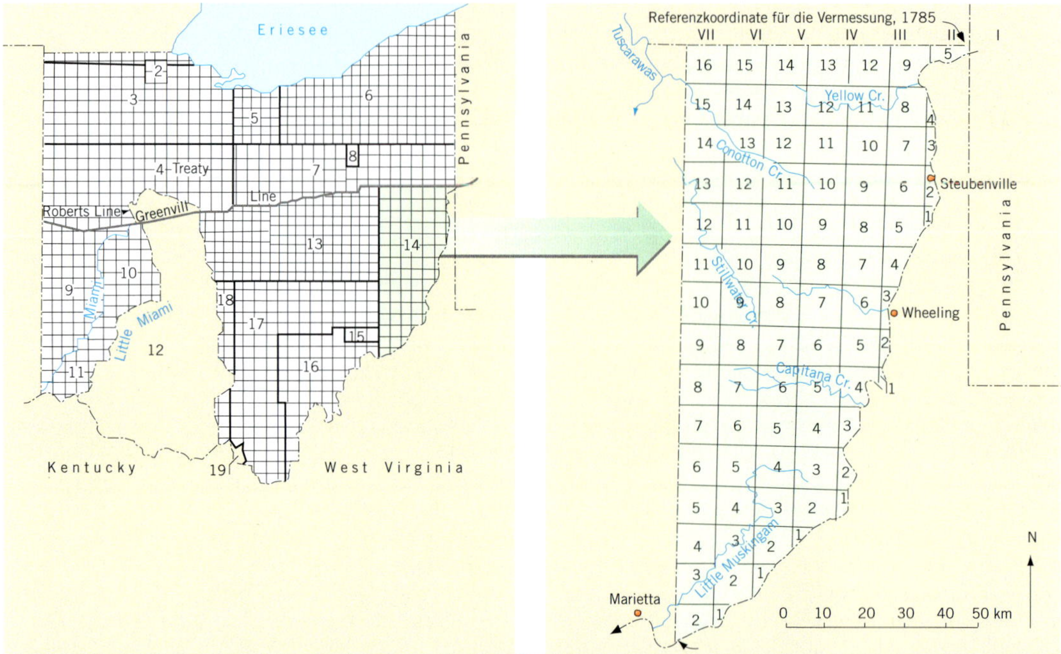

Abb. 51: *Das Landvermessungssystem nach Robertson 1964.*

Quelle: Hilliard 1990, S. 159.

Landbesetzung noch nachträglich legalisiert. Das *American Rectangular Land Survey System* von 1787 begann mit Ohio als erstem aus der *public domain* hervorgegangenen Staat die landesweite quadratische Vermessung, welche Grenzstreitigkeiten nahezu ausschließen und die Kulturlandschaft und die Städtegrundrisse bis in die Gegenwart nachhaltig prägen sollte. Die Vermessung (Abb. 51) orientierte sich an breitenparallel verlaufenden Basislinien (*base lines*) und längenparallel verlaufenden Mittelmeridianen (*principal meridians*). Innerhalb des Koordinatenkreuzes wurde am Ausgangspunkt (*starting point*) ein Gittersystem in Nord- und Südrichtung von den Basislinien (*tiers*) und von den Meridianen ausgehend nach Westen und Osten (*ranges*) abgesteckt. Die dreizehn Gründungsstaaten, in denen die Besitztümer bereits historisch gewachsen und verteilt waren, wurden nicht neu vermessen und parzelliert (Hilliard 1990, S. 155–162).

Die Clark-Lewis-Expeditionen von 1803–1806

Mit dem „Louisiana-Kauf" der USA von Kaiser Napoleon (1803), der damit seine europäischen Kriege finanzierte, fiel das gesamte französische Territorium westlich des Mississippi bis zum Pazifik an die USA. Einige Monate vorher begannen die Expeditionen von William Clark und Meriwether Lewis im Auftrag der Bundesregierung damit, dieses Gebiet mit Hilfe des *Army Corps of Engineers* während dreier Jahre systematisch zu erforschen (Abb. 52). Die Aufgaben der Clark-Lewis-Expeditionen waren:

- geomorphologische und topographische Kartierungen,
- Erfassung der Bodenschätze, Naturgegebenheiten und agrarischen Nutzungsmöglichkeiten,
- Erkundung der Erschließungsmöglichkeiten zu Land und zu Wasser sowie
- der Lebenswelten der Indianerstämme und der traditionellen und möglichen Landnutzungen.

Die 1814 veröffentlichten, gesammelten Werke der Expeditionen wurden über ihren wissenschaftlichen Stellenwert hinaus als Teil der Nationalliteratur der Vereinigten Staaten stark mythologisiert und zur nationalen Identitätsbildung verwendet. Die gewonnene Kenntnis über das vormals Louisiana genannte Staatsgebiet wurde ebenfalls zur Grundlage für die unternehmerisch und aggressiv betriebene Erschließung und Ausschöpfung von Ressourcen sowie der dafür erforderlichen Vertreibung der indigenen Bevölkerung.

Ferner wurde die *public domain* eindeutig zur Grundlage eines raschen Städtewachstums und der flächendeckenden, gezielten Inwertsetzung. Ein Direktverkauf von Land aus der *public domain* war jedoch für die Bundesregierung angesichts der Größe des Landes und der tatsächlichen Nachfrage nach eher kleinen Farmstätten unterhalb der 200-acre-Grenze (1 acre = ungefähr 4000 m^2) unpraktikabel. Die Bundesregierung übertrug daher die Landverkäufe an Terrain-Gesellschaften, welche die Vermarktung des Landes, die Rekrutierung von Siedlungswilligen in Europa, die eigentlichen Landverkäufe und die ersten Erschließungen vornahmen. Thomas Jefferson (1743–1826), einer der Gründerväter der Vereinigten Staaten und Verfasser der Unabhängigkeitserklärung, wurde in seiner Amtszeit als dritter amerikanischer Präsident (1801–1809) zum Vorreiter für die Landvergabepolitik der USA (Adams 2000, S. 60–62). Französische und englische, aber auch antike und hier besonders aristotelische Philosophien waren die ideelle Grundlage für Jeffersons Konzept der staatlichen Landvergabe (s. Kap. „Politisch-kulturelle Tradition"), die im späteren *Homestead Act* von 1862 Eingang fand. Danach sollte die Regierung ihren Landbesitz nicht nur ausschließlich für öffentliche Zwecke nutzen: Vielmehr sollte sie die *public domain* möglichst schnell in individuelles, privates Eigentum überführen, um jenen, die um der Freiheit wegen nach Amerika gekommen waren, diese auch zu garantieren. Die sogenannten *Jeffersonians* – spätere Vertreter dieser Ansicht – wollten besonders die Besitzer von kleinen und mittelgroßen Farmen als Stützpfeiler von Demokratie und Gesellschaft fördern.

Die Propagierung dieser Idee gewann während der im 19. Jahrhundert einsetzenden Industrialisierung zunehmend an Bedeutung. Die Missstände der Industrialisierung nährten den Mythos vom Leben im Grünen, das sich in dieser Weise nicht in den Großstädten verwirklichen ließ. Damit begann ein intensiver Suburbanisierungsprozess, der in den USA im 19. Jahrhundert parallel zur Industrialisierung verlief.

Ideologien als geistig-kultureller Mörtel einer expandierenden Nation

Die ideelle Konsolidierung, welche die territoriale begleiten und untermauern sollte, suchte die Bundesregierung bewusst über die Vermittlung von demokratischen Werten, republikanischer Ideologie und neuen normativen Leitbildern voranzutreiben. Dass eine gezielte Vorgehensweise notwendig war, hatten schon Kontroversen um die Verfassung und die Instabilität der neuen Republik gezeigt. Die Befürworter des föderativen Staats (*Federalists*), welche in den wohlhabenden Küstenstädten und -regionen angesiedelt waren, wie die ebenso wohlhabenden Gegner (*Anti-Federalists*) im ländlichen Raum, vor allem im von Plantagenwirtschaft geprägten Süden, sahen in der spezifischen Form des neuen Staatswesens ihre jeweiligen wirtschaftlichen Interessen in unterschiedlicher Weise tangiert. Durch den Beitritt zur Union befürchteten die Südstaaten den Verlust von Privilegien und Wohlstand. Die diametral verschiedenen Meinungen machten die Sicherung des inneren sozialen Friedens zur obersten Priorität. Mit Hilfe einer sorgfältig überlegten Strategie, die einen egalitär-demokratischen Republikanismus propagierte und auf die Farmbevölkerung und die städtische Mittelschicht (*Small Town America, Mainstream America*) setzte, versuchte man, aufbauend auf den alten puritanischen Werten vom rechtschaffenen, agrarisch orientierten, idealtypischen Amerikaner, bewusst einen Nationalcharakter zu kreieren.

Nach Ellis (2000) bedeutet der Anfang eines neuen Landes die Schaffung einer neuen, bisweilen erfundenen Geschichte: Es bedarf eines historischen Symbolschatzes, der das Neue auf breiter Ebene vertrauenswürdig macht. Um eine starke Traditionslinie aufzubauen, wird bisweilen Geschichte auch inszeniert oder ideologisch konstruiert, da Geschichte nicht nur als Faktum, sondern auch in den Köpfen stattfindet. Geschichte und Mythenbildung sind eng verwoben, und Geschichte kann sich über Mythenbildung als historische Wahrheit verselbständigen. Die-

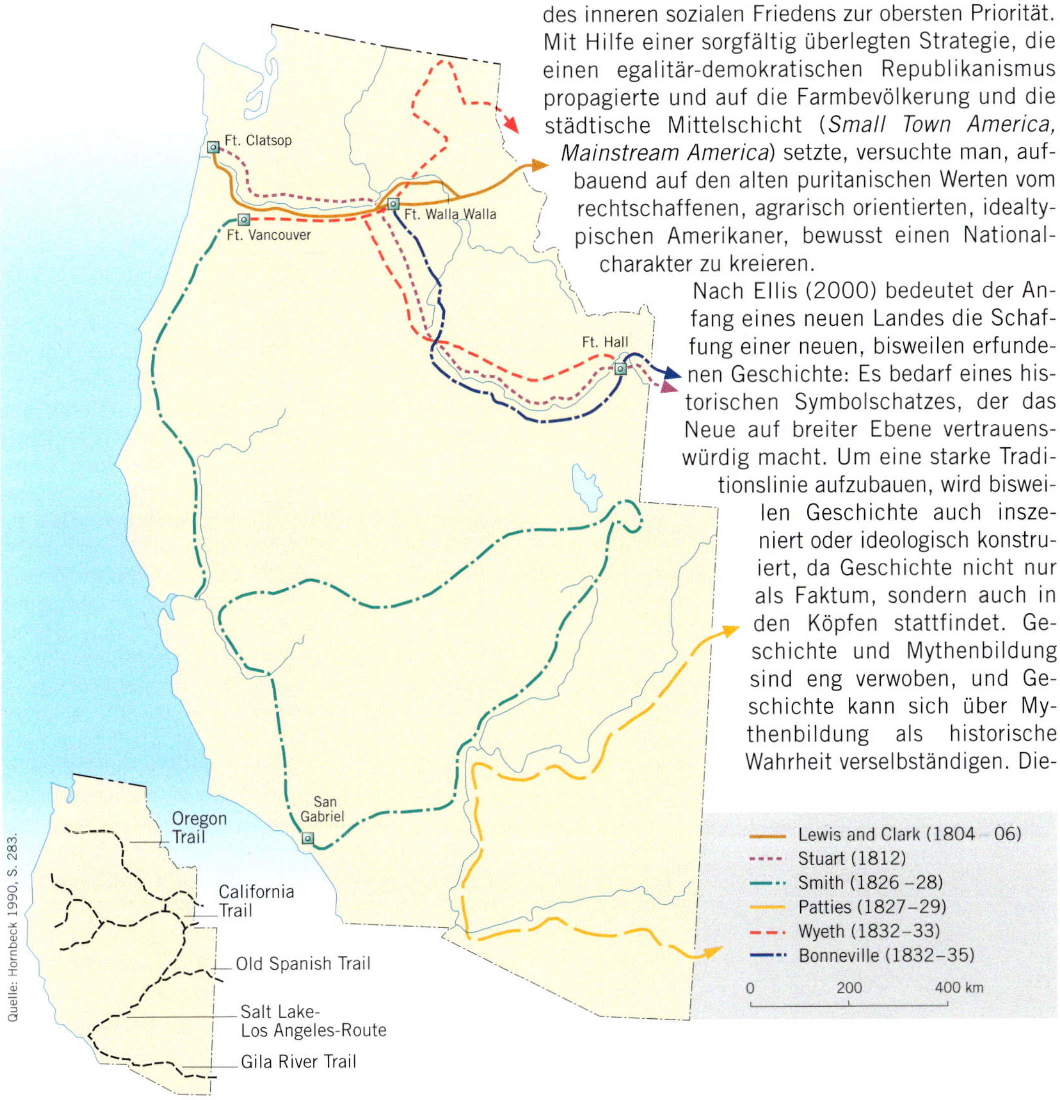

Quelle: Hornbeck 1990, S. 283.

Abb. 52: *Wichtige Erkundungsexpeditionen im Auftrag der amerikanischen Bundesregierung.*

ser Gedanke kennzeichnet die grundlegende Vorgehensweise Amerikas bei der Herausbildung seiner Nation.

Schon die Vorarbeiten an der neuen Verfassung dienten dieser neuen Identität, die eine dezidiert nichteuropäische sein wollte und die persönliche Freiheit als wesentliches Menschenrecht sah. In der Umsetzung dieses Ideenguts in der Politik wurde das Grundrecht auf Eigentum als Garant der Stabilität des Landes und des sozialen Friedens gesehen und in der Verfassung verankert. Vermittelt wurden diese Werte über mehrere, immer stärker verfeinerte Ebenen.

Liberal-kapitalistische Wirtschaftspolitik

Auf der Ebene der *Wirtschaftspolitik* wurde bereits in den ersten drei Jahrzehnten seit Gründung der USA ein liberal-kapitalistischer, individualistischer Weg beschritten, der als Kollektiv eine Form des *rugged capitalism* annahm, für Einzelne jedoch eine Entwicklung from *rags to riches* möglich machen sollte. Amerika befand sich im 19. Jahrhundert wirtschaftlich in starkem Wettbewerb mit Europa, das Kräfteverhältnis verschob sich in den ersten drei Dekaden jedoch zugunsten Amerikas. Dadurch konnte auch die Philosophie, dass jeder zu Wohlstand kommen könne, dieser wiederum die individuelle Freiheit und somit die freiheitliche Grundordnung des Staates sichern würde, breite Akzeptanz finden.

Mit den zahlreichen Millionenvermögen, die seit der Unabhängigkeit der USA aufgehäuft wurden, die jedoch teils durch Beschneidung oder gar Aufhebung freiheitlicher Prinzipien (Beispiel Sklaverei) erworben worden waren, wurde dieses amerikanische Grundprinzip allerdings früh in das Gegenteil verkehrt. In Erkenntnis dessen begann man sukzessive damit, die garantierten, individuellen Grundrechte der Verfassung durch Zusatzartikel zu festigen und zu erweitern, ohne allerdings das zentrale Grundrecht auch den Schwarzen zuzugestehen. Dazu bedurfte es erst eines Bürgerkrieges und der Bürgerrechtsbewegungen im 20. Jahrhundert.

„Perfektionierung" des Menschen

Für den Bereich der *individuellen Lebensführung* entwickelte die amerikanische Ideologie das verwandte Konzept der religiös motivierten Perfektionierung des Menschen und der Selbstbewährung durch Arbeit – einem Grundgedanken der puritanisch-calvinistischen Ethik. Als Folge davon akzeptierte die Gesellschaft, dass sich in Amerika eine Elite der Bildung und des Vermögens entwickeln konnte, auch wenn die Verfassung aristokratische Eliten durch Geburt nicht mehr zuließ. Die Stadt hatte für das Emporarbeiten zu einer gehobenen sozialen Stellung eine besondere Sprungbrettfunktion zu spielen: Allen sollten Arbeitsplätze und wirtschaftliche Möglichkeiten geboten werden, damit sie aus eigener Kraft den sozialen und wirtschaftlichen Aufstieg schaffen konnten. Nicht Gleichheit aller, sondern gleiche Startbedingungen für alle zu schaffen, war also die Aufgabe des Staates. Den Städten kam dabei eine besondere Funktion zu, da sie die Vielfalt wirtschaftlicher Möglichkeiten auf sich vereinten; dem Stadtleben als Selbstzweck kam keine übergeordnete gesellschaftliche Bedeutung zu.

Agrarisch-ländliches Lebensideal

Zur gezielten *Vermittlung gesellschaftlicher Werte* wurde seit Thomas Jefferson eine bewusste Politik des Anti-Urbanismus betrieben und ein agrarisch-ländliches Ideal einer guten Gesellschaft propagiert. Dieses ländliche Ideal war damals seit zweihundert Jahren ohnehin eine feste Tradition und bekanntes, religiös fundiertes Gedankengut, auch wenn es nicht zum zentralen Gedanken staatlicher Politik wurde. Die moralische Ablehnung der urban-industriellen, kompakten Stadt europäischen Vorbilds hatte nicht nur politische Gründe, die mit den neuen, ländlich geprägten Bundesstaaten zusammenhingen. Politische Gründe waren ebenso wichtig: Ländlich strukturierte Bundesstaaten hatten trotz ihrer geringeren Bevölkerungszahl in einem Wahlsystem mit gleicher Repräsentanz ein ebenso großes Gewicht in den Wahlen wie die bevölkerungsreichen Staaten. Die Werte und Belange der ländlichen Staaten mussten daher stark beachtet werden, da im politischen System die Meinung der Minderheit bzw. eines kleineren Teiles der Bevölkerung die Meinung der Mehrheit dominieren konnte (s. A. de Tocqueville 1835/1840, 1985).

Die Architektur übernahm später das Ideal des weiten Landes und freien Menschen in den Konzepten einer naturnahen Stadt (Frank Lloyd Wrights *Broadacre City*), welche die im 19. Jahrhundert einsetzende Suburbanisierung zunächst mit städtebaulichen Konzepten und *garden suburbs* (z. B. Radburn 1923) sowie Regionalplänen (Chicago 1883, New York 1921) zu steuern versuchten. Die *Broadacre City* sollte nach Frank Lloyd Wrights Vision so angelegt werden, dass man sie gar nicht als Stadt erkennen sollte. Ganz in dieser Tradition vom ländlichen Garten Eden als ideellem Gegenpol zu gesellschaftlich ungünstig empfundenen Stadtentwicklungen sind auch die Versuche der meisten Politiker und Präsidenten bis in die Gegenwart zu verstehen, die als Farmer (Carter), Rancher (Bush) und Landgutbesitzer (von Thomas Jefferson bis zu den Kennedys) Bodenständigkeit und die tradierten Familien- und gesellschaftlichen Grundwerte zu demonstrieren suchten, auch wenn sie gänzlich anderen Berufsfeldern angehörten, wie der Nuklearphysiker und Erdnussfarmer Jimmy Carter, die mit der Erdölbranche verbundenen Präsidenten Bush Senior und Junior oder die im Getreide- und Whiskeyhandel zu Wohlstand aufgestiegene Industriellen- und Politikerdynastie der Kennedys. Der Landsitz, den all jene bedeutenden Familien als Sitz der Familie und der ganzen Dynastie hochstilisieren, ist tatsächlich mehr als nur der Wochenend- und Ferienwohnsitz: Er ist das sichtbare Symbol der Erdverbundenheit und der Verankerung in zutiefst amerikanischen Idealen, mit denen eine ganze Nation sich zu identifizieren gelernt hat.

Republikanische Ideologien

Über die großen Ideologien hinaus institutionalisierte sich die junge Republik ferner in den Alltagsverhältnissen, den Lebensformen, der Kultur und der Mentalität der Amerikaner. Die Republik als Staatsform und die Ideologie des Republikaner-Seins stellten gegenüber den in Europa vorherrschenden Staatsformen einen radikalen Bruch mit Althergebrachtem dar. Seit Gründung der USA wurde daher auch das republikanische Modell und das durch die Partei der Republikaner für sich in Anspruch genommene Ideal des „wahren Amerika" zu einer von der breiten Masse akzeptierten Norm. Viele folgende Generationen von Amerikanern und Neuankömmlingen assoziierten daher auch das Ideal von Amerika mit den von den Republikanern geprägten Werten (Schäfer 1998, S. 81 f., 87 ff., 94 ff.; Zöller 1992, S. 286–290).

Da sich bereits zur Zeit der Unabhängigkeit breite Massen eines gewissen Wohlstands erfreuten, galten diese republikanischen Grundwerte als unbestritten und konnten mühelos nationales Gedankengut werden. Es ist bemerkenswert, dass einer Disparitätenentwicklung, die dem republikanischen Ideal entgegenstand, schon früh zumindest ideell entgegengewirkt wurde. So schlug Thomas Jefferson schon 1776 vor, jedem Bürger, der nicht genug eigenes Land hatte, 20 Hektar zuzuweisen. Das republikanische Ideal der Gleichheit vor Gott (s. Präambel der amerikanischen Verfassung: „*We hold these truths to be self-evident: that all men are created equal, that they are endowed by their Creator with certain unalienable rights, that among these are life, liberty and the pursuit of happiness*") bezog sich jedoch nur auf eine weiße Männergesellschaft. Frauen, Schwarze und Indianer waren weder explizit eingeschlossen noch implizit gemeint. Die amerikanische Revolution selbst hatte lediglich in der weißen Gesellschaft bereits bestehende Klassengegensätze dahingehend nivelliert, dass während des Krieges auch Menschen aus einfachen Verhältnissen Offiziere werden und sich infolgedessen in politischen oder öffentlichen Ämtern profilieren konnten (Schäfer 1998, S. 83 ff.). Deswegen konnte der propagierte Gleichheitsgrundsatz für die Mehrheit zu einer akzeptierten Wahrheit werden, zumal auch die Verfassungswerke der USA diesen zum ersten Male in der Menschheitsgeschichte verankert hatten: Enthalten waren Rede-, Presse- und Versammlungsfreiheit, Religions- und Gewissensfreiheit, Rechtssicherheit, Volkssouveränität und Wahlrecht sowie das Recht, Waffen zu tragen.

Dass bereits um 1776 die Gleichberechtigungsdebatte von den Ehefrauen führender Politiker eingeleitet wurde (Schäfer 1998, S. 87 ff.), schuf ebenfalls ein Klima des Vertrauens in die Gleichheitsideale. In derselben Richtung sind Bemühungen zu werten, welche die Sklavenbefreiung forderten. Ab 1775 begannen diese unter Führung von Benjamin Franklin und führten zum Verbot der Sklavenhaltung in fünf Nordstaaten, darunter Massachusetts und Pennsylvania. Wenig später verboten sie die westlich und nordwestlich hinzugewonnenen Territorien der USA ebenfalls. Allgemein konnte sich die Abschaffung der Sklavenhaltung in jenen Staaten schneller durchsetzen, in denen sie ein weniger wichtiger Wirtschaftsfaktor war, in denen jedoch freie schwarze Arbeiter eine wichtige Rolle in der expandierenden Industrie innehatten. In den Südstaaten, deren Profitmargen fundamental auf Zwangsarbeitern beruhten, führte die Debatte über die Abschaffung der Sklaverei schließlich zur Sezession, die den Bürgerkrieg auslöste.

Das Selbstbild des Amerikaners

In welcher Weise Amerika sein neues Selbstverständnis als Novum der Weltgeschichte, sein amerikanisches Nationalgefühl pflegte und einem *American Dream* folgte, zeigen die weithin gelesenen Schriften des Einwanderers und späteren Frankreich-Rückwanderers Jean de Crèvecœur, von denen bereits im Kap. „Politisch-kulturelle Tradition" die Rede war (Pseudonym Hector St. John, s. *Letters from an American Farmer* 1782, zit. in Schäfer 1998, S. 100):

„Was also ist der Amerikaner, dieser neue Mensch? Er ist weder Europäer noch Abkömmling eines Europäers; daher diese seltsame Mischung des Blutes, welche ihr in keinem anderen Land finden werdet." Amerikaner ist derjenige, „... der seine alten Vorurteile und Verhaltensweisen hinter sich gelassen hat und aus der neuen Lebensform, die er angenommen hat, von der neuen Regierung, der er gehorcht, und von der neuen Stellung, die er einnimmt, neue empfängt." Ein Amerikaner ist „... ein neuer Mensch, der nach neuen Grundsätzen handelt; er muss deshalb neue Gedanken hegen und neue Meinungen formen. Aus unfreiwilligem Müßiggang, serviler Abhängigkeit, Armut und nutzloser Arbeit ist er zu einem Schaffen ganz anderer Art übergegangen, das durch ein reichliches Auskommen belohnt wird. – Das ist ein Amerikaner."

Territoriale Expansion, Industriekapitalismus, Urbanisierung

Abb. 53: *Luftbild von Manhattan, hier noch mit dem World Trade Center.*

Überblick

- Die amerikanische Bundesregierung erwarb unter strategischen Gesichtspunkten die Territorien westlich des Mississippi, die sich unter der Clark-Lewis-Expedition als besonders ressourcenreich erwiesen hatten.
- In nur siebzig Jahren nach der Unabhängigkeit hatten die USA somit ihr Gebiet vom Atlantik bis zum Pazifik ausgedehnt.
- Zur Erschließung, Besiedlung und Inwertsetzung dieses Landes mit kontinentalen Ausmaßen bediente sich die Bundesregierung bewusst der Privatwirtschaft, wobei eine großzügige Landvergabepolitik praktiziert wurde.
- Auf diese Weise stand in der Entwicklung des Landes stets das privatwirtschaftliche Handeln im Vordergrund, was allerdings disparitäre Strukturen und soziale Ungleichheit begünstigte und systemimmanent werden ließ.
- Ihre „nationalen Interessen" definierte die Bundesregierung in der Monroe-Doktrin (1823) und mit dem Mythos der nationalen Bestimmung (*Manifest Destiny*), die auch die Weltpolitik der USA bis heute mitbeeinflussen.
- Die Entwicklung zur industriellen Großmacht im 19. Jahrhundert wäre ohne diese Erschließungs- und Landvergabepolitik, ohne Einwandererströme und wachsende Märkte nicht möglich gewesen. Zudem erlaubte es ein innovatives Unternehmertum den USA, bis zum Ende des 19. Jahrhunderts zum weltgrößten Industrieproduzenten aufzusteigen, wobei sich das Wachstum in wenigen Teilräumen abspielte.
- Der volkswirtschaftliche Aufschwung führte jedoch nicht für alle zu einer Verbesserung der Lebens- und Arbeitsumstände. Es entstand die *corporate city*, die von erheblichen sozialen Missständen und von Segregation gekennzeichnet war, welche erstmals den Anstoß zu sozialen und städtebaulichen Reformen gaben.

Kontinentale und gesellschaftliche Konsolidierung

Territoriale Expansion

Die ersten Jahrzehnte nach der Gründung der Vereinigten Staaten waren der Konstituierung der Nation und der Konsolidierung des Territoriums in Vorbereitung seiner Inwertsetzung gewidmet. Durch natürlichen Zuwachs nahm die Bevölkerung von 1800 bis 1830 von 5,3 Mio. auf 12,9 Mio. zu. Die Einwanderung zwischen 1800 und 1820 betrug lediglich 184 000 Personen. Nach 1820, dem ersten Jahr der offiziellen Einwanderungsstatistik, stieg die Zahl der Einwanderer von jährlich 10 000 Personen bis 1830 auf rund 59 000 Personen an. Das natürliche Bevölkerungswachstum verlor bis 1850 an Dynamik. Allerdings stieg das Bevölkerungswachstum durch Einwanderung rasant an. Bis 1860 lebten 31,6 Mio. Menschen in den USA. In nur 70 Jahren hatte sich also die Bevölkerung verzehnfacht (s. Kap. „Bevölkerungsentwicklung").

Die territoriale Expansion Richtung Westen, welche die Bundesregierung einleitete, war getragen von Erwartungen wirtschaftlicher Möglichkeiten, über die Pelztierjäger, Forschungsreisende, Siedler oder Missionare schon vor der Unabhängigkeit berichtet hatten. Nachdem den USA durch den Unabhängigkeitskrieg die englischen Territorien bis zum Mississippi zugefallen waren, begann offiziell die westwärts orientierte Expansion. Innerhalb von nur 70 Jahren führte sie zur Ausdehnung der USA vom Atlantik bis zum Pazifik, nach Nordwesten bis nach Kanada und im Süden bis zu den Territorien Mexikos (Abb. 54). Der größte Teil gelangte als *federal land reserve* oder *public domain* in den Besitz der Bundesregierung. Die zusammenhängende Landfläche betrug Ende des 19. Jahrhunderts 3 Mio. Quadratmeilen, wovon 72 % *public domain* bildeten; das riesenhafte Territorium Alaska gehörte fast vollständig dazu.

Dabei wurden diese Territorien, die seit der Clark-Lewis-Expedition als wertvoll betrachtet wurden, von den USA teils annektiert, teils erworben (Beispiel Gadsen-Kauf) oder von ihren Besitzern unter politischem oder militärischem Druck an die USA abgetreten:

- Westflorida, das spätere Alabama, das heutige Louisiana und Teile Mississippis wurden um 1810 unter Präsident James Madison annektiert.
- Alle spanischen Gebiete östlich des Mississippi, z. B. West- und Ostflorida, wurden 1819 von Spanien gegen 5 Mio. Dollar Entschädigung abgetreten.

Zuvor waren zwei Jahre lang Verhandlungen unter Präsident Monroe geführt worden, der später mit seiner „Monroe-Doktrin" eine Politik der Wahrung amerikanischer Interessen weltweit einleitete und prägte. Die USA gaben für diesen territorialen Zugewinn ihre Ansprüche an Mexiko bezüglich des Gebiets von Texas bis zur Annexion 1848 vorerst auf. Spanien, das Anspruch auf große Territorien erhoben hatte, diese gegenüber den USA jedoch nicht wirklich militärisch hätte verteidigen können, verzichtete für diese Zusage 1818 auf Gebiete, die nördlich des 42. Breitengrades zwischen den Rocky Mountains und dem Pazifik lagen, womit weite Teile des nördlichen Kaliforniens an die USA fielen. Diese auf der Clark-Lewis-Expedition kartierten spanischen Gebiete waren bereits seit dem so genannten „Louisiana-Kauf" von Frankreich 1803 in das amerikanische Interessenfeld geraten. Mit der Übergabe der westlich und südwestlich anschließenden spanischen Territorien an die USA war die kontinentale Expansion der USA so gut wie abgeschlossen.

Landspekulation, *Land Grabbing* und *Paper Towns* im frühen 19. Jahrhundert

Baulandspekulation, vormals kaum verbreitet, wurde nun zum wichtigsten Motor der wirtschaftlichen Entwicklung, wobei Ziele der Besiedlung und Erschließung nicht zum ersten Mal von großen privatwirtschaftlichen Landgesellschaften abgewickelt wurden. die Entdeckungs- und Kolonialgeschichte zeigt von Anfang an die treibende Kraft der Entwicklung: die Spekulation europäischer Könige, Handelshäuser, Kaufmannsgesellschaften sowie religiöser Gemeinschaften und Individuen, die unter kolo-

Jahr	Landerwerb	Fläche (1sq.mi. = 2,59 km² = 440 acres)	
1803	Louisiana Kauf	827 192	von Frankreich
1819	Florida und andere Gebiete Akquisition	72 003	von Spanien
1845	Texas Annexion	390 144	von Mexiko
1846	Oregon Territorium	285 580	von England
1848	Mexican Acquisition	529 017	von Mexiko
1853	Gadsen Kauf	29 640	von Mexiko
1867	Alaska Kauf	586 400	von Russland
1989	Hawaii	6 423	übernommen

Quelle: Sakolski, 1932 The Great American Land Bubble, S. 235 Quelle: Robertson 1964, S. 100.

Abb. 54: *Territoriale Expansion der Vereinigten Staaten.*

nialen Freibriefen Land zur Weiterentwicklung in Besitz nahmen. Ein Novum für die späteren demokratischen Staaten war die bewusste Aufgabenaufteilung zwischen der Bundesregierung des neuen Staates und der Privatwirtschaft bezüglich nationalstaatlicher Infrastrukturbildung und Erschließung.

Rolle von Unternehmertum und Terraingesellschaften

Hierbei wurde das Unternehmertum als wichtige Ressource für eine Aufgabe angezapft, die mit Regierungsmitteln allein nicht zu bewältigen gewesen wäre. Aber auch für die Privatwirtschaft wurde die Landspekulation erst durch den permanenten Siedlerzustrom aus Europa rentabel. Landspekulation galt als eine Möglichkeit, den *American Dream* vom individuellen Wohlstand (*pursuit of happiness*) zu verwirklichen. Der spekulative Kauf und Verkauf von Grundbesitz versprach höhere Renditen als andere Wirtschaftszweige, der Immobilienhandel gehörte daher schon vor der Industrialisierung zu den wichtigsten Wirtschaftszweigen der USA (Gates 1963, S. 350; 1968).

Der Immobilienhandel wurde nicht nur von Großunternehmern, zumeist reichen Kaufleuten von der Ostküste, sondern auch von mittellosen Kleinfarmern, Einwanderern und Siedlern betrieben und war ein Indiz für sozialen Aufschwung. Da es im beginnenden 19. Jahrhundert in Europa noch überwiegend feudale Besitzverhältnisse gab, hatten viele Einwanderer in ihrer Heimat keinen eigenen Grundbesitz gehabt und erhielten diese Möglichkeit nicht nur zum ersten Male, sondern hatten darüber hinaus auch die Gelegenheit, damit selbst gewinnbringend tätig zu werden. Gegenüber den Kleinfarmern, die Land überwiegend zur eigenen Existenzsicherung erwarben und sich erst danach weitere Grundstücke aus spekulativen Gründen zulegten, hatte der Landerwerb der Großinvestoren rein investiven Charakter: Der Kauf von sehr großen Landeinheiten unterlag keiner Sozialerwägung oder staatlichen Sozialbindung – Landerwerb war eine Kapitalanlage, die zum gegebenen Zeitpunkt mit hohem Wertzuwachs wieder in Kleinsteinheiten veräußert werden konnte. Terraingesellschaften erwarben in Erwartung des Bevölkerungszuwachses auf Bundesauktionen nicht selten Landeinheiten von 20 000 ha und mehr. Zwei Arten von Großinvestoren waren in der *public domain* tätig (Gates 1963, S. 349–394; Carstensen 1963; Clawson 1964, 1986):

- Die *resident speculators* begutachteten vor einem möglichen Kauf das Land und ließen sich dann auf dem Areal nieder, um ihre Investitionen besser verwalten und bewirtschaften zu können. Immobilienmakler (*land agents*) – als Berufsstand 1818/1819 etabliert – fungierten als Anlageberater und übten damit eine wichtige Rolle bei der Veräußerung und Inwertsetzung der *public domain* aus. Sie besichtigten das zu veräußernde Land, ließen es kartographieren und vermessen. Landagenten fungierten nicht nur als Landvermittler mit eigenen Büros und Vermessungsingenieuren, sondern auch als Finanzdienstleister. Sie handelten mit Grundstücken, verwalteten Fremdvermögen und legten es wiederum in Grundstücken an. Landagenten vergaben Kredite für den Grundstückserwerb zum Zinssatz von bis zu 60 % – der sogenannten *frontier rate* –, wobei selbst Kleininvestoren in Erwartung eines entsprechenden Wertzuwachses ihres Landes bereit waren, dies zu zahlen.
- *Speculators* kauften Land ohne vorherige Begutachtung oder Besichtigung, da jegliche Kapitalanlage in der *public domain* als sicher galt. Viele *absentee speculators* verzichteten auf die Überprüfung offizieller Unterlagen aus der *public domain* und operierten mit solchen, die in vielen Fällen zu Fehlkäufen verleiteten. Blindes Vertrauen in das Bundesland und die Landagenten führte zu Großbetrügereien: Dabei wurden fiktive Grundstücke und nicht existierende Städte mit gefälschten Dokumenten parzellenweise verkauft (s. *Town Jobbing*). Hierbei wurden *absentee speculators* häufig selbst Opfer. Die Provision der Landagenten betrug durchschnittlich 5 % des Kaufpreises oder den Anteil von 25–30 % am vermittelten Land. Über Zeitungsinserate in den USA und in Europa wurden Kaufinteressenten angeworben. Bereits mit der 1748 gegründeten Ohio Company wurden Terraingesellschaften tätig, die Hunderttausende Hektar Land aufkauften und Stadtgründungen mit einem dazugehörigen ländlichen und agrarischen Einzugsbereich nach vorbereiteten, einheitlichen Plänen vornahmen, um die Parzellen dann weiterzuverkaufen. Nahezu alle Landverkäufe an der Frontier wurden über Landagenten im eigenen Auftrag oder im Auftrag von Terraingesellschaften abgewickelt (Gates 1963, S. 349–394; Carstensen 1963).

Im frühen 19. Jahrhundert wurde die Besiedlung durch Landvermessung und Terraingesellschaften vorangetrieben. Hatten die Landspekulanten der ersten Stunde noch viel billiges Land zwecks schnellen Verkaufs zu relativ kleinem Aufpreis erworben, waren solche Möglichkeiten später nahezu erschöpft. Zum Ende des 18. Jahrhunderts hatte entweder schon die Bundesregierung Land in die *public domain* überführt und waren riesenhafte Territorien an ausgewählte Landgesellschaften verkauft worden oder Privatleute und Unternehmer hatten Landbesitz in kolonialer Zeit durch Charterbriefe erhalten, aufgekauft oder geerbt. Es gab somit kaum noch verfügbares Land in nennenswertem Maße. Die Landspekulanten beschritten also neuartige Wege. Besonders günstig erschien ihnen das zur Besiedlung ausgewiesene und freigegebene Land der *public domain*. Sobald in einem Gebiet eine Verkaufsstelle für Grundbesitz der Regierung eröffnet und ein neues Gebiet zur Besiedlung freigegeben wurde, begannen Unternehmer, Rechtsanwälte, Politiker und Regierungsbeamte geeignete Standorte für Stadtgründungen festzulegen. Sobald ein Standort bekannt wurde, suchten Investoren im harten, von Korruption begleiteten Wettkampf das Gebiet

Quelle: Reps 1965, S. 387.

Quelle: Reps 1965, S. 388.

Abb. 55: *(links) „Paper Towns" – Die Stadt Eden auf dem Plan.*

Abb. 56: *(rechts) „Paper Towns" – Die Stadt Eden in der Realität.*

aufzukaufen. Dies führte zu wichtigen Stadtgründungen auf dem Gebiet der Ohio Company, z. B. der Städte Cleveland, Cincinnati und Dayton. Spekulative Stadtgründungen wurden eine bewährte Praxis in den ganzen USA. Auch religiöse Gruppierungen an der Ostküste kauften neue Städte im Westen, um dann geschlossen dorthin überzusiedeln (Reps 1965, S. 358–371).

Beispielhaft für die großangelegten Land- und Stadtverkäufe ist nach Reps (1965) Cairo an der Mündung des Illinois River in den Mississippi. Die frühen und nach 1803 in rascher Folge gegründeten oder geplanten Städte bestanden standardmäßig aus 672 Parzellen zu je einem halben *acre*. Innerhalb der Stadt waren Straßennetz, Freiflächen für die zukünftige Bebauung, Flächen für öffentliche Gebäude und zentrale Geschäftsbereiche eingeplant. Nicht selten kam es dabei zu dunklen Geschäften und Wildwuchs bei den Städten, die – auch wenn sie noch gar nicht existierten – an der Börse gehandelt wurden. Die Gründung von tatsächlichen und vermeintlichen Städten, die nur auf dem Papier bestanden (Abb. 55–57) und parzelliert an Immigranten verkauft wurden, war sehr viel höher als die Zahl der Städte, die gebaut wurden und Bestand hatten. *Paper Towns* oder das dubiose Verfahren, nicht existente Pseudo-Städte teuer an Siedler zu verkaufen, wurden Grundlage für die schnelle Westwärtswanderung von Siedlern und begünstigten Stadtgründungen im Westen und Mittelwesten der USA.

Da städtische Grundstücke (*town lots*) mehr Gewinn als ländliche Parzellen brachten, wurden in der riesenhaften *public domain* der USA viele Städte gegründet und verkauft. Landspekulation um Farmland erreichte nie die Ausmaße des Totalausverkaufs von Städten oder Pseudo-Städten. Wie im *Town Jobbing* waren auch hier ranghohe Beamte, Politiker und militärische Führungskräfte involviert. Diese überführten zunächst besonders fruchtbares Ackerland oder infrastrukturell besonders gut erschließbares Land in ein militärisches Reserveareal, belegten es mit einem Vorkaufsrecht, um es dann

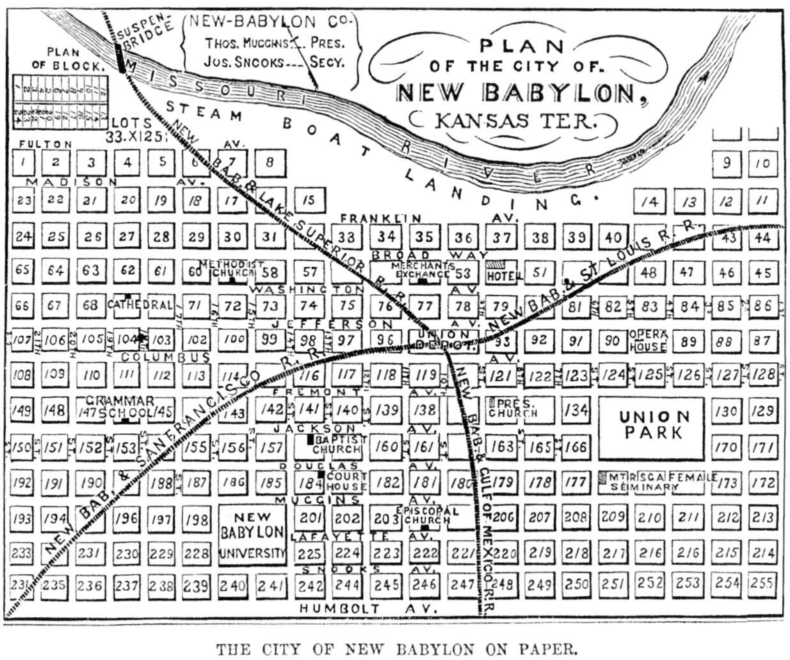

Quelle: Reps 1965, S. 370.

Abb. 57: *„Paper Towns" – Grundriss der Stadt Neu-Babylon.*

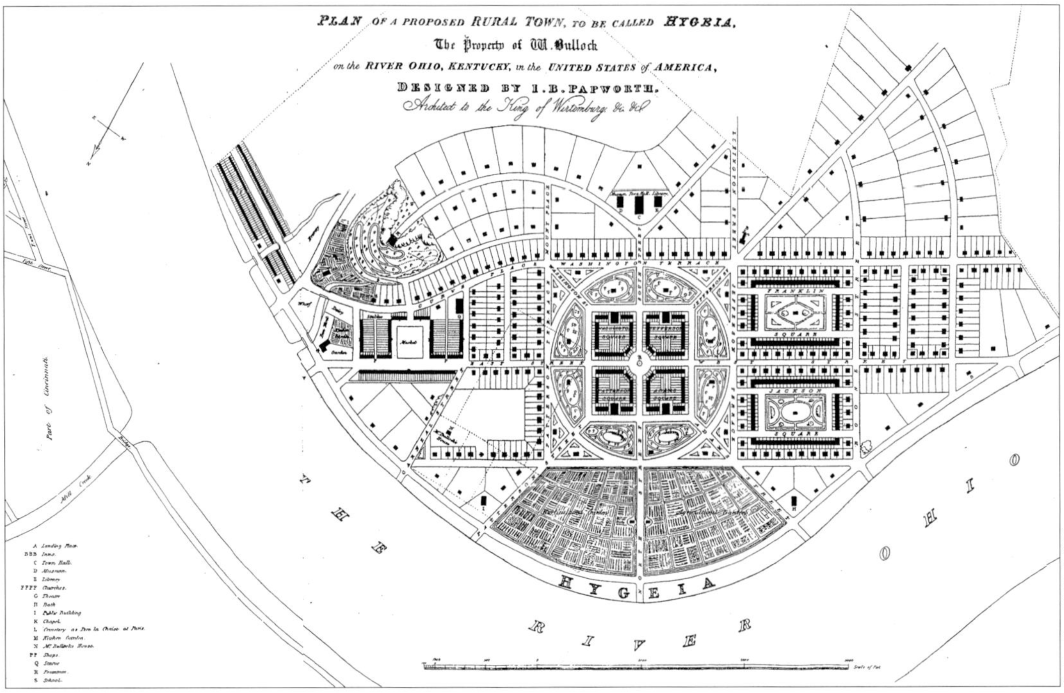

Abb. 58: *Grundriss der Stadt Hygeia, Kentucky, 1827.*

Quelle: Reps 1965, S. 359.

zum Verkauf freizugeben und selbst zu erwerben. Hier wurden Insiderkenntnisse durch Landvermessung und Erkundungsmissionen zum eigenen Nutzen eingesetzt. General Duncan McArthur, der auch Kongressmitglied und Gouverneur des Bundesstaates Ohio war, war ein besonders prominenter Vertreter des erfolgreichen *Land Grabbing*. Er sicherte sich auf diese Art zwischen 1800 und 1830 über 14 000 *acres* Land von Siedlern. Diese hatten zunächst unter Hoheit des Bundesstaates Virginia auf einem Territorium gesiedelt. Es wurde dann zur Virginia Military Reserve erklärt und musste von den Siedlern gegen eine Entschädigung von 75 Cents pro *acre* aufgegeben werden. Der Wiederverkauf zum Preis von durchschnittlich 3 Dollar pro *acre* brachte auf den vielen Ländereien jedem *Land Grabber* ein Vermögen ein. Obwohl sich diese Praktiken in einer gesetzlichen Grauzone bewegten, fanden sie viele Anhänger, zumal ein Grundsatzurteil des Obersten Gerichtshofs diese Vorgehensweise 1829 für verfassungskonform erklärt hatte (Sakolski 1932, S. 175 ff.).

Die Zahl derer, die Land in *Paper Towns* erwarben, welche in Plänen komplett mit Gebäuden versehen in den Anlaufstellen an der Ostküste aushingen, war groß. Viele Menschen kamen erst nach Kauf einer Parzelle oder eines Gebäudes in einer solchen Stadt bei Ankunft zu der bitteren Erkenntnis, dass die Stadt nicht existierte (Reps 1965, S. 355). Die Städte Franklinville und Lystra waren die Prototypen für viele Hundert weitere Betrügereien mit *Paper Towns*. Eine besonders interessante *Paper Town*-Variante war die Stadt Hygeia in Kentucky, die nach europäischen, absolutistischen Stadtgrundrissen entworfen worden war (Abb. 58). Die hochherrschaftliche Stadt hatte laut Plan einen Grundriss und öffentliche Gebäude, die sämtliche Stilelemente europäischer Großstädte nachahmte. Die *Paper Town*-Betrügereien wurden von den Medien unterstützt, da häufig die großen Spekulanten auch die Besitzer der Zeitungen waren. Familien mit einem Haus und einer wirtschaftlichen Existenz an der Ostküste, die hier spekuliert hatten, verloren oft ihr ganzes Vermögen. Manche Personen, die die angepriesene Stadt erreichten, sich de facto aber Hunderte von Kilometern von der nächsten Siedlung entfernt in der Wildnis wiederfanden, zogen entweder mit ihrem wenigen Hab und Gut weiter, wenn sich das angekaufte Grundstück nicht einmal für landwirtschaftliche Nutzungen eignete, oder wurden selbst zu Spekulanten, die versuchten, ihr Land in der nächsten Siedlung nach der gleichen Methode zu verkaufen. Viele machten mangels Alternative das Beste aus ihrer Neuerwerbung. Auch hier wurde der schon zweihundert Jahre früher angelegte Mythos von der Selbstverantwortlichkeit des Individuums gestärkt. Aufgrund der Eigeninitiative solcher Betrogener wurden viele *Paper Towns* tatsächlich zum Leben erweckt (Reps 1965, S. 360; Sakolski 1932).

Rolle der Banken bei der Landspekulation

Viele hatten sich für ihren Ankauf von Parzellen in den *Paper Towns* des Mittelwestens verschuldet. Sofern die Neusiedler zahlungsunfähig waren, wurde das Land von der Bank zurückgenommen und weiterverkauft. Vielfach fiel das Land sofort zurück an die Banken, die in der ersten Hälfte des 19. Jahrhunderts zu den Großverdienern bei der Landspekulation gehörten. Sie verdienten nicht nur an den Krediten, sondern auch daran, dass sich mit jeder neuen Zuwanderungswelle in den Westen die

Bodenpreise erhöhten, wodurch der Wert des beliehenen Landes nach Rücknahme durch die Bank zur Deckung des Kredits bereits um ein Vielfaches gestiegen war. In den frühen 1820er Jahren gehörte fast die gesamte damalige Stadt Cincinnati nach Landverkäufen wieder den Banken. Auch Rechtsberater verdienten an der Landspekulation, da sie es bei komplizierten Rechtsverfahren, welche gegen die Spekulanten angestrengt wurden, vorzogen, mit Grundstücken anstelle von Bargeld oder Naturalien bezahlt zu werden.

Exemplarisch für dieses Vorgehen und prominentester Vertreter war Nicholas Longworth, Begründer einer Politikerdynastie, der, wann immer es ihm möglich war, Grundstücke aufkaufte. In einem Rechtsverfahren gegen einen Kleinkriminellen zog er es vor, anstatt zweier Kupferkessel als zunächst vereinbarter Bezahlung die Grundstücke des Beklagten überschrieben zu bekommen. Bestätigt in seiner Vorausschau wurde Longworth um 1856, als die „Kupferkessel-Grundstücke" bereits 2 Mio. Dollar wert waren. Der auf diese Weise zusammengetragene Grundbesitz wurde auf vielfältige Weise vermehrt. So stellte die Bundesregierung für den Anbau von Sonderkulturen wie Wein, Oliven und Gartenbau allen Interessierten Land aus der *public domain* zur Verfügung. Longworth arbeitete unermüdlich und erfolgreich daran, Wein- und Erdbeerkulturen in Ohio einzuführen, wofür ihm von der Bundesregierung weitere große Ländereien übereignet wurden. Die Weinkulturen und -kellereien von Ohio produzierten schon im 19. Jahrhundert mit Hilfe europäischer Weinbaufachleute in großen Mengen für die gesamte Ostküste. Als Nicholas Longworth 1863 starb, war er zusammen mit William B. Astor der reichste Großgrundbesitzer der USA (Sakolski 1932, S. 178f.).

Politik und Landspekulation

In dem Maße, wie das *Land Grabbing* das Land der Bundesstaaten westlich der Alleghenies aufgeteilt und in Acker-, Sonderkulturland oder wirkliche Städte verwandelt wurde, schritt die *Land Grabbing Frontier* nach Westen fort. Als problematisch für Landerwerb und -verkauf in den Präriegebieten des Mittelwestens erwies sich der den meisten Siedlern unbekannte Charakter der Naturlandschaft, deren Nutzen nicht von Anfang an offensichtlich war. Während das Waldgebiet der Ostküsten- und Atlantikregionen als gut nutzbares Land gegolten hatte, wurde das *Grassland* zunächst als minderwertig erachtet (Sakolski 1932, S. 179f.). Dies setzte der Erschließung der westlichen Territorien durch Landspekulation Grenzen. Erst nachdem Pioniersiedlungen gezeigt hatten, dass das *Grassland* sich bestens für Weizen- und Maisanbau eignete, wurden Landverkäufe erfolgversprechend. Damit Siedlerströme in den Gebieten jenseits des Illinois und Mississippi River Einzug halten konnten, war zunächst das „Problem der indianischen Besitzrechte" zu lösen. Dazu bestimmte der Staat Virginia, der schon während des Unabhängigkeitskrieges Ansprüche an Territorien bis weit jenseits des Mississippi gestellt hatte, 1780 durch Gerichtsbeschluss in der Stadt Vincennes in Illinois, dass jeder Siedler, der Land in diesem Anspruchsgebiet haben wollte, es auch bekommen sollte. Wie der Gouverneur des Territoriums von Indiana, William Henry Harrison 1802 schrieb, war es sicherlich kein Zufall, dass sofort nach dem Grundsatzurteil das riesenhafte Land unter den Mitgliedern des Gerichtshofes aufgeteilt wurde (zit. in Sakolski 1932, S. 180). Dass das Land wenig später von seinen neuen Besitzern wieder aufgegeben wurde, lag an seinem schlechten Verkaufswert. Die aus dem Osten kommenden Landspekulanten konnten somit jeweils ca. 1000 *acres* Land für den Preis eines halbwegs guten Pferdes oder eines Gewehres erstehen, wie aus einem Schreiben von Gouverneur Harrison an James Madison hervorging (Sakolski 1932, ebd.).

Obwohl die wilde Landspekulation und die Betrügereien wahrscheinlich Zehntausende in den Ruin führten und diese Praktiken ab einem gewissen Zeitpunkt weitgehend publik wurden, riss der Strom derer, die sich an der Landspekulation beteiligen und schnell reich werden wollten, weder aus Europa noch von der Ostküste der USA ab. Wesentlich in der Verbreitung der Information über die Landspekulation war Morrison Birbeck, ein wohlhabender englischer Immigrant, der 1818 nach Amerika gekommen war, um englische Farmsiedlungen in großem Maßstab zu gründen, und der sorgfältig über seine Unternehmungen und die wirtschaftlichen Entwicklungen seiner Zeit Buch führte (*Notes on a Journey in America*, 1817). Seine ursprüngliche Idee, in Ohio und Virginia ganze Townships aufzukaufen, musste er wegen der hohen Grundstückspreise (20–30 Dollar pro *acre* – eine Verzehnfachung seit 1800) aufgeben. Er selbst kaufte mit seinem englischen Partner auf persönlichen Rat von Thomas Jefferson 1500 *acres* in Illinois, für dessen Besiedlung er in England weithin warb. Obwohl diese Art des Landerwerbs sehr vielversprechend schien, war die Gefahr groß, dass nach Aufkauf solch großer Ländereien im Niemandsland andere Spekulanten die umliegenden Ländereien aufkauften; eine Großinvestition zog stets weitere nach sich (Sakolski 1932, S. 185). Das Problem bestand also darin, dass die Bodenpreise durch den Wettbewerb in die Höhe getrieben wurden und die in Europa angeworbenen Siedler dann nicht mehr zu den günstigen Bedingungen Parzellen erwerben konnten. Die Berichte aus Amerika bekundeten in Europa jedoch vor allem, dass Amerika im frühen 19. Jahrhundert das Land war, in dem jegliche Investition die größte Rendite erbrachte.

Die durch die Politik des Wohlwollens induzierte Landspekulation in den Gebieten westlich der Alleghenies erreichte ihr Ziel der schnellen Besiedlung, auch wenn dies phasenweise verlangsamt und von unzähligen Zwangsrücknahmen von Landbesitz durch Banken begleitet war. Die Regierung selbst forcierte die Landspekulation und -verkäufe aus der *public domain*. Betrugen 1832 die aus Landverkäufen der *public domain* kumulierten Erträge für die Bundesregierung 38,4 Mio. Dollar, so hatte sie bis zu diesem Zeitpunkt selbst bereits 49,7 Mio. Dollar in diese Territorien investiert. Präsident Jacksons Gesetz zum Verkaufsrecht (*Preemption Act*) von 1834 war daher ein weiterer Versuch, Landerwerbungen im Westen anzukurbeln, in dem Soldaten, Siedler, aber auch Indianer bevorzugtes Recht auf Erwerb von Boden aus der *public domain* erhielten. Diese Siedlungsgrundstücke (*floats*) und das Anrecht darauf (*floating claim*) machten die Absicht deutlich: Einzelpersonen, die unter dem *Preemption Act* einen Anspruch geltend machen konnten, sollten dieses Land gleich weiter an Terraingesellschaften verkaufen, die dann wiederum in großem Stil Städte auf dem Papier planten oder auch real gründeten. Während die Besiedlung unter den Anspruchsberechtigten eher langsam vorangeschritten wäre, war der Vorteil eines Vorgehens mittels „falscher Siedler" (*fake settlers*) einerseits ein demokratisches, das Anspruchsgruppen angemessen berücksichtigte, andererseits erlaubte es die zügig durchorganisierten Stadtgründungen oder das *Town Jobbing* von großen Unternehmen, die siedlungswillige Personen zu Hunderttausenden in den Westen holen sollten. Ohne die Unterstützung der Banken wären jedoch diese Landverkäufe nicht möglich gewesen. Angehörige aller Schichten investierten in das Spekulationsgeschäft mit der *public domain*, wobei sich Kreditnehmer zu jedem geforderten Zinssatz unter Ausblendung der Gefahr einer möglichen Zahlungsunfähigkeit verschuldeten und Banken in Erwartung der rückgezahlten Kredite oder an sie fallenden Ländereien jedem leicht Kredite gaben. Zusätzlich traten Banken selbst als Großinvestoren auf, die riesige Ländereien erwarben, um diese dann zur *frontier rate* weiterzuverkaufen. Banken waren in dem Landverkauf aus der *public domain* somit doppelte Gewinner – durch das Kreditgeschäft und den Landbesitz, den sie von den Kreditsäumigen einzogen (Sakolski 1932, S. 234 f.).

Der Erfolg bei der Ankurbelung der Landspekulation führte rasch zum Ausgleich des Defizits zwischen Investitionen in der *public domain* und den Erlösen (Tab. 5). Die Spekulationswelle, die auf diese Weise von der Bundesregierung in Gang gesetzt wurde, führte jedoch dazu, dass Banken zu viel Geld in Umlauf brachten, wodurch sie selbst wegen der Rückzahlungsunfähigkeit vieler Kreditnehmer in Liquiditätsschwierigkeiten gerieten. Da die Landpfändungen den Banken einen Großgrundbesitz einbrachten, für den es bald keine zahlungskräftige Nachfrage mehr gab, erfolgte die weitere Bezahlung von *public domain*-Ländereien mit im Wert verfallenem Papiergeld (*rag money*) (Sakolski 1932, S. 234 ff.). Hierbei wurde letztendlich die Bundesregierung geschädigt, da wertvolles Land quasi verschenkt wurde. Präsident Jackson und der Kongress legten daher 1836 fest, dass Land fortan in Gold oder Silber und beim Kauf bar zu zahlen war. Die dadurch einsetzende, von der Bundesregierung induzierte *Panic of 1837* führte dazu, dass kein Land mehr verkauft werden durfte und Spekulanten, die der Regierung noch finanziell verpflichtet waren, ihr Land wieder zurückgeben mussten. Als Folge erlebte der Handel eine Rezession – die Aktien fast aller Branchen brachen ein, und die relativ stabile amerikanische Wirtschaft entwickelte sich zu einer Krisenökonomie. Die Bodenpreise der *public domain* sanken, ihr Land fand nach 1837 auf dem freien Markt keine Käufer mehr, da der Wiederverkauf nichts eingebracht hätte. Danach ruhte die Landspekulation für rund 20 Jahre bis in die 1850er Jahre. In einem abwärts wirkenden Spiraleffekt wurden nun noch mehr Banken und andere Großinvestoren mit signifikantem Landbesitz von Konkursen betroffen. Viele überschuldete Kleinbauern mussten als Pachtbauern ihre Kredite an die verbleibenden Gläubigerbanken oder Großgrundbesitzer abarbeiten; nicht wenige erlebten die bekannte Situation europäischer Feudalsysteme in einer neuen Variante (Gates 1963, S. 349–391).

Die Wirtschaftskrise nach 1837 nutzten einige, um Gewinne zu machen; dazu gehörte John Jacob Astor, ein deutscher Einwanderer, der sich in New York zum Großgrundbesitzer emporgearbeitet hatte und beim Zusammenbruch des Grundstücksmarkts im Westen aus dem Überangebot fast wertlosen Landes aus der *public domain* riesige Landeinheiten aufkaufte.

Dass sich diese Investitionen bereits einige Jahre später durch rasant steigende Bodenpreise auszahlten, hing sowohl mit der sprunghaften Einwanderung aus Europa nach 1848 als auch mit der erneut durch die Bundesregierung eingeleiteten Spekulationswelle zusammen. Um die weitere Erschließung des Landes voranzutreiben, schaffte die Regierung 1854 die staatlichen Mindestpreise für Land aus der *public domain* (1,25 Dollar pro *acre*) ab, was spekulative Landkäufe zu den tiefer liegenden Marktpreisen ankurbeln sollte.

Innerhalb weniger Jahre wiederholte sich der Zyklus von Aufschwung und Zusammenbruch des Grundstücksmarkts, wobei die Bundespolitik der ungehinderten und teilweise betrügerischen Spekulation Vorschub leistete. In Kansas beispielsweise erlaubte das Gesetz zum Landvorkaufsrecht den Erwerb von 160 ha großen Grundstücken, wenn das

Jahr	Verkaufte Landfläche in acres (1 acre = 0,405 ha)	Verkaufserlöse in Dollar
1831	2777857	3557024
1832	2462342	3115376
1833	3856227	4972285
1834	4658219	6099981
1835	12564479	15999804
1836	20074871	25167833
1837	5601103	7007523

Tab. 5: *Landverkäufe und Erträge aus Landverkäufen aus der Public Domain.*

Quelle: Sakolski 1932, S. 235.

Land eine sogenannte „Aufwertung“ erfahren hatte. Ein Zeuge musste lediglich beschwören, dass er mit eigenen Augen gesehen hatte, dass sich auf diesem Grundstück ein bewohnbares Haus befand. In der Realität mietete ein Spekulant für 5 Dollar pro Tag ein Haus auf Rädern, an dessen Außenwand ein Fensterrahmen festgenagelt war, damit es von weitem bewohnt oder bewohnbar aussah. So konnte der Zeuge beschwören, dass sich zu dem Zeitpunkt, an dem er das Grundstück besichtigt hatte, dort tatsächlich ein bewohnbares Haus befunden hatte. Inzwischen wurde das Haus auf ein anderes Grundstück gefahren, wo es dem gleichen Zweck diente (Reps 1965, S. 364). So konnten wiederum riesige Grundstücke erworben und *Paper Towns* geplant werden, die parzellenweise als teure *town lots* verkauft wurden. Der krasse Gegensatz zwischen den Versprechen auf Plänen und Bildern und der Realität wurde auf vielen historischen Dokumenten festgehalten.

Auch die zweite Spekulationswelle führte in eine Wirtschaftskrise, und die Bodenspekulation wurde, wie beim ersten Mal, von der Bundesregierung mit einer Reihe von Gesetzen, die die geordneten Verkäufe von Land aus der *public domain* an die ursprüngliche Zielgruppe – die Kleinfarmer – vorsahen, beendet.

John Jacob Astor

Als Johannes Jakob Astor 1763 in Walldorf bei Heidelberg geboren, wanderte er mit 16 Jahren in die USA aus, wo er einige Jahre später mit dem Pelzhandel begann. Seine American Fur Company operierte bereits 1796 mit Hilfe seiner unzähligen Trapper und Fallensteller bis zu den Rocky Mountains und war zum umsatzstärksten Pelzhandelsunternehmen aufgestiegen. Zwischen 1800 und 1825 etablierte Astor eine Monopolstellung für den Pelzhandel in Europa und China. Ab 1825 begann Astor in großem Maßstab im Immobiliengeschäft in Manhattan, dem südlichen Teil der Kleinstadt New York mit 23 000 Einwohnern, zu investieren, nachdem die Stadt durch den Bau des Erie-Kanals von 1825 einen entscheidenden Standortvorteil erhalten hatte: den Zugang auf dem Schiffsweg bis zum Oberen See und im gesamten Einzugsbereich des Mississippi bis zur Mündung. Im Gegensatz zu den Landspekulanten investierte Astor *nicht* in Risiko- oder Spekulationsgeschäften. Er suchte Immobilienanlagen nicht aufgrund der bei einem späteren Verkauf möglichen Rendite, sondern gezielt im Hinblick auf zukünftige Nutzungsmöglichkeiten. In Manhattan kaufte Astor über 40 Jahre lang gezielt Ziegenfarmen, Brachland und Sumpfgebiete und war damit in New York der einzig interessierte Investor. Wie vorausgesehen entwickelte sich die Stadt New York durch den Erie-Kanal zum bedeutendsten Handels- und Industriezentrum der USA im 19. Jahrhundert, was die Bodenpreise explodieren ließ. Bei den Landverkäufen an neue gewerbliche Nutzer in Manhattan erzielte Astor erhebliche Gewinne, die er in weitere Brachländereien im Bereich des heutigen Harlem investierte, das anderen Investoren nicht zusagte. Die Wirtschaftskrise von 1837 überstand das Imperium von Astor nicht nur unbeschadet, es konnte auch große Territorien im Westen hinzukaufen. Als Astor 1848 starb, war er mit etwa 30 Mio. Dollar Privatvermögen der reichste Mann der USA. Er stellte die Personifizierung des amerikanischen Traums *from rags to riches dar* und hatte gezeigt, dass *self-made*-Wohlstand möglich war (Rachlis u. a. 1963, S. 4, 29).

Kritisiert wurde er, weil er von seinem Vermögen fast nichts sozialen Einrichtungen hinterlassen hatte, wie es das ungeschriebene Gesetz der Philanthropie des *Privatism* von Großverdienern verlangt: Wer sein Vermögen in dem Land und durch das Land selbst gemacht hatte, so die Auffassung, muss auch im wörtlichen wie im übertragenen Sinne zurückzahlen.

Landvergabepolitik und Heimstättengesetzgebung

Hintergrund dieser Gesetzgebung war die Tatsache, dass viele Siedler und Kleinfarmer durch die beiden Spekulationswellen ihr Land und ihre Ersparnisse zweimal verloren hatten. Das Jefferson'sche Ideal der kleinen und mittelgroßen Farm als Grundpfeiler der Demokratie wurde aber nicht nur durch die wilde Spekulation von Privatleuten und Unternehmen zunichte gemacht. Vielmehr war die Bundesregierung selbst an der Landspekulation in mehrfacher Weise beteiligt:

- Sie wählte diesen Weg in indirekter Weise zur schnellstmöglichen Erschließung und Besiedlung des Landes.
- Direkt war sie involviert, indem sie die spekulativen Landverkäufe ihrer *public domain* autorisierte.
- Sie richtete die Verkaufs- (*land sales offices*) und Anlaufstellen für Siedler ein, von denen aus Großinvestoren ihr Land aufkauften, um es mit Gewinn weiter zu veräußern.
- Die Regierung schuf eine Reihe von Gesetzen, die den Ausverkauf des Landes erlaubten, auch wenn das Land bereits in jemandes Besitz war. Teils betraf es Siedler der Ländereien westlich der Alleghenies, welche zu *Military Reserves* erklärt wurden, teils Indianer, die aus ihren angestammten und später jenen Territorien vertrieben wurden, welche die Bundesregierung ihnen bereits zugewiesen hatte. Mit verschiedenen *Preemption Acts*, also Gesetzen zu Räumung und Verkauf von Territorien in der *public domain*, wurden nach und nach die Barrieren für einen massiven, westwärts gerichteten Siedlerstrom beseitigt. Die Bundesregierung betrieb also eine aktive Grundstücksverkaufspolitik über induzierte Landspekulation, als ihr dies opportun erschien. Als sie selbst zum Opfer der Spekulation zu werden drohte, änderte sie die Politik mit jenen Gesetzen, die die Wirtschaftskrise von 1837 auslösten, die Landspekulation beendeten und damit den Restbestand der *public domain* für rentablere, spätere Verkäufe sicherten.
- Nicht zuletzt waren viele Politiker, Minister und staatliche Beamte auf allen Ebenen in irgendeiner Form persönlich an Landgeschäften beteiligt. Allein in der großen Spekulationswelle von 1835–1837 wurden 38 Mio. *acres* der *public domain* verkauft, davon 29 Mio. an Spekulanten. Zwischen 1854 und 1858 wurden 64 Mio. *acres* verkauft, die Landschenkungen an Eisenbahngesellschaften und Universitäten nicht eingerechnet.

Im Einzelnen hatte die Landpolitik der US-Regierungen von der Zeit der Unabhängigkeit bis weit in das 19. Jahrhundert hinein vier große, z. T. miteinander konfligierende Stoßrichtungen vertreten (Gates 1963; Clawson 1964, 1986; Ottoson 1963; Robbins 1976; Robertson 1964):

Revenue policy
Wegen defizitärer Staatsausgaben während der Revolutionsjahre, hoher Staatsschulden und mangelnder Zolleinnahmen beschloss der Kongress 1790 und 1798, den defizitären Staatshaushalt durch Landverkäufe aus dem Bestand der *public domain* auszugleichen. Einfuhrzölle und indirekte Steuern stellten nicht nur seinerzeit, sondern bis 1913 die Haupteinnahmequelle des Bundes dar, als der 16. Zusatzartikel der Verfassung die direkten Einkommens- und Körperschaftssteuern einführte. Verkäufe aus der *public domain* sahen vor, Parzellen in Mindestkontingentierung anzubieten. Seit 1796 waren dies 640 *acres* pro Transaktion, nach 1832 40 *acres* auf eigens dafür angesetzten Auktionen zum Mindestpreis von 1,25 Dollar pro *acre*. Mit ihrer *revenue policy*, die vom Geist des „laissez-faire" getragen wurde, leistete die Regierung daher der schnellen Besiedelung durch Landspekulation Vorschub.

Settlement policy
Während wirtschaftliche Vorteile bei der *revenue policy* im Vordergrund standen, war es erklärtes Ziel der *settlement policy*, Siedlungen und das Wachstum neuer Gemeinden auf dem Gebiet der *public domain* anzuregen. Entsprechend der Jefferson'schen Vorstellung lag das Augenmerk besonders auf den Siedlern und Kleinfarmern. Jeder Siedler sollte sich nach Möglichkeit ein Stück Land aus der *public domain* selbst aussuchen können, auf einer Landauktion ein Vorkaufsrecht auf „sein" Grundstück erhalten und es dann zum offiziellen Preis erwerben können. Aus Gründen der Effizienz setzte der Bund fast umgehend Großinvestoren als Zwischenhändler ein. Trotz warnender Kritik, dass dieses Verfahren die Interessen der Kleininvestoren nicht ausreichend berücksichtige, argumentierte der Kongress, dass die Kleinfarmer und Siedler das ihnen zustehende Land über die Großinvestoren erwerben konnten. Daher wurden Teile der *public domain* tatsächlich in sehr großen Parzellen an Terrain- und Entwicklungsgesellschaften vergeben. Das Vorkaufsrecht für Kleinfarmer wurde zwar verabschiedet, jedoch de facto nicht mehr wirksam. Somit stand die *settlement policy* hinter der staatlichen Einkommensgenerierung (*revenue policy*) zurück.

Reward policy
Zur Belohnung für die Veteranen und Kurzzeitsoldaten des Unabhängigkeitskriegs gegen England sowie der Annexions- und Eroberungskriege gegen Indianer beschloss der Kongress Mitte des 19. Jahrhunderts, Land aus der *public domain* zu verschenken. Die Anspruchsberechtigten erhielten einen Landschuldschein über eine *quarter section*, welcher zunächst in der militärischen Landreserve, später jedoch in allen Teilen der *public domain* eingelöst werden konnte. Die Begünstigten nahmen ihre Landschuldscheine (*military warrants*) nicht selten zum Anlass, ihre Parzellen meistbietend an Großinvestoren zu verkaufen, wodurch ein großer Teil der *public domain* gänzlich aus der Kontrolle und der *settlement*-Zielsetzung der Bundesregierung fiel.

Grant policy
Landschenkungen zur allgemein sozialen Nutzung, vor allem für Schulen, höhere Bildungseinrichtungen und Kirchen, erfolgten an die Regierungen der neu gegründeten Bundesstaaten in den *Western Territories*. Im Rahmen der *land grant policy* erhielten ab 1862 alle Bundesstaaten beispielsweise Ländereien für Universitäten und speziell für agrarisch und ingenieurwissenschaftlich ausgerichtete Fakultäten, welche einen großen Bedarf an Testflächen hatten. Mit dem *Morrill Act* vom gleichen Jahr erhielten sie das Recht, zu einem Vorzugspreis Land aus der *public domain* im gesamten Staatsgebiet der USA aufzukaufen, um es zu einem späteren Zeitpunkt mit Gewinn verkaufen zu können, wobei der Gewinn für den Ausbau der Universität verwendet werden sollte. So kaufte die Cornell University in New York State in den 1860er Jahren mehr als eine halbe Million *acres* zu 1,25 Dollar pro *acre* in Minnesota, ferner weitere ausgedehnte Ländereien in Kansas und Wisconsin. Während sich ihre Versuche zu Stadtgründungen als wenig erfolgreich erwiesen, waren ihre Erträge aus der waldwirtschaftlichen Nutzung und der Holzindustrie in den Waldländereien ansehnlich. Als die Universität später ihre Ländereien in anderen Bundesstaaten veräußerte, hatte sie substanzielle Erträge und Gewinnmargen aus der Nutzung sowie aus den Grundstücksverkäufen realisiert (Reps 1965, S. 371 – 374). Alle heutigen großen *State Universities* sind daher auch *land grant universities*, die bis in die Gegenwart mit großen Landreserven ausgestattet sind und aufgrund der massiven Bundessubvention in Land- bzw. Forschungsflächen zu den führenden Universitäten avancieren konnten. Landzuweisungen an die Kirche der Mormonen, deren ursprüngliches Territorium wesentlich größer war als das heutige, wurden später nach unten korrigiert, was mit dem eindeutig nachgewiesenen Ressourcenreichtum dieses Teiles der *public domain* in Zusammenhang stand.

Landschenkungen an Eisenbahngesellschaften
Neben den *land grant universities* gehörten die Eisenbahngesellschaften zu den Nutznießern von Landschenkungen. Eisenbahngesellschaften wurden bis zu zehn Meilen breite und lange Landkorridore entlang der verlegten Trasse oder der geplanten Streckenführung übereignet (s. Kap. „Inwertsetzung des Naturraums"). Im Allgemeinen wurden diese Korridore entlang der Strecke alternierend vergeben, sodass eine Eisenbahngesellschaft zwar nicht beidseitig, jedoch immer entlang der gesamten Strecke

Landkorridore besaß. Hintergrund dieser großzügigen Landvergabepolitik war, die Erschließung weiter Teilbereiche des amerikanischen Westens überhaupt einzuleiten. Die Gegenleistung bestand neben dem Schienenbau in der weiteren infrastrukturellen Erschließung (Abb. 59) der geschenkten Territorien und vor allem im Bau von Städten. Stadtgründungen lagen natürlich im ureigensten Interesse der Eisenbahngesellschaften, da nur funktionsfähige Städte in großer Zahl die kritische Masse an Güter- und Personenbewegungen garantierten, die eine Streckenführung überhaupt erst möglich und rentabel machten. Die Landschenkungen an Eisenbahngesellschaften führten einerseits zum Ausbau des Streckennetzes, andererseits eröffneten sie eine gänzlich neue Ära von Stadtgründungen.

Mehrere hundert Städte entstanden in kurzer Folge entlang von Eisenbahnstrecken, und bestehende Städte versuchten, sich an das neue, erweiterte Streckennetz anzupassen, indem sie Bahnhöfe, Zubringertrassen an Hauptstrecken und Geschäftsmeilen in Bahnhofsnähe errichteten. Bis 1840 waren Baltimore, Washington, D.C., New York und Philadelphia durch mehrere Strecken miteinander verbunden. Die Städte westlich der Appalachen erfuhren durch die sich erweiternden Netze den größten Aufschwung. Bis 1850 waren über 10 000 Meilen Strecken verlegt; das Streckennetz erschloss die USA im Norden von Chicago bis zur Neuenglandküste, im Süden nach Savannah und Tennessee. Nach Eröffnung des Erie-Kanals 1825, der es ermöglichte, auf dem durchgehenden Schiffsweg von New York bis nach Chicago und dem Oberen See sowie in das gesamte Einzugsgebiet des Mississippi zu gelangen (Abb. 60), was neue wirtschaftliche Möglichkeiten erschloss, erkannten auch die Eisenbahngesellschaften die Notwendigkeit, ihre Strecken westlich des Mississippi auszubauen, um diese Gebiete zumindest an die Schifffahrtswege der Großen Seen anzubinden und die Märkte, aber auch die Ressourcen im Westen noch besser zu erschließen. Der Eisenbahnbau wurde zum Katalysator für Städtebau und Stadtentwicklung und führte zum weiteren Ausbau eines Streckennetzes von Transkontinentalverbindungen.

Als Begleiterscheinung setzte eine Gründungswelle von Kleinstädten im Mittleren Westen ein, von den Gebirgszonen bis hin zu den pazifischen Küstenregionen. Die *towns by the tracks* wurden daher auch in einem Standardverfahren mit vorgefertigten Stadtplänen buchstäblich aus dem Boden gestampft. Zeitgenössischen Berichten zufolge dauerte es nur rund 20 Minuten, bis die Vermessung eines solchen Stadtareals abgeschlossen war und der parzellenweise Verkauf und Aufbau der Stadt beginnen konnte. Dem Standardverfahren entsprach dann auch die Namensnennung der Städte von Ost nach West dem Alphabet folgend, wobei viele Städte die Namen von Präsiden-

Quelle: Meinig 1993, S. 329.

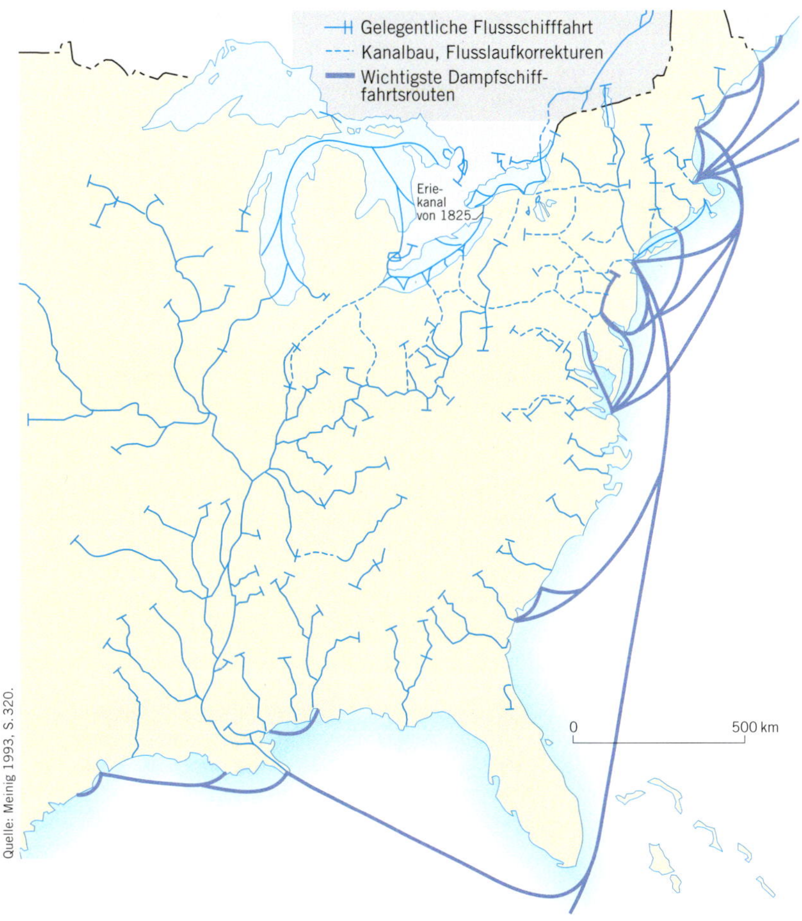

Quelle: Meinig 1993, S. 320.

Abb. 59: *(oben) Eisenbahnnetz um 1860.*

Abb. 60: *Ausgebaute Binnenschifffahrtswege um 1825.*

ten oder von indianischen Bezeichnungen für Orte und Teilregionen erhielten. Innerhalb der Städte sahen die am Reißbrett gefertigten Pläne eine einfache quadratische Ost-West- und Nord-Süd-Aufteilung vor, wobei die Nord-Süd verlaufenden *Avenues* üblicherweise in alphabetischer Reihenfolge die Namen von Präsidenten oder führenden Politikern erhielten und die Ost-West gerichteten *Streets* die Namen von Bäumen. Reale Städte und *Paper Towns* entstanden nach einem vorgefertigten Grundriss in einem Gittersystem (Reps 1981, S. 76–120).

Kritik der Bundesstaaten an der Landvergabepolitik der Bundesregierung

Dass die Bundesregierung den neu gegründeten Bundesstaaten in den *Western Territories* keinerlei Mitspracherecht bei dem Verkauf von Ländereien aus der *public domain* gewährte, führte zu Kritik, zumal den dreizehn ursprünglichen Bundesstaaten das Recht zur Selbstverwaltung ihrer jeweiligen öffentlichen Ländereien gewährt worden war. Dennoch wich die Bundesregierung von ihrer Praxis der Landvergabe ohne einzelstaatliches Mitspracherecht nicht ab, da sie nur so ihre Zielsetzung der *revenue policy* gewährleistet sah. Zum Ausgleich erhöhte sie ab 1840 ihre *land grants* für öffentliche, Wohlfahrts- und Sozialzwecke an die einzelnen Staaten. Auch hierbei standen die Zielsetzungen der *revenue policy* klar im Vordergrund: Aus den zweckgebundenen Landschenkungen an die Staaten für Schulen, Universitäten mit agrar- und ingenieurwissenschaftlichen Fakultäten sowie Kirchen und soziale Einrichtungen erwartete man eine Wertsteigerung und eine eigendynamische Erschließung und Entwicklung jener Bundesterritorien, die in unmittelbarer Nachbarschaft der verschenkten Ländereien lagen. Das Erschließungs- und Entwicklungsziel der Regierung, welche in eigener Finanz- und Arbeitskraft nicht vermocht hätte, ein Land von kontinentalen Ausmaßen in Wert zu setzen, war mit der auf einer *win-win*-Situation angelegten Politik, bei der alle beteiligten Akteure profitierten, überaus erfolgreich: Im 19. Jahrhundert wurden Hunderte von Städten neu gegründet, knapp 30 Mio. Einwanderer kamen in das Land und die Bevölkerung wuchs von rund 5 Mio. auf 76 Mio. an. Eisenbahnbau wurde zur wichtigsten Industrie; die frühen Eisenbahngesellschaften, die vom Osten der USA aus operierten und größtenteils mit Bostoner Kapital finanziert wurden, stiegen zu den mächtigsten Konzernen der USA auf.

Da durch diese Erschließungs- und Entwicklungspolitik die Bundesschuld nach 1850 abgebaut werden konnte, wurde die auf maximale Staatseinkünfte ausgerichtete Politik relativiert. Landverkäufe brauchten nun nicht mehr in erster Linie Einnahmen für den Staat zu erzielen. Der Fixpreis von 1,25 Dollar pro *acre* wurde daher aufgehoben.

Der *Homestead Act* von 1862, Folgegesetze und Kritik an der Heimstättengesetzgebung

Wegen des Missverhältnisses zwischen der Landvergabe an Kleinbauern und den Konzentrationsprozessen bei Landbesitz und um die relativ unfruchtbaren Ländereien jenseits des 100. Längengrades nutzbar zu machen, erfolgte 1862 das Heimstättengesetz. Die Idee des *Homestead Act* war, jedem Amerikaner die Möglichkeit zu bieten, gegen eine Minimalgebühr und mindestens fünf Jahre Arbeitseinsatz aus der *public domain* 160 *acres* Land erwerben und eine Existenzgrundlage aufbauen zu können. Allerdings überholte sich die Idee relativ schnell, war sie doch bereits bei Inkrafttreten nichts weiter als eine Fortsetzung der bestehenden Landvergabepolitik. Als Folge wurden eine Reihe ergänzender Gesetze erlassen, um die weniger produktiven Gebiete des bundeseigenen Landes in Wert zu setzen (*House of Representatives* 1979):

- Der *Southern Homestead Act* von 1866, der jedoch nur in fünf Bundesstaaten gültig war. Er erlaubte befreiten Sklaven, 80 *acres* Land zur Bewirtschaftung übereignet zu bekommen, wobei das qualitativ beste Land jedoch schon unter den Plantagenbesitzern aufgeteilt war.
- Der *Timber Culture Act* von 1873 (Gesetz über die Pflege und den Erwerb von Forstland – Aufforstungsgesetz) besagte, dass jeder, der 40 *acres* mit Bäumen bepflanzte und dieses aufgeforstete Gebiet über 10 Jahre bewirtschaftete (ab 1878 nur noch 10 *acres* auf acht Jahre), 160 *acres* Land erhalten sollte. Insgesamt wurden mit Hilfe dieses Gesetzes 10 Mio. *acres* bis 1891 besiedelt und kultiviert.
- Der *Desert Land Act* von 1877 (Gesetz über den Erwerb von Wüstenland durch Bewässerung – Ödlandgesetz). Danach konnte jeder Siedler zu 25 Cents pro *acre* bis zu 640 *acres* Land nutzen und nach einer dreijährigen Bewässerungswirtschaft für 1 Dollar pro *acre* erwerben. Als Nachteil erwies sich, dass die meisten Siedler nicht imstande waren, die hohen Kosten für die Bewässerung aufzubringen.
- Der *Timber and Stone Act* von 1878. Er sah vor, für die Holzwirtschaft und die Steinbrüche nutzbare Ländereien zu mindestens 2,50 Dollar pro *acre* in Kalifornien, Nevada, Oregon und Washington zu verkaufen.
- Der *Timber Cutting Act* von 1878. Das Gesetz ermöglichte in einigen Gebieten das Holzfällen ohne Erlaubnis, sofern das Holz für die Landwirtschaft, den Berg- oder Hausbau genutzt wurde.
- Der *Dawes Act* von 1887 sah vor, die Reservate stärker zu besiedeln. Zu diesem Zweck bot man den Indianern, die bis dahin nur Stammesbesitz gekannt hatten, die Möglichkeit, innerhalb von Reservaten Einzelbesitz zu erlangen. Allerdings waren die wirtschaftlichen Potenziale in den Reservaten relativ gering. Zudem wurden Reservate durch die Bedürfnisse der Besiedlung immer stärker verkleinert: Während 1887 Indianerreservate noch 138 Mio. *acres* ausmachten, sank die Fläche bis 1937 auf 52 Mio. *acres*.
- Der *Hatch Act* von 1887 begründete die staatliche Unterstützung für die landwirtschaftliche Forschung bezüglich der verschiedenen Klima-

und Bodenbedingungen des Staatsgebiets. Es war das erste Gesetz, das die Extrembedingungen anerkannte und ihre Erforschung ermöglichte.

- Der *General Revision Act* von 1891. Dieses Gesetz widerrief eine Anzahl bereits erlassener Gesetze, unter anderem das Vorverkaufsrecht (*Preemption Act, Desert Land Act, Timber Cutting Act*). Es legte den Grundstein für die Naturschutzbewegung, indem der Bund ermächtigt wurde, schützenswerte Gebiete vom Verkauf auszuschließen.
- Der *Kinkaid Act* von 1904, der nur für Nevada galt, ermöglichte dort den Erwerb von jeweils 640 *acres* Land, um die Entwicklung anzukurbeln.
- Der *New Lands Reclamation Act* von 1902. Nach diesem Gesetz wurden Erträge aus dem Landverkauf der *public domain* in einen Fonds eingezahlt, der Bewässerungsprogramme finanzierte. Das Programm führte zu spekulativen Landkäufen im ariden Südwesten, da wüstenhafte Gebiete zumindest kurzfristig nutzbar gemacht werden konnten.
- Der *Enlarged Homestead Act* von 1909 war für 12 Staaten im ariden Südwesten gültig und erlaubte dort den Erwerb von Parzellen von je 640 *acres*.
- Der *Stockraising Act* von 1916, der die Heimstättengesetzgebung beendete, sah die Gründung von Heimstätten von je 640 *acres* auf solchem Land vor, das nur zu Weidezwecken genutzt werden sollte (Gates 1968, 1963).

Kritik an der Heimstättengesetzgebung entstand aus folgenden Gründen:

- *Unwirtschaftlichkeit.* Zum Zeitpunkt der Heimstättenvergabe westlich des 100. Längengrades war das besterschlossene und wirtschaftlichste Land im ariden Südwesten bereits durch Landspekulation verkauft. Die Bewirtschaftung der unter dem Heimstättengesetz vergebenen Farmstätten erwies sich angesichts der schwierigen physisch-geographischen Gegebenheiten und der Tatsache, dass die neuen Heimstätten meist weitab von wichtigen Verkehrswegen lagen, als risikoreich. Auch die Vergrößerung der Flächenzuteilung von einzelnen Heimstätten auf jeweils 160 *acres* änderte an den schwierigen Bedingungen nichts Grundlegendes.
- *Kosten.* Für die Farmer entstanden sehr hohe Risikoinvestitionen. Außer dem Land erhielten sie keine begleitenden Maßnahmen. Die Kosten für die Errichtung von Gebäuden, Farmausstattung und landwirtschaftlichen Arbeitsmaterialien mussten sie selbst tragen, auch wenn der Ertrag unter den Klima- und Bodenbedingungen ungewiss war. Die Bewirtschaftung im ungewohnten Klima erforderte die Adaption neuer Techniken, was sich nur die wohlhabenden Siedler leisten konnten. Auf diese Weise entstand Ungleichheit auch unter der egalitären Heimstättengesetzgebung.
- *Spekulation.* Die Heimstättengesetzgebung ließ Spielraum offen für jene, die Land zunächst offiziell besiedelten, später erwarben und dann sofort an große Auftraggeber weiterverkauften. Diese wiederum erwarben auf diese Weise immense, konsolidierte Ländereien – ähnlich den Latifundien –, die sie aufgrund der Größe zu einem wesentlich höheren Preis wieder verkaufen konnten. Somit wurde das Konzept der kleinen Familienfarmen von Anfang an zunichte gemacht. Auch die Steigerung der Minimalkontingente beim Verkauf von Land oder die Mindestpreise für Land in jenen Bundesstaaten, die erst später der Union beitraten (North und South Dakota, Washington, Montana, hier 10 Dollar pro *acre*), machten Landerwerb selbst unter der Heimstättengesetzgebung für viele unmöglich. Die Förderung des Kleingrundbesitzes, wie es der urprünglichen Zielsetzung entsprach, geriet über die tatsächliche Umsetzung mittels Developern und Terraingesellschaften in Vergessenheit. Modifikationen der Heimstättengesetzgebung zu Beginn des 20. Jahrhunderts dienten ebensowenig der Umsetzung eines Konzepts von Familienfarmen wie dies die Gesetze zuvor getan hatten. Auch bei diesen erfolgte die Landvergabe aus der *public domain* in erster Linie nach dem Ziel der schnellen Erschließung der letzten, schwierig zu bewirtschaftenden Ländereien. Mit einem Beschluss von 1889 beendete daher der Kongress die Ära der unbegrenzten Landverkäufe und damit der Landspekulation. Die Ära der Frontier wurde 1890 durch die Bundesregierung offiziell für beendet erklärt, da ihr Ziel der flächendeckenden Erschließung und Besiedlung des Landes abgeschlossen war. Zuvor hatte die Bundesregierung das Territorium Oklahoma, das einige Jahrzehnte früher den Indianerstämmen zugewiesen worden war, zur Besiedlung durch die Weißen freigegeben.
- Problematisch blieb die Heimstättengesetzgebung nicht zuletzt auch, weil sie zwar vielen Not leidenden Familien eine Verbesserung ihrer Lage brachte, dies aber auf Kosten der Indianerstämme tat, denen ein großer Teil der Territorien gehörte, die von der Bundesregierung als *public domain* veräußert wurden. Die zahlreichen Kämpfe von Indianern um ihr Land, das von weißen Siedlern besetzt und bewirtschaftet wurde, sind ebenso legendär wie die 400 gebrochenen Verträge der Bundesregierung mit Indianerstämmen, bei denen ihnen Territorien und Verbleib auf ihrem Land zugesichert worden waren.

Die Auswirkungen der Bodenspekulation auf die Landbesitz- und Nutzungsstrukturen waren bis in das 20. Jahrhundert hinein von großer Tragweite. Die Tatsache, dass trotz Jefferson'scher Idealvorstellung und Heimstättengesetzgebung in weiten Teilen des Landes eine Pachtfarmstruktur entstand, kann nicht nur als Folge der Kommerzialisierung des Agrarsektors gesehen werden (s. Kap. „Wirtschaftsstruktur“), sondern steht zum großen Teil auch in Zusammenhang mit der Farmenaufgabe zahlungsunfähiger Farmer während der großen Spekulationswellen. Pachtfarmen wurden in Illinois, Indiana,

Iowa, Kansas und Nebraska dominant – eine Situation, die bis Mitte des 20. Jahrhunderts bestand. Als Spätfolge davon potenzierten sich Sozialprobleme während der Großen Depression, als Banken in Liquiditätsschwierigkeiten jene Kredite von Pächtern und Farmbesitzern einzogen, die diese zuvor während der Dürrejahre zum Existenzerhalt aufgenommen hatten. Das dabei verpfändete Land wurde an Großinvestoren verkauft, und Hunderttausende von Pächtern wurden von den Farmen, die sie in Kansas, Oklahoma und Arkansas bewirtschaftet hatten, vertrieben – literarisch aufgearbeitet in John Steinbecks Werk „Früchte des Zorns". Die Entwicklung von Armutsvierteln in den Städten Kaliforniens, in die viele Farmer zogen, ist ebenfalls eine späte Auswirkung der agraren Besitzstrukturen, die sehr direkt mit der auf Staatseinnahmen bedachten Landpolitik der Bundesregierung im 19. Jahrhundert zusammenhängt. Tatsächlich aber kann man es dieser Politik zugute halten, dass sie sowohl die Einnahmen für die vielfachen Erschließungsaufgaben des Staates erbrachte, als auch die schnelle Erschließung des Landes, den Bau vieler Kanäle und der Eisenbahnlinien erst ermöglichte.

In Retrospektive kann festgehalten werden, dass eine nach idealistischen Prinzipien orientierte Landpolitik angesichts der wirtschaftlichen Situation der USA nach dem Unabhängigkeitskrieg, den Mehrheitsverhältnissen in Regierung und Kongress und in Anbetracht der Erschließungsaufgaben des Staates wenig realistisch gewesen wäre. So wählten die USA den Weg in jene von Großinvestoren ausgeführte und von privatwirtschaftlichen Interessen geleitete Erschließungspolitik, welche auch die englische Kolonialmacht jahrhundertelang betrieben hatte.

Wahrung wirtschaftlicher Interessen, „nationale Bestimmung" und die Monroe-Doktrin

Integration von Territorien

In der ersten Hälfte des 19. Jahrhunderts, als die USA einen immensen Zuwachs ihres Landes, ihrer Bevölkerung und ihrer Wirtschaft erfuhren, etablierten sie ihre Interessen an der Inwertsetzung der neuen Territorien nicht nur über die spezifische Landvergabepolitik. Auch auf der politischen Ebene wirkten die USA, um ihre wirtschaftlichen Interessen klar durchzusetzen, und begründeten damit eine bis in die Gegenwart anhaltende Tradition. Dem Optimismus nach dem Unabhängigkeitskrieg folgend, begann unter Präsident James Monroe (1817–1825) eine Politik, die auch nach außen die Land- und Wirtschaftsinteressen der USA absteckte. Bereits in der Phase, in der die USA noch ihre Landansprüche nach Westen geltend machten und Territorien hinzuzugewinnen suchten, stellte Präsident Monroe 1823 mit der als Monroe-Doktrin bekannt gewordenen Erklärung klar, dass Russland, das Alaska besaß, keine Ansprüche auf das sogenannte „Oregon-Territorium" hatte, das die USA als letztes Teilstück zwischen ihrem 1803 hinzugekauften Louisiana-Territorium und ihrer Ausdehnung bis zum Pazifik zu erwerben suchten. Ferner stellte die Monroe-Doktrin eine grundsätzliche Verschiedenheit der politischen und gesellschaftlichen Systeme der USA und der Alten Welt mit der Implikation fest, dass jegliche Einmischung europäischer Mächte in die Interessensbereiche der USA als „unfreundlicher Akt" gewertet werden würde. Die USA bestimmten ihrerseits, dass sie die angestammten Kolonialinteressen honorieren und sich nicht in europäische Kriege einmischen würden, solange ihre eigenen Rechte und Interessen nicht gefährdet seien (Adams 2000, S. 63f.):

„*The American continents, by the free and independent conditions which they have assumed and maintain, are henceforth not to be considered as subjects for future colonization by any European powers… The political system of the allied powers is essentially different from that of America… We owe it, therefore, to candor and to the amicable relations existing between the United States and those powers to declare that we should consider any attempt on their part to extend their system to any portion of the hemisphere as dangerous to our peace and safety. With the existing colonies or dependencies of any European power we have not interfered and shall not interfere. But with the Governments who declared their independence… we could not view any interposition for the purpose of oppressing them, or controlling in any other manner their destiny, by any European power in any other light than as the manifestation of an unfriendly disposition toward the United States*" (Monroe in seiner an den amerikanischen Kongress gerichteten Mitteilung vom 2.12.1823; zit. in Adams 2000, S. 63f.).

Auf die Monroe-Doktrin gestützt, nach der Amerika den Amerikanern gehören solle, konnten die folgenden Präsidentschaften erfolgreich eine territoriale Expansionspolitik betreiben, die weitere Territorien nicht immer nur auf dem Verhandlungsweg in die USA eingliederte. In vier Richtungen steckten die USA ihre Landinteressen ausländischen Mächten gegenüber ab: nach Florida, in die Nordwestterritorien, nach Texas und in den Südwesten. Unter Präsident Theodore Roosevelt erfolgte 1904 die Ausrichtung auf Lateinamerika, indem – gestützt auf das Ideengut der Monroe-Doktrin – Handlungsspielräume für die Wahrung amerikanischer, nationaler Interessen auch in lateinamerikanischen Ländern entdeckt worden waren.

In Verhandlungen mit den Engländern 1818 wurden die Nordwestgrenze der USA und Territorien in ihrem Interessenbereich auf den 49. Breitengrad festgelegt. Mit der Monroe-Doktrin wurde dieses Gebiet, das auch die späteren Staaten Wyoming, Washington, Idaho und Montana einschloss, als Interessengebiet und somit implizit zum künftigen Territorium der USA deklariert. Mit der gezielten Besiedlung des mexikanischen Territoriums Texas durch 35 000 Amerikaner, die Mexiko selbst zur Urbarmachung des Gebiets angeworben, jedoch restriktiv behandelt hatte, lieferte Mexiko den USA einen Grund, bei einem Aufstand der Amerikaner 1836 einzugreifen. Das amerikanische Protektorat Texas wurde 1848 offiziell als Bundesstaat in die USA aufgenommen bzw. annektiert. Auch hier waren wirtschaftliche Interessen ausschlaggebend gewesen: Die weltweit steigende Nachfrage nach Baumwolle, die erst nach 1790 in großem Stil angebaut wurde und gerade in den Südstaaten in der neuen Nation zum verstärkten Einsatz von Sklaven geführt hatte, machte Texas zum geeigneten Gebiet, um den lukrativen Baumwollanbau mit Blick auf den Weltmarkt auszuweiten. Texas war daher seit Beginn des 19. Jahrhunderts ein Gebiet regionalwirtschaftlicher Sonderinteressen gewesen.

Ab 1845 jedoch wurden die nationalen Mythen und politische Interessen unter dem Schlagwort *Manifest Destiny* („nationale Bestimmung", „vorbestimmtes/unausweichliches Schicksal" oder auch „Amerikas Vorbestimmung") propagiert. Das neue nationale Bewusstsein der USA, die sich als ein vom Schicksal ausersehenes „Reich der Freiheit" für die Unterdrückten sahen, führte zu einer höheren Akzeptanz für expansionistische Vorgehensweisen auf dem ganzen amerikanischen Kontinent. Die „nationale Bestimmung" der USA fand eine Bestärkung in dem folgenden amerikanisch-mexikanischen Krieg, der mit der Niederlage Mexikos 1848 und der Übergabe der riesigen Gebiete der heutigen Staaten Arizona, Kalifornien, Nevada, Texas und Utah sowie Teilen New Mexicos, Colorados und des südlichen Wyoming an die USA endete. Die Entschädigungssumme von 15 Mio. Dollar für Texas, der Gadsen-Kauf der südlichen Teile Arizonas und New Mexicos für den Bau einer Eisenbahnlinie um die Gebirgsketten sowie der Kauf Alaskas von Russland für 7 Mio. Dollar führten zum Ziel, die kontinentalen Grenzen dort zu etablieren, wo die USA ihre „nationale Bestimmung" sahen. Vor diesem geschichtlichen Hintergrund erklären sich auch Gegebenheiten der Weltpolitik bis in die Jahre 2002 und 2003, welche die USA im Sinne ihrer „nationalen Interessen" und „unausweichlichen Vorbestimmung" zu beeinflussen suchten.

Der Umgang mit Territorien der Urbevölkerung zeugte ebenfalls von der nationalistischen Gesinnung, welche die Monroe-Doktrin hervorgebracht hatte. Indianer galten nicht als Bestandteil des Staatsvolkes der USA, sondern waren unterworfene „Andere". 1831 wurde ihnen vom Bundesverfassungsgericht der Sonderstatus der „einheimischen, abhängigen Nationen (...) im Zustand der Unmündigkeit" (*domestic dependent nation (...) in a state of pupilage*) gewährt. Damit erhielten sie das Recht zur Selbstregierung und -verwaltung, was auch von den Bundesstaaten, in denen die Indianernationen lebten, nicht eingeschränkt werden durfte. Mit dem Begriff der Indianernation – im Gegensatz zum Begriff Stamm – wurden sie zu selbstständigen Vertragspartnern in Landabtretungsverträgen aufgewertet, was selbst ungünstigen Verträgen eine besondere Legitimität verlieh. Trotz Verträgen und der Aufwertung zu Nationen leitete der *Indian Removal Act* von 1830 eine Zwangsumsiedlung von 100 000 Personen aus ihren angestammten oder zugewiesenen Territorien in Georgia ein, als auf diesen Gebieten Gold gefunden wurde. Von den rund 20 000 Cherokee-Indianern, die mit Militäreinsatz aus Georgia in das neu geschaffene Indianerterritorium Oklahoma westlich des Mississippi begleitet wurden, starben ca. 4000 beim „Marsch der Tränen" (s. Kap. „Bevölkerungsentwicklung").

Wirtschaftliche Gründe waren auch die wichtigste Determinante im Umgang der Bundesregierung mit der schwarzen Bevölkerung. Von den 1790 registrierten 757 000 schwarzen Sklaven war die Bevölkerung afrikanischer Herkunft bis 1860 auf 4,4 Mio. Menschen angestiegen. Schwarze Sklaven wurden trotz Einfuhrverbots auch nach 1808 noch illegal – mit heimlicher Billigung der Bundesregierung – ins Land gebracht. Unter der Präsidentschaft von Andrew Jackson (1829 – 1837) erhielten die Sklavereigegner größeren politischen Einfluss und versuchten, nach dem Modellfall von Illinois, das 1818 als erster sklavenfreier Bundesstaat in die Union aufgenommen wurde, weitere Staaten zu sklavenfreien zu wählen.

Erst nachdem sich 1861 während der Präsidentschaft Abraham Lincolns sieben Südstaaten zu den „Konföderierten Staaten von Amerika" zusammengeschlossen und sich einen neuen Präsidenten (Jefferson Davis) und eine neue Hauptstadt (Richmond, Virginia) gegeben hatten, griff die Bundesregierung militärisch ein. Der amerikanische Bürgerkrieg, bei dem jeder Amerikaner mobilisiert wurde, der in der Lage war, zu kämpfen, ging am 9. April 1865 zu Ende, nachdem er über 600 000 Tote gekostet hatte: 360 000 auf Seiten der Union und 260 000 auf Seiten der Südstaaten. Die Wiedereingliederung der abgespaltenen Südstaaten sicherte den USA den Fortbestand ihrer Weltmarktposition in der Baumwollproduktion, befreite über 4 Mio. Schwarze aus der Sklaverei und ermöglichte es ihnen, in die aufstrebenden Industrien des Nordens abzuwandern (Schäfer 1998, S. 90 ff.; Adams 2000, S. 76 – 83).

Die territoriale Konsolidierung war nur ein Teil des Weges zu einer amerikanischen Nation; der andere Teil bestand aus der Demokratisierung von politischen und sozialen Verhältnissen, der Schaffung von politischen und institutionellen Einrichtungen für eine Republik sowie der anhaltenden Mythologisierung eines amerikanischen Selbst- und Nationalbewusstseins. Das neue Konzept der amerikanischen Revolution – im Gegensatz zu etablierten europäischen Staats- und Gesellschaftsformen – war der Grundsatz der Gleichheit aller vor dem Gesetz, und zwar der *Chancengleichheit* aller in ihrem Streben nach Glück und Wohlstand, Leben und Freiheit. Thomas Jefferson formulierte es in der amerikanischen Unabhängigkeitserklärung vom 4. Juli 1776 folgendermaßen: „*We hold these truths to be self-evident, that all men are created equal, that they are endowed by their Creator with certain unalienable rights, that among these are life, liberty and the pursuit of happiness.*"

Industrialisierung und ihre Auswirkungen

Ressourcen, Protektionismus, Innovationen

Die Wachstumsprozesse von Land, Bevölkerung und Industrialisierung sind engstens miteinander verbunden. Baumwolle war zwischen 1815 und 1860 das führende Produkt der amerikanischen Wirtschaft. Die in den Südstaaten angebaute und in den Nordstaaten verarbeitete Baumwolle generierte im Süden die Nachfrage für Manufakturwaren aller Art aus dem Norden. Im Norden wiederum sicherte die Baumwollverarbeitung das Einkommen für die Lebensmittelversorgung aus dem Mittelwesten. Die so etablierte Nachfrage erlaubte die beginnende Massenindustrialisierung nicht nur bei der Baumwollverarbeitung, sondern auch in anderen Wirtschaftszweigen. Während der von 1803 bis 1814 geführten napoleonischen Kriege in Europa, als sowohl Briten als auch Franzosen versuchten, einander die Zufahrtswege von Rohmaterialien abzuschneiden und selbst amerikanische Handelsschiffe versenkt wurden oder anderweitig von massiven Verlusten betroffen waren, verboten die USA mit dem Embargo-Gesetz von 1807 den Handel mit beiden Nationen. Die amerikanischen Exporte fielen von 108 Mio. Dollar (1807) auf 22 Mio. Dollar (1808), Handel und Wirtschaft, Küstenstädte und ihre Bevölkerung waren von der Wirtschaftskrise zwar massiv betroffen, einen plötzlichen Aufschwung nahmen jedoch all jene Industrien und Wirtschaftszweige, die Ersatzprodukte für die fehlenden, vormals importierten europäischen Waren anbieten konnten. Da die Warenströme aus dem industrialisierten England um 1812 durch das Embargo fast vollständig zum Erliegen kamen, konnte sich die vor den hochwertigen und preiswerteren englischen Importen geschützte amerikanische Textilindustrie schnell entfalten. Speziell mit der Baumwollentkernungsmaschine, die 1793 erfunden wurde, sowie den Spindeln, welche die Mechanisierung der Baumwollspinnerei erlaubten, verzeichnete die amerikanische Textilindustrie bis zum Ende des Embargos und der Kontinentalsperre 1812 ein rasantes Wachstum. Vor 1809 existierten nur 15 Baumwollspinnereien in den USA, um 1809 waren es schon 87 (Heilbronner & Singer 1984, S. 86).

Der amerikanische Kongress erließ einige Jahre nach Beendigung der Kontinentalsperre 1816 ein Zollgesetz, das auf englische Baumwollkleidung und Wollprodukte hohe Einfuhrzölle verhängte. Dieser im 20. Jahrhundert unter dem Schlagwort der Importsubstitutions-Industrialisierung auch von anderen Ländern praktizierte Protektionismus sicherte den einheimischen Industrien auf dem riesigen amerikanischen Markt entscheidende Absatzvorteile.

Um 1840 wurden zwei Drittel der Baumwollverarbeitung in den Neuenglandstaaten abgewickelt. Gleichzeitig begann – ebenso wie in Europa – der Aufbau von Folgeindustrien, die teils mit der Textilindustrie zusammenhingen: Nach mechanischen Webstühlen und Maschinenbauerzeugnissen für die Textilverarbeitung erlebte auch die Maschinenproduktion für andere Wirtschaftszweige wie die Landwirtschaft einen Aufschwung. Das wichtigste Produkt der amerikanischen Wirtschaft war in der ersten Hälfte des 19. Jahrhunderts Baumwolle, die hauptsächlich im Raum Massachusetts und Philadelphia verarbeitet wurde. Sie war zudem das wichtigste Exportprodukt und auf dem Weltmarkt führend. Diese volkswirtschaftliche Bedeutung der mit Sklaven betriebenen Baumwollplantagenwirtschaft erklärt, warum die Bundesregierung in der Sklavenfrage zwischen dem Sklaveneinfuhrverbot und der Abschaffung der Sklaverei mehr als fünfzig Jahre verstreichen ließ – eine Zeit, in der der illegale Sklavenhandel stillschweigend toleriert wurde. Der spätere Sezessionskrieg wurde daher nicht etwa aus humanitären Gründen zur Befreiung der Sklaven geführt, sondern vor allem aus wirtschaftlichen Gründen: Die reichen Südstaaten sollten wieder in die Vereinigten Staaten eingegliedert werden, da ihre Exporte einen wesentlichen Faktor in der amerikanischen Volkswirtschaft darstellten. Auch sollte die Abschaffung der Sklaverei billige Lohnarbeiter für die Industrien des Nordens freisetzen.

Die Wollherstellung konzentrierte sich auf Massachusetts und Connecticut, die Seidenherstellung auf New Jersey und Connecticut. Ebenfalls im Raum Massachusetts und New York waren Textil-, Näh- und Dampfmaschinen, Maschinenwerkzeugbau, Waffen, Uhren, ferner Schiffbau und Möbelherstellung konzentriert. Obwohl die frühen industriellen Produkte in der Qualität den Waren der englischen Importe nicht entsprachen, sicherte der Protektionismus den Absatz in den gesamten kontinentalen USA in dem Maße, wie sich diese bis zum Pazifik erweiterten. Dadurch konnten sich amerikanische Textil- und Folgeindustrien einen größeren Marktanteil sichern, der später auch im Weltmarkt entscheidend war. Mit Hilfe von Innovationen konnten insbesondere in den Neuenglandstaaten um Boston die Herstellungsmethoden verbessert werden. Durch Francis Cabot Lowell entstand 1814 der erste mechanische Webstuhl auf amerikanischem Boden und wenig später die erste Fabrik weltweit, die das gesamte Produktionsspektrum unter einem Dach abwickelte – von der Baumwollspinnerei bis zur Herstellung der fertigen Stoffe (Abb. 61 u. 62).

Amerikanische Textilien wurden nicht nur auf dem einheimischen, sondern auch erfolgreich auf dem großen chinesischen Markt abgesetzt. In rascher Folge gab es ab 1828 Innovationen, die die Mechanisierung vieler Produktionsprozesse erlaubten. Mit Einsatz der Dampfmaschine in der Textilherstellung in den Fabriken von Samuel Slater begann 1828 der Aufschwung der Massenproduktion. Auch in den anderen Industrien, die mit der Versorgung der Bevölkerung oder der Erschließung des Landes zusammenhingen, wie der Gewehr- und Waffen-, Schuh- und Uhrenherstellung sowie der Produktion landwirtschaftlicher Maschinen, begann die mechanisierte Massenproduktion (Heilbronner & Singer 1984, S. 102).

***Abb. 61:** Älteste Textilfabrik der USA in Lowell, Massachusetts.*

Ab 1847 revolutionierte die Rotationspresse das Druckverfahren, was den Aufschwung des Presse- und Zeitungswesens einleitete und wesentlich zur Informationsverbreitung über die wirtschaftlichen Möglichkeiten in den USA beitrug. Der Einsatz der Dampfmaschine in den Industrien Neuenglands und an der Atlantikküste erhob die Kohle- und Eisenlagerstätten in Pennsylvania zu den zentralen strategischen Ressourcen für die wirtschaftliche Entwicklung. Zwischen 1840 und 1860 erfuhr die amerikanische Industrie ein stetiges und in einigen Branchen ungewöhnlich hohes Wachstum. Zwischen 1840 und 1850 verdoppelte sich der Wert der industriellen Produktion auf eine Milliarde, bis 1860 auf zwei Milliarden Dollar (Nagler 1992, S. 51). Wie hoch die Wirtschaftskraft der USA zu jenem Zeitpunkt war, wird daran deutlich, dass die USA 1860 mit ihren Industriegütern im Wert von zwei Milliarden Dollar erstmals den gleichen Wert erreichten, den ihre landwirtschaftliche Produktion hatte.

Infrastrukturentwicklung

Der frühe industrielle Aufschwung der USA wäre ohne die Infrastrukturentwicklung nicht möglich gewesen, welche sowohl die Wirtschaft als auch die Nation miteinander verwob und jene Mobilität in der Gesellschaft herstellte, die eine landwirtschaftliche Umstrukturierung (Mechanisierung) und eine urban-industrielle Entwicklung erst ermöglichte. Bereits 1811 begann

***Abb. 62:** Moderne Nutzung historischer Gebäude, Lowell, Massachusetts.*

die Bundesregierung mit dem Bau von Nationalstraßen, die sich von Maryland bis nach Illinois erstreckten. Die Investitionen, die zwischen 10 000 und 130 000 Dollar pro Meile betrugen, wurden bewusst in den Ausbau solcher Straßen getätigt, die den ganzjährigen Transport von schweren Pferdewagen und Kutschen einer immer schneller wachsenden Bevölkerung erlaubten. Allein in Neuengland und in Pennsylvania wurden auf diese Weise Tausende von Straßenmeilen angelegt, wobei die Kosten stets zu zwei Dritteln von privatem Unternehmertum und nur zu einem Drittel von Seiten der öffentlichen Hand getragen wurden. Allerdings überlebte sich ein Teil der Straßen bald durch das noch effizientere Transportmedium der Kanalschifffahrt. Während in den USA um 1816 nur rund 100 Meilen an Kanälen existierten, die sich jeweils nur zwei bis drei Meilen erstreckten und extrem lange Bauphasen erforderten, wurde 1825 mit der Eröffnung des Erie-Kanals eine neue Ära der Kanalschifffahrt eingeleitet. So fielen die Transportkosten für Getreide mit dem Erie-Kanal um 90 %. Als Ergebnis stieg die Fracht auf dem Erie-Kanal zwischen 1836 von 58 000 Tonnen auf 1,8 Mio. Tonnen bis 1860 an. Da zwischen 1820 und 1830 ca. 125 Mio. Dollar auf den Bau von Kanälen aufgewendet wurden, konnte bis 1860 die Fracht auf allen Kanälen auf 1,6 Mrd. Tonnen jährlich ansteigen. Die Kanäle öffneten das Innere der USA dem internationalen Handel, sodass amerikanisches Getreide in großem Stil nach Europa verkauft werden konnte (Heilbronner & Singer 1984, S. 92–94).

Die Kanäle erlaubten auch die für die weitere wirtschaftliche Entwicklung nötige Bevölkerungsumverteilung: Zwischen 1790 und 1840 stieg der Anteil der amerikanischen Bevölkerung, der jenseits der Appalachen lebte, auf 40% und bildete den Markt für die industrielle Entwicklung im Mittleren Westen. Auch der Einsatz von Dampfschiffen auf dem Mississippi seit 1811, welche die fast 2000 Meilen lange Reise von Pittsburgh nach New Orleans in nur zwei Wochen zurücklegen konnten, wirkte in gleicher Weise. Zwischen 1817, als es nur 17 *steamboats* gab, und 1840 erhöhte sich die Zahl der auf dem Mississippi-und-Ohio-Einzugsgebiet verkehrenden Dampfschiffe auf 536. Der Eisenbahnbau schuf zwischen 1830 und 1840 allein 3326 Meilen Schienenstränge, bis 1850 fast 30 000 Meilen Eisenbahntrassen. Die Investitionen während der 1840er Jahre allein betrugen über 200 Mio. Dollar; bis zum Beginn des Bürgerkriegs hatte sich der Eisenbahnbau in Amerika zu einem Milliardengeschäft entwickelt, das über den Aktienmarkt zu einem Viertel aus dem europäischen Ausland finanziert wurde (Heilbronner & Singer 1984, S. 99 f.). Revolutionäre Verbesserungen im Transportwesen, welche die Transportkosten senkten, waren nur ein Teil der Gesamtstrategie, die Produktivkräfte der USA besser in Wert zu setzen. Der Ausbau der Verkehrsinfrastruktur schuf Arbeitsplätze in allen wichtigen Wirtschaftszweigen wie Eisen-, Kohle- oder Maschinenbauindustrie und verschaffte diesen und anderen Branchen riesige Absatzmärkte. Das stetig anwachsende Eisenbahnnetz verknüpfte die regionalen Märkte zu einem großen nationalen Markt: So verband eine durchgehende Eisenbahnlinie schon um 1869 San Francisco mit New York. Seit 1887 transportierten Kühlwaggons Frischfleisch aus den Schlachthöfen Chicagos nach New York City. Bereits 1865 gab es 35 000 Meilen Schienenstrecke, bis 1916 waren es über 250 000 Meilen (Adams 2000, S. 101 f.).

Die Eisenbahnen leiteten die Industrialisierung nicht ein, gaben ihr aber enorme Wachstumsimpulse, da sie Handel und Verkehr von der Abhängigkeit von den Jahreszeiten befreiten und zu einer wichtigen Grundlage für die Eisen- und Stahlindustrie sowie ausländische Direktinvestitionen in die USA wurden.

Besonderheiten der Industrialisierung

Die wirtschaftliche Entwicklung der beginnenden Industriegesellschaft wies mehrere Besonderheiten auf, die ihrerseits das weitere wirtschaftliche Wachstum ankurbelten (United Nations 1973; Faulkner 1957; Scheiber et al. 1976):

- In einem Land mit 9 Mio. Quadratkilometern, das doppelt so groß ist wie Europa ohne Russland, in dem Boden also kein knapper Produktionsfaktor war, waren die ökonomischen Chancen für eine Familiengründung besser als in anderen Ländern. Deswegen konnte im 19. Jahrhundert ein starkes natürliches Bevölkerungswachstum von durchschnittlich 2,5 % einsetzen, das, zusammen mit der Immigration (s. Kap. „Bevölkerungsentwicklung"), Märkte von entsprechender Größe für fast alle Wirtschaftszweige schuf. Im Vergleich dazu betrug das Bevölkerungswachstum im Europa der Industrialisierung nur rund 0,6 – 0,7 %, und die industrielle Entwicklung westeuropäischer Länder wurde schon Mitte des 19. Jahrhunderts von den USA überholt.
- Da der Produktionsfaktor Arbeit knapp und daher teuer war, lagen die Verdienstmöglichkeiten aus Lohnarbeit schon im 17. und 18. Jahrhundert weit über denen von Europa, vor allem dem industriellen England. Die Möglichkeiten, in den USA als Lohnarbeiter auf dem Lande oder in der Industrie relativ gut zu verdienen und daher auch eine eigene Existenz gründen zu können, waren daher real und lockten Millionen von Immigranten an. Wegen der Möglichkeit zum selbständigen Erwerb blieben daher trotz der Masseneinwanderung Arbeitskräfte in Anstellungsverhältnissen knapp und Löhne hoch. Wirtschaftskreisläufe und wirtschaftliche Stabilität wurden auf hohem Niveau begründet.
- Weil die Arbeitsmarktsituation bis in das 20. Jahrhundert günstig blieb, konnte der Mythos von Freiheit und Wohlstand für viele zur Realität werden, auch als der ungehindert wirkende Kapitalismus bereits Tendenzen der sozialen Verelendung und Slumbildung entstehen ließ. Wegen der guten Arbeitsmarktlage, vergleichsweise hohen

Löhnen und den in allen Bereichen florierenden Wirtschaftszweigen blieben daher auch die Gewerkschaften schwach. Bis in die 1930er Jahre wurde die Notwendigkeit von Sozialversicherungssystemen und Arbeiterschutzgesetzen mit kollektiven Tarifverträgen nicht erkannt, als diese in europäischen Ländern bereits längst eingeführt waren (Holtfrerich 1991, 1996, S. 132).

- Nicht allein Reichtum und Bodenschätze oder die Vielfalt günstiger Klima- und Bodenverhältnisse waren oder sind für die rasante wirtschaftliche Entwicklung verantwortlich. Vielmehr war es die von den frühen Siedlern vertretene protestantische Arbeitsethik mit ihrem Streben nach Gewinn, welche zum Motor der wirtschaftlichen Entwicklung der USA wurde.
- Vielen Farmfamilien bot sich sehr früh eine zusätzliche Einkommensmöglichkeit, da nicht alle Familienmitglieder als Agrararbeitskräfte gebraucht wurden und daher in nahe gelegenen Industrien tätig sein konnten (Heilbronner & Singer 1984, S. 103–106). Vor allem Frauen, Kinder und Jugendliche konnten in den Textilfabriken arbeiten, wenn diese ihre Belegschaft nach dem „Lowell-System“ versorgten. In den Textilindustrien von Francis Cabot Lowell, der 1810 bei Boston die Produktionsstätten seiner Boston Manufacturing Company aufbaute, wurden junge weibliche Arbeitskräfte in fabrikeigenen Wohnheimen untergebracht. Das „Lowell-System“ bot insbesondere für Frauen und Mädchen wirtschaftliche und soziale Vorteile, da es mit 2 bis 4 Dollar pro Woche deutlich höhere Löhne zahlte, als in der Industrie allgemein üblich war; ferner, da es nur rund ein Drittel der Löhne für Unterkunft und Verpflegung einzog und darüber hinaus Weiterqualifizierungsmöglichkeiten bot. Das Lowell-System eröffnete also schon zu Beginn des 19. Jahrhunderts eigenständige Erwerbsmöglichkeiten für Frauen. In den ausgehenden 1830er Jahren begann die Masseneinwanderung, welche jährlich ca. 90 000 Personen, später bis zu 500 000 Immigranten pro Jahr in das Land brachte. Mit dem stetigen Nachschub an Arbeitskräften entfiel die Notwendigkeit von Anreizen über soziale Vorteile (Heilbronner & Singer 1984, S. 102–106).
- Die wachsenden Märkte erlaubten ein Novum in der industriellen Produktion: die Massenfertigung von Gütern mit austauschbaren Teilen. In diesem „amerikanischen System“ der Fertigung konnten die einzelnen Teile eines Endprodukts separat und in unterschiedlichen Produktionsstätten identisch gefertigt werden. Die Dezentralisierung industrieller Produktion begann 1815 mit der Uhrenherstellung, ab 1846 mit der Herstellung von Nähmaschinen, ab 1847 bei Agrarmaschinen, seit 1853 bei Waffen. Die Landmaschinenindustrie um Chicago produzierte schon um 1860 etwa 4000 Mähbinder pro Jahr. Die Nähmaschinenindustrie von Singer und weitere Branchen nahmen ebenfalls ihre Massenproduktion auf, nachdem die Singer-Nähmaschine 1854 patentiert worden war (Heilbronner & Singer 1984, S. 110–114).
- Auch Innovationen erlaubten es den USA, bis zum Ende des 19. Jahrhunderts zum weltgrößten Industrieproduzenten aufzusteigen. Die 1863 in Paris entwickelte Siemens-Martin-Methode der Stahlerzeugung wurde 1865 in Troy im Bundesstaat New York durch die Bessemer-Methode abgelöst, die billigeren und hochwertigeren Stahl erzeugte. Somit konnten Bahnschienen für die damals neuen Hochgeschwindigkeitszüge, massive Brücken und Viadukte sowie ab 1885 die ersten feuersicheren Hochhäuser in Stahlskelettbauweise gebaut werden. Elektrizität, die über Hunderte von Meilen übertragen wurde, machte viele Fabriken von lokalen Energiequellen unabhängig, sodass sie ihre Standorte gemäß Transportkosten, vorhandener Dienstleistungen und der Nähe zum Absatzmarkt wählten. In der Mitte des 19. Jahrhunderts stellten die USA 50 % der gesamten Weltindustrieproduktion (Holtfrerich 1994; Scheiber et al. 1976). Die amerikanische Stahlproduktion stieg zwischen 1880 und 1900 auf 10 Mio. Tonnen pro Jahr an; die von John D. Rockefeller 1870 gegründete Standard Oil Company exportierte 1882 bereits Erdöl im Umfang von 52 Mio. Tonnen pro Jahr, bis 1920 für fast 600 Mio. Dollar jährlich. Die 1879 von Thomas Edison erfundene Glühlampe erlaubte die Beleuchtung von Fabrikhallen, Wohnhäusern und Straßen; elektrische Straßenbahnen lösten in den Städten die Fuhrwerke als Transportmittel ab 1900 ab. Seit 1866 verband ein untermeerisches Telegraphenkabel Neufundland mit Irland und erlaubte die telegraphische Nachrichtenübermittlung zwischen den USA und England sowie dem europäischen Kontinent. Um 1890 unterhielt AT&T (American Telephone and Telegraph Company) ein Netz von über 500 000 Telefonen, 1915 bereits 9 Mio. Apparate. Die um 1850 in den USA bestehenden 250 verschiedenen Handelsbörsen wurden um 1900 in der *New York Stock Exchange* (NYSE) zusammengeschlossen und telegraphisch mit Börsenfernschreibern verbunden, welche die wichtigsten Kursentwicklungen täglich innerhalb von Sekunden übermitteln konnten. Ab 1872 blühte der Versandhandel des Chicagoer Kaufhauses Montgomery Ward, ab 1894 der Firma Sears and Roebuck, die den zentralen Standort Chicago nutzte, um ihre Produktpalette vom Haushaltsartikel bis zum Traktor per *mail order* und garantierter Postzustellung vor allem an die Farmfamilien im ganzen Land zu vertreiben. Ab 1896 begann der Bau von Automobilen; die industrielle Massenfertigung von Autos begann 1903 in den Fabriken von Henry Ford in Dearborn bei Detroit, Michigan. Die aus den Schlachthöfen von Chicago übernommene Idee der Fließbandproduktion sorgte dafür, dass 1908 schon jährlich 10 000 Autos und bis 1919 jährlich 7,5 Mio. Autos zu einem Stückpreis von 500 Dollar hergestellt werden konnten (Adams 2000, S. 102–105).

Raumstrukturen der industriellen Entwicklung

In den USA hatte sich bis zum Jahr 1860 eine klar ausgeprägte, duale Wirtschaftsstruktur herausgebildet: als führender Agrarproduzent der Welt und als wichtige Industrienation. Räumlich gesehen konzentrierte sich das industrielle Wachstum vor allem auf den Nordosten der USA, wo auch der Handelskapitalismus seit der kolonialen Zeit und insbesondere seit der Unabhängigkeit in voller Blüte stand.

Der Manufacturing Belt als wirtschaftliches Kernland

Die rasche Entwicklung der USA von einem Agrarland zur führenden Industriemacht wurde durch das Bevölkerungswachstum beschleunigt. Während 1820 noch 9,6 Mio. Menschen im Zensus erfasst wurden, waren es 1920 schon 105,7 Mio., 1970 rund 203,3 Mio. und 2000 über 281 Mio.; die Bevölkerung stieg also im gesamten Zeitraum um über 270 Mio. an. Allein aufgrund der Einwanderung stieg die Bevölkerung zwischen 1820 und 1998 um 74,4 Mio. (US-Bureau of the Census 2001). Proportional zur Industrialisierung und Bevölkerungsentwicklung erhöhte sich auch die Zahl der Lohnarbeiter und somit die Kaufkraft der Massen. Frühes industrielles Wachstum und Ausbildung des Handels waren zuerst in den Metropolen der Ostküste zu verzeichnen, weil dort das größte Bevölkerungswachstum stattfand: An der „Gegenküste" zu Europa landete der Großteil der Einwanderer und brachte Arbeitskraft, Erfahrung und Ideen mit. Die weitere Industrialisierung im Hinterland der Ostküste bis in den Mittelwesten wurde durch sukzessive Westwärtswanderungen der Bevölkerung und punktuelle Erschließung der Ressourcen (*industrial nucleation*) eingeleitet. Wichtig dabei war auch die symbiotische Beziehung der neuen Industrien mit der Landwirtschaft (Birdsall & Florin 1981, S. 93).

Die industrielle Entwicklung fand nicht etwa in einem ununterbrochenen Gürtel, sondern in wenigen Teilgebieten statt, die sich durch ihre Häfen, allgemeine Verkehrsgunst oder Ressourcen auszeichneten, jedoch hinsichtlich ihrer Spezialisierung und Anpassungsfähigkeit an neue wirtschaftliche Gegebenheiten erhebliche Unterschiede aufwiesen (Clark 1985, S. 81–92). Zu den regionalen Standortschwerpunkten gehörten damals wie heute die Industrieagglomerationen an der atlantischen Küste, vor allem die Großräume Boston, New York/New Jersey, Philadelphia und Baltimore, die schon vor der Industrialisierung als dicht besiedelte Räume und wegen ihrer Häfen eine gute Grundlage für Handel und Gewerbe boten, ferner die Industriezentren im Inneren des Landes zwischen dem Ohio River und den südlichen Großen Seen. Etwa ein Viertel der amerikanischen Industrie war entlang der Südküste des Erie-Sees mit Cleveland als Mittelpunkt lokalisiert. Ein anderes Zentrum befand sich im Ohio-Tal mit Schwerpunkt in Cincinnati. Mit dem Bau des Erie-Kanals 1825 von Albany nach Buffalo wurde der Mittelwesten mit New York City verbunden, was den Aufschwung von Chicago als Wirtschaftsmetropole insbesondere für die Herstellung von Landmaschinen und die Fleischproduktion einleitete. Dampfschiffverkehr auf den Großen Seen und bis zum Atlantik intensivierte den Binnenhandel, der jedoch seinen größten Antrieb durch den Ausbau des Eisenbahnnetzes erfuhr, das um 1860 größer war als das Streckennetz aller anderen Länder der Welt zusammengenommen.

Dass sich in den Südstaaten, die mit der Plantagenwirtschaft reich geworden waren und wesentlich zum Exporterfolg der USA beigetragen hatten, keine eigenständige Industrie entwickelte, lag zunächst daran, dass die agrarischen Produkte des Südens, insbesondere Baumwolle, in England, Frankreich und dem amerikanischen Nordosten reißenden Absatz fanden. Der Einsatz der Baumwollentkernungsmaschine erlaubte es, Sklavenarbeiter dazu einzusetzen, weitere Landflächen für den Baumwollanbau zu kultivieren. Um 1850 produzierten die Südstaaten 300 000 Tonnen Rohbaumwolle und damit sieben Achtel der Weltmarktproduktion. Die Tatsache, dass man bei sinkendem Ertrag von monokulturgeschädigten Böden in dem expandierenden Staatsgebiet der USA weitere Nutzflächen, z. B. in Texas, erschließen konnte und musste, führte dazu, dass in den Südstaaten der Anschluss an die industrielle Entwicklung im Nordosten verpasst wurde, obwohl die Südstaaten im Rahmen der Schutzzollpolitik der USA auf alle Importgüter hohe Abgaben zahlen bzw. diese teuer aus dem Nordosten kaufen mussten (Nagler 1992, S. 53).

Die von 1815 bis 1860 einsetzende erste Phase der Industrialisierung wurde von der zweiten Phase abgelöst, welche mit ihren vielen Innovationen einen nachhaltigen wirtschaftlichen Aufschwung auslöste. Die zweite Phase begann mit Innovationen in der Eisen- und Stahlindustrie. Gleichzeitig entstanden auch neue Industriezweige, wie die Verarbeitung von Petroleum in Pennsylvania oder die chemische Industrie in Delaware. Firmen begannen in der zweiten Hälfte des 19. Jahrhunderts massiv in die Forschung zu investieren und trieben dadurch den Fortschritt in der Industrie voran. Die Fortschritte in der Landwirtschaft, insbesondere aufgrund von produktivitätssteigerndem Saatgut, aber auch durch Mechanisierung, setzte Arbeitskräfte frei, die für die Massenproduktion, den Transportsektor und den Handel wichtig wurden. Beide Phasen der amerikanischen Industrialisierung wären jedoch ohne die massive Einwanderung nach 1840 nicht denkbar gewesen. Zwischen 1815 und 1914 kamen rund 50 Mio. Einwanderer in die USA, der größte Teil nach 1840 (s. Kap. „Bevölkerungsentwicklung").

Industriekapitalismus

Wirtschaftshistorisch gesehen wandelte sich der Handelskapitalismus (*merchant capitalism*) zum Industriekapitalismus: Kaufleute und die großen Handelsgesellschaften investierten zunehmend in renditeträchtige Industrien, die einen höheren Ertrag abwarfen als der Handel. Wegen massiver Investitionen in die Industrien des Nordostens schritt dort die Industrialisierung schneller voran als in anderen

Landesteilen. Gesellschaftlich gesehen begründete der *corporate capitalism* eine Klasse von Industriekapitalisten vor allem im Nordosten, die sowohl politisch als auch wirtschaftlich Einfluss nahm: Sie tätigte Investitionen in die Wirtschaftsentwicklung im ganzen Land, so unter anderem in den Bau der regionalen Eisenbahnnetze und transkontinentalen Eisenbahnlinien. Die Bedeutung des Industriekapitalismus im Nordosten der USA zeigt sich daran, dass um 1860 in dieser Region mehr als die Hälfte aller amerikanischen Produktionsbetriebe konzentriert war, mehr als die Hälfte aller amerikanischen Kapitalinvestitionen getätigt wurde und über 70% der amerikanischen Fabrikarbeiter dort beschäftigt waren (Nagler 1999, S. 52). Die wirtschaftliche Macht konzentrierte sich dabei in den Händen weniger Industriekapitalisten, welche auch die Entscheidungsmacht über die Arbeits- und Lebensbedingungen in den Fabriken und Industriestädten ihrer Zeit besaßen (Bordon & Graham 1978, S. 225). In den Romanen jener Zeit (z.B. in Mark Twains *The Gilded Age*) wird dies beschrieben.

Trusts, Holdings und Monopole

Das Ausmaß, welches Produktion und Handel mit Industriegütern annahmen, verlangte nach einer Reorganisation der Aktiengesellschaften, in denen die Teilhaber bzw. Aktienbesitzer nicht mehr wie Eigentümer mit ihrem gesamten Vermögen, sondern nur noch mit ihren Investitionen hafteten. Der Struktur der Eisenbahngesellschaften folgend wurden die Großkonzerne von einem Vorstand geleitet; Organisation, Produktion und Vertrieb wurden rationalisiert und wie in einem föderativen System von getrennten Stabsabteilungen eigenständig verwaltet und geleitet (Nagler 1999, S. 52).

Konzerne, Trusts und Monopole boten Vorteile (Heilbronner & Singer 1984, S. 184ff.): Da sie als juristische Person eingetragen waren, besaßen sie alle Rechte einer Privatperson; sie konnten Geschäfte betreiben, Eigentum erwerben oder verkaufen, klagen oder verklagt werden. Zwei Besonderheiten machten juristische Personen für die wirtschaftliche Entwicklung interessant: Zum einen gehörte ein Konzern jenen, die Anteile an ihm kauften. Somit konnte über viele kleine Anteilseigner auch sehr viel mehr Kapital aufgebracht werden, als es Einzelnen möglich gewesen wäre. Dabei war eine finanzielle Verpflichtung im Falle eines Konkurses des Einzelnen auf den Verlust seines Anteiles beschränkt. Zum anderen hatte der Konzern als juristische Person Fortbestand, auch wenn die Besitzer oder Hauptanteilseigner verstarben. Einmal eingetragen, existierte er also dauerhaft unabhängig von einzelnen Entscheidungsträgern und bot damit echte Zukunftsperspektiven für lang anhaltende, sichere Investitionen und Renditen.

Trotz der immensen Vorteile vollzog sich der Übergang zur Konzernstruktur zunächst nur langsam. In Pittsburgh gab es um 1860 beispielsweise 160 verschiedene Fabriken, von denen keine als Konzern organisiert war. Um 1878 gab es im Staat Massachusetts 11 000 Fabriken, von denen nur 520 als Konzerne eingetragen waren. Diese aber produzierten ein Drittel des gesamten Warenwerts des Staates Massachusetts. Im Übergang zum 20. Jahrhundert jedoch wurden bereits zwei Drittel des gesamten industriellen Outputs der USA in Firmen mit Konzernstruktur hergestellt. Aktienbesitz in Konzernen wurde nach den Wellen der Landspekulation zu einer interessanten neuen Option für viele Kleinaktionäre, die ihre Anlagen über Banken abwickelten. Wegen des wachsenden Interesses an diesen Anlageformen entwickelte sich das Bankenwesen rasch. Um 1880 hatten zwei Millionen Sparer fast 820 Mio. Dollar in Banken angelegt, um 1900 hatten insgesamt 6 Mio. Sparer knapp 2,5 Mrd. Dollar über Banken investiert (Heilbronner & Singer 1984, S. 189–191). Somit wurde das Aktiensparen in Konzernen zu einem Faktor, der in den USA auch für den Mittelstand das eigene wirtschaftliche Fortkommen mitbestimmte. Die enge Verbindung zwischen Kleininvestoren, Banken und Konzernen wurde seither zu einem wichtigen Stützpfeiler industrieller Entwicklung sowie wirtschaftlicher Expansion und Sicherheit. Dass in der breiten Masse ein großes Vertrauen in das Aktiensparen entstehen konnte, lag darin begründet, dass sich diese Form der Anlage über Jahrzehnte bewährte; ferner darin, dass das amerikanische Rentensystem, das aus den New-Deal-Jahren resultiert, im Durchschnitt nur ein Drittel der Altersvorsorge deckt und Eigenversorgung also eine absolute Notwendigkeit ist. Dass jedoch auch dieses uramerikanische System der Vorsorge, insbesondere die auf dem Aktienmarkt angelegten Betriebsrenten mehr als einhundert Jahre später, in den Jahren 2002 und 2003, nicht mehr uneingeschränkt als Basis der individuellen Vorsorge gelten konnte, wurde mit der Fehlentwicklung im Aktienmarkt der *New Economy* deutlich.

Bei der Entwicklung der Aktienmärkte und des Bankenwesens spielten auch ausländische Investitionen eine große Rolle. Zwischen 1870 und 1900 stieg das in den USA investierte ausländische Kapital von 1,4 Mrd. auf 3,6 Mrd. Dollar. Der größte Teil dieses Geldes wurde in kommunalen Obligationen sowie Aktien von Eisenbahngesellschaften und städtischen Versorgungseinrichtungen oder Stadtwerken investiert (Heilbronner & Singer 1984, S. 190). Eine ganze Generation von Industrieunternehmern, die ihre Unternehmen konzernmäßig strukturierten, wuchs in der zweiten Hälfte des 19. Jahrhunderts heran: Andrew Carnegie (Stahlproduzent), Thomas Edison (Erfinder u. a. der elektrischen Glühbirne und des Grammophons), John D. Rockefeller (Begründer von Ölraffinerien und der Standard Oil Company), J. P. Morgan (Bankier, dessen Privatvermögen schon um 1880 ca. 100 Mio. Dollar betrug) und Henry Ford (Automobilfabrikant). Die Rechtsform von *trust* und *holding company* war ab 1870 die dominante Organisationsform der Industrie. Im Wettbewerb der Bundesstaaten untereinander um die Hauptfirmensitze, an denen die Körperschaftssteuer abzuführen war, erlaubten einige günstigere gesetzliche Rahmenbedingungen. Das räumliche Muster der Industrien wurde daher ab 1870 nicht mehr nur von klassischen Standortfaktoren wie Rohstoffen, sondern vielmehr von institutionellen Faktoren bestimmt. Dies trifft z. B. für die Ansammlung von Konzernen im Bundesstaat New Jersey zu, die sich nicht etwa wegen der Nähe zum Markt New York City dort niederließen, sondern aufgrund der günstigen Rahmenbedingungen für weltweit operierende Konzerne sowie der Nähe des Hafens, der den weltweiten Handel vereinfacht. Die *trust companies* stellten eine Besonderheit dar: Sie verbanden bis dahin eigenständige Firmen unter einem zentralen Management. Die von John D. Rockefeller 1870 gegründete Standard Oil Company (heute Exxon), die zunächst 14 selbständige Unternehmen zusammenschloss, hatte bereits um 1890 die Kontrolle über 90 % der gesamten Erdölförderung und -verarbeitung in den USA. Die 1901 gegründete United States Steel Corporation von Andrew Carnegie, J. P. Morgan und anderen Großunternehmern führte 228 Unternehmen zusammen, die allesamt direkt oder indirekt an der Stahlerzeugung beteiligt waren und damit 70 % der amerikanischen Eisen- und Stahlproduktion beherrschten. Der Zusammenschluss von mehreren tausend unabhängigen Eisenbahngesellschaften 1904, bei dem zwei Drittel des Streckennetzes in die Kontrolle einer *holding* kamen, führte ein Gesamtkapital von 10 Mrd. Dollar zusammen und machte damit die Eisenbahnen zum größten Industriezweig der USA (Adams 2000, S. 106 f.). Um 1920 beschäftigten Konzerne 86 % aller Lohnempfänger. Wegen ihrer volkswirtschaftlichen und sozialen Bedeutung als Generator großer Kapitalmengen und als Hauptarbeitgeber wurden die Konzerne bereits ab 1873 von staatlicher Seite geschützt. Als juristische Personen erhielten sie quasi die Rechte von natürlichen Personen, womit sie wie diese dem verfassungsmäßigen Grundrecht des Strebens nach Glück und Wohlstand als alleiniger Maxime unterlagen. In der Praxis schützten bundes- und einzelstaatliche Gesetze die Konzerne vor zu viel staatlicher Regulierung. Mehrere Fälle sind repräsentativ: Per Gerichtsbeschluss von 1890 wurde der Staat Minnesota an einer Regulierung der Frachtpreise seiner Eisenbahngesellschaft gehindert. Dem Staat New York wurde 1905 gerichtlich untersagt, die Arbeitszeit von Bäckern auf 10 Stunden täglich zu begrenzen, da das der Urteilsbegründung zufolge diesem Berufsstand die Freiheit genommen hätte, Arbeitsverträge nach freier Wahl, gegebenenfalls mit längerer Arbeitszeit, zu gestalten. Das Bundesverfassungsgericht erkannte 1895 mit einer Entscheidung an, dass der Gesetzgeber für bestimmte wirtschaftliche Tätigkeiten (Herstellung von Waren) nicht zuständig sei und damit auch keine Gesetze gegen Konzerne für diesen Bereich erlassen konnte (Antitrust-Gesetz). Das 1890 verabschiedete Sherman-Anti-Trust-Gesetz, das die Bildung von Großkonzernen wegen Eingriffen in das Wettbewerbsgeschehen untersagte, entwickelte sich relativ rasch durch Entscheide des Bundesverfassungsgerichts zu einem Gesetz, das Einflussnahme seitens der Gewerkschaften wegen Beeinträchtigung des Wettbewerbs unterband. Der weiteren Monopolisierung gab das Bundesverfassungsgericht 1896 einen Impuls, als es den Eisenbahngesellschaften die vertikale Integration erlaubte, insbesondere das Betreiben von Hotels, die als notwendiger Bestandteil des Transportgeschäfts erachtet wurden. Bis 1937 waren die Entscheide des Bundesverfassungsgerichts konzernfreundlich und dem ungehinderten Wettbewerb gegenüber aufgeschlossen, da der Vertragsfreiheit im Kapitalismus und der Unantastbarkeit von Aktieneigentum oberste Priorität zukam. Allerdings wurde nach Missbrauch und Korruption auf Einzel- und Bundesebene 1897 von Politikern eine Bundesaufsichtsbehörde (*Interstate Commerce Commission*) eingesetzt, die den Handel, nicht aber die Produktion bzw. die Industrien selbst regulierte. Bundesmaßnahmen und Gesetze zum Schutz der einheimischen Konzerne vor ausländischer Konkurrenz unterstützten die Industrien vielmehr in Form von protektionistischen Einfuhrzöllen (Adams 2000, S. 107 f.).

Der volkswirtschaftliche Aufschwung, der durch Industrialisierung und Monopolisierung beschleunigt wurde, führte nicht automatisch zu einer entsprechenden Verbesserung der Lebens- und Arbeitsbedingungen der Industriearbeiter. Trotz der sich verschlechternden Lebensbedingungen der Arbeiterschaft im ausgehenden 19. Jahrhundert erreichten in den USA Gewerkschaften oder sozialistische Arbeiterparteien, die den Missständen hätten abhelfen können, kaum eine nennenswerte Schlagkraft: Soziale Ungerechtigkeiten wie in anderen Länder bestanden in den USA nicht in der gleichen Form – offene politische Repression, eine rigide Klassenstruktur, die sozialen Aufstieg und das Überschreiten von Klassengrenzen verhindert hätte. Die 1884 gegründete Dachorganisation der Gewerkschaften AFL (*American Federation of Labor*) kämpfte zwar für mehr Lohn, kürzere Arbeitszeiten, mehr Sicherheit am Arbeitsplatz und Manteltarifverträge. Sie verzeichnete aber bis 1914 nur rund 2,6 Mio. Mitglieder, also nur jeden zehnten nicht landwirtschaftlich Beschäftigten. Zu fest eingeprägt war die Vorstellung von den Aufstiegsmöglichkeiten des Einzelnen (*from rags to riches*), als dass sich eine sozialdemokratische Arbeiterpartei oder eine stärkere Gewerkschaft aus einer breiten Basis heraus hätte bilden können. Daher blieben die Gesetze zur Regelung der Arbeitsbedingungen weit hinter denen westeuropäischer Länder im gleichen Zeitraum zurück.

Allerdings gab es mit reformorientierten Großunternehmern wie Henry Ford, der seinen Fabrikarbeitern mit 5 Dollar das Doppelte des üblichen Tageslohns zahlte und für seine Belegschaft freiwillig den Acht-Stunden-Arbeitstag einführte, auch rühmliche Ausnahmen. Einzelne Unternehmer leiteten aus eigener Inititative jene Reformen ein, die in Europa nur unter Druck von Gewerkschaften und sozialistischen Arbeiterparteien möglich wurden. Starke Gewerkschaften ließen sich deshalb bis in die 1940er Jahre durch Lobbyismus einzelner Konzerne verhindern. In vielen Fällen wurde die gewerkschaftliche Organisation der Arbeiter jedoch auch mittels repressiver Maßnahmen verhindert, die bis zum Einsatz von Milizen führten (z. B. 1892 in Homestead, Pennsylvania gegen die streikenden Arbeiter der Carnegie Steel Company, oder bei den Eisenbahnerstreiks 1894 im Mittleren Westen). Auch gewerkschaftsinterne Regelungen wie die Aufsplittung von Arbeitern nach Qualifikations- und Einwanderergruppen trugen dazu bei, dass die amerikanischen Gewerkschaften über Jahrzehnte der Industrialisierung nicht die gleiche Bedeutung erlangen konnten wie in europäischen Ländern (Adams 2000, S. 109f.).

Entstehung der *Corporate City*

Wirtschaftliche und soziale Veränderungen der Städte

Die Industrialisierung und die damit einhergehenden wirtschaftlichen, demographischen und infrastrukturellen Veränderungen beeinflussten den Urbanisierungsprozess entscheidend. Die Merkmale des industriellen Kapitalismus wiederum haben ihre Pendants in der Urbanisation und in den Strukturen der Städte gefunden. Aufschwung und Umstrukturierungen in der Wirtschaft veränderten die Funktionen der amerikanischen Städte nachhaltig: Viele Kleinstädte erfüllten die einfachen, klassisch-urbanen Funktionen der Finanz- und Handelszentren ihres Umlandes und wurden zu Schaltstellen, an denen lokale Produkte auf den nationalen Markt gebracht wurden. New York City, Chicago und Philadelphia, die überwiegend Handelsmetropolen gewesen waren, wurden zu den wichtigsten Industriezentren, in denen das ganze Spektrum industrieller Güter hergestellt wurde – von Textilien über Fleisch zu Stahl und Maschinen.

Aufgrund der Schiffsverbindungen von New York (1825) über das gesamte Einzugsgebiet der Großen Seen und des Mississippi (1856) sowie über zwei Haupteisenbahnlinien konnte sich Chicago zum Hauptverkehrsknotenpunkt des Mississippi-Einzugsgebiets entwickeln. Seine ursprüngliche Funktion waren Handel mit Vieh und Getreide und das Finanzwesen für den gesamten Mittleren Westen. Mit der Industrialisierung begann sich für Chicago ab 1825 eine neue Rolle als großindustrielles Zentrum herauszukristallisieren: Chicagoer Werke produzierten Eisenbahnschienen und Eisenbahnen, sie stellten her, was nötig war, um eine Stadt zu gründen, Häuser einzurichten, Familien zu ernähren und zu bekleiden. Die Wirtschaftsmacht der Industrien und der Wohlstand des Gemeinwesens zeigten sich ab 1880 in prächtigen klassizistischen Bauten, die in Architektur und Dimension an griechisch-römische Paläste erinnern sollten, im Rahmen der *City-Beautiful*-Bewegung gebaut wurden und einen vorläufigen Höhepunkt in den Vorbereitungen für die Weltausstellung 1893 und mit der Metropolitan-Planung von Daniel Burnham fanden. Gleichzeitig entstand das andere Gesicht der Stadt: Von 30 000 Einwohnern um 1850 wuchs die Stadt bis 1900 auf 1,7 Mio. Einwohner an. Viele, wenn nicht die meisten der Industriearbeiter lebten unter schlechtesten Bedingungen, die für New York City erstmals von John Jacob Riis dokumentiert wurden (*How the Other Half Lives*, 1902) (Abb. 63 u. 64). Während

Quelle: J. A. Riis, 1971, 1890 und 1902, S. 71.

Abb. 63: *Übernachtungsstätten zu 7 Cents pro Nacht, 1880.*

Quelle: J. A. Riis, 1971, 1890 und 1902, S. 159.

Abb. 64: *Obdachlose Straßenkinder in New York, um 1900.*

die merkantilistische und frühindustrielle Stadt von einem Konglomerat aus Produktions-, Handels- und Wohnstätten geprägt war, führte die Industrialisierung im 19. Jahrhundert zur Segmentierung der amerikanischen Stadt.

Tenement housing und soziale Probleme

Wohnungsnot und Überbelegung waren schon Mitte des 19. Jahrhunderts Aspekte des massiven städtebaulichen Verfalls und der Verslumung, welche die Behörden systematisch zu erfassen suchten. Große Städte wie Boston, New York, Washington, Philadelphia und Chicago hatten aufgrund der Einwanderung schon um 1900 einen Immigrantenanteil von 30 – 50 %, der wegen des rapiden Zustroms größtenteils in Mietskasernen (*tenement houses,* Abb. 65 u. 66) untergebracht war. Schlechte, schnell gebaute und überfüllte Wohneinheiten waren um 1900 für 85 % der New Yorker und 50 % der Bostoner das Zuhause, wobei Parks, Spielplätze, sanitäre Einrichtungen und ausreichender Wohnraum in der Regel nicht vorhanden waren. Auch die Behörden erkannten schließlich den Zusammenhang zwischen hohen sozialen und monetären Kosten von Krankheiten und Epidemien, dem Aufbrechen der Familienstrukturen, hoher Jugendkriminalität, Verelendung, politischer Korruption und Unruhen. Eine Stadt konnte nur so gesund sein wie die Bewohner der überfüllten Wohnblocks, der *infant slaughter houses* und *lung blocks* – typische Bezeichnungen für die wegen ihrer Kindersterblichkeit und Tuberkuloseraten berüchtigten *tenement houses* der Jahrhundertwende (Riis 1902; Veiller & De Forest 1903).

In den Innenbereichen von Industriemetropolen wie New York und Chicago, aber auch in kleineren Industriestädten dominierten die Mietskasernen. In New York City entstanden sie in riesigen Siedlungen, z. B. in unmittelbarer Nähe der Textilindustrien von Manhattan. In der zweiten Hälfte des 19. Jahrhunderts, vor allem nach 1880, waren sie in anderen Städten überall dort, wo der Wegzug der Mittelklasse aus dem Innenstadtbereich in die Vororte relativ große Wohnhäuser hinterließ, die, in möglichst viele Wohnparzellen zerteilt, an Immigranten weitervermietet werden konnten. In den vollkommen überbelegten Mietskasernen gab es häufig kein fließendes Wasser und kaum die nötigsten sanitären Einrichtungen. In New York City waren vor der Jahrhundertwende bis zu 100 000 Menschen pro Quadratkilometer auf diese Weise untergebracht, die meisten davon Immigranten. Nicht alle Räume oder Wohnungen in den *tenement houses* hatten Fenster. Die Entsorgung war unzureichend organisiert, bis 1867 waren herumlaufende Schweine für die Straßensäuberung und Müllentsorgung „zuständig".

Flächenintensive Industrien zogen in die Randgebiete der Städte und bildeten mit den direkt angrenzenden Arbeiterwohnvierteln neue Vororte (*industrial satellite cities*). Ein Beispiel dafür waren die 1865 gegründeten Union Stockyards, die Vieh- und Schlachthöfe von Chicago, die als *slaughterhouses of the nation* literarisch von Upton Sinclair 1906 beschrieben wurden. Charakteristika der innenstadtnahen Industrien waren angrenzende Arbeitersiedlungen, die nach dem Prinzip der *boarding houses* für 7 Cents pro Nacht Betten vermieteten. In New York beschrieb und photographierte Riis 1902 die rotierenden Unterkünfte, in denen sich mehrere Arbeiter im Schichtdienst eine Übernachtungsstelle teilten. Die ersten Industriellen begannen im ausgehenden 19. Jahrhundert, für ihre Belegschaft lebenswürdigere Wohnstätten zu bauen. Pullman City beispielsweise wurde 1894 vom Schlafwagenfabrikanten George Pullman als „ideale Fabrikstadt" nahe Chicago gebaut. Die dahinter liegende simple Philosophie war, dass Arbeiter, die in besseren Wohnverhältnissen lebten, produktiver arbeiten würden. Außerdem versprach man sich von den besser in Stand gehaltenen Wohn- und Miethäusern eine höhere Rendite.

Die beklagenswerten sozialen Bedingungen wurden Ausgangspunkt von sozialreform-orientierten Initiativen (Lubove 1967a, b), wie der von Jane Addams, die 1889 in Chicago das sogenannte „Hull House" gründete, ein Kultur- und Begegnungszentrum für die Bewohner von innerstädtischen Slums. Hier wurden erstmals Wohnbedingungen untersucht und Ansätze zur Verbesserung der sozialen Situation praktiziert: Kinder berufstätiger Mütter konnten einen Kindergarten besuchen, es bestanden Freizeitmöglichkeiten für Jung

Abb. 65: *Tenement Housing in New York City nach 1850.*

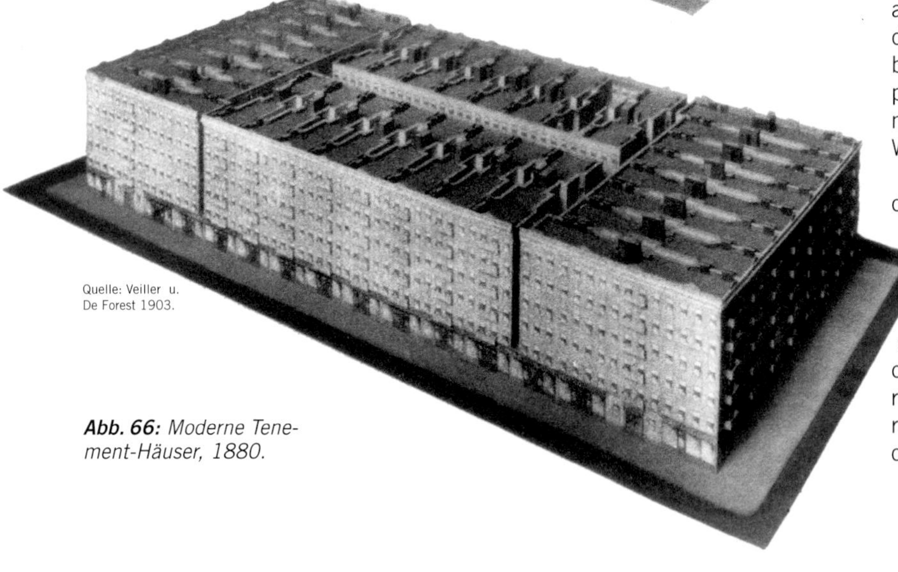

Quelle: Veiller u. De Forest 1903.

Abb. 66: *Moderne Tenement-Häuser, 1880.*

und Alt, ferner gab es Fortbildungsmöglichkeiten. Die Bemühungen von Hull House wurden bald von anderen Sozialorganisationen übernommen, sodass nach und nach die *Settlement*-Bewegung entstand, für deren Erfolge Jane Addams 1931 den Friedensnobelpreis erhielt (Philipott 1978).

Verslumung und das sozioökonomische Gefälle zwischen strukturstarken, mittelständischen *suburbs* und strukturschwachen *central cities* der Minoritäten und gesellschaftlichen Randgruppen haben ihren Ursprung in der Zeit der Industrialisierung, als die Kernstädte mit ihren Arbeitsplätzen die Zentren der Zu- und Einwanderung von Millionen meist mittelloser Arbeitsuchender waren. In der Zeit der Industrialisierung wuchsen die Städte sprunghaft an: Während 1870 erst 25,7 % der Bevölkerung in Städten lebten, stieg der Prozentsatz bis 1910 auf 45,5 %, bis 1950 auf 64,4 %, auf 73,8 % (1980) und 80 % im Jahr 2000, also auf 226 von 281 Mio. Amerikanern (US Census Bureau 2001, Statistical Abstracts 2001, Tab. 30).

Beachtenswert ist, dass amerikanische Städte vom Design her ursprünglich auf eine rasche Bevölkerungsexpansion ausgerichtet waren. Die quadratische Grundrissgestaltung, basierend auf der quadratischen Landvermessung, bot die beste Möglichkeit für ein großstädtisches Wachstum, das in geordneten Bahnen verlaufen konnte. Eine zu dichte Bebauung, infrastrukturell unterversorgte Wohnviertelbildung (*substandard*) und baulicher Verfall, was bereits zu Beginn des 19. Jahrhunderts europäische Industriestädte zu prägen begann, sollte damit a priori ausgeschlossen bzw. auf einem Mindestmaß gehalten werden. Wegen der Größe des zu erschließenden Landes und der daraus erwachsenden Problematik für eine Zentralregierung bot gerade dieses partikuläre Aufteilen des Landes die beste Möglichkeit einer Erschließung durch private Hand. So war dann auch die Stadtentwicklung des 19. Jahrhunderts das Resultat privatwirtschaftlicher Investitionen, wobei Städte ebenso oft von Immobilienmaklern und Vermessungsingenieuren angelegt wurden wie von Regierungsbeamten. Dennoch war es gerade diese dezentrale Erschließung durch private Hand, das bewusst herbeigeführte und dann doch unkontrollierte Bevölkerungswachstum während der Industrialisierung, welches letztlich die Städte überrollte.

Entwicklung der Segregation

Der massive Verfall amerikanischer Städte ist seit dem ausgehenden 19. Jahrhundert von Wissenschaftlern, Behörden, Berufs- und Sozialverbänden genau beobachtet worden. Schon 1903 machte Charles Mulford Robinson in seinem berühmt gewordenen Buch *Modern Civic Art* die Feststellung, dass jede Generation die Slums in den USA neu entdecke. In Chicago und Pittsburgh untersuchten Sozialwissenschaftler den Zusammenhang zwischen wirtschaftlicher, städtischer und sozialer Entwicklung. Insbesondere die Sozialraumanalysen der Chicagoer Schule zeigten in den 1920er Jahren, dass Segregation in der Industriemetropole Amerikas nach verschiedenen, quasi-natürlichen Kriterien ablief (Zorbough 1929): Immigranten zogen in die Nähe der Zentren, die auch die industriellen Arbeitsplatzzentren waren. Je nach Entwicklung ihres eigenen Sozialstatus wanderten sie in Richtung Stadtrand ab und machten im Zentrum Platz für die jeweilig neueste Einwanderergruppe. Dieser Prozess, der das wirtschaftliche, ethnisch-kulturelle und soziale Gefüge der Stadt insgesamt veränderte, wurde 1925 in einem „Ringmodell" von Ernest W. Burgess präzise beschrieben. Die Ausdehnung der Bevölkerungsgruppen erfolgte auf sozialdarwinistische Art und wettbewerbsgesteuert von innen nach außen. Jede Einwanderergruppe zog so schnell aus den innerstädtischen Industriearbeitervierteln und *tenement houses* fort, wie sie sich den Umzug, die Mieten oder das bescheidene Eigentum andernorts leisten konnte. Dieser Prozess vollzog sich sukzessive und relativ gleichmäßig in alle Richtungen, von einer Zone mit ihren typischen industriellen oder gewerblichen Merkmalen in die nächste. Dabei wurden die Stadtstruktur komplexer und die jeweiligen Wohngebiete immer differenzierter. Die Bevölkerungsverlagerung erfolgte je nach Wohngebieten, Sozialstatus und Lebenszyklus unterschiedlich. Es bildeten sich Subzentren von Bevölkerung und Geschäften fern vom Hauptgeschäftsdistrikt.

Verbesserte Transportmöglichkeiten wie U-Bahnen und Schnellbahnsysteme veränderten im ausgehenden 19. und zu Beginn des 20. Jahrhunderts das Segregationsmuster im Wohnungsmarkt. Wenn ein Wohngebiet sich erst einmal als dasjenige einer bestimmten Mieterklasse herausgebildet hatte, blieb dieser Sozialstatus dem Gebiet fast dauerhaft erhalten, auch wenn sich das Wohngebiet selbst sektoral in Richtung des Hauptverkehrswegs entwickelte, der hindurchführte. In Gebieten, die von einer besser gestellten Mieterschicht verlassen wurden, rückten die nächst besser gestellten oder aufstrebenden Sozialschichten nach. Die sektorale Entwicklung zeigte interessante Ausprägungen: Vom Geschäftszentrum aus erstreckten sich keilförmige Industrie- oder Gewerbezonen entlang der Haupttransportwege in die Vororte. Dazwischen bildeten sich mehrere hochsegregierte Ringe heraus – die Unterschicht im Innern, die Mittelschicht im folgenden Ring und die gehobenen Wohnviertel im äußeren Teil.

In amerikanischen Städten zeigten sich Segregation und die krasse Abfolge verschiedenartiger Wohnviertel bereits im ausgehenden 19. Jahrhundert in aller Deutlichkeit und umso stärker, je größer die Städte waren. Während amerikanische Städte nach außen wuchsen, trieb der Wettbewerb der Konzerne um die besten Standorte in den zentralen Geschäftsbezirken die Bodenpreise in die Höhe. Die Wolkenkratzer als vertikale Ladenstraßen mit Wohn- und Bürofunktionen entstanden als spezifisch amerikanische, urbane Form, die sich als die rentabelste Möglichkeit erwies, die hohen Bodenpreise zu amortisieren. Der Dienstleistungssektor verdrängte die Industrien aus den Innenstädten der amerikanischen Großstadt noch in der Phase der Hochindustrialisierung bis 1920. Die einzelnen (segregierten) bzw. funktional unterschiedlichen Stadtgebiete begannen sich weiter zu homogenisieren. Bereits zum Ende des 19. Jahrhunderts gab es kaum noch Stadtgebiete in den Großstädten, in denen eine intakte Mischung von Funktionen, Wohnen aller Schichten, Industrien, Handel und Gewerbe existierte. Die Weiterentwicklungen dieser Stadtlandschaft um immer weiter entfernte „Kristallisationskerne" – zumeist große Shopping Malls –, wie sie im Multiple-Nuclei-Modell von Harris und Ullmann 1945 beschrieben oder 1991 als *Edge City*-Phänomen von Joel Garreau analysiert wurden, sind nur die logischen Manifestationen der *Corporate Cities*, die in jeder Phase des Kapitalismus, ob im Industriekapitalismus oder in der globalisierenden Dienstleistungswirtschaft, ihre spezifischen urbanen Formen annehmen, bei der Teile der Stadt ebenso wie Teile der Wirtschaft disponibel werden.

In den Industriestädten bildete sich also die gleiche funktional aufgeteilte und sozial segmentierte Struktur heraus wie im Industriekapitalismus in der Organisation von Großkonzernen (Johnston 1984, S. 112 ff.): Bündelung von zentralen Funktionen in einigen Teilbereichen, Abkopplung schwächerer Abteilungen bzw. Stadtviertel, Herausbildung von Trusts und Monopolen bzw. im urbanen Bereich Metropolen. Die Zentralisation wirtschaftlicher Macht in den Händen der Unternehmer fand ihre Entsprechung in den immer stärker werdenden, mächtigen städtischen Politiksystemen, die z. T. ohne politischen Prozess die Geschicke der Stadt bestimmten. Die Organisation von Konzernen und ihre Arbeitsteilung spiegeln sich in den Städten in der funktionalen, ringförmigen oder sektoralen Segmentierung, im Städtesystem in der Spezialisierung kleinerer Städte und in der Stadtpolitik in strikten Management-Ansätzen wider.

Planungsinitiativen von 1870 bis 1915

In jeder Dekade seit dem ausgehenden 19. Jahrhundert gab es Maßnahmen gegen den Kernstadtverfall und zur Erneuerung von Wohn- und Geschäftsbezirken. Da es noch keine amtliche Stadtplanung oder einen Gesetzesrahmen für die Verbesserung der Wohnverhältnisse in den Städten gab, erfolgten die Bemühungen aus privater Initiative. Vier Beispiele verdeutlichen diese privaten, Sozialreform-orientierten Ansätze.

„Dumbbell"- Wohnungsbau

Die unhygienischen Wohnverhältnisse für Hunderttausende von Menschen, die in überbelegten *tenement houses* ohne natürliche Lichtquellen und mit minimalen sanitären Anlagen zusammengepfercht waren, führten in den 1870er Jahren zu einem Architektenwettbewerb, bei dem diejenige Bauweise ausgezeichnet werden sollte, die diese Mängel am besten behob. Das Resultat war die Dumbbell- (dt.: Hantel-) Bauweise, die 1879 gesetzlich vorgeschrieben wurde. Dabei wurden bis zu 2 m breite Schächte zwischen die Häuser gebaut, die Licht hereinließen und eine Belüftung durch Ventilatoren erlaubten, was allerdings bei der vorherrschenden sechs- und mehrstöckigen Bauweise kaum ausreichend war (s. Abb. 66). Die zunächst als modellhaft angesehene Dumbbell-Bebauung führte daher auch fast 20 Jahre später noch zu massiver Kritik und erstmals zu einer kommunalen Wohnungsbau-Gesetzgebung.

„How the Other Half Lives"

Der niederländische Einwanderer und Journalist John Jacob Riis dokumentierte erstmals mit Hilfe von Statistiken und Photographien die Lebensbedingungen der Arbeiterklasse in New York. Seine Arbeiten führten ab 1882 dazu, dass die Regierung Mittel bereitstellte, um Gutachten über die Wohnbedingungen in jeder Großstadt mit mehr als 200 000 Einwohnern erstellen zu lassen. Ein Aufsatz in der Zeitschrift „The Housing of the Working People" über private, gemeinnützige Wohnungsbauansätze in Europa veranlasste den Unternehmer Elgin Gould, die erste philanthropisch orientierte City and Suburban Homes Company zu gründen, die Modellwohnungen und -bungalows in Manhattan und Brooklyn baute. Dass diese Ansätze keine nachhaltige Verbesserung brachten, lag an den tiefen Löhnen der Industriearbeiter, welche zur Miete oder zum Kauf der Modellwohnungen nicht ausreichten (Ladner-Birch & Gardner 1981, S. 403 – 438).

Die „Park-Bewegung"

Zusätzlich zu den beengten unhygienischen Wohnbedingungen gab es in den Städten kaum Grün- oder Erholungsflächen. Gerade in den dicht besiedelten Immigrantenbezirken fehlten Naherholungsflächen oder Kinderspielplätze nahezu völlig – Mängel einer Industriegesellschaft, die Kinderarbeit erst im ausgehenden 19. Jahrhundert abschaffte. Die Park-Bewegung griff den Gedanken auf, dass der Mensch die Natur brauche und dass von Menschen, denen ausreichend Grün- und Erholungsflächen zur Verfügung stünden, auch eine bessere Arbeitsleistung erbracht werden könne. Das althergebrachte Ideal vom Leben im Grünen mit seinen günstigen Auswirkungen auf Mensch und Gesellschaft wurde in der Park-Bewegung wieder aufgegriffen. Zielsetzung war es, in den Städten mehr Parks und Grünflächen zu schaffen sowie die durch die Industrialisierung wohlhabend gewordenen Gesellschaftsschichten für die Reformbewegung zu sensibilisieren. Die Erfolge der Parkbewegung waren augenfällig: Die in den meisten amerikanischen Großstädten heute noch anzutreffenden großen Parks und Grünflächen stammen zumeist aus der Zeit von 1880 bis 1900. Dabei griffen die Landschaftsplaner der Park-Bewegung auf Konzepte von Frederick Law Olmstead Sen. zurück, der 1848 den Central Park in New York City sowie sämtliche großen städtischen Parks in Boston, Chicago und San Francisco angelegt hatte. Seine Modelle versuchte man nun in verschiedenen Stadtgebieten auch im Kleinen nachzuvollziehen (Scott 1969).

Die „National Municipal League"

Im Jahre 1894 wurde die Nationale Liga der Gemeinden als weitere Maßnahme gegen die Auswüchse der industriellen Stadt gegründet. Sie hatte zum Ziel, Korruption in den Stadtverwaltungen aufzudecken und die Macht der Allianzen zwischen Politikern und Baufirmen zu schwächen, welche in den Stadträten zum Nachteil der Städte selbst Bauverträge vergaben. Ferner trat die *National Municipal League* für eine Professionalisierung bestimmter Bereiche der Stadtverwaltungen ein und suchte diese durch qualifiziertes Personal wie Stadtplaner, Statistiker, Haushaltsexperten und Fachleute für das Gesundheits- und Wohnungswesen auszubauen. Der Erfolg dieser Bemühungen war, das Bewusstsein für die zukunftsorientierte, professionalisierte Stadtplanung geweckt zu haben (Scott 1969).

Die „City-Beautiful-Bewegung" 1890–1910

Die Planungsinitiativen gipfelten in der ersten großen stadtplanerischen Bewegung zur Jahrhundertwende. Die *City Beautiful*-Bewegung versuchte jene Stadtbereiche, die im Besitz und in der Befugnis der öffentlichen Verwaltung lagen, mit ästhetischen Repräsentativbauten aufzuwerten. Orientiert an klassischen griechischen und römischen Beispielen sowie an einer Vielfalt von Bauwerken und architektonischen Gesamtensembles in Europa, brachte sie in allen Städten insbesondere neoklassizistische Prunkbauten für öffentliche Einrichtungen hervor (Bilder 67–69). Dazu gehörten Rathäuser, öffentliche Bibliotheken (z. B. die New York Public Library), Verwaltungsgebäude und Bahnhöfe (z. B. Union Station in Washington, D.C.). Washington, D.C. war eine der ersten Städte, in der die Konzepte der *City Beautiful*-Bewegung umgesetzt wurden, da sich der vorhandene barocke Grundriss nach L'Enfant (1789) in hervorragender Weise dazu anbot. Die von der Bundesregierung 1899 eingesetzte *Senate Park Commission* vereinigte die führenden Architekten, Landschaftsgestalter und Künstler jener Zeit, um den neuen Jahrhundertplan für die Stadt zu erstellen. Dazu gehörten u. a. Daniel H. Burnham und Frederick Law Olmstead Jr. Im Regierungsauftrag reiste die Kommission in die Großstädte Russlands, Italiens, Deutschlands und Frankreichs, um städtebauliche Ideen zu sammeln. Besonders St. Petersburg, Berlin und Paris wurden zu Grundlagen für die Erstellung des McMillan-Plans 1902. Als Teil der Gesamtplanung entwarf Daniel Burnham, auf den der weltweit erste Metropolitanplan (Chicago 1893) zurückgeht, den Washingtoner Hauptbahnhof (Union Station), eines der Paradebeispiele der *City Beautiful*-Konzeption. Zwischen dem Kapitol und dem Washington Monument, das sich seit 1865 im Bau befand, entstanden Boulevards, Plätze und Brunnen. Frederick Law Olmstead Jr. entwickelte die Gesamtkonzeption für das Parksystem der Washington Mall und anderer Parks von Washington, D.C. (Scott 1969; Krueckeberg 1985).

Ein besonders eindrucksvolles und umfassendes Beispiel für Planung nach Konzepten der *City Beautiful*-Idee ist Chicago. In Vorbereitung der Weltausstellung von 1893 schuf der Architekt Daniel Burnham über 10 Jahre lang unter Beteiligung der Öffentlichkeit ein Planwerk, das den ganzen Metropolitanraum von damals über 2 Mio. Menschen und 190 Quadratmeilen umfasste und der als „Jahrhundertplan", den es über viele Jahrzehnte zu verwirklichen galt, angelegt war. Die Umsetzung begann 1907. Der Plan sah riesige Parks vor, ferner die Anlage von Boulevards am Seeufer und Repräsentativbauten für öffentliche Einrichtungen. Über die ästhetischen Aspekte hinaus hatte der Burnham-Plan für Chicago eine funktionale Orientierung, indem er axiale und radiale Transportwege entwarf, die Wasser- und Schifffahrtswege und den Frachttransport sowie die öffentlichen Verkehrsmittel miteinbezogen. Ferner legte er für eine zukünftig rasch wachsende Bevölkerung neue Wohngebiete, Verkehrsanschlüsse und Grünflächen an. Der für alle späteren Metropolitan- und Regionalpläne (z. B. New York,

Abb. 67: Verziertes öffentliches Gebäude aus der City-Beautiful-Bewegung, Midtown, Manhattan.

Abb. 68: *Wrought Iron District, Lower Manhattan – Platz sparende Hochhausarchitektur, bei der tragende Wände im Innern durch gusseiserne Säulen ersetzt wurden.*

Abb. 69: *Im Wrought Iron District, Lower Manhattan.*

Berlin u. a.) modellhafte Burnham-Plan von Chicago enthielt zwar viele Elemente, die auch fast einhundert Jahre später noch in der Umsetzung sind, er sah aber ebenso wenig wie die anderen Konzepte ausreichende Lösungen für das Wohnungsproblem der Industriearbeiterklasse und die Slumbedingungen in den Immigrantenvierteln vor (Moore 1921).

City Functional – City Scientific

Ausgehend von der *City Beautiful*-Idee vertrat Charles Mulford Robinson eine den Notwendigkeiten realistischer angepasste Stadtplanung, welche die amerikanischen Städte ebenfalls entscheidend prägte und als *City Functional* bekannt wurde. Das um die Jahrhundertwende erschienene Buch „The Improvement of Towns and Cities" und das 1903 erschienene Werk „Modern Civic Art" begründeten in vielen Städten engagierte Gruppen, die begannen, Stadtpläne zu erstellen und Schönheit mit Nützlichkeit zu verbinden suchten. Bauwerke wurden mit Blick auf ihre Funktionalität in verbesserter Bauweise errichtet. Die Grundidee, die Abhilfe von den übervölkerten, überbelegten Stadtvierteln schaffen sollte, war, dass eine Stadt nach Nutzungen differenziert und für jeden Stadtteil ein eigener Stadtentwicklungsplan erarbeitet werden sollte. Alle städtischen Teilräume sollten mit Hilfe eines übergeordneten Plans harmonisiert werden. Diese auf Funktionalität und städtische Funktionen ausgerichtete Planung mündete später in die Zonierungen (*zoning*) bzw. Flächennutzungsplanung, die 1916 zunächst in New York und danach in allen amerikanischen Städten eingeführt und in Europa übernommen wurde. Die verbesserten Lebensbedingungen in den Industriearbeitervierteln wollte man durch Auslagerung von Fabriken und anderen innerstädtischen Arbeitsplätzen in eigens dafür ausgewiesene Gebiete im suburbanen Raum erreichen. Dieses Konzept nahm gedanklich die funktionale Entmischung vorweg, die auch in Europa mit der Charta von Athen 1933 zum Leitbild der Stadtentwicklung wurde und die Suburbanisierung einleitete. Die amerikanische Bundesregierung praktizierte in den 1930er Jahren funktionale Entmischung als Lösungsansatz gegen die Verslumung; besonders nach dem Zweiten Weltkrieg wurde sie von amerikanischen Städten zu einem Charakteristikum der Suburbanisierungsprozesse.

Die sozialen Impulse, die zur Zeit der *City Beautiful* gegeben worden waren, wurden in der *City Func-*

tional aufgegriffen. Besondere Schwerpunkte waren Spielplätze und öffentlicher Verkehr. Der Park-Bewegung folgte die *Playground*-Bewegung in kleinen Aspekten: Besonders in den Slums ging es darum, einen Ausgleich zu den Bedingungen der Verelendung zu schaffen. Man sah in den Erholungsflächen auch eine Möglichkeit, die überbelegten Wohnviertel aufzulockern und dadurch die Wohnbedingungen zu verbessern. Die Landschaftsarchitekten John Nolen und Frederick Law Olmstead Jr. veröffentlichten in ihrem Buch „City Planning Movement", welches für eine professionalisierte Stadtplanung in den ganzen USA plädierte, präzise Vorstellungen, welche Typen von öffentlichen Flächen eine amerikanische Großstadt benötige (Scott 1969):

- Straßen, Boulevards und Alleen,
- Plätze, Grünanlagen und öffentliche Gärten,
- Spielplätze für Kleinkinder, Schulkinder und Jugendliche,
- kleinere Parks in Wohngegenden,
- große Parks im Stadtzentrum,
- große Naherholungsgebiete außerhalb der Stadt.

Alles sollte als ein System angelegt werden, wobei die Verkehrsachsen die innerstädtischen Parks mit den außerhalb gelegenen Erholungsgebieten verbinden und die Spielplätze neben den Schulen und genau wie die Schulen selbst gleichmäßig über das gesamte Stadtgebiet verteilt werden sollten. Die *City Functional*-Idee sah gute Wohnbedingungen in einer gesunden, angenehmen Wohnumgebung, ausreichende Verkehrsmittel, gut geplante Straßen, genügend Parks und Spielplätze und angemessene Standorte für Geschäfte und Industrie vor.

Wie bahnbrechend dieser Gedanke war, zeigt sich daran, dass auch einhundert Jahre später in den Slums amerikanischer Städte die gleichen Forderungen noch erfüllt werden müssten (s. Kap. „Einkommensdisparitäten"). 1909 wurde in Boston der erste umfassende Plan der *City Functional* (Boston 1915) begonnen, der die Einheit von Stadtplanung, Praktikabilität der Konzepte, Industrieansiedlungen, Verbesserung der Arbeitsbedingungen, Effizienz der städtischen Regierung, fortschrittlichen Bildungs- und Freizeiteinrichtungen sowie preiswerten und attraktiven, sanitär gut eingerichteten Arbeitersiedlungen schaffen wollte. Der Plan umfasste erstmals 37 Umlandgemeinden und war damit der erste Stadt-Umland-Plan, der auch eine funktionale Aufteilung der suburbanen Gemeinden vorsah. Dass dieser nach dem Metropolitanplan von Chicago erste funktionale Nutzungs- und Entwicklungsplan nicht verwirklicht werden konnte, lag zum einen daran, dass die Gemeinden ihre im 10. Zusatzartikel der Verfassung zugesicherte Autonomie zu stark beschnitten glaubten, und zum anderen an der falschen Annahme, dass allen Bürgern gleichermaßen an der Verbesserung der städtischen Problematik gelegen sei. Die bevorzugte Neigung der Amerikaner, bei Großstadtproblemen individualistische Lösungen zu suchen, zeigen heutzutage das *Gated Community*-Phänomen (s. Kap. „Einkommensdisparitäten") sowie die Tatsache, dass die USA in den 60 Jahren Bundespolitik für die Städte nie kommunale Maßnahmen wie einen Finanzausgleich einführen wollten.

Der aus den Bemühungen der *City Functional*-Bewegung 1917 heraus gegründete Amerikanische Stadtplanungsverband begann im gleichen Jahr im Auftrag der Bundesregierung, die temporäre Wohnraumversorgung für mehr als 300 000 Arbeiter der Rüstungsindustrie in 70 verschiedenen Städten zu planen, welche von der United Housing Corporation gewährleistet werden sollte.

Veränderte Wahrnehmung von städtischen Problemen

Die Verslumung, die Wohnungsnot und die sich verschlechternden sozialen Bedingungen wurden um die Jahrhundertwende im Zeitgeist der *Progressive Era* verstanden, und mit der *City Beautiful*-Bewegung wurden tief greifende städtebauliche Reformen eingeleitet. Diese Reformen veränderten das äußere Erscheinungsbild einzelner Stadtgebiete durch Grünanlagen, Wohnungsbau, *waterfront developments*, *civic center approaches* und andere Maßnahmen teils erheblich, wurden aber *nicht* von der Bundesregierung getragen, die erst viel später zu einem wichtigen Akteur wurde. Vielmehr waren die Maßnahmen von privater, unternehmerischer und gemeinnütziger Natur. Für das heutige Bild amerikanischer Städte sind die Manifestationen der *City Beautiful*-Bewegung von außerordentlich großer Bedeutung, die sich in fast jeder amerikanischen Großstadt noch in der großen Anzahl von klassischen und neoklassischen Bauwerken der öffentlichen Verwaltung, der Banken, Hotels oder sogar Apartmenthäuser der Jahrhundertwende niederschlagen.

Die *City Beautiful*-Bewegung konnte jedoch der ernst zu nehmenden Kritik der Verfechter eines verbesserten Wohnungsbaus nicht standhalten (Riis 1902, S. 3f.).

Die weit reichende Verslumung innerstädtischer Wohngebiete im ausgehenden 19. Jahrhundert brachte weitere Ansätze hervor, die sich mit der Wohnungsnot, der Verelendung und den sozialen Bedingungen der Slumbewohner befassten. Dazu gehörten neue kommunale Regelungen wie die *New York Tenement Reform* von 1902, die auch der beste Versuch war, den Innenstadtverfall direkt anzugehen, der zu dieser Zeit noch ein städtebauliches und Verslumungsproblem war: Ghettoisierung ethnischer Minderheiten oder wirtschaftliche Verödung, die heutigen Kernzeichen des Verfalls, waren noch nicht erkennbar, die Innenstädte waren noch Arbeitsplatz- und Wohnzentren für alle Schichten. Begünstigt durch Verbesserungen in Transport und Verkehr erfolgte die Abwanderung von den in den Mittelstand aufgestiegenen Innenstadtbewohnern und Einwanderern in neue Vorortsiedlungen (Robinson 1909, S. 8f.). Diese Abwanderung war so massiv, dass der US Census 1910 eine neue Kategorie zur Erfassung der intraurbanen Bevölkerungsbewegungen aufnahm: die Kategorie der *suburbs*, die außerhalb der Kernstadt, aber noch im metropolitanen Bereich liegen.

Dezentralisierung und Suburbanisierung brachten nicht die gewünschte Entlastung der Innenstädte, da die frei werdenden Innenstadtquartiere von neuen Zu- und Einwanderern der unteren Einkommensschichten besetzt wurden. Die Verfallsproblematik änderte sich damit kaum – zwar hatte es verbesserte architektonische Designs und Stadtgestaltung gegeben, die Verslumung aber nahm mit dem Invasions-Sukzessionsprozess seinen ungehinderten Lauf. Darüber hinaus leitete die Suburbanisation eine neue Ära des Verfalls ein. Suburbanisierung nahm um 1910, dem Zeitpunkt der ersten großen *Black Migration* (Zuwanderung von Schwarzen aus dem Süden in die gut zahlenden Industrien des Nordens), eine neue Dimension an, da die Innenstadtbevölkerung nun nicht mehr wegen der Wohnungsbedingungen die Stadtflucht antrat, sondern auch wegen des sich ändernden Sozialgefüges in der Stadt. Von nun an begann der Abzug der kaufkräftigen Mittelschicht und der wirtschaftlichen Aktivitäten in großem Maße. Die ersten suburbanen *shopping malls* in den USA traten in den 1920er Jahren auf.

Verslumung als Angebotsproblem – *Philanthropic housing*

Wichtig war aber, dass in diesen Jahren ein neues Verständnis gegenüber der Slumproblematik auftrat. Während vorher Slumbewohner für ihre Misere selbst verantwortlich gemacht wurden und selbst führende Sozialreformer wie Riis die soziologischen Gründe für das Elend in den Slums vor dem Hintergrund eines auf Eigenverantwortlichkeit basierenden puritanischen Gesellschaftsbildes kaum bedachten, wurde nun zumindest die Mitschuld der Gesellschaft deutlich: Innenstadtverfall und Verslumung sah man nun auch als ein Angebotsproblem, d.h. als mangelnde Versorgung der Stadtbevölkerung mit adäquaten Wohnungen an. Als weitere Möglichkeiten zur Verbesserung der Lebensbedingungen in den Slums galten die Einführung von baupolizeilichen Vorschriften sowie eines verbesserten Designs bei Neubau, Abbruch und Renovierung. Solche baupolizeilichen Vorschriften waren gegen Ende des 19. Jahrhunderts jedoch praktisch nicht durchführbar, da es noch keinen Gesetzesrahmen gab, der dem Staat die Aufgaben der öffentlichen Wohlfahrt und damit das Recht zur Vergabe von Richtlinien übertragen hätte. Aus diesem Grund schien im ausgehenden 19. Jahrhundert nur eine Kombination von privatwirtschaftlicher Kapitalanlage und Philanthropie bei der Verbesserung des Wohnungsmarktes eine viel versprechende Alternative zu sein. Da die öffentliche Hand kaum je als Träger für Wohnungsbaumaßnahmen in Erscheinung getreten war, verfügten privatwirtschaftliche Unternehmen ohnehin über die größte Erfahrung und das Know-how für den Wohnungsbau. Der Bau von Wohnungen für die Einkommensschwächeren sollte für Investoren rentabel gemacht werden, damit die sogenannten *business philanthropists* in das Geschäft investieren würden. Anstatt staatlich subventionierten Wohnungsbau unter dem Marktwert den Einkommensschwachen zu überlassen, sollte der freie Wohnungsmarkt erschwingliche Wohnungen bereitstellen (Gould 1885, S. 221, zit. in Ladner-Birch & Gardner 1981, S. 405).

Affordable housing durch rentable Wohnungsbauprojekte – das Schlagwort war heute wie damals ganz im Sinne der Sozialreformer: „... charity that will not pay will not stay (...)" „Houses are built now, as they were then, for profit. The business element must be there, or the business will fail" (Riis 1902, S. 83, 97).

„There have always been charitably disposed persons who will give their money (...) to those less fortunate than themselves. But it would be vain to hope to furnish homes to all those who need and for all time on any base as that. It has never been done, it will never be done and we submit that if it were possible, it would not be a wise way to meet the need. (Wage earners) are able and willing like the capitalist to pay fairly for accomodation they receive ..." (Boston Cooperative Building Company, 1873, S. 8, zit. in Ladner-Birch & Gardner 1981, S. 407).

In der Praxis wurden eigens für den Bau der Modell-Mietshäuser neue Firmen gegründet, die Wohnungsbau durch Spenden und den Verkauf von Wertpapieren finanzierten. Bei gemeinnützigen Projekten (*philanthropic housing*) mußten alle Profite ganz demselben Zweck zurückgeführt werden, während die „halb-philanthropischen" Projekte zwischen 5 und 7 % Rendite ausschütteten. Diese als „Sieben-Prozent-Lösung" des Innenstadtverfalls bekannten Bautätigkeiten hatten zwar einen starken Einfluss auf das Design und die Konzepte von Architekten, Behörden, Geschäftsleuten, Politikern und politischen Aktivisten, aber der gemeinnützige Wohnungsbau in amerikanischen Großstädten wurde quantitativ nicht so bedeutend wie z. B. in England (Ladner-Birch & Gardner 1981). Mit Ausnahme von Boston, New York und Philadelphia hatte der gemeinnützige Wohnungsbau in amerikanischen Großstädten kaum Bedeutung. Dies kann man vor allem tatsächlich darauf zurückführen, dass die Rendite von ursprünglichen 5, dann 7 % noch zu niedrig im Vergleich zu anderen Geldanlagen war. Der gemeinnützige Wohnungsbau war also auf lange Sicht von Seiten der Investoren nicht lukrativ genug, für die Bedürftigen nicht erschwinglich und konnte daher nicht wesentlich dazu beitragen, die innerstädtische Verfalls- und Slumproblematik in dem Maße zu vermindern, wie es das rapide Bevölkerungswachstum erfordert hätte.

Das Verdienst der Bemühungen dieser Zeit im Hinblick auf Kernstadtverfall und Erneuerung war es, neben statisch-architektonischen Veränderungen den Gedanken zu etablieren, dass das althergebrachte Konzept vom positiven Wirken der Privatwirtschaft bei nationalen oder sozialen Aufgaben ins Ungleichgewicht geraten war. Diese Erkenntnis schuf erstmals ab 1915 eine Akzeptanz für Planung durch staatliche Einrichtungen mit Hilfe von übergeordneten Planungskonzepten, sozialstatistischen Erhebungen und Managementprinzipien.

Eine weit reichende strukturelle Lösung, die auch gegenwärtig immer wieder propagiert wird, wurde 1909 in der Bewegung „Boston 1915" gefordert: den in den USA bis heute weit gehend fehlenden, kommunalen Finanzausgleich und die Besteuerung der Vororte zur Finanzierung innerstädtischer Problemgebiete einzuführen. Dieser Ansatz, der begleitet war von umfassenden Metropolitan- und Regionalplänen nach dem Modell des Burnham-Plans für Groß-Chicago, fand jedoch bis heute keine Akzeptanz. Zu sehr sind die USA geprägt von dem Gedanken der Bewährung durch Arbeit und der Abneigung gegen *free riders.* Soziale Auffangnetze sollten nur für jene gelten, die sie vermeintlich verdienen.

Zonierung, Regionalpläne, *Greenbelt Towns*

Es etablierte sich jedoch ein anderer Ansatz zur Kernstadterneuerung. Zonierung, die Vorgabe von Flächennutzungsbestimmungen mit strenger Trennung städtischer Funktionen (Wohnen, Gewerbe, Industrie) und die ersten Bauauflagen wie Höhenbegrenzungen galten als geeignetes Mittel.

Erste übergeordnete Vorgaben führte Boston 1909 mit seiner Höhenbegrenzung ein, 1915 gab es in Los Angeles eine Anweisung über industriell zu nutzende Flächen. Ab 1913 erließen die Bundesstaaten New York, Minnesota, Wisconsin und Illinois auch eine Gesetzgebung gegen die industrielle Nutzung in Wohngebieten. Es entstanden die ersten Ansätze des *residential zoning,* die jedoch noch keine umfassende Gesetzgebung zur Flächennutzung für das gesamte Stadtgebiet darstellten (Scott 1969).

Kommunale Zonierungsgesetzgebung wurde somit zum wichtigsten Planungs- und Stadtentwicklungsinstrument überhaupt; es wurde allgemein begrüßt, da es z. B. die Ansiedlung von Industrien in alten und neuen Wohngebieten verbot, was den eventuellen Verfall dieser Gebiete aufhielt. Allerdings erlaubte Zonierung die Ansiedlung von Wohngebäuden in Industrievierteln, was dichte Bebauung und Verfall in neu ausgewiesenen Industrie- und Gewerbegebieten vorprogrammierte und ebenso vorzeichnete, dass der später von der Bundesregierung eingeführte soziale Wohnungsbau zu einem großen Teil auf schlechten Standorten entstand. Zonierung wurde 1916 in New York City eingeführt und bis 1921 in der Hälfte aller Bundesstaaten mit Hilfe von einzelstaatlicher Gesetzgebung vollzogen. Auf der Bundesebene wurde ein Modellgesetz für Zonierungen erst 1924 eingesetzt. 1926 hatten über vierhundert Städte Zonierungsbestimmungen, deren Verfassungsmäßigkeit von den Obersten Gerichtshöfen der Bundesstaaten und vom US Supreme Court bestätigt wurde (Scott 1969).

Gleichzeitig mit der strikten Abgrenzung von städtischen Funktionen durch Zonierung gab es Versuche, Stadterneuerung über einen übergeordneten Regionalplan anzugehen. So wollte man zunächst für die größeren Stadtregionen dezentrale Entlastungszentren und Entwicklungskorridore planen, danach spezifische Bebauungs- und Wirtschaftspläne aufstellen und diese durch Zoning fixieren. Die Bundesgesetzgebung trug diesem Gedanken Rechnung: Schon 1927 rückte diese Art von Planung im neuen *Standard City Planning Enabling Act* explizit in den Vordergrund. Im Rahmen dieses Dezentralisierungs- und regionalplanerischen Gedankens wurden neue Stadtentwicklungs- und Erneuerungspläne aufgestellt, deren wichtigste Bestandteile Parks, Autobahnen, Radial- und Ringstraßen und die Umleitung von Verkehrsströmen waren, was die Entflechtung städtischer Funktionen erleichtern sollte.

Beispielhaft für die übergreifende Stadtentwicklungs- und Erneuerungsplanung war der New Yorker Regionalplan, der von 1921 bis 1931 unter Mitwirkung des Wirtschaftsministers, führender Planer, von Architekten, Ingenieuren, Soziologen, Wirtschaftswissenschaftlern und Wohnungsbaureformern entstand. Dieser Plan sah vor, das Kernstadtproblem über Bevölkerungs- und Arbeitsplatzdezentralisierung zu lösen, ohne allerdings einen direkten Plan für die Innenstadterneuerung zu entwerfen. Es sollten Industriezentren von niedriger Bevölkerungsdichte außerhalb der Kernstadt angelegt, ferner sollten in deren Nähe Gartenstädte, d. h. Wohn- und Gewerbegebiete geschaffen werden und eine Dezentralisierung von Geschäften und Handel aus der Kernstadt in die Nähe der neuen Bevölkerungszentren stattfinden (Krueckeberg 1985; Scott 1969).

Schließlich schuf auch die Bundesebene wichtige Konzepte zur Verbesserung innerstädtischer Wohn- und Arbeitsbedingungen. Eines davon war das der Dezentralisation, also der Entkernung innerstädtischer Problemviertel durch Bau von Gartenstädten: Die Tugwell Towns oder *Greenbelt Towns*, die unter Rexford Tugwell in den 1930ern von der Resettlement Administration geplant wurden, jedoch weitgehend unverwirklicht blieben, gingen davon aus, dass

- die bestehenden Städte menschenunwürdig waren,
- die bereits weit fortgeschrittene städtische Dezentralisierung (Suburbanisierung) die Lebensform der Zukunft sei und
- kooperative, konzertierte Bemühungen notwendig seien, um sowohl den Kernstadtverfall als auch die weitere Suburbanisierung in kontrollierte Bahnen zu lenken.

Die wichtigste Bemühung dieser Behörde war es, das Konzept der Gartenstädte umzusetzen, wobei Entlastungsstädte von ca. 30 000 Einwohnern und mit allen städtischen Funktionen um die größten Verdichtungsräume geschaffen werden sollten. Ab 1929 wurden dann vom Bund subventionierte *Greenbelt Towns* geschaffen: Greenbrook bei New York, Greenhills bei Cincinnati (fertiggestellt 1838), Greendale bei Milwaukee (1938) und Greenbelt bei Washington, D.C. (1937). Die Idee der *Greenbelt Towns* wurde schließlich aufgegeben, nachdem sich herausgestellt hatte, dass mindestens 3000 solcher Städte hätten gebaut werden müssen, um eine Entlastung der innerstädtischen Wohnungssituation zu erreichen (Gelfand 1975).

Die *Greenbelt Towns* wurden nicht zuletzt auch auf Betreiben der neuen Regional Planning Association of America sowie einiger führender Architekten/Planer wie Lewis Mumford und Frank Lloyd Wright gebaut. Letzterer propagierte z. B. die *Broad Acre City*, in der für jede Familie ein *acre* in einer ländlichen Umgebung mit guter Verkehrsanbindung und einem Arbeitsplatzangebot zur Verfügung stehen sollte. Arbeiter sollten nur über kurze Strecken zu ihren Fabriken fahren, und Akademiker sollten ihre Büros zu Hause haben – eine Forderung, die sich durch die Möglichkeit von Computerarbeitsplätzen in der heutigen Zeit wiederholt. Städtische Bedürftige sollten sich Haus und Leben in der *Broad Acre City* stückchenweise durch ein Punktesystem bei ihrer Arbeitsstelle verdienen. Die Überlegung war, mit genügend *Greenbelt Towns* die überbelegten Innenstadtslums zu entvölkern, um sie letztendlich auch in geräumige Wohnviertel für die Mittelklasse verwandeln zu können. Grundlage dafür waren die gartenstadtähnlichen Arbeitersiedlungen des Ersten Weltkriegs und die spektakulären Experimente der 1923 auf Privatinitiative gebauten Stadt Radburn, New Jersey (Abb. 69a). Radburn war eine der ersten privatwirtschaftlich geplanten *New Towns* in USA und stellt eine amerikanisch adaptierte Variante der Gartenstadtidee dar. Es war das Gedankenkind des neuen Berufsstandes der Planer – American City Planning Institute, American Civic Association, American Institute of Architects, American Society of Civil Engineers – und der Privatwirtschaft. Mit Radburn wollte man städtisch-soziale Probleme, also *urban life*, mittels Verbesserung der Stadtgestaltung – *urban form* – angehen (Christensen 1986, S. 4, 6, 7; Ladner-Birch 1983). In jedem amerikanischen *suburb* wird seither das Radburn-Modell tausendfach als *garden suburb* dupliziert.

Mit dem indirekten regionalplanerischen Ansatz zur Entlastung der Kernstädte, der in Kommunen und von der Bundesregierung vorerst auf Jahre hinaus betrieben wurde, ging der direkten Kernstadtrevitalisierung wertvolle Zeit verloren. In dieser Zeit verstärkten sich durch eben diese Planungen die städtebaulichen Probleme. Noch schwerwiegender aber sind die seither geschaffenen wirtschaftlichen Probleme: die allmähliche Erosion innerstädtischer Wirtschaftsstrukturen und die Entwicklung von Wirtschaftsbrachen. Wegen der weit reichenden Konsequenzen verdient die Ära der 1920er und frühen 1930er Jahre besondere Aufmerksamkeit. Sie schuf den Prototyp der Stadt und des Verfallsproblems, der die Gegenwart kennzeichnet. Mit der Ära der bewussten Suburbanisierungspolitik der 1920er Jahre begann auch die heutige Stadtlandschaft, die beständig neue *suburban communities*, aber auch *gated communities* in den Kernstädten entstehen lässt. Die Ära entwickelte auch die Gedankenmodelle wie Kernstadterneuerung durch Suburbanisierung oder Grund- und Aufrissveränderungen zur Lösung sozialer und wirtschaftlicher Problematik, denen später die bundespolitischen Bemühungen folgten (s. Kap. „Stadtentwicklung").

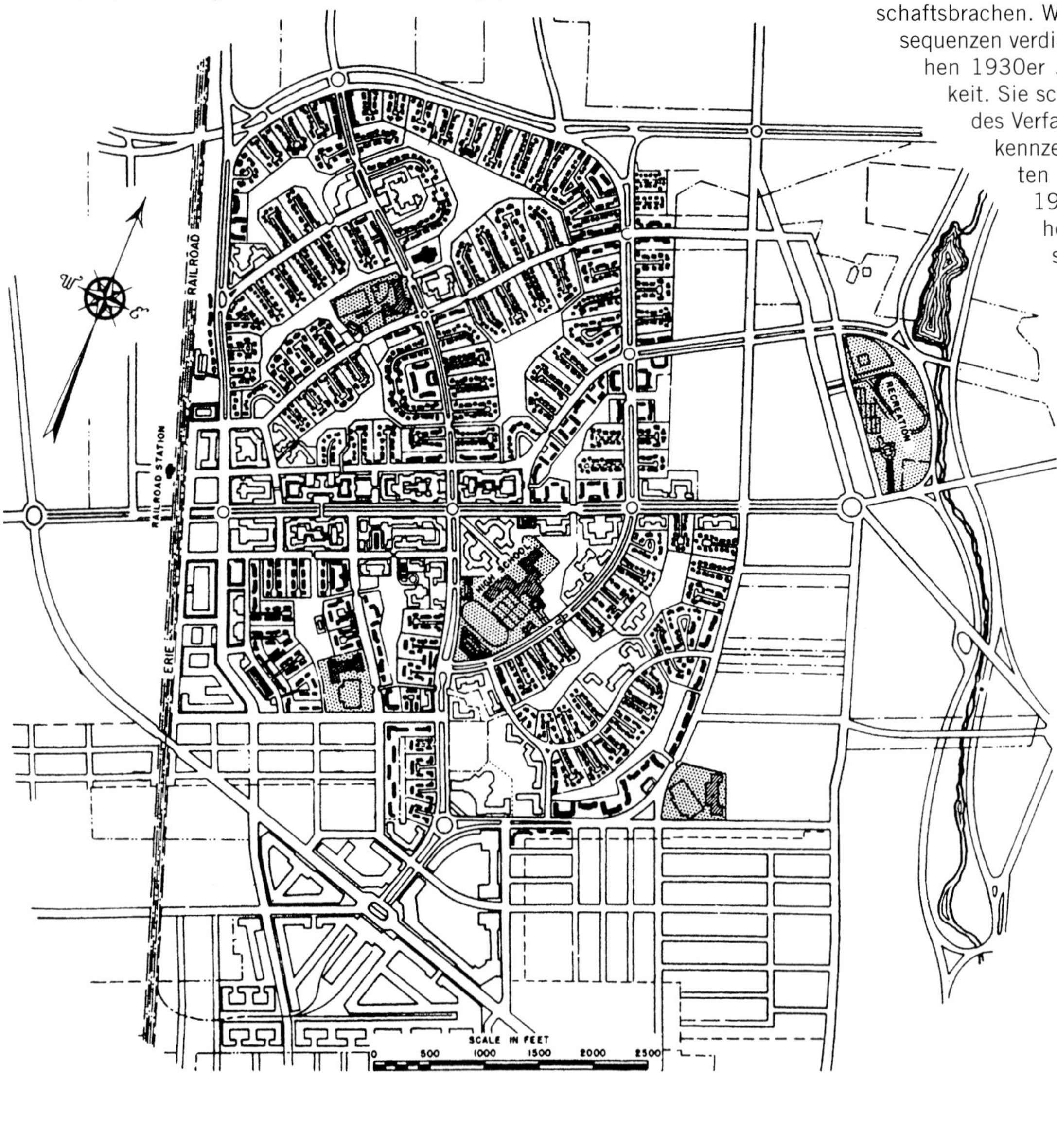

Abb. 69a: *Plan von Radburn, New Jersey.*

Bevölkerungsentwicklung und Bevölkerungsstrukturen

Abb. 70: Chinatown San Francisco.

Überblick

- Die USA sind von jeher ein Einwanderungsland gewesen.
- Masseneinwanderung, Wachstum der Märkte und Verfügbarkeit von Arbeitskräften aus aller Welt waren die Grundlage der Inwertsetzung des Landes – in der kolonialen Geschichte ebenso wie im Zeitalter der Industrialisierung im 19. Jahrhundert.
- Die Einwanderung verlief in vier Phasen: die unregulierte „Alte Einwanderung" der überwiegend nord- und nordwesteuropäischen Bevölkerung, die Masseneinwanderung aus Ost- und Südosteuropa, ferner die strikt nach Quoten regulierte und die Einwanderung unter dem Präferenzsystem nach der Liberalisierung der Gesetzgebung.
- Wirtschaftsinteressen und politisch-kulturelle Wertvorstellungen bestimmten den Umgang der politischen Institutionen mit den Einwanderern und Ureinwohnern.
- Eine Politik der Vernachlässigung und Dispute um indianische Rechtsansprüche kennzeichnen gegenwärtig noch immer den Umgang mit der amerikanischen Urbevölkerung.
- Die ab dem 17. Jahrhundert in der kolonialen Zeit Amerikas als Sklaven eingeführte afroamerikanische Bevölkerung erfuhr durch den Unabhängigkeitsprozess der USA keine Gleichstellung.
- In langwierigen politischen und wirtschaftlichen Prozessen wurde diese erst annähernd zweihundert Jahre später erkämpft und ist bis heute nicht vollständig erreicht.
- Trotz des gesellschaftlichen Zwangs zur Assimilation kennen die USA bis heute keine vollständige Integration: Segregation, Abgrenzung und die Entwicklung von Parallelgesellschaften sind Merkmale der heutigen Gesellschaft.

Bevölkerungsentwicklung – Überblick

Bevölkerungswachstum

Die USA waren von jeher stark von Einwanderung geprägt – sowohl in ihrer kolonialen Geschichte als auch seit Gründung der Nation. Allein die Zahl der zwischen 1820 und 1998 Eingewanderten beträgt 63 Mio. Personen (Tab. 6). Obwohl die USA nicht ausschließlich Ziel europäischer Auswanderer waren, nahmen sie doch überproportional viele auf. Zu den *Push*-Faktoren, die im 19. Jahrhundert Einwanderer aus Europa und Asien in die USA brachten, gehörten:

- Kriege, wirtschaftliche und politische Krisen, Missernten und Hungersnöte.
- Das enorme Bevölkerungswachstum in Europa und Asien zwischen 1800 und 1900. So stieg die Bevölkerung in Europa von 187 Mio. um 1800 auf 401 Mio. um 1900 und in Asien im gleichen Zeitraum von 522 Mio. auf 859 Mio. an.
- Verfolgung von religiösen oder ethnischen Minderheiten.

Gezielte Werbung und Rekrutierung der amerikanischen Eisenbahngesellschaften in Europa sowie finanzielle Zuwendungen der Amerika-Auswanderer an ihre Familien, ferner Verbesserungen der internationalen Transportwege erleichterten die Einwanderung. Während 1825 eine Überfahrt noch 25 Pfund kostete, konnte im ausgehenden 19. Jahrhundert bereits eine sechsköpfige Familie für den gleichen Preis übersetzen (Adams 1994).

Die tatsächliche Zahl der Einwanderer lag allerdings weit höher, da weder legal oder illegal eingeführte Sklaven noch illegal Eingewanderte erfasst wurden. Außerdem wurden bis 1908 Zuzüge aus Kanada und Mexiko nicht dokumentiert. Zwischen 1870 und 1910 stieg die Bevölkerung der USA von rund 40 Mio. auf rund 92 Mio. Menschen an (Tab. 7). Die Bevölkerungszahlen zeigen die große Bedeutung der Einwanderung für alle Bereiche der Wirtschaft und Gesellschaft auf.

Einwanderungsbewegungen

Die Einwanderung in die USA lässt sich im Wesentlichen in drei Phasen unterteilen. Die *erste Phase der unregulierten Einwanderung („Alte Einwanderung“)* begann, als während der Kolonialzeit nur eine relativ geringe Anzahl nach Amerika auswanderte. Die Gesamtzahl der Puritaner, die von 1628 bis 1640 nach Massachussetts kamen, betrug jährlich ungefähr 20 000. Bis zum Ende des 18. Jahrhunderts kamen 450 000 Einwanderer nach Nordamerika. Zum Zeitpunkt der Unabhängigkeit der USA waren 77 % der Bevölkerung angelsächsischen Ursprungs, die übrigen waren Deutsche, Niederländer, Schweden und Hugenotten aus Frankreich. Nach 1815, dem Ende der napoleonischen Kriege in Europa, begannen die wirklich großen Immigrationswellen, weswegen um 1820 in den USA die statistische Erfassung der Einwanderer begann. Von 1815 bis 1860 kamen fast fünf Millionen Menschen in die USA, ab 1842 überstieg die Zahl der jährlich Einwandernden 100 000 Personen. Bis 1896 waren es überwiegend Menschen aus Nord- und Westeuropa, die in die USA gelangten. Doch während um 1820 Nord- und Westeuropäer noch 90 % der Immigranten ausmachten, verringerte sich ihr Anteil bis 1896 auf 55 % (Tab. 8–10). Der weitaus größere Teil der zwischen 1815 und 1860 Eingewanderten aus Nord- und Westeuropa kam aus ökonomischen Gründen. Die Bevölkerungsexplosion in Europa, die industrielle Revolution, welche die Handwerker erwerbslos machte, sowie Hungersnöte und politische Verfolgung – besonders um 1848 – waren Auslöser für die Auswanderung. Da die mehr als 1000 Handelsschiffe, die Baumwolle, Holz und andere Produkte nach Europa brachten, auf der Rückfahrt ungenutzten Laderaum hatten, waren die Preise für die Überfahrt in die USA niedrig und sanken stetig.

Der Hauptstrom der Einwanderer der ersten Phase bevorzugte die Ostküste zwischen Boston und Baltimore sowie den mittleren Westen, insbesondere Il-

Zeitraum	Anzahl Personen in Tausend	Quote pro 1000 der Bevölkerung im Jahresmittel
1820–1830	152	1,2
1831–1840	599	3,9
1841–1850	1713	8,4
1851–1860	2598	9,3
1861–1870	2315	6,4
1871–1880	2812	6,2
1881–1890	5247	9,2
1891–1900	3688	5,3
1901–1910	8795	10,4
1911–1920	5736	5,7
1921–1930	4107	3,5
1931–1940	528	0,4
1941–1950	1035	0,7
1951–1960	2515	1,5
1961–1970	3322	1,7
1971–1980	4493	2,1
1981–1990	5802	2,7
1991–1998	7605	3,6
1820–1998	**63 090**	**3,4**

Ausgew. Jahre	Anzahl Personen in Tausend	Quote pro 1000 der Bevölkerung
1970	373	1,8
1975	386	1,8
1978	601	2,8
1979	460	2,1
1980	531	2,3
1985	570	2,4
1990	1536	6,1
1991	1827	7,2
1992	974	3,8
1993	904	3,5
1994	804	3,1
1995	720	2,7
1996	916	3,5
1998	660	3,5

Tab. 6: Gesamte Einwanderung.

Quelle: Historical Statistics Colonial Times to 1970, Series C89 und Statistisches Jahrbuch 2001, Tab. 5 u. 9.

Zensusjahr	Anzahl
1790	3 929 214
1800	5 308 483
1810	7 239 881
1820	9 638 020
1830	12 866 020
1840	17 069 453
1850	23 191 876
1860	31 443 321
1870	39 818 449
1880	50 155 783
1890	62 947 714
1900	75 994 575
1910	91 972 266
1920	105 710 620
1930	122 775 046
1940	131 669 275
1950	150 697 361
1960	178 464 236
1970	203 302 031
1980	226 545 805
1990	248 709 873
2000	281 421 906
2001	284 796 887

***Tab. 7:** Bevölkerungswachstum im zusammenhängenden Staatsgebiet.*

Quelle: Historical Statistics Colonial Times to 1970, Series C89 und Statistisches Jahrbuch 2001, Tab. 5.

linois, Michigan, Wisconsin, Iowa und Minnesota. Briten und Kanadier arbeiteten überwiegend in der Industrie, während Iren und Deutsche besonders im Handel tätig waren und der Kleinhandel von Ost- und Südosteuropäern betrieben wurde. Viele Bauern und Landarbeiter, die einwanderten, fassten dennoch schlecht in der modernen amerikanischen, von Skandinaviern und Deutschen dominierten Landwirtschaft

Herkunftsland	Gesamtsumme 1820–1950	Haupteinwanderungsjahr
Deutschland	6 248 529	1882
Italien	4 776 884	1907
Irland	4 617 485	1851
Großbritannien	4 386 692	1888
Österreich-Ungarn	4 172 104	1907
Russland	3 343 895	1913
Kanada und Neufundland	3 177 446	1924
Schweden	3 195 148	1882
Mexiko	838 844	1924
Norwegen	814 955	1882
Frankreich	633 807	1851
Westindische Inseln	496 686	1824
Griechenland	439 581	1907
Polen	422 326	1921
China	398 882	1882
Türkei	362 034	1813
Dänemark	340 418	1882
Schweiz	306 227	1883
Japan	279 148	1907
Niederlande	268 619	1882
Portugal	263 467	1921
Spanien	173 021	1921
Belgien	170 374	1913
Rumänien	158 021	1921
Südamerika	143 133	1924
Tschechoslowakei	128 360	1921

***Tab. 8:** Immigranten nach Herkunft zwischen 1820 und 1950. Unterschiedliche amtliche Quellen geben z. T. in Bezug auf einzelne Herkunftsgebiete (z. B. Österreich-Ungarn) verschiedene Zahlen an.*

Quelle: Historical Statistics Colonial Times to 1970, Series C89.

Zeitraum	Herkunftsregionen							
	Deutschland	Irland	England, Schottland, Wales	Skandinavien	Italien	Österreich-Ungarn	Russland und Baltikum	Gesamt
1820	968	3 614	2 410	23	30		14	8 385
1821–1830	6 761	50 724	25 079	260	409		75	143 439
1831–1840	152 454	207 654	75 810	2 264	2 253		277	599 125
1841–1850	434 626	780 719	267 044	13 122	1 970		551	1 713 251
1851–1860	951 657	914 119	423 929	24 680	9 231		457	2 598 214
1861–1870	827 468	435 697	607 076	126 392	11 725	7 800	2 515	2 314 824
1871–1880	718 182	436 871	548 043	242 934	55 795	72 969	39 287	2 812 191
1881–1890	1 452 970	655 540	807 357	655 494	307 309	362 719	213 286	5 246 613
1891–1900	505 152	388 416	271 538	375 512	651 783	574 069	505 281	3 687 564
1901–1910	341 498	339 065	525 950	505 324	2 045 877	2 145 266	1 597 308	8 795 386
1911–1920	143 945	146 199	341 408	203 452	1 209 524	901 656	921 957	5 735 811
1921–1930	412 202	220 564	330 168	198 210	455 315	214 806	89 423	4 107 209
Gesamt	**5 947 883**	**4 579 182**	**4 225 812**	**2 434 667**	**4 751 311**	**4 279 285**	**3 370 427**	**37 762 012**

***Tab. 9:** Einwanderung in die USA 1820–1930, nach Herkunftsgebieten.*

…Refugee Policy, US Immigration Policy and the National Interest: Staff Report (supplemented to the final report) Washington, D.C.: GPO 1981, S. 230 ff.

Zeitraum	Gesamte Einwanderung (Anzahl Personen)	Europäischer Anteil in %	Herkunftsgebiete europäischer Einwanderung in %	
			West-, Nord-, Mitteleuropa	Ost- und Südosteuropa
1850–1854	1917527	94,3	99,6	0,4
1910–1914	5174701	87,4	20,2	79,8
1950–1954	1099035	65,2	79,5	20,5
1952*	134657	96,8	84,9	14,0
1963–1967	1580217	39,7	52,7	38,6
1971	370478	26,0	19,0	65,1

* nach festgesetzten Quoten des Immigration and Nationality Act 1952

Tab. 10: *Europäische Einwanderung in die USA in ausgewählten Zeiträumen.*

Quelle: Nach Historical Statistics Colonial Times to 1970, Series C89 (veränd.).

Fuß, da sie entweder aus der Leibeigenschaft kamen oder nur traditionelle bäuerliche Wirtschaftsweisen kannten. Der Süden der USA wurde bei der Einwanderung gemieden, da er aufgrund seiner Plantagenwirtschaft sowie mangelnder industrieller Arbeitsplätze kaum Aufstiegsmöglichkeiten bot. Nicht selten blieben bestimmte Gruppen von Neuankömmlingen in neuen Siedlungsgebieten zusammen.

Religiöse Gruppen siedelten sich als Gemeinschaft in entlegenen Gebieten an, so z. B. die Mennoniten, Amish und Hutterer, die ländliche Gemeinden oder Kleinstädte gründeten (Volmar 1996). Skandinavier zogen in die entlegeneren Gebiete des agrarischen Mittelwestens, Deutsche blieben im zentraleren Teil des Mittleren Westens und an der mittleren Atlantikküste. Iren, die nach der Hungersnot von 1848 kamen, siedelten vornehmlich in den Hafenstädten an der Atlantikküste, da ihnen die finanziellen Möglichkeiten zur Wanderung weiter westwärts in die USA fehlten (Tab. 11).

Irische Einwanderer waren aufgrund wiederholter Missernten in Irland zwischen 1840 und 1844 bei ihrer Einwanderung völlig verarmt. Wegen ihrer Erfahrungen mit einer instabilen Landwirtschaft verblieben sie in den großen Städten der Ostküste. Aufgrund ihres niedrigen Bildungsstandes – sie waren großenteils Analphabeten –, ihrer katholischen Religion und ihrer irisch-keltischen Sprache blieben sie Außenseiter der Gesellschaft und verdienten sich ihr Auskommen in den untersten Kategorien des Arbeitsmarktes: Als Hilfsarbeiter waren die Männer im Eisenbahn-, Schiffs- und Kanalbau tätig, die Frauen überwiegend in Haushalten beschäftigt. Die irische Bevölkerungsgruppe blieb eine der ärmsten Bevölkerungsschichten und machte den amerikanischen Arbeitern dadurch Konkurrenz, dass sie die niedrigsten Löhne akzeptierte. In Boston, New York, Philadelphia und anderen Städten bildeten sich ausgeprägte irische Slums. Mit dem Aufkommen der großen irischen Einwanderungsströme bildeten sich politische „Nativist"-Bewegungen, die gegen gewisse Einwanderergruppen und gegen die ihrer Meinung nach herrschende „Überfremdung" der Gesellschaft agitierten. Nach dem Bürgerkrieg, der die Zahl der Immigranten zeitweilig stark gesenkt hatte, kamen von 1865 bis 1914 noch einmal 26 Mio. Menschen in die USA. Allein 1907 kamen 1,285 Mio. Immigranten in die USA, etwa 153 000 davon in Folge der Pogrome in Russland in den Jahren zuvor.

Die stark steigende Zahl der Einwanderer hing jedoch nicht nur mit *Push*- und *Pull*-Faktoren zusammen, sondern auch mit den Verbesserungen im Transportwesen, so z. B. der Umstellung auf die Dampfschifffahrt, welche die Passagiere in 10 bis 12 Tagen kostengünstig und gewinnbringend über den Atlantik befördern konnte. Zu den zwei größten im Transatlantikverkehr operierenden Schifffahrtslinien gehörten die „Hamburg-Amerika-Linie" und die „Norddeutsche Lloyd" (Adams 1994). Sie arbeiteten mit den Rekrutierungsbüros der großen amerikanischen Eisenbahngesellschaften zusammen. Die amerikanische Regierung hatte diesen das Land auf beiden Seiten der vorgesehenen Streckenführung im gesamten Staatsgebiet geschenkt, um einen Anreiz dafür zu schaffen, die Linien überhaupt zu bauen. Mit den Immigranten, die immer weiter westwärts zogen, Städte gründeten, Handel betrieben und Versorgungsgüter benötigten, waren den Eisenbahngesellschaften der Markt und damit ihre Investition in die Trassenlegung gesichert.

Die *zweite Phase* ab 1890 ist von einer *Umschichtung der Einwanderungsströme („Neue Einwanderung")* gekennzeichnet, die nun überwiegend aus Ost- und Südosteuropa kamen. 1907 betrug der Anteil jener Einwanderer 76 % und sank dann bis 1921 auf unter 30 %. Im Jahr 1914, dem Höhepunkt der sogenannten „Neuen Einwanderung", kamen 85 % der Einwanderer aus Süd- und Osteuropa sowie Kleinasien. Insgesamt kamen dabei zwischen 1881 und 1910 auch rund 1,5 Mio. Juden in die USA, wo bis 1880 nur eine Gesamtzahl von 180 000 Juden ansässig gewesen war. Sie ließen sich überwiegend im industrialisierten und verstädterten Nordosten nieder (S. Joseph 1914; McKee 1985, S. 148; Tab. 12). Die steigenden Anteile jüdischer Einwanderer an der Gesamtzahl wurden öffentlich und in der politischen Debatte kontrovers diskutiert (Feingold 1974; Jones 1972) und trugen mit dazu bei, die Einwanderung einige Jahre später gesetzlich zu reglementieren und zu begrenzen. Wegen der deutlichen Veränderung der Gesellschaftsstrukturen wurden ab 1917 Restriktionen eingeführt, die zusammen mit den Einwanderungsgesetzen von 1921 und 1924 dazu führen sollten, die Zuwanderung von Personen aus Ost- und Südosteuropa auf deren Anteile an der Bevölkerung, die im Zensus von 1890 erfasst worden war, zurückzuführen.

Gleichzeitig mit dem Einwanderungsstrom aus Südosteuropa stieg die Immigration aus Asien, insbesondere aus China, Japan und den Philippinen an. Fast alle Neuankömmlinge kamen aus wirtschaftlichen Gründen. In den USA trafen sie Bedingungen an, die sie aus ihren Heimatländern in der Form nicht kannten: Die Industrialisierung war sehr weit vorangeschritten, die Großkonzerne beschäftigten Tausende von Arbeitern und suchten in großem Maße ungelernte Fabrikarbeiter (Heilbronner & Singer 1984).

Es ergaben sich, wie schon bei der ersten Einwanderungsphase, Konzentrationen von Immigrantengruppen in bestimmten Wirtschaftszweigen: Polen, Slowaken und Ungarn waren im Bergbau und in der Schwerindustrie tätig, Russen, russische und polnische Juden in der Bekleidungsindustrie, Italiener im Bauwesen.

An der Schwelle des 20. Jahrhunderts war die Mehrheit aller Arbeiter in den amerikanischen Industrien Immigranten. Um ihre Arbeitskräfte in Europa anzuwerben, praktizierten die Industrien, im Gegensatz zu den Eisenbahngesellschaften, die Land günstig zu vergeben hatten, eine moderne Form des *indentured servant*-Systems: Den Auswanderungswilligen wurde die Überfahrt bezahlt, im Gegenzug mussten sie zu niedrigen Löhnen in den firmeneigenen Fabriken arbeiten. Zwar wurde diese Form der *contract labor* schon 1868 auf Druck von gewerkschaftsähnlichen Verbänden per Bundesgesetz untersagt, doch blieb sie bis ca. 1880 bestehen, als die „neue" Einwanderung jene Arbeiter ins Land brachte, die dem Industriekapitalismus mit Niedrigstlöhnen weitere Expansionsmöglichkeiten boten (Adams 1994, 2000). Bis ca. 1900 waren die Immigranten überwiegend ungelernte oder Landarbeiter; nach dem Ersten Weltkrieg sank ihr Anteil auf unter 40 % und die Qualifikation der Immigranten nahm zu. Dennoch arbeiteten in den USA in dieser Zeit nur relativ wenig Neuankömmlinge tatsächlich in ihren erlernten Berufen.

Ab 1921 begann die *dritte Phase der stark reglementierten Einwanderung*, die sich vor allem gegen die Immigration aus Ost- und Südosteuropa, Lateinamerika und Asien richtete und ein Quotensystem für einzelne Länder einführte. Die Quotenregelung beinhaltete eine Länderkontingentierung, wonach nur noch 3 % der um 1890 in den USA lebenden jeweiligen Nationalität in das Land gelassen wurde. Dieses neue System sollte sicherstellen, dass die Einwanderungszahlen jährlich 300 000 bis 400 000 nicht übersteigen und dass die Einwanderungsströme eine der *White Anglo-Saxon Protestant*-Bevölkerung (WASP) nahe stehende Zusammensetzung aufweisen würden. In dieser Richtung sind auch die zuvor erfolgten Einwanderungsverbote für Chinesen (1882) und Japaner (1921) zu verstehen. Festzuhalten ist, dass die Chinesen in den Jahrzehnten zuvor angeworben wurden, um die Transkontinentaleisenbahnen zu bauen. Als die Arbeit beendet war und sie zu Konkurrenten auf dem amerikanischen Arbeitsmarkt wurden, schuf man passende Gesetze, um der weiteren Einwanderung aus Asien, insbesondere China, buchstäblich den Riegel vorzuschieben.

An der Quotierung wurde strikt festgehalten. Die Zahl der Immigranten sank von über 800 000 im Jahre 1921 auf weniger als 150 000 im Jahre 1930. Im Durchschnitt betrug die Zahl der Einwanderer jährlich ca. 350 000. Kongressdebatten zeigen, dass man auch die Zuwanderung aus Lateinamerika einschränken wollte; so suchte man ab 1930 die mexikanischen Landarbeiter in der kalifornischen Landwirtschaft durch philippinische zu ersetzen. Allerdings verließen die meisten der auf 50 000 bis 100 000 geschätzten philippinischen Landarbeiter während der Depression der 1930er Jahre das Land ohnehin wieder (Dinnerstein & Reimers 1988).

Seit Mitte der 1930er Jahre baten Verfolgte des nationalsozialistischen Regimes in Deutschland um

Stadt	Gesamtbevölkerung	Iren	Deutsche	Engländer
New York City, N.Y.	942 292	202 000	151 203	24 408
Philadelphia, Pa.	674 022	96 698	50 746	22 034
Brooklyn, N.Y.	376 099	73 985	36 769	18 832
St. Louis. Mo.	310 864	32 239	59 040	5 366
Chicago, Ill.	298 977	40 000	52 316	10 026
Baltimore, Md.	267 354	15 223	35 276	2 138
Boston, Ma.	250 526	56 900	5 606	6 000
Cincinnati, Oh.	216 239	18 624	49 446	3 524
New Orleans, La.	191 418	14 693	15 224	2 005
San Francisco, Cal.	149 473	25 864	13 602	5 166
Buffalo, N.Y.	117 714	11 264	22 249	3 558
Washington, D.C.	109 200	6 984	4 131	1 231
Newark, N.J.	105 059	12 481	15 873	4 040
Louisville, Ky.	100 753	7 626	14 380	930
Cleveland, Oh.	92 829	9 964	15 855	4 530
Pittsburgh, Pa.	86 076	13 119	8 703	2 838
Jersey City, N.J.	82 546	17 665	7 151	4 005
Detroit, Mich.	79 577	6 970	12 647	3 282
Milwaukee, Wis.	71 440	3 784	22 600	1 395
Albany, N.Y.	69 422	13 276	5 168	1 572
Providence, R.I.	68 904	12 085	596	2 426
Rochester, N.Y.	62 386	6 078	7 730	2 530
Allegheny, Pa.	53 180	4 034	7 665	1 112
Richmond, Va.	51 038	1 239	1 621	289
New Haven, Conn.	50 840	9 601	2 423	1 087
Charleston, S.C.	48 956	2 180	1 826	234
Indianapolis, Ind.	48 244	3 321	5 286	697
Troy, N.Y.	46 465	10 877	1 174	1 575
Syracuse, N.Y.	43 051	5 172	5 062	1 345
Worcester, Mass.	41 105	8 389	325	893
Lowell, Mass.	40 928	9 103	34	1 697
Memphis, Tenn.	40 226	2 987	1 768	589
Cambridge, Mass.	39 634	7 180	482	1 043
Hartford, Conn.	37 180	7 438	1 458	787
Scranton, Pa.	35 092	6 491	3 056	1 444
Reading, Pa.	33 930	547	2 648	305
Paterson, N.J.	33 600	5 124	1 429	3 347
Kansas City, Mo.	32 260	2 869	1 884	709
Mobile, Ala.	32 034	2 000	843	386
Toledo, Ohio	31 584	3 032	5 341	694
Portland, Me.	31 413	3 900	82	557
Columbus, Ohio	31 274	1 845	3 982	504

Tab. 11: *Anteil irischer, deutscher und englischer Einwanderer in den Großstädten der USA, 1870.*

Quelle: Dinnerstein & Reimers 1988, S. 22f.

Jahr	Gesamtzahl der Einwanderer	Jüdische Einwanderer	Anteil (in %)
1881	669431	5692	0,9
1882	788992	13 202	1,7
1883	603322	8731	1,4
1884	518592	11445	2,2
1885	395346	16862	4,3
1886	334203	21173	6,3
1887	490109	33044	6,7
1888	546889	28881	5,3
1889	444427	25352	5,7
1890	455302	28639	6,3
1891	560319	51398	9,2
1892	579663	76373	13,2
1893	439730	35322	8,0
1894	285631	29179	10,2
1895	258436	26191	10,1
1896	343267	32848	9,6
1897	290832	20372	8,8
1898	229299	23654	10,7
1899	311715	37415	12,0
1900	448572	60764	13,5
1901	487918	58098	12,1
1902	648743	57688	8,9
1903	857046	76203	8,9
1904	812870	106236	11,8
1905	1026499	129910	12,6
1906	1100735	153748	13,4
1907	1285349	149182	11,6
1908	782870	193387	13,2
1909	751786	57551	7,7
1910	1041570	84260	8,1

Tab. 12: *Jüdische Einwanderung in die USA 1881–1910.*

Quelle: L. Dinnerstein & D. M. Reimers 1988, S. 215f.

Aufnahme in die USA. Allerdings wurden auch in dieser Zeit die strengen Einwanderungsbestimmungen nicht gelockert, sondern es wurde weiterhin nur einem Minimum an Einwanderern Aufnahme gewährt. Zwar führte die Reichskristallnacht von 1938 Präsident Franklin D. Roosevelt zu der Erkenntnis: *„I myself could scarcely believe that such things could happen in a twentieth century civilization"* (Dinnerstein & Reimers 1988, S. 79), doch wurde dieses Ereignis nicht zum Anlass genommen, die Quotenregelung zu entschärfen. Das Hauptargument war die in den USA herrschende Arbeitslosigkeit von 10 Mio. Menschen während der Depression. Zudem gab es auch in den USA einen weit verbreiteten Antisemitismus, der auch vor der Einwanderungsbehörde nicht Halt machte (Strong 1941; Feingold 1974; Bauer 1981). Rechtsextreme Verbände und Kampagnen hatten seinerzeit in der Bevölkerung starke Resonanz. Die breite Öffentlichkeit stützte die Restriktionen gegen Flüchtlinge aus Europa, vor allem gegen jüdische Emigranten aus Deutschland auch nach der Reichskristallnacht vom 9. November 1938. Ein Antrag im Kongress 1939, 20000 deutsch-jüdische Kinder zwischen 6 und 14 Jahren über die Quotenbegrenzung hinaus aufzunehmen, wurde von renommierten Interessenverbänden abgeblockt (Dinnerstein & Reimers 1988, S. 80f.). Nach der Besetzung Frankreichs 1940 konnten einige der nach Portugal und Nordafrika geflohenen Juden zeitlich begrenzte Visa für die USA erhalten, was allerdings nur 3200 Personen zugute kam. Sowohl die USA als auch die Völkergemeinschaft versagten, als es um die Aufnahme der Verfolgten Europas ging. Trotz allem nahmen die USA innerhalb ihrer restriktiven, unnachgiebigen Haltung in dieser Zeit mehr Flüchtlinge auf als jedes andere Land (Tab. 13).

Zu den jüdischen Flüchtlingen, die in diesen Jahren in die USA einreisen durften, gehörten Persönlichkeiten, die es in Europa bereits vor dem nationalsozialistischen Regime zu Ruhm und Ehre gebracht hatten. Unter ihnen waren Natur- und Geisteswissenschaftler, Politiker, Theologen, Lehrer, Schriftsteller, Maler, Dirigenten und Komponisten sowie zahlreiche Nobelpreisträger. Albert Einstein war eine der bekanntesten Personen; unter den Schriftstellern befanden sich Thomas Mann und seine Familie, Carl Zuckmayer, Lion Feuchtwanger, Bert Brecht mit seiner Frau Helene Weigel und Erich Maria Remarque. Zu den Malern und Musikern gehörten Marc Chagall, Marcel Duchamp, Igor Strawinsky, Béla Bartók, Paul Hindemith, Arnold Schönberg, Hanns Eisler, Kurt Weill, Bruno Walter und Arturo Toscanini. Zu den Gesellschaftswissenschaftlern zählten Hannah Arendt, Max Horkheimer und Theodor Adorno, Erich Fromm und viele weitere. Unter den Architekten befanden sich die Vertreter des Bauhauses wie Walter Gropius und Mies van der Rohe; zu den Film- und Theaterregisseuren zählten Fritz Lang, Otto Preminger, Billy Wilder, Fred Zinnemann und Max Reinhardt. Niels Bohr, Otto Hahn, Lise Meitner, J. R. Oppenheimer und andere Naturwissenschaftler wirkten in Amerika bei der Entwicklung der ersten Atombombe mit. Unter den Forschern der Biomedizin sind J. Salk (Erfinder

Zielland	Anzahl
USA	85000
Lateinamerika	85000
Palästina	80000
Shanghai	18000
Australien und Afrika	7000
Großbritannien	42000
Schweiz	12000
Gesamtzahl	**329000**
Später okkupierte Länder:	
Belgien	15000
Frankreich	30000
Holland	27000
Andere	38000
Gesamtzahl	**110000**

Tab. 13: *Jüdische Auswanderung nach Zielländern 1933–1939.*

Quelle: Y. Bauer 1981, S. 29.

des Polio-Vakzins) und Carl Djerassi (Erfinder der sogenannten „Anti-Baby-Pille") zu nennen (Butwin 1969). Während die USA ihre Überlegenheit in den Naturwissenschaften, der Psychoanalyse, den Sozial- und Gesellschaftswissenschaften vielen dieser Einwanderer der 1930er und 1940er Jahre verdanken (Fermi 1968), traten viele weltbekannte Musiker, Künstler und Literaten in einen ökonomischen Überlebenskampf ein und mussten in Berufen arbeiten, die weit unter ihrem Ausbildungsniveau lagen. Ressentiments gegenüber Angehörigen des Kriegsgegners führten auch zur Internierung von rund 110 000 in den USA geborenen Bürgern japanischer Abstammung, die nach 1942 von der Armee festgenommen, in zehn Konzentrationslagern in der Wüste gefangen gehalten wurden und große Entbehrungen erlitten.

Nach Ende des Zweiten Weltkrieges wurden die Einwanderungsbeschränkungen gelockert. So durften nach 1945 immerhin 40 000 Heimatlose und Vertriebene außerhalb der Länderkontingentierung einreisen. Ab 1946 durften unter dem *War Brides Act* von 1945 120 000 Frauen und Kinder von amerikanischen Armeeangehörigen einreisen. 1948 schließlich verabschiedete der Kongress den *Displaced Persons Act*, demzufolge rund 410 000 Vertriebene aus dem Baltikum in die USA aufgenommen werden konnten. 1953 wurde dieses Gesetz vom *Refugee Relief Act* abgelöst, das Flüchtlingen aus sozialistischen Staaten bevorzugte Behandlung gewährte. Zusätzlich wurden nach dem Ungarn-Aufstand 1956 per Gnadenerlass 30 000 Verfolgte aufgenommen. Nach 1960 wurden 750 000 Kubaner außerhalb der Quotenregelung in das Land gelassen. Sie siedelten sich überwiegend in Florida und in New York City an. Ferner kamen nach 1945 ca. 1,5 Mio. Puertoricaner in die USA, auf die jedoch die Einwanderungsbestimmungen nicht zutrafen, da sie aus einem amerikanischen Territorium stammten und US-Staatsbürger waren.

In Abweichung von den Länderquoten wurde nach 1965 die Einwanderungsgesetzgebung dahingehend geändert, dass die Quoten unabhängig von den Herkunftsländern in Abhängigkeit jeweiliger Engpässe auf dem amerikanischen Arbeitsmarkt, also in Bezug auf Berufsgruppen, geregelt wurden. Resultat war, dass besonders gut ausgebildete Fachkräfte (*professionals*) aus allen Bereichen in die USA kamen, wobei der Fortgang der Elite (*brain drain*) in erster Linie Indien und lateinamerikanische Länder betraf. Zahlenmäßig eine besondere Bedeutung haben die Einwanderer aus Mittel- und Südamerika, vor allem aus Mexiko. Auf der Monroe-Doktrin basierend, wonach die westliche Hemisphäre als Einfluss- und Interessensgebiet der USA gilt, unterlagen Einwanderer aus diesem Einzugsgebiet bis 1968 keinen zahlenmäßigen Begrenzungen. Schon 1973 erfasste der Zensus mehr als 10 Mio. Menschen aus Mexiko, Puerto Rico, Kuba und anderen spanischsprachigen Herkunftsländern. Die tatsächliche Zahl der *Hispanics*, also der Personen, die in erster oder zweiter Generation lateinamerikanischer Herkunft sind, betrug nach dem Zensus 2000 über 34 Mio. Menschen (US Bureau of the Census 2002).

Geschichte der Einwanderungsbeschränkungen

Einwanderungsbeschränkungen, die sich gegen die jeweilige Haupteinwanderungsgruppe richten, haben in den USA eine lange Tradition. Die ersten Einwanderer, die nicht dem Bild der Amerikaner von den *White Anglo-Saxon Protestants* (WASP) entsprachen, waren die Iren, gegen die sich gewisse Einheimische (*natives*, *Nativist*-Bewegung) wandten. Die Abneigung gegen die irisch-keltisch sprechenden Katholiken nahm zwischen 1830 und 1850 die Form von gewalttätigen Ausschreitungen gegen katholische Einrichtungen wie Schulen und Kirchen an. Die zunächst unorganisierte, spontane Vorgehensweise mündete 1850 in organisierten Aktivitäten des geheimen sogenannten „Ordens des Sternenbanners" und 1887 in der *American Protective Society* (Perkins & van Deusen 1962, S. 184 f.). Auch Deutsche, zwischen 1830 und 1860 rund 1,4 Mio. Menschen, lösten die Befürchtung aus, dass der Charakter der amerikanischen Gesellschaft durch vermeintlich assimilationsunfähige Personen gefährdet werden könnte. In der politischen Arena stellten die *Nativists* die Forderung auf, ausschließlich in Amerika geborene Staatsbürger in politische Ämter zu wählen und die Staatsbürgerschaft in Abweichung von den üblichen 5 Jahren Anwärterschaft für Einwanderer grundsätzlich erst nach 21 Jahren zu gewähren. Wie erfolgreich ihre Bewegung war, lässt sich daran erkennen, dass sie die *American Party* gründete, die um 1854 in sechs Bundesstaaten die Gouverneure stellte. Obwohl die Bewegung und die Partei in den Folgejahren zerfielen, blieb das Gedankengut in vielfacher Weise in anderen, neu entstandenen Bewegungen erhalten (Adams 1991, 1994).

Die zweite Einwanderergruppe, die auf massive Ablehnung traf, waren die seit 1850 nach Kalifornien eingewanderten 300 000 Chinesen. Obwohl sie zahlenmäßig nicht an andere Einwandererströme heranreichten, waren die Chinesen offensichtlich nichteuropäisch und galten als nicht assimilierbar. Da sie im amerikanischen Eisenbahnbau in großem Maße zum Einsatz kamen und niedrigere Löhne als die Einheimischen akzeptierten, waren chinesische Tagelöhner ab 1870 Ziel gewalttätiger Ausschreitungen. Mit der Gründung der *Working Men's Party* 1877 begannen die Forderungen nach einem Bundesgesetz gegen die chinesische Einwanderung (Dinnerstein & Reimers 1988, S. 64–66). Mit dem *Chinese Exclusion Act* von 1882 wurde die weitere chinesische Einwanderung in die USA verboten und den in den USA lebenden Chinesen das Recht aberkannt, amerikanische Staatsbürger zu werden. Das Gesetz wurde 1892 um weitere zehn Jahre und 1902 auf unbestimmte Zeit verlängert. 1882 wurde nach dem *Chinese Exclusion Act* auch das erste Bundesgesetz zur Beschränkung der Einwanderung beschlossen. Es erhob eine Kopfsteuer von 50 Cents auf jeden Neuankömmling und verbot die Einreise von Geisteskranken, Straftätern und Personen, die dem amerikanischen Staat hätten zur Last fallen können (Jones 1972, S. 251).

Frühere einzelstaatliche Gesetze mit derselben Orientierung waren zwar 1876 vom Obersten Gerichtshof für verfassungswidrig erklärt worden, da sie, so die Begründung, in die Außenwirtschaft und damit in Bundesangelegenheiten eingriffen. Mit dem nun verabschiedeten Bundesgesetz folgte der Gesetzgeber jedoch der öffentlichen Meinung. 1883 wurde mit dem *Foreign Act* die Einwanderung von Personen mit Arbeitsverträgen endgültig verboten und damit das 1868 verabschiedete *Contract Labor Law* abgeschafft. Ausnahmen betrafen Personen, die ausdrücklich aufgrund ihrer besonderen Kenntnisse in der Industrie, dem Kultur- und Bildungswesen sowie in Haushaltsdiensten gebraucht werden konnten. Zu Beginn der 1890er Jahre kam es zu einer Welle der Gewalt von Nativisten-Milizen. Die Erschießung slawischer Bergleute in Pennsylvania, die Lynchmorde an Italienern in New Orleans und die Ausschreitungen gegen Juden im Norden sowie Proteste von gewerkschaftlich organisierten Arbeitern im Westen gegen die dort ansässigen Japaner sind Beispiele einer sich radikalisierenden Bewegung, die zusätzlich zu den bereits bestehenden rigiden Einwanderungs- und Einbürgerungsbeschränkungen das Verbot von Grundeigentum für Ausländer forderte (Jones 1972, S. 254; Foner & Schultz 1983, S. 126f.).

Der eingereichte Gesetzentwurf, der aus taktischen Gründen einen Einwanderungsstopp für Analphabeten vorsah und damit die Wirkung erreichen sollte, Menschen auszuschließen, die in der englischen Sprache nicht lese- und schreibkundig waren, wurde 1896 erfolgreich verabschiedet, jedoch von einem aufschiebenden Veto des demokratischen Präsidenten Cleveland gestoppt. Allerdings gingen die fremdenfeindlichen Bestrebungen weiter: Die *Nativists* nahmen zwar nicht direkt auf die Gesetzgebung Einfluss, da die herrschende Republikanische Partei Wählerstimmenverluste in den bevölkerungsreichen Bundesstaaten im Nordosten und Westen der USA befürchtete, die von jeher Einwanderungsstaaten gewesen waren (Briggs 1984, S. 36). Allerdings wurde 1907 die Dillingham-Kommission einberufen, die eine wissenschaftliche Grundlage für eine „neu strukturierte", anglokonforme Einwanderung erarbeiten sollte und den Lesetest als Kriterium für die Einwanderungserlaubnis einführte. 1921 wurde das zuvor von Woodrow Wilson mittels Veto blockierte Gesetz von Präsident Warren Harding verabschiedet (Briggs 1984, S. 36). De facto brachte dieses Gesetz die Einwanderung aus asiatischen und jenen osteuropäischen Ländern zum Erliegen, in denen Menschen aufgrund eines anderen Alphabets, so des kyrillischen, oder aufgrund von Schriftzeichen wie den chinesischen, a priori keine Lesekenntnisse des Englischen haben konnten, selbst wenn sie in ihren Heimatsprachen lesekundig waren.

Der öffentlichen Meinung gegen Ausländer schloss sich der Dachverband der Gewerkschaften (*American Federation of Labor – AFL*) an (Dinnerstein & Reimers 1988, S. 74, 78f.; Briggs 1984): Die ungelernten Immigranten ließen sich zu niedrigsten Löhnen als Streikbrecher einsetzen und entkräfteten somit die Argumentation der Gewerkschaften für Verbesserungen auf dem amerikanischen Arbeitsmarkt. Die Konkurrenz auf dem Arbeitsmarkt führte beispielsweise 1905 in Kalifornien zur Gründung der *Japanese and Korean Exclusion League*.

Der Erste Weltkrieg gab dem *Nativism* noch einmal Auftrieb. Die Ablehnung gegen Fremdes richtete sich nun gegen den Kriegsgegner Deutschland. Deutschunterricht in Schulen wurde eingestellt, deutsche Orts- und Straßennamen wurden umbenannt. Die Russische Revolution von 1917, kontinuierliche Einwanderung sowie gewalttätige Arbeitskämpfe in einem von Kriegsfolgen und Wirtschaftskrisen geschüttelten US-Markt führten zu einer weiteren Welle von Fremdenfeindlichkeit, Antikommunismus und Antisemitismus, die vom Aufstieg des Ku Klux Klans im Süden und Mittelwesten der USA begleitet wurde und die 1921 schließlich in einer Quotenregelung für Einwanderer nach Herkunftsland gipfelte.

Die großen Einwanderungsgesetze der USA

Das Einwanderungsgesetz vom 19. Mai 1921 (Immigration Act of May 19, 1921, 42 Stat. 5)

Bereits in der Kolonialzeit um 1639 war das erste Gesetz verabschiedet worden, das die Einwanderung von Mittellosen und Kriminellen einschränkte und Gesundheitstests vorschrieb. Diese Einschränkungen wurden im Verlaufe des 19. und 20. Jahrhunderts verfeinert und gelten in einer aktualisierten Version bis heute.

Das Einwanderungsgesetz von 1921 brachte einen drastischen Einschnitt in die amerikanische Einwanderungspolitik: Erstmals wurde die Zahl der jährlich zugelassenen Einwanderer limitiert, wobei die Zahl von 385 000 Personen als Richtwert galt, der über eine an Herkunftsländern orientierte Quotenregelung zu verteilen war. Zunächst wurde die Quote auf 3 % der 1910 bei der Volkszählung in den USA lebenden jeweiligen Nationalitätengruppen festgelegt. Diese Quotierung ergab 200 000 Einreisebewilligungen für den ständigen Aufenthalt von Personen aus nord- und westeuropäischen Ländern, für Länder der westlichen Hemisphäre wie Kanada und in Mittel- und Südamerika war keine Quotierung vorgesehen. 3000 Bewilligungen waren für Personen aus nicht gesperrten asiatischen und afrikanischen Ländern vorgesehen, Aufenthaltsgenehmigungen für Besucher, Botschaftsangehörige, Arbeiter mit Zeitverträgen und Einwanderungsbewilligungen im Rahmen der Familienzusammenführung wurden bei der Quotierung nicht berücksichtigt. Mit dem 1924 verabschiedeten Johnson-Reed-Gesetz zur Einwanderung wurde die Quotenregelung noch einmal abschließend revidiert: Die jährliche Gesamteinwanderung wurde auf 164 000 Personen heruntergesetzt. Die Kontingente wurden auf 2 % der

Präferenz	Kategorie	Maximaler Anteil der Bewilligungen
Erste	Unverheiratete Kinder von US-Bürgern	20 %
Zweite	Ehepartner und unverheiratete Kinder von legal in den USA lebenden Personen	20 %
Dritte	Akademiker, Wissenschaftler und Künstler mit außergewöhnlichen Fähigkeiten	10 %
Vierte	Verheiratete Kinder von US-Bürgern	10 %
Fünfte	Geschwister von US-Bürgern	24 %
Sechste	Facharbeiter und ungelernte Arbeiter in Berufsgruppen mit Arbeitskräftemangel	10 %
Siebte	Flüchtlinge mit vorläufigen Einreisebewilligungen	6 %
Keine Präferenz	Jedermann	Übrige

Quelle: Immigration Act of 1965 (in Kraft bis 1980), zit. in Briggs 1984.

Tab. 14: *Einwanderungspräferenzsystem von 1965.*

jeweiligen Nationalitäten beschränkt, die sich beim Zensus 1890 im Land befanden – also noch bevor sich die Immigrationsströme signifikant geändert hatten. Für Italien beispielsweise sank dadurch die Quote von 42 000 auf 4000 Personen, für Polen von 31 000 auf 6000 Personen und für Griechenland von 3000 auf 100 Personen, die jährlich einreisen durften (Briggs 1984, S. 44). 1929 wurde die Basis des Quotensystems erneut überarbeitet und auf die Zahlen der Volkszählung 1920 Bezug genommen. Damit limitierte man die jährliche Gesamtzahl der Einwanderer auf 154 277 Personen. Bei der Quotierung wurde nun auch die Herkunft *aller* in den USA lebenden Personen berücksichtigt, also nicht mehr nur die Einwanderer der letzten Jahre, womit auch die Abstammung bis in die Kolonialzeit zum Tragen kam und sich die Quotierung erneut verschärfte. Auf diese Weise wurden die Anteile neu festgelegt: Die Limits für die aus nord- und westeuropäischen Ländern stammenden Personen betrugen 82 % des Gesamtkontingents, für Personen aus süd- und osteuropäischen Ländern 14 %. Die Quotierungen wurden im *Immigration and Nationality Act* von 1952, auch als *McCarran-Walter Act* bekannt, beibehalten, der die Einwanderungspolitik von 1921 bestätigte und zementierte. Dieses Gesetz, das gegen das Veto von Präsident Truman verabschiedet wurde, hob lediglich die Sperre für Einwanderung aus asiatischen Ländern auf, behielt jedoch scharfe Restriktionen bei. Eingeführt wurde ferner ein präferenzielles Vergabesystem innerhalb der jeweiligen Landesquote, das auf berufliche Qualifikationen ausgerichtet war und bevorzugt qualifizierte und gesuchte Kräfte in das Land bringen sollte (Divine 1957).

Das Einwanderungsgesetz vom 3. Oktober 1965 und Folgegesetze (Immigration and Nationality Amendments vom 2. Oktober 1965, 79 Stat. 911)

Das Einwanderungsgesetz von 1952 (*McCarran-Walter Act*) war umstritten: Eine von Präsident Truman eingesetzte Kommission hatte zuvor versucht, seine Unzulänglichkeit und seinen rassischen und ethnischen Diskriminierungscharakter wissenschaftlich zu dokumentieren. Die empfohlene Erhöhung der Einwanderungsbewilligungen und die Abschaffung der Nationalitätenquote bildeten die Basis für die Gesetzgebung von 1965, die von der gesellschaftlichen Liberalisierung und der Bürgerrechtsbewegung geprägt war. Der am 3. Oktober 1965 verabschiedete *Hart-Celler Act* besteht zwar überwiegend aus Zusätzen zum Einwanderungsgesetz von 1952, doch lösten sie eine Trendwende der amerikanischen Einwanderungspolitik aus. Das Quotensystem wurde im Grundsatz nicht abgeschafft, aber umstrukturiert: Für jedes Land wurde eine jährliche Höchstzahl von maximal 20 000 Personen festgelegt, wobei die jährliche Gesamtzahl von 170 000 Einwanderern nicht überschritten werden durfte. Innerhalb des Kontingents von 20 000 Personen wurden die Einwanderungsbewilligungen nach einem neuen Präferenzsystem verteilt, das vornehmlich der Familienzusammenführung diente, ein Gedanke, der in den vormaligen Gesetzen gänzlich ausgeklammert gewesen war. Nahe Verwandte von US-Bürgern bzw. von legal in den USA lebenden Personen standen demnach insgesamt 74 % der Einwanderungsbewilligungen zu (Tab. 14).

Zudem wurde eine Präferenz für jene Berufsgruppen vorgesehen, an denen in den USA Mangel herrschte. Zum 1. Juli 1968 sollte nach dem Gesetz erstmals eine Höchstgrenze für die Einwanderung aus der westlichen Hemisphäre eingeführt werden, die zunächst mit 120 000 Personen ohne Präferenzsystem angesetzt wurde. Die Einführung der jährlichen Höchstquote von 120 000 Personen aus der westlichen Hemisphäre verursachte lange Wartezeiten und hohe Belastungen für getrennt lebende Familien. Daher wurden 1976 auch für die Einwanderung aus Kanada, Mittel- und Südamerika die Höchstgrenze von 20 000 pro Land und das Präferenzsystem innerhalb der Quote eingeführt, die bereits für den Rest der Welt galt. Mit einem weiteren Gesetzeszusatz wurde 1978 die jährliche Gesamtquote auf 290 000 Personen insgesamt begrenzt, um Einwanderern aus allen Nationen die gleichen Chancen zu geben (Briggs 1984, S. 67).

Das Gesetz von 1965 vergab erstmals eine Quote für Flüchtlinge: Bis dahin waren Flüchtlinge nur unter Anrechnung der entsprechenden nationalen Quote aufgenommen worden, ohne dass auf Verfolgungen Einzelner gesondert eingegangen worden wäre. Das neue Flüchtlingskontingent von 17 400 Personen pro Jahr reichte dennoch nicht aus, um die überwiegend aus asiatischen Ländern, insbesondere aus Kambodscha kommenden Verfolgten aufzunehmen. Ein Flüchtlingsgesetz wurde erstmals 1980 verabschiedet. Der *Refugee Act* reduzierte das Präferenzsystem von 1965 auf sechs Präferenzen mit einer jährlichen Höchstzahl von 270 000. Darin wurde die Zahl der aus aller Welt zuzulassen-

Ethnische Gruppen und die Schwerpunkte wichtiger Einwanderungsgesetze und -programme – ein Überblick

1819 Bestimmung zur Erfassung von Einwanderern
1864 Verabschiedung eines Gesetzes zur Erleichterung der Einwanderung von Kontraktarbeitern (*Contract Labor Law*)
1868 De jure Verfassungswidrigkeit des Gesetzes erkannt
1875 Erste Bundesregelung zur Begrenzung der Einwanderung (Einwanderungsverbot für Sträflinge und Prostituierte)
1882 *Chinese Exclusion Act*, Bundesgesetz zur Begrenzung der Einwanderung von Chinesen
1882 Einwanderungsverbot für Geisteskranke und mögliche Sozialfälle; Kopfsteuer für Einwanderer
1883 De facto Abschaffung des *Contract Labor Law*
1891 Bundesregierung übernimmt die Steuerung der Einwanderung, Eröffnung des Einwanderer-Durchgangslagers Ellis Island, N.Y.
1903 Ausdehnung des Einwanderungsverbots für Polygamisten, Anarchisten und Radikale
1907 Erhöhung der Einwanderungssteuer; Ausdehnung des Einwanderungsverbotes für Personen mit körperlichen und geistigen Behinderungen, Tuberkulosekranke und elternlose Kinder
1917 Abkommen zwischen den USA und Japan zur Beschränkung der japanischen Einwanderung
1917 Einwanderungsverbot für Personen über 16 Jahre, die nicht Englisch lesen können, de facto Ausschluss der Einwanderung von Asiaten und Personen anderer Schriftkundigkeit; Ausnahme: religiös Verfolgte
1921 Einwanderungsbeschränkung für Europäer auf rd. 385 000. Einführung eines Quotensystems, 3 % der 1910 in den USA jeweils ansässigen Nationalität werden aufgenommen
1924 *Johnson-Reed Act*, Begrenzung der jährlichen Quote auf 2 % der 1890 jeweils ansässigen Nationalität; Beschränkung der europäischen Einwanderung auf jährlich 153 000, innerhalb der vorgegebenen Obergrenze kann eine Nationalität nach ihrem Anteil an der Gesamtbevölkerung von 1920 aufgenommen werden
1925 *Oriental Exclusion Act* verschärft die Beschränkungen gegen Einwanderer aus Gesamt-Asien
1930 Fortführung der strikten Einwanderungsregelungen
1942 *Bracero*-Abkommen zwischen Mexiko und den USA zur Einreise von Zeitarbeitern aus Mexiko
1943 Aufhebung des Einreiseverbotes für Chinesen
1946 *War Brides Act* zur Einwanderung von Ehegatten und Kindern amerikanischer Soldaten
1948 *Displaced Persons Act* zur Einwanderung von jährlich 205 000 Vertriebenen zusätzlich zur Quotenregelung
1950 Erhöhung der Vertriebenenquote auf 339 000
1952 *McCarran-Walter Immigration and Naturalization Act*, Eliminierung der Begrenzungen aufgrund von Rasse und Ethnie. Einführung einer nationalen Quote sowie eines Präferenzsystems für Familienangehörige und qualifizierte Berufsfachleute. Wirtschaftliche Bedürfnisse und Interessen des Landes als Auswahlkriterien, Quoten für qualifizierte Arbeitskräfte und Familienangehörige, jährliche Einwanderungshöchstgrenze 250 000 Personen. Beschränkung der asiatischen Einwanderung auf jährlich maximal 2000 je asiatischer Nationalität
1953 *Refugee Relief Act* zur Einwanderung von Flüchtlingen außerhalb der Kontingentierung
1957 *Refugee Escape Act*, Erleichterung der Einwanderung von Flüchtlingen
1960 *World Refugee Year Law*, erneute Erleichterung der Aufnahme von Flüchtlingen
1962 *Migration and Refugee Assistance Act*, zusätzliche Erleichterung der Aufnahme von Flüchtlingen
1964 Abschaffung des *Bracero*-Programms
1965 Abschaffung der Nationalitätenquote. Einführung des Präferenzsystems für besondere Berufsgruppen
1989 Teillegalisierung illegaler Einwanderer

den Flüchtlinge auf jährlich 50 000 festgelegt; im Bedarfsfall konnten diese Limits vom Präsidenten und Kongress erhöht werden. Seit 1984 wird die Flüchtlingsquote jährlich aufgrund der aktuellen weltpolitischen Lage neu festgelegt.

Das Einwanderungsgesetz von 1989 (Immigration Act von 1989) (S. 358, H. R. 4300)

Die spezifische Einwanderungsbegrenzung von 1976, welche nun erstmals die westliche Hemisphäre betraf, stellte angesichts der zuvor fast unbegrenzten Einreisemöglichkeiten aus diesem Teil der Welt eine fast ungebührliche Härte dar. Waren vor 1976 z. B. jährlich um 70 000 Mexikaner mit ihren Familien eingereist, so legte das Gesetz von 1976 eine nationale Höchstgrenze von 20 000 fest. In der Folge führte diese Beschränkung zu einem erheblichen Anstieg der illegalen Einwanderung. Um das gravierende Problem der illegalen Einwanderung zu lösen, wurden mit dem *Immigration Control and Reform Act* von 1986 eine Meldepflicht der Arbeitgeber über ihre ausländischen Angestellten und ein Beschäftigungsverbot für illegal Eingewanderte eingeführt. Gleichzeitig wurde jenen illegalen Immigranten eine Amnestie gewährt, die vor 1982 in die USA gekommen waren und sich bei den Behörden meldeten, womit sie einen legalen Status und Arbeitsplatz erhalten konnten. Dies führte zu einer Selbstmeldung von 1,4 Mio. Personen (US News and World Report Vol. 104, S. 23).

Am 13.7.1989 wurde der *Immigration Act* verabschiedet, der eine Erhöhung der jährlichen Gesamtquote auf 630 000 festlegte, die nach Ablauf von drei Jahren in Anpassung an die Bedürfnisse des amerikanischen Arbeitsmarkts jährlich neu festgelegt werden sollte. Ferner wurde innerhalb der Gesamtzahl zwischen Familienangehörigen-Visa und unabhängigen Visa unterschieden, wobei für jeden der beiden Fälle unterschiedliche Präferenzen eingeführt wurden. Entsprechend der aktuellen Arbeitsmarktlage werden seither die unabhängig von Familien einwandernden Personen nach einem Punktesystem hinsichtlich ihrer beruflichen Qualifikationen bewertet; so wird über die Einreisebewilligung entschieden. Ferner wird medizinisches Personal begünstigt, wenn es sich verpflichtet, im ländlichen, unterversorgten Raum zu arbeiten. Präferenzen gibt es auch für Investoren, die Arbeitsplätze für mindestens 10 Personen (nicht Familienangehörige) schaffen. Das Gesetz trat am 18. April 1990 in Kraft.

Umgang mit dem Fremden – ein Fazit

Die historische Perspektive zeigt sehr deutlich, dass die amerikanische Bundesregierung den verschiedenen Ethnien und Minderheiten gegenüber nur eine begrenzte Toleranz hegte. Die Geschichte der ethnischen Gruppen und auch der heutigen multiethnischen Gesellschaft ist ein Wechselspiel von Immigration und restriktiver Politik dem Fremden gegenüber (Bennett 1963; Chiswick 1983; Hofstetter 1984; Zimmermann & Fix 1995), welches sich immer wieder in Abschottung gegen gewisse Bevölkerungselemente äußerte. Somit ist die bundespolitische Tradition der letzten hundert Jahre bedeutsam für die zukünftige Entwicklung der multikulturellen amerikanischen Gesellschaft und den Umgang der öffentlichen Verwaltung mit ihr. Man holte zwar gezielt Arbeiter ins Land, aber verwehrte ausgewählten Personenkreisen zeitweise den Zugang mit Hilfe von gesetzlichen Regelungen. Dies betraf zunehmend Menschen aufgrund ihrer Herkunftsländer, Ethnie oder Rasse.

Die Geschichte zeigt, dass phasenweise Millionen von Fremdarbeitern im Ausland für die amerikanischen Industrien rekrutiert wurden, dokumentiert aber auch das Bestreben, sich im Nichtbedarfsfall von weniger anglokonformen Bevölkerungsgruppen wieder trennen zu können. Höchste Einwanderungszahlen, gefolgt von dramatischen Abnahmen nach Einwanderungsbeschränkungen deuten die amerikanische Ambivalenz dem Fremden gegenüber an (Hutchinson 1981; Dittgen 1995). Historisch dokumentiert ist auch der Fremdenhass in den Medien und Kongressdebatten sowie der Antisemitismus nach der Jahrhundertwende, der sich nach der Emigration von Juden aus dem von Pogromen gezeichneten Russland massiv verstärkte, obwohl verhältnismäßig wenig Juden einwanderten. Mit ca. 153 000 jüdischen Einwanderern im Jahr 1907 wurde zwar die höchste jemals erreichte Anzahl registriert, dennoch stellten sie nur einen kleinen Anteil des gesamten Einwanderungsstroms dar.

Bezeichnenderweise lautet der Text von Emma Lazarus auf der Freiheitsstatue, der den Menschen in aller Welt Amerika als Hoffnung und neue Heimat anpries:

„Give me your tired, your poor,
Your huddled masses yearning to breathe free,
The Wretched refuse of your teeming shore,
Send these, the homeless, tempest-tost to me,
I lift my lamp beside the golden door.“

Die Diskrepanz zwischen dieser Hymne und der tatsächlichen Einwanderungspolitik könnte kaum größer sein, wie insbesondere an den Einwanderungsbeschränkungen während des Dritten Reiches deutlich wird. Diese Asyl- und Flüchtlingspolitik stieß nach dem Zweiten Weltkrieg dann aber doch auf so heftigen Widerstand im Land, dass eine Reihe von Gesetzen geändert wurde. Aber auch derzeit sind die USA kein Land, das leicht Asyl und Heimstatt gewährt, obwohl 1965 die nationalen Herkunftsquoten abgeschafft und durch ein Präferenzsystem ersetzt wurden, das sich in erster Linie am nationalen wirtschaftlichen Interesse orientiert.

Der historische Abriss zeigt ein Amerika, das abweichend von seinem in der Verfassung festgesetzten Ideal Fremdartiges oder andersartig erscheinende Einwanderer und ansässige Bevölkerungsgruppen nicht immer offen aufnahm: Gerade während Kriegszeiten und Wirtschaftskrisen gab es Perioden tief greifenden Fremdenhasses. Die Regierung reagierte auf Überfremdungsängste mit schärfsten Einwanderungsgesetzen und Restriktionen. Bis zur Zweihundertjahrfeier der Unabhängigkeit 1976 war es in den USA auch nicht üblich, seine ethnische Herkunft zu betonen; im Zuge der Festlichkeiten fand durch das Traditionsereignis eine Rückbesinnung auf die kulturellen Wurzeln statt.

Ausgewählte Einwanderungsgruppen und vergessene Bevölkerungsgruppen

Hispanics in den USA

Die größte Einwanderungsgruppe der USA in der Nachkriegszeit stellt die Latino-Bevölkerung (*Hispanics, Spanish surname population*) der USA dar. Nach dem Zensus 2002 sind 38,8 Mio. von 288,4 Mio. Menschen in den USA, also 13 %, hispanischer Herkunft (Tab. 15).

Zwischen 1970 und 1980 wuchs die Latino-Bevölkerung um 61 %, zwischen 1980 und 1990 um 53 % und zwischen 1990 und 2000 um 58 %, womit diese Bevölkerungsgruppe die am schnellsten wachsende der USA ist. Die *Hispanics* bilden mit 35,3 Mio. nach den Afroamerikanern (35,4 Mio.) Amerikas größte Minderheit. Rechnet man die Zahl der nicht erfassten, illegalen hispanischen Einwanderer hinzu, von denen rund 50 % aus Mexiko stammen, handelt es sich um die größte Minderheit.

Die Latino-Bevölkerung der USA ist nach Mexiko, Spanien, Kolumbien und Argentinien die fünftgrößte der Welt. Es gibt mehr als 7,6 Mio. hispanische Haushalte mit einer Durchschnittsgröße von 3,6 Personen. 1995 lebten 74 % der *Hispanics* in den fünf Bundesstaaten Kalifornien, Texas, New York, Florida und Illinois. 77 % von ihnen wurden nicht in den USA geboren, und 44 % aller *Hispanics* leben seit weniger als 10 Jahren in den USA. 58 % der über 18-Jährigen sind vollbeschäftigt, 6,6 % arbeitslos. 31 % der hispanischen Haushalte senden Geld zur Unterstützung ihrer Familien in ihre Heimatländer. Die Kaufkraft der US-amerikanischen

Rasse und hispanisches Ursprungsgebiet	Gesamtzahl (in 1000)	Anteil (in %)
Alle Rassen, Gesamtbevölkerung	**288 369**	**100**
Weiße	232 647	80,7
Afroamerikaner	36 746	12,7
Indianer in den USA und Ureinwohner Alaskas	2 752	1,0
Asiaten	11 559	4,0
Hawaiianer und Pazifik-Insulaner	484	0,2
Gemischtrassig	4 181	1,4
Hispanisches Herkunftsgebiet*	**38 761**	**13,4**

Quelle: US Census Bureau, Census 2002, Summary Files 2004.

Tab. 15: *Bevölkerung nach Rasse und hispanischer Herkunft in den USA, 2002. (*Personen hispanischer Herkunft können jeder Rasse zugerechnet werden.)*

Latino-Bevölkerung wird auf etwa 228 Mrd. Dollar geschätzt, die größten Absatzmärkte für die kaufkräftigen *Hispanics* sind Los Angeles, New York und Miami. Das Durchschnittseinkommen erhöhte sich für Latino-Haushalte von 14 712 Dollar um 1980 auf 29 500 Dollar im Jahr 1996 (US Bureau of the Census, Census 2000, Summary Files 2002).

Hispanics sind in vielerlei Hinsicht eine bedeutende gesellschaftliche Kraft. Allein über 100 Fernseh- und Radiostationen senden in Spanisch. In Chicago, Philadelphia, Los Angeles und anderen Städten sind Beschilderungen im öffentlichen Raum oder im öffentlichen Verkehr nicht selten zweisprachig. Die Latino-Bevölkerung ist ethnisch sehr heterogen und lebt nach Herkunftsländern geographisch konzentriert. Mexikaner stellen mit 63 % der *Hispanics* die größte Gruppe dar, Puertoricaner machen 11 % aus, Kubaner 4 %. Puertoricaner sind am stärksten in New York City, Philadelphia und Cleveland vertreten, Kubaner in Florida, vor allem Miami, Mexikaner von San Francisco über Los Angeles bis nach San Antonio, Texas im südlichen Grenzraum der USA sowie in Seattle, Detroit und Denver. Letztere machen mehr als 20 % der Bevölkerung von Kalifornien und Arizona, 25 % in Texas und Colorado und 40 % in New Mexico aus. Los Angeles hat eine mexikanische Bevölkerung von über 2 Mio. Menschen.

Die Einwanderung von Mexikanern in die USA hat eine lange Tradition: Zwischen 1850 und 1910 brauchte die sich im Südwesten der USA entfaltende Landwirtschaft billige mexikanische Saisonarbeiter. Grenzkontrollen waren insofern nicht nötig, als die Wanderarbeiter nach ihren Ernteeinsätzen das Land wieder verließen. Der wirtschaftliche Boom in Mexiko selbst, der um die Jahrhundertwende mit dem Bau von Eisenbahnlinien und dem Bergbau im Norden einsetzte, brachte vermehrt Zuwanderung nach Nordmexiko aus den südlichen Teilen des Landes, damit aber die unkontrollierte Zuwanderung in die USA, da dort die niedrigsten Löhne in der Landwirtschaft höher als im Berg- oder Eisenbahnbau in Mexiko waren. In den amerikanischen Landwirtschaftsbetrieben waren die mexikanischen Arbeiter, die zu maximal 1,25 Dollar am Tag arbeiteten und damit billiger als griechische, japanische oder italienische Immigrantenarbeiter waren, willkommen. Das 1868 in Kraft getretene *Contract Labor Law*, das zum Schutz von einreisenden Arbeitern erlassen wurde, um sie vor der jahrelangen Ausbeutung und Abhängigkeit von Arbeitgebern (*modern indentured servants*) zu bewahren, wurde während des Ersten Weltkrieges im Hinblick auf mexikanische Arbeiter ausgesetzt. Damit konnte die Rekrutierung von Billiglohnarbeitern für die Industrie wieder stattfinden, welche ihre von den Arbeitgebern bezahlte Einreise quasi abarbeiten mussten. Der aufgrund von Kriegswirkungen und sinkender Immigration entstandene Arbeitskräftebedarf konnte nur durch Zuzug mexikanischer Vertragsarbeiter gedeckt werden.

Als 1921 die Quotenregelung für Einwanderer eingeführt wurde, setzte sich das Agrobusiness mit der Forderung durch, Mittel- und Südamerikaner als Haupterntearbeiter von dieser Regelung auszuschließen. Allerdings mussten *Hispanics* fortan bei der Einreise Visa-Gebühren zahlen und nachweisen, dass sie weder Analphabeten waren noch dem amerikanischen Sozialsystem zur Last fallen würden. Seither begann der Zustrom von *undocumented aliens,* dem man mit Grenzzäunen an der über 3000 km langen mexikanisch-amerikanischen Grenze zu begegnen sucht.

Als Problem wurden mexikanische Einwanderer erst während der Weltwirtschaftskrise der 1930er Jahre wahrgenommen. Sozialämter bezahlten teilweise ihre Rückkehr. Mehr als ein Drittel der mexikanisch-amerikanischen Bevölkerung, ungefähr 500 000 Personen, wurde jedoch zwischen 1929 und 1940 vertrieben. Wer in den USA verblieb, wurde arbeitslos und geriet in absolute Armut, da der Verfall des landwirtschaftlichen Mindestlohns von 35 Cents auf 15 Cents pro Stunde nicht mehr ausreichte, um das Existenzminimum zu sichern (Dinnerstein & Reimers 1988, S. 110 ff.).

Nach dem Kriegseintritt der USA fanden mexikanische Landarbeiter Stellen in der Industrie, im Schiffs- und Flugzeugbau und in der Rüstungsindustrie. Der Arbeitskräftemangel war auch in der Stahl- und Fahrzeugbauindustrie des Mittelwestens so groß, dass dort ehemalige Landarbeiter angeworben wurden. Zwischen 1942 und 1947 erlaubte daher das „Bracero-Programm“ der Bundesregierung, dass 20 000 Arbeiter mit befristeter Aufenthaltsgenehmigung in die USA einreisen konnten, wo ihnen angemessene Löhne, aber auch Unterkünfte und geregelte Arbeitszeiten zugesagt wurden. Das Bracero-Programm wurde zeitweilig ausgedehnt, so z. B. während des Korea-Krieges und im Vietnam-Krieg bis 1965, und brachte 5 Mio. Mexikaner legal in die USA. Im Rahmen der Bracero-Programme wurden Mexikaner zeitweise als notwendig in die USA geholt, zu anderen Zeiten als Konjunkturpuffer entlassen und zur Rückkehr bewogen (Tab. 16). Wegen der Tradition der temporären Beschäftigungsverhältnisse und der physischen Nähe zur mexikanischen Grenze blieben viele mexikanische Einwanderer ihrer Sprache und Kultur treu, was sich heute noch darin zeigt, dass es in Los Angeles und anderen Großstädten Stadtviertel gibt, in denen Spanisch die Umgangssprache ist und viele Menschen auch in der dritten Generation die Landessprache nicht oder nicht sicher beherrschen.

Puertoricaner sind seit 1917 amerikanische Staatsbürger, nachdem die USA 1898 Puerto Rico von Spanien erworben hatten. Seither sind sie eine stetig wachsende Latino-Gruppe in den USA. Als Bevölkerungssegment sind sie am unteren Ende der sozialen Hierarchie angesiedelt, und im Allgemeinen haben sie geringere Anteile an höheren Bildungsabschlüssen, höhere Anteile an Armut, Sozialhilfebezug und größere Schulabbruchsquoten. Puertoricaner stellten im Jahr 2000 mit 28 % die höchsten Anteile an der Bevölkerung unterhalb der Armutsgrenze (Kubaner 12 %, Mexikaner 27 %, andere Hispanics 18 %). Im Vergleich dazu leben dem Zensus 2000 zufolge 8 % der Weißen und 24,5 % der Schwarzen unterhalb der Armutsgrenze. Innerhalb der Latino-Bevölkerung sind Puertoricaner daher auch zu einem stärkeren Grad mit Problemen einer armen Unterschicht behaftet, so z. B. schlechter Gesundheit, die von einer mangelhaften Einbindung in gesundheitliche Versicherungssysteme noch zusätzlich beeinträchtigt wird (US Bureau of the Census, Census 2000, Summary Files 2002).

Während alle Latino-Immigranten in der Phase der Nichtakkulturation kurz nach der Einwanderung noch einen relativ guten Gesundheitszustand aufweisen, der besser ist, als es ihr niedriger sozioökonomischer Status erwarten ließe (*„healthy migrant effect", the Hispanic paradox*), verschlechtert sich in allen Gruppen der Gesundheitszustand bzw. die gesundheitliche Befindlichkeit mit steigendem Grad der Akkulturation. Auch wenn man berücksichtigt, dass Migranten gegebenenfalls schlechte Gesundheit vor Arbeitgebern und Behörden zu verheimlichen suchen, wird dieses Phänomen darauf zurückgeführt, dass die Anpassung an die neue Gesellschaft einerseits auch die Anpassung an negative Verhaltensweisen bedeutet (Essgewohnheiten, Trinken, Rauchen, Drogenabhängigkeit), andererseits auch den Bruch mit früheren sozialen Netzwerken vollzieht und Isolation, Anpassungsschwierigkeiten, Diskriminierung ebenso wie Schädigung durch Umweltgifte in den neuen Arbeitstätigkeiten mit sich bringt (Flack, Amaro, Jenkins et al. 1995; Center for Disease Control, National Center for Health Statistics 2000; Hayes-Bautista 1992).

Die Auswirkungen einer derart großen Minderheit, die sich geographisch konzentriert (Abb. 71), sind enorm: In einigen Bundesstaaten und vielen Stadtregionen sind Menschen spanischer Muttersprache die Mehrheit, weswegen die Bundesregierung bereits 1977 das *Office of Hispanic Affairs* einrichtete. Mittlerweile haben fast alle Bundesstaaten entsprechende Einrichtungen, und die Bundesregierung hat mit dem *Office of Bilingual Education and Minority Affairs/Department of Education* zusätzliche Institutionen geschaffen, um der Integration und Multikulturalität der *Hispanics* Rechnung zu tragen.

Trotz der Tatsache, dass die *Hispanics* mittlerweile die stärkste Minderheit bilden, konnten sie bis 2000 kaum politische Repräsentanz im Kongress gewinnen: Kein einziger Senator ist hispanischer Herkunft, lediglich 19 Abgeordnete sind Latinos (US Bureau of the Census 2000, Summary Files

Jahr	Anzahl	Jahr	Anzahl	Jahr	Anzahl
1942	4203	1950	67500	1958	432857
1943	52098	1951	192000	1959	437643
1944	62170	1952	197100	1960	315846
1945	49454	1953	201388	1961	291420
1946	32043	1954	309033	1962	194978
1947	19632	1955	398650	1963	186865
1948	35345	1956	445197	1964	177736
1949	197000	1957	436049		

Tab. 16: *Braceros – Vertragsarbeiter in den USA 1942–1964.*

Quelle: US Congress, Senate Committee on the Judiciary, Temporary Worker Program: Background and Issues, 96th Congress, 1st Session, 1980. Auch Marentes 1999, http://www.farmworkers.org/migrdata.html.

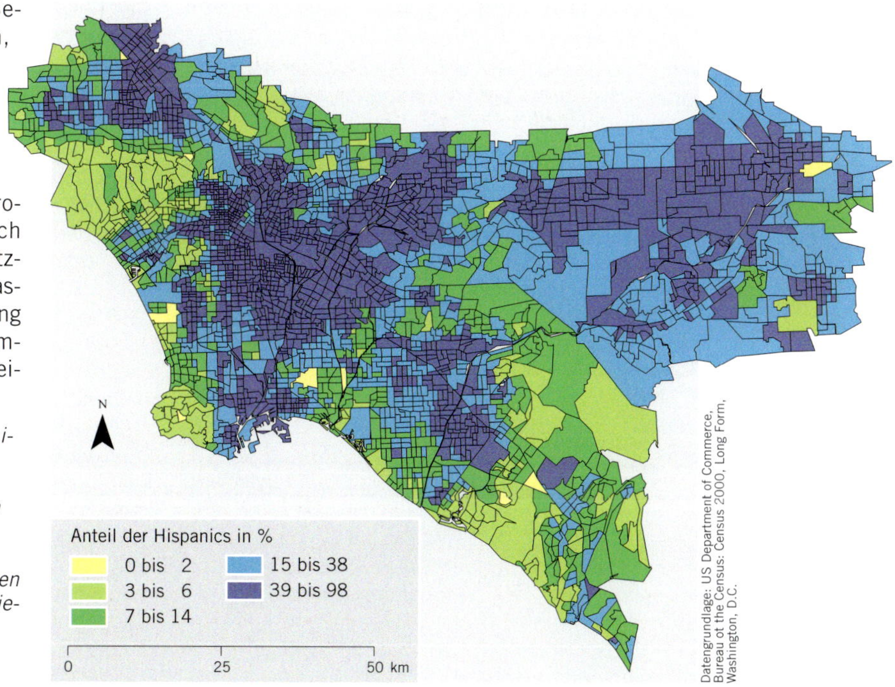

Datengrundlage: US Department of Commerce, Bureau of the Census: Census 2000, Long Form, Washington, D.C.

Abb. 71: *Prozentualer Anteil der hispanischen Bevölkerung in der Los Angeles Metropolitan Area, 2000, nach census tract. Die Aufteilung der Zahlenwerte in Klassen erfolgte nach dem Prinzip der Quantile. Das bedeutet, dass in jeder Klasse (etwa) gleich viele tracts enthalten sind. Diese Methode hebt die Unterschiede deutlich heraus, da keine Klasse unter- bzw. überbesetzt ist. Allerdings werden Extremwerte unterdrückt.*

2002). Wegen des Festhaltens an alten Wahlbezirkseinheiten, die mit den neuen Konzentrationsgebieten hispanischer Bevölkerung nicht übereinstimmen, konnte die für die Legislative wichtige Repräsentanz in Bezug auf bestimmte Themen nicht gewonnen werden – Einwanderung, Gesundheitswesen, Ausbildung und Mindestlohnregelungen zählen z. B. hierzu. Gerade im Gesundheitsbereich sind jedoch Präventivmaßnahmen für die verschiedenen hispanischen Bevölkerungssegmente besonders wichtig. So stellen diese Gruppen beispielsweise bei einem Anteil von nur 13 % an der Gesamtbevölkerung rund 19 % aller neu registrierten HIV-Fälle. Die Wahrscheinlichkeit einer Infektion innerhalb der Latino-Bevölkerung ist statistisch gesehen 22-mal größer als bei der weißen nichthispanischen Bevölkerung (US Center for Disease Control, 2002).

Indianer

Die Indianer wurden hauptsächlich aus zwei Gründen von ihrem Land vertrieben: Einerseits dienten solche Maßnahmen seit dem frühen 17. Jahrhundert der vermeintlich besseren Inwertsetzung des Landes durch europäische Siedler, andererseits war es die Erwartung von gewaltigen Ressourcen, wie sie beispielsweise die Clark-Lewis-Expedition 1803 dokumentierte.

Die Worte des Predigers Crashaw aus dem Jahre 1610 wurden zum Leitmotiv einer jahrhundertelang vollzogenen Praxis, die Interessen der Indianer zu ignorieren, und zwar sowohl in kolonialer Zeit als auch nach Gründung der Vereinigten Staaten von Amerika: „Wir geben den Wilden, was sie brauchen. Erstens Gesittung für ihren Körper, zweitens Christentum für ihre Seelen. Wir nehmen von ihnen, was sie leichter entbehren können: erstens ihr überflüssiges Land, zweitens ihre überflüssigen Naturschätze“ (zit. in Feest 1976, S. 30).

Als Indianer die Engländer im Jahr 1620 freundlich empfingen und 1625 mit ihnen Landabtretungsverträge schlossen, gab es in Amerika zunächst kein „Indianerproblem“. Erst als sich die puritanischen Siedler unter Missachtung der Verträge mehr und mehr Land nahmen, kam es 1637 zur Gegenwehr (Feest 1976; Farb 1971; Horseman 1967, 1988). Später bediente man sich der Indianer in den französisch-englischen Kriegen im 18. Jahrhundert (literarisch aufgearbeitet in den „Lederstrumpf“-Geschichten von James Fenimore Cooper), wobei auf beiden Seiten Indianer für die Interessen der Weißen starben und indianische Völker nahezu ausgerottet wurden.

1755 wurde erstmals ein sogenannter *Superintendent of Indian Affairs* offiziell mit Indianerangelegenheiten betraut. Dieser sollte den Schutz der Indianer vor Bodenspekulanten, Händlern und Siedlern gewährleisten und ab 1763 vor allem den ungehinderten Zugriff von Siedlern auf Land der englischen Krone jenseits der Alleghenies verhindern. Mit Inkrafttreten der Unabhängigkeitserklärung sicherten sich die USA diese Gebiete und beriefen sich auf den Vertrag von Paris 1783, wonach jede koloniale oder unabhängige Macht in Amerika mit den Indianern ihre eigenen Bedingungen auszuhandeln hätte (Horseman 1988, Vol. 4, S. 29).

Nach dem Unabhängigkeitskrieg betrieb George Washington eine merkantile Vertragspolitik, die von Vertragsunterzeichnungen geprägt war, welche die Abtretung von Indianerland an die Regierung der USA gegen minimale Kaufsummen beinhalteten. Aus Kostengründen wurden Kriege mit den Indianern zunächst vermieden. In der Amtszeit George Washingtons (1789–1797) wurde ein Konzept ausgearbeitet, das die Beziehungen zu den Indianern und eine Umsiedlungspolitik ab den 1830er Jahren regeln sollte. Es war vorgesehen, das Indianerland möglichst kostengünstig und ohne Kriegsaktivitäten zu erlangen, ferner sowohl Siedler als auch Indianer zu unterstützen. Das Überschreiten der Grenzen der den Indianern zugesprochenen Gebiete durch Siedler löste trotz einer Anti-Kriegspolitik den ersten von mehreren Indianerkriegen zwischen 1791 und 1794 aus. Zwischen 1800 und 1810 mussten Indianer über 3 Mio. *acres* an die US-Regierung abtreten (Sword 1985; Talbot 1988, S. 150f.). 1825 wurde unter Präsident Monroe der erste Versuch unternommen, Indianer aus den sogenannten „zivilisierten Gebieten“ umzusiedeln.

Am 28. Mai 1830 wurde unter Präsident Andrew Jackson der *Indian Removal Act* verabschiedet. Das Gesetz ermächtigte die Regierung, alle östlich des Mississippi lebenden Indianer zu vertreiben. Eine zweifelhafte Rolle spielte dabei auch das 1824 gegründete und dem Kriegsministerium unterstellte *Bureau of Indian Affairs*. Das Umsiedlungsgesetz traf das Volk der Cherokesen, die in den südlichen Appalachen im Grenzgebiet von Tennessee, North Carolina und Georgia angesiedelt waren und wo Goldlagerstätten vermutet wurden, besonders hart, hatten sich doch die Cherokesen als einer der *five civilized tribes* sehr früh entschlossen, die Zivilisation der Weißen anzunehmen. Sie hatten Schulen und Kirchen gebaut, unterhielten eine Zeitung und gaben sich eine geschriebene Verfassung. Sie reichten Petitionen im Kongress ein, um das angestammte Heimatgebiet nicht verlassen zu müssen. Durch Einschüchterungspolitik unter Druck gesetzt, unterschrieben schließlich 500 der 20 000 Cherokee-Indianer den Vertrag, in welchem sie der Umsiedlung zustimmten. Einer zunächst geplanten, gestaffelten und geordneten Umsiedlung folgte nach ersten bestätigten Goldfunden die unter Truppenbegleitung zwangsweise stattfindende Vertreibung des gesamten Stammes im Winter 1838/39 in das über 2000 km weiter entfernt gelegene Oklahoma-Territorium. Bei dem *March of Tears* (Weg der Tränen) kam etwa ein Fünftel des Stammes um. Innerhalb der nächsten zehn Jahre wurden weitere 100 Verträge über Landabtretungen geschlossen (Talbot 1988; Prucha 1969, 1984; Sword 1983; Farb 1971, S. 302).

Im Kreislauf der Beziehungen zwischen Indianern und Weißen (Abb. 72) wurden Indianer immer mehr Landabtretungen abgepresst. Bis 1868 wurden zwischen US-Regierungen und Indianern insgesamt 400 Verträge über Landabtretungen mit Gegenleistungen, die allerdings nicht gleichwertig waren, geschlossen und wieder gebrochen, wobei dies unter beiden großen Parteien, sowohl den Republikanern als auch den Demokraten, geschah.

Bezeichnend ist, dass die Bundesregierung ihre Politik, den Indianern gesicherte, große Reservate zuzuweisen, mit zwei Gesetzen selbst wieder änderte:

- mit dem Landverteilungsgesetz von 1867 (*Dawes Severalty Act*) und
- mit dem *General Allotment Act* von 1934, bei dem Land analog dem Heimstättengesetz an Indianerfamilien vergeben wurde, die bereit waren, sesshaft zu werden. Dabei wurden Indianer als eigenständige Farmer steuerpflichtig; sofern sie nicht zahlen konnten, weil sie mit der kommerziellen Landwirtschaft oder schlechten Bodenverhältnissen nicht vertraut waren, mussten sie das Land zu Niedrigstpreisen wieder an weiße Siedler verkaufen.

Von den 55 Mio. Hektar Land, welche die Indianer zwischen 1867 und 1934 im Rahmen dieser beiden Gesetze erhielten, fielen 33 Mio. wieder an Weiße. Der den Indianern verbliebene Rest unterlag nach Einschätzung des *Bureau of Indian Affairs* folgenden Erosionskategorien: kritischer (5 Mio. ha), ernster (7 Mio. ha) oder leichter Erosion (10 Mio. ha). Die Landvergabe an Indianerfamilien im Zuge der beiden genannten Gesetze barg für die US-Regierung einen großen Vorteil: Land, das nicht individuell vergeben wurde – und in den kollektiv orientierten Stämmen waren nur wenige an individuellem Eigentum interessiert –, fiel in den Besitz der Bundesregierung. Auf diese Weise verloren die Stämme bis 1917 über 60 % des Landes, das noch 1887 in 187 Reservate aufgeteilt worden war. Dabei wurde auch Land, das reich an Bodenschätzen war, in die *public domain* überführt. Die heutigen Indianerreservate entsprechen nur noch einem Bruchteil der den Indianern 1887 zugewiesenen Gebiete. Mit dem *Indian Reorganization Act* von 1934 wurde den Indianern wieder mehr Stammesland zugesprochen, sofern sie sich politisch in Anlehnung an das parlamentarische Vorbild der USA organisierten. 1944 löste die sogenannte „Terminationspolitik" den *Indian Reorganization Act* jedoch wieder auf und damit auch alle Reservate. Explizit wurde damit die Assimilation der Indianer in die amerikanische Gesellschaft angestrebt. Viele Indianer wurden aus den Reservaten in die Großstädte umgesiedelt. 1970 beendete Präsident Nixon die Terminationspolitik durch ein neues Leitbild: *self-determination without termination.* Selbstbestimmung wurde nun im Sinne einer Selbstverwaltung gewährt, allerdings verblieben die indianischen Reservate in treuhänderischer Verwaltung der Bundesregierung. Auch dies birgt immense wirtschaftliche Vorteile für die Bundesregierung: Sie kann aus den Reservaten Bodenschätze exportieren und muss den Indianern als offiziellen Nutznießern dieser Territorien nicht unbedingt den Marktpreis dafür zahlen.

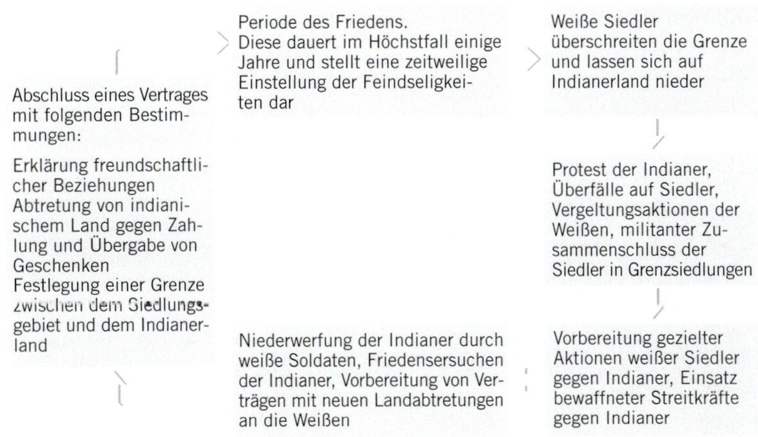

Abb. 72: *Kreislauf der Beziehungen zwischen Indianern und Weißen im Grenzgebiet (verändert nach Talbot 1988).*

Heutige Situation

Der Zensus 2000 wies 1,5 % der 281,4 Mio. Amerikaner, also 4,2 Mio. Menschen, als amerikanische Indianer und Ureinwohner Alaskas aus, wovon 2,5 Mio. sich als Indianer und 1,66 Mio. Personen sich als gemischtrassige Indianer deklarierten (US Bureau of the Census 2000, Census 2000, Summary Files 2002). Indianer wurden seit dem Zensus 1790 erfasst, aber erst seit 1860 als eigene Bevölkerungsgruppe dokumentiert. 1890 begann man, auch die in Reservaten lebenden Indianer zu erfassen. Die Zensusregionen im Westen hatten die größte indianische Bevölkerung in absoluten Zahlen und Prozentanteilen: 2,8 % der Bevölkerung im Westen, 1,3 % im Süden, 1,1 % im Mittelwesten und 0,7 % im Nordosten (Abb. 73).

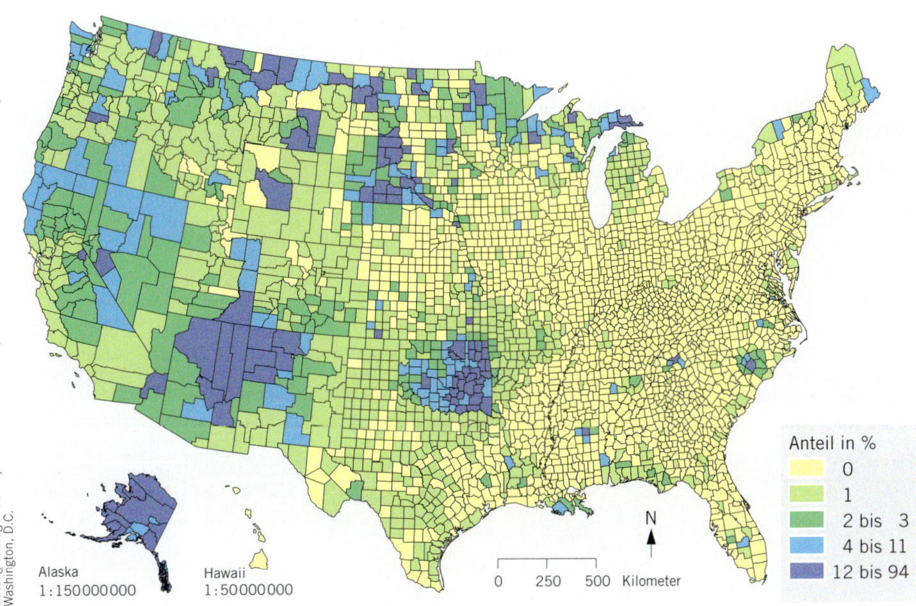

Datengrundlage: US Department of Commerce, Bureau of the Census: Census 2000, Long Form. Washington, D.C.

Abb. 73: *Prozentualer Anteil der Indianer in den Counties der USA, 2000. Aufteilung in Klassen nach dem Prinzip der Quantile (siehe Abb. 71).*

Indianerorganisationen und -verbände

Alaska Federation of Natives
Alaska Inter-Tribal Council
All Indian Pueblo Council
American Indian Disability Technical Assistance
American Indian Higher Education Association
Americans for Indian Opportunity
AMERIND-Risk Management
Association of Village Council Presidents
California Indian Lands Office
California Nations Indian Gaming Association
Center (AIDTAC)
Center for World Indigenous Studies
Columbia River Inter-Tribal Fish Commission
Council of Energy Resource Tribes
First Nations Development Institute
Great Lakes Intertribal Council
Indian & Native American Employment & Training Coalition
Indian Art Northwest
Indian Law Resource Center
Indian Tribal Council of Arizona
Intertribal Agricultural Council
Intertribal Bison Cooperative
Intertribal Council of Nevada
Intertribal Timber Council
Intertribal Trust Fund Monitoring Association
Montana-Wyoming Tribal Leaders Council
National Indian Child Welfare Association
National Indian Council on Aging
National Indian Court Judges Association
National Indian Education Association
National Indian Gaming Association
National Indian Health Board
National Indian Justice Center
National Native American AIDS Prevention Center
National Tribal Environmental Council
National Tribal Environmental Research Institute
Native American Finance Officers Association
Native American Fish & Wildlife Society
Native American Housing Council
Native American Journalists Association
Native American Rights Fund
Northwest Indian Fisheries Commission
Northwest Portland Area Indian Health Board
Regional Tribal Organizations
United Southern and Eastern Tribes

Über die Hälfte aller Indianer und Ureinwohner der USA einschließlich Alaskas leben heute in nur zehn Bundesstaaten und in relativ wenigen Großstädten (Tab. 17): Die zehn Bundesstaaten mit den größten Anteilen der indianischen Bevölkerung (insgesamt 62 %) sind nach dem Zensus 2000: Kalifornien (627 562 Personen), Oklahoma (391 949), Arizona (292 552), Texas (215 599), New Mexico (191 475), New York (171 581), Washington (158 940), North Carolina (131 736), Michigan (124 412), Alaska (119 241) und Florida (117 880). In 19 Staaten überstieg die indianische bzw. Urbevölkerung ihren prozentualen Anteil an der Gesamtbevölkerung erheblich: In Alaska stellen sie 19 %, in Oklahoma 11 %, in New Mexico 10 %. Die anderen 16 Staaten sind: Arizona, Kalifornien, Colorado, Idaho, Montana, Nevada, Hawaii, Oregon, Utah, Washington, Wyoming, Kansas, Minnesota, North Dakota, South Dakota, North Carolina (US Department of Commerce, Economics and Statistics Administration, US Census Bureau 2002, Census Brief: The American Indian and Alaska Native Population: 2000. Washingon, D.C., S. 4ff.).

New York City und Los Angeles wiesen im Jahr 2000 mit 87 241 und 53 092 Personen die höchste Zahl an indianischer Bevölkerung auf. In Städten lebten insgesamt 8,3 % der amerikanischen Indianer und der Ureinwohner Alaskas.

Zu den größten Stämmen zählte der Zensus 2000 die Cherokee- und Navajostämme, ferner die Choctaw, Sioux und Chippewa, die zusammen 40 % der Indianer in den USA ausmachten (Tab. 18).

Dutzende von Gesetzeseingaben betreffend verschiedener Anliegen von Indianervölkern wurden im *United States Senate Committee on Indian Affairs* für die Legislaturperiode 2000 vorbereitet (generelle Informationen zu Indianern 2003). Dass es noch viel zu tun gibt, zeigt die Vielzahl von indianischen Verbänden, die auf Bundesstaaten- und Lokalebene Rechte einfordern.

Zu den Problemen, mit denen die Indianer heute kämpfen, gehören:

- Armut, die sowohl infrastrukturbedingt ist als auch ein strukturelles Problem der Bevölkerung darstellt,
- armuts- und bildungsbedingte Hindernisse, in der Gesellschaft aufsteigen zu können,
- das Problem der gegen sie verübten Kriminalität sowie
- massive gesundheitliche Beeinträchtigungen, die mit Armut in Zusammenhang gebracht werden können.

Zwei dieser Probleme seien im Folgenden aufgegriffen:

Gegen Indianer verübte Kriminalität

Berichten des amerikanischen Justizministeriums zufolge (generelle Informationen zu Indianern 2003) werden Indianer mehr als doppelt so häufig wie der amerikanische Durchschnitt Opfer gewalttätiger Verbrechen. 70 % der gegen Indianer verübten Verbrechen werden von Menschen anderer Rassenzugehörigkeit verübt, was einen weitaus größeren Prozentsatz darstellt, als dies bei weißen oder afroamerikanischen Kriminalitätsopfern der Fall ist; ferner sind bei fast 50 % der Schwerverbrechen gegen Indianer die Täter alkoholisiert. Aus diesen Umständen leitet das *Department of Justice* eine rassistische Motivation hinter den Straftaten ab.

Umgekehrt ist Alkoholkonsum bei der indianischen Bevölkerung selbst ein nicht zu unterschätzendes Problem: Er stellt bei einem Teil der Bevölkerung in den infrastrukturell defizitären Reservaten mit hoher Arbeitslosigkeit einen Ersatz für produktive Tätigkeiten dar. Aufgrund genetischer Charakteristika fehlen jedoch der indianischen Bevölkerung die Enzyme zum Abbau von Alkohol, weswegen der Konsum von kleinen Mengen bereits eine übergroße Wirkung haben kann. Zu den Straftaten unter Alkoholeinwirkung, welche die Statistik den Indianern zuschreibt, gehören vor allem das Autofahren unter Alkoholeinfluss oder Trunkenheit in der Öffentlichkeit (*public drunkenness*).

Stadt	Ranggröße	Bevölkerungszahl	Amerikanische Indianer sowie Ureinwohner Alaskas
New York	1	8808278	87241
Los Angeles	2	3694820	53092
Chicago	3	2896016	20898
Houston	4	1953631	15743
Philadelphia	5	1517550	10835
Phoenix	6	1321045	35093
San Diego	7	1223400	16178
Dallas	8	1188580	11334
San Antonio	9	1144646	15224
Detroit	10	951270	8907
Oklahoma City	29	506132	29001
Tucson	30	486699	15358
Albuquerque	35	448607	22047
Tulsa	43	393049	30227
Anchorage	65	260283	26995

Quelle: US Census Bureau, Census 2000; Summary Files 2002.

Tab. 17: *Die 15 Städte mit der höchsten Anzahl indianischer Wohnbevölkerung, 2000.*

Stammesgruppen	Anzahl
Cherokee	729533
Navajo	298197
Lateinamerikanische Indianer	180940
Choctaw	158774
Sioux	153360
Chippewa	149669
Apache	96833
Blackfeet	85750
Irokesen	80822
Pueblo	74085
Creek	71310

Quelle: US Census Bureau, Census 2000; Summary Files 2002.

Tab. 18: *Die größten indianischen Stammesgruppen in den USA, 2000.*

25 % der erwachsenen Indianer standen 2000 unter der Aufsicht von polizeilichen Behörden – ein Prozentsatz, der mehr als doppelt so hoch ist wie bei Weißen, über neunmal so hoch wie bei Asiaten, jedoch nur die Hälfte des Prozentanteils von Schwarzen darstellt. Der Anteil der in Staats- und Bundesgefängnissen einsitzenden Indianer ist 38 % höher als der amerikanische Durchschnitt. Indianernationen haben auf lokaler Ebene ihre eigenen Polizeibehörden (*tribal law enforcement agencies*). Insgesamt sind es 135 Behörden mit 1731 staatlich vereidigten Polizisten (generelle Informationen zu Indianern 2003; Department of Justice, Bureau of Justice Statistics 2000).

Gesundheitsprobleme bei Indianern

Diabetes (Typ II) und Folgekrankheiten gehören zu den häufigsten Krankheiten bei Indianern. Mit 15 % Diabeteskranken sind Indianer 2,5-mal stärker betroffen als die weiße, nichthispanische Bevölkerung der gleichen Altersgruppen. Das bundeseigene *Center for Disease Control* in Atlanta geht davon aus, dass die Anteile tatsächlich noch viel höher liegen: So zeigten Studien, dass 40 bis 70 % der Indianer zwischen 45 und 74 Jahren sowie fast ein Viertel der Navajos über 20 Jahren Diabetes hatten und weitere 7 % unerkannt an der Krankheit litten. Sie zieht sich durch alle Indianergruppen; wo einzelne Gruppen besonders gründlich wissenschaftlich erforscht wurden, nähert man sich der wahren Dimension des Problems: so fand man, dass bei den Pima Indianern über 30 Jahren bis zu 50 % betroffen sind. Als Hintergründe gelten genetische Ursachen wie die Glukose-Unverträglichkeit, medizinische Risikofaktoren und ungesunde Lebensführung, darunter auch Hunger (generelle Informationen zu Indianern 2003). Die Bundesregierung hat sich dem verschärften Problem dieser Krankheit unter Indianervölkern 1996 mit dem *Diabetes Prevention Program* angenommen.

Unter den Indianern ist Lungenkrebs aufgrund des Tabakkonsums die Haupttodesursache bei Krebserkrankungen. Auch Herz-Kreislauf-Krankheiten, die im Allgemeinen die Haupttodesursachen bei Indianern sind, werden zu einem großen Teil auf den Risikofaktor Rauchen zurückgeführt. Obwohl seit 1978 das Rauchen in den USA durch Kampagnen wie rauchfreie öffentliche Zonen, Etikettierung der Gesundheitsgefahr auf Tabakprodukten etc. in allen Bevölkerungsgruppen signifikant abnahm, änderten sich die Konsumgewohnheiten der indianischen Bevölkerung nicht. Fast ein Vierteljahrhundert nach dem gezielten Vorgehen der Bundesregierung gegen das Rauchen in breiten Bevölkerungsschichten sind vom Tabakkonsum verursachte Krankheiten und ihre Folgen ein ernstes Problem bei der indianischen Bevölkerung geblieben. Ein Grund wird darin gesehen, dass die Tabakindustrie die Indianer nach wie vor gezielt als Konsumenten wirbt, indem sie indianische Kulturveranstaltungen, Großtreffen und Rodeos finanziert (generelle Informationen zu Indianern 2003).

Abb. 74: *Musealisierung der Geschichte. Rekonstruktion der ersten englischen Siedlung in Plymouth.*

Landverkäufe der Indianer an die Bundesregierung – das Beispiel der Shoshone in Nevada

Im Jahr 1863 unterzeichneten die USA mit den Western Shoshone den Friedens- und Freundschaftsvertrag von Ruby Valley. In diesem Jahr befanden sich die USA im Bürgerkrieg, und die Bundesregierung wollte die Transportrouten für das Gold aus Kalifornien durch das Land der Shoshone sichern. Der Vertrag von Ruby Valley erlaubte Amerika, Eisenbahnlinien, Wege und Telegraphenleitungen durch das Land der Indianer in Nevada zu bauen, nach Bodenschätzen zu suchen und Bergwerke zu errichten. Nicht vorgesehen war, dass die Indianer ihr Land abtreten sollten. Nicht *vorher*zusehen war, dass die riesigen Kohlevorkommen im Tagebau abgebaut würden und dass später in den Bergbauschächten Atomtests durchgeführt werden sollten.

Verträge wie der von Ruby Valley sind verfassungskonform und als solcher von der Verfassung geschützt. Dass das Verfassungsgericht (Supreme Court) 1985 den Landanspruch der Shoshone für erloschen erklärte, konnte daher nicht mit dem Vertrag von Ruby Valley begründet werden. Vielmehr berief sich das Gericht auf ein 1979 von der Indian Claims Commission erlassenes Urteil. Dieses Urteil sah eine Abfindungssumme von 26 Mio. Dollar an die Shoshone und eine zwangsweise Auszahlung vor, da die Indianer die Ablösesumme nicht annehmen und dadurch das Urteil bestätigen wollten. Zuvor hatte es Verhandlungen gegeben, bei denen das Büro für Indianerangelegenheiten den Shoshone einen staatlichen Anwalt zur Seite gestellt hatte. Dieser hatte einerseits den Indianern geraten, ihr Land gegen eine Entschädigung aufzugeben, andererseits war ihm selbst ein Anteilsrecht an der zukünftigen Entschädigungssumme von der Bundesregierung zugesprochen worden. In dem folgenden Rechtsstreit zwischen den Indianern und dem Bureau of Indian Affairs, bei dem die Indianer ihren Anwalt entließen, die Regierungsstelle die Entlassung jedoch nicht akzeptierte, bestimmte das Urteil 1979 die Abfindung, welche durch den noch agierenden treuhänderischen Anwalt der Indianer für die Shoshone angenommen wurde. Da die Shoshone das Geld verweigerten, überwies die Indian Claims Commission, die dem Justizministerium zugehörig ist, dem Innenministerium das Geld auf ein Treuhandkonto. Um das Geld an die Indianer auszahlen und dadurch den andauernden Rechtsstreit beenden zu können, führte das Büro für Indianerangelegenheiten 1999 Anhörungen über die Zwangsauszahlungen durch.

Die weit greifenden Folgen der heutigen Besieglung der Landabtretung für die Shoshone wären, dass viele der viehzüchtenden Indianer ihr Land verlassen müssten. Ohnehin sind viele von der Zwangsvertreibung bedroht. Seit 1973 führen die Shoshone-Geschwister Dann daher einen Rechtsstreit gegen die Regierung der USA. Sie klagten zuerst gegen ihre Vertreibung von ihrem Weideland, da sie „auf Land siedeln, deren Eigner das Volk der Vereinigten Staaten ist". Unter Berufung auf den Vertrag von Ruby Valley prozessieren sie gegen die illegale Übernahme durch die Bundesregierung von Land, das die Shoshone nie verkauft haben. Um ihrem Vorgehen, für das die „Dann-Sisters" 1993 den alternativen Nobelpreis erhielten, mehr Gewicht zu verleihen, gingen die Klägerinnen über die Interamerikanische Menschenrechtskommission der Organisation der Amerikanischen Staaten (OAS) vor. Diese bindende Konvention haben die USA nie unterzeichnet, ähnlich dem Internationalen Gerichtshof von Den Haag, bei dem ausländische Richter ebenfalls nicht über die USA befinden können. Der Rechtsfall Dann ist vorerst auf beiden Argumentationslinien gescheitert, jener, die Landrechte der Ureinwohner einfordert, und der anderen, die individuelle Rechte als Rancher geltend macht; das verfassungsmäßige „pursuit of happiness" steht im Fall der Shoshone hinter den US-Interessen zurück.

Betrachtet man die Interessen der Bundesregierung an dem Shoshone-Land in Nevada, so sieht man neben den Weidegebühren, welche die Bundesregierung von den Dann-Sisters einfordert und die sich mittlerweile auf annähernd 1 Mio. Dollar belaufen, weitere Gründe. Da nach amtlicher Sichtweise „öffentliches Land eine Investition des amerikanischen Volkes ist, wofür diesem ein Ertrag zusteht", verloren die Geschwister Dann die Wasserrechte für den Bach, der über ihre Ranch fließt, mit der Begründung, dass sie ihn mehrere Jahre nicht genutzt hätten. Die Nachbarranch, der das Wasser zugesprochen wurde, gehört einer Bergbaufirma.

Bergbau ist in dem Elko-Distrikt Nevadas, in dem die Ranch der Klägerinnen liegt, ein wichtiger Wirtschaftszweig: 44 % des Goldes der USA wird im Elko-Distrikt gefördert. Der Distrikt, vor allem die Cortez Mine, ist weltweit der zweitwichtigste Produktionsstandort von Gold, das hier im Tagebau gefördert wird und mit Auswaschverfahren operiert, bei denen sehr viel Wasser aus den wenigen Flüssen Nord-Nevadas eingesetzt wird und mit Cyanid-Lauge gearbeitet wird. Die Umweltproblematik, die dabei entsteht, wird im Hinblick auf die 450 hoch dotierten Arbeitsplätze der Tagebaumine von der Betreiberfirma als weniger wichtig erachtet. Den Klagen, dass die amerikanische Bundesregierung ihrerseits den Shoshone Abgaben für die geschürften Bodenschätze entrichten solle, wird keine Beachtung geschenkt.

Die Umweltproblematik in Nevada ist nicht neu. Nur ca. 120 km von Las Vegas entfernt im Gebiet der Shoshone liegt die Nevada Test Site, das nukleare Versuchsgebiet des Bundes-Energieministeriums (US Department of Energy, Office of Civilian Radioactive Waste Management, Yucca Mountain Project; *http://www.ocrwm.doe.gov/*). Dort wurden 100 überirdische und bis 1992 825 unterirdische Atomtests auf rund 20 Hektar Fläche durchgeführt. In der Nevada Test Site, die teilweise zu verseucht ist, um sie betreten zu können, werden schwach- und mittelradioaktive Abfälle in der Wüste entsorgt. Hochradioaktive Abfälle sollen in Yucca Mountain, dem Heiligen Berg der Shoshone, am westlichen Rand des Testgeländes entsorgt werden. Das Gebiet der Shoshone ist Teil des nuklearen Zyklus: Der Hauptteil der Urangewinnung der USA und die nuklearen Tests erfolgen hier, und die Endlagerung der radioaktiven Abfälle wird hier vollzogen (zit. nach NZZ v. 12./13. 6. 1999, Nr. 133, S. 109–111). Allerdings gibt es dazu eine kontrovers geführte Diskussion (Yucca Mountain Project, Bürgerinitiative (*http://www.citizenalert.org*). Die radioaktive Verseuchung von Indianern sowie der Umgang mit Minderheiten generell im Zusammenhang mit Umweltabfall hat in den USA die politik- und sozialwissenschaftliche Forschungsrichtung zum *Environmental racism* hervorgebracht. Diese befasst sich mit dem Zusammenhang und den Hintergründen dessen, dass in den USA nicht selten besonders umweltgefährdende Anlagen in unmittelbarer Nähe von Wohngebieten armer Minderheiten errichtet werden.

Abb. 75: *Freilichtmuseum bei Plymouth mit indianischen Statisten.*

Nach über 225 Jahren Indianerpolitik der amerikanischen Bundesregierung bleibt festzustellen, dass eine Problematik im Umgang mit der indianischen Bevölkerung in massiver Ausprägung fortbesteht. Indianische Kultur mag lokal im Tourismus und in der Vermarktung des Kulturerbes wertvoll sein (Abb. 74 u. 75). An erster Stelle der Lösungsansätze für die Schwierigkeiten der Indianer stünde jedoch die effektive Hilfe bei der wirtschaftlichen Entwicklung der Reservatgebiete, die auch 2004 noch von der Politik vernachlässigt werden. Zur effektiven Hilfe gehörte auch die Anerkennung der Ansprüche auf Entschädigung für verlorenes Land oder die faire Entschädigung für Schürfrechte bei Bodenschätzen. So liegen 70 % der amerikanischen Uranvorkommen in Indianerreservaten; auch Kohle und andere Bodenschätze lagern hier in großen Mengen. Indianervölker sind jedoch nicht immer die Nutznießer dieses Reichtums, da ihnen der Anspruch auf ihr Land und die vollen Nutzungsrechte an ihrem Land innerhalb der föderativen Vereinigten Staaten versagt bleiben.

Afroamerikaner in den USA

Sklaveneinfuhr

Menschen schwarzer Hautfarbe wurden von den Spaniern und Portugiesen erstmals Mitte des 16. Jahrhunderts von Afrika auf den amerikanischen Kontinent gebracht, wo sie als Fronarbeiter in Bergwerken und auf Plantagen arbeiteten. Ab 1619 kamen Schwarzafrikaner nach Jamestown, Virginia und in die übrigen englischen Kolonien. Obwohl sie ursprünglich die gleichen Rechte wie die weißen Einwanderer besaßen und unter festen Dienstverträgen arbeiteten, änderte sich dies ab 1661, dem offiziellen Beginn der Sklaverei unter der englischen Regierung. In England hatte die frühe Phase der Industrialisierung begonnen: Der Bedarf an Rohstoffen bedingte eine steigende Nachfrage nach Arbeitskräften. Diese konnte nicht länger durch bezahlte Arbeitskräfte aus Afrika abgedeckt werden, sollten die zu erwartenden Profitmargen erhalten bleiben. Von nun an erhielten daher Schwarze in Amerika und alle unter Zwang einwandernden Schwarzafrikaner den Sklavenstatus; sie wurden als freiverkäufliche Arbeitsmaschinen eingestuft und bildeten die niedrigste Gesellschaftsschicht. Abgesehen von wirtschaftlichen Gründen wurde Sklaverei religiös-ideologisch mit einer gottgewollten Ordnung begründet (Schäfer 1998, S. 203f.).

Die Sklaveneinfuhr des kolonialen Amerika erfolgte ab 1661 unablässig und lässt zwei Hauptphasen erkennen:

- 1730 bis 1770, welche auf die Ausweitung des Tabakanbaus zurückzuführen ist,
- 1790 bis 1810, die im Zusammenhang mit der Ausweitung des Baumwollanbaus steht.

Fluchtversuche, Diebstahl und Aufsässigkeit wurden sowohl in der kolonialen als auch in der US-amerikanischen Zeit der Sklaverei mit Auspeitschungen, Verstümmelungen und, als Ermessensentscheid, mit Hinrichtungen bestraft. Aus Angst vor Aufständen wurden Versammlungen von mehr als drei Sklaven nur unter weißer Aufsicht erlaubt, das Lesen- und Schreibenlernen wurde Sklaven nicht gestattet. Selbst freie Schwarze hatten vor der Unabhängigkeit Amerikas nur begrenzte Bürgerrechte. Sie besaßen kein Wahlrecht, lebten unter Ausgangssperren und hatten keinen Anspruch auf Gerichtsverfahren. Auch die Verfassung (*Constitution*) von 1787 gewährte den Sklaven keine Rechte, obwohl die Mehrheit der Verfassunggeber für die Abschaffung der Sklaverei war. Selbst das Amerika nach der Unabhängigkeit, das die Grundrechte der Menschen in der *Bill of Rights* 1776 festgelegt und mit dem Zusatzartikel von 1791 zementiert hatte, gestattete den Schwarzen erst 1865 die gleichen Rechte, weil die wirtschaftlich starken Südstaaten die Sklaven als Stützpfeiler ihrer ertragreichen Plantagenindustrie brauchten. Noch 1857 wurde im Rechtsfall Dred Scott bestritten, dass Sklaven die gleichen Grundrechte hätten (Schlott 1967, S. 37).

Sklavenbefreiung und Rechte der Schwarzen

Schwarze machten zur Zeit der Unabhängigkeitserklärung mit rund 500 000 Personen 21 % der Bevölkerung der Kolonien aus, wovon 481 000 bzw. 96 % Sklaven waren. Die erste Volkszählung von 1790 dokumentierte 757 000 Schwarze, wovon 633 000 Sklaven zwischen Maryland und Georgia lebten.

Der Anspruch der jungen Republik auf Gleichheit aller wurde jedoch schon in der Unabhängigkeitserklärung aufgrund politischer und wirtschaftlicher Erwägungen bewusst *nicht* eingelöst. Die amerikanische Revolution, die die Freiheit brachte, war daher eine unvollständige. Da sie die Sklaverei nicht abschaffte, wurde der Gleichheitsgrundsatz von Anfang an zum Mythos. In der Realität bedurfte es des Sezessionskrieges sowie politischer und wirtschaftlicher Prozesse, um die Gleichstellung annäherungsweise zu erreichen. Aus diesem Grund bildeten freie Schwarze schon früh überwiegend religiös geprägte Solidaritätsgruppen als Überlebensmechanismus; die Kirchen und Kirchengemeinden der Schwarzen blieben die wichtigen Kraftquellen im Alltagsleben der schwarzen Bevölkerung und in der Bürgerrechtsbewegung des 20. Jahrhunderts (Schäfer 1998, S. 90f.).

Die unterschiedliche Wirtschafts- und Sozialstruktur der Südstaaten mit ihrer Plantagenwirtschaft, die auf der Sklaverei beruhte, und dem sich schnell industrialisierenden Norden, dessen Wirtschaft auch auf den schnellen Zuwachs von schwarzen bezahlten Industriearbeitern angewiesen war, war Hintergrund der Debatte über die sogenannte „Schwarzenfrage" und schließlich Anlass für den Sezessions- bzw. Bürgerkrieg der USA von 1861–1865. Wenn bei der Abschaffung der Sklaverei, die in den Nordstaaten befürwortet wurde, humanitäre und politisch-demokratische Erwägungen als Hauptargumente angeführt wurden, darf man nicht vergessen, dass wirtschaftliche Gründe mindestens ebenso zählten: Der wirtschaftliche Wettlauf des agrarischen Westens mit dem industrialisierten Nordosten und nördlichen Mittelwesten bedurfte in der zweiten Hälfte des 19. Jahrhunderts der einheimischen schwarzen Arbeitskräfte aus dem Süden ebenso wie der einwandernden Menschen aus Nord- und Westeuropa. Als Abraham Lincoln 1863 die Sklavenbefreiungsproklamation (*Emancipation Proclamation*) erließ, die 1865 mit dem 13. Zusatzartikel zur Verfassung rechtskräftig wurde, geschah dies also nicht nur aus politisch-humanitärer Überzeugung, sondern vor allem aus einer wirtschaftlich orientierten, zweckgebundenen Absicht heraus.

Zu diesem Zeitpunkt lebten in den Südstaaten knapp 4 Mio. Schwarze als Sklaven von 38 400 Weißen. Hinzuzurechnen waren 482 000 freie Schwarze im Gesamtgebiet der USA, davon die Hälfte in den Südstaaten. Durch die Proklamation wurden Sklaveneigentümer entschädigungslos enteignet, Plantagenbesitzer verloren dadurch viele Millionen Dollar ihres investierten Kapitals. Der Sezessionskrieg ließ die Wirtschaft des Südens geschwächt zurück. Eine rentable Fortführung der Monokulturen war nach Abschaffung der Sklaverei nicht mehr möglich. Das lange Festhalten des Südens an der Agrarwirtschaft hatte eine nicht mehr aufzuholende wirtschaftliche Disparität zum industriellen Norden entstehen lassen.

Im 14. Zusatzartikel wurden 1868 den Schwarzen noch einmal die gleichen Bürgerrechte wie den Weißen, im 15. Zusatzartikel von 1870 auch das gleiche Wahlrecht zugesichert. Viele weitere Gesetze zur vollen Gleichstellung erfolgten jedoch erst seit der Bürgerrechtsbewegung der 1950er Jahre. Während der *reconstruction*-Phase (1865–1877), in der die Wiederherstellung der Union, u. a. mit militärischer Verwaltung der Südstaaten, und die Zukunft der befreiten Sklaven im Vordergrund standen, schien sich die ökonomische und soziale Stellung der Schwarzen zu verbessern: In den Südstaaten entstanden über 4000 Schulen für schwarze Schüler, mit Bundesmitteln wurden die ersten Universitäten für Schwarze errichtet – Atlanta University in Atlanta, Fisk University in Nashville, Tennessee und Howard University in Washington, D.C. Das vom Kongress eingesetzte, bis 1872 bestehende *Freemen's Bureau* gewährte befreiten Sklaven Rechtshilfe und förderte ihre Schulbildung. Nachdem in den Südstaaten der Widerstand der Weißen gegen das Wahlrecht der Schwarzen mit einer Militärverwaltung des Bundes ab 1867 eingedämmt wurde, konnten die Schwarzen auch zahlreiche Vertreter in die Parlamente der einzelnen Staaten wählen (Schäfer 1998, S. 241). Als die Bundestruppen 1877 aus dem Süden abzogen, war die Phase der Rekonstruktion und damit der letzte Versuch auf Bundesebene beendet, die Gleichstellung aller Bevölkerungsgruppen durchzusetzen. Die Stellung der Schwarzen, die sich während einiger Jahre deutlich verbessert hatte, verschlechterte sich daraufhin wieder drastisch.

Es begann die Phase der ausgeweiteten politischen und rechtlichen Diskriminierung. Dabei wurden in einzelnen Staaten Wahlrechtsbeschränkungen eingeführt, wonach sich Schwarze einer Wählerprüfung zu unterziehen hatten. Das Wahlrecht wurde an gewisse Klauseln geknüpft, wie z. B. ein Mindeststeueraufkommen, das von den verarmten, als Kleinpächtern lebenden Schwarzen des Südens (*share croppers*) kaum aufgebracht werden konnte. In rechtlicher Hinsicht wurden Gerichtsurteile die Norm, bei denen Schwarze für eine Straftat grundsätzlich wesentlich härter bestraft wurden als Weiße. Rassentrennung wurde in allen Bereichen praktiziert: Schwarze wurden von bestimmten Bildungsstätten ausgeschlossen, sie wurden in bestimmte Stadtquartiere verbannt und durften von Weißen besuchte Hotels, Restaurants usw. nicht oder allenfalls durch getrennte Bereiche betreten.

Im Grundsatzurteil des Prozesses Plessy vs. Ferguson 1896 entschied das Verfassungsgericht der USA (*Supreme Court*), dass Louisiana und damit auch andere Staaten ein Recht auf Rassentrennung in ihren Eisenbahnwaggons – implizit auch in anderen öffentlichen und privaten Räumen – hätten. Die Begründung stützte sich darauf, dass der 14. Zusatzartikel zur Verfassung nur die politische, nicht jedoch soziale Gleichstellung beinhalte. Dieses Urteil (*separate but equal*) leitete die umfassendste, durch zahlreiche Gesetze abgestützte Rassentrennung im Süden der USA ein, die erst mit dem Grundsatzurteil Brown vs. Board of Education of Topeka, Kansas 1954 abgeschafft wurde. In diesem Grundsatzurteil entschied der Oberste Gerichtshof einstimmig, dass Segregation in öffentlichen Schulen eine Verletzung des 14. Zusatzartikels zur Verfassung darstelle. Zur Begründung hieß es, dass Segregation Schwarze als minderwertig behandle und sie damit ihrer Chancen auf gleiche Entwicklung und freie Entfaltung beraube. Das Urteil setzte die *separate but equal*-Doktrin außer Kraft. Ein weiteres Grundsatzurteil 1955 entschied, dass Schulen in angemessenem Zeitraum eine Desegregation durchführen müssten. Die anhaltende Kontroverse im öffentlichen Bewusstsein über altes und neues Recht leitete die Bürgerrechtsbewegung der 1950er und 1960er Jahre ein.

Wirtschaftliche und soziale Entwicklung

Die kritische soziale Situation und die anhaltende Diskriminierung im Süden führten besonders nach dem Zweiten Weltkrieg zu einer massiven Binnenwanderung der Schwarzen in die Städte des Nordens, zumal es dort ein rapides Wachstum an Arbeitsplätzen in der Industrie gab. In einigen Städten erhöhten sich die Anteile der schwarzen Bevölkerung daraufhin stark (Washington, D.C., Chicago, Detroit und andere Städte). Der massive Zustrom von Afroamerikanern in die Innenstädte führte als Reaktion zu einer ebenso starken suburbanen Abwanderung der weißen Mittelschichtbevölkerung (*white flight*) und zu einer sich sozial stark verändernden Stadtstruktur. Die Lebens- und Wohnumstände der schwarzen Bevölkerung, die Isolierung in Armut und Elendsquartieren und die Politik der Vernachlässigung dieser Quartiere führten zu Identifikationsprozessen, die sich einerseits in kultureller Hinsicht äußerten (Soul, Jazz, Black English – *„Ghettoese"* u. a.) und sich andererseits sehr stark in der politischen Arena manifestierten. In den 1950er bis 1960er Jahren kam es zu Rassenunruhen, die 1967 ihren Höhepunkt hatten und ein weltweites Echo fanden. Obwohl sie als friedliche Demonstrationen in über 100 Städten begonnen hatten, kam es zu heftigen Straßenkämpfen mit 130 Toten, fast ausnahmslos Schwarzen. Nach der Ermordung von Martin Luther King 1968 kam es zu Brandstiftungen und Verwüstungen in innenstadtnahen Ghettos von Washington, D.C. und anderen Städten in unmittelbarer Nähe von Regierungsgebäuden, was den Einsatz von Militär notwendig machte. Die Auswirkungen der Brandstiftungen im Stadtbild waren wegen einseitiger Fokussierung der Stadtplanung auf „Gebieten des Potenzials" (Schneider-Sliwa 1996) noch fast dreißig Jahre später zu sehen und sind erst durch aktuelle, flächenhafte neue Überbauungen in der Innenstadt verschwunden.

Die politischen Interessenvertretungen für die Rechte der Schwarzen erzielten jedoch weit reichende Erfolge. Die bereits 1910 gegründete *National Association for the Advancement of Colored People* (*NAACP*), der 1942 gegründete *Congress on Racial Equality* (*CORE*) sowie die 1957 ins Leben gerufene *Southern Christian Leadership Conference* (*SCLC*) traten nach ihrem durchschlagenden Erfolg gegen die *Separate but equal*-Doktrin stärker in den Vordergrund. Die von Martin Luther King angeführte, gewaltlos orientierte Bürgerrechtsbewegung, welche die 1954 verordnete Gleichstellung durchsetzen wollte, erwirkte vor allem von 1963 bis 1968 Gesetze zur vollen Gleichstellung der Schwarzen bzw. aller Minoritäten in den USA (*Civil Rights Acts* von 1964/65).

1965 wurden mit den *Voting Rights Acts* die letzten gesetzlichen Wahlbeschränkungen für Schwarze aufgehoben; der *Fair Housing Act* von 1968 schuf zumindest auf dem Papier gleiche Grundbedingungen bei der Wohnungsbeschaffung. Doch selbst eine Rechtshilfeorganisation wie die *National Association for the Advancement of Colored People* (*NAACP*) konnte nicht erreichen, dass die alltägliche Diskriminierung aufhörte. Aufgehört hat die *rechtlich abgestützte* Diskriminierung seitens des Staates und der Institutionen. Zurückgegangen ist die massive öffentliche Gewalt gegen Minderheiten, die in Amerika eine mehrhundertjährige Tradition hatte.

So waren in den Jahren von 1859 bis 1891 von 1900 öffentlich gelynchten Personen 1132 Afroamerikaner, zwischen den Jahren 1811 und 1920 waren von 606 öffentlich Ermordeten 554 Schwarze (Adams 2000, S. 115). Lynchmorde an Schwarzen sind bis in die allerjüngste Vergangenheit (1998) in den USA bekannt geworden, und die brutale Vorgehensweise rassistisch motivierter Polizisten hat 1992 und 2002 weltweit Aufsehen erregt. Die nach den Bürgerrechtsbewegungen neu erlassenen Gesetze schärften das Bewusstsein der öffentlichen Verwaltungen und eines Teils der Öffentlichkeit für die Beachtung von Bürgerrechten und der *political correctness*. Nach der offiziellen Gleichstellung in allen Bereichen verschoben sich im Alltagsleben der schwarzen Bevölkerung die Prioritäten: Der Kampf um das wirtschaftliche Überleben ersetzte den Kampf um die Gleichberechtigung. Die heutige sozioökonomische Situation der schwarzen Bevölkerung ist von massiven Ungleichgewichten gekennzeichnet. Mit 35,4 Mio. sind sie die größte Minderheit zusammen mit den Hispanics (35,3 Mio.), jedoch auch die Bevölkerungsgruppe in den USA mit den niedrigsten Anteilen an berufsqualifizierender Ausbildung, gleichzeitig den höchsten Anteilen an Arbeitslosen und Sozialhilfeempfängern (Statistical Abstracts 2001). Zwischen 1980 und 2000 stieg die afroamerikanische Bevölkerung von 26,7 Mio. auf 35,4 Mio. an. Ihre Anzahl in den innerstädtischen Gebieten hat zugenommen, selektiv auch in den *Suburbs*. *Black suburbanization*, der Zuzug afroamerikanischer Haushalte in die Vororte, ist kein Massenphänomen, sondern eines, bei dem es aus den innerstädtischen Ghettos heraus *spill-over*-Effekte in angrenzende Jurisdiktionen gibt, die z. T. von Innenstadtsanierung und Verdrängungsprozessen begünstigt werden. Zwar hat seit den 1970er Jahren auch auf lokalpolitischer Ebene eine massive Vertretung afroamerikanischer Interessen aufgrund der Tatsache eingesetzt, dass einige Metropolen von schwarzen Bürgermeistern regiert werden (Chicago, Los Angeles, Washington, D.C., Philadelphia, Cleveland). Dennoch ist die amerikanische Gesellschaft der Gegenwart eine duale, sich stetig auseinander entwickelnde, was auch die neuesten Zensus-Ergebnisse (Statistical Yearbook 2001) und neue Phänomene der sozialen Ausdifferenzierung wie *gated communities* dokumentieren. Die Armut der Schwarzen ist anteilsmäßig weiter verbreitet als in der weißen Bevölkerung und manifestiert sich in einer spezifischen räumlichen Separation, die auch die Züge des *environmental racism* annehmen kann, wenn beispielsweise gesundheitsschädigende Deponien im engsten Umfeld von afroamerikanischen Stadt-

Abb. 76: *Die Sondermüllverbrennungsanlage von Chester, Pennsylvania (Westinghouse Chester Incinerator), gebaut 1997, verbrennt täglich allein fast 300 Tonnen infektiösen medizinischen Sondermüll, ferner andere Arten von Sondermüll. Die Anlage, 7.-größte ihrer Art in den USA, wurde trotz der Klagen der schwarzen Anwohner (Chester Residents Concerned for Quality Living) bis zum Obersten Gerichtshof der USA, mit Unterstützung von Grundsatzurteilen gebaut. Seither entweichen Dioxine und andere Emissionen aus Schornsteinen, deren geringe Höhe den Höhenstandards europäischer Müllverbrennungsanlagen kaum entsprechen. Die Geschichte dieses Environmental-Racism-Prozesses durch den Instanzenweg und die Situation der Anwohner sind dokumentiert in dem Film „Laid to Waste" und auf www.ejnet.org/chester/ abrufbar.*

teilen errichtet werden (Abb. 76 u. Abb. 77). In die Sondermüllverbrennungsanlage von Chester, Pennsylvania fahren täglich 450 18-Tonnen-Lastkraftwagen mit Müll aus dem Umkreis von Philadelphia und New York. Die Bewohner sind ungeschützt den Abgasen ausgesetzt, die aus zu niedrigen Schornsteinen entweichen.

Unter den Ghettos der afroamerikanischen Bevölkerung gibt es Gebiete, die sich in Sanierung und wirtschaftlichem Aufschwung befinden, so z. B. Teile des in den 1960er und 1970er Jahren berüchtigten Stadtteils Watts in Los Angeles. Große Gebiete werden aber zunehmend zu Enklaven mit Drittwelt-Charakter, in denen die Lebenserwartung niedriger, die Kindersterblichkeit höher ist, die Geburtenraten der unverheirateten Frauen unter 20 Jahren Extremwerte haben und die Sozialhilfeabhängigkeit eine Lebensform in der dritten bis fünften Generation ist.

Ku Klux Klan

Wegen anhaltender Befürchtungen, dass die Weißen durch die Schwarzen minorisiert werden könnten, wurde 1865/1866 in Pulaski, Tennessee, ein Geheimbund gegründet, der die als „natürlich" betrachtete und empfundene Gesellschaftsordnung des Südens wiederherstellen wollte. Pulaski, nahe der Grenze von Tennessee und Alabama gelegen, war auf der Ost-West-Achse des innerstaatlichen Sklavenschmuggels eine wichtige Durchgangsstation. Wegen der vielen Großplantagen machten Afroamerikaner hier etwa die Hälfte der Bevölkerung aus. Der ursprünglich aus einer Studentenverbindung hervorgegangene Geheimbund gab sich den Namen Ku Klux Klan, wobei die Begriffe „Ku" und „Klux" aus dem griechischen Wort „Kyklos" (Ring, Kreis) hergeleitet wurden und das Wort „Klan" auf die irisch-schottische Abstammung seiner Gründer verwies. Dieser Name und seine Wirkung sollten auch programmatisches Ziel sein: „The sound of it is suggestive of bones rattling together – der Klang, der das Klappern von Knochen suggeriert" (Lester & Wilson 1905, S. 56).

Wie dies in der Realität aussieht, zeigen Vorfälle des Jahres 1958, in dem der Ku Klux Klan besonders intensiv agitierte, die in den Reports der Quäker (*Friends' Services Committee*), des *National Council of Churches of Christ* und des *Southern Regional Council* registriert wurden. Es waren dies 530 Fälle offener Gewalt seitens der selbsternannten Weißen Ritter, darunter Mord, Totschlag, tätliche Übergriffe und Brandanschläge (Chalmers 1965, S. 343).

Auf der ersten organisierten Zusammenkunft des Klans im Frühsommer 1867 wurde die Deklaration der Prinzipien beschlossen, welche die Ziele in einer scheinbar harmlosen Form definierte (Halsey 1967, S. 193), darunter:

- die Schwachen zu beschützen,
- die Verfassung zu schützen,
- bei der Ausübung von Gesetz und Ordnung zu helfen.

Tatsächlich bedeutet dies für den Ku Klux Klan: „Unser Hauptanliegen und oberstes Ziel ist es, die Vorherrschaft der weißen Rasse in dieser Republik zu erhalten" (zit. in Randel 1965, S. 49). Einzige Bedingung für neue Mitglieder war das absolute Stillschweigen über die eigene Mitgliedschaft und die Tätigkeiten des Klans. Angehende Mitglieder mussten sich bewerben, damit man im Bedarfsfall angeben konnte: „Sie sind aus eigenem Antrieb hier und nicht aufgrund einer Einladung von uns" (zit. in Lester & Wilson 1905, S. 58). Auf diese Weise konnten kriminelle Akte im Bedarfsfall einzelnen Personen zugewiesen werden und nicht der gesamten Vereinigung, was zu deren Verbot hätte führen können.

Die Geschichte des Ku Klux Klan zeigt drei bedeutsame Perioden (Horn 1969; Jackson 1967; Sims 1978; Mecklin 1963; Rice 1972; Wade 1987):

- Die erste ist zeitgleich mit der Rekonstruktionszeit des Südens (1865 – 1877) einzuordnen, in der es zwar Gesetze zur Gleichstellung der Schwarzen gab, diese jedoch das Bewusstsein der weißen Bevölkerung nicht verändert hatten. Für die weißen Südstaatler war der Ku Klux Klan die Bewegung, die Recht und Ordnung wiederherstellen sollte (Chalmers 1965, S. 21). Unter der Führung von Angehörigen der ehemaligen Südstaatenarmee sah man mit einer „Geheimarmee" die Möglichkeit, dieses Ziel mit den Mitteln und Strukturen des Militärs durchzusetzen. In dieser Zeit wurden die Aktivitäten des Geheimbundes zunehmend gewalttätiger. Obwohl die Bundesregierung versuchte, mit harten Maßnahmen gegen den Ku Klux Klan vorzugehen, konnte sie ihm nicht wirksam Einhalt gebieten. So schuf die Bundesregierung zwar gerade 1871 ein Gesetz (*„Ku Klux Klan Bill"*), das es erlaubte, jeden vor Gericht zu bringen, der eine Person seiner verfassungsmäßigen Rechte, Privilegien und Immunitäten beraubte und ebenfalls jene, die dazu anstifteten, andere ihrer Rechte zu berauben. Dieses Gesetz konnte jedoch auch von jenen zu ihren Gunsten ausgelegt und vor allem in die eigene Hand genommen werden, die daran glaubten, dass Minderheiten ihnen ihre angestammten Rechte nähmen. Während der Rekonstruktionsphase war der Ku Klux Klan ein vorwiegend ländliches Phänomen, weswegen sich seine Aktivitäten von Lynchjustiz und Mord abseits großer Zentren ungehindert entfalten konnten. Afroamerikaner versuchten, dieser realen Bedrohung durch Abwanderung in die

Städte des Nordens zu entgehen. Mit der zunehmenden politischen Macht der ehemaligen Sklavenbefürworter sah der Ku Klux Klan seine Ziele wieder offiziell auf der politischen Bühne vertreten und empfahl 1869 seine Selbstauflösung. Das Bundesgesetz gegen den Ku Klux Klan von 1871 erfolgte nach dessen offizieller Selbstauflösung. Tatsächlich war der Geheimbund jedoch nicht wirklich verschwunden. Die neu gewonnene Repräsentanz der rechtskonservativen Elemente machte ihn nur nicht länger als aktives Instrument erforderlich (Wade 1987, S. 11).

- Die zweite Periode ist die „Wiederbelebung“ (*revival*) von 1915 bis ca. 1930. Die offizielle Wiedergründung des Klans erfolgte 1915 auf dem Stone Mountain nahe Atlanta, Georgia. Die starke Einwanderung aus Osteuropa hatte eine Xenophobie ausgelöst. Auch hatte die Bundesgesetzgebung, vor allem der Lesetest für Einwanderer (1917), einem patriotischen Amerikanismus Vorschub geleistet. Wie sehr der Zeitgeist damals auf die „Reinhaltung der angloamerikanischen Rasse“ bedacht war, zeigen auch die Eugenik-Gesetze, die in den 1920er Jahren nach dem Vorbild eines Gesetzes von 1924 in Virginia in 30 Bundesstaaten die Zwangssterilisierung von Personen mit angeblich schlechten Erbanlagen legalisierten, eine Gesetzgebung, die 1927 vom Obersten Gerichtshof in ihrer Verfassungsmäßigkeit bestätigt wurde. Verfechter der Eugenik-Gesetze gingen davon aus, dass die meisten Krankheiten, aber auch soziale Probleme wie Armut und Kriminalität vererbbar seien. Als minderwertig galten beispielsweise Epileptiker, Manisch-Depressive, Prostituierte, Alkoholiker, Obdachlose und Straffällige. Aufgrund dieser Gesetzgebung wurden bis in die 1970er Jahre mindestens 60 000 Männer und Frauen wegen vermeintlicher Erbkrankheiten zwangssterilisiert, die meisten von ihnen waren arm und zählten zu den Minderheiten. Oregon, dessen *Board of Eugenics* bis in die 1980er Jahre bestand, ist nach Virginia der zweite Bundesstaat, der 2002 die Opfer öffentlich um Entschuldigung bat (NZZ vom 4. 12. 2002, S. 56). Der erneuerte Ku Klux Klan und der von ihm propagierte „echte Amerikanismus“ ordneten sich also sehr stark in den Zeitgeist und die Stimmung der Öffentlichkeit ein. Was unter diesem „echten Amerikanismus“ verstanden wurde und wie stark sich der Ku Klux Klan unter den Deckmantel der traditionellen, religiös geprägten amerikanischen Grundwerte begab, zeigen mehrere der zehn sogenannten Gewissensfragen, die jeder Klan-Anwärter beantworten musste, so unter anderem (zit. in Randel 1965, S. 232 f.):

1. Achten Sie die USA und ihre Institutionen höher als jede andere staatliche, politische oder kirchliche Regierung in der ganzen Welt?
2. Wollen Sie ohne geheimen Vorbehalt einen feierlichen Eid leisten, diese jederzeit zu verteidigen und zu erhalten?

Mit diesen Gewissensfragen, die in der zweiten Phase des Geheimbunds eingeführt wurden, begann auch eine neue Strategie des Ku Klux Klans: Die radikalen und rassistisch motivierten Ziele sollten in Anlehnung an verbreitete moralische und amerikanische Grundwerte verschleiert und gleichzeitig einer breiten Masse, nämlich jedem patriotisch denkenden Amerikaner, nahe gebracht werden.

Mit dem Kriegseintritt der USA 1917 gab sich der moderne Ku Klux Klan eine erweiterte Zielsetzung: „Die Nation müsste gegen fremde Feinde, Bummelanten, Faulenzer, Streikanführer und unmoralische Frauen verteidigt werden, damit der Sieg nicht gefährdet wird“ (zit. in Chalmers 1965, S. 31). Da sich der Ku Klux Klan sofort nach Gründung als Körperschaft registrieren ließ, wurde von Anfang an eine Organisation geschaffen, die durch ihren gesetzlichen Status geschützt war und Einkünfte ausweisen durfte. 1920 erhielt der Klan durch die Zusammenarbeit mit einer auf Öffentlichkeitsarbeit und Kapitalbeschaffung ausgerichteten Organisation (*Southern Publicity Association*) einen weiteren wichtigen Aufschwung. Die „pyrotechnisch-aggressive Verteidigung des einhundertprozentigen Amerikanismus“ (Chalmers 1964, S. 32) richtete sich fortan kategorisch gegen Afroamerikaner und ihre Sympathisanten, Katholiken, Juden und ganz allgemein Ausländer sowie alles, was den patriotischen, anglokonformen Prinzipien vermeintlich widersprach.

Verstöße gegen seine selbstgeschaffenen Gesetze mit seiner idealisierten Gesellschaft sah der Klan auch in der zunehmenden Streikbewegung, die allein 1919 zu 3600 Streiks führte, ohne allerdings die für die Arbeitnehmer gewünschten Resultate zu erbringen. Mit der russischen Revolution wurde auch der Kommunismus als unvereinbar mit amerikanischen Idealen erklärt und bekämpft. In der Bekämpfung aufkommender, politisch linksgerichteter sowie gewerkschaftlicher Bewegungen wurden gleichsam auch die Katholiken und Juden zum zweiten Mal zum Angriffsziel des Ku Klux Klans erklärt, waren doch irische Katholiken in der Arbeiterschaft der USA und Juden stark in der progressiven Arbeiterbewegung vertreten.

Im Gegensatz zum Ku Klux Klan der ersten Stunde, der ländlich orientiert war, war der wiedererweckte Klan zu Beginn des 20. Jahrhunderts in erster Linie ein vorstädtisches Phänomen, das seine

Abb. 77: *Prozentualer Anteil links der weißen, rechts der afroamerikanischen Bevölkerung in Washington, D.C., 2000, nach Census Tract. Aufteilung in Klassen nach dem Prinzip der Quantile (siehe Abb. 71).*

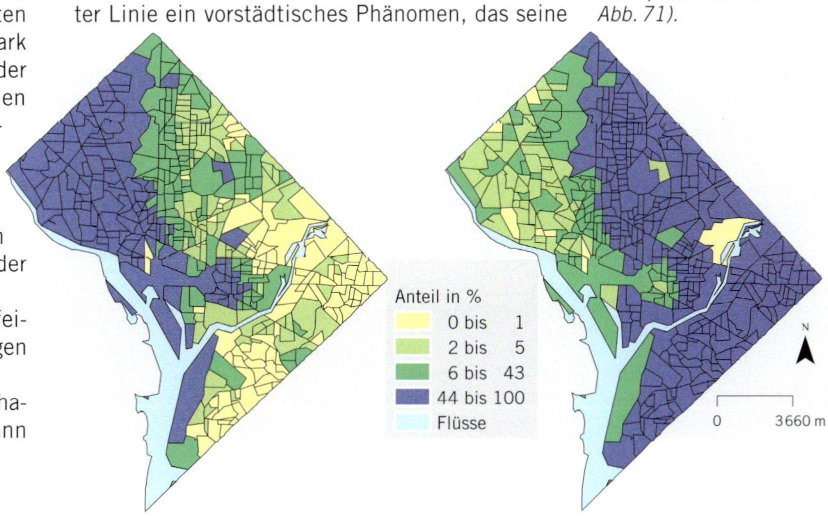

Datengrundlage: US Department of Commerce, Bureau of the Census: Census 2000, Long Form, Washington, D.C.

Mitglieder besonders in der weißen Mittelschicht rekrutierte, welche sich von möglichen Bevölkerungs- und Lebensveränderungen besonders bedroht sah und die ihr Umfeld eines „weißen" *small town America* verteidigen wollte. Der Ku Klux Klan der zweiten Phase gewann schnell weit mehr Mitglieder als sein Vorläufer: 1923 gab es allein in Pennsylvania 260 000 eingetragene Mitglieder – rund 10 % der erwachsenen männlichen Bevölkerung. Während seines Höhepunkts 1922/1923 hatte der Ku Klux Klan im ganzen Land zwischen 4 und 6 Mio. Mitglieder und Hauptquartiere in Boston, New York, Philadelphia, Washington, D.C., Chicago, Atlanta, St. Louis, Houston und Los Angeles. Da an das beträchtliche Klan-Vermögen in späteren Jahren ebenso beträchtliche Forderungen im Sinne von Nachzahlungen der Körperschaftssteuern gestellt wurden, löste sich der Klan 1944 ein zweites Mal auf. Die Strategie des Klans verfeinerte sich in der dritten Periode dahingehend, dass er sich jetzt als Kirche eintragen ließ, somit nicht mehr mit Körperschaftssteuern behelligt werden konnte und durch den Grundsatz der Glaubensfreiheit geschützt wurde. Als wichtigste Wirkung der zweiten Phase verblieb jedoch, dass der Klan mit seiner erweiterten Zielgruppe und seiner stärker patriotisch-amerikanischen Orientierung den begrenzten Bereich des Alten Südens verlassen konnte und nicht mehr an dessen besondere demographische oder politische Struktur gebunden war (Jackson 1967). Kennzeichen für den Ku Klux Klan des 20. Jahrhunderts war, dass er sich mit seinen vielfältigen Dogmen den jeweiligen politischen und regionalen Erfordernissen strategisch anzupassen wusste und damit auch in gewisser Weise *Mainstream America* immer näher kam. Traditionsverbundenheit, Standesdenken, das Bewusstsein der amerikanischen Identität und die religiös-missionarischen Idealvorstellungen von Amerika als dem einzigen moralischen Leuchtturm in der Welt waren durch geschickte Strategie jeweils leicht in empfänglichen Bevölkerungskreisen zu aktivieren.

- Die dritte Phase fällt in die Zeit der Bürgerrechtsbewegung bis in die 1960er Jahre. 1946 wurde das selbsternannte „Unsichtbare Reich" (*The Invisible Empire*) des Klans ein weiteres Mal auf dem Stone Mountain bei Atlanta gegründet. Zwei politische Entwicklungen hatten hierfür den Nährboden gegeben: Zum einen der Kalte Krieg und die Angst vor dem Kommunismus, die vom *McCarthyismus* geschürt wurde; zum anderen war es die aufkommende Bürgerrechtsbewegung. Während der Kommunistenhetze von Senator McCarthy von 1950 bis 1954 lag das Hauptaugenmerk des Ku Klux Klan auf dieser Zielgruppe. Nach offizieller Verurteilung des *McCarthyismus* durch den Kongress wandte sich der Ku Klux Klan wieder vornehmlich gegen seine früheren Zielgruppen – Afroamerikaner, Katholiken, Juden und Ausländer. Da die afroamerikanische Bevölkerung seit dem Zweiten Weltkrieg bedeutende politische Zugeständnisse gewinnen konnte, wurde sie wieder zum Hauptangriffsziel des Klans. Die Entscheidung des Obersten Gerichtshofs vom 17.5.1954 gegen die Segregation öffentlicher Schulen gab dem „Unsichtbaren Reich" nach eigener Auffassung die Handhabe, Recht und Ordnung, wie man es verstanden wissen wollte, wiederherzustellen. Zwar hatte der wiederentstandene Ku Klux Klan zu Beginn der 1960er Jahre nur 17 000 Mitglieder, jedoch war zu allen Zeiten die schweigende Zahl der Sympathisanten, welche die Aktivitäten befürworteten, bedeutend. In dem Maße, wie Dr. Martin Luther King Jr. die sozialen und politischen Missstände mit Gewaltlosigkeit als oberster Maxime zu bekämpfen suchte, radikalisierte sich der Ku Klux Klan und wurde immer gewalttätiger (Rice 1972; Wade 1987).

In den USA ist der Ku Klux Klan auch heute noch „da", und nach wie vor gilt sowohl der verfassungsmäßige Schutz für eingetragene Körperschaften bzw. Kirchen als auch der vom Recht auf Meinungsfreiheit gegebene Schutz.

Zu erkennen ist die Tatsache, dass das Gedankengut des Ku Klux Klan auf höchster politischer Ebene vertreten ist. Das Beispiel des republikanischen Senatsführers Trent Lott beweist dies deutlich. Er implizierte im Winter 2002, dass Amerika mit einem Rassentrennungsprogramm, wie es der republikanische Senator Strom Thurmond 1948 als demokratischer Präsidentschaftskandidat propagiert hatte, gegenwärtig besser dastehen würde. Für diese Äußerung musste er sein Amt niederlegen. Dass dieses radikale Gedankengut nicht parteigebunden ist, offenbarte sich daran, dass die Demokratische Partei 2002 den Senator Robert Byrd stellte, der erwiesenermaßen dem Ku Klux Klan angehört hat (NZZ vom 16.12.2002, S. 2).

Wichtig und gefährlich in der Gegenwart bleibt

- die Anpassungsfähigkeit, mit welcher sich der Klan sogenannter *all American*-Themen der konservativ-rechten religiösen Kräfte annimmt wie derzeitig der Abtreibung,
- dass er den rechtlichen Status einer Kirche besitzt (*Church of American Knights of the Ku Klux Klan*) und damit einen vollumfänglichen, verfassungsmäßigen Schutz unter der Maxime der Glaubensfreiheit genießt,
- dass er immer stärker auf vermeintlich uramerikanische gesellschaftliche Grundwerte abzielt, mit denen sich viele Amerikaner identifizieren können, so z. B. Respekt vor der Verfassung, den grundlegenden *family values* (dazu Blankenhorn 2002) und gesellschaftlichen Vorstellungen von Recht und Ordnung. So postuliert der Ku Klux Klan heutzutage:
  - dass „Amerika immer vor allen fremden Einflüssen oder Interessen Vorrang haben sollte,
  - dass die Verfassung, wie sie ursprünglich geschrieben und beabsichtigt war, das beste Regierungssystem darstellt, das die Menschheit je erdacht hat,
  - dass jeder Amerikaner das Recht auf freie Glaubensausübung habe, Schulgebete eingeschlossen,

- dass die Familie die Stärke der Nation ist,
- dass den Gesetzen immer Folge geleistet werden muss. Kriminelle Handlungen jeder Art werden weder erlaubt noch toleriert."

Es ist erkennbar, dass die öffentliche Meinung in viel subtilerer Weise beeinflusst wird als in früheren Jahren. Die Vorgehensweise ist strategisch verfeinert worden und hat sich, da sie sich von der antiquierten Symbolik getrennt hat, „verallgemeinert". So werden in den USA nach wie vor Fälle von Brandstiftungen an Gotteshäusern afroamerikanischer Kirchengemeinden bekannt, wobei der Ku Klux Klan nicht mehr aufgrund seiner eindeutigen Rituale als Urheber auszumachen ist, sondern auf eine „Sachschädigung durch Unbekannt" abzielt (generelle Informationen zum Rassismus gegen Afroamerikaner, 2003). Das Niederbrennen sogenannter *Black Churches* ist ein Indiz für den Klan; wo ihm solche Verbrechen nachgewiesen werden konnten, wie 1995 in Manning, South Carolina, wurden die Klanmitglieder dafür zu 15–20 Jahren Haft verurteilt. Ein signifikanter Hintergrund des Rassenhasses ist die wachsende Armut Weißer, die sich aus dem Wirtschafts- und Erwerbsleben der Arbeiter- und Mittelklasse ausgegrenzt sehen. Dies ist nicht selten in abgeschiedenen ländlichen Gebieten der Fall, deren geographische Isolation den Arbeitslosen noch weniger wirtschaftliche Möglichkeiten erlaubt als den städtischen Armen. Kirchen und Schulen sind in ländlichen Gemeinden die Zentren des Gemeindelebens: Wenn sie zerstört werden, kann dies eine Gemeinde zu größerem Zusammenhalt oder aber zur Desintegration bringen. Gerade Kirchen als besondere Solidaritätszentren afroamerikanischer Gemeinden sind daher ein bevorzugtes Ziel des Ku Klux Klans, um die ganze Gemeinde, ihre historischen Kirchenakten und damit auch ihre Geschichte zu zerstören. Zwischen dem 1.1.1995 und dem 8.9.1998 gab es in den USA 670 Brandstiftungen und versuchte Brandstiftungen von Kirchen, in 420 weiteren Fällen war die Brandursache nicht eindeutig festzustellen (generelle Informationen zu Rassismus gegen Afroamerikaner, 2003). Daher gründete 1996 Präsident Clinton die *National Church Arson Task Force* (*NCTF*), um dieser Problematik verstärkt nachzugehen. Der *National Church Arson Task Force Second Report* vom 1.11.1998 macht deutlich:

„In the African-American community the church historically has been a primary community institution. It was the only institution permitted during the years of slavery. It was the institution that enabled the people to read. It has been the institution that formed the backbone for a tremendous amount of political activism. Critical events of the civil rights movement, such as the Montgomery bus boycott, had their genesis in the church. Many leaders within the African-American community grew up in the church or remain ministers of the church. So, for the African-American community, it was decidedly disturbing to see the number of churches being burned."

Außer zu harten Haftstrafen für die Täter werden heute der Ku Klux Klan als nationale Organisation und seine Führungsriege auf einzelstaatlicher, regionaler und lokaler Ebene zu hohen Schadensersatzzahlungen verurteilt, um Nachahmer abzuschrecken, die Geldmittel des Klans blockiert und er so handlungsunfähig gemacht. Im Fall Manning, South Carolina betrug die zu leistende Schadensersatzsumme insgesamt 37,8 Mio. Dollar; für einen Lynchmord in Mobile, Alabama wurde der Ku Klux Klan 1987 zu 7 Mio. Dollar Schadensersatz verurteilt (Generelle Informationen zum Rassismus gegen Afroamerikaner 2003).

Dadurch, dass dieser Geheimbund 2003 in seiner offiziellen Propaganda nun auf uramerikanische Werte als Mechanismus setzt, nach denen

- Amerika dazu berufen ist, die Welt zu retten (dazu Kap. „Politisch-kulturelle Tradition") und
- das Musterbeispiel des kleinbürgerlichen, kleinstädtischen Lebens als weltgültig angenommen wird,
- sogar das moralische Recht beansprucht wird, die Voraussetzungen eines Krieges zur Sicherung moralischer Werte außerhalb der Grundsätze des Völkerrechts zu definieren,

hat die Organisation sich nicht nur den 18 Mio. weißen fundamentalistischen Christen, die es in den USA gibt, angenähert, sondern auch in beunruhigender Weise einer Mehrheit der Amerikaner, die schlicht und einfach auf ihre patriotischen, amerikanischen Werte bedacht sind.

Es verwundert nicht, dass nach Angaben des *Southern Poverty Law Center* (*SPLC*) *Intelligence Report* die Anzahl der Gruppen, die Hass predigen und zu Gewalt aufrufen, in den USA zwischen 1995 und 1998 von 163 auf 254 angestiegen ist, und dass die *Simon Wiesenthal Center Cyber Watch Group* 1526 Internetseiten in den USA mit einschlägigen Inhalten als problematisch identifiziert hat (Generelle Informationen zum Rassismus gegen Afroamerikaner 2003).

Ungleichgewichte in der Gesellschaft sind auf demokratische Art deshalb nur schwer zu beseitigen, weil sich ihre Ursachen in bedeutsamer Weise aus religiös-kulturellen Wertvorstellungen von Auserwähltheit und moralischer Überlegenheit der Gesellschaft herleiten. Auch die Kraft von Gesetzen sinkt, wenn Gesellschaft und Politik dem moralischen Überlegenheitsanspruch immer wieder neue Impulse verleihen. Von besonderer symbolischer Bedeutung mag in diesem Zusammenhang die Abschaffung des Mischeheverbots in South Carolina vom 1. Juli 1999 sein. An diesem Tag setzte der Gouverneur ein Gesetz aus dem ausgehenden 19. Jahrhundert außer Kraft, welches Mischehen zwischen Weißen und Schwarzen zu einer Straftat machte. South Carolina war der vorletzte Staat, in dem dieses Gesetz offiziell noch galt. Allerdings durfte es seit 1967 nicht mehr angewendet werden, nachdem der *Supreme Court* die entsprechenden Gesetzesbestimmungen in 17 Staaten für verfassungswidrig erklärt hatte. Alabama ist nun der letzte Staat, der noch 2003 an einem bereits verfassungswidrigen Gesetz festhielt – getreu seinem Image als besonders schwieriger Fall in Sachen Bürgerrechten.

Die USA als multikulturelle Gesellschaft

Abb. 78: *(oben) Prozentualer Anteil der asiatischen Bevölkerung in der Los Angeles Metropolitan Area, 2000, nach Census Tract. Aufteilung in Klassen nach dem Prinzip der Quantile (siehe Abb. 71).*
Abb. 79: *(unten) Prozentualer Anteil der schwarzen Bevölkerung in der Los Angeles Metropolitan Area, 2000, nach Census Tract. Aufteilung in Klassen nach dem Prinzip der Quantile (siehe Abb. 71).*

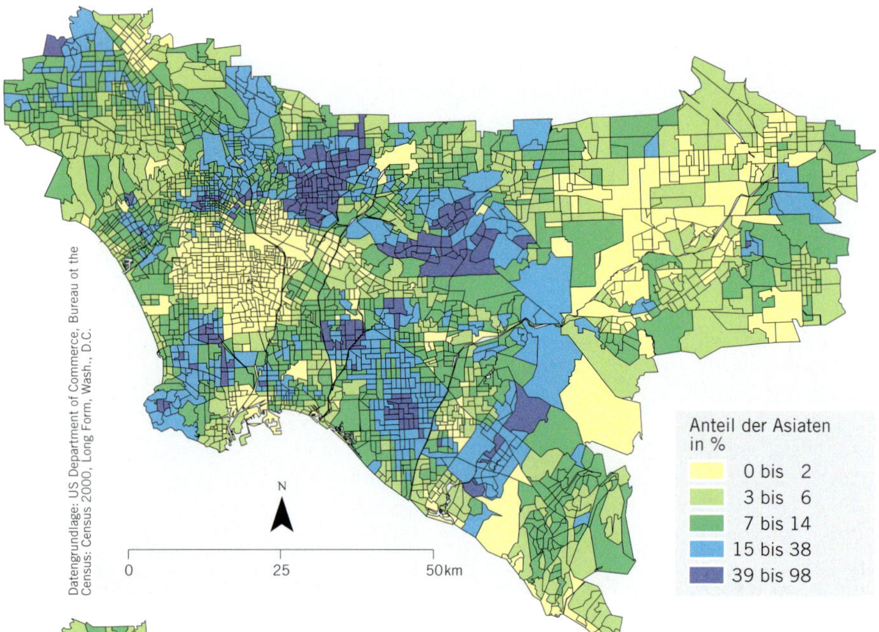

Datengrundlage: US Department of Commerce, Bureau ot the Census: Census 2000, Long Form, Wash., D.C.

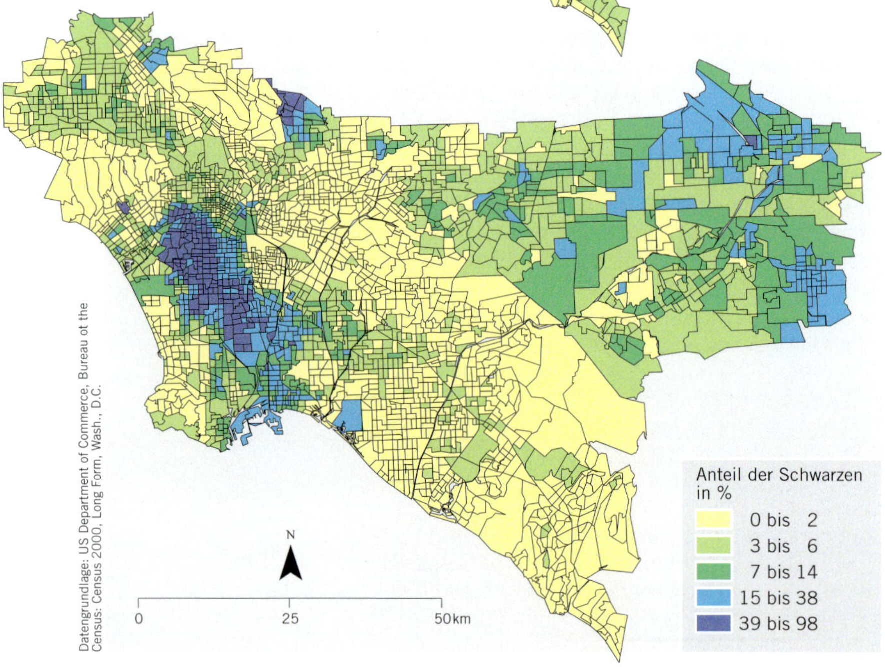

Datengrundlage: US Department of Commerce, Bureau ot the Census: Census 2000, Long Form, Wash., D.C.

Wachsende soziale Distanz

Galten die USA im 19. Jahrhundert noch als „Schmelztiegel der Nationen", zeigen gegenwärtige Entwicklungen, dass eine Assimilierung der verschiedenen Einwanderergruppen und Ethnien teilweise nicht einmal mehr angestrebt wird. Das neue Schlagwort von der „multikulturellen Gesellschaft" signalisiert zwar eine Akzeptanz der Andersartigkeit, die Rückbesinnung auf kulturelles Erbe und harmonische Koexistenz der verschiedenen Bevölkerungsgruppen. Historische und aktuelle Entwicklungen in der amerikanischen Gesellschaft zeigen jedoch, dass die sogenannte „multikulturelle" Gesellschaft eine zutiefst segregierte mit einer ungelösten und sich beständig verschärfenden Sozialproblematik ist.

Wie Max Weber in seinem Werk von 1907 „Die protestantische Ethik und der Geist des Kapitalismus" analysierte, war das Streben nach Glück, Besitz und Wohlstand von jeher das vielleicht wichtigste Bindeglied im multikulturellen Vielvölkerstaat USA gewesen. Daraus leitet sich ab, dass legal erworbenes Geld hoch angesehen wird, auch wenn der Besitzer

- nicht die richtige Schulbildung hat,
- die Sprache nicht oder nur schlecht spricht,
- seine Erscheinung nicht den vorherrschenden Normen entspricht,
- seine Hautfarbe oder Rasse ihn zu einer Minderheit macht,
- sein gesellschaftlich-kultureller Hintergrund eventuell nicht hochstehend genug ist.

In anderen Ländern gab es rigide Gesellschaftsstrukturen, die man kaum durchbrechen konnte. In den USA, genauer gesagt in der sorgfältig kultivierten Vorstellung der Amerikaner von ihrem Land, sollte es jeder zu etwas bringen können, ohne durch Rasse, Hautfarbe oder Geschlecht behindert zu werden.

Die sozialdemographischen Entwicklungen, vor allem die Bildungsunterschiede zwischen den ethnisch-kulturellen Gruppen zeigen, dass es kurz- und mittelfristig jedoch eher ein Auseinanderdriften der Gesellschaft, mehr *disuniting* als *uniting effects* (Schlesinger 1992) geben wird. Zwar gibt es Minoritäten, die sich der amerikanischen *work ethic* ausgezeichnet anpassen, amerikanische Werte vertreten und leben, finanziell erfolgreich sind und trotz ihrer freiwillig abgeschotteten Lebensweise akzeptiert werden. Es haben sich jedoch Parallelgesellschaften und Lebensräume der Armut herausgebildet, die zu durchbrechen vielen kaum mehr möglich ist.

Die Zusammensetzung der amerikanischen Bevölkerung ändert sich fortwährend. Schwarze, Latinos und Asiaten machen heute 20 % aus, jedoch werden sie bereits in einer Generation mehr als ein Drittel der US-Bevölkerung stellen. Schon heute besitzt über die Hälfte der Amerikaner Eltern oder Großeltern verschiedener nationaler Herkunft. 20 Mio. Amerikaner, das sind 7 %, sprechen zu Hause eine andere Sprache als Englisch – und der Anteil steigt. In Los Angeles sprechen die Kinder in den öffentlichen Schulen über 100 verschiedene Muttersprachen, fast die Hälfte der erwachsenen Einwohner von Los Angeles spricht zu Hause nicht Englisch. Wohngebiete verschiedener ethnischer Gruppen grenzen sich voneinander ab (Abb. 78 u. 79). Nicht selten sind ethnische Konzentrationsgebiete auch Gebiete großer Armut.

Die Vereinigten Staaten sind bis heute kein klassisch integrierter Nationalstaat geworden. Es gibt ausgesprochene Tendenzen zur Auseinanderentwicklung, zu Separation, Segregation und zur Verschärfung von Disparitäten zwischen den verschiedenen Bevölkerungsgruppen, wie das folgende Kapitel ausführt.

Einkommensdisparitäten, Armut, Parallelgesellschaften

Abb. 80: *Obdachlosigkeit ist in jeder amerikanischen Stadt präsent.*

Überblick

- Ungleichheit – bereits in der kolonialen und frühen Gesellschaft der USA angelegt – hat heute viele Gesichter.
- Ein wachsendes Wohlstandsgefälle zeigt sich seit den 1980er Jahren besonders deutlich; die Vermögensverteilung verschiebt sich immer stärker zugunsten der Wohlhabenden.
- Die absolute Armut, bei der es um existenzielle Grundversorgung geht und von der Bevölkerungsgruppen unterschiedlich betroffen sind, steigt und ist nicht länger ein zeitlich abgrenzbarer Zustand.
- Das Fehlen verfassungsmäßig verankerter, sozialer Umverteilungsmechanismen im föderativen System verschärft die Problematik.
- Das Sozialprofil der Armut zeigt eine ethnische Komponente, ferner eine „Feminisierung“ der Armut, Kinderarmut, bildungsbedingte Armutsbiographien, Altersarmut sowie eine mit der wirtschaftlichen Entwicklung einhergehende strukturelle Armut.
- Während einige Minderheiten überproportional von Armut betroffen sind, gibt es ausgesprochen erfolgreiche *model minorities* mit einem hohen Grad an sozialer Mobilität.
- Indianerreservate sind auch im Amerika der Gegenwart überwiegend Armutsgebiete, die es zudem auch in beträchtlichem Ausmaß im ländlichen Raum Amerikas gibt.
- Amerikanische Großstädte sind nach wie vor von extremen sozialräumlichen Disparitäten gekennzeichnet. Weite Innenstadtgebiete bleiben von Wirtschaftskreisläufen abgekoppelt.
- In zunehmendem Maße zeigen sich die räumlichen Auswirkungen des NIMBY- (*not in my back-yard*) Syndroms: Vielfältige Arten von *gated communities* sind der räumliche Ausdruck einer Gesellschaft, deren Multikulturalität auch eine Vielfalt der Parallelgesellschaften ist.

Einkommens- und Armutsentwicklung

Einkommensentwicklung im Überblick

Ungleichheiten entstanden schon in der kolonialen sowie in der frühen amerikanischen Gesellschaft, worauf bereits in den vorigen Kapiteln eingegangen wurde. Das heutige Gesicht der Ungleichheit lässt sich in vielfältiger Weise dokumentieren. Das mittlere Einkommen (Median) in den USA betrug im Jahr 2000 42 148 Dollar. Das mittlere Einkommen afroamerikanischer und hispanischer Haushalte betrug 33 447 Dollar bzw. 30 439 Dollar. Während weiße, nicht hispanische Haushalte 45 904 Dollar verzeichneten, wiesen asiatische Haushalte ein mittleres Jahreseinkommen von 55 521 Dollar auf. Von Frauen geführte Familienhaushalte zeigten zwischen 1999 und 2000 einen Einkommenszuwachs von 27 042 auf 28 116 Dollar. Das Einkommen von Haushalten ausländischer Herkunft stieg im gleichen Zeitraum von 37 250 auf 38 929 Dollar. Die regionale Ein-

Haushalte nach verschiedenen Kriterien 1999 aufgeschlüsselt	Anzahl von Haushalten	mittleres Einkommen 1993 (in Dollar)	mittleres Einkommen 1999 (in Dollar)	mittleres Einkommen 2000 (in Dollar)	Veränderung 1993–2000 (in %)
Gesamt	**106417**	**36746**	**42187**	**42148**	**14,7**
Art des Haushalts					
Familienhaushalte	72375	44090	51618	51751	17,4
von alleinstehenden Frauen geführt	12525	21813	27043	28116	28,9
Nach Rasse und Herkunft					
Weiße	88545	38768	43932	44226	14,1
nicht hispanische Weiße	79376	40195	45856	45904	14,2
Afroamerikanische	13352	22974	28848	30439	32,5
Haushalte von Asiaten und Pazifikinsulanern	3257	45105	52925	55521	23,1
Hispanics	9663	26919	31767	33447	24,3
ausländischer Herkunft	12359	31017	37259	38929	25,5
US-Region					
Nordosten	20212	39694	43394	45106	13,6
Mittelwesten	24497	36933	44113	44646	20,9
Süden	38525	33453	38700	38410	14,8
Westen	23183	39685	44155	44744	12,7
Lage des Wohnorts					
innerhalb von Metropolitangebieten	85737	39074	44222	44984	15,1
in Kernstädten	32030	31221	36768	36987	18,5
in Vororten	53706	44945	49311	50262	11,8
im ländlichen Raum	20681	29769	34130	32387	10,3
Ganzjahresbeschäftigte („Full-time job")					
Männer	58731	35765	37701	37339	4,4
Frauen	41567	25579	27208	27355	6,9
Pro-Kopf-Einkommen in Haushalten	**Anzahl Personen (in Tsd.)**				
Pro-Kopf-Einkommen in Haushalten, alle Rassen	276540	18319	21893	22199	21,2
Weiße	226401	19497	23127	23415	20,1
nicht hispanische Weiße	194161	20941	24919	25278	20,7
Afroamerikaner	35919	11534	14881	15197	31,8
Asiaten und Pazifikinsulaner	11384	18456	21844	22352	21,1
Hispanics*	33863	10317	12011	12306	19,3

Tab. 19: *Einkommensentwicklung im Überblick 1993, 1999 und 2000 (*Hispanics können jeder Rasse zugeordnet werden).*

Quelle: US Bureau of the Census 2001: Money Income in the United States 2000; Table A (veränd.).

Haushaltseinkommen nach ausgewählten Prozent-Abgrenzungen in Dollar/Jahr	1967	1970	1980	1990	1995	2000	2001
unterste 10 %	7325	7999	9156	9613	10007	10896	10913
unterste 20 %	13474	14556	15374	16416	16610	18456	17970
50 % (Median)	32081	34481	36035	39324	39306	43327	42228
oberste 20 %	53181	57881	64501	72501	75118	84248	83500
oberste 10 %	67553	73732	83220	97315	101158	114717	116105
oberste 5 %	85334	91505	104788	124432	130342	149558	150499

Tab. 20: *Einkommensverteilung 1967 bis 2001.*

Quelle: US Bureau of the Census 2002: Money Income in the Uni ed States 2001, Table A-3, S. 20–21 (verand.).

kommensentwicklung weist den Nordosten der USA in der gleichen Periode als einzige Wachstumsregion aus; dort erhöhten sich die mittleren Einkommen von 43 394 auf 45 106 Dollar. In metropolitanen Gebieten stiegen die Einkommen im selben Zeitraum von 44 222 auf 44 984 Dollar, während sie im surburbanen Raum von 39 311 auf 50 262 Dollar anwuchsen. Vollzeit arbeitende Männer mussten erstmals seit mehreren Jahren einen Einkommensrückgang von 37 701 auf 37 339 Dollar hinnehmen, während das mittlere Einkommen von Frauen zwischen 1999 und 2000 bei 27 355 Dollar stagnierte. Auffallend bleibt damit, dass Vollzeit arbeitende Frauen noch im Jahr 2000 im Durchschnitt 25 % weniger als Männer verdienten. Pro-Kopf-Einkommen wuchsen nur von 21 893 auf 22 199 Dollar, blieben jedoch für *Hispanics* und die anderen ethnischen Gruppen gleich (Tab. 19).

Zunehmende Ungleichheit – Equality Disappears

Das Statistische Bundesamt der USA dokumentiert die Verschiebungen in der Einkommensverteilung sehr genau. Danach taten sich die größten Wohlstandsgefälle zwischen 1967 und 1990 auf, die sich dann einige Jahre zunächst nicht veränderten, um dann in den Jahren von 1998 bis 2001 wieder zuzunehmen (Tab. 20).

Besser verdienend sind überwiegend die im suburbanen Raum großer Städte lebenden Familien mit zwei oder mehr Vollzeitverdienern. Es sind überwiegend Familienhaushalte, wovon 80 % verheiratet sind. Diese Haushalte verfügen also über zwei Versorgungspersonen und zumeist auch ein doppeltes Einkommen. Die armen Haushalte dagegen verzeichneten 2000 entweder einen allein lebenden, nicht mehr erwerbstätigen Haushaltsvorstand über 65 Jahre oder 60 % sogenannte Nichtfamilienhaushalte – insgesamt sind hiervon nur 20 % verheiratet.

Zwischen 1998 und 2001 stieg das Einkommen zwar sehr stark an, allerdings verschob sich die Vermögensverteilung zugunsten der Wohlhabenden. Das mittlere Einkommen (Median) stieg in drei Jahren um 9,6 %, das Durchschnittseinkommen der Haushalte um 17,8 %. Das schnellere Wachstum des Durchschnittswertes im Vergleich zum Medianwert zeigt nach Ansicht der US-Notenbank von 2003 an, dass sich die Einkommens- bzw. Vermögensgefälle verschärft haben: Die Einkommen der untersten 20 % stiegen zwischen 1998 und 2001 um 14,4 %, die der mittleren Einkommensgruppe um 9,6 %, und die Einkommen der reichsten 10 % der Bevölkerung stiegen um 19,3 %. Dabei entwickelten sich auch die Einkommen der Afroamerikaner und *Hispanics* disparitär (Abb. 81 u. 82).

Bemerkenswert ist, dass das unterste Quantil trotz des statistisch dokumentierten steigenden Wohlstands lediglich ein durchschnittliches Jahreseinkommen von unter 10 000 Dollar erreichte. Die reichsten 10 % verfügten dagegen über durchschnittliche Jahreseinkommen von 302 000 Dollar. Nach Ansicht der Notenbank werden dabei die Werte für die reichsten Amerikaner wesentlich unterschätzt, da die Verweigerung zu Angaben über den persönlichen Wohlstand mit steigendem Reichtum korreliert. Laut amerikanischer Notenbank (zit. in NZZ vom 9. März 2003) verdienen die 130 000 superreichen Familien in den USA gleich viel wie die 20 Mio. ärmsten Amerikaner zusammen. Im Land der 226 Milliardäre und der 5 Mio. Millionäre wurde 2003 eine Steuerreform erlassen, welche durch den Wegfall der doppelten Dividendenbesteuerung – von Firmen und Aktionären gezahlt – den Aktionären 30 % der geplanten Steuerersparungen zugute kommen lässt. Und dies, obwohl die Gehälter der Spitzenverdiener zwischen 1970 und 2000 um das Vierzigfache auf 37,5 Mio. Dollar pro Jahr geklettert sind, während das durchschnittliche Einkommen des Mittelstands im gleichen Zeitraum von 3000 Dollar auf 35 864 Dollar nur um das Zwölffache gestiegen ist. Dieses Missverhältnis lässt mittlerweile selbst die Superreichen gegen Steuererleichterungen sprechen, vor allem angesichts der Haushaltsdefizite vieler Bundesstaaten, die im Grundversorgungsbereich der Schulen, Spitäler, Sozialprogramme, Arbeitslosenunterstützung und Gesundheitsversorgung für unterprivilegierte Kinder und Familien massiv abbauen (NZZ v. 9. März 2003).

Auch die Statistiken zu Vermögenswerten zeigen im Zeitraum 1998–2001 die gleichen Trends: Das Durchschnittsvermögen von Haushalten in der mittleren Einkommenskategorie liegt bei 60 000 Dollar, das der reichsten zehn Prozent bei ca. 2,3 Mio. Dollar. Einen großen Anteil am Einkommens- und Vermögenszuwachs der Reichsten haben die steigenden Gehälter der Spitzenmanager, deren Durch-

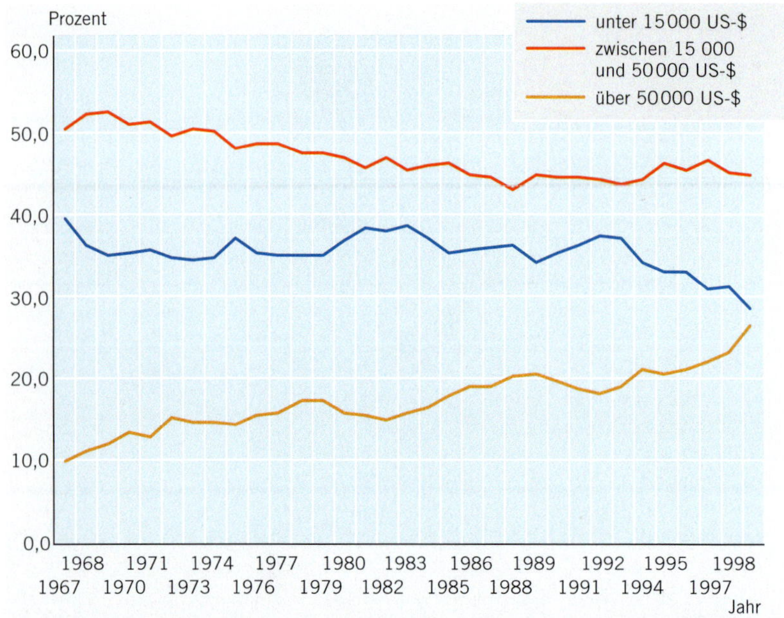

Datengrundlage: US Census Bureau 2002: Statistical Abstract of the United States 2001, Tab. 661, S. 433 (verändert).

Abb. 81: *Veränderung der Einkommenskategorien afroamerikanischer Haushalte.*

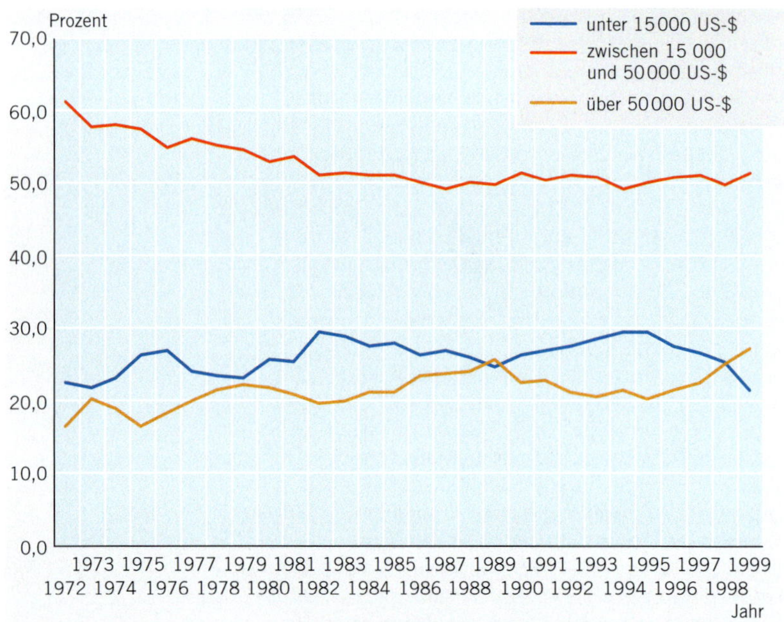

Datengrundlage: US Census Bureau 2002: Statistical Abstract of the United States 2001, Tab. 661, S. 433 (verändert).

Abb. 82: *Veränderung der Einkommenskategorien hispanischer Haushalte.*

schnittsgehalt sich von 1,3 Mio. innerhalb von dreißig Jahren auf rd. 37 Mio. Dollar pro Jahr erhöhte (Tab. 21).

Fast ein Viertel aller Haushalte lebte 2000 mit weniger als 29 999 Dollar und 16 % unter der Armutsgrenze von ca. 13 000 Dollar für einen Drei-Personen-Haushalt. Für hispanische und afroamerikanische Haushalte liegen die Anteile mit rund 42,5 % und 38,8 % wesentlich höher. Die Verschiebung der Einkommensverteilung und die immer größer werdende Einkommenskluft zeigen auch die folgenden Statistiken (Tab. 22–26).

Armut

Armut ist kein Novum in den USA, sondern war stets für Millionen von Menschen bittere Realität (Riis 1902/1909; Ford 1936; Patterson 1986). In den 1950er Jahren und besonders durch die *Great Society* und *War on Poverty*-Programme der Johnson Ära in den 1960er Jahren wurde jedoch der Anteil der Armen an der Gesamtbevölkerung drastisch gesenkt, und zwar von 30,2 % (1950) auf 22,2 % (1960), und von 19 % (1964) auf den historischen Tiefstand von 11 % (1974) (Holtfrerich 1991, S. 131–142; US Bureau of the Census, Current Population Reports, Consumer Income, Series P-60, laufend).

Um die Einkommensgruppen besser bewerten zu können, sind die Werte der jeweils offiziellen Armutsgrenze in den Vergleich zu ziehen (Tab. 27 u. Abb. 83). Danach bilden ca. 10 000 Dollar für einen Zwei-Personenhaushalt und ca. 17 000 Dollar für einen Vier-Personenhaushalt im Jahre 1999 die Armutsgrenze. Überträgt man diese Grenzen und Durchschnittsgrößen auf die Haushalte, dann zeigt sich, dass fast ein Drittel der hispanischen und afroamerikanischen Haushalte in Armut lebt. Noch deutlicher geht dies aus der Anzahl und den Anteilen von Personen unter der Armutsgrenze bzw. unter dem 125 %-Niveau der Armutsgrenze hervor. Letzteres bedeutet, dass Personen, die 25 % mehr als die offizielle Armutsgrenze verdienen, nicht unbedingt besser gestellt sind und daher in eine erweiterte Armutsgrenze einbezogen werden müssen.

	Vermögen (in Tsd. Dollar)				Einkommen (in Tsd. Dollar)			
	Median		Durchschnitt		Median		Durchschnitt	
	1998	2001	1998	2001	1998	2001	1998	2001
Ganze Bevölk.	78,0	86,1	307	395	36,4	39,9	57,9	68,0
unterste 20 %	6,3	7,9	52	56,6	9,0	10,3	8,6	10,0
20–40 %	36,1	37,2	104,7	114,3	22,1	24,4	22,0	24,1
40–60 %	58,1	62,5	137,6	160,9	36,4	39,9	37,0	40,3
60–80 %	122,2	141,5	223,4	292,1	58,0	64,8	59,1	65,2
80–90 %	205,2	263,1	354,0	456,5	860	98,7	86,6	98,0
oberste 10 %	492,4	833,6	1066,0	2260,0	1422,0	169,6	239,0	302,7

Tab. 21: *Verteilung von Vermögen und Einkommen in den USA nach Statistiken der US-Notenbank von 2003.*

Quelle: Federal Reserve 2003 in NZZ vom 9. 3. 2003.

Statistische Erfassung der Armut

Das US Bureau of the Census erstellt jährlich Statistiken zum Einkommen privater Haushalte, ferner zu regionalen Verteilungen und soziodemographischen Merkmalen der Haushalte wie Altersgruppen, Geschlecht, Hautfarbe, Ausbildungs- und Berufskategorien. Dabei werden Haushalte ausgewiesen, deren Einkommen die offiziell definierte Armutsgrenze unterschreitet (Tab. 28). Schwierigkeiten bei der Bestimmung der Armutsgrenze liegen bei der Konstruktion eines „Warenkorbs", der das Existenzminimum eines nicht armen Haushalts repräsen-

Jahr	Anzahl Haushalte (in 1000)	unter 5000 $	5000–9999 $	10 000–14 999 $	15 000–24 999 $	25 000–34 999 $	35 000–49 999 $	50 000–74 999 $	75 000–99 999 $	über 100 000 $
1967	60 813	5,9	9,1	7,9	16,1	17,4	21,8	14,9	4,1	2,8
1970	64 778	4,8	8,7	7,6	15,2	16,3	21,0	17,6	5,4	3,4
1980	82 368	3,1	8,9	8,2	15,5	14	18,9	18,7	7,5	5,2
1990	94 312	3,2	7,7	7,5	14,1	13,7	17,2	18,8	9,1	8,7
2000	106 417	2,9	6,1	7,0	13,4	12,5	15,5	18,9	10,4	13,4

Tab. 22: Prozentuale Verteilung aller Haushalte nach Einkommensgruppen in ausgewählten Jahren.

Quelle: US Bureau of the Census 2001: Money Income in the United States 2000; Table A-1 (veränd.).

Jahr	Anzahl Haushalte (in 1000)	unter 5000 $	5000–9999 $	10 000–14 999 $	15 000–24 999 $	25 000–34 999 $	35 000–49 999 $	50 000–74 999 $	75 000–99 999 $	über 100 000 $
1972	58 005	3,5	7,8	7,3	13,8	14,8	21,0	20,1	6,9	4,8
1980	68 106	2,4	7,7	7,5	14,8	13,9	19,6	20,0	8,2	5,8
1990	75 035	2,3	6,3	6,7	13,6	13,6	17,7	20,0	10,0	9,8
2000	79 376	2,2	5,3	6,4	12,4	12,3	15,1	19,7	11,4	15,2

Tab. 23: Prozentuale Verteilung der weißen, nicht hispanischen Haushalte nach Einkommensgruppen in ausgewählten Jahren.

Quelle: US Bureau of the Census 2001: Money Income in the United States 2000; Table A-1 (veränd.).

Jahr	Anzahl Haushalte (in 1000)	unter 5000 $	5000–9999 $	10 000–14 999 $	15 000–24 999 $	25 000–34 999 $	35 000–49 999 $	50 000–74 999 $	75 000–99 999 $	über 100 000 $
1967	5728	11,3	16,0	13,7	22,5	15,1	12,9	6,1	1,6	0,9
1970	6180	9,6	14,8	12,2	20,9	15,9	14,4	9,2	2,2	0,8
1980	8847	7,4	17,3	12,9	18,9	13,7	14,4	10,7	3,4	1,3
1990	10 671	8,4	16,0	11,0	15,8	13,7	14,6	12,7	4,7	3,1
2000	13 352	6,1	10,4	9,5	16,5	12,9	16,8	15,2	6,5	6,1

Tab. 24: Prozentuale Verteilung der afroamerikanischen Haushalte nach Einkommensgruppen in ausgewählten Jahren.

Quelle: US Bureau of the Census 2001: Money Income in the United States 2000; Table A-1 (veränd.).

Jahr	Anzahl Haushalte (in 1000)	unter 5000 $	5000–9999 $	10 000–14 999 $	15 000–24 999 $	25 000–34 999 $	35 000–49 999 $	50 000–74 999 $	75 000–99 999 $	über 100 000 $
1988	1913	3,2	4,6	6,6	13,1	10,5	15,6	20,0	12,3	14,1
1990	1958	3,8	4,5	5,6	11,1	10,5	14,7	21,1	13,7	14,9
2000	3527	3,5	3,1	4,8	10,6	9,4	13,5	20,1	12,1	22,7

Tab. 25: Prozentuale Verteilung der asiatischen Haushalte nach Einkommensgruppen in ausgewählten Jahren.

Quelle: US Bureau of the Census 2001: Money Income in the United States 2000; Table A-1 (veränd.).

Jahr	Anzahl Haushalte (in 1000)	unter 5000 $	5000–9999 $	10 000–14 999 $	15 000–24 999 $	25 000–34 999 $	35 000–49 999 $	50 000–74 999 $	75 000–99 999 $	über 100 000 $
1972	2655	3,8	8,6	12,1	20,7	20,5	18,9	11,4	2,6	1,5
1980	3906	4,7	11,1	10,4	20,1	16,2	17,0	14	4,2	2,2
1990	6220	4,6	10,5	11,0	18,2	15,7	16,9	14,1	5,2	3,8
2000	9663	3,3	7,3	8,3	18,3	14,7	17,7	17,4	7,4	5,8

Tab. 26: Prozentuale Verteilung der hispanischen Haushalte nach Einkommensgruppen in ausgewählten Jahren.

2001: Money Income in the United States 2000; Table A-1 (veränd.).

Jahr	Anzahl der Personen unter der Armutsgrenze (in Tausend)					Anteil (in %)					Anzahl und Anteil der Personen unter 125 % der Armutsgrenze	
	Alle Rassen	Weiße	Afroamerikaner	Asiaten und Pazifik-Insulaner	Hispanics *	Alle Rassen	Weiße	Afroamerikaner	Asiaten und Pazifik-Insulaner	Hispanics *	Anzahl	Anteil (in %)
1970	25420	17484	7548	n. e.	n. e.	12,6	9,9	33,5	n. e.	n. e.	35624	17,6
1980	29272	19699	8579	n. e.	n. e.	13,0	10,2	32,5	n. e.	n. e.	40658	18,1
1985	33064	22860	8926	n. e.	5236	14,0	11,4	31,3	n. e.	29,0	44166	18,7
1990	33585	22326	9837	858	6006	13,5	10,7	31,9	12,2	28,1	44837	18,0
1995	36425	24232	9872	1411	8574	13,8	11,2	29,3	14,5	30,3	48761	18,5
1999	32258	21922	8360	1163	7439	11,8	9,8	23,6	10,7	22,8	44286	16,2
2001	32907	22739	8136	1275	7997	11,7	9,9	22,7	10,2	21,4		

***Tab. 27:** Anzahl und Anteil der Personen unter der Armutsgrenze und unter 125 % der Armutsgrenze (*Personen hispanischer Herkunft können jeder Rasse angehören).*

Quelle: US Bureau of the Census 2001: Statistical Abstract 2001, Tab. 679 (veränd.), S. 442 (n. e. = nicht erhoben). US Bureau of the Census 2002: Poverty in the United States 2001. Washington, D.C. 2002 (Tab. A-1 veränd.).

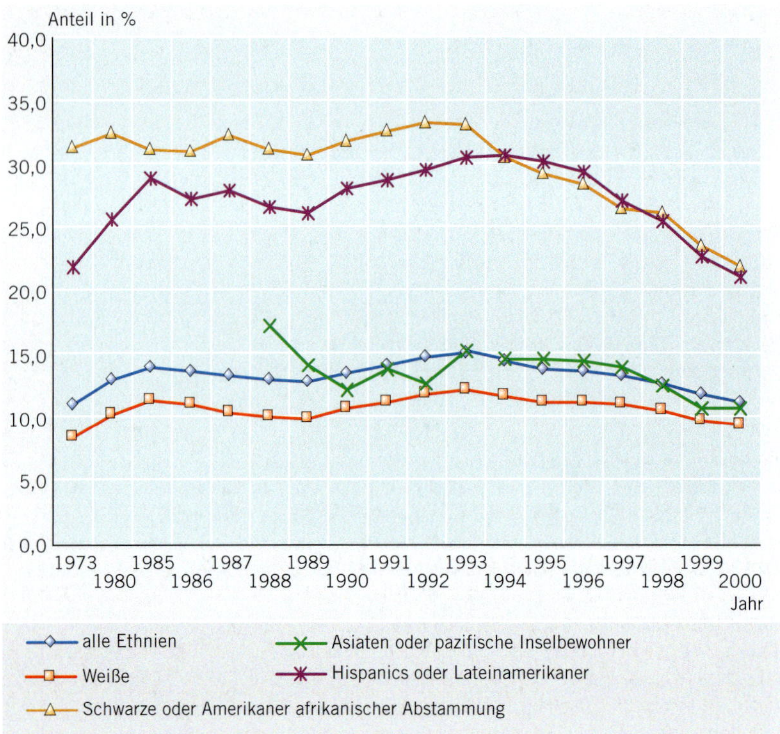

Datengrundlage: US Bureau of the Census 2001; Statistical Abstract 2001, Tab. 679 (veränd.), S. 442 (n. e. = nicht US Bureau of the Census 2002; Poverty in the United States 2001; Washington, D.C. 2002 (Tab. A-1 veränd.).

***Abb. 83:** Prozentuale Veränderung der Armenbevölkerung in den USA, unterschieden nach einzelnen Ethnien.*

tiert. Wegen unterschiedlicher klimatischer und regionaler Verhältnisse, Gebräuche und Gewohnheiten lässt sich für den Heizungs- und Wohnungsbedarf kein für alle Teile der USA gültiges Verbrauchsquantum festlegten. Hinzu kommt, dass es in einer wachsenden Wirtschaft, in der die Luxusgüter von heute die Gebrauchsgüter von morgen sind, nur schwer einen Konsens darüber gibt, welche Güter und Gütermengen in einen „Warenkorb" gehören, der den Lebensstandard eines Haushalts auf dem Existenzminimum oder an der Schwelle zur Armut repräsentiert. Die USA haben daher ein anderes Maß für die Bestimmung der Armutsgrenze entwickelt als andere Länder. Da es eine geringere Schwierigkeit bei der Erstellung eines imaginären „Lebensmittelwarenkorbs" gibt, hatte das US Department of Agriculture (USDA) 1961 erstmals den jährlich revidierten Nahrungsmittelbedarf festgesetzt, auf den sich Personen verschiedenen Geschlechts und Alters üblicherweise beschränken, wenn ihre Kaufkraft vorübergehend extrem niedrig ist. Somit ist dieses Existenzminimum, das der Armutsgrenze zugrunde gelegt wird, auf eine Lebensmittelversorgung abgestellt – *for temporary or emergency use when funds are low –,* als preislich minimalem, jedoch ernährungswissenschaftlich noch gesundem Speiseplan. Das Lebensmittelminimum wird von der Social Security Administration auf den Bedarf verschiedener typischer Haushaltsgrößen umgerechnet. Ausgehend davon, dass Familien mit drei oder mehr Personen üblicherweise etwa ein Drittel ihres Einkommens für Nahrungsmittel ausgeben, arme Haushalte aufgrund ihres niedrigen Einkommens bei gleichem Lebensmittelbedarf dafür jedoch einen höheren Prozentsatz, wird das Dreifache des entsprechenden Dollarbetrags für den „Lebensmittelwarenkorb" als Armutsgrenze definiert. 2001 betrug die Armutsgrenze für einen Einpersonenhaushalt 9214 Dollar pro Jahr, für einen Haushalt mit vier Personen 18267 Dollar. Die generell höhere Armutsgrenze für den Einpersonenhaushalt ergibt sich aus der Tatsache, dass hier höhere Pro-Kopf-Fixkosten für Miete etc. anfallen als bei Mehrpersonenhaushalten (Holtfrerich 1991, S. 131f.).

Armutsgrenzen werden für über und unter 65-Jährige gesondert errechnet. Bei der Definition von Armutshaushalten werden nur Geldeinkünfte aus Vermögen, Arbeit, Sozialversicherung, öffentlicher und privater Fürsorge berücksichtigt. Sachleistungen der öffentlichen Hand an minderbemittelte Haushalte (*food stamps, Medicaid, public housing, „section 8" vouchers* – Wohnberechtigungsscheine oder Mietübernahme durch das Wohnungsamt) werden nicht gezählt. Diese Methode der Armutserfassung stellt die großen Unterschiede nicht präzise genug dar, ebenso wenig diejenigen zwischen Regionen,

Staaten und Kommunen. Sie bezieht weder regionale Preisunterschiede noch die regionalen Unterschiede in den gesamten Lebenshaltungskosten mit ein, die zwischen ländlichen und städtischen Räumen und den Regionen des Nordens und des Südens bestehen. In realer Kaufkraft ergibt die bundeseinheitliche Armutsgrenze im Süden einen höheren Gegenwert als im Norden. Dies hatte jedoch eine sehr gut durchdachte soziale Funktion: In Ermangelung verfassungsmäßiger Mandate zum Ausgleich unterschiedlicher Lebensverhältnisse und aufgrund der Tatsache, dass regionale Subventionierung dem Gleichbehandlungsgrundsatz widerspricht, ist die Bundesdefinition der Armutsgrenze, welche dem Süden real mehr Geld zukommen lässt, ein indirekter Mechanismus, Finanzen und staatliche Transferleistungen in den benachteiligten Süden zu kanalisieren.

Eine Schwäche dieser Berechnung der Armutsgrenze allgemein ist, dass der Minimalspeiseplan des USDA nicht wirklich gesundheitsfördernd ist, da er zu wenig Wahlmöglichkeiten für eine Speisezusammenstellung zulässt und auf die Überbrückung einer kurzfristigen Notsituation und nicht für chronische Armut, also für längere Zeit oder ein ganzes Leben, eingerichtet ist. Legte man einen weniger minimalistisch orientierten Speiseplan als den des USDA zugrunde, würde die Zahl der Armen erheblich höher ausfallen (Holtfrerich 1991, S. 133–136).

Wie arm man als offiziell definierter „von Armut Betroffener" ist, lässt sich daran erkennen, was einem Haushalt tatsächlich zum Essen bleibt: Betrachtet man bei einer vierköpfigen Familie mit einem Einkommen von 18267 Dollar, dass ein Drittel dieses Einkommens für Lebensmittel anfällt, also 6089 Dollar geteilt durch 4 Personen, ergibt dies für das Essen 1522,25 Dollar pro Jahr und Person, also pro Haushaltsmitglied 4,17 Dollar am Tag bzw. 1,39 Dollar pro Mahlzeit und Mitglied. Man sieht dem relativ hohen Betrag von 18267 Dollar pro Jahr nicht an, dass er nur ca. 1,40 Dollar pro Mahlzeit und Familienmitglied bedeutet. Dies liegt in den USA unter dem Existenzminimum und finanziert auf Dauer nur gesundheitsschädliche Notrationen. Man rechne sich aus, was man 2003 in einem normalen Supermarkt dafür kaufen kann, wobei zu beachten ist, dass die großen Supermarktketten ihre Standorte in den *inner city poverty areas* überwiegend schon in den 1980er und 1990er Jahren geschlossen haben und dort nur noch die überteuerten, zumeist von asiatischen Kleinhändlern betriebenen *convenience stores* mit begrenztem Angebot, jedoch rund um die Uhr geöffnet, die Versorgungsinfrastruktur darstellen. Eine kleine Auswahl an Nahrungsmitteln, die speziell im unteren Einkommenssegment zur Versorgung dienen, da sie preiswert und kalorienreich, wenn auch nicht nahrhaft sind, wird hier gezeigt (Preise im Jahr 2003): 1 mittelgroßes Glas Erdnussbutter (Brotaufstrich) ca. 3 Dollar, 1 Glas Marmelade ca. 2 Dollar, 1 großes, geschnittenes Toastbrot 1,50 Dollar, 10 mittelgroße Beutel mikrowellenfähiger Popcornmais 4 Dollar, 1 *supersize*-Tüte Kartoffelchips 3,99 Dollar, 1 ganzes gebratenes Hähnchen 5 Dollar, 1 Tüte Salat (ca. 300 g) 2 Dollar, 1 *supersize*-Tüte backfertige Pommes Frites 3 Dollar, 1 Paket Cornflakes ca. 2,50 Dollar, 1 einfacher Cheeseburger 0,99 Dollar, ein doppelter Cheeseburger 1,49 Dollar. Zugrunde gelegt sind die *unbrand*-Angebote, also die Budgetangebote, die in einfacher Ausstattung und ohne Identifikation des Herstellers verkauft werden. Es verwundert nicht, dass Armut, Hunger oder Mangelernährung in den USA nicht selten mit extremem Übergewicht und den entsprechenden Folgekrankheiten (Diabetes u. a.) einhergehen. Dass „Arme früher sterben" – aus eben den mit der Armut zusammenhängenden Gründen der Mangel- und Fehlernährungen –, ist mittlerweile auch in anderen Ländern dokumentiert, so beispielsweise in der Schweiz (Künzler & Knöpfel 2002).

Haushaltsgröße	1980	1990	1995	1999	2001
eine Person	4190	6652	7763	8501	
unter 65 Jahren	4290	6800	7929	8667	9214
über 65 Jahren	3949	6268	7309	7990	8494
zwei Personen	5363	8509	9933	10869	11859
drei Personen	6565	10419	12158	13290	13853
vier Personen	8414	13359	15569	17029	18267
fünf Personen	9966	15792	18408	20127	22029
sechs Personen	11269	17839	20804	22727	25337
sieben Personen	12761	20241	23552	25912	29154
acht Personen	14199	22258	26237	28967	32606
neun und mehr Personen	16896	26848	31280	34417	39223

Tab. 28: *Gewichteter Durchschnittswert der offiziellen Armutsgrenze 1980 bis 2001, in Dollar pro Jahr.*

Quelle: US Bureau of the Census, Statistical Abstracts of the United States 2001, Tab. 681 (veränd.), S. 443. US Bureau of the Census 2002. Poverty in the United States 2001, 2001, Washington, D.C. 2002, S. 5.

Im Jahr 2001 lebten in den USA 32,9 Mio. Personen unter der offiziell ausgewiesenen Armutsgrenze, davon 22,7 Mio. Weiße, 8,1 Mio. Afroamerikaner und 7,8 Mio. Latinos. Weil Personenkreise, die nur geringfügig über der Armutsgrenze liegen, deswegen nicht besser gestellt, sondern fast ebenso arm sind, führt das Statistische Bundesamt der USA noch eine weitere Armutskategorie, die eine Bandbreite um die Armutsgrenze herum angibt: Personen und Haushalte mit Einkommen von „125 % der Armutsgrenze". Nach dieser erweiterten Armutsgrenze galten 2001 über 44 Mio. oder 16,2 % der Gesamtbevölkerung als arm. Die Einkommensverteilung zeigt, dass auch die offizielle Armutsgrenze für viele Haushalte eine utopische, unerreichbare Richtgröße ist: Der Anteil der Haushalte, die noch weit darunter liegen, ist bestürzend hoch (US Bureau of the Census 2001, Statistical Abstracts of the United States 2001, Tab. A-3).

Die Armut in den USA ist keine relative Armut, bei der es nur um die Ungleichverteilung von Wohlstand und jenen Gütern geht, die zum amerikanischen Lebensstandard gehören. Es handelt sich vielmehr um absolute Armut im Zusammenhang mit der existenziellen Grundversorgung (Nahrung, Kleidung, Obdach, Gesundheitsvorsorge). Über die absolut definierte minimale, physiologisch fast nicht mehr ausreichende Ernährung hinaus geht es auch um die Teilhabe am volkswirtschaftlichen Wachstumsprozess. Armut ist also unabhängig vom absoluten Schwellenwert auch ein Problem der Einkommensverteilung. Zieht man diese in Betracht, wäre die Armutsgrenze auf 50 % des gesamten Medianwerts der gesamten Volkswirtschaft festzusetzen. Danach würde die Armutsrate aber erheblich über der jetzt gültigen liegen (Holtfrerich 1991, S. 133–136).

Im Jahr 2001 lag die allgemeine Armutsrate bei 11,7 %, womit eine leichte Steigerung zu verzeichnen war. Die Zahl der unter der Armutsgrenze registrierten Personen lag bei 32,9 Mio., was eine Erhöhung um 1,3 Mio. Menschen gegenüber dem Jahr 2000 mit 31,6 Mio. Armen bedeutete. Die Kinderarmut war mit 16,3 % höher als die jeder anderen Gruppe. Der Anteil der Armen an der erwerbsfähigen Bevölkerung lag bei 10,1 %. Rund 6,8 Mio. Familien (9,2 % aller Familien) waren arm. Während die Armutsrate für die afroamerikanische und asiatische Bevölkerung zwischen 2000 und 2001 nicht anstieg, wuchs die Zahl der armen *Hispanics*. In der hispanischen Bevölkerung lebten 4,4 Mio. Personen unter der Armutsgrenze. Die regionale Verteilung der Armut zeigt im Süden zwischen 2000 und 2001 eine leichte Steigerung von 12,8 % auf 13,5 %, während die Raten in den anderen Großregionen der USA konstant blieben. Einkommen sind regional und nach Bundesstaat unterschiedlich verteilt, wie die Karte des durchschnittlichen Haushaltseinkommens zeigt (Abb. 84–91). Die Armutsrate in den *Suburbs* stieg von 7,8 % auf 8,2 %, blieb aber noch deutlich unter der Armutsrate für andere Teilräume und Teilgruppen der Gesellschaft (US Bureau of the Census 2002, Poverty; 2001 Highlights).

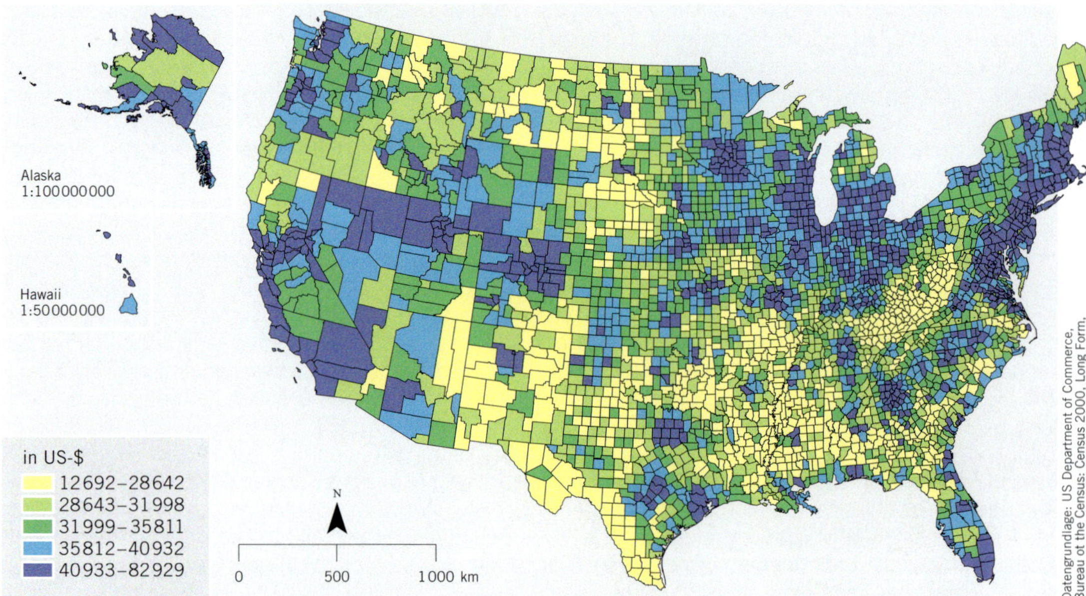

Datengrundlage: US Department of Commerce, Bureau of the Census: Census 2000, Long Form.

Abb. 84: *Medianeinkommen. Aufteilung in Klassen nach dem Prinzip der Quantile (siehe Abb. 71).*

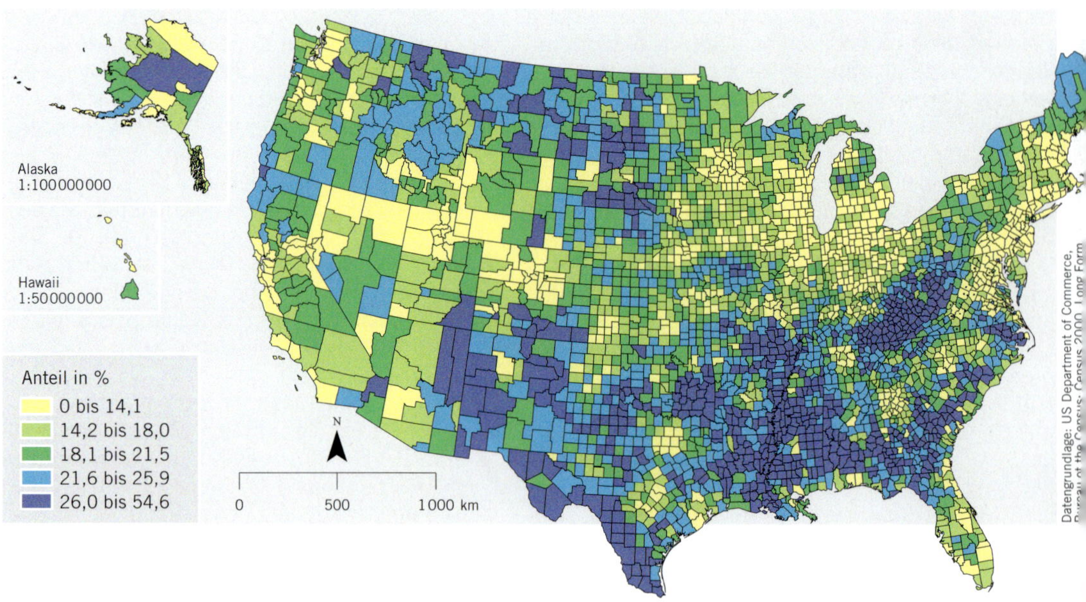

Datengrundlage: US Department of Commerce, Bureau of the Census: Census 2000, Long Form.

Abb. 85: *Anteil der Haushalte in den Counties der USA, die weniger als 15 000 Dollar im Jahr verdienen, 2000. Aufteilung in Klassen nach dem Prinzip der Quantile (siehe Abb. 71).*

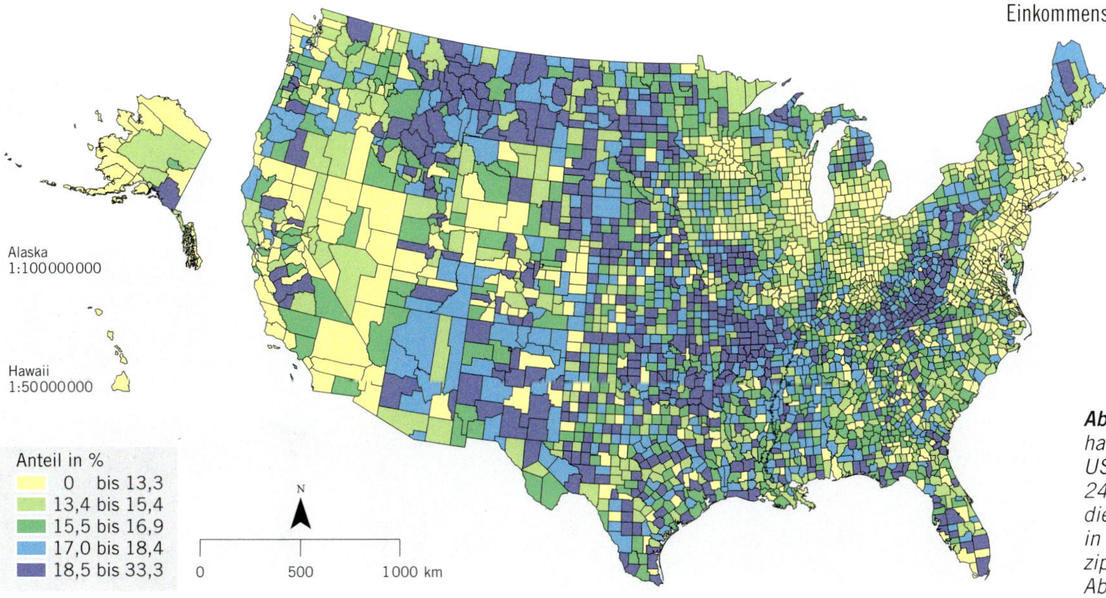

Datengrundlage: US Department of Commerce, Bureau of the Census: Census 2000, Long Form, Washington, D.C.

Abb. 86: *Anteil der Haushalte in den Counties der USA, die 15 000 bis 24 999 Dollar im Jahr verdienen, 2000. Aufteilung in Klassen nach dem Prinzip der Quantile (siehe Abb. 71).*

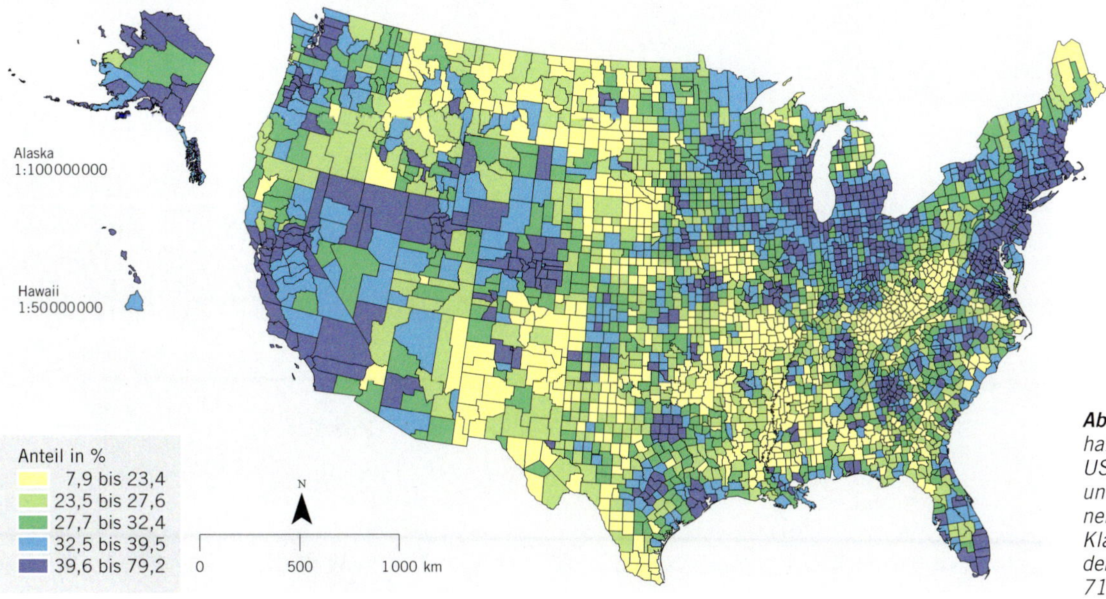

Datengrundlage: US Department of Commerce, Bureau of the Census: Census 2000, Long Form, Washington, D.C.

Abb. 87: *Anteil der Haushalte in den Counties der USA, die 50 000 Dollar und mehr im Jahr verdienen, 2000. Aufteilung in Klassen nach dem Prinzip der Quantile (siehe Abb. 71).*

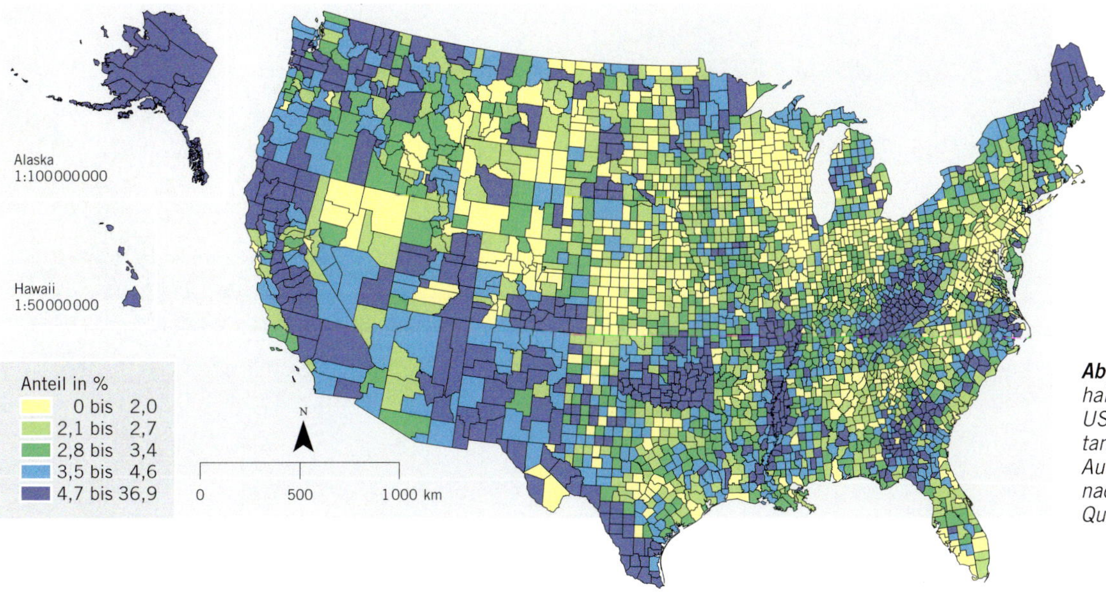

Datengrundlage: US Department of Commerce, Bureau of the Census: Census 2000, Long Form, Washington, D.C.

Abb. 88: *Anteil der Haushalte in den Counties der USA mit „public assistance income“, 2000. Aufteilung in Klassen nach dem Prinzip der Quantile (siehe Abb. 71).*

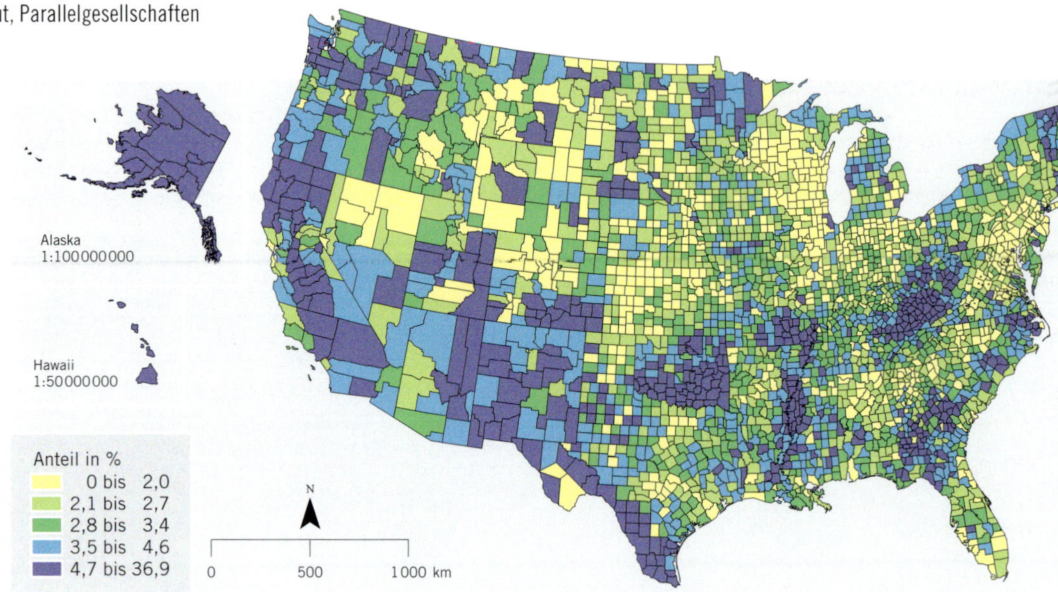

Abb. 89: *Anteil der unter 18-Jährigen, die in einem Haushalt leben, der ein Einkommen unter der Armutsgrenze erzielt. Aufteilung in Klassen nach dem Prinzip der Quantile (siehe Abb. 71).*

Datengrundlage: US Department of Commerce, Bureau of the Census: Census 2000, Long Form, Washington, D.C.

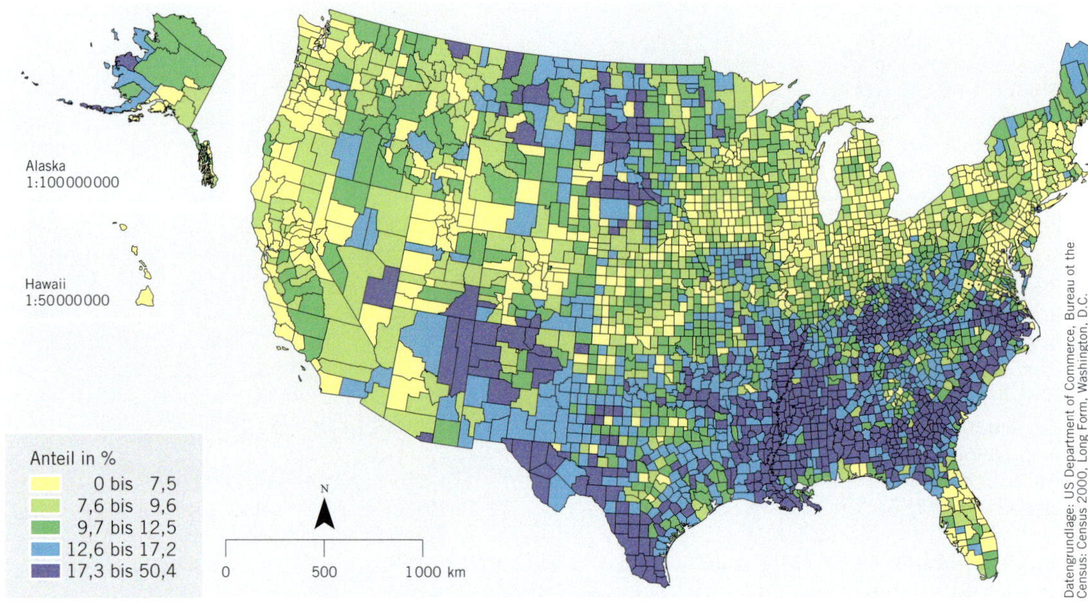

Abb. 90: *Anteil der über 64-Jährigen, die in einem Haushalt leben, der ein Einkommen unter der Armutsgrenze erzielt. Aufteilung in Klassen nach dem Prinzip der Quantile (siehe Abb. 71).*

Datengrundlage: US Department of Commerce, Bureau of the Census: Census 2000, Long Form, Washington, D.C.

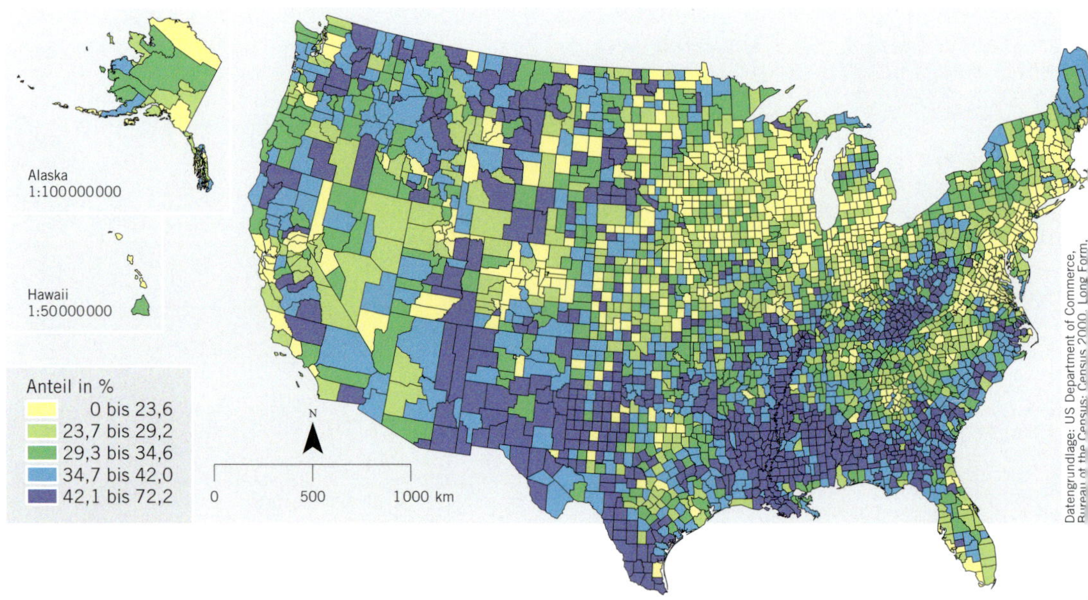

Abb. 91: *Anteil der Personen, die in einem Haushalt leben, der von einer alleinstehenden Frau geführt wird und ein Einkommen unter der Armutsgrenze erzielt. Aufteilung in Klassen nach dem Prinzip der Quantile (siehe Abb. 71).*

Datengrundlage: US Department of Commerce, Bureau of the Census: Census 2000, Long Form,

Strukturdaten des „Zweiten Amerika"

Feminisierung der Armut und Kinderarmut

Im Verlauf des gut zwanzigjährigen Zeitraums von 1980 bis 2002 zeigt sich in den USA ein Paradoxon von zunehmender Armut bei starkem Wirtschaftswachstum, das zwar zwei Rezessionen erlebte (1991 und 2001), ansonsten aber von einer relativ starken Dynamik geprägt war. Dieses Phänomen geht einher mit neuen Entwicklungen, die sich aufgrund des Sozialprofils der Armut und einiger Strukturdaten in fünf Punkten zusammenfassen lassen:

- „Feminisierung der Armut"
- Kinderarmut
- Armutsbiographien bedingt durch unzureichende Bildung
- Altersarmut
- Strukturelle Armut und Prekarität – postindustrielle Entwicklungen und Globalisierung.

„Feminisierung" der Armut

bedeutet die Verschlechterung des ökonomischen Status von Frauen, gekennzeichnet durch folgende Punkte:

Im Jahr 2001 gab es mehr arme Frauen und von Frauen geführte Armutshaushalte in den USA als je zuvor. Waren es 1980 nur 9,1 Mio. weibliche Haushaltsvorstände in Armutshaushalten, so waren es im Vergleich dazu 1990 schon 11,27 Mio. weibliche gegenüber 2,9 Mio. männlichen Haushaltsvorständen. 2001 wurden rund 13,146 Mio. *female headed poverty households*, dagegen nur 4,44 Mio. mit *male householder* registriert (US Bureau of the Census 2002, Poverty in the United States 2001. Tab. A-3, S. 31).

Frauen haben schlechtere Chancen auf dem Arbeitsmarkt: Das mittlere Einkommen von Frauen mit High-School-Abschluss betrug 2000 21 963 Dollar gegenüber 30 868 für Männer mit dem gleichen Abschluss. Mit Bachelor-Abschlüssen erhielten Frauen im Durchschnitt 35 408 Dollar, gegenüber Männern mit 49 982 Dollar. Bei gehobenen akademischen Abschlüssen stieg das Durchschnittsgehalt von Frauen auf 55 460 Dollar gegenüber 90 653 Dollar bei Männern (US Bureau of the Census 2000, Census Brief: Women in the United States, A Profile. Washington, D.C., S. 1).

Kinderarmut

Das „zweite Amerika" derer, die nicht am wirtschaftlichen Wohlstand der USA teilhaben, wird jünger. Die USA sind die einzige westliche Industrienation, in der Kinder und Jugendliche den größten Teil der Armutsbevölkerung ausmachen. 2000 gab es 65 Mio. weiße, nicht hispanische Kinder, 15 Mio. afroamerikanische und 16 Mio. hispanische Kinder in den USA. Die Armutsrate unter Jugendlichen betrug 1990 17,9 %, im Jahr 1995 20,2 % und 2001 16,0 %. Beachtenswert ist, dass die Kinderarmut nicht nur am Einkommensstatus des Haushalts gemessen wird. Vielmehr ist eine Modifikation der Indikatoren in Arbeit, mit der die US-Bundesregierung das Ausmaß der Schäden bei Kindern erfassen will, die durch Armut verursacht werden. Zu diesen Indikatoren gehören u. a. Gesundheitszustand und altersbezogene Lernfähigkeiten (US Bureau of the Census, Indicators of Children's Well Being, Part II, Economic Security Indicators, S. 16).

Das Problem der Kinderarmut ist in den Kernstädten (*central cities*) besonders ausgeprägt, wo der Anteil 1997 bei 28,5 % und 2000 bei 24 % lag, im Vergleich zu den *Suburbs* mit 12,1 % (1997) und 10,6 % (2000). In den Großstädten des Nordostens betrug die Kinderarmut in denselben Jahren 34,5 % (10,2 % in den *Suburbs),* im Mittelwesten 28,6 % gegenüber 7,3 %, im Süden 24,7 % gegenüber 13,5 % und im Westen 27,9 % gegenüber 15,6 %. Das Problem der Kinderarmut ist in Großstädten kaum weniger ausgeprägt als in Kleinstädten und besonders schwer wiegend in allen ländlichen Regionen der USA (US Department of Education 2002: National Center for Education Statistics. The Condition of Education 2002. Poverty among School Age Children, Tab. C-2, S. 129).

Die Armutsrate bei afroamerikanischen und hispanischen Kindern ist oft deutlich höher als bei weißen, nicht hispanischen Kindern. 2000 lebten nur 9 % aller weißen Kinder in Armut, während es 30 % aller afroamerikanischen und 27 % aller hispanischen Kinder waren. Dass Armut einen unterschiedlichen Ausprägungsgrad hat, zeigt sich daran, dass im Jahr 2000 rund 6 % aller Kinder in Familien lebten, die unter der Hälfte der Armutsgrenze liegen, also bei unter 18 267 Dollar pro Jahr für einen Vier-Personen-Haushalt. 26 % aller Kinder lebten in Haushalten mit Einkommen, welche die Armutsgrenze um bis zu 50 % überstiegen, was bei einer vierköpfigen Familie 26 405 Dollar Jahreseinkommen entspricht. Kinder in konventionellen, d. h. Zwei-Eltern-Familien, sind weniger stark der Gefahr ausgesetzt, in Armut heranzuwachsen. 2000 waren nur 8 % der Kinder solcher Familien arm, während es 40 % der Kinder sind, die in Haushalten aufwachsen, die von alleinstehenden Frauen geführt werden. Dieser Unterschied ist in der afroamerikanischen Bevölkerung noch deutlicher, wo 49 % aller Kinder in *female headed households* in Armut aufwachsen (US Bureau of the Census, Indicators of Children's Well Being, Part II, Economic Security Indicators, S. 16). Bei der hispanischen Bevölkerung sind 21 % der Kinder in Familien und 48 % der Kinder in Haushalten mit weiblichen Haushaltsvorständen betroffen.

Für jeden zweiten afroamerikanischen Jugendlichen, der gegenwärtig heranwächst, und für jeden fünften amerikanischen Jugendlichen ist die Erfahrung von Armut, Verelendung und Wohlfahrtsabhängigkeit etwas ganz Normales, ebenso hohe Gesundheitsrisiken, Ernährungsstörungen, psychische und physische Gefährdungen, Verhaltensstörungen, Gewaltbereitschaft und chronischer Hunger (US Bureau of the Census, Current Population Reports, Consumer Income Series P-60-185; laufend, Tab. 5).

Die vielfältigen Begleitprobleme der Armut wiegen in Haushalten, die von Frauen geführt werden, doppelt so schwer: Es trifft die alleinversorgende Mutter besonders stark in ihrer Funktionsfähigkeit, für die Familie eine ausreichende Versorgung sicherzustellen und auch der heranwachsenden Generation Perspektiven für einen alternativen Lebensentwurf ohne Armut und Sozialhilfeabhängigkeit geben zu können. Wenn man also von den Armen in den USA spricht, sind arme Frauen und im Elend lebende Kinder gemeint. Beide zusammen machen rund 78 % der Armutsbevölkerung aus. In der Kindergeneration programmiert die absolute Armut Lebensläufe vor, die wenig Möglichkeiten oder Motivation erlauben, um diesen familiären Armutskreislauf zu durchbrechen. Kurz- bis langfristig sind durch Armut auch extreme Gesundheitsgefährdungen vorgegeben, da Armut und Wohlfahrtsabhängigkeit auch die finanziellen Mittel für eine private Krankenversicherung mit weit reichenden Leistungen ausschließen; die staatliche Gesundheitsversorgung *Medicaid* für sozial Schwache gewährleistet nur die medizinische Grundversorgung. Eine gesundheitliche Beeinträchtigung wird ebenfalls durch andere armutsbedingte Faktoren hervorgerufen: Unangemessene Wohnverhältnisse wie Überbelegung, nicht ausreichender Standard sowie Wohnverhältnisse, die mehr als ein Drittel des Familieneinkommens beanspruchen und – weil dann kaum noch Geld übrig bleibt – besonders stark die untersten Einkommensgruppen betreffen, wirken sich gesundheitsgefährdend aus. Von einem oder mehreren dieser Probleme im Bereich der Wohnversorgung waren 1999 35 % aller Kinder Amerikas betroffen, wobei der Anteil der Kinder zwischen 1978 und 1995 signifikant stieg und seither gleich blieb. Insbesondere das Problem des chronischen Hungers betrifft Kinder in Armutshaushalten stark: 2000 lebten 11,9 % der Kinder, die in Armutshaushalten registriert waren, in Haushalten, in denen nach offizieller Definition „Hunger und Unterernährung dokumentiert" herrschten. 18 % der Kinder in Armutshaushalten lebten in Haushalten, die amtlicherseits als *gefährdet* im Bereich der Lebensmittelversorgung eingestuft waren (*food insecure households*), in denen Hunger oder Unterernährung zwar noch nicht dokumentiert, jedoch zu erwarten waren. 35,3 % aller Kinder in Armutshaushalten lebten in *food secure households*, in denen Hunger in *absehbarer* Zeit kein Problem darstellte. 1998 befanden sich nur 22 % aller Kinder in Armutshaushalten in einer Ernährungssituation, die amtlicherseits als „gut" eingestuft wurde (US Bureau of the Census, Indicators of Children's Well Being, Part II, Economic Security Indicators, S. 20, 21).

Zugang zur Gesundheitsversorgung ist wegen Mangel- und Unterernährung ein besonders wichtiges Anliegen. Besaßen im Jahr 2000 fast 39 Mio. Amerikaner überhaupt keine Krankenversicherung, so war das Problem für Kinder besonders gravierend. 2000 hatten zwar 88 % aller Kinder im Verlauf eines Jahres eine Krankenversicherung, doch stellten die anderen 12 % immerhin 8,4 Mio. Kinder dar, die gar keine Krankenversicherung und damit keinen Zugang zu grundlegenden Gesundheitsdiensten während der kritischen Phase ihrer Entwicklung hatten. Diese Gesamtzahlen verschleiern zudem noch die Tatsache, dass der Prozentsatz der Kinder, die durch eine Familien-Krankenversicherung geschützt waren, allgemein von 74 % 1994 bis zum Jahr 2000 auf 66 % abnahm. Dagegen stieg der Anteil der Kinder, die in ein staatliches Krankenversicherungssystem (*Medicaid,* staatliche Gesundheitsleistungen für Bedürftige) aufgenommen wurden, von 19 % im Jahr 1987 auf 23 % im Jahr 2000. Generell sind dies jedoch nur Neugeborene und Kleinkinder, während der Anteil der Kinder mit staatlichen Leistungen in höherem Alter abnimmt. Von gänzlich fehlender Krankenversicherung sind hispanische Kinder stärker als weiße oder afroamerikanische Kinder betroffen. 2000 waren nur 75 % der hispanischen Kinder in irgendeiner Form in der Krankenversicherung registriert, während es 93 % der weißen und 87 % der afroamerikanischen Kinder waren. Die niedrigeren Anteile von hispanischen Kindern können mit dem Einwanderungsstatus der Eltern zusammenhängen: Fehlende Krankenversorgung dürfte besonders stark die Kinder illegal eingewanderter hispanischer Eltern betreffen. Es kann auch mit der mangelnden Sprachfähigkeit von Kindern und deren Eltern zusammenhängen, und demzufolge mangelnden Informationen über die Möglichkeiten, Zugang zur Krankenversicherung zu erhalten. Immerhin sprechen 8,8 Mio. oder 16,7 % aller Kinder zu Hause eine andere Muttersprache und haben Schwierigkeiten mit dem Englischen; bei den hispanischen Kindern sind es 70,9 % (US Bureau of the Census, Indicators of Children's Well Being, Appendix A, Detailed Statistics, Tab. POP4, S. 72; Abb. 92 u. 93).

Die amerikanische Gesetzgebung sieht daher vor, dass für solche Schüler Hilfestellung gegeben werden muss, um die Sprachfertigkeit im Englischen aufzubauen. Der Staat Kalifornien hat dieses Problem dahingehend zu lösen versucht, dass für ausländische Kinder ein einjähriger englischer Sprachkurs der eigentlichen Einschulung vorausgehen muss, unabhängig vom Alter des Kindes.

Abb. 92: *Anteil der Kinder zwischen 5 und 17 Jahren, die eine andere Sprache als Englisch zu Hause sprechen.*

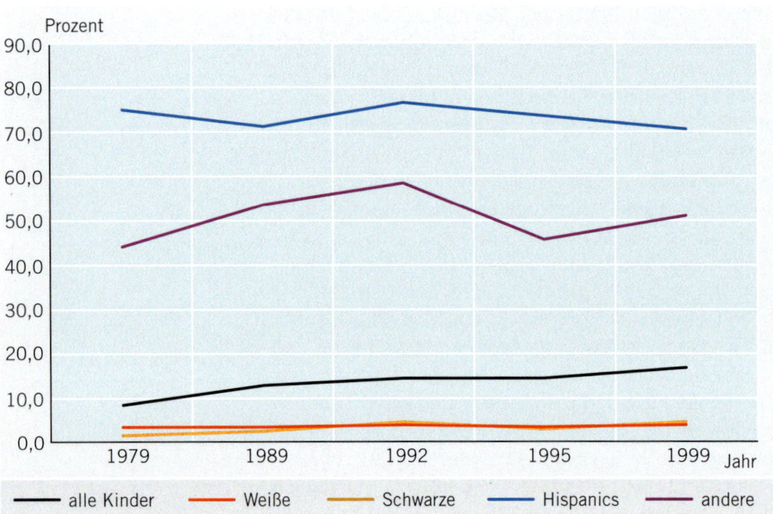

Datengrundlage: US Census Bureau 2002: Statistical Abstract of the United States 2001, Tab. 224, S. 144 (verändert).

Eine Möglichkeit, Armut und die dadurch bedingten Risiken für die Gesundheit der Kinder zu mindern, ist ein sicheres, dauerhaftes Beschäftigungsverhältnis der Eltern oder der Haushaltsvorstände. Im Jahr 2000 hatten nur 35 % aller Kinder, die in Armut lebten, mindestens einen Elternteil mit ganzjähriger Vollzeitarbeit, wobei afroamerikanische und hispanische Haushalte im Allgemeinen stärker betroffen sind. Seit der allgemeinen Reform des Wohlfahrtssystem von 1996, als der Sozialhilfebezug an Beschäftigung gekoppelt wurde (*work for pay*), stieg jedoch der Anteil der afroamerikanischen und hispanischen Haushalte, in denen mindestens ein Elternteil einer Vollzeitbeschäftigung nachging, wesentlich schneller als der für weiße Haushalte. Dies hängt rein statistisch gesehen sowohl mit den hohen Anteilen afroamerikanischer und hispanischer Haushalte, die Sozialhilfe beziehen, als auch mit den hohen Anteilen der von alleinstehenden Frauen geführten Haushalte in dieser Gruppe zusammen, also der Tatsache, dass diese Haushalte nur einen Elternteil haben.

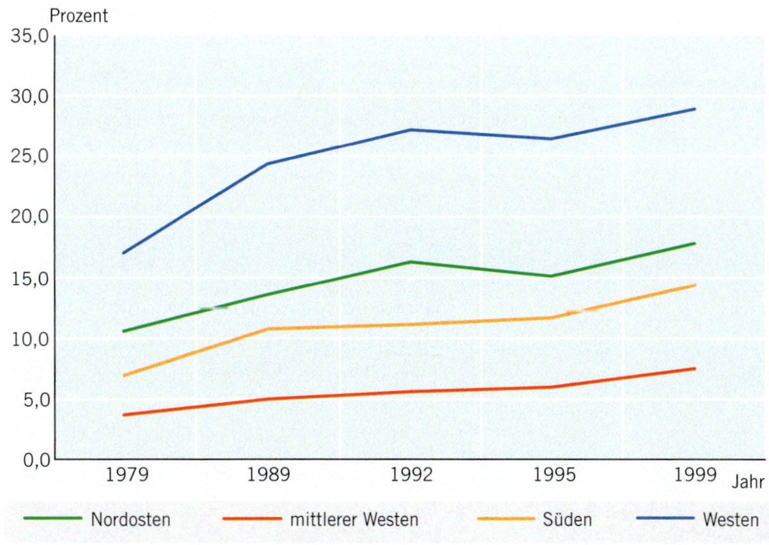

Datengrundlage: US Census Bureau 2002: Statistical Abstract of the United States 2001, Tab. 224, S. 144 (verändert).

Abb. 93: *Anteil der Kinder zwischen 5 und 17 Jahren, die eine andere Sprache als Englisch zu Hause sprechen, nach Großregionen der USA.*

Armutsbiographien – das Bildungsprofil der Armut

Während in früheren Jahrzehnten eine Mehrheit nur zeitweise arm war, also innerhalb mehrerer Jahre zu einem Einkommen über der Armutsgrenze gelangen konnte, gibt es mehrere wichtige Gründe, warum seit den 1970er Jahren die Mehrheit der Armen in dauerhafter Armut verbleibt, d. h., warum aus einer Bevölkerungsgruppe der Armen eine Gruppe der dauerhaft Verelendeten geworden ist; ferner, warum die Armutsbevölkerung bis 1995 überproportional zur steigenden Bevölkerung wuchs. Anzeichen dafür ist z. B. der rasante Zuwachs der Empfänger von AFDC (*aid to families with dependent children*) bzw. seit 1995 TANF (*temporary assistance to needy families*) genannt, ferner Beziehern von SSI (*supplemental social security income*). Diese Wohlfahrtsleistungen stiegen von 1980 bis 1999 um 25 % – von insgesamt 11 Mio. Beziehern auf 13,8 Mio. – an (US Bureau of the Census, 2001, Statistical Abstract of the United States 2001, Tab. 542 und 544, S. 353). Diese Sozialhilfearten wurden jedoch seit Mitte der 1990er Jahre aus Kostengründen seitens der Bundesregierung eingedämmt. So wuchs die Zahl der Wohlfahrtsempfänger (AFDC bzw. TANF und SSI) von 1980 von insgesamt 14,9 Mio. auf insgesamt 20,5 Mio. im Jahr 1994 an, sank danach jedoch bis 1999 auf insgesamt 13,3 Mio. – trotz des starken Bevölkerungswachstums von 226 Mio. (1980) auf 275 Mio. (2000). Somit sank also die absolute Zahl von Wohlfahrtsempfängern unter das Niveau von 1980, wofür Clintons *work for pay*-Programm verantwortlich ist, das mit dem *Personal Responsibility and Work Opportunity Reconciliation Act* von 1996 eingesetzt wurde. Dieses Programm war von der Clinton-Administration forciert worden, nachdem Präsident Clinton in seiner Inauguralansprache versprochen hatte: *„We must end welfare as a way of life.“*

Waren im Jahr 1990 noch 7,8 Mio. Haushalte bzw. 20,41 Mio. Menschen von staatlichen Lebensmittelmarken (*food stamps*) abhängig, die in Supermärkten gegen Lebensmittel eingetauscht werden können, so waren es 1994 schon 11,1 Mio. Haushalte mit 28 Mio. Menschen. Politische Maßnahmen, wozu auch eine Neudefinition der Bemessungsgrenzen gehörte, reduzierten die Bezieher dieser staatlichen Leistung bis 1999 auf 18,1 Mio. Menschen in insgesamt 7,6 Mio. Haushalten, bis zum Jahr 2001 sogar auf 17,1 Mio. Menschen (US Bureau of the Census 2001, Statistical Abstract of the United States 2001, Tab. 550, 551, S. 356f.). Es fielen also rund 3 Mio. Haushalte oder 11 Mio. Menschen aus der Armutsstatistik heraus, ohne dass man davon ausgehen kann, dass sich deren Situation wirklich sehr stark verbessert hat. Dass Prekarität (nicht geschützte Beschäftigung), Mangelernährung und chronischer Hunger mit der Positiventwicklung der Statistiken nicht wirklich abgebaut wurden, zeigt sich daran, dass das Staatliche Zusatzspeisungsprogramm WIC (*Women, Infants, Children – Special Supplemental Feeding Program*) zwischen 1980 und 2001 von 1,9 Mio. Bezieher-Haushalten auf 7,2 Mio. Haushalte anstieg. Im WIC-Programm erhalten bedürftige weibliche Haushaltsvorstände mit Kindern bei nachgewiesenem Armutseinkommen, Untergewicht und/oder Mangelernährung, die sich auch in extremem Übergewicht niederschlagen kann, eine wöchentliche Lebensmittelration in einem Pappkarton ins Haus geliefert. Typischerweise enthält er folgende Lebensmittel: eine Gallone (ca. 4 Liter) Milch, eine Gallone Saft, ein Dutzend Eier, ein Sack Äpfel, eine Packung Toastbrot sowie zwei bis drei Pfund Schmelzkäse (*processed cheese*) am Stück. Letzterem haftete der Ruf an, aus den aufgrund der Überproduktion angelegten „Käsebergen“ bundesstaatlicher Notvorratslager zu stammen. Bedürftigkeit bzw. Anspruchsberechtigung im WIC-Programm ermittelt sich auf der Grundlage eines Bruttoeinkommens, das unter 125 % (!) der Armutsgrenze liegen muss. Die Einkommensgrenzen 2003 betragen für einen Einpersonenhaushalt jährlich 16 391, monat-

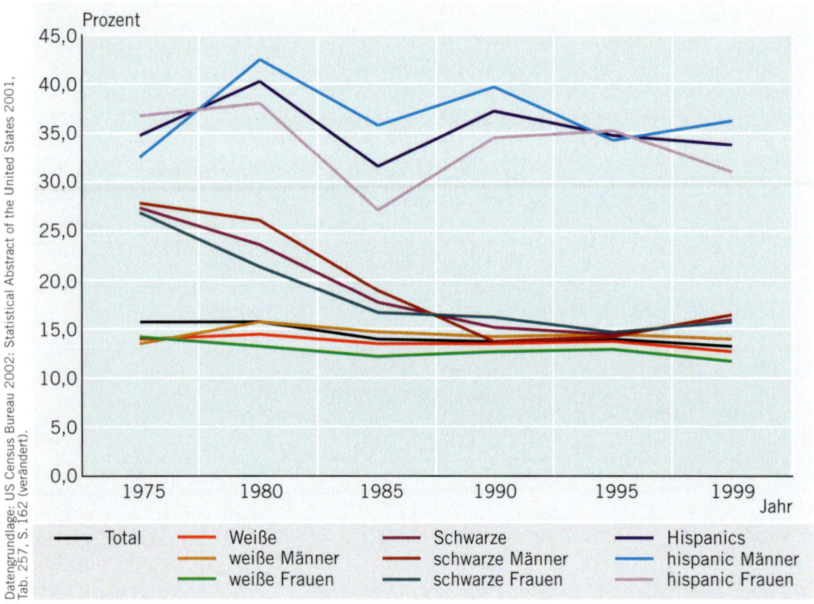

Abb. 94: *Anteil der Schüler, welche die High School nicht beendet haben.*

lich 1366 und wöchentlich 316 Dollar, für einen Zweipersonenhaushalt pro Jahr 22 089, pro Monat 1841 und pro Woche 425 Dollar, für einen Vierpersonenhaushalt 33 485 Dollar pro Jahr, 2316 pro Monat und 535 pro Woche, wobei sich für jedes weitere Familienmitglied die Bemessungsgrenzen um jeweils 5698 Dollar pro Jahr, 475 pro Monat und 110 pro Woche erhöhen (US Department of Agriculture 2003, WIC – Women, Infants, Children Program).

Ein wichtiger Grund für „Armutsbiographien" ist das sich verschlechternde Bildungsprofil, das lediglich den Einstieg in Billiglohnjobs ermöglicht. Wenn ein junger Erwachsener im Alter von 18 bis 25 Jahren es versäumt, eine gute Ausbildung zu absolvieren, treten gravierende Folgen für ihn und den Staat ein. *Jeder mangelhaft ausgebildete Jugendliche* trägt für die gesamte Dauer seines Arbeitslebens, also 40 bis 50 Jahre, ein erhöhtes Risiko:

- auf dem Arbeitsmarkt schwer vermittelbar zu sein,
- schneller und länger Arbeitslosigkeit zu erleben,
- geringere Chancen zum sozialen Aufstieg zu haben,
- dauerhaft in die Abhängigkeit von staatlichen Transferzahlungen wie Arbeitslosen- und Sozialhilfe abzusinken,
- seinen Kindern Armut und Abhängigkeit von staatlichen Transferleistungen vorzuleben und dieses Verhaltensmuster somit weiterzugeben,
- zur Verelendung über mehrere Generationen hinweg beizutragen.

Für die Volkswirtschaft und die Regionalökonomie birgt jeder einzelne mangelhaft ausgebildete Jugendliche die Gefahr:

- suboptimaler Investitionskraft des Staates aufgrund von unproduktiven Transferleistungen sowie
- regionaler Entwicklungshemmnisse.

In der modernen westlichen Gesellschaft, in der sozialer Aufstieg primär mit der Fähigkeit verbunden ist, individuelles Einkommen und Wohlstand zu generieren, wächst mit jedem ungenügend ausgebildeten Jugendlichen die schleichende Gefahr:

- der sozialen Polarisierung,
- der Verstetigung von Armut und
- einer *underclass*-Entwicklung des sozialen Unfriedens. Dies tritt besonders dann ein, wenn das Gut Bildung, das den Ausschlag für den sozialen Aufstieg gibt, zwischen den sozialen und ethnischen Gruppen unterschiedlich verteilt und systematisch im Bereich der politischen Kultur und der Geschichte angelegt ist.

Jeder schlecht ausgebildete Jugendliche kann daher eine höhere Belastung für die Gemeinde, die Region und den Staat bedeuten, die für die Dauer eines halben Jahrhunderts mit höheren Transferleistungen zu rechnen haben, als sie je für eine gute Ausbildung in das Humankapital dieses Jugendlichen hätten investieren müssen. In den USA als einziger westlicher Industrienation ohne verfassungsmäßig verankerte soziale Umverteilungsmechanismen zwischen Bund und Bundesstaaten, den einzelnen Staaten oder den Gemeinden eines Staates sind die Gefahren, die sich aus dem gravierenden Bildungsgefälle für die Gesellschaft, die Volkswirtschaft und den Einzelnen ergeben, ungleich höher als in Ländern der sozialen Marktwirtschaft. Daher gewinnt Bildung als Hauptmöglichkeit zum sozialen Aufstieg im Kontext der USA an zusätzlicher Bedeutung.

Ein High-School-Abschluss oder sein Äquivalent ist in den USA die Mindestanforderung für den Einstieg in den Arbeitsmarkt der modernen Gesellschaft. Der Anteil derer zwischen 18 und 24 Jahren, die einen solchen Abschluss vorweisen können (Abb. 94), ist daher ein Indikator der Fähigkeit, Einstiegstätigkeiten in vielen Bereichen der Wirtschaft und der öffentlichen Verwaltung zu erlangen und sich Zugang zum höheren Bildungssystem verschaffen zu können. 87 % aller jungen Erwachsenen zwischen 18 und 24 Jahren hatten im Jahr 2000 einen High-School- oder einen äquivalenten Abschluss wie das *General Education Development Certificate*. Der Prozentsatz der afroamerikanischen Jugendlichen lag dabei bei 83 % und hat sich damit seit 1980 (75 %) wesentlich verbessert, der Anteil von weißen, nicht hispanischen Jugendlichen betrug 92 %. Der Anteil der hispanischen jungen Erwachsenen mit Abschluss war mit 64 % im Jahr 2000 deutlich geringer, wenngleich er sich seit 1980 ebenfalls verbessert hat. Der Prozentsatz der jungen Erwachsenen zwischen 16 und 19 Jahren, die weder in der Schule noch in Bildungseinrichtungen eingeschrieben noch im Berufsleben sind, ist ein Indikator für die Möglichkeiten, Lebensperspektiven vorzuzeichnen oder „Armutsbiographien" zu beginnen. Die Anteile derer, die von diesem Problem betroffen sind, sanken von 1980 bis 2001 signifikant und liegen derzeit für junge Frauen bei 13 %, für Latinos bei 13 %, für Afroamerikaner bei 14 % und für Weiße bei 6 % (US Bureau of the Census, Indicators of Children's Well Being, Education Indicators, S. 53). Das heißt, dass eine allgemeine Verbesserung eingetreten ist, die sich zumindest statistisch manifestiert. Die signifikanteste Abnahme der von Schule und Arbeitsleben entfernten Personen und die Zunahme der gleichen Altersgruppe, die sich in das Erwerbsleben einbringt, ist nach 1995 festzustellen und kann u. a. mit der neuen Bundespolitik (*work for pay*) in Verbindung gebracht werden. Gehobene Ausbildungsabschlüsse sind ein Schlüssel zur Fähigkeit, sich erfolgreich in den Arbeitsmarkt zu integrieren und gute Einkommen zu erzielen. 2001 wiesen 33 % aller High-School-Abgänger mindestens einen Bachelor-Abschluss auf. Aufgeschlüsselt nach Ethnien betrugen diese Anteile 35 % für Weiße, 20 % für Afroamerikaner, 18 % für *Hispanics*, wobei sich die beiden Letztgenannten signifikant verbessert haben (14 % bzw. 13 % im Jahr 1980). Auch hier ist also eine allgemeine Verbesserung sichtbar. Dennoch verbleiben deutliche Bildungsunterschiede ein gesellschaftliches Problem. Die Abbildungen 94 und 95 verdeutlichen das Ausmaß des Problems im Bereich der Bildung.

Es zeigt sich sehr deutlich, dass die Armut eine unterschiedliche ethnische Ausprägung hat: Bis zu einem Drittel aller Afroamerikaner und *Hispanics* sind von Armut betroffen; im Bereich der Bildung sind diese Gruppen schlechter gestellt. Innerhalb des ethnischen Profils der Armut wiederum verläuft ein Riss, der die Geschlechter betrifft: Unter der afroamerikanischen Bevölkerung werden die Verbesserungen der Lebensumstände, die über die Bildung erzielt werden können, bei Frauen deutlich aktiver angestrebt: Zwar hatten nur 25 % der afroamerikanischen Bevölkerung über 25 Jahre einen Bachelor-Abschluss, Frauen hatten dabei jedoch einen statistisch signifikanten Vorsprung: 16 % der Frauen und 14 % der Männer hatten einen Bachelor-Abschluss, während es bei der weißen Bevölkerung umgekehrt war: Nur 25 % der Frauen und 31 % der Männer hatten diesen Abschluss (US Bureau of the Census 2000, The Black Population in the United States, Population Characteristics, S. 3). Die Struktur des dualen Amerika, die sich teilweise entlang eines einfachen Gegensatzes von schwarz/weiß sowie arm/mittelständisch zeigte, wird also viel differenzierter und zeigt nun deutlicher als je zuvor eine sich entwickelnde soziale Distanz auch innerhalb des unterprivilegierten Bevölkerungssegments. Die Lebens- und Integrationsbedingungen für Afroamerikaner und *Hispanics* sehen grundsätzlich anders aus als für asiatische Minderheiten. Die Statistik weist von den über 44 Mio. unter der Armutsgrenze lebenden Personen im Jahr 2000 Afroamerikaner und *Hispanics* als die Bevölkerungsgruppen mit den höchsten Anteilen aus. Selbst die offizielle Armutsgrenze ist für diese Haushalte noch eine unerreichbare Richtgröße. Arme, v. a. Minoritäten, haben auch heute noch kaum eine Chance, sozial aufzusteigen oder den Elendsvierteln zu entkommen. Die wissenschaftliche Literatur hat für dieses neue Phänomen des dauerhaften Verbleibens von Bevölkerungssegmenten in Armut den Begriff der *urban underclass* geprägt (Wilson 1987). Die ethnischen Konzentrationsgebiete in Großstädten sind aufgrund ihrer sozioökonomischen Strukturen (Armut und Geburtenraten von 3 bis 3,5 %) und längerfristiger Perspektiven Enklaven der Dritten oder Vierten Welt vergleichbar, die von existenzieller Not, Verfall und großer sozialer Krisenhaftigkeit gekennzeichnet sind. Hier wächst die Belastung durch Bevölkerungsgruppen mit niedrigem Einkommen und Abhängigkeit von der staatlichen Fürsorge. Überproportional betroffen sind vor allem Minderheiten, Frauen, Kinder und Jugendliche sowie von Frauen geführte Haushalte (Schneider-Sliwa 1996a, b).

Die Tatsache, dass afroamerikanische und hispanische Bevölkerungsgruppen die höchsten Anteile an Arbeitslosen, Personen, die von der öffentlichen Fürsorge leben, und Armen haben, hat damit zu tun, dass Schwarze und *Hispanics* insbesondere im industriellen Sektor beschäftigt waren und die Entwicklung zur Dienstleistungsgesellschaft sowie die Globalisierung mit ihren Standortverlagerungen in Niedriglohnländer solche Arbeitsplätze gefährden. Die Prekarität verleiht diesen Bevölkerungsgruppen einen schlechten Stand in einem Land, das keine Akzeptanz für Trittbrettfahrer auf dem sozialen System kennt und das bei den armen Personen zwei Kategorien unterscheidet, die *welfare poor*, also die Sozialhilfeempfänger und die *deserving poor*, also die für ihre staatliche Sozialhilfe seit einigen Jahren zur Arbeit verpflichtet werden (*work for pay*). Bevölkerungsprognosen zeigen hier die Dringlichkeit und den Handlungsbedarf vor allem im Ausbildungssektor.

Altersarmut

Armut hat viele Facetten und Auswirkungen, nur einige seien hier aufgezeigt. Aus Gründen prekärer Einkommen steigt der Anteil derer, die sich keine Krankenversicherung leisten können, stetig an. Eine

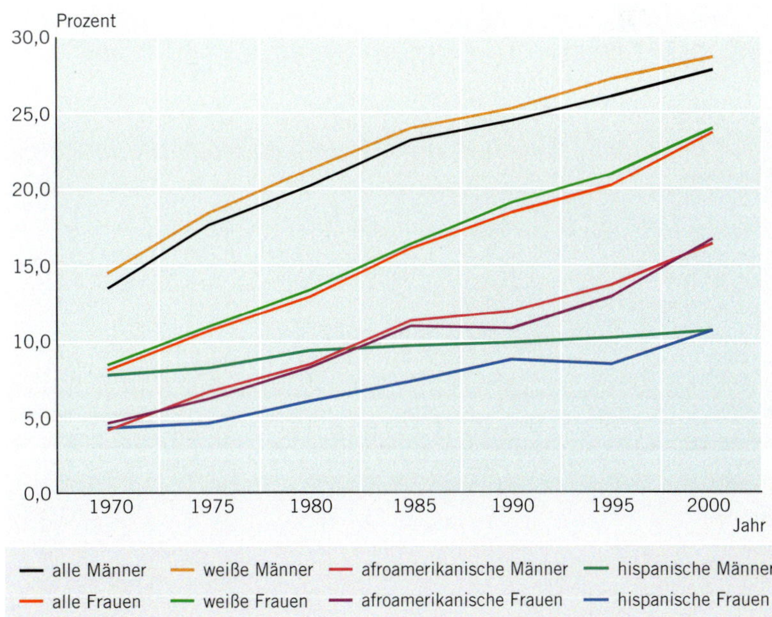

Abb. 95: *Anteil der Bevölkerung mit mindestens einem College-Abschluss, nach Ethnie, Herkunft und Geschlecht.*

Datengrundlage: US Census Bureau 2002: Statistical Abstract of the United States 2001, Tab. 216, S. 139 (verändert).

USA gesamt	1990	1995	1997	2002
in %	15,7	17,3	18,3	15,8
New England				
Maine	12,6	15,4	17,1	13,6
New Hampshire	11,1	11,4	13,3	7,9
Vermont	10,5	14,5	10,8	12,6
Massachusetts	10,2	12,5	14,3	10,7
Rhode Island	13,1	15,4	12,3	7,3
Connecticut	8,0	10,3	13,8	10,2
Middle Atlantic				
New York	13,6	17,2	10,0	17,0
New Jersey	11,3	16,2	18,4	14,2
Pennsylvania	11,8	11,6	11,7	8,5
East North Central				
Ohio	11,7	13,5	13,1	12,1
Indiana	12,3	14,6	12,8	13,9
Illinois	12,2	12,3	13,9	14,8
Michigan	10,4	11,0	13,2	10,8
Wisconsin	7,8	8,1	9,1	8,2
West North Central				
Minnesota	9,9	9	10,2	10,0
Iowa	9,4	12,9	13,6	10,2
Missouri	14,2	16,7	14,7	12,2
North Dakota	7,2	9,4	11,7	13,3
South Dakota	13,5	10,8	13,7	14,0
Nebraska	9,6	10,3	12,2	11,5
Kansas	12,3	14,2	13,6	13,7
South Atlantic				
Delaware	15,6	17,2	15,1	12,1
Maryland	14,2	17,2	14,9	11,6
District of Columbia	21,3	19,3	18,3	16,6
Virginia	17,3	15,2	14,1	14,2
West Virginia	16,0	18,3	20,5	16,9
North Carolina	15,6	16,4	17,6	14,6
South Carolina	18,1	16,0	18,7	13,8
Georgia	17,1	20,0	19,3	15,8
Florida	21,5	21,7	23,6	20,5
East South Central				
Kentucky	15,1	16,8	16,9	14,6
Tennessee	15,4	16,4	15,2	11,6
Alabama	19,3	15,7	18,0	15,3
Mississippi	22,1	22,3	22,6	14,8
West South Central				
Arkansas	20,1	20,5	28,1	15,9
Louisiana	22,2	22,9	22,0	21,6
Oklahoma	21,2	22,1	20,2	22,4
Texas	23,2	27	26,7	23,6
Mountain				
Montana	15,7	14,8	22,0	21,3
Idaho	16,9	15,9	19,9	17,4
Wyoming	13,7	17,6	17,4	16,5
Colorado	16,3	15,9	16,4	15,0
New Mexico	24,6	28,3	25,2	26,7
Arizona	18,1	23,2	27,7	17,8
Utah	9,8	13,0	14,8	14,5
Nevada	18,3	21,1	19,9	17,9
Pacific				
Washington	12,7	13,7	12,4	15,4
Oregon	14,6	13,9	14,8	15,9
California	21,1	22,6	23,7	19,7
Alaska	16,1	12,9	18,9	20,0
Hawaii	7,8	9,9	8,7	11,9

Tab. 29: *Anteil der Bevölkerung über 65 Jahren (in %) ohne Krankenversicherung, nach Bundesstaaten.*

Quelle: US Department of Health and Human Services 2002; Center for Disease Control and Prevention, National Center for Health Statistics. Health Statistics 2002; Atlanta (veränd.).

Krankenversicherung ist in den USA nicht obligatorisch, daher haben 42,6 Mio. Menschen keine, davon 10,1 Mio. Kinder (1999) (US Bureau of the Census 2001, Statistical Abstracts of the United States 2001, Tab. 145, S. 102). Besonders betroffen ist neben den heranwachsenden Kindern und Jugendlichen die Gruppe derer, die diese am dringendsten benötigen würde – die über 65-Jährigen, die insgesamt im Jahr 2000 34,5 Mio. Menschen oder 12,4 % der Bevölkerung der USA ausmachten. Besonders hohe Anteile zeigen sich zudem noch in jenen Bundesstaaten, die als „Rentnerstaaten" gelten, so z. B. Florida und New Mexico (Tab. 29).

Ausländisches Herkunftsgebiet (Foreign Born), sozioökonomischer Status und Prekarität

Der Bruch, der durch die amerikanische Gesellschaft geht, zeigt sich in aller Deutlichkeit auch innerhalb der Bevölkerung aus ausländischen Herkunftsgebieten sowie zwischen Menschen aus ausgewählten Herkunftsgebieten und den in Amerika geborenen Bürgern. Im Jahr 2000 waren 28,4 Mio. Menschen in den USA im Ausland geboren, während es 1990 nur 19,8 Mio. waren. Dieser Anstieg um 44 % ist hauptsächlich auf die Zuwanderung aus Lateinamerika zurückzuführen. Die Hälfte der als *foreign born* erfassten Bevölkerung, also 14,5 Mio. Menschen, kam aus Lateinamerika. Allein aus Mexiko kamen 7,8 Mio. Personen, im Vergleich zu 800 000 im Jahr 1970. Jeweils 500 000 Menschen waren aus den Ländern Kuba, der Dominikanischen Republik und El Salvador eingewandert. Mehr als ein Viertel, also 7,2 Mio. Menschen ausländischer Herkunft, kam aus Asien, im Vergleich dazu waren es um 1970 nur 9 % oder 800 000 Menschen. 15 % oder 4,4 Mio. Menschen wanderten im Jahr 2000 aus europäischen Herkunftsländern zu, im Vergleich dazu waren es 1970 noch 62 %.

Die Bevölkerung ausländischer Herkunft konzentriert sich sehr stark auf wenige Bundesstaaten (Abb. 96). Die Staaten mit der größten Anzahl Menschen aus anderen Herkunftsländern waren Kalifornien (8,8 Mio.), New York (3,6 Mio.), Florida (2,8 Mio.), Texas (2,4 Mio.), Illinois (1,2 Mio.) und New Jersey (1 Mio.). Diese Staaten machen insgesamt ca. 39 % der Gesamtbevölkerung der USA aus, und ihr Anteil an Ausländern stellt 70 % der gesamten ausländischen Bevölkerung der USA. Innerhalb dieser Bundesstaaten waren die Personen ausländischer Herkunft in wenigen Städten konzentriert. Fünf Metropolitanregionen verzeichnen die Hälfte aller Ausländer der USA: Los Angeles und New York mit je 4,7 Mio., San Francisco mit 2,0 Mio., Miami mit 1,6 Mio. und Chicago mit 1,1 Mio., wobei Miami mit 43 % Ausländern den höchsten Prozentsatz aller Städte aufwies. Wegen des hohen Anteils von *Hispanics* an den Personen ausländischer Herkunft, des hohen Anteils an Armen unter den *Hispanics* und der Konzentration dieser Bevölkerungsgruppe in wenigen Metropolitanregionen ist ein Krisenpotenzial in diesen Städten in besonderem Maße vorhanden.

In Bezug auf Armut und Wohlergehen von Ausländern spielt es eine Rolle, aus welcher Herkunftsregion sie kommen: Immigranten aus asiatischen Herkunftsländern haben generell einen höheren Anteil von Personen, die den High-School-Abschluss erworben haben (84 %), bei Afrikanern sind es sogar 95 %, da diese zumeist wegen des Studiums nach Amerika kamen, während es nur 50 % der Personen aus lateinamerikanischen Ländern sind. Ein Viertel aller im Ausland geborenen Personen nahm gehobene Management- und spezialisierte Berufskategorien ein, im Vergleich zu 31 % der einheimischen Bevölkerung. Der Anteil der Personen aus dem Ausland in *white collar*-Berufen variierte nach Herkunftsregion: 39 % der Beschäftigten aus asiatischen Herkunftsländern, 38 % der Europäer und 12 % der Personen aus lateinamerikanischen Herkunftsländern waren *professionals.* Der Anteil der Armen an den Ausländern lag 1999 insgesamt bei 17 %, im Vergleich zu 11 % bei der einheimischen Bevölkerung. Bei europäischer Herkunft betrug er nur 9 %, bei Asiaten 13 % und bei Personen lateinamerikanischer Herkunft 22 % (US Bureau of the Census 2002: Coming to America: A Profile of the Nation's Foreign Born, 2000 Update, S. 3f. und US Bureau of the Census, Profile of the Foreign Born Population in the United States: 2000, Current Population Reports, Special Studies P23-206).

Während Armut zwar unter den ethnischen Gruppen – darunter auch denjenigen ausländischer Herkunft – weit verbreitet ist, kann man Armut nicht per se mit ausländischer Herkunft und mangelnder Integrationsfähigkeit assoziieren. Vielmehr sind es aufgrund der Globalisierung, die Arbeitsplatzverluste in bestimmten Bereichen bringt und wegen der gesellschaftlichen Entwicklung, die mehr hochspezialisierte Dienstleistungen braucht, Personen mit entsprechendem Bildungsprofil – unabhängig von ethnischem Hintergrund oder Herkunftsgebiet –, die sich in den Arbeitsmarkt integrieren und nicht Teil der Armutsstatistik werden. Auf Schwierigkeiten bei der Integration deuten jene Statistiken hin, welche die Anteile der Kinder zwischen einem und 17 Jahren zeigen, die zu Hause eine andere Sprache als Englisch sprechen und Probleme mit der englischen Sprache haben (Tab. 30).

Integrationserfolg asiatischer Minderheiten

Integration und Assimilation waren die wichtigste Aufgabe der Neuankömmlinge in der amerikanischen Gesellschaft. Integration hatten die Zuwanderer durch Annahme der vorherrschenden Normen, Werte, Denk- und Lebensweisen, der Mentalität und Kultur selbst zu leisten. Anerkennung und Aufnahme in die amerikanische Wertegesellschaft konnten gerade in jüngerer Vergangenheit viele Neuankömmlinge trotz ihres unterschiedlichen kulturellen Hintergrunds sehr schnell über das Berufsleben, die Schulausbildung oder unternehmerische Aktivitäten erlangen. Einwanderer sind heute auch besser ausgebildet als früher, weil die Einwanderungsbehörde (Immigration and Naturalization Service) seit 1965 eine Präferenz für höchstqualifizierte Arbeitskräfte festgesetzt hat.

Asiatische Minderheiten, insbesondere Chinesen, Japaner und Koreaner, gehören zu den höchstqualifizierten Einwandererkategorien. Nach Jahrzehnten der erst 1945 abgeschafften gesetzlichen Diskriminierung gelten Asiaten mittlerweile als *model minority:* Sie sind jene Einwanderungsgruppe, die in kürzester Zeit den amerikanischen Traum vom wirtschaftlichen und sozialen Aufstieg verwirklicht und darin Anglo-Konformität zeigt. Die in die Hauptaufnahmeregionen Südkalifornien, Los Angeles, Miami, New York City und Washington, D.C. einwandernden Asiaten stellen spätestens in der zweiten Generation unter den Hochschulabsolventen die höchste Quote; in Harvard waren es im Jahr 2003 beispielsweise 19 %, in Berkeley 67 % der vollakademischen Abschlüsse, dies bei nur 3,6 % Anteil an der Gesamtbevölkerung. Zu den Mechanismen, die ihre eigenen Kulturen für die Akkulturierung und den wirtschaftlichen Erfolg in den USA bieten, gehören:

- Erziehung zur sozialen Anpassung und zur Vermeidung von Konflikten,
- hoher Stellenwert von Bildung und Bildungswesen sowie eine Erziehung zu Leistung, Erfolgsstreben und einer Arbeitsdisziplin, die der calvinistisch-protestantischen Ethik ähnelt und daher Amerika vertraut ist,
- vertikale Gruppen- und Familienstruktur, Akzeptanz von Hierarchien in Gesellschaft und Wirtschaft.

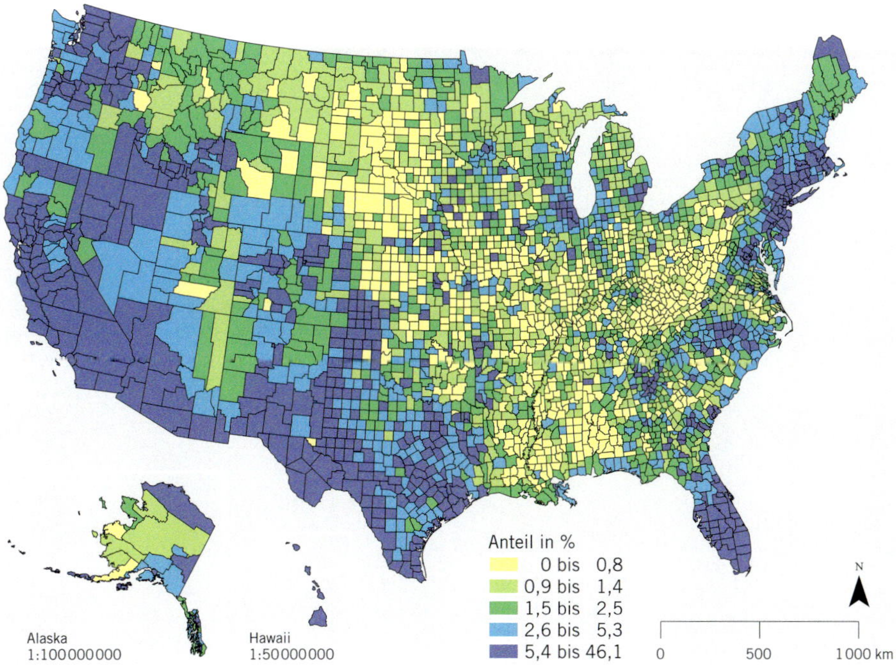

Datengrundlage: US Department of Commerce. Bureau of the Census: Census 2000, Long Form, Washington, D.C.

Abb. 96: *Anteil der Personen, die nicht in den USA geboren worden sind. Aufteilung in Klassen nach dem Prinzip der Quantile (siehe Abb. 71).*

Metropolitan-gebiete	Bevölkerung unter 25 Jahren				Bevölkerung über 25 Jahren		
	> 5 Jahre, zu Hause nicht Englisch sprechend, Probleme mit der englischen Sprache in %	Anteil in privaten Grundschulen und Sekundarschulen in %	Anteil zw. 16 und 19 Jahren, weder in Schulen noch mit High-School-Abschluss registriert (Schulabbrecher) in %	Anteil der in Hochschulen und Fachhochschulen immatrikulierten Bevölkerung zwischen 18 und 24 Jahren in %	Anteil ohne 9. Klasse in %	Anteil in fortgeschrittener akademischer Ausbildung in %	Anteil zwischen 24 und 34 Jahren mind. mit Bachelor-Abschluss in %
In Großstadtregionen bundesweit	**9,4**	**11,2**	**9,8**	**35,1**	**7,2**	**81,3**	**29,9**
In Kernstädten	12,8	12,0	11,9	38,8	9,3	77,3	30,5
In Suburbs	7,3	10,8	8,4	31,8	5,9	83,7	29,5
Atlanta							
Kernstadt	14,9	10,0	13,9	40,7	7,2	76,9	44,5
Suburbs	7,0	8,9	13,6	25,3	5,2	84,8	34,6
Boston							
Kernstadt	16,3	17,8	6,8	54,8	9,1	78,9	51,8
Suburbs	4,8	11,0	5,1	39,8	3,7	88,9	44,7
Buffalo							
Kernstadt	4,5	14,3	12,7	39,9	7,7	75,0	23,1
Suburbs	2,3	14,0	4,5	45,9	4,0	86,0	34,1
Chicago							
Kernstadt	16,9	15,3	14,8	31,3	11,9	72,9	34,7
Suburbs	8,7	12,2	7,5	31,9	5,3	86,3	35,2
Houston							
Kernstadt	21,1	7,1	18,3	23,4	14,5	70,6	25,7
Suburbs	10,6	6,9	9,9	26,4	7,5	81,3	24,7
Indianapolis							
Kernstadt	3,2	15,1	14,9	25,2	4,9	81,0	29,9
Suburbs	1,3	9,0	7,3	22,6	3,3	87,2	32,4
Los Angeles							
Kernstadt	29,5	10,3	14,0	34,6	17,2	68,6	23,9
Suburbs	21,7	8,8	9,4	34,2	11,9	75,5	22,4
Minneapolis – St. Paul							
Kernstadt	11,1	13,8	10,6	42,7	6,5	84,5	42,4
Suburbs	2,7	9,9	5,5	28,2	2,5	92,3	39,4
New York							
Kernstadt	22,5	17,6	11,3	34,1	11,8	72,3	34,5
Suburbs	9,8	12,9	6,1	39,9	5,6	85,1	38,5
Philadelphia							
Kernstadt	8,8	20,4	10,7	38,4	8,2	70,4	25,0
Suburbs	3,5	17,4	5,8	36,2	3,6	86,5	36,6
Pittsburgh							
Kernstadt	3,2	20,7	6,3	60,0	4,6	81,3	41,9
Suburbs	1,3	10,2	4,9	33,5	4,4	85,6	32,5
San Francisco							
Suburbs	13,7	12,8	7,6	38,4	5,8	86,5	37,6
Seattle							
Kernstadt	8,9	13,9	7,8	39,9	4,2	88,6	45,6
Suburbs	5,4	8,3	7,6	24,3	2,7	89,9	27,8
Washington, D.C.							
Kernstadt	7,1	15,3	10,1	46,1	7,8	77,8	50,6
Suburbs	7,0	13,5	7,0	33,8	4,4	87,4	39,9

Tab. 30: *Indikatoren der Integrationsfähigkeit.*

Quelle: US Bureau of the Census, 2002: CG-CT-P11, Census Summary File 3, SF-3 (veränd.).

Chinatown San Francisco

San Franciscos Chinatown ist die älteste in den USA und die zweitgrößte nach der von New York City. Über 16 500 Bewohner leben in dem 40 Blocks umfassenden Stadtviertel zwischen den Straßen Vallejo im Norden und Bush im Süden sowie den von Süd nach Nord führenden Straßen Mason und Montgomery (Abb. 97). Die Bevölkerungsdichte ist mit 228 Personen pro *acre* siebenmal höher als im übrigen Stadtgebiet von San Francisco. Das um 1870 entstandene asiatische Stadtviertel erlebt seit den 1980er Jahren wegen der Abwanderung von Textil- und Bekleidungsfabriken in das Ausland einen wirtschaftlichen Niedergang. Zuvor war die Immigrantenbevölkerung in wesentlichem Maße in diesen Industrien beschäftigt gewesen. Nach dem Erdbeben von 1989, das den Autobahnzugang zur Chinatown beschädigte, erlitt der Einzelhandel- und Dienstleistungssektor des Viertels starke Einbußen. Ladenschließungen, kaum ausgelastete Geschäfte und Leerstand wurden zum Kennzeichen dieser Chinatown. Da der Autobahnzugang nicht wieder aufgebaut wurde und sich ohnehin viele chinesische „Satellitengemeinden" außerhalb von Chinatown bildeten, verlor Chinatown völlig seine Bedeutung als Einkaufszentrum und sozialer Treffpunkt für die Sino-Amerikaner im Großraum San Francisco. Damit verlor Chinatown auch seine frühere Sprungbrettfunktion für Einwanderer, die sich über ein Beschäftigungs- verhältnis, Lohneinkommen und die Einbettung in ihre eigene Kulturgruppe integrieren konnten.

Zu den weiteren Problemen, mit denen eine bereits verarmende Bevölkerung in Chinatown konfrontiert ist, gehören Maßnahmen, die Häuser Chinatowns erdbebensicher zu machen. Die 1992 von der Stadtverwaltung beschlossene Gesetzgebung zur baulichen Verstärkung erdbebengefährdeter Häuser (*seismic retrofitting of unreinforced masonry buildings – UMBs*) stellte ein erhebliches Problem dar (Abb. 98). Es stellte sich als schwierig heraus, die baulichen Maßnahmen in so dicht besiedelten Häusern selber durchzuführen. Zudem war für eine temporäre Umsiedlung nicht genug Wohnraum (*replacement housing*) verfügbar. Hinzu kam die Umsetzung der Bauvorschriften gegen bleihaltige Farbe bei Hausanstrichen. Nach der 1997 in Konzeption befindlichen Bleivergiftungs-Präventionsgesetzgebung war ein signifikanter Anteil der Häuser zu sanieren, um bewohnbar zu bleiben. Eine dritte Maßnahme für Chinatown war die *Welfare Reform Bill and Immigration Reform Proposal.* Diese sah vor, Immigranten vom Sozialhilfebezug auszuschließen – Politikmaßnahmen, die mittlerweile in Europa ebenfalls diskutiert oder beschlossen werden. Während in den ausgehenden 1990er Jahren viele chinesische Einwanderer deswegen die Einbürgerung anstrebten, blieb es den chinesischen Solidarsystemen in Chinatown vorbehalten, Hilfestellung für einen Großteil der sozial schwachen chinesischen Immigranten zu schaffen. Dazu zählen die überalterte Bevölkerung von Chinatown mit rund 38 % der über 65-Jährigen und die Kinder unter 5 Jahren mit 27 % der Bevölkerung von Chinatown. Das Durchschnittseinkommen ist mit ca. 27 000 Dollar weit unter dem Durchschnitt der Stadt mit knapp 46 000 Dollar angesiedelt. Fast ein Drittel der Bevölkerung erhält Sozialhilfebezüge, und über 20 % bekommen weitere Formen von *public assistance*. Die Armut steigt, knapp 20 % der Familien Chinatowns leben an oder unter der offiziellen Armutsgrenze. Vielen ist die Integration in die Anglo-Gesellschaft aufgrund fehlender Englischkenntnisse versperrt.

Um die Belange der *monolingual Chinese speaking residents* besser vertreten zu können und das Stadtviertel in eigener Regie entwickeln, aber auch in seiner jetzigen Struktur halten zu können, begannen 1975 das *Chinatown Resource Center* als gemeinnützige *Community Develop-*

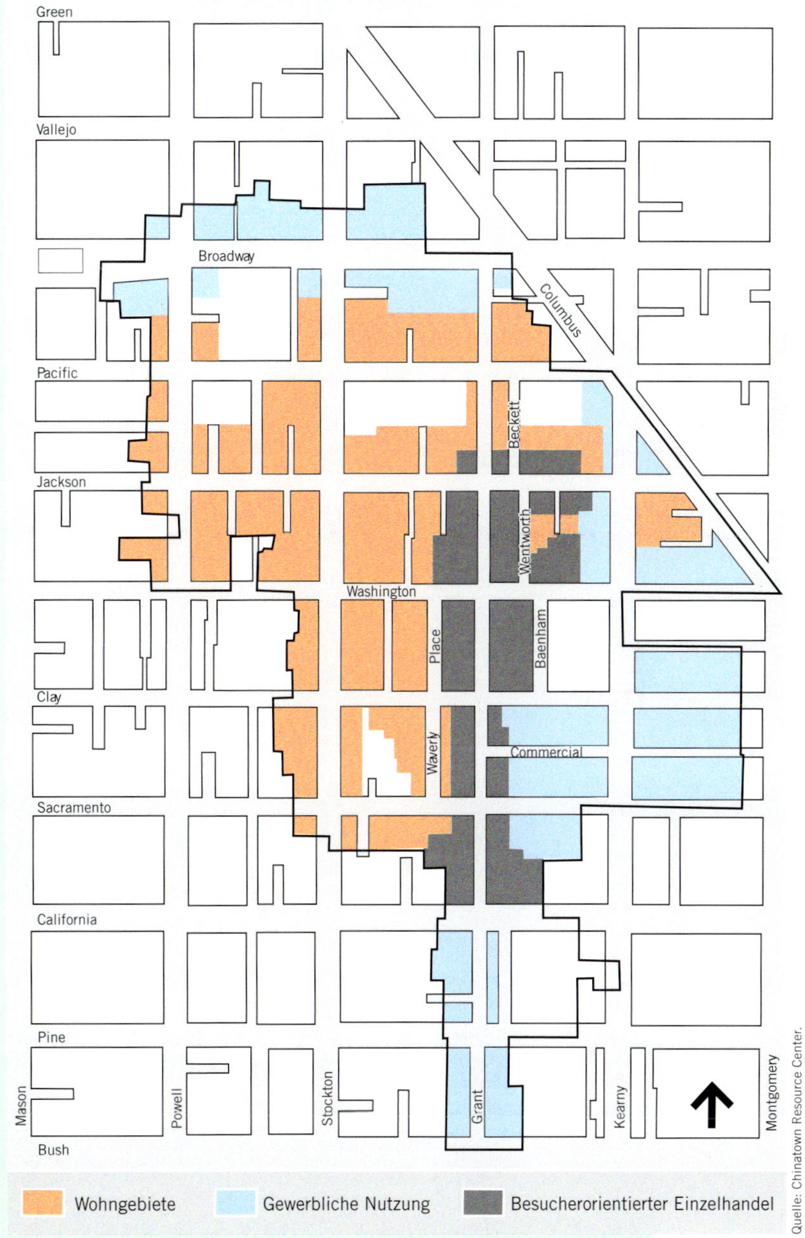

Abb. 97: *Flächennutzung in Chinatown, San Francisco.*

Quelle: Chinatown Resource Center.

Abb. 98: *Erdbebengefährdete Gebiete in Chinatown, San Francisco.*

ment Organization sowie die *Chinese Community Housing Corporation* ihre Tätigkeit. Beide Organisationen sind Grassroots-Planungsorganisationen der Chinese Community. Sie versuchen, eine integrierte Nachbarschaftsentwicklungsstrategie und die Wohnraumversorgung mit bezahlbaren Mieten durchzusetzen, ferner den Rechten der Bewohner in den politischen Gremien Gehör zu verschaffen. Diese bedürfen tatsächlich einer Vertretung, stellt doch Chinatown die letzte Baulandreserve für die vielfältigen geplanten Downtownerweiterungen, insbesondere eine Bebauung mit Wolkenkratzern dar. Der touristisch für die Stadt San Francisco verwertbare Teil der jetzigen Chinatown ist ohnehin überwiegend auf Grant Street begrenzt: stadtplanerischen Überlegungen der Stadt San Francisco zufolge wäre diese Hauptgeschäftsstraße in einer CBD-ähnlichen Umnutzung und Wolkenkratzer-Neubebauung durchaus als Restfassade integrierbar.

Nicht umsonst sorgen sich chinesische Stadtplaner um den Erhalt von Chinatown als Kulturerbe, aber auch als Auffangstation für die ärmere chinesische Bevölkerung und die Immigranten. Die vielfältigen Maßnahmen, Chinatown zu sanieren, wie die Verstärkung erdbebengefährdeter Häuser, welche die Hausbesitzer unter Umständen wegen zu hoher Kosten zum Verkauf veranlassen, ferner das Bleivergiftungs-Präventationsprogramm oder das *Welfare Reform*-Gesetz und der *Immigration Reform Proposal* werden daher als subtile Formen von Verdrängung eingeschätzt. Dies umso mehr, als die Stadtverwaltung auf direktem Wege versucht hat, blockweise Häuser in der Chinatown aufzukaufen oder umzugswilligen Hausbesitzern Entschädigungen anzubieten. Auch der Entscheid, die durch das Erdbeben von 1989 stark beschädigte Autobahnzufahrt nicht mehr wiederherzustellen, wodurch die chinesische Enklavenökonomie stark geschwächt wurde, wird in dieser Richtung gewertet (Chinatown Resource Center und Chinese Community Housing Corporation 1997).

Im Vergleich mit anderen Minoritäten in den USA, vor allem Schwarzen und *Hispanics*, nehmen die Asiaten aufgrund ihres wirtschaftlichen Erfolgs, ihres hohen Bildungsniveaus und ihres *neither Black nor White*-Status eine Sonderstellung ein. Zwar leben asiatische Einwanderer – häufig Kleinunternehmer oder Angehörige der Bildungselite – räumlich konzentriert, doch integrieren sie sich außerordentlich schnell in die amerikanische Gesellschaft. Kleinunternehmer demonstrieren in besonders starkem Maße jenen Erfolg, der in Amerika schon in den Mythen *from rags to riches* faszinierte. Dadurch, dass sie Nischenfunktionen wahrnehmen, so z. B. in den verfallenden Innenstädten eine Versorgungsstruktur aufbauen, stellen sie einen wesentlichen Impuls in der Revitalisierung von Slums und Ghettos dar.

Asiatische Kleinhändler:

- spezialisieren sich auf begrenzte Areale, in denen sie die einzigen Geschäfte zur Versorgung halten,
- investieren in Restaurants, Hotels, Tankstellen und Lebensmittelgeschäfte, die rund um die Uhr geöffnet sind,
- gründen kleine Unternehmen, die nur von der eigenen Familie und Familienarbeit, nicht aber von Großunternehmen und -lieferanten abhängig sind,
- nutzen eigene rotierende Kreditsysteme und moderne Methoden der Geldbeschaffung durch eigene Banken. Dazu zählen Solidaritätssysteme, wie sie vormals nur die irischen und jüdischen Einwanderer in den USA bildeten. Diese gewähren beispielsweise einen Vorschuss für die Gründung eigener Geschäfte, weswegen viele asiatische Einwanderer innerhalb weniger Jahre nach Ankunft

in den USA bereits selbständige Kleinunternehmer sind.
Zusätzlich können Neuankömmlinge auf Hilfestellung bei Wohnungs- und Arbeitssuche sowie bei Behördengängen rechnen und erfahren damit eine sehr starke Einbindung in ihre Gemeinden. Asiatische Einwanderer gründen häufig Firmen mit Produkten speziell für ihre Landsleute; sie schaffen sich damit selbst einen Markt. Da sie in sogenannten *convenience stores* häufig rund um die Uhr geöffnet haben und mit dem Arbeitseinsatz der ganzen Familie wirtschaften, sparen sie Lohnkosten und können in kürzester Zeit weiter investieren. Asiatische *communities* ermöglichen ihren Gruppen, ihre eigene geschlossene Enklavenökonomie erfolgreich auf- und auszubauen und sich dadurch dem allgemeinen Wirtschaftskreislauf anzupassen.

Als erfolgreiche Minderheit mit Quasi-Monopolstellung in den *inner city poverty areas* sind sie es auch gewesen, die beispielsweise in den *Los Angeles Riots* von 1992 den Unmut gegen die wirtschaftlich starken Teilen der Gesellschaft in den USA zu spüren bekamen.

Die freiwillige Segregation in ethnischen Vierteln – Chinatowns, Koreatowns, Japantowns –, die zunächst als integrationshinderlich erscheinen mag, erweist sich dabei als Schlüssel zur erfolgreichen Integration über die erste Generation hinaus. Zumeist dauert der wirtschaftliche Aufstieg keine ganze Generation, sondern erfordert nur wenige Jahre. Oft verlassen asiatische Einwanderer dann ihre selbstgewählte Enklave und siedeln sich anderswo an. Enklavenökonomie und der starke ethnische Zusammenhalt sowie Solidaritätsnetzwerke sind die wichtigsten Integrationsmechanismen, welche die Asiaten für den Eintritt in den allgemeinen Markt vorbereiten. Asiaten werden auch als Investoren aktiv umworben. Die Stadt Boston z. B. hält jedes Jahr in Hongkong eine Konferenz für Arbeitsplätze schaffende Investoren ab, die das begehrte Dauervisum (*green card*) für die USA erhalten, wenn sie mindestens 1 Mio. Dollar investieren und mindestens 10 Arbeitsplätze für Amerikaner schaffen. Anders als noch zur Zeit der Einwanderungsbeschränkung gegen Asiaten geht heute ihre hohe Akzeptanz in Amerika mit ihrer wirtschaftlichen Lage und ihrem hohen Bildungsstand Hand in Hand.

Es verwundert nicht, dass die Wertesysteme, die der amerikanischen „Leitkultur" sehr nahe stehen – harte Arbeit, Unternehmergeist, *upward social mobility* – den asiatischen Amerikanern heutzutage eine große Akzeptanz einbringen und sie innerhalb der amerikanischen Gesellschaft auch tatsächlich eine höhere soziale Mobilität zeigen. Allerdings gibt es auch in der asiatischen Bevölkerungsgruppe eine sozioökonomische Dualität: Es geht nur einem Teil der asiatischen Minderheit sehr gut, der Anteil von Asiaten an der Armutsgrenze ist ebenfalls nicht geringfügig.

Regionale Manifestationen des dualen Amerika

Das duale Amerika zeigt sich nicht nur in den vielfältigen Indikatoren der sozialen Distanz zwischen Bevölkerungssegmenten, sondern auch in räumlich getrennten Welten. Der Gegensatz manifestiert sich

- regional sowie in Indianerreservaten, ferner in bestimmten ländlichen Räumen,
- zwischen Kernstädten und *Suburbs* allgemein,
- innerhalb der Kernstädte in den *inner city poverty areas* als Gebiete des sozialen Elends, der Armut und der Verslumung sowie
- innerhalb der Kernstädte in den *gated communities* als Enklaven des Wohlstands.

Regionale Einkommensdisparitäten

Einkommen klaffen regional und bezüglich der Städte auseinander. Zu den Gewinnern einer positiven Einkommensentwicklung gehörte nach Statistiken des Bureau of Economic Analysis die Region Nordkalifornien (Bureau of Economic Analysis 2002; Regional Accounts Data). Alle sechs Metropolitangebiete, welche den Großraum San Francisco ausmachen, verzeichneten bundesweit den größten Zuwachs an Einkommen. Dazu zählen die von der *New Economy* geprägten Städte San José, San Francisco, Oakland, Santa Rosa, Santa Cruz-Watsonville, Vallejo-Fairfield-Napa in Kalifornien, ferner Greenville und Rocky Mount in North Carolina. In diesen Gebieten war ein doppelt so hohes Einkommenswachstum zu verzeichnen wie im nationalen Durchschnitt. Software- und Hardware-Entwicklung und sämtliche verwandte Branchen stellten hier das Zugpferd des Wachstums dar. Insgesamt liegen alle zehn einkommensstärksten Metropolitangebiete der USA entweder an der Ost- oder Westküste: San Francisco, San José, New Haven-Bridgeport-Stamford, Connecticut, Bergen-Passaic, Middlesex-Somerset-Hunterdon, New Jersey, West Palm Beach-Boca Raton, Florida, Trenton, New Jersey, Seattle-Bellevue-Everet, Washington State, Nassau-Norfolk, New York und Naples, Florida (Bureau of Economic Analysis 2002; Regional Accounts Data). Die 15 *counties* mit den höchsten Pro-Kopf-Einkommen der USA weist die folgende Tabelle aus (Tab. 31).

Zu den ärmsten *counties*, mit einem Pro-Kopf-Einkommen von unter 16 500 Dollar pro Jahr, gehören 254 von ca. 3110 *counties* der USA. Jene mit den niedrigsten Einkommen sind in Tab. 32 verzeichnet; die gezeigten *counties* liegen in Indianerreservaten oder in Gebieten, in denen Indianer oder Afroamerikaner einen hohen Anteil der Bevölkerung ausmachen.

Indianerreservate

Indianerreservate weisen in sämtlichen Regionen der USA ein besonderes Problem auf: Während es einige wohlhabende Reservate gibt, deren Haupteinnahmequelle der Betrieb von Spielcasinos ist

County	Pro-Kopf-Einkommen (in Dollar)
New York	90902
Pitkin, Colorado	68761
Marin, California	60618
San Mateo, California	58644
Fairfield, Connecticut	58254
Somerset, New Jersey	55596
San Francisco, California	55272
Santa Clara, California	55157
Westchester, New York	54277
Morris, New Jersey	53757
Fairfax City & Falls Church, Virginia	51227
Hunterdon, New Jersey	51018
Teton, Wyoming	50913
Bergen, New Jersey	50913

***Tab. 31:** Counties mit den höchsten Pro-Kopf-Einkommen der USA, 2000.*

Quelle: Bureau of Economic Analysis 2002, Regional Accounts Data, Local Area Personal Income 2000.

County	Pro-Kopf-Einkommen (in Dollar)
Loup, Nebraska	6606
Ziebach, South Dakota	9183
Issaquena, Mississippi	9679
Starr, Texas	9740
Jefferson, Mississippi	10528
Arthur, Nebraska	10553
McPherson, Nebraska	10672
Blaine, Nebraska	11750
Sioux, Nebraska	11760
Zavala, Texas	11873
Shannon, South Dakota	11921
Maverick, Texas	12092
Buffalo, South Dakota	12097
Long, Georgia	12374
Elliott, Kentucky	12400

***Tab. 32:** Counties mit den niedrigsten Pro-Kopf-Einkommen der USA, 2000.*

Quelle: Bureau of Economic Analysis 2002, Regional Accounts Data, Local Area Personal Income 2000.

oder deren Bevölkerung relativ gut bezahlte Beschäftigung im Bergbau findet, ist der Großteil der Reservate arm. 39 % aller 723 Indianerreservate und offiziellen Treuhandgebiete verzeichneten im Jahr 2000 mindestens 25 % ihrer Familien als offiziell unter der Armutsgrenze lebend, 6 % der Reservate und Treuhandgebiete sogar über 50 % der dort lebenden Familien (Tab. 33).

Ländliche Armut

In den USA gibt es auch zusammenhängende, innerregionale Armutsgebiete, in denen verschiedene ungünstige Faktoren zusammentreffen, so z. B. eine immer noch ungünstige verkehrsräumliche Lage, schlechte Böden, mangelnde Ressourcen, weitgehende bis totale Erschöpfung vorhandener natürlicher Ressourcen, nicht rentable Rohstoffvorkommen und ungünstige Landbesitzstrukturen für die kommerzielle Landwirtschaft.

Zu den Merkmalen, die eine strukturelle Problematik kennzeichnen, gehören:

- höhere Arbeitslosigkeit (Abb. 99),
- niedrigere Einkommen,
- hohe Konzentrationen von Personen ausländischer Herkunft, insbesondere *Hispanics*, welche teilweise ein ungünstiges Bildungsprofil für eine erfolgreiche Integration in den Arbeitsmarkt mitbringen,
- hohe Anteile an Personen mit niedrigem Bildungsstatus,
- monostrukturierte lokale Wirtschaft,
- hohe Anteile von Beschäftigten in der Landwirtschaft einerseits sowie sinkende Anteile von Beschäftigten in der Landwirtschaft („Farmensterben") andererseits,
- Bergbaugebiete der Appalachen, des Superior Uplands und der Rocky Mountains,
- ausgewählte Gebiete mit hohen Anteilen an Regierungsbeschäftigten, vor allem in den Gebieten der Nationalparks.

Danach sind Bergregionen der südlichen Appalachen und der Ozarks sowie Gebiete des ländlichen Südens (Georgia, Alabama, Louisiana) besonders betroffen. In der Vergangenheit war der ländliche Raum von einer außerordentlichen ökonomischen Bedeutung: Er beschäftigte die notwendigen Arbeitskräfte und stellte Nahrungsmittel und Bodenschätze für die Entwicklung zu einer industriellen und wirtschaftlichen Weltmacht bereit (US Congress, Office of Technology Assessment, OTA, 1991a, S. 3). Zwischen der Landwirtschaft und der industriellen Entwicklung bestand von jeher eine symbiotische Verbindung, die sich z. B. in der Überlagerung des Industriegürtels mit großen Teilen der Agrargürtel zeigt. Ungeachtet der früher echten und heute symbolischen Stärken des ländlichen Raumes gibt es seit geraumer Zeit ernst zu nehmende Probleme: Dazu gehört hohe Armut allgemein sowie auch besonders unter der arbeitenden Bevölkerung; 70,5 % der Armen im ländlichen Raum gelten als *working poor.* Obwohl sie Arbeit haben, leben sie unter dem Existenzminimum, wobei eben der relativ hohe Anteil der Vollzeitbeschäftigten unter den Armen (*working poor*) auffällt.

Ein weiteres, gut dokumentiertes Problem ist die hohe selektive Abwanderung. Es sind seit langem vor allem Personen mit höherem Ausbildungsniveau, die den ländlichen Raum verlassen (US Congress, OTA 1990, 1991a, b). Die Gründe dieser Probleme sind vielfältig und struktureller Natur, also auch kaum umzukehren. Der wichtigste Faktor ist der unaufhaltsame und dramatische Strukturwandel der Wirtschaft von einer Produktion, die auf Landwirtschaft, Bergbau und Industrie ausgerichtet war, hin zu einer Dienstleistungsgesellschaft, in welcher der überwiegende Teil der Beschäftigten selbst im ländlichen Raum im Tertiärsektor tätig ist. Es wird deutlich, dass ländlich nicht mehr gleich landwirtschaftlich bedeutet, was im Übrigen auch für den ländlichen Raum in Deutschland gilt.

Gebiete	Medianeinkommen		Einkommen unter der Armutsgrenze 1999			
			prozentualer Anteil der Bevölkerung, der als arm gilt			
	Haushaltseinkommen (in Dollar)	Pro-Kopf-Einkommen (in Dollar)	alle Altersgruppen	verwandte Kinder unter 18 Jahren	Personen von 65 Jahren oder älter	prozentualer Anteil der Familien
Amerikanische Indianerreservate und „Official Reservation Trust Land-Federal", alle Gebiete	29097	12452	28,4	35,5	20,7	23,5
Alabama-Coushatta Reservation, TX	26458	10465	23,0	29,5	20,5	17,2
Battle Mountain Reservation, NV	23750	13084	28,0	18,8	36,8	23,8
Benton Paiute Reservation, CA	11875	4885	47,2	62,5	0	50,0
Berry Creek Official Reservation Trust Land, CA	25750	8914	50,0	56,5	–	60,9
Big Lagoon Rancheria, CA	5000	2252	86,2	100,0	0	100,0
Big Valley Rancheria, CA	14583	4192	64,0	63,7	0	61,3
Bridgeport Reservation, CA	13750	11781	40	55,6	0	16,7
Chehalis Reservation, WA	30000	9097	24,4	28,5	38,8	19,7
Off-Reservation Trust Land, SD, Cheyenne River Reservation	22094	8710	38,5	45,0	28,4	34,5
Colusa Rancheria, CA	23750	9401	43,8	73,9	–	33,3
Official Reservation Trust Land, MT, Crow Reservation	27044	9440	30,5	35,8	23,3	26,6
Crow Creek Reservation, SD	12070	5272	55,7	58,4	61,8	56,5
Gila River Reservation, AZ	18599	6133	52,1	62,7	44,2	46,9
Official Reservation Trust Land, MI, Hannahville Community	31875	8574	39,1	50,4	42,9	29,0
Havasupai Reservation, AZ	20114	7422	50,2	56,2	0	46,1
Hoh Reservation, WA	21875	10008	42,0	45,2	–	34,6
Off-Reservation Trust Land, AZ, Hopi Off-Reservation Trust	8250	3951	68,4	56,2	–	88,9
Jemez Pueblo, NM	28889	8045	25,5	27,1	34,6	27,2
Kickapoo Reservation, TX	8542	3435	74,3	79,2	78,6	68,1
Official Reservation Trust Land, WA, Lower Elwha Off-Reservation	50139	8846	0	0	–	0
Lower Sioux Reservation, MN	69792	26181	9,7	9,4	0	6,0
Mashantucket Pequot, Reservation and Off-Reservation Trust Land, CT	59375	27261	5,4	5,7	0	3,1
Minnesota Chippewa Trust Land, MN	36667	16122	5,4	0	0	0
Navajo Nation Official Reservation Trust Land	16661	5962	47,8	51,3	44,8	45,4
In Arizona	30000	6756	12,0	0	–	0
In New Mexico	16504	5892	48,4	52,0	44,7	45,9
In Utah	41250	10602	6,4	0	53,3	10,7
South Dakota-Nebraska Trust Land	61250	21394	0	0	0	0
Pit River Trust Land, CA	5000	1326	100,0	100,0	–	100,0
Prairie Island Indian Community and Official Reservation Trust Land, MN	76186	26955	12,4	4,1	70,0	6,1
Trust Land, MN, Shakopee	70625	94843	12,9	17,6	0	14,1
Mdewakanton Sioux Community Trust Land, NM, Taos Pueblo	23039	14255	26,7	30,1	28,2	20,3
Zuni Reservation and Official Reservation Trust Land, NM–AZ	21122	6976	45,9	54,3	44,1	43,0
Oklahoma Tribal Statistical Areas	32465	16967	14,8	19,3	12,2	11,5
Alaska Native Village Statistical Area, all areas	45732	18746	14,1	17,0	8,4	10,9

Tab. 33: *Armut in den Indianerreservaten im Jahr 2000.*

Quelle: US Bureau of the Census 2002, CG-CT-P14, Income and Poverty 1999, 2000; Census Summary File 3 (SF 3).

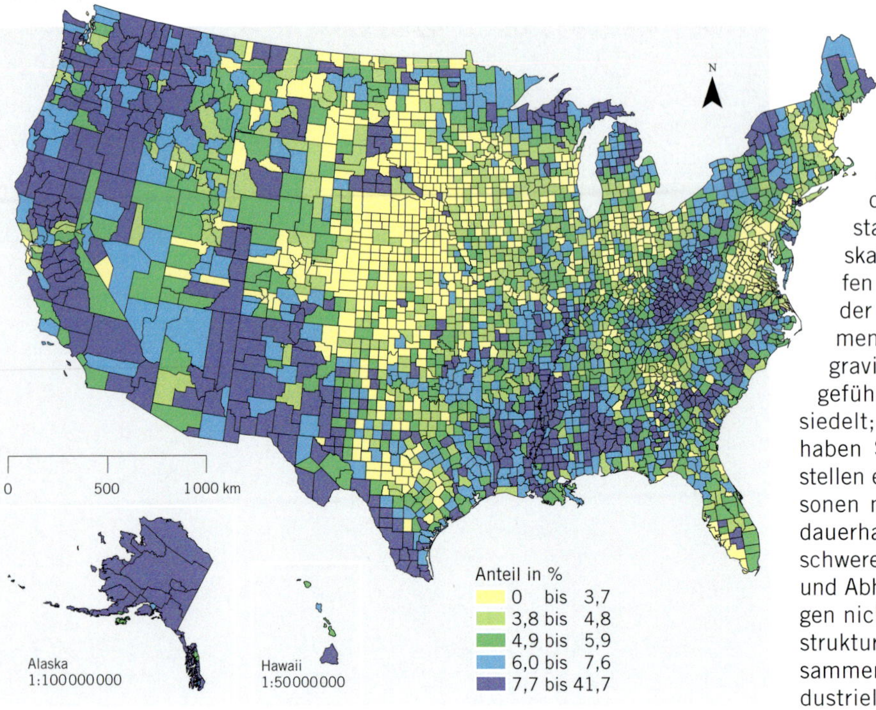

Datengrundlage: US Department of Commerce. Bureau of the Census: Census 2000, Long Form, Washington, D.C.

Abb. 99: *Arbeitslosenrate in den Counties der USA, 2000. Aufteilung in Klassen nach dem Prinzip der Quantile (siehe Abb. 71).*

Tatsächlich hat die Landwirtschaft für Beschäftigung und für das Bruttosozialprodukt nur noch eine geringe Bedeutung, obwohl sie rein optisch das Bild des ländlichen Raumes dominiert. Beim ruralen Amerika handelt es sich gegenwärtig um sehr heterogene Räume, die überwiegend nicht landwirtschaftlich ausgerichtet sind. Es gibt mehrere von Bundesbehörden erfasste Kategorien ländlicher Räume mit Spezialfunktionen, unterschiedlicher Entwicklungsdynamik und -problematik, wobei die Zuordnung zu einer Kategorie die Zugehörigkeit zu einer anderen Kategorie nicht ausschließt.

Persistent poverty counties sind solche, deren Pro-Kopf-Einkommen seit 1950 konstant in den untersten 20 % der Einkommensskala von allen *counties* der USA liegen. Betroffen sind 10 % aller ländlichen *counties* und 6 % der ländlichen Bevölkerung. Da ihre Einkommenssituation bzw. ihr Armutsstatus besonders gravierend ist, werden sie als eigene Kategorie geführt. Insgesamt sind diese *counties* dünn besiedelt; 60 % sind völlig ländlich, und nur zwei haben Städte mit über 20 000 Einwohnern. Sie stellen einen überproportional hohen Anteil von Personen mit Merkmalen, die den Einstieg bzw. die dauerhafte Integration in den Arbeitsprozess erschweren. Dabei hängen die vorherrschende Armut und Abhängigkeit von staatlichen Sozialhilfeleistungen nicht mit den Besonderheiten der Wirtschaftsstruktur zusammen, denn diese ähnelt in ihrer Zusammensetzung aus landwirtschaftlichen und industriellen Branchen sowie im Bergbau der Wirtschaftsstruktur anderer *county*-Gruppen. Vielmehr lässt sich die Armut hier fast gänzlich auf die mangelhafte Ausbildung der Bevölkerung zurückführen. Mangelndes Humankapital schreibt die Armut der Bevölkerung auf Jahrzehnte fort. Staatliche Programme haben dies seit 1965 über die *Regional Commissions* zu korrigieren versucht, die jedoch in den 1980er Jahren aus Kostengründen weitgehend wieder abgeschafft wurden.

Disparitäten in Metropolitangebieten

Das Gefälle zwischen Kernstadt und suburbanem Raum

Amerikanische Großstädte sind von einer Polarisierung innerhalb ihrer Metropolitanregionen gekennzeichnet, die sich in dieser Ausprägung in keinem anderen westlichen Land der Welt findet. Einige Strukturdaten verdeutlichen die Disparität zwischen Kernstadt und suburbanem Raum (Tab. 34).

Innerstädtische Armutsgebiete

Armut ist ein besonders schweres Problem in strukturschwachen Kernstadtgebieten, vor allem in Stadtteilen, in denen jene Afroamerikaner und *Hispanics* besonders stark konzentriert sind, die einen hohen Anteil von Personen mit einem schlechteren Bildungsprofil besitzen. Afroamerikaner und *Hispanics*, vor allem aber Erstere, machen einen Großteil der Bevölkerung der riesigen Elendsgebiete aus. Elendsgebiete sind es, weil in ihnen Armut, Verfall, Arbeitslosigkeit und Abhängigkeit von staatlichen Transferleistungen sowie extrem hohe Geburtenraten herrschen.

Die wachsende Geburtenzahl von Müttern unter 20 Jahren beeinflusst Gesundheit, wirtschaftliche Sicherheit sowie Langzeitperspektiven von Kindern in Gesellschaft und Wirtschaft. Kinder unverheirateter Teenage-Mütter haben ein höheres Risiko für Untergewicht bei der Geburt, von Krankheit oder Tod im ersten Lebensjahr oder einer Kindheit in Armut als Kinder älterer, verheirateter Mütter. Die Geburtenrate unverheirateter Teenage-Mütter im Alter von 15 bis 17 Jahren stieg zwischen 1994 und 2000 von 21 auf 32 pro Tausend. Für das Alterssegment 18 bis 19 Jahre stieg die Geburtenrate von 39 auf 70 pro Tausend, für die Altersgruppe 20 bis 24 Jahre von 41 auf 72 pro Tausend (US Department of Health and Human Services 2002, Population and Family Characteristics, Part I, America's Children: Key National Indicators of Well-Being 2002, S. 8f.).

Annähernd 50 % aller Kinder und Jugendlichen der USA wachsen vaterlos auf und damit ohne die Versorgungsmöglichkeiten, die ein zweites, im Allgemeinen höheres Einkommen gibt, das Zugangsmöglichkeiten zu vielen Determinanten sozialer Mobilität erlauben würde. Neben Rasse, Ethnie, Klasse und Religion trennt daher die demographische Struktur – das Aufwachsen in einer Familie mit oder ohne

Vater bzw. männlicher Versorgungsperson – die amerikanische Gesellschaft. Die öffentliche Debatte, die sich um die vaterlose Gesellschaft Amerikas, Vaterschaft und den *Good Family Man* entzündete, birgt neben den Gründen, die sich mit der sozialen Lage und der Prekarität befassen, allerdings auch den Wunsch nach einer kollektiven Rückbesinnung auf die tradierten Familienwerte einer WASP-Gesellschaft (s. dazu Institute for American Values New York 2002; Blankenhorn 2002).

Im Teufelskreis der Wohlfahrtsabhängigkeit lebt bereits die dritte bis fünfte Generation von Ghettobewohnern. In Gebieten von fehlenden Arbeitsmöglichkeiten und Langzeitperspektiven scheinen viele Jugendliche ihren Lebensentwurf auf das einfache (Sozialhilfe) oder das schnelle (Drogen) Geld auszurichten. So ist die Drogenkriminalität, vor allem der Handel, in diesen Gebieten sehr hoch, ebenso der Anteil der Personen, welche die in den USA zur „Grundausstattung" gehörende High-School-Ausbildung abbrechen. Die *drop out*-Rate in innerstädtischen Problemgebieten beträgt rund 30–45 %, womit der Einstieg selbst in wenig qualifizierte Stellen schwierig ist. Das bedeutet, dass die strukturelle Arbeitslosigkeit innerstädtischer Problemgebiete zementiert wird.

Zukunftsperspektiven für die Kernstädte und Hyper-Ghettos

Es ist offensichtlich, dass weder stetiges Wirtschaftswachstum noch das Wachstum der öffentlichen Ausgaben die Probleme der Armen auch nur annähernd gelöst haben, sondern dass sich ganz im Gegenteil neue Dimensionen auftun, z. B. die Verelendung von Frauen, Kindern und Jugendlichen. Größtenteils hat der Anstieg der *working poor* mit dem Ansteigen der *female headed households* zu tun. Frauen verdienen traditionell weniger als Männer; diese Differenz bedeutet eine viel höhere Wahrscheinlichkeit für einen *female headed household*, zu verarmen. Frauen in den *inner city poverty areas* sind überhaupt häufig in *low wage employment sectors* beschäftigt. Wegen der Wahrscheinlichkeit, nur einen Niedriglohnjob zu finden, welcher das Niveau der Wohlfahrtszahlungen kaum übersteigt, war Arbeit oft tatsächlich keine Alternative für Frauen, besonders für Frauen mit Kindern. Nach der Einführung der *„work for pay"*-Regelung zum Sozialhilfebezug sind nun von alleinstehenden Frauen geführte Haushalte vermehrt als *working poor* einzuordnen: Man arbeitet und bezieht Sozialhilfe und liegt dennoch an oder unter der Armutsgrenze. Hinzugekommen ist hier das Problem der zu Hause nicht beaufsichtigten oder unversorgten Kinder solcher Haushalte.

Bemerkenswert ist ferner die Tatsache, dass die Armut kontinuierlich ansteigt, und zwar auch in Phasen, in denen sich die Arbeitslosenquoten nicht erhöhten (US Bureau of the Census, Statistical Abstract 2001, S. 414, Tab. 659). Die derzeitige bundesweite Arbeitsplatzentwicklung zeigt lediglich in den Billiglohnkategorien starkes Wachstum, deren Einkommen oft so niedrig liegen, dass die Haushalte unter der Armutsgrenze bleiben. Ein vollbeschäftigter Haushaltsvorstand mit Mindestlohnarbeit verdient im Jahr derzeit rund 9888 Dollar, das entspricht 116 % der Armutsgrenze für eine Person und liegt fast 8400 Dollar unter der Armutsgrenze für einen Vier-Personen-Haushalt. *Working poor* ma-

Metropolitangebiete		Einkommen unter der Armutsgrenze 1999			
		Anteil der offiziell definierten Armutsbevölkerung an der Gesamtbevölkerung in %			
	Pro-Kopf-Einkommen (in Dollar)	alle Altersgruppen	Kinder unter 18 Jahren	über 65 Jahre	Anteil der Familien in %
In Metropolitanregionen bundesweit	22729	11,8	15,5	9,1	8,7
In Kernstädten	20325	17,6	24,0	12,2	13,6
In Suburbs	24189	8,4	10,6	7,3	6,0
Atlanta					
Kernstadt	25772	24,4	38,8	20,7	21,3
Suburbs	24949	7,8	9,2	8,3	5,6
Boston					
Kernstadt	21415	16,2	21,7	14,0	12,6
Suburbs	29159	5,4	5,7	6,8	3,6
Buffalo					
Kernstadt	15108	25,4	37,1	13,4	21,7
Suburbs	22277	6,2	7,4	5,7	4,4
Chicago					
Kernstadt	20158	18,4	25,8	14,3	15,2
Suburbs	27501	5,3	6,4	5,1	3,8
Houston					
Kernstadt	19863	19,1	26,0	14,0	15,8
Suburbs	23279	9,0	11,1	9,0	7,0
Los Angeles					
Kernstadt	20106	20,4	27,5	11,0	16,5
Suburbs	21778	12,9	17,2	7,9	9,9
New York					
Kernstadt	22048	20,6	28,9	17,1	17,8
Suburbs	30356	6,6	7,9	6,5	4,5
Philadelphia					
Kernstadt	16433	23,0	31,3	17,0	18,4
Suburbs	26786	5,8	6,7	6,1	4,0
Pittsburgh					
Kernstadt	18816	20,4	27,5	13,5	15,0
Suburbs	21285	9,3	12,5	8,3	6,8
San Francisco					
Kernstadt	28518	11,1	13,4	8,7	7,6
Suburbs	32609	6,7		5,5	4,4
Seattle					
Kernstadt	27261	12,3	15,2	9,9	8,0
Suburbs	25120	7,0	8,5	5,6	5,0
Washington, D.C.					
Kernstadt	28659	20,2	31,1	16,4	16,7
Suburbs	29174	5,5	6,3	6,1	3,8

Tab. 34: *Armutseinkommen 1999, nach Pro-Kopf-Einkommen und Anteilen der betroffenen Gruppe in Kernstädten und Suburbs.*

Quelle: US Bureau of the Census, 2002, GCT-P14, Income and Poverty in 1999, 2000: Summary Files 3 (SF 3).

Besonderheiten des amerikanischen Arbeitsmarktes

- Zwischen 1980 und 1999 Zuwachs von 24 Mio. Arbeitsplätzen
- Zuwachs in Billiglohn-Berufsgruppen des Tertiären Sektors
- Systematisch niedrigere Löhne und anteilsmäßig mehr Teilzeitbeschäftigung bei Frauen, Schwarzen, Hispanics
- Verschlechterung des Arbeitsmarktes für Jugendliche und Sinken der Vollbeschäftigung bei Jugendlichen
- Bevorzugte Einstellung nicht-gewerkschaftlich organisierter Arbeitskräfte („non union labor"), v. a. durch die öffentliche Hand
- unfreiwillige Teilzeitbeschäftigung („temporary permanent work force") zu niedrigeren Löhnen, die keine Krankenversicherung und Sozialleistungen beinhalten – außer den Rentenbeiträgen – eine Regelung, die sogar für Regierungsangestellte gilt.

Institutionelle Rahmenbedingungen –
Geringe Regulationsdichte des Arbeitsmarktes

- Flexible Lohnfindung – Dezentrales Tarifvertragssystem, Fehlen von Manteltarifverträgen, „concession bargaining" auf Betriebsebene
- Fehlen eines gesetzlich geregelten Kündigungsschutzes, traditionelle Rechtsdoktrin „employment-at-will", (Entlassung nach Belieben) Prinzip, „hire and fire employment" – „last in – first out"
- Fehlen eines Betriebsverfassungs-, Urlaubs- oder Mutterschutzgesetzes auf Bundesebene
- Keine staatliche Hilfe bei Kurzarbeit und Frühverrentung
- Arbeitslosenunterstützung von 26 bis max. 39 Wochen
- Nichtindexierte Mindestlohnregelung – Verringerung der Kaufkraft der Mindestlöhne

Quelle: Nach Walther, C. 1994 Zur Dynamik des Arbeitsmarktes in den Vereinigten Staaten. Weltwirtschaft, H. 1, S. 113–132; Goldsmith W.W. und E.J. Blakely 1992 Separate Societies. Poverty and Inequality in U.S. Cities. Kap. 3., S. 56–95; Stat. Jahrbuch.

nifestieren im Gegensatz zu den *welfare poor* ein besonderes strukturelles Problem der Volkswirtschaft, die zwar insgesamt genug Güter und Dienstleistungen für alle produziert, aufgrund niedriger Löhne dennoch die Minimalversorgung der erwerbstätigen Bevölkerung nicht mehr gewährleistet (Goldsmith & Blakely 1992, S. 141).

Die Gründe dafür sind vielfältig und liegen z. T. in längerfristigen wirtschaftlichen und gesellschaftlichen Entwicklungen (Harrison & Bluestone 1988) wie dem postindustriellen Abbau hoch dotierter industrieller Facharbeiterstellen und dem Wachstum tertiärer Arbeitsplätze zum Mindestlohnniveau (5,15 Dollar pro Stunde im Jahr 2002). Während beispielsweise Stahlarbeiter in den ausgehenden 1970er und frühen 1980er Jahren auf 18,50 Dollar Stundenlohn kommen konnten, erhielten sie, sofern sie im Dienstleistungssektor aufgefangen wurden, nur den gesetzlichen Mindestlohn. Betroffen waren vor allem afroamerikanische Industriearbeiter, denen damit die wichtigste Möglichkeit zum sozialen Aufstieg genommen wurde und die aufgrund ihrer fehlenden Qualifikationen für verschiedene Dienstleistungen nicht mehr in den Arbeitsprozess integriert wurden.

Für Berufseinsteiger gibt es weniger Möglichkeiten als vor zwanzig Jahren, zu einem guten Lohn zu kommen. Im Vormarsch ist auch die unabhängige Beschäftigung von Personen – *self-employed* –, die wegen Deregulierungen in der Industrie ihre feste Anstellung verloren.

Armut wird also nicht nur von Arbeitslosen und Wohlfahrtsempfängern erlebt, sondern ist ein ganz alltägliches Problem von Millionen von Arbeitenden, für temporär Arbeitende, aber auch für jene, die Entlassungen anheim fielen (*displaced*) und nun zu einem kleinen Teil ihres vorherigen Lohns arbeiten müssen, ferner für die Vollzeitarbeiter in den Niedriglohnkategorien.

Gesetzliche Regelungen des Arbeitsmarktes wirken ebenfalls in Richtung einer Verschärfung der Prekarität.

Insgesamt ist das amerikanische Tarifvertragssystem dezentral und der Lohnfindungsprozess flexibel. Das bedeutet, dass Manteltarifverträge nicht die Norm sind und dass man in Rezessionen zur Bestandssicherung von Arbeitsverhältnissen üblicherweise größere Zugeständnisse machen muss, so z. B. das Einfrieren der Löhne oder Nichtanpassung an die Lebenshaltungskosten. Auch das Prinzip von *employment at will* (frei auszuhandelnde Kündigungsfristen) oder *last hired – first fired* und das gestaffelte Lohnsystem mit niedrigeren Löhnen für neu eingestellte Arbeitnehmer bei gleicher Leistung, das Fehlen staatlicher Hilfen bei Kurzarbeit oder Frühverrentung, die maximale Zahlung des Arbeitslosengeldes von generell 26 Wochen (nur in Ausnahmefällen bis zu 39 Wochen), dies alles trägt dazu bei, dass die soziale Sicherung der Beschäftigten gering ist (Walther 1994, S. 124–129).

Neben den institutionellen Gegebenheiten des Arbeitsmarktes mit geringer staatlicher Regulierung und kaum ausgeprägtem Kündigungsschutz liegt eine weitere Ursache für die prekären Lebensverhältnisse in jüngerer Zeit auch in dem Konkurrenzdruck aus Billiglohnländern, der teilweise von im Ausland produzierenden und reimportierenden US-Firmen verursacht wird, darunter auch amerikanische Maquiladora-Industrien auf der mexikanischen Seite der US-Grenze zu Mexiko (s. Kapitel „Wirtschaftsstrukturen"). Dies ist in allen vormals industriell strukturierten Gebieten, insbesondere den Großstädten der USA der Fall, zeichnet sich aber auch in anderen westlichen Industrieländern ab.

Es beginnt sich also in amerikanischen Städten ein Arbeitsmarkt abzuzeichnen, in dem Arbeitskräfte gezwungen sind, unter oder um den Mindestlohn, ohne Sozialleistungen und in instabilen Arbeitsverhältnissen zu arbeiten, und dies nicht nur in der Privatwirtschaft, sondern auch in den Einstiegsstellen der öffentlichen Hand (Goldsmith & Blakely 1992, S. 70–74).

Amerikanische Städte haben durch den Wandel zur Dienstleistungsgesellschaft, den Verlust der innerstädtischen Steuerbasis und das Missverhältnis zwischen Angebot und Nachfrage nach Arbeitskräften ihre soziale Sprungbrettfunktion verloren, Arbeitsplätze für die Ärmsten und Minderheiten zu schaffen, die sich, wie das noch während der Industrialisierung der Fall war, hocharbeiten und am sozialen Aufstieg teilhaben konnten.

Segregationslandschaften und Lebenswelten des dualen Amerika

Die Lebenswelt der Hyper-Ghettos und Inner City Poverty Areas

Für die meisten Städte lassen sich die räumlichen Dimensionen der segregierten Stadtteile nicht mehr mit ethnisch geprägten Enklaven oder Vierteln wie in Europa vergleichen. Die Hyper-Ghettos haben de facto Ausmaße europäischer Großstädte. „Hyper-Ghettos" der *urban underclass* dehnen sich stetig aus (Wilson 1987; Schneider-Sliwa 1996a). In der Kernstadt Atlanta mit der ungefähren Nord-Süd- und Ost-West-Ausdehnung von 27,5 km bzw. 28 km nehmen diese Gebiete mehr als die Hälfte des Stadtgebietes ein, in Washington, D.C. knapp 40 %, das Hyper-Ghetto von Los Angeles, der Stadtteil South Central, hat eine Nord-Süd-Ausdehnung von 24 km. Die Liste der Städte mit Hyper-Ghettos ließe sich beliebig fortsetzen.

In den Hyper-Ghettos der *urban underclass* besteht eine für künftige Generationen sozial vordefinierte Lebenswelt, in der es um *basic needs* geht, also um die nötigste Versorgung mit Nahrung, Kleidung und Arbeit. Die Alltagswelt der Unterklasse ist ein Teilsystem, das existenziell von der Vielfalt der Wirtschaftskreisläufe, dem sogenannten *Mainstream America* und dem Lebensstil seiner „Leitkultur" abgekoppelt ist. Den Bewohnern wird ein völlig andersartiges, kollektives Muster der Lebensbewältigung aufgezwungen, welches kaum Handlungsspielräume zulässt – mangels Arbeitsplätzen bleiben fast nur die Abhängigkeit von der Fürsorge, der Drogenhandel oder andere kriminelle Aktivitäten. Diese ungünstigen lebensweltlichen Rahmenbedingungen und bewusst wahrgenommenen Begrenzungen können wiederum zu Verhaltensweisen wie Vandalismus, Brandstiftung und anderen Formen der Kriminalität führen, die sich durchaus sichtbar im Raum und in den Statistiken auf kleinsten räumlichen Bezugseinheiten niederschlagen.

Dabei wird diese räumliche Konzentration der Armut von den Behörden auch als Problem erkannt; der amerikanische Zensus weist beispielsweise seit 1980 *poverty areas* aus. Wie immer, wenn das amerikanische Statistische Bundesamt eine größere Modifikation der statistischen Erfassung vornimmt, wie z. B. 1910 die erstmalige Kategorisierung der suburbanen Räume oder 1940 die Einführung des *Housing Census* zur Dokumentation der Situation im Wohnungswesen, geschieht dies in Anerkennung eines ernst zu nehmenden, bis dahin nicht genügend erfassten Problems. Als *poverty areas* werden offiziell solche Gebiete ausgewiesen, in denen mindestens 20 % der Bevölkerung unter der Armutsgrenze leben. In vielen Stadtgebieten gilt ein Anteil von 40 – 60 % an der Bevölkerung als normal, sehr oft kann man auf der Ebene der kleinsten statistischen Einheiten, der *census tracts*, welche jeweils ca. 4000 Personen umfassen, auch Anteile von 80 % und mehr als arm dokumentieren. Das Bundeswohnungsbauministerium geht davon aus, dass jede amerikanische Großstadt von mehr als 300 000 – 500 000 Einwohnern diese geballte Armut aufweist; räumlich sind es insbesondere die Standorte des sozialen Wohnungsbaus (die sog. *Federal Slums*, s. Kap. „Wirtschaftsstruktur") (Abb. 100 – 102).

Inner city poverty areas als Konstruktionsprinzip für eine *urban underclass*

In den USA ist daher für die Lebensgestaltung von entscheidender Bedeutung, *wo* man lebt. Manche Räume bieten a priori höhere Chancen für die existenzielle Absicherung sowie den eigenen sozialen Aufstieg und den der Kinder. Diese Tatsache ist insbesondere in den USA bewusste Entscheidungsgrundlage für die Wohnortwahl der Personen außerhalb der Hyper-Ghettos, wobei bestimmten sozialen Schichten von vornherein und auch zukünftig nur gewisse Stadträume offen stehen. Die amerikanischen *high poverty areas* der Innenstädte gehören zu den geographisch-statistisch oder durch immaterielle Grenzen definierbaren Gebieten, in denen besondere Systemstrukturen, z. B. wirtschaftliche Aktivitäten, infrastrukturelle Defizite, gesellschaftliche Schichten und Verhaltensweisen (z. B. Kriminalität) ausgeprägt sein können und eine fördernde oder vernachlässigende Planungspolitik zur Anwendung kommen kann. Die planungspolitischen, wirtschaftlichen und räumlichen Strukturen werden von vielen zumindest unbewusst wahrgenommen. Viele erken-

Abb. 100: *Queens, New York: Abgefackelte Gebäude neben Reihenhäusern (Foto: Alex S. MacLean).*

nen aber ganz bewusst, dass ihnen in einer „Zweiklassengesellschaft“ auch nur ein minderwertiger Lebens*raum* zur Verfügung steht. Minderwertig ist dieser Raum deshalb, weil in ihm die Möglichkeiten zur Befriedigung von Grundbedürfnissen nur ungenügend angelegt sind. Das Hyper-Ghetto ist hinsichtlich seiner funktionalen, ästhetischen oder sozialen Ausstattung eine Lebenswelt mit nur sehr geringem Potenzial, menschliche Grundbedürfnisse in einem überschaubaren Zeitraum überhaupt befriedigen zu können.

Die erlebten Strukturen des Armutsviertels haben für den Einzelnen subjektive Bedeutung und beeinflussen die Gesamtheit seiner Aktivitäten und Verhaltensweisen. Diese können sich kollektiv in erhöhter Gewaltbereitschaft und damit verbundenen Kriminalitätsraten äußern. Damit wird ein bereits stigmatisierter Raum auch von seinen Bewohnern geprägt. Der Stadtraum kann andererseits aber auch deshalb eine *poverty area* sein, weil nur bestimmte Bevölkerungsschichten ihn bewohnen bzw. gezwungen werden, in ihn abzuwandern. Es besteht also von vornherein eine direkte Wechselwirkung zwischen städtischen Armutsräumen mit ihren wirtschaftlichen, infrastrukturellen, sozialen Bevölkerungsstrukturen sowie bestimmten menschlichen Handlungsweisen. Der Raum des Hyper-Ghettos wird damit selbst zum Konstruktionsprinzip einer *urban underclass*, die so vielleicht gar nicht in der Gesellschaft existent wäre.

Abb. 101: *Sozialer Wohnungsbau auf der Lower East Side Manhattans, New York City (Bildmitte).*

Allein in innerstädtischen Armutsgebieten leben derzeit 20 Mio. Menschen. Bei Geburtenraten von 3,5 %, die in lokalen Standesämtern und einzelstaatlichen Gesundheitsbehörden dokumentiert sind, könnte man im ungünstigsten Falle von einer Verdoppelung innerhalb von 20 Jahren ausgehen und innerhalb von 40 Jahren mit einer innerstädtischen Armutsbevölkerung von 80 Mio. Menschen rechnen, wobei hier nur die Zahl von 20 Mio. innerstädtischen Armen zugrunde gelegt wurde und nicht die übrigen 24 Mio. der derzeit erfassten 44 Mio. Armen, die auch im ländlichen Raum oder in übrigen Stadtgebieten der Großräume verteilt leben. Unbeachtet von vielen, insbesondere auch von Entscheidungsträgern, wächst also die Armutsbevölkerung rasant an und damit die Notwendigkeit für die USA, sich mit der Innen- und Sozialpolitik im Sinne dauerhafter Lösungen des Armutsproblems auseinander zu setzen.

NIMBY-Syndrom und *gated communities*

Die multikulturelle amerikanische Gesellschaft ist ein Kompromiss von real existierendem Mit- und Nebeneinander in Segregationslandschaften. Die Idee, mit welcher sich die USA erfanden – Streben nach Glück und Freiheit –, bleibt das Bindeglied der Gesellschaft, jedoch hat ihre räumliche Manifestation neue Charakteristika angenommen: Räumlich-geographisch zieht man sich voneinander zurück. Die jüngere Zeit hat neue Wohnformen hervorgebracht, in der man seine Privatsphäre bewusst sucht und seine individuelle Freiheit schützen will. Die weiße Mittelstandsgesellschaft Amerikas schottet sich seit den 1980er Jahren verstärkt durch eingezäunte Wohnanlagen (*gated communities*) und elektronische Identifizierungssysteme ab. Ein Grund dafür ist, dass mit dem Streben nach Glück auch das Grundrecht der individuellen Freiheit und die Unantastbarkeit des privaten Wohnbereichs verankert ist, also auch das Recht der Abschottung vor unliebsamen „Elementen“. Dies ist juristisch möglich, weil solche Gemeinden administrativ souverän sind, Steuerhoheit haben und von mehrheitlich gewählten Vertretern oder Hausbesitzergremien selbst regiert werden. Aufgrund von Verfassung und Bundesgesetzen besitzen Kommunen die Oberhoheit in Planungsfragen; konkret bedeutet dies, dass man durch lokale Bau- und Nutzungsvorschriften Mindestgrößen für Wohnparzellen vorschreiben, den

Bau von Mietshäusern oder sozialen Wohnungsbau verbieten kann und bei Seniorenstädten sogar den Zuzug von Familien mit Kindern. In Chicago gibt es z. B. 1113 unabhängige Verwaltungs- und Steuerdistrikte, in Denver 543, davon 41 unabhängige Stadtgemeinden, in Philadelphia 876. In den USA gibt es fast 30 000 solcher unabhängiger Gemeinden in Großstadtgebieten, davon haben zwei Drittel weniger als 5000 Einwohner und werden selbst regiert. Diese restriktive Entwicklung zeigt ganz klar, dass vermeintlich nicht integrationsfähige Bevölkerungsschichten ausgeschlossen werden sollen.

Bei *gated communities* handelt es sich um eigenständige Gebietseinheiten, die sich nicht nur durch eine physische Abgrenzung nach außen, sondern auch durch eine besondere interne Organisationsstruktur auszeichnen. Die gemeinsamen Interessen an der Siedlung, besonders der Erhalt der Immobilienwerte, der Investitionen und der siedlungsinternen Standards bezüglich Bewohnerstruktur und Ausstattung werden mittels eines privaten Gouvernanzsystems geschützt, das auch Kontroll- und Steuerungsmechanismen beinhaltet. In *gated communities* werden in einer privaten, regierungsähnlichen Struktur – als *shadow government* kritisiert, als vertragliche Gouvernanz (*contractual governance*) jedoch juristisch und offiziell gehandhabt – Rechte, Pflichten, explizite Zugangsbeschränkungen und Maßnahmen der Interessensicherung geregelt. *Gated communities* wie auch private Siedlungen ohne explizite Zugangsbeschränkung sind *common interest developments* (CIDs), d. h. privat organisierte Siedlungsformen (Blakely & Snyder 1997; Bickel 1997; Foldvary 1994; McKenzie 1994). *Common interest developments* bestehen in Kalifornien, seit dort ein Gesetzesbeschluss (Davis-Stirling Common Interest Development Act von 1985) die Rechtsgrundlage für privat organisierte Siedlungsformen, einheitliche Definitionen und Standardkonzepte schuf.

Die Merkmale von *common interest developments* sind:

- eine begrenzte Anzahl von separaten Wohneinheiten oder Grundstücken in Privatbesitz,
- Grundstücksflächen oder öffentliche Einrichtungen im Gemeinbesitz, die von allen Bewohnern genutzt und finanziert werden,
- die Mischung aus Einfamilien-, Reihen- oder Apartmenthäusern, die in Form, Größe, Art und Vielfalt sowie in der Art der bereitgestellten Gemeindeeinrichtungen variieren.

Schon Ebenezer Howard propagierte um 1893 einzelne Elemente der späteren *gated communities* in einer „Gartenstadt", insbesondere die Idee eines privaten Gouvernanzsystems mit Gebühren für öffentliche Leistungen und Güter. Mit Radburn, New Jersey, wurde 1923 erstmals die private Verwaltungsform bzw. ein vertragliches Gouvernanzsystem in einer neuen Siedlung angewendet. *Common interest developments* sind zumeist als *non-profit organisations* aufgebaut und als Eigentümergesellschaften (*homeowner associations*) amtlich eingetragen.

Abb. 102: *Soziale Wohnungsbauprojekte westlich des CBD von Chicago (Foto: Alex MacLean).*

Die *homeowner association* ist der wichtigste Akteur in einer *common interest development*. Ihr obliegt es, den Wert der Immobilien, die Wohnqualität und den Unterhalt der Siedlung zu sichern. Der Käufer eines Grundstücks, einer Wohnung oder eines Hauses wird automatisch Mitglied darin, da nach Sichtweise der *homeowner associations* nur Interesse und Verantwortung am Gemeinwesen, regelmäßige Beitragszahlungen und die Übernahme von Pflichten die Standards einer *common interest development* wahren können. Um dies zu fördern, ist das Stimm- und Wahlrecht über die Angelegenheiten der Siedlung eng mit dem Grundbesitz verbunden: Jede Grundstückseinheit hat eine Stimme in den Abstimmungen über öffentliche Geschäfte (Dunbar 1988, S. 8, 13f.). In juristischer und finanzieller Hinsicht schufen sich *homeowner associations* über den Eintrag als *non-profit organisation* mit rechtlicher Anerkennung einen Mechanismus, der über Gebühren und Gewinne, die nicht an Einzelpersonen oder privatwirtschaftliche Organisationen zurückfließen dürfen, eine solide Finanzbasis für die vielfältigen Aufgaben der Siedlung aufbaute. Das operative Management einer Siedlung wird jedoch zumeist an unabhängige, externe Firmen vergeben, welche die

Siedlung professionell verwalten. Da jeder Haus- oder Wohnungskauf in einer *gated community* an vertragliche Regelungen, Beschränkungen und Pflichten gekoppelt ist, die sich sowohl auf den Privat- als auch auf den Gemeinbesitz beziehen, und bei Nichteinhaltung der vertraglichen Verpflichtungen die Pfändung oder Kündigung aus der Siedlung erfolgen kann, wird der gehobene Status quo der Gemeinde über mehrere Kontrollmechanismen erhalten. Dazu gehören z. B. Gestaltungselemente zur Wahrung und Steigerung der Immobilienwerte (*common interest developments*) wie Bestimmungen zur Höhe des Rasens, der anzupflanzenden Blumen und Sträucher, der Farbe von Haustüren, zum Aufstellen von Gartenmöbeln oder zur Anordnung von Möbeln, die von außen sichtbar sind. Die Regeln können bis hin zum Mindestalter von Bewohnern, dem Maximalgewicht von Haustieren oder der Dauer von Besuchen durch Kinder und Enkelkinder reichen.

Das Kontrollbedürfnis ist beidseitig: Es ist der Schutz gegen unerwünschte Nachbarn und nachteilige Effekte aller Art, verbunden mit einem gewissen angestrebten Lebensstil, der die Bewohner von *gated communities* dazu bewegt, in Siedlungsformen zu leben, die eine selbst gewählte Isolation darstellen. Als Räume bewusster Exklusion gelten die *gated communities* genau wie die großen Einkaufszentren (*malls*), Büro- und Wohnkomplexe (*mixed use developments*) als Verteidigungsräume einer amerikanischen urbanen Gesellschaft, ebenso wie es auf der anderen Seite die umkämpften Reviere von *street gangs* gibt.

Als *places of exclusion* ist der Rückzug in die geschützte Privatsphäre mit einer architektonischen und städtebaulichen Gestaltung verbunden. Diese arbeitet mit gestalterischen Elementen (Mauern, Hecken, Zäune, gebrochene Sichtachsen, reflektierende Flächen), unterbrochenen Verbindungen (elektronische Zugangsberechtigung, mit Fernbedienung zu öffnende Tore und Metalltüren, Drehkreuze für Fußgänger), bewusster Unattraktivität (gerundete Sitzbänke gegen Obdachlose), Beobachtung und Überwachung (Kameras, Sicherheitspatrouillen, *neighborhood watch*). Im Allgemeinen haben *gated communities* undurchlässige Abgrenzungen, die mit Ausnahme weniger Zufahrtsmöglichkeiten die gesamte Siedlung von ungewünschten Raumnutzern abschotten. Die Abgrenzungen sind physischer, symbolischer, juristischer und administrativer Art (Lawrence 1996). Das *architectural policing of social boundaries* (Davis 1992, S. 223) mit einem Nebeneinander kleinräumig befestigter Siedlungen (*fortified cells, defended neighborhoods*) (Flusty 1994, S. 57) und größerer Festungsstädte (*fortified cities*) wird somit zum neuen Trend jenes Segments der Gesellschaft, das „e pluribus unum" zur Maxime und einenden Kraft einer Nation machte, jedoch heute gegen die Kräfte, die sie zum Teil selbst erschaffen hat, ein Bollwerk braucht und selbst zur „Festung Amerika" wird.

Nicht nur in den Innenstädten, sondern auch in Suburbia sind eingemauerte *gated communities* auf dem Vormarsch. Mauern von beträchtlicher Länge, Überwachungstechnologie, darunter Bewegungsmelder und Infrarotsensoren, sind besonders häufig in den exklusivsten *gated communities* anzutreffen. Auch *security oriented gardens* mit Dornensträuchern schützen diese Enklaven nach außen. Ihnen allen kommt eine prestigeträchtige und identifikationsstiftende Bedeutung zu; nicht zuletzt erhöhen solche Elemente die Immobilienwerte in einer solchen Siedlung. *Gated communities* ermöglichen ihren Bewohnern, aufgrund der Abgrenzung nach außen und des kontrollierten Zutritts ein Sicherheits- und Identifikationsgefühl zu entwickeln. Eine permanente und solide Abgrenzungsform erlaubt soziale Interaktion unter Gleichgesinnten oder Gleichgestellten. Dies reduziert das allgemeine Konfliktpotenzial heterogener Siedlungen und fördert die Identifikation von Bewohnern mit ihrem räumlichen Umfeld. Verstärkt wird dieser Mechanismus durch die Tatsache, dass die unterschiedlichen vertraglichen Regelungen auch die Kontrolle über eine Einkommensstruktur, ähnlich gelagerte Interessen und Lebensstile erlauben.

Da viele *gated communities* auf privater und privatwirtschaftlicher Ebene die gleichen Aufgaben wie Städte und Kommunen wahrnehmen und daher eine Alternative zu Behörden und föderativen Verwaltungsformen im Bereich des Wohnens und der Siedlungsentwicklung darstellen, finden diese privaten Gouvernanzformen steigende Akzeptanz, zumal das Versagen des Staates angesichts von Problemen in der *inner city* und in sogenannten Problemgebieten von Metropolen nicht von der Hand zu weisen ist. Nach Je-

Abb. 103: *Kreisförmig angelegte Siedlung, Arizona (Foto: Alex S. MacLean).*

remy Rifkin (2000) wird die gesellschaftliche Wertvorstellung von Vertrauen und Solidarität durch kommerzielle Vertragsregelungen abgelöst, bei der Gemeinschaft und Identifikation mit der Nachbarschaft zu einem Konsumgegenstand werden. Damit wird Rifkin zufolge auch staatsbürgerlich-demokratisches Verhalten – das Einfordern von gesellschaftlich wünschenswerten Strukturen über den politischen Prozess – freiwillig zugunsten eines bezahlten Arrangements abgegeben, bei dem der Torwächter der *gated community* die Mandate der Staatsbürger erhält.

Gated communities, in denen rund 48 Mio. Amerikaner leben, verkörpern den großen Riss durch die amerikanische Gesellschaft: Die Flucht der weißen Mittel- und Oberschicht lässt die privaten urbanen und suburbanen Räume als Alternative realistisch erscheinen und die verbliebenen öffentlichen Räume ins Abseits geraten. Im öffentlichen Raum werden die ohnehin schon beschränkten Möglichkeiten von Minoritäten weiter begrenzt (Blakely & Snyder 1997, S. 153). *Gated communities* sind die am schnellsten wachsende Form des Eigentumserwerbs in den USA und weisen in einigen Gebieten, allen voran in Südkalifornien, Orange County und Coachella Valley, besonders hohe Konzentrationen auf.

Es findet sich eine große Vielfalt unterschiedlicher *gated communities* (Abb. 103 – 106), die man wie folgt zusammenfassen kann:

Klassifikation von Gated Communities (nach Blakely & Snyder 1992)

Lifestyle Gated Communities

Sie werden als *all-inclusive* bzw. *all-amenities communities* vermarktet. Es handelt sich um erstklassige, hochwertige Immobilienanlagen mit regionalen Schwerpunkten in Florida, Südkalifornien und Arizona, in denen Bevölkerungsschichten zu finden sind, die weniger aus Sicherheitsgründen als aus Gründen des *carefree living, activity lifestyle* und der vorhandenen Annehmlichkeiten anzutreffen sind. *Lifestyle gated communities* zeigen drei bevorzugte Ausprägungen: *Retirement communities* (Karte Diercke Weltatlas, S. 193, Schneider-Sliwa), *Golf and leisure communities* sowie *New Towns*.

Elite Communities

Neben den *Lifestyle communities* mit ihrem gefächerten Spektrum ist der Typus der *Elite communities* zu finden. Sie vermarkten sich unter dem Etikett *exclusive privacy and prestige.* In diesen *communities* grenzt man sich auch bewusst über den ökonomischen und sozialen Status ab. Diese Form der *gated community* gehört zu den ältesten in den USA und ist seit über einhundert Jahren bekannt. Die Oberschicht umgab ihre Anwesen und ebenfalls die Siedlungen, in denen sie ihre Villen hatte, immer schon mit Mauern. Hier gibt es also ein doppeltes Ummauern: Jedes individuelle Haus ist *walled-in* und die ganze Siedlung ist umschlossen *(security compound).* Innerhalb dieser Kategorie kann man weitere Gliederungen vornehmen:

- Die *rich and famous,* dazu gehören die frühesten nicht militärischen Siedlungen der USA, in denen sich bedeutende Persönlichkeiten des öffentlichen Lebens, der Kultur und der Wirtschaft niederließen. Beispiele sind Newport, Rhode Island, Bel Air in Los Angeles, viele Siedlungen an der Ostküste Floridas, ferner Forest Hills, New York oder Hidden Hills bei Ventura, Kalifornien.
- Die *Top Fifth,* für die obersten fünf Prozent der Gesellschaft, also die Superreichen. Diese Anlagen sind vor allem in Südkalifornien und in Florida zu finden. Sie vermarkten sich mit dem Etikett der Privatheit, Exklusivität und des Prestiges. Fallbeispiele sind Pacific Palisades in Kalifornien oder Hernando County bei St. Petersburg in Florida.
- Die *gated communities* vom Typ *executive residences* zielen auf den Mittelstand ab. Sie haben üblicherweise einen Swimmingpool oder einen Tennisplatz, jedoch keine weiteren Sicherheitsmaßnahmen außer Toren. Hier wohnen insbesondere jüngere Manager und Akademiker, die ein exklusives Leben bevorzugen, ohne über ein sehr hohes Einkommen zu verfügen. Fallbeispiele sind University Place in St. Louis oder Magdalene Reserve bei Tampa, Florida.

Security Zone Communities

Der dritte Typ von *gated communities* sind die *security zone communities.* Sie gehören zu den am schnellsten wachsenden umzäunten Wohnsiedlungen. Ihre Merkmale sind abgeschlossene Straßen und Tore in innerstädtischen Quartieren der unteren

Abb. 104: *Palm Springs, Kalifornien (Foto: Alex S. MacLean).*

Abb. 105: Siedlung mit eingezäunten Gärten, Northern Virginia (Foto: Alex S. MacLean).

Abb. 106: Wohnwagensiedlung, Santa Rosa, Kalifornien (Foto: Alex S. MacLean).

Einkommensschichten. Nicht selten handelt es sich um eingezäunte, gesicherte soziale Wohnungsbauprojekte, die ursprünglich ohne Mauern und Tore geplant waren, diese Sicherheitselemente jedoch später installierten, um die Kriminalität abzuhalten.

Drei Arten von *security zone communities* sind zu unterscheiden: Die *low income communities* sind Abgrenzungen innerhalb sozialer Wohnungsbauprojekte, die durch Straßenblockierung und Tore markiert sind, welche von den lokalen Wohnungsbauämtern im Rahmen von Stadtteil-Revitalisierungsprogrammen bezahlt wurden. Sie sind weniger eine freiwillige Abgrenzung der Bewohner als vielmehr eine Schutzmaßnahme von außen, die mittels räumlicher Barrieren Stadtwelten voneinander trennt und insbesondere nahe gelegene *homeowner associations* von den Sozialbauten abschirmt. Betroffen sind ganze Apartmentanlagen und Nachbarschaften. Die soziale Distanz vergrößert sich durch diese Maßnahmen stark, da der soziale Kontakt zwischen den Bewohnern abbricht. Beispiele sind in Franklin Villa, Sacramento, Kalifornien, in Potomac Gardens in Washington, D.C. oder in den Mar Vista Gardens, einem sozialen Wohnungsbauprojekt in Los Angeles, zu sehen.

Working class communities sind häufig in der Nähe bzw. umgeben von Nachbarschaften mit niedrigem Einkommen und Sozialstatus sowie hoher Kriminalität. Diese *communities* versuchen, ihre Immobilienwerte über die Wirkung, die eine Umgrenzung erzielt, in einem städtischen Milieu, das von Kriminalität gekennzeichnet ist, stabil zu halten. Die Umzäunung ist weniger die Wahl eines exklusiven Lebensstils als eine ökonomische Notwendigkeit. Beispiele sind Athens Heights in South Central, Los Angeles oder Five Oaks in Dayton, Ohio.

Middle class communities entstanden ebenfalls aus Angst vor der steigenden Kriminalität und aus der Sorge heraus, dass der soziale Status und damit die Immobilienwerte gewahrt bleiben. Man findet sie in den meisten Großstädten als hochverdichtete Einfamilienhaus-, Eigentumswohnungs- und Reihenhaussiedlungen. Sie sind auch für Personen mit bescheidenerem Einkommen gedacht. Allerdings finden auch viele aus der oberen Mittelschicht hier die für sie geeigneten Wohnverhältnisse, wenn sie nicht länger in den Einfamilienhaus-*suburbs* wohnen wollen und stattdessen Eigentum in *gated communities* oder genossenschaftlichen Siedlungen bevorzugen. Fallbeispiele sind Nassau und Suffolk auf Long Island in New York oder die Siedlungen Miami Shores und Belle Meade in Süd-Miami.

Umzäunte oder ummauerte Einfamilienhaussiedlungen, *gated communities*, sind kein Phänomen der Neuzeit – schon mittelalterliche Städte schützten sich mit Mauern gegen unliebsame Einflüsse von außen. Dezentralisierte Gartenstädte und einheitlich gebaute Modellstädte, die sich deutlich von den Industrieagglomerationen abgrenzten, waren ein städtebauliches Leitbild zu Beginn des 20. Jahrhunderts. Die Selbstverwaltung privater Siedlungen – „Privatopia" – gilt heute in Amerika als die repräsentativste Form, Demokratie zu leben (McKenzie 1994). Der Trend der Eigentümergesellschaften, ihre Siedlungen als anerkannte Gemeinde eintragen zu lassen, und die Rolle der *gated communities*, öffentliche Gemeinden als Organisationsform zu ersetzen, ist unverkennbar. Mit dem epochalen Volksentscheid von 1978 in Kalifornien („Proposition 13") votierten die Stimmbürger seinerzeit für niedrigere Steuern und leiteten damit die rapide sinkende Funktionsfähigkeit und Bedeutung der öffentlichen Gemeinden ein, die ohnehin angesichts der vielfältigen städtischen Probleme als funktionsunfähig empfunden worden waren. Mit der Privatisierung vormals öffentlichen Raumes wird nach Ansicht von Kritikern jedoch auch der fundamentale Wert gleicher Möglichkeiten einmal mehr untergraben: *Fortress America* stellt zwar wie die öffentlichen Gemeinden öffentliche Güter bereit, schließt aber einen großen Teil der Menschen bewusst aus und macht seine Wehrburgen zu *no go areas*.

Homeless in America

Nicht hinter Zäunen, freiwillig eingemauert, sondern nur eine virtuelle Grenze vom materiellen Wohlstand der Gesellschaft entfernt, existieren Amerikas Obdachlose. Sie hausen in Kartonschachteln, über den warmen Abluftschächten der U-Bahnen, in Hauseingängen und Parkanlagen oder auf Parkbänken. Ihre Heimstätten sind nicht permanent, geschützt oder offiziell. Ihre Lebensbereiche sind abgesteckt von Plastikplanen, Wolldecken oder dem Zeitungspapier, in dem sich die *homeless* zum Schlafen einwickeln.

Die Obdachlosen Amerikas werden von der *National Coalition for the Homeless* (NCH) auf mehrere Arten definiert (National Coalition for the Homeless 2003): Obdachlose (*homeless*) sind Personen, die auf den Straßen oder in Notschlafstellen übernachten. Bei dieser Definition, die sich statistisch durch die Benutzer von Suppenküchen und Notschlafstellen erfassen lässt, wird die Zahl der Obdachlosen im Allgemeinen unterschätzt. Viele Städte bieten nicht genug Notschlafstellen für ihre Obdachlosen, und die bestehenden sind bis zur völligen Auslastung gefüllt, ohne dass alle Obdachlosen darin überhaupt Platz hätten. Ferner kosten Notschlafstellen pro Nacht zwischen 15 und 20 Dollar Übernachtungsgebühr, was nicht alle Obdachlosen aufbringen können. Zugrunde gelegt wird hier jeweils $^1/_{30}$ des Sozialhilfesatzes (AFDS bzw. TANF oder SSI), also der Tagessatz. Da diese Sozialhilfeleistungen nur an eine permanente Adresse ausgezahlt werden, haben Obdachlose generell kaum eine Möglichkeit, die staatlichen Transferleistungen, die sie benötigen würden und auf die sie ein Anrecht hätten, zu erhalten. Obwohl viele Städte allein aus diesem Grunde alte Motels in Notunterkünfte umgewandelt haben, in denen die *homeless* eine feste Adresse angeben können, fallen sie immer noch zu einem großen Teil aus der staatlichen Sozialversorgung heraus.

Darüber hinaus sind viele Obdachlose wegen der tatsächlichen Gefahr, in der Notschlafstelle ihrer Habseligkeiten beraubt zu werden, nicht geneigt, überhaupt in einer solchen Sammelschlafstelle zu übernachten. Einer Studie in 27 US-Städten zufolge (US Conference of Mayors 2001) werden 37 % des Gesamtbedarfs an Notschlafstellen aus finanziellen Gründen nicht gedeckt. Darüber hinaus übersteigt in fast jeder Stadt die tatsächliche Anzahl der Obdachlosen die Anzahl der vorhandenen Notschlafbetten und Übergangsunterkünfte um ein Vielfaches. Das Problem wird verschärft, wenn man bedenkt, dass im ländlichen Raum Amerikas so gut wie keine Notschlafstellen vorhanden sind, obwohl die Anzahl der Obdachlosen dort signifikant ist (Aron & Fitchen 1996). Die in Folge dieser Situation bei Freunden und Familienmitgliedern untergekommenen Obdachlosen werden daher in dieser Definition nicht erfasst. So wurden von allen obdachlosen Kindern im Jahr 2000 nur 35 % in Notschlafstellen registriert, 35 % lebten bei Familienmitgliedern und 23 % lebten in Motels, die zu städtischen Notunterkünften umfunktioniert worden waren. Diese Obdachlosen werden daher nicht sofort als solche erkannt und erhalten nicht die notwendige staatliche Unterstützung, die ihnen nach dem *Stuart McKinney Act* (42, USC § 11 301) von 1987 zustände. Um bessere statistische Grundlagen für die Planung zu liefern, werden deshalb zwei weitere Erfassungen von Obdachlosen eingesetzt: die Zählung zu einem Stichtag und die Zählung derjenigen, die während eines gewissen Zeitraums ohne Obdach waren.

- Stichtag-Zählungen: Als Ist-Zustandsaufnahmen erfassen diese nur diejenigen, die an einem bestimmten Stichtag bzw. in einer Stichnacht auf Straßen und in Notunterkünften gezählt werden können. Hierbei werden auch die erfasst, die kurzfristig obdachlos geworden sind. Das Problem der chronischen Obdachlosigkeit wird dabei nur ungenügend dokumentiert. Eine von der Bundesregierung Mitte der 1980er Jahre durchgeführte und von langer Hand mit großem Medienaufwand angekündigte Zählung erfasste rund 3,5 Mio. Obdachlose in den gesamten USA. Allerdings stellte auch sie eine Untererfassung des Problems dar, da sich viele Obdachlose in Befürchtung staatlicher Registrierung und gewisser Folgen sich in der Nacht der Zählung bewusst auf Standorte zurückgezogen, in denen sie nicht gefunden werden wollten.

- Das Problem der chronischen und kurzfristigen Obdachlosigkeit oder die versteckte Obdachlosigkeit derer, die in alten Autos, auf Zeltplätzen oder an anderen verborgenen Standorten übernachten, wird damit nicht erfasst. Hier aber wären die meisten Obdachlosen zu suchen (Link 1995).
- Aus allen Vor- und Nachteilen der gängigen Erfassungen der Obdachlosigkeit ergibt sich, dass die Obdachlosen in den USA untererfasst werden und die tatsächliche Zahl signifikant höher liegt.

Die offizielle Dokumentation der Obdachlosen der USA geht von 3,5 Mio. *homeless* aus, wovon 1,35 Mio. Kinder sind (Urban Institute 2000). Die offiziellen Dienstleister an Obdachlosen zählen jeweils im Oktober und Februar die Klienten in ihren Versorgungseinrichtungen und fanden beispielsweise 1996 440 000 Personen in 346 000 Haushalten obdachlos; im Oktober und im Februar waren es 842 000 in 637 000 Haushalten, also ca. 10 % der Armutsbevölkerung desselben Jahres. Aufgrund von Hochrechnungen ergeben sich daraus im Jahresdurchschnitt zwischen 2,3 Mio. und 3,5 Mio. Obdachlose, je nachdem, ob man die Oktober- oder die Februarzählung zugrunde legt. Damit wäre rund 1 % der US-Bevölkerung obdachlos, wobei viele Gründe für die Mindestzahl von 3,5 Mio. *homeless* sprechen (Urban Institute 2000), unter anderem die Tatsache, dass Obdachlose sich am Stichtag der Zählung verstecken oder dass viele ganzjährig auf abgelegenen, wenig frequentierten Standorten übernachten.

Die Zahl der Obdachlosen ist im Steigen begriffen. Im Vergleich zu einer Benchmark-Studie von 1989 zur Obdachlosigkeit in 182 amerikanischen Städten hat sich die Obdachlosigkeitsrate, d. h. die Zahl der Notschlafbetten im Verhältnis zur Gesamtbevölkerung der Stadt, bis zum Jahr 1991 in nur drei Jahren verdreifacht. Ein Zehnjahresvergleich in elf ausgewählten Städten und vier Bundesstaaten zeigte ein etwas langsameres Wachstum – immerhin dauerte die Verdoppelung der Obdachlosigkeitsrate dort eine Dekade.

2001 waren über 25 % der Obdachlosen in 27 Städten Kinder und Jugendliche unter 18 Jahren; 4 % der Obdachlosen waren Kinder ohne Eltern (US Conference of Mayors 2001). Auf nationaler Ebene waren 39 % der Obdachlosen Kinder und Jugendliche. Im Vergleich zu früheren Jahrzehnten machen heute weniger die Alleinstehenden als die Familien einen großen Anteil der *homeless* aus (40 %). Im ländlichen Raum Amerikas bilden Kinder und Jugendliche die größte Gruppe der Obdachlosen (Vissing 1996). Die offiziell erfasste obdachlose Bevölkerung setzte sich 2001 aus rd. 50 % Afroamerikanern, 35 % Weißen, 12 % *Hispanics*, 2 % Indianern und 1 % Asiaten zusammen. Im ländlichen Raum sind jedoch anteilsmäßig mehr Weiße als jede andere Gruppe unter den Obdachlosen vertreten, was einerseits in weiten Landesteilen der allgemeinen Bevölkerungsverteilung entspricht, andererseits eine Untererfassung anderer, vor allem hispanischer Personen zeigen kann, sofern es hier um illegal eingewanderte, verarmte Menschen geht.

Ein Hauptgrund für die wachsende Obdachlosigkeit ist die steigende Zahl der Armen. Obwohl die Zahl der Armen seit den ausgehenden 1990er Jahren statistisch gesehen abnahm, stieg die Zahl derer, die in extremer Armut leben. Im Jahr 2000 hatten knapp 40 % aller offiziell als „arm" Klassifizierten ein Einkommen unter 50 % der Armutsgrenze. Weitere Gründe für *homelessness* in Amerika sind der Mangel an bezahlbarem Wohnraum für Familien sowie die sinkenden Brutto- und Reallöhne. In den meisten Staaten müsste ein Arbeiter mit staatlichem Mindestlohn 89 Stunden pro Woche arbeiten, um ein 3-Zimmer-Apartment bezahlen zu können, dessen Miete 30 % des Einkommens nicht übersteigt, was der offiziellen Definition für „bezahlbaren" Wohnraum entspricht. 1999 lebten über 5 Mio. Mieter-Haushalte mit ungefähr 11 Mio. Personen, darunter 3,6 Mio. Kindern, in *worst case housing needs*, sie zahlten über 50 % ihres Einkommens für Wohnungen, die in gravierender Weise Grundausstattungsmängel und Sanierungsbedarf aufwiesen (US Department of Housing and Urban Development 1999).

Ein nicht zu unterschätzender Grund für steigende Obdachlosigkeit ist eine Verkettung von Umständen, die mit Armutseinkommen und unverhältnismäßig hohen Anteilen des Einkommens für die Miete zusammenhängen. Um die Mieten zahlen zu können, sparen viele Familien an der Krankenversicherung (US Bureau of the Census 2001. Health Insurance Coverage 2000; US Bureau of the Census 1998, Census Brief; Children without Health Insurance). Eine einzige schwere Erkrankung kann dann dazu führen, dass wegen Pfändung oder Ratenzahlung an Hospitäler die Miete nicht mehr gezahlt werden kann. Wegen des liberalen Kündigungsrechts in den USA kann dann eine einzige unbezahlte Miete ausreichen, eine Familie der Wohnung zu verweisen. Die fast 39 Mio. Menschen in den USA, die im Jahr 2000 keine Krankenversicherung besaßen, sind daher unabhängig von ihrer tatsächlichen Einkommenshöhe stets gefährdet, durch eine schwere und teure Erkrankung in die Obdachlosigkeit abzugleiten, wobei man annehmen darf, dass ihre finanzielle Lage bereits so prekär ist, dass für sie eine Krankenversicherung nicht in Frage kommt.

Der Abbau von verschiedenen öffentlichen Fürsorgegeldern (*public assistance*) trägt ebenfalls zur Obdachlosigkeit bei. Die heutigen Programme (Lebensmittel-Gutscheine – *food stamps* – und *Temporary Assistance to Needy Families* – TANF) liegen, zusammen genommen, in jedem Bundesstaat unter der Armutsgrenze. Der Mittelwert für TANF liegt ungefähr bei einem Drittel der Armutsgrenze. Sozialhilfeleistungen führen die Empfänger daher eindeutig nicht aus der Armut heraus. Dies ist jedoch beabsichtigte Politik, ebenso wie auch das *work for pay*-Programm; es steht im Einklang mit dem vorherrschenden Denken, wonach nur Arbeit den Weg aus der Armut bahnt – auch wenn die Existenz von *working poor* dies widerlegt.

Einen weiteren Grund für die steigende Zahl der Obdachlosen stellt die De-Institutionalisierung von Personen seit den ausgehenden 1970er Jahren dar. Seinerzeit wurden viele Personen, die wegen tatsächlicher oder vermeintlicher psychischer Probleme institutionalisiert waren, aus den überfüllten Anstalten entlassen, und zwar sowohl unter demokratischen wie auch unter republikanischen Regierungen. Viele dieser Menschen konnten sich nicht mehr in den Arbeits- und Wohnungsmarkt integrieren und leben seither auf der Straße. Der Anteil der Obdachlosen, die geistig verwirrt wirken, ist also nicht nur zufällig hoch. Ungefähr 22 % der alleinstehenden erwachsenen Obdachlosen sind von schwerer und dauerhafter Geisteskrankheit – *some form of severe and persistent mental illness* – betroffen (US Conference of Mayors 2001). Unter den Frauen, die in den USA in Obdachlosigkeit leben, ist der Hauptgrund die Flucht vor häuslicher Gewalt. Bundesweit sind über die Hälfte der in Obdachlosigkeit lebenden Frauen in den USA aus diesem Grund wohnungslos (US Conference of Mayors 1998).

Schließlich trägt der Verlust von Ersatz-Notunterkünften – des sogenannten *SRO-Housing* – zu den steigenden Obdachlosenzahlen bei. SRO-Housing bezeichnet *single room occupancy* in alten, umfunktionierten innerstädtischen Hotels und Motels. Diese teils aus dem 19. und frühen 20. Jahrhundert stammenden Hotels in verfallenen Innenstadtgebieten waren manchmal von den Stadtverwaltungen als Notunterkünfte angemietet worden. Im Zuge der Innenstadtsanierung mussten allein zwischen 1970 und 1985 fast 1 Mio. SRO-Zimmer den neuen Prestigeobjekten der Stadtentwicklung weichen. Der Abriss von *residential hotels* erwies sich als ein Hauptfaktor in der Sichtbarmachung und der ansteigenden Zahl Obdachloser.

In der amerikanischen Realität sind *homeless* mehrheitlich nicht „Aussteiger", die ihre Existenz ohne festen Wohnsitz selbst zu verantworten hätten. Arm, krank und geistig verwirrt – diese Charakteristika von Obdachlosen in einer Gesellschaft, in der Vollzeitarbeit mit Mindestlohn nicht für eine bezahlbare Mietwohnung ausreichen muss und in der staatliche Transferleistungen eine Familie insgesamt nur unter der Armutsgrenze finanzieren, zeigen die systemimmanenten Probleme Amerikas.

Stadtentwicklung und Stadtentwicklungspolitik

Abb. 107: *Downtown San Francisco, Kalifornien (Foto: Alex S. MacLean).*

Überblick

- Jede Dekade seit dem ersten Wohnungs- und Städtebaugesetz der 1930er Jahre brachte eigene Modelle und Konzepte zur Erneuerung städtischer Problemgebiete hervor.
- In den 1930er und 1940er Jahren wurden die Grundvoraussetzungen, d. h. der gesetzliche, institutionelle, finanzielle und konzeptionelle Rahmen für die Stadterneuerung geschaffen. Die frühen Wohnungsbaugesetze begünstigten die Entstehung innerstädtischer Enklaven, in denen soziale Randgruppen und sozioökonomische Probleme sich konzentrieren. Die Gesetzgebung der 1950er und 1960er Jahre schuf die Möglichkeit, Flächen bereitzustellen, auf denen man Langzeitvisionen einer städtischen Entwicklung großflächig umsetzen konnte.
- Der großstädtische Ballungsraum der 1990er Jahre ist also von jahrzehntelanger Bundespolitik beeinflusst worden, speziell die subventionierte Suburbanisierung und Neuansiedlung/Randwanderung der Arbeitsplätze in immer neue Wachstumsgürtel.
- Es hat sich eine Kernstadtstruktur herausgebildet, die ebenfalls von der Bundespolitik vergangener Jahrzehnte geprägt ist: Die *Urban Renewal*-Gesetzgebung ermöglichte ein Flächenrecycling, indem sie große Freiflächen für die innerstädtische Umgestaltung schuf.
- Auch die CDBG/UDAG-Gesetzgebung prägte das Stadtbild, da sie den Bauboom in Downtowns und Downtown-nahen Bereichen ankurbelte und die Möglichkeit brachte, Büro- und Einzelhandelsflächen sowie die großen Mischnutzungsprojekte zu subventionieren.
- Die Gesetzgebung zum Erhalt historischer Viertel und der Bausubstanz leistete der Gentrifizierung Vorschub.

Die Bundespolitik in Fragen der Stadterneuerung

Kernstadtverfall wird generell als ein Nachkriegsphänomen gesehen, allerdings haben Verslumung und das sozioökonomische Gefälle zwischen strukturstarken, mittelständischen *Suburbs* und strukturschwachen *central cities* der Minoritäten und gesellschaftlichen Randgruppen ihren Ursprung in der Zeit der Industrialisierung. Gegen die Verslumung, die Wohnungsnot und die sich verschlechternden sozialen Bedingungen wurden schon zu Beginn des 20. Jahrhunderts im Zeitgeist der *Progressive Era* tief greifende städtebauliche Reformen eingeleitet (Riis 1902/1909; Robinson 1903/1909; Lubove 1967; Ladner-Birch & Gardner 1982; Jeffrey-Jones 1988).

Wohnungsnot und Überbelegung waren schon Mitte des 19. Jahrhunderts Aspekte des massiven städtebaulichen Verfalls und der Verslumung, welche die Behörden systematisch zu erfassen suchten, um danach Reformen zu initiieren (Lubove 1967; Friedman 1978; Philipott 1978). Die Reformen wurden jedoch nicht von der Bundesregierung getragen (Wilson 1980, S. 25–94), sondern waren zumeist privater, unternehmerischer und gemeinnütziger Natur. Die Bundesregierung hatte lange Zeit indirekte Lösungen für den Innenstadtverfall bevorzugt, d. h. die Suburbanisierung, um die Innenstädte zu entlasten. Dezentralisierung und Suburbanisierung brachten jedoch nicht die gewünschte Entlastung der Innenstädte. Vielmehr leitete die Suburbanisation eine neue Ära des Verfallsprozesses ein. Damit begann sich das Verslumungsproblem der Innenstädte zu einem wirtschaftlichen Problem auszuweiten, denn die Arbeitsplätze verlagerten sich, dem allgemeinen Bevölkerungstrend folgend, aus den Kernstädten heraus in die *Suburbs*. Mit anderen Worten: Das Problem des wirtschaftlichen Verfalls von Kernstädten, das die heutige Stadtlandschaft charakterisiert, hat sich nicht zufällig ergeben, sondern ist durch die Metropolitanplanung und die bewusst vorgenommenen Suburbanisierungen seit Beginn des 20. Jahrhunderts erst mit geschaffen worden.

Kernkompetenz der Bundesregierung bei der Stadterneuerung

Mit dem sogenannten „*New Deal*", der eine allgemeine Sozialgesetzgebung für die USA schuf, erwachte das Interesse der amerikanischen Bundesregierung an der Großstadtproblematik. Ein Engagement der Bundesregierung bei der Steuerung von Stadtentwicklungsprozessen kannte man bis dahin nicht; die verfassungsmäßig gewährte zentrale Bedeutung der Kommunen im föderalen System der USA hatte bereits die Wertvorstellung von einer *private city* fest verankert, welche einen Handlungsbedarf der Bundesregierung ausschloss. Grundsätzlich wich die amerikanische Bundespolitik nie von der Maxime der Privatstadt („*let private enterprise do it*") ab – der Handlungsbedarf in den 1930er Jahren war nur die Antwort auf eine akute Wirtschaftskrise, die sich vor allem in den Großstädten manifestierte (Gelfand 1975). Die zu diesem Zeitpunkt bereits intensiv untersuchte, massive Slumproblematik der Innenstädte (Zorbaugh 1929; Short 1971; Ford 1936) war allein kein ausreichender Grund für die Bundesregierung, sich mit der Krise der Kernstädte zu befassen. Ausschlaggebend für Gesetze und Revitalisierungsmaßnahmen war vielmehr die Notwendigkeit für allgemeine Arbeitsbeschaffungsmaßnahmen gewesen (Sternlieb & Listokin 1986; Housing Act P. L. 412, Sept. 1937; Gelfand 1975, S. 99).

Da bislang Stadterneuerung nicht in das Ressort der Bundesregierung gefallen war, existierte keine gesetzliche oder institutionelle Infrastruktur, über welche die Regierung Stadterneuerungsprogramme abwickeln konnte. Erstes Ziel war es daher, eine effiziente, kompetente Verwaltungsinfrastruktur und gesetzliche Rahmenbedingungen für die Eliminierung städtischer Probleme zu schaffen. Während die Bundesregierung zur selben Zeit eine Bundesbehörde für die Revitalisierung einer strukturschwachen Region schuf (Tennessee Valley Authority – TVA, 1933), der Bund dort also selbst Träger der wirtschaftlichen Entwicklung wurde, konzipierte man für städtische Problemgebiete kein Pendant; ein Bundeswohnungs- und Städtebauministerium wurde sogar erst 1965 eingesetzt. Stadtverfall wurde von der sozial orientierten Roosevelt-Administration der 1930er Jahre als rein lokales Problem angesehen, und die Bundesregierung beabsichtigte nicht, sich in lokale Belange einzumischen. Die Rolle der Bundesregierung sollte keine zentralistisch determinierende, sondern lediglich eine vermittelnde zwischen Unternehmertum, speziell der Wohnungsbauindustrie, und strukturschwachen Stadtgebieten sein (Housing Act von 1949, P. L. 81–171, Sec. 2).

Wohnungsbauförderung und sozialräumliche Auswirkungen

Der Bund verfolgte zunächst eine Doppelstrategie. Zum einen wollte man Eigentumsbildung und den Erwerb von Eigenheimen in Form von Einfamilienhäusern fördern. Die ersten Gesetze diesbezüglich traten 1933 und 1934 in Kraft, sie wurden in späteren Jahren mit einer Reihe von Folgegesetzen erweitert, deren Schwerpunkt – die Eigentumsförderung für den unteren Mittelstand – stets der gleiche blieb (Sternlieb & Listokin 1986). Ferner wurde seit 1932 die Entwicklung industrieller Strukturen an der städtischen Peripherie gefördert. Angestrebt wurde eine von einer eigenen Bundesbehörde verwaltete Dezentralisierung der Bevölkerung und der Arbeitsplätze aus den verslumten Innenstädten. Nach einer Entkernung in dicht bebauten, verslumten innerstädtischen Wohngebieten sollten dort Sozialwohnungen errichtet werden.

Diese Maßnahmen erwiesen sich als folgenschwer für die Problematik der Kernstädte. Die Kernstadtkrise war zu Beginn des 20. Jahrhunderts in erster Linie ein Problem der Verslumung in wirtschaftlich blühenden Innenstädten gewesen; in den 1920er Jahren hatte es, begünstigt von der Automobilproduktion, eine Suburbanisierung vor allem des gehobenen Mittelstandes gegeben. In den 1930er Jahren begann die Abwanderung breiter Massen an die Peripherie, gefolgt von einer Randwanderung der Arbeitsplätze. Der Charakter des Kernstadtverfalls weitete sich dadurch aus: Rein städtebaulicher Verfall führte zu wirtschaftlicher Verödung und zu so massiven fiskalischen Problemen, dass der städtische Bankrott bereits für die 1930er Jahre erwartet worden war (Wood 1935, S. 19). Die Innenstädte blieben von Verslumung und in zunehmendem Maße dem Verbleiben der sozial Schwächsten sowie der Minoritäten gekennzeichnet. Slums, die während der Industrialisierung noch ethnisch gemischt und in hohem Maße von armen Weißen bewohnt waren, wurden zu Slum-Ghettos, vor allem zu sogenannten „Schwarzen-Ghettos". Bestehende sozialräumliche Disparitäten zwischen Innenstädten und mittelständischen Vororten wurden verschärft, da die städtische Unterklasse aus den Innenstädten als Folge von neuen Bundesgesetzen nicht nachziehen konnte. So stellte das erste direkte Bundesgesetz für die Verbesserung der Wohnsituation in Problemgebieten, der *US Housing Act* von 1937, der bis in die Gegenwart richtungsbestimmend ist, den Gemeinden zwar Bundeskredite für die Eliminierung von Slums bereit und führte den sozialen Wohnungsbau in den USA ein. Nach dem Wohnungsbaugesetz von 1937 (Housing Act von 1937, bes. Sec. 2, Sec 23, 1 u. 2) war es den Kommunen jedoch freigestellt, ob sie sozialen Wohnungsbau schaffen wollten oder nicht (House of Representatives, Committee on Banking, Finance and Urban Affairs, Subcommittee on Housing and Community Development Committee 1984, S. 120). Auf der Grundlage dieses Bundesgesetzes konnten sich mittelständische Gemeinden weigern, sozialen Wohnungsbau überhaupt zuzulassen. Die Hypothekenversicherung der Bundesregierung machte es dem unteren Mittelstand seit den 1930er Jahren möglich, Eigenheime in den Vororten zu erwerben; dies hatte eine immense Ausdehnung der suburbanen Wohngebiete durch *blue collar suburbanization* zur Folge. Für die sozial Schwächsten gab es in den *Suburbs* jedoch weder ausreichend Mietwohnraum (aufgrund lokaler Zonierungsverordnungen) noch Sozialwohnungen (aufgrund des Bundesgesetzes von 1937).

Dadurch wurde von der Bundesregierung sozialer Wohnungsbau nur in den bestehenden Slums und Ghettos der Innenstädte realisiert (Meyerson & Banfield 1955; Abrams 1965, S. 238–249; Palley & Palley 1977, S. 168f.). Der soziale Wohnungsbau im geographischen Streuungsverfahren scheiterte an der in der Verfassung verankerten und von Stadtentwicklungsgesetzen bestärkten kommunalen Oberhoheit. *Public Housing* konnte sich später nur in jenen *Suburbs* durchsetzen, die unmittelbar an die Slum-Ghettos der Kernstadt grenzten und in denen die mittelständische Bevölkerung bereits im Begriff war, in andere *Suburbs* abzuwandern.

In den Slum-Ghettos änderte sich die sozioökonomische Problematik durch den Neubau von Sozialwohnungen nicht grundlegend, da die wirtschaftliche Verödung nicht von Gewerbeförderung und Arbeitsmarktpolitik aufgefangen wurde. Für die Bevölkerung fehlten nach wie vor die Chancen zum sozialen Aufstieg. Zudem wurde sozialer Wohnungsbau in Hochgeschossbauweise ohne Verkehrsanbindung oder soziale Infrastruktur bevorzugt in schlechter Lage wie z. B. bei Fabriken, Schlachthöfen u. Ä. errichtet. Daher wurde er zum Instrument zur Ausgrenzung von Armen und Schwarzen und galt als der „Abfallhaufen für die Randgruppen der Gesellschaft" (Haar 1975, S. 21f., 343). Auf diese Weise entwickelten sich die neuen öffentlichen Wohnungsbauprojekte, welche die in der Industrialisierung entstandenen Slums ablösten, zu neuen *Federal Slums*, die von Arbeitslosigkeit und Sozialpathologien gekennzeichnet waren (Rainwater 1970).

Die neue Realität der *Federal Slums* veranlasste die Bundesregierung 1940, a) ihren sozialen Wohnungsbau vorläufig einzustellen und b) ihren Zensus grundlegend neu zu strukturieren, um die Natur und das Ausmaß des Innenstadtverfalls und die ihn begleitenden sozioökonomischen Prozesse erstmals vollständig statistisch erfassen zu können. Erkannt wurde, dass die Kernstadtkrise eine neue Dimension anzunehmen begann. Es zeichnete sich eine totale ethnische Umstrukturierung der Kernstädte ab; verursacht wurde sie von der Abwanderung in den suburbanen Raum und gleichzeitigen Zuwanderung von Bevölkerungsgruppen mit hohem natürlichem Zuwachs in die Innenstädte, besonders der Binnenwanderung von Afroamerikanern in die Städte des Nordens, die schon nach dem Sezessionskrieg und zu Beginn des 20. Jahrhunderts in die Industrien des Nordens gegangen waren. Allein zwischen 1940 und 1970 kehrte sich dadurch das Verhältnis von afroamerikanischer und weißer Bevölkerung in einigen Großstädten völlig um, so in Washington, D.C., das 1940 72 % weiße und 1970 72 % schwarze Bevölkerung aufwies (Zeitz 1979).

Ein ähnlicher Prozess vollzog sich in anderen Kernstädten, deren Image als so negativ erachtet wurde, dass die weitere Bevölkerungs- und Arbeitsplatzabwanderung allein dadurch neue Impulse erhielt. Eine nicht beabsichtigte, doch aus der Bundespolitik logisch resultierende Eigendynamik des Innenstadtverfalls war in Gang gesetzt worden. Sie bestand aus zwei eng miteinander verknüpften Komponenten: der subventionierten Suburbanisierung zur Entkernung der Innenstädte sowie den Konzentrationen sozialer Randgruppen und Minoritäten in den Kernstädten. Die wirtschaftliche Verödung und zunehmende fiskalische Krise führten zu wachsenden Schwierigkeiten, die Minimalversorgung der Kernstadtbevölkerung zu gewährleisten. Der *Housing Act* von 1949 schuf erstmals ein umfassendes Wohnungsbau- und zusätzlich ein Stadterneuerungsprogramm. Das Gesetz, das zur konzeptionellen Grundlage für alle weiteren Stadtentwicklungsgesetze wurde, verstärkte die Tradition der *private city* – als wichtigster Akteur bei der Revitalisierung verfallener Gebiete wurde die Privatwirtschaft angesprochen. In

Übereinstimmung mit den sozialen Zielvorgaben des Gesetzes sollte der Schwerpunkt auf den Wohnungsbau gesetzt werden, die Ausführung war der Privatwirtschaft, nicht der öffentlichen Hand, also sozialen Wohnungsbauämtern oder anderen Einrichtungen, zugeordnet. Träger der Kompromisslösung von sozialen Zielen mit privatwirtschaftlicher Ausführung sollten Partnerschaften zwischen Bund, Gemeinden und Investoren sein. In den *public-private partnerships* sollten öffentliche Mittel dazu benutzt werden, eine wirtschaftlichere, steuererhöhende Bodennutzung im Stadtgebiet zu erreichen, verfallene Areale aufzukaufen und Abbruch (*slum clearance*) zu betreiben. Nach diesen Vorleistungen sollten interessierte Investoren die Flächen unter Marktwert erwerben können, um das Steueraufkommen der Gemeinden durch kommerzielle Projekte wie Einkaufszentren, Büro-Parks oder Wohnanlagen zu steigern (Borghorst 1979, S. 102–128; Perloff et al. 1975, S. 114f.; Grigsby 1966, S. 654f.; Gans 1967, S. 471).

Wirtschaftliche und soziale Ziele der Bundespolitik

Die Rahmenbedingungen des Bundes sahen zunächst vor, a) Sanierungen in den Stadtgebieten durchzuführen, die ein Slum oder ein anderes verfallenes Stadtgebiet mit überwiegender Wohnfunktion waren, sowie b) in jedem anderen verfallenen Gewerbegebiet einzugreifen, das überwiegend als Wohngebiet erschlossen werden konnte. Der Verbleib der Slumbewohner auf dem sanierten Gebiet war ausdrücklich vorgesehen. Verhindert wurden somit aber aus spekulativen Gründen die wirtschaftliche und städtebauliche Revitalisierung von Problemgebieten ebenso wie wertsteigernde Nutzungen durch Gewerbe- und Büroflächen oder Wohnfunktion für den gehobenen Mittelstand. So wurde zwischen 1949 und 1954 kaum saniert. Um die Revitalisierung anzukurbeln, vollzogen Bundesgesetze deshalb seit 1954 explizit eine zweifache Schwerpunktsverlagerung und zunehmende Abkehr: 1. von der Sanierung verfallener Wohngebiete für Wohnzwecke hin zur Sanierung von Wohngebieten für Gewerbe- und Industrieflächen, Behördenzentren und Nutzungen durch Institutionen; 2. Abkehr von der Sanierung verfallener Wohngebiete, Fokus auf der Revitalisierung verfallener Industrie- und Gewerbeflächen. Dies regte das Investoreninteresse stark an, weil es sich bei den Industrie- und Gewerbebrachen um die größeren Flächen handelte, diese meist in der Downtown lagen und daher ein hohes Profitpotenzial mit sich brachten. Ihre Wiederbebauung mit Büroflächen und Einkaufszentren konnte eine weitaus höhere Rendite erzielen als die Wohnnutzung. Den Kommunen wurden weitgehende Rechte gegeben, entsprechende Investitionen anzuziehen. Dabei erkannte der Gesetzgeber in den Wohnungsbaugesetzen von 1954 und 1959 auch die alleinige Beseitigung von Slums und verfallenen Flächen ohne sofortige Wiederbebauung oder Bebauung als Wohngebiet als hinreichenden öffentlichen Zweck an, welcher der Entwicklung einer Gemeinde dienlich sei und durch Bundesmittel subventioniert werden konnte (Sogg & Wertheimer 1966, S. 146–150). Diese Interpretation erlaubte die Enteignung und Aufbereitung von Arealen verschiedenster Größe, Sanierungsgebiete wurden beliebig ausgeweitet. Auch Downtown-Areale, die nicht unbedingt sanierungsbedürftig waren, aber einen möglicherweise hohen Gewinn versprachen, wurden als Sanierungsgebiete, d. h. Reserveareale für zukünftige Entwicklungen ausgewiesen. In der Folgezeit entstanden in einzelnen Städten Revitalisierungsprojekte, so z. B. Riesensportstadien mit bis zu 100 000 Plätzen, aber auch Multifunktionszentren wie das Boston Prudential Center. Boston ist hier ein aufschlussreiches Beispiel. Die Stadt, die schon um 1800 große Landaufschüttungen vornahm, um ihre Nutzfläche auszudehnen, hat in Downtown und Midtown im 20. Jahrhundert mehrere modellhafte Großprojekte angelegt, die in vielen Städten kopiert wurden (Abb. 108–112). Sie hatten das Ziel, das Image und die

Abb. 108: *Stadtplanung in Boston um 1800 – Landaufschüttung in den Buchten.*

Quelle: J. W. Reps 1969, S. 173.

Abb. 109: Boston, Blick von Nordosten auf Landaufschüttungen am Charles River (obere Bildmitte mit dem Stadtteil Back Bay) und Boston Harbor (links) (Foto: Alex S. MacLean).

Abb. 110: Boston, Back Bay, Copley Plaza, Prudential Center auf dem ehemaligen Korridor zwischen Landaufschüttungen (Foto: Alex S. MacLean).

Attraktivität dieser Gebiete zu verbessern und Nachfolge-Developments anzuziehen. Kommunale Behörden sollten das lokale Unternehmertum bei der Revitalisierung maximal unterstützen. Dafür gaben Bundesgesetze den Kommunen einen großen Spielraum hinsichtlich der Art und Durchführung ihrer Sanierungsprogramme (Greer 1965, S. 66). So entstanden in den Bundesstaaten, welche die Bundesgesetzgebung aufgrund einer einzelstaatlichen Gesetzgebung für ihr Gebiet geltend machten, die unterschiedlichsten Regelungen, wie Stadtsanierung und Revitalisierung durchgeführt werden konnten. Allein dadurch ließen sich Stadtsanierung und -revitalisierung in den einzelnen Staaten unterschiedlich handhaben und erlaubten sogar jeder Stadt, völlig andere Prioritäten zu setzen. Darüber hinaus verabschiedeten die meisten amerikanischen Großstädte in den 1960er und 1970er Jahren eine neue Stadtverordnung, die dem Bürgermeister exklusive Entscheidungsbefugnisse in der Sanierungs- und Revitalisierungspolitik übertrug, die Stadträte dabei größtenteils ausschaltete oder ihnen lediglich eine eingeschränkte Kontrolle über den Haushaltsplan überließ (Gelfand 1975, S. 159).

In einigen Städten entstanden die vorgesehenen Planungskoalitionen zwischen der Geschäftswelt und der öffentlichen Hand (*public-private partnerships*); häufig ging die Sanierungsinitiative von den Unternehmen aus, wie z. B. in Atlanta, während sich die öffentliche Hand auf die Vermittlung von Bundessubventionen beschränkte. *Public-private partnerships* wurden in einigen Städten, so in Pittsburgh oder Atlanta, zu mächtigen politischen Kräften (Stone 1989; Squires 1989), welche die gesamte Entwicklung der Stadt bestimmten. Sie leiteten Umwidmungen ein, die hinsichtlich der Größe von Flächen und Projekten und der Mobilisierung privatwirtschaftlicher und öffentlicher Mittel keine Vorgänger hatten (Lubove 1969, S. 106–141; Lowe 1967, S. 405–436; Stewman & Tarr 1982; Ehrlich 1987; Edgar 1970; Barnekov & Rich 1972; Logan & Molotch 1987). Nach diesen „Modellfällen" begann die Revitalisierung mit dem Bau von Megaprojekten, insbesondere in Downtowns mit Kultur-, Kongress- und Behördenzentren, Sportarenen, Erweiterungsbauten für Institutionen, Büro- und Shoppingzentren. Diese Großprojekte waren kontrovers, entstanden sie doch häufig als „Beton-Forts" im Niemandsland von Industrie-, Gewerbe- oder Sanierungsbrachen auf Freiflächen, die nach *slum clearance* aufgelassen worden waren, und hatten einen erheblichen Verödungseffekt, da sie noch mehr Leben von den Straßen abzogen. Einige Städte wie beispielsweise Boston begannen erst ab 1985, den Effekt solcher Projekte auf die unmittelbare Nachbarschaft rückgängig zu machen.

Der *Federal Bulldozer*

Aufgrund der Schwerpunktsetzung auf Revitalisierung der kommerziellen und industriellen Struktur und auf reduzierte Wohnungsbauorientierung hatten Bundeswohnungs- und Städtebaugesetze, die *Urban Renewal*-Gesetzgebung seit Mitte der 1950er Jahre, entscheidende Auswirkungen auf das Bild der Innenstädte. Es begannen die großen „Kahlschlagsanierungen", denen Zehntausende von Slumbewohnern weichen mussten (Anderson 1964, S. 53f.; Hartman 1966), um Büro- und Einzelhandelsflächen, Behördenzentren (wie in Boston) oder Wohnraum für die gehobenen Einkommensschichten oder Sportarenen (Atlanta) schaffen zu können. Dabei erfolgte der Abriss größtenteils ohne sofortigen Neubau. Zeugnis dieser Maßnahmen aus den 1950er und 1960er Jahren sind die bis in die Gegenwart als Parkplätze zwischengenutzten Flächen in Downtown-Bereichen. In Atlanta oder Washington, D.C. sind diese innerstädtischen Sanierungsbrachen oft bis zu 40 Jahre lang aufgelassen worden, bevor sie in der jüngeren Vergangenheit einer neuen Nutzung zugeführt wurden. Viele dieser Areale sind in Besitz und Verwaltung der seinerzeit neu gegründeten städtischen *Urban Renewal*-Behörden, die Slumareale zum Abbruch erwarben oder enteigneten. Teilweise wurden die so geschaffenen Flächen für zukünftige Nutzung als innerstädtische Landreserve freigehalten (z. B. in Atlanta oder Washington, D.C.). Bei verfallenen Gewerbe- und Industriebrachen wurde oft im Hinblick auf späteren Abbruch nicht saniert; in Washington, D.C. werden solche Flächen erst seit den 1990er Jahren für Nutzungen durch die Bundesregierung massiv umgestaltet.

Ebenso massiv zur Schaffung von innerstädtischem Ödland beigetragen hat die Gesetzgebung von 1959 (Sec. 418) und 1961, welche den großen gemeinnützigen Institutionen wie Universitäten, Hospitälern und anderen Einrichtungen dieser Art den Abbruch von Slumarealen in ihrer Nachbarschaft ermöglichte. Die Institutionen, welche nicht selten kapitalkräftigen Großkonzernen ähneln und oft in unmittelbarer Nähe von Slums liegen, sollten auf diese Weise als Ressource zur Revitalisierung von Stadtteilen genutzt werden. Sie erhielten Sonderrechte, um angrenzende bewohnte Slumareale für ihre Expansionszwecke zu enteignen und zu nutzen, nachdem diese Gebiete vorher mit Bundesmitteln buchstäblich „bereinigt" worden waren. Dieser sichtbare Einfluss in den Städten war nicht unerheblich, zumal die Institutionen die Freiflächen aus spekulativen Gründen jahrzehntelang nicht bebauten; allein in Boston machten fast 60 Institutionen (Universitäten, Colleges, medizinische Versorgungs- und Forschungszentren) von dieser Gesetzesregelung Gebrauch. Auch wurden teilweise Wohngebiete für zukünftige institutionelle Nutzungen total abgetragen. Die Stadt konnte erst in den ausgehenden 1980er Jahren mit Hilfe eines Gerichtsbeschlusses ein Großklinikum dazu veranlassen, auf einer ihrer langjährigen Sanierungsbrachen, einem für nicht erfolgte Expansion abgetragenen Slum, Ersatzwohnungsbau für sozial schwache und behinderte Personen zu erstellen.

Die Großstadtpolitik des Bundes, wie sie in der *Urban Renewal*-Gesetzgebung zum Ausdruck kommt, verlor also bald ihre eigentliche Zielsetzung, Gebiete des baulichen und wirtschaftlichen Verfalls zum Nutzen einer ansässigen Unterschichtbevölkerung zu sanieren. Revitalisierung seitens der öffentlichen Hand diente dazu, Areale infrastrukturell so vorzubereiten, dass private Sanierungsinvestitionen rentabel wurden (Borghorst 1979, S. 205f.). Daher wirkte das Bundesprogramm des *Urban Renewal* wie eine städtische Flurbereinigung, welche zersplitterte, ungenutzte, verlassene und verfallene, aber auch zu Wohnzwecken genutzte Grundstücke einer Mehrzwecknutzung mit breiter Attraktivität zuführen

Quelle:. Campanella 2001, S. 18.

wollte. Die Flächenkonsolidierung erlaubte es also, große Landstücke innerhalb des CBD (*Central Business District*) neu zu gestalten, ohne vom Grundriss eingeengt zu sein (Abrams 1965, S. 558–582).

Das Verdienst der *Urban Renewal*-Ära war es, die ersten umfassenden Gesetze und Maßnahmen der Bundesregierung zur Revitalisierung der wirtschaftlichen und gewerblichen Strukturen und des Wohnungsbaus geschaffen zu haben. Ferner entstand

Abb. 111: *Downtown Boston und das Viertel North End 1923, Blick nach Norden.*

Abb. 112: *Downtown Boston 1992, Blick von Nordosten (Foto: Alex S. MacLean).*

durch die Flächenkonsolidierung die physische Grundlage für dementsprechend groß angelegte Planungen und Bautätigkeiten. Trotzdem erweist sich im Rückblick die *Urban Renewal*-Ära der 1950er und 1960er Jahre als eine der größten Planungskatastrophen schlechthin. So bedeutete das *Urban Renewal*-Programm de facto nur den Slum-Abbruch im großen Stile, aber kein anschließendes Erneuerungs-, d. h. Abbruch-Neubau-Programm. Weniger als ein Prozent der eingesetzten Finanzmittel in Milliardenhöhe wurden je für Erneuerungsmaßnahmen ausgegeben, aber mehr als 90 % für den Erwerb von Grundstücken und Gebäuden, deren Abbruch und infrastrukturelle Aufbereitung. Im Rahmen der Abbruchmaßnahmen wurden zwischen 1949 und 1959 rund 140 000 Wohnungen bundesweit durch den sogenannten *Federal Bulldozer* abgerissen, nur 40 000 wurden neu gebaut, wovon nur etwa 2000 für untere Einkommensschichten gedacht waren. Bis 1962 wurden durch die *Urban Renewal*-Maßnahmen USA-weit 427 000 Familien mit durchschnittlich 4 Mitgliedern sowie 108 000 Individuen verdrängt, insgesamt also ca. 1,6 Mio. Menschen. Weitere Maßnahmen der *Urban Renewal*-Administration sahen vor, insgesamt über 1 Mio. Familien zu verdrängen (Anderson 1964, S. 5f.). Ein wichtiger Punkt bei der Ausweisung von Wohngebieten, die im Rahmen des *Urban Renewal* saniert, also erst einmal abgerissen werden sollten, war, dass es den lokalen Behörden überlassen blieb, wie standardgemäße oder abbruchreife *substandard*-Wohnungen zu definieren waren; die Definitionen des Statistischen Bundesamtes wurden nicht verbindlich zugrunde gelegt. Zwar sollten die verdrängten Personen in menschenwürdigere, erschwingliche Wohnungen umziehen, aber den verdrängten Familien wurde nichts dergleichen vermittelt, sodass sie auf sich selbst angewiesen waren, um Wohnungen in anderen preiswerten – also verfallenen – Wohngebieten zu suchen. So wurde der Verfall nur von einem Stadtviertel auf ein anderes verlagert, zusätzlich wurden bestehende Sozialgefüge zerstört. Der Wohnungsbau auf *Urban Renewal*-Flächen ließ fast ausnahmslos Luxuswohnungen entstehen, während die verdrängte Bevölkerung in anderen verfallenen Wohngebieten ebenso ausnahmslos mit höheren Mieten bei gleich gebliebenen oder verschlechterten Bedingungen konfrontiert wurde (Anderson 1964, S. 54–67). Ferner hatte *Urban Renewal* ca. 101 000 *substandard*-Wohnungen sowie 25 000 *standard low-rent*-Wohnungen, die dem Standard entsprachen und preiswert waren, abgerissen, diese insgesamt 126 000 Wohnungen aber nur durch 25 000 Luxusapartments ersetzt. Abgesehen von den zahlreichen Familien wurden durch den *Federal Bulldozer* bis 1959 aber auch ca. 100 000 Geschäfte, Gewerbe und kleinere Firmen verdrängt; für die 1960er Jahre war eine Verdrängung von weiteren 200 000 *small businesses* geplant. Zwar war auch für die betroffenen verdrängten Personen und Geschäfte eine Abfindung und Umzugspauschale vorgesehen, die Entscheidung über Höhe und Art der tatsächlichen Zahlbeträge wurde jedoch den lokalen Sanierungsämtern überlassen. Ein großer Teil der innerstädtischen Kleingewerbestruktur wurde dadurch ganz zerstört. In Atlanta und anderen Städten wichen Hunderte von Kleingewerben den Planungen für eine CBD-Ausdehnung (z. B. Midtown Atlanta). Hohe Leerstandsraten in diesen neuen CBDs und die Verdrängung der kleingewerblichen Strukturen hatten den Verlust von realem und potenziellem Steueraufkommen zur Folge.

Trotz hoher Subventionen blieb das Investitionsinteresse relativ beschränkt. Im Vergleich zu den *Suburbs* hatten innerstädtische Gebiete weniger Profitpotenzial: Hohe Vorab- und Planungskosten, soziale Auflagen und Richtlinien zur Konstruktion, komplizierte Ausschreibungs- und jahrelang währende Bewilligungsverfahren für Projekte auf Sanierungsgebieten standen in keinem günstigen Verhältnis zu dem preiswerten, auflagenfreien Kauf und der möglichen Schnellbebauung von „Grüne Wiese“-Flächen in den *Suburbs*, wo in wenigen Monaten die ersten Miet- oder Verkaufseinnahmen erzielt werden konnten.

Ferner wurden suburbane Developments durch andere Bundesprogramme, wie z. B. zinsgünstige Kredite oder eine Bundeshypothekenversicherung subventioniert, sodass dort das Risiko allgemein geringer war, die Profitspanne höher und der Planungs- und Implementierungszeitraum nur einige Monate betrug. Dazu kam das verbleibende negative Image der Sanierungsgebiete nach der *Redevelopment*, waren doch die meisten *Urban Renewal*-Gebiete frühere Slums, die von bestehenden Slums umgeben waren. Mischnutzungskomplexe in diesen Gebieten waren und sind daher immer noch schwer zu vermieten.

Boston gilt als eine der wenigen Städte, in denen das *Urban Renewal*-Programm nicht nur negative Auswirkungen hatte. *Urban Renewal*-Maßnahmen an der Waterfront, im Central Business District und in den alten innerstädtischen Wohnvierteln betrafen 25 % des Kernstadtgebiets und 50 % der damaligen Stadtbevölkerung. Boston hatte in den 1950er Jahren 14 000 Arbeitsplätze in der Downtown an die *Suburbs* verloren; dies brachte Millionenverluste hinsichtlich des Steueraufkommens und der Steuervergünstigungen, um die verbliebenen Firmen zu halten. *Urban Renewal* begann hier 1960, als im West End ein Wohnviertel mit 9000 Einwohnern zugunsten von Hochhäusern, dem Government Center (einem Behördenkomplex mit Bundesämtern, einzelstaatlichen und städtischen Ämtern) sowie weiteren Bürogebäuden und Parkhäusern weichen musste (Vollmar 1983). Da die Stadt in anderen verfallenen Wohnvierteln behutsame Altbausanierung betrieben hatte, konnte sich die verdrängte Bevölkerung auf verschiedene Stadtteile verteilen. Anders als in anderen Städten konnte dies ohne Schwierigkeiten geschehen, da es sich größtenteils um eine weiße untere Mittelschicht handelte. Vielfach war in anderen Städten die verdrängte Bevölkerung afroamerikanisch, die in einem segmentierten Wohnungsmarkt geringere Chancen auf eine Wohnung in einem Stadtteil ihrer Wahl hatte und daher nach der Sanierung häufig in bestehende Ghettos zog.

Mit dem Prudential Center (Abb. 110) wurde auf einem CBD-nahen Verfallsgebiet in der Nähe eines Wohnviertels vom gehobenen Mittelstand ein neuer Bürodistrikt aufgebaut. Die Folge war ein positiver *spill over*-Effekt auf die unmittelbare, verfallene Umgebung. Derzeit betrachtet man solche Developments jedoch noch mit Vorbehalten. Obwohl die *Renewal*-Maßnahmen in Boston auch seinerzeit nicht unumstritten waren, konnte insgesamt ein positiver Image-Effekt für die Kernstadt erzielt werden. Dies hing nicht zuletzt mit der Häufung von traditionsreichen Universitäten und Forschungsstätten im Stadtgebiet und dem damit verbundenen Angebot an hoch qualifizierten Arbeitskräften zusammen (McQuade 1966, S. 259–277; Hartmann 1966, S. 293–335).

Abb. 113: Bahnhof und Innenstadtmall. Union Station in Washington, D.C.

Behutsame Sanierung – Gentrification

Der Bundesregierung gelang in den 1960er Jahren aber auch eine behutsamere und sozialverträglichere Revitalisierungspolitik. Ein Beispiel ist der *Demonstration Cities and Metropolitan Development Act* von 1966, der 1968 erweitert wurde; er schuf die *Historic Preservation* und *Model Cities*-Gesetzgebung. Erstere hatte aber ähnlich folgenschwere Auswirkungen wie das *Urban Renewal*-Programm. Der 1966 erlassene *National Historic Preservation Act* stellte erstmals und in scharfem Gegensatz zu den Abrissmaßnahmen des *Urban Renewal* „die Erhaltung der historischen und kulturellen Grundlagen der Nation als lebendige Teile des kommunalen Lebens und seiner Entwicklung" in den Vordergrund. 1969 wurde die Erhaltung historischer Bausubstanz und sogar ganzer Distrikte zu einem der nationalen Umweltschutzziele. Im *National Environmental Policy Act* legte die Bundesregierung ihre Verantwortung bei der Erhaltung von „wichtigen historischen, kulturellen und natürlichen Aspekten des nationalen Kulturerbes" fest. In der Folgezeit wurden in vielen Städten ältere Wohnviertel als Ganzes zu *Historic Districts* erklärt; dies beinhaltete eine Verpflichtung zu erhaltenden Maßnahmen, erlaubte den Zugang zu verschiedenen Förderungsetats des Bundes und verbot den Abriss. Dadurch wurde in großem Umfang die von Privatleuten betriebene subventionierte, steuerbegünstigte „Gentrifizierung" eingeleitet. Dies bezeichnet die Luxus-Altbausanierung, welche z. T. eine Verdrängung und Umstrukturierung der Bevölkerung nach sich zieht (Clay 1979; Zeitz 1979), jedoch auch der Wiederbelebung verödeter Geschäftsbereiche dienen kann (Schneider-Sliwa 1996) (Abb. 113–118). Dabei handelt es sich nicht um einen unbeabsichtigten Nebeneffekt, sondern es ist fast immer, wie im Fall von Washington, D.C. ein von der Stadtplanung im Rahmen eines

Abb. 114: Behutsame Stadtsanierung in Boston – Quincy Market.

Abb. 115: *Am Central Park in New York City.*

Abb. 116 *(rechts): Integration von Gebäuden des 18. Jahrhunderts in modernes Hochhaus auf der Pennsylvania Avenue in Washington, D.C.*

langfristigen Stadtentwicklungskonzepts mittels *Historic District*-Ausweisung bewusst in Gang gesetzter Prozess, der die Marktkräfte anregen soll. Der behutsamere Ansatz der Bundesregierung bei der Stadtentwicklung führte in vielen Städten zwar zu einer Rückbesinnung auf erhaltenswerte historische Bausubstanz und Stadtviertel, schuf aber durch Auflagen zur Sanierung auch „Gentrifizierung" und damit hohe soziale Kosten.

Das *Model Cities*-Programm der *Great Society*-Ära unter Präsident Johnson war konzeptionell das einzige und wichtigste Bundesprogramm, um innerstädtische Verslumung, wirtschaftlichen Verfall, Armut, soziale Probleme und Disparitäten abzubauen. Es erhob die Verbesserung der Lebensumstände in innerstädtischen Problemgebieten zur wichtigsten Aufgabe der amerikanischen Innenpolitik und stellte fest, dass die Kernstadtprobleme wegen ihrer Größenordnung und Vielschichtigkeit nur auf Bundesebene zu lösen seien. Das *Model Cities*-Programm wurde als *Urban Tennessee Valley Authority* (TVA) verstanden, da es die Flut von sozialen Problemen und die Erosion von Städten und Bevölkerung aufhalten sollte, analog zum Bundesprogramm der 1930er Jahre, das die jährlichen Überflutungsgefahren des Tennessee River und seiner Nebenflüsse einzudämmen suchte. Das *Model Cities*-Programm sah vor, verfallene Stadtviertel von ca. 50 000 Einwohnern prototypisch mit physischer und sozialer Infrastruktur derart auszubauen, dass sie als Modellfälle für den Rest der Kernstadt dienen konnten. Angestrebt wurde ein ganzheitlicher Ansatz von der Art, wie ihn die Clinton-Administration in den 1990er Jahren wieder aufgegriffen hat. Er schloss die folgenden Aspekte ein: städtebaulichen Verfall in ganzen Stadtvierteln aufzuhalten, lokale Wirtschafts- und Transportstrukturen auszubauen, Arbeitsbeschaffungsmaßnahmen zu installieren, den Wohnungsbau für die unteren Einkommensgruppen voranzutreiben, Benachteiligungen in Schul-, Ausbildungs- und Gesundheitswesen mit Verbesserungen der sozialen Infrastruktur und des Dienstleistungsangebots auf diesem Sektor auszugleichen, lokale Ressourcen zu mobilisieren, die betroffene Bevölkerung an Planungen und Ausführungen zu beteiligen, einen effektiveren lokalen Verwaltungsapparat aufzubauen sowie zufrieden stellende Umsetzungs- und Sozialpläne unter Mitspracherecht der Planungsbetroffenen auszuarbeiten. Das Neuartige an diesem Programm war, dass eine Sozialplanung nicht nur eingeführt, sondern auch als wichtigste Planungskomponente eingesetzt wurde. Eine andere Neuheit war die Beteiligung der Bürger am Planungsprozess. Erstmals wurde ihre Partizipation auf allen Ebenen der Revitalisierungsplanung angestrebt, so z. B. durch *Neighborhood Planning Units*, die in verschiedener Form bis heute bestehen. Allerdings blieb es wieder einmal den Kommunen überlassen, welche Bedeutung sie den Nachbarschafts-Planungsgruppen einräumen wollten. Boston beispielsweise betreibt eine aktive Pflege der Stadtteilorganisationen und *grassroots*-Planungsgruppen, in anderen Städten spielen sie dagegen kaum eine Rolle. In Washington, D.C. muss die Stadtplanung den *advi-*

Quelle: B. Diamondstein 1986, S. 66.

sory neighborhood councils zwar großes Gewicht einräumen; deren Urteile und Planungen dürfen und werden aber jederzeit von den offiziellen Behörden überstimmt. Dies geschieht selbst in den Fällen, in denen Bürgerplanungsgruppen ausdrücklich von den Lokalbehörden mit Planungsaufgaben betraut worden sind.

Auf nationaler Ebene scheiterte das *Model Cities*-Programm an seiner zentralistischen Struktur und Bürokratisierung. Die Finanzierung erfolgte über rund 400 verschiedene, einzeln zu beantragende Bundesmittel von verschiedenen Ministerien; auf jeder Ebene erfolgte eine Kontrolle durch die Bundesregierung. Selbst die Kommunen bewarben sich bald nicht mehr um die Bundesmittel, da die strikten Auflagen die Lokalautonomie zu stark beschnitten. Politisch war das Programm, welches inhaltlich das umfassendste gegen den Verfall der Kernstädte und Stadtteile gewesen war, nicht lange haltbar. Es wurde als Subventionsprogramm für die Unterschicht angesehen und weckte das Gefühl von umgekehrter Diskriminierung: fehlender Mittelklassebezug und das Ausschütten von Bundesgeldern aus wahltaktischen Gründen auf alle Stadtteile, selbst jene ohne Bedürftigkeit einerseits oder Revitalisierungspotenzial andererseits, programmierten in der öffentlichen Meinung den Misserfolg vor (Haar 1975, S. 220, 254, 257). Die Ausdünnung der Ressourcen auf zu viele Gebiete und die gleichzeitige Bürokratisierung führten zu einem tatsächlichen Effektivitätsverlust. Das Programm wurde 1971 dezentralisiert, indem alle Bundesüberprüfungen über die Verwendung der Mittel abgeschafft wurden, um die Lokalinitiative wieder anzukurbeln.

Wegen seiner Komplexität wurde das Programm 1974 ganz durch ein Pauschalzuschussprogramm – das CDBG-Programm – ersetzt. Inhaltlich bleibt das *Model Cities*-Programm bis in die Gegenwart aufgrund seines umfassenden Sozialbezugs, seiner Erkenntnis einer multidimensionalen Großstadtproblematik und dementsprechender übergreifender Planung interessant. Die Clinton-Administration versuchte in den 1990er Jahren, Teile dieser Konzeption wiederzubeleben.

New Federalism – „Wirtschaftsbulldozer“

In den 1970er Jahren begann die Ära des *New Federalism*, die von den Reagan- und Bush-Sen.-Administrationen in den 1980er Jahren fortgeführt wurde. *New Federalism* bezeichnet die Strategie der Bundesregierung, in Wirtschaft und Politik eine stärkere Rückführung auf die grundsätzlichen amerikanischen Werte herbeizuführen. *Let private enterprise do it* wurde als zentraler Gedanke ab 1974 wieder verstärkt. Er sah vor, mehr sozialstaatliche Aufgaben an die Bundesstaaten und Kommunen abzugeben, um diese Ebenen des föderalen Systems zu stärken und ihnen mehr Entscheidungsfreiheit über lokale Belange einzuräumen (Nixon 1973).

In der Stadtpolitik wurde diese Idee in zweifacher Weise umgesetzt: Erstens wurden verschiedene Bun-

Abb. 117: *Innenstadtmall des Old Post Office, Washington, D.C. (links).*

Abb. 118: *Washington Old Post Office von außen.*

desprogramme für die Stadtentwicklung konsolidiert und gekürzt. Dazu wurde ein Bundesfinanzausgleich (*General Revenue Sharing Program*) eingeführt, der auf wenige Jahre begrenzt war und den Staaten und Kommunen aus Bundessteuern einen Ausgleich zur Überbrückung gekürzter Bundesmittel bereitstellte. Die Kommunen waren aufgerufen, eigene Mittel und Wege zu finden, ihre jeweilige städtische Entwicklungspolitik zu finanzieren. Der Finanzausgleich verschärfte jedoch die bestehende Polarisierung zwischen Kernstädten und *Suburbs*. Bundesstaaten erhielten die Mittel ohne jegliche Auflagen und leiteten sie an schnell wachsende Kommunen, die *Suburbs* im Gegensatz zu den Kernstädten, weiter. Programme zur besonderen Unterstützung der Kernstädte wurden nicht geschaffen. Die Kommunen benutzten die Mittel, um die Grund- und Immobiliensteuern, die wichtigsten kommunalen Einnahmequellen in amerikanischen Städten, zu senken. Ferner wurden andere Abzweigungen der Gelder vorgenommen, um Routineaufgaben der Städte zu finanzieren (Haar 1975, S. 266f.). Zweitens wurde das Pauschalzuweisungsprogramm, der *Community Development Block Grant* 1974 (Housing and Community Development Act of 1974, Sec. 101b3, c) eingeführt, dessen wichtigste Komponente die Vereinfachung der Finanzierung von Stadterneuerungsmaßnahmen war (House of Representatives, Committee on Banking, Finance and Urban Affairs, Subcommittee on Housing and Community Development Committee 1984, S. 120). Das CDBG-Programm ist bis in die Gegenwart die bedeutendste Maßnahme der Bundesregierung für die Stadterneuerung. Es wollte Verslumung, wirtschaftliche Stagnation und die sinkende Lebensqualität in Kernstädten durch Ankurbelung privater Investitionsbereitschaft bekämpfen. Den Kommunen wurde wieder volle Handlungs- und Entscheidungsfreiheit über die Verwendung von Bundesmitteln eingeräumt; Zweckbindung und Programmkontrolle durch Bundesinstanzen wurden weitgehend eliminiert. Die Sozialbindungsklausel des CDBG-Gesetzes bestimmte lediglich, dass a) 51 % (seit 1986 gilt 56 %) der CDBG-Mittel zum Nutzen unterer und mittlerer Einkommensschichten verwendet werden, b) Verslumung und wirtschaftlicher Verfall verhindert oder bekämpft werden sollten und c) Mittel auch zur Bewältigung dringender städtischer Aufgaben (*meeting urgent community needs*) eingesetzt werden konnten (US Department of Housing and Community Development, Office of Community Development and Planning 1987, ix, xiii).

Da 49 %, später 44 % der Mittel für Stadtsanierung keiner Sozialbindung unterlagen und diese Klauseln insgesamt interpretationsfähig sind, konnte Kernstadtrevitalisierung unter anderem als Downtown-Aufwertung interpretiert werden. Auch die Attraktivitätssteigerung von Downtowns durch Hotels, Kongresszentren, Mehrzweck-, Büro- und Shoppingkomplexe sowie Olympiade-Sportanlagen diente laut offiziellem Sprachgebrauch prinzipiell den ärmeren Einkommensgruppen oder war von sogenanntem dringlichem Gemeindeinteresse. Das Gleiche galt für die Finanzierung steigender Polizei- und Feuerwehrkosten oder die Deckung der laufenden Verwaltungskosten des lokalen Wohnungsamts. Bundesmittel zur Revitalisierung von städtischen Problemgebieten brauchten seit 1974 also nicht mehr wirklich für Problemgebiete eingesetzt zu werden. Die tatsächliche Verteilung der Gelder auf breite Programmkategorien zeigt, dass durchschnittlich nur 35 % für Wohnungsbau ausgegeben wurden. Dabei ist zu bemerken, dass diese Kategorie auch die Finanzierung laufender Kosten lokaler Wohnungsbauämter (*Housing Authorities*) einschließt und das Geld also nicht unbedingt für neue Wohnungen und eine Verbesserung des innerstädtischen Wohnungsmarkts und der Slumproblematik eingesetzt wird.

Wenn aber ärmere und mittlere Einkommensschichten direkt angesprochen werden können, dann vor allem über die Kategorie Wohnungsbau. Alle anderen Kategorien, die 65 % der Bundesmittel auf sich vereinen, kommen eher in weiterem Sinne und nur indirekt diesen sozialen Schichten zugute. Bei einer Betrachtung der Aufteilung des CDBG-Programms in seine beiden Hauptkomponenten, nämlich das CDBG-Programm als solchem und das *State and Small Cities Community Development Block Grant Program*, wird ebenfalls erkennbar, dass nicht die bedürftigen innerstädtischen Problemgebiete gefördert werden. Unterstützt werden kleinere Gemeinden unter 50 000 Einwohnern, die keine *central cities* sind. Es zeigt sich, dass

- fast ein Drittel aller CDBG-Gelder an sehr kleine Kommunen und nicht an die Kernstädte gehen,
- zahlenmäßig insgesamt sehr viele Gemeinden unter 50 000 Einwohnern gefördert werden, die keine Kernstädte sind,
- der Gesamtbetrag pro kleiner Kommune zwar niedriger ist als für Großstädte, wegen der geringeren Bevölkerungszahl aber der Pro-Kopf-Betrag weitaus höher sein kann,
- die Bundessanierungsgelder neben prestigeträchtigen Einzelprojekten in Downtown-Bereichen also vornehmlich ein „Leben im Grünen" subventionieren.
- Zudem ergibt die prozentuale Aufteilung der *State and Small Cities*-CDBG-Gelder, dass Suburbanisierung und Counterurbanisierung subventioniert werden.

Das 1976 eingeführte Komplementärprogramm zum CDBG, das *Urban Development Action Grant* (UDAG)-Programm war mit Schwerpunkt auf der Wirtschaftsförderung innerstädtischer Stagnationsgebiete konzipiert. Es war das erste gebietsspezifische Förderungsprogramm für Städte und innerstädtische Prioritätsgebiete (*neighborhood strategy areas*). Es erhob jedoch die Auflage, dass sich innerhalb von 3–5 Jahren – später reduziert auf 1 Jahr – Erfolge abzeichnen müssten. Die zu erbringenden Erfolgsgarantien bedeuteten den systematischen Ausschluss von Gebieten ohne Revitalisierungspotenzial. Die Vergabe von UDAG-Finanzmitteln wurde darüber hinaus von der Vorabgarantie einer privaten Investitionsbereitschaft abhängig gemacht. Das Programm stellte Bundesmittel im Verhältnis 1:2,5 Dollar privat investierter Mittel bereit. Die UDAGs trugen wesentlich zum großen Downtown-Bauboom der ausgehenden 1970er und 1980er Jahre bei. In den ersten 10 Jahren des Programms wurden fast 3000 UDAG-Projekte mit über 4,4 Mrd. Dollar gefördert, die Privatwirtschaft hatte in diese Projekte über 26 Mrd. Dollar investiert, und aus anderen öffentlichen Mitteln stellten Kommunen weitere 2,5 Mrd. Dollar für projektrelevante Infrastruktureinrichtungen zur Verfügung. Investitionsbereitschaft und Ertragspotenzial wurden damit zum wichtigsten Standortfaktor für die Revitalisierungspolitik, womit die eigentlichen Problemgebiete ausgeschaltet wurden (Barnekov, Boyle & Rich 1989, S. 74). Die Standorte der subventionierten UDAG-Projekte liegen daher genau dort, wo Firmen ohnehin investiert hätten (Webman 1981, S. 261). Die Tatsache, dass UDAG-Subventionen in den Kernstadtgebieten eingesetzt wurden, in denen ohnehin starkes Investoreninteresse bestand, wurde selbst von der Bundesregierung kritisiert. UDAGs waren damit de facto ein Ersatz für private Mittel und hatten keine echte Hebel- oder Anschubwirkung (US Department of Housing and Urban Development, Office of Policy Development and Research 1982). Die Erfolgsauflage beim UDAG-Programm und die Klausel im CDBG-Programm, welche eine vorbeugende Stadtsanierung erlaubten, wurden zur Grundlage für die Bündelung von Maßnahmen in zentralen Geschäftsbereichen und Downtown-nahen Wohn- und Gewerbegebieten. Diese Gebiete versprachen das höchste Ertragspotenzial; man konnte innerhalb kurzer Zeit zu sichtbaren Resultaten gelangen. Da Wohn- und Gewerbeviertel diesen Bauaktivitäten weichen mussten, nannte man diese Phase den „Wirtschaftsbulldozer".

Durch diese Auflagen änderte sich die Orientierung der kommunalen Sanierungspolitik völlig: Der Bezug für innerstädtische Problemgebiete ging verloren, und konzeptionell rückte man von einer flächendeckenden Sanierungspolitik für verfallene Stadtteile ab. Stattdessen wurde eine Revitalisierungspolitik, welche Investoren und höhere Einkommensschichten zu Verbleib oder Rückkehr in die Kernstadt bewegen sollte, gefördert. Punktueller geographischer Schwerpunkt waren dabei die Downtowns sowie ausgewiesene *urban enterprise zones* in deren Nähe und andere Strategiegebiete, auf denen innerhalb der vorgegebenen Zeit Erfolge und Renditen zu erwarten waren. So erklärt sich, warum im Normalfall amerikanischer Stadtsanierung die Bündelung der Maßnahmen in eher umgekehrt proportionalem Verhältnis zur Bedürftigkeit eines Stadtteils steht. Die amerikanische Stadtentwicklungs- und Sanierungspolitik, die sich über Jahrzehnte hinweg ohnehin nur unvollkommen und stückchenweise im Einklang mit privatwirtschaftlichen Interessen formieren konnte, wurde auf lokaler Ebene als Downtown-Bebauungs- und Imageaufwertungspolitik interpretiert, obwohl sie auch Möglichkeiten schuf, außerhalb der Downtown liegende verfallene Stadtteile zu sanieren.

In der Praxis trugen UDAGs mit dazu bei, dass Kommunen, die sich bislang auf das sporadische, mehr oder weniger systematische Wirken der Handelskammern und Geschäftsverbände aus der Downtown verlassen hatten, in den ausgehenden 1970er Jahren Planungskoalitionen der öffentlichen Hand und der Geschäftswelt, sogenannte *Public-Private Partnerships*, bildeten. Diese Koalitionen wurden als halböffentliche *Economic Development Corporations* eingetragen. 1980 waren davon in den USA bereits 15 000 verzeichnet, sodass es in jeder Großstadt mindestens eine gab (Levy 1981, S. 1). Der Vorteil der *Development Corporations* war ihr rechtlicher Status als halböffentliche, nicht profitorientierte Organisation, was erhebliche Steuervergünstigungen mit sich brachte. Das bedeutete aber nicht, dass kein Profit erwirtschaftet werden durfte, sondern lediglich, dass dieser denselben Zwecken wieder zugeführt werden musste, welche die *Development Corporation* verfolgte. *Development Corporations* gehören nicht zur politischen Verwaltung einer Stadt, sondern können unabhängig Entscheidungen über Landnutzungen und -verkäufe und *Developments* ohne öffentliche Anhörungen treffen. Ferner können sie Wertpapiere zur Finanzierung ihrer Projekte herausgeben, eine Praxis, die jedoch mit der Steuerreform von 1986 erheblich eingeschränkt wurde. Als halbamtliche Einrichtungen erhalten *Development Corporations* alle Vorteile und Machtbefugnisse von Behörden, ohne den gleichen Restriktionen zu unterliegen. Koalitionenmodelle dieser Art gab es seit den 1940er Jahren in Pittsburgh, Atlanta, Philadelphia, Baltimore oder Minneapolis. Sie wurden manchmal sogar als „städtische Privatregierungen" bezeichnet, da sie ebenso mächtig waren, ohne zur Rechenschaft gezogen werden zu können und das Stadtbild nach ihren Vorstellungen in entscheidender Weise veränderten (Edgar 1970; Greer 1962). Die Allianzen von öffentlicher Hand und Wirtschaft sind aufgrund einer neuen Realität in der Großstadtpolitik des Bundes notwendig geworden und haben ihrerseits eine neue Realität in der Großstadtentwicklung geschaffen.

Es wird deutlich, dass die Bundespolitik bewusst darauf ausgerichtet war, die Stadtentwicklung und Sanierung mit privaten Entwicklungsträgern und -maßnahmen zu fördern. Die Großstadtpolitik zwischen 1930 und 1974–1976 zeigte zwar ein wachsendes Engagement der Bundesregierung, aber Ziel war es einzig und allein, die Investitionsbereitschaft des Unternehmertums zu mobilisieren, und nicht die Verfallserscheinungen in der *private city* direkt anzugehen. Mit dieser Orientierung unterscheidet sich die amerikanische Großstadtpolitik und die daraus resultierende Kernstadtrevitalisierung in fundamentaler Weise von derjenigen anderer Länder. In anderen zentralstaatlichen, föderalen Systemen wird Stadtplanung und Wohnungsbauförderung als Ersatz für oder Alternative zu privatwirtschaftlichem Bau, Erschließung und Projektentwicklungstätigkeit betrieben. In den USA ist jedwede Planungsmaßnahme und Planungspolitik der öffentlichen Hand darauf abgestimmt, private Entwicklungs- und Erschließungstätigkeit zu fördern. Dies gilt im Grundsatz für alle Administrationen.

Der Gedanke von der Geschäftswelt als dem Treuhänder des städtischen Allgemeinwohls wurde z. B. auch von der demokratischen Carter-Regierung vertreten, welche das UDAG-Programm einführte, aber das bestehende CDBG-Programm nicht modifizierte. Die Carter-Regierung leitete mit dem UDAG-Programm auch die anschließend von Reagan endgültig vollzogene Wende zum *New Urban Privatism* ein. In die Großstadtpolitik wurde erneut der Gedanke eingebracht, dass es die einzige Aufgabe der Bundesregierung sei, als Katalysator für privatwirtschaftliche Stadtentwicklung zu fungieren. Kommunen sollten Bundesmittel nur noch als Anschub- oder Hebelfinanzierung (*leverage*) für Projekte erhalten. Zum größten Teil sollten diese von der Kommune selbst oder der Geschäftswelt finanziert werden. Die grundlegende Auffassung lautete, dass mehr Bundesmittel für Stadtentwicklung die Stadtprobleme nicht lösen würden. Man ging davon aus, dass weniger Mittel, die gebündelt und nur nach Zusage privater Investitionen als *matching fund* eingesetzt würden, mehr bewirken könnten. Schon in dieser Phase begann für die Städte die „neue Realität" der gekürzten Bundesmittel und des Disengagements des Bundes (Urban and Regional Policy Group Report von 1978, S. 91), was unter der Reagan-Administration noch drastischer durchgesetzt wurde. Dabei ist es wichtig festzuhalten, dass beide politischen Parteien, also Republikaner wie auch Demokraten, die gleichen politischen Konzepte und zugrunde liegenden Philosophien vertraten, wie die folgenden Zitate veranschaulichen:
„Wir befürworten Privatinitiative und Volontärarbeiten nicht als halbherzigen Ersatz für einen gekürzten Etat. Wir treten dafür ein, weil sie an sich das Richtige sind. Sie sind ein Teil dessen, was wir stolz das ‚amerikanische Wesen' nennen. Wir haben zugelassen, dass die Regierung uns viele Aufgaben abnahm, die wir einst als die unsrigen betrachteten und die wir freiwillig ausübten. (...) Ich glaube, dass viele von euch diese Aufgaben wieder übernehmen möchten" (Ronald Reagan 1981, zit. in: Salamon & Lund 1984, S. 462). „Wenn man sich ausschließlich und hauptsächlich auf die Bemühungen der Regierung verlässt, verwirft man die Traditionen, welche das amerikanische Leben und die Politik geprägt haben. Wenn man den Nutzen des privaten Unternehmertums außer Acht lässt, bekämpft man die Armut mit nur einer Division, während ganze Armeen untätig abseits stehen" (Robert F. Kennedy 1967).

New Urban Reality und Städtekonkurrenz

Der Zeitgeist, der *New Federalism* und *Public-Private Partnerships* in den 1970er Jahren hervorgebracht hatte, gelangte in den 1980er Jahren bis in die Gegenwart zur vollen Blüte. Die Reagan-Administration übernahm den Gedanken der bundesstaatlichen Hebelfunktion, bezog ihn aber nicht länger auf die Städte; die Wende der Großstadtpolitik der 1980er Jahre bestand darin, die Städte nicht mehr als Eckpfeiler der Wirtschaft anzusehen. Grund hierfür war, dass sich im postindustriellen Wandel das enge Verhältnis zwischen Prosperität der Industriestädte und der Volkswirtschaft entflochten und eine ganz neue *urban reality* entwickelt hatte (President's Commission for a National Agenda for the Eighties 1980, S. 65f., 4). Die Kernstädte hatten einen irreversiblen Bedeutungsverlust erfahren. Die postindustrielle Wirtschaftsstruktur war und ist nicht länger vom Wirtschaftswachstum industrieller Städte abhängig, neue wirtschaftliche und technologische Entwicklungen sind dezentralisiert, das Wirtschaftswachstum der USA vollzieht sich im suburbanen Raum, und der Niedergang der Kernstädte, z. B. der Großstädte des Nordostens, stellt keine Gefahr mehr für die Volkswirtschaft dar (Fallows 1985). Eine Subventionierung niedergehender Städte würde daher die notwendige wirtschaftliche Umstrukturierung und Anpassung an postindustrielle Gegebenheiten verhindern. Gerade diese Anpassungsfähigkeit der Städte an neue wirtschaftliche Gegebenheiten wurde aber als wichtig für das längerfristige soziale und ökonomische Wohlergehen der Wirtschaft allgemein angesehen. Es war daher im nationalen Interesse nicht länger vertretbar, der konjunkturellen Fluktuation von Städten entgegenzusteuern. Diese Ansicht wurde auch von führenden Sozialwissenschaftlern und Forschungsinstitutionen getragen (Peterson 1985, S. 1). Als beste Großstadtpolitik des Bundes wurde daher jene vorgeschlagen, welche das nationale Wirtschaftswachstum ankurbeln sollte. Hauptaufgabe der Bundesregierung sei es, die Barrieren zwischen den Menschen und den wirtschaftlichen Möglichkeiten zu entfernen.

Für die Großstadtpolitik bedeutete dies, von direkten Maßnahmen zur Wirtschaftsförderung der Kernstädte verstärkt zu indirekten Maßnahmen überzugehen. Wirtschaftliche Gesundung der von der *urban crisis* betroffenen metropolitanen Gebiete sollte über ein kontinuierliches nationales Wirtschaftswachstum erreicht werden; mit einer umfassenden Steuerreform versuchte man, dies zu erreichen. Dabei nahmen die Initiatoren des richtungsweisenden *National Urban Policy Report* von 1982 bewusst in Kauf, dass nicht alle Städte gleichermaßen von der Wirtschaftspolitik profitieren würden (Savas 1983; Glickman 1984; Wolman 1986). Nach dem *National Urban Policy Report* von 1982 (US Department of Housing and Urban Development 1982) sollten Städte in ihren Bemühungen um Wirtschaftswachstum genauso wie Privatfirmen konkurrieren; anstelle des Wettbewerbs um staatliche Zuschüsse, die gekürzt wurden, sollten Städte eine unternehmerische Stadtpolitik betreiben und ihre Attraktivität für potenzielle Investoren, Besucher und Einwohner steigern (Peterson & Lewis 1986; Herbes 1982; Ahlbrandt 1984; Clarke 1984).

Die Schwerpunktverlagerung von direkter, gezielter Subventionierung der Städte (*urban programs*) auf die Initiative der Privatwirtschaft und Wirtschaftsförderungsmaßnahmen, d. h. *urban effects* einer Politik sowie auf Programme ohne spezifisch städtischen Fokus, war nicht neu. Es war lediglich die direkteste Rückführung auf die schon im Gesetz von 1949 geforderte Rollenzuweisung der Privatwirtschaft bei der Lösung von innerstädtischen Problemen. Der Abbau von Subventionen sollte in dreifacher Weise ausgeglichen werden:

- Erstens waren private gemeinnützige Initiativen (*voluntarism, community self-reliance* und der *American spirit of voluntary service, of cooperation, of private and community initiative*) mit Hilfe von karitativen Einrichtungen, Spenden und Volontärdiensten angesprochen. Obwohl diese Ansicht der amerikanischen kulturellen Tradition entspricht, wurde diese Politik aufgrund empirischer Untersuchungen auch aus konservativen Kreisen abgelehnt (Salamon & Abramson 1982; Salamon 1984).
- Zweitens wollte man die Sanierung durch Privatleute anregen. Daher wurde im Rahmen der Steuerreform von 1986 erstmals die steuerbegünstigte Renovierung historischer Gebäude, Viertel und Gewerbeflächen eingeführt. Dies gab dem Gentrifizierungsboom von *young urban professionals* und der Renovierung durch Städte, Developer und Kapitalgesellschaften einen großen Impuls (Levitt 1986).
- Drittens zählte man auf das private Unternehmertum, für das auf sogenannten „Enterprise-Zonen" ein günstigeres Investitionsklima geschaffen werden sollte (Butler 1981; Bendick & Rasmussen 1986). Gesetzesvorlagen zu Enterprise-Zonen von 1983 und 1985 sahen eine weitgehende Deregulierung vor: das Wegfallen der Mindestlohnregelung, der Gesundheits- und Sicherheitsbestimmungen sowie der Bürgerrechtsregelungen, Zonierungs-, Planungs- und baupolizeilichen Regelungen; es sollten Vergünstigungen bei Grund-, Umsatz-, Mehrwert-, Einkommens- und Körperschaftssteuern gewährt werden; zusätzlich sollten die Kommunen Infrastruktur bereitstellen.

Enterprise-Zonen waren in erster Linie zum Aufbau einer kleinindustriellen und -gewerblichen Struktur vorgesehen. Tatsächlich gefördert wurden aber häufig die Niederlassungen von Konzernverwaltungen und größeren Filialen. Obwohl Enterprise-Zonen in der Gesetzgebung auf Bundesebene nicht verankert werden konnten, wurden sie de jure und de facto in vielen Staaten eingeführt. 1986 existierten aufgrund von 675 Jurisdiktionen in 32 Bundesstaaten bereits 1400 solcher Zonen (US Department of Housing and Urban Development 1986). Enterprise-Zonen wurden besonders unter der Regierung von Bush Sen. vorangetrieben, die eine neue Variante einführte. Es sind die *Housing Enterprise Zones*: Sie liegen in der Nähe der Downtown und erlauben den steuerbegünstigten Wohnungsbau für ein neues *In-Town Living* des gehobenen Mittelstands. Die tatsächlich eingerichteten Enterprise-Zonen sind Gebiete von weitgehend deregulierter, lokaler Marktwirtschaft, von erheblichen gebündelten, öffentlichen Investitionen und Planungsmaßnahmen wie Infrastrukturbereitstellung und -verbesserung, technischer und finanzieller Hilfe, öffentlich finanzierten Arbeitsbeschaffungsmaßnahmen und Traineeprogrammen (Bendick & Rasmussen 1986).

Kommunale Stadtentwicklungspolitik – *New Urban Privatism*

Die wichtigste Folge der *New Urban Reality*, d. h. einer neuen Großstadtpolitik in Anpassung an den Bedeutungswandel der Städte, waren die innovativen Konzepte, welche Kommunen für die Finanzierung ihrer Revitalisierungsmaßnahmen entwickelten. Man rückte von den üblichen Steuervergünstigungen ab, welche Investoren anziehen sollten. Dafür gaben Kommunen öffentliche Anleihen wie Pfandbriefe und Kommunalobligationen für privatwirtschaftliche Projekte aus, sodass der laufende Haushalt und bestehende Steuereinnahmen nicht verwendet werden mussten. Da die Kommunalobligationen von der Kapitalertragssteuer befreit waren, wurde das Kapital, das für Großprojekte erforderlich war, rasch aufgebracht. Der Verlust an Kapitalertragssteuern, der dabei in Kauf genommen wurde, sollte durch städtische Profitbeteiligung und Teilhaberschaften an diesen Projekten ausgeglichen werden (Sagalyn 1990, S. 430ff.).

Mit diesen Finanzierungsstrategien nahmen Städte eine neue Funktion und Bedeutung in der Revitalisierungspolitik ein. Städte wurden erstmals zu Ko-Investoren und zu einer Art *Deal-Maker* bei privaten Unternehmen, nachdem sie vierzig Jahre lang nur Geldgeber ohne Kontrollfunktion gewesen waren. Seit den 1980er Jahren sind Kommunen also selber in bedeutender Weise Developer, Investoren und Kreditgeber sowie Teilhaber an privatwirtschaftlichen Developments. Damit war die Ära des *New Urban Privatism* eingeleitet. Städte setzten bei diesen Developments die wenigen Bundesmittel als städtischen Kostenbeitrag ein und legten in Verhandlungen (*Deal-Making*) eine Profitbeteiligung fest. In dem Maße, wie Bundesmittel nur noch als Anschubfinanzierung auf kommunaler Ebene eingesetzt wurden, konnten auch die letzten Auflagen des Bundes wegfallen. Die Projekte, auf die typischerweise der Schwerpunkt gelegt wurde, waren deshalb die, welche das Image einer Stadt zu einer *first-class American city* und einem *corporate center* aufwerten sollten.

Ein Beispiel solcher Projekte ist die Sanierung des Quincy Market (s. Abb. 114) in Boston zur 200-Jahre-Feier 1976, welche durch die Rouse Corporation vorgenommen wurde, in den USA die erste Sanierung historischer Bausubstanz in einem Verfallsgebiet darstellte und aufgrund ihres Erfolgs eine enorme Anschubwirkung in vielen anderen Städten hatte.

Weitere Beispiele stellen die Bürokomplexe auf Landaufschüttungen in New York dar, z. B. Battery

Park City, N.Y. oder die Mega-Architektur von John Portman. Dessen 1960 gebautes, 18 Wolkenkratzer umfassendes Peachtree Center in Atlanta nach Vorbild des Rockefeller Center aus den 1930er Jahren war nicht nur modellhaft für viele Multifunktionskomplexe weltweit, sondern wurde auch von Portman selbst weltweit immer wieder nach dem gleichen Muster mit charakteristischer Atrium-Architektur gebaut (Abb. 119 – 122). Seit den 1980er Jahren werden Hotels, Kongress- und Handelszentren, Luxuswohnanlagen, Urban Malls, Sportarenen, Museen, Theater, Konzerthallen, Plazas, Arkaden, Skyways und Parks verstärkt von *Public-Private Partnerships* gebaut; dabei hat die öffentliche Hand in der Planung und Finanzierung mit Hilfe des Wertpapiermarkts eine entscheidende Rolle in diesen Partnerschaften eingenommen. Aus ökonomischer Notwendigkeit befinden sich deshalb die Standorte all dieser Projekte dort, wo höchste Profitabilität zu erwarten ist, also in Downtowns und Downtown-nahen Bereichen (Frieden 1990, S. 426). Die öffentliche Hand konnte in anderen Gebieten bislang weniger erfolgreich eingreifen, die gekürzten Bundesmittel für Konzentrationsgebiete sozial schwacher Bevölkerungsschichten erfüllten dabei sicherlich auch eine willkommene Alibifunktion.

Abb. 119: *Peachtree Center von 1960, Atlanta.*

Abb. 120: *Trump International Hotel & Tower von T. E. Stanley 1971, renoviert von Kondylis und Johnson 1997, New York City.*

New Towns in Town und *Malling of America*

Zu den sichtbaren Ergebnissen der Großstadtpolitik, welche die *New Urban Reality* schuf, gehören insbesondere die folgenden zwei: Zum einen die zielgerichtete Verwirklichung des *New Town in Town*-Konzepts (Perloff 1975) in den Downtowns. Dabei handelt es sich um eine funktionale Aufteilung innerhalb der Downtowns mit Restnutzungen bzw. den Funktionen, in denen die Kernstadt einen komparativen Standortvorteil im Vergleich zu den suburbanen *edge cities* oder den anderen amerikanischen Großstädten besitzt. Es werden Sektoren mit Spezialfunktionen geplant, so u. a. ein Korridor für die gehobene öffentliche Verwaltung beispielsweise des Bundesstaates, ein Sektor mit Behördenzentren für die kommunale Verwaltung, ein weiterer mit gehobenen unternehmensbezogenen Dienstleistungen der '4A'-Kategorie etc. (Abb. 123).

Abb. 121: *Atrium-Architektur von J. C. Portman, Atlanta 1998 (links).*

Abb. 122: *Mega-Architektur von J. C. Portman, Los Angeles.*

Die andere sichtbare Auswirkung dieser Politik war die Bestückung der zentralen und neu angelegten Geschäftsbereiche mit sogenannten *specialty* oder *festival malls*, ferner mit großen Einzelhandels- und Mischnutzungszentren – *urban malls, downtown malls* – sowie Wohnanlagen für gehobene Ansprüche wie *urban villages*, z. T. auf *Housing Enterprise Zones*.

Die Bestückung der Downtowns mit *urban malls* ist schon seit Ende der 1970er Jahre und in den gesamten 1980er Jahren so intensiv gewesen, dass man diese Phase auch als *Malling of America* bezeichnet hat (Kowinski 1985). Diese Phase mit ihrem sichtbaren Resultat verdient besondere Aufmerksamkeit, da sie nach dem *Urban Renewal* das Erscheinungsbild der Städte am nachhaltigsten veränderte. Das *Malling of America* begann in großem Maße mit dem Erfolg des schon erwähnten Bostoner Quincy Market, einem stark verfallenen, historischen Gebäudekomplex in Bostons Downtown, der 1976 zu einer Einkaufsarkade mit Einzelhandelsgeschäften und Schnellrestaurants mit Gerichten aus vielerlei Nationen umgebaut wurde. Das historische Ambiente, moderne Vermarktungsstrategien und Verkaufskonzepte und seine jährlich über 16 Mio. Besucher machen diese Mall zum Prototyp der *Festival Mall*, mit der Dutzende anderer Städte mit historischer Bausubstanz einen „Quincy Market"-Effekt duplizieren und so die starke Belebung eines verödeten Downtown-Bezirks auch nach Büroschluss erreichen wollten.

Urban Malls weisen Merkmale auf, die sie für jede Stadt sehr attraktiv machen (Abb. 123). Sie verkörpern Mini-*Downtowns* – eine intakte Stadt in der Stadt mit einer Mischung verschiedener Nutzungen, Vielfalt von Einzelhandels- und Spezialläden, mit Fußgängerzonen, großen Flächen für allgemeine Nutzung, wo u. a. Spiele, Vorführungen und Künstlerdarbietungen stattfinden; zudem sind die Besucherzahlen hoch. Ferner sind Malls im Besitz einer Firma, deren Management für den gesamten Komplex zuständig ist. Dies bedeutet unbürokratische, verbindliche Entscheidungen hinsichtlich Öffnungszeiten, Lay-out, Sicherheit und Sauberkeit. *Urban Malls* erfüllen darüber hinaus, wie auch ihre suburbanen Gegenstücke, eine soziale Funktion (*community function*), nämlich Treffpunkt für eine Bevölkerung zu sein, die keine intakte Innenstadt mehr kennt.

Die vielen neuen *Downtown Malls*, die in den 1970er Jahren noch überwiegend privat finanziert waren, wurden in den 1980er Jahren in der Mehrheit aller Fälle von öffentlichen Anleihen der Städte finanziert. Es kristallisierten sich außer den *Festival* oder *Specialty Malls* noch die großen Mischnutzungsprojekte (*mixed-use developments*) heraus. Diese Komplexe waren nach prototypischen Ent-

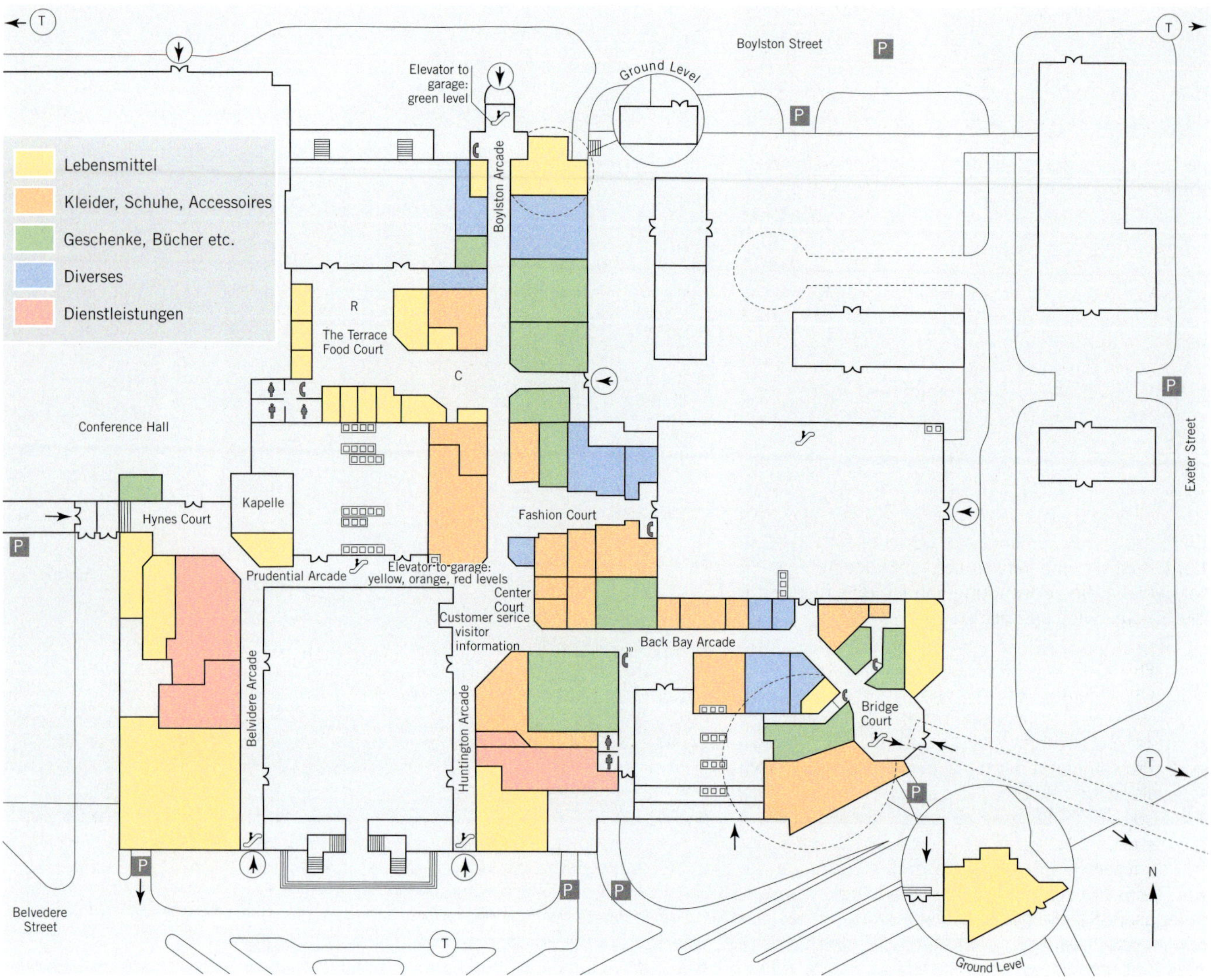

Quelle: R. Schneider-Sliwa 1999, eigene Kartierung Boston.

Abb. 123: *Boston Prudential Center, Massachusetts. S. auch Abb. 110.*

wicklungen in Chicago, Atlanta und Boston bewusst und zur gegenseitigen Ergänzung und Stärkung gewählt worden (Frieden & Sagalyn 1989, S. 172f.). Gemeinsam ist den Innenstadtmalls, dass sie auf einer relativ kleinen Fläche sehr große Umsätze machen und wieder Leben in einige Teile der verödeten Downtown bringen.

Das *urban malling* setzte sich in den 1990er Jahren fort, obwohl ein Konsens darüber bestand, dass die Großprojekte nicht ökonomisch sind: In vielen Projekten werden die hohen laufenden Kosten für Developer von den Mieteinnahmen nicht gedeckt, sodass sich führende Developer, wie z. B. Rouse, der das „Marketplace"-, „Festival"- oder „Quincy Market"-Konzept international einführte, aus dem Geschäft mit *urban malls* wieder zurückziehen. Gegenwärtig profitieren noch die Städte, Kreditgeber und Besucher, jedoch nicht die Developer. Sie können ihre Unterhaltskosten nur in begrenztem Maße auf die Mieter abwälzen, ohne den Gesamterfolg – hohe Besucherzahlen aufgrund des preiswerten Angebots in besonderem Ambiente – zu gefährden. Außerdem ist zu erwarten, dass die Profite der Städte bei den Teilhaberschaften nicht so hoch sind wie ursprünglich angenommen, weil auch die Malls von hohen Leerstands- und Fluktuationsraten gekennzeichnet sind. Immer mehr Großprojekte geraten in Schwierigkeiten, ihre laufenden Kosten zu erwirtschaften; einige sind deshalb bereits in Konkurs gegangen. Städtische Haushalte können so in eine Überschuldung geraten, wenn Projekte, die mittels öffentlicher Anleihen finanziert wurden, zu geringe Einnahmen erzielen, um die Rückzahlung der Anleihen zu garantieren.

Die Bundesregierung begann ab 1987, auf die verstärkte Polarisierung in Kernstädten und die Fehlentwicklungen, welche die Großstadtpolitik hervorgerufen hatte, zu reagieren. Die ersten diesbezüglichen Maßnahmen wurden schon von der Reagan-Administration mit dem *Stuart B. McKinney Homeless Assistance Act* (P. L. 100 – 77) eingeleitet (US Department of Housing and Urban Development 1987). Die Gesetzgebung zum Wohnungsbau von 1987 (Housing and Community Development Act of

1987, P. L. 100–242, S. 825, 5, 2, 1988) machte zum ersten Mal deutlich, dass a) die vielen Maßnahmen der Bundesregierung bislang nicht die gewünschten Ergebnisse gezeigt hatten, b) die Maßnahmen der achtziger Jahre zum Nachteil für die unteren Einkommensschichten gewesen waren, und c) der Bund direkte Maßnahmen zur Wohnungsversorgung dieser sozialen Schichten ergreifen müsse. In dem Gesetz von 1987 ging man daher erstmals seit 1949 nicht mehr von einer überragenden Rolle der Privatwirtschaft bei der Wohnungversorgung aus: Bezahlbarer Wohnraum (*affordable housing*) und Sozialwohnungen sollten erhalten, saniert oder neu gebaut werden (Emergency Low Income Housing Preservation Act of 1987, Sec. 119 Comprehensive Improvement Assistance Program). Ferner wurden stärkere Kontrollen bei der Vergabe von Bundesmitteln für Stadtentwicklung eingeführt. Durch den *US Department of Housing and Urban Development Reform Act* von 1989 (Public Law 101–235 (H. R. 1; 15.12.1989, Sec. 121, 122) wurden erstmals seit Einrichtung des Ministeriums 1965 ministeriumsinterne Kontroll- und Verwaltungsfunktionen eingerichtet, welche die Verwendung von Bundesmitteln für die Stadtentwicklung betrafen.

Die Maßnahmen der Administration von Bush Sen. gingen inhaltlich weiter. Das erste Gesetz zur Stadtentwicklung, welches diese Regierung 1990 in Kraft setzte, zeigte eine deutliche Erkenntnis der Kernstadtproblematik sowie die Hinwendung auf soziale Probleme und die *urban underclass* (Cranston-Gonzales National Affordable Housing Act of 1990; P. L. 101–625, S. 566, 28.11.1990). Das Gesetz stellte neue Bundesmittel für die Wohnversorgung mit dem sogenannten „bezahlbaren Wohnraum" bereit. Es zeichnete sich durch einen klaren Sozialbezug aus und legte einen Schwerpunkt auf die *very low income and low income Americans*, jedoch nicht mehr auf *moderate income families*, wie das bei der CDBG-Gesetzgebung der Fall gewesen war. Nicht weniger als 90 % aller Mittel, die durch dieses Gesetz bereitgestellt werden, müssen der Wohnungsversorgung der Familien zugute kommen, deren Einkommen 50 % des Medianeinkommens eines Zielgebiets nicht übersteigen.

Ferner existierten viele Kontrollmechanismen, um sicherzustellen, dass das *income targeting* erfüllt würde. Nach wie vor behielten Kommunen aber ihren großen Ermessensspielraum: Sie brauchten weiterhin keinen sozialen Wohnungsbau im eigentlichen Sinne zu errichten; vielmehr waren sie für die Schaffung des sogenannten bezahlbaren Wohnraums verantwortlich. Kommunen mussten einen umfassenden Wohnungsbauplan (*Comprehensive Housing Affordability Strategy – CHAS Report*) erstellen. Dieser Plan setzte Prioritäten und war gewissermaßen ein Aktionsplan für die Wohnungsversorgung der unteren Einkommensgruppen; er wurde in Zusammenarbeit mit Regierungs-, Wohlfahrts-, Non-profit- und privatwirtschaftlichen Organisationen erarbeitet. Der vormals ausschließlich wirtschaftliche Schwerpunkt in der Revitalisierung wurde also von einem Schwerpunkt im Wohnungsbau ergänzt. Dieser Fokus wurde bereits durch Änderungen im Bundeshaushalt der USA deutlich, noch bleibt es jedoch abzuwarten, ob und wie sich die Wohnungssituation für die unteren Einkommensgruppen wirklich verbessert.

Viele Administrationen zeigten Verständnis für die Problematik der Kernstädte. Die Regierung von Bush Sen. sah beispielsweise große Aufgaben hinsichtlich der Versorgung von Obdachlosen und von Kindern, die nicht in normalen Verhältnissen aufwachsen, sowie derer, die sich aus der „Sklaverei der Drogen, der Wohlfahrtsabhängigkeit und der in den Slums herrschenden Demoralisierung nicht selbst befreien können" (United States Government 1990, S. 1–4). Eine neue soziale Orientierung brachte 1990 eine Gesetzgebung, welche Bundesmittel auf die städtischen Problemgebiete und Zielgruppen konzentrierte und die beiden zentralen Probleme – Wohnungsbau und Wirtschaftsförderung – ansprach. Gleichzeitig mit dem *Cranston-Gonzales National Affordable Housing Act* wurden jedoch die Bundesmittel für die Städte (CDBG) erneut gekürzt; für die wenigen verbleibenden Mittel wurden so starke Auflagen gemacht, dass ein unverhältnismäßig hoher Verwaltungsaufwand erforderlich wurde. Viele Stadtplaner messen dieser Initiative daher eher einen symbolischen als einen realen Wert bei der Lösung städtischer Probleme bei.

Auch die Clinton-Regierung zeigte ein glaubwürdiges Verständnis für die Kernstadtproblematik; die

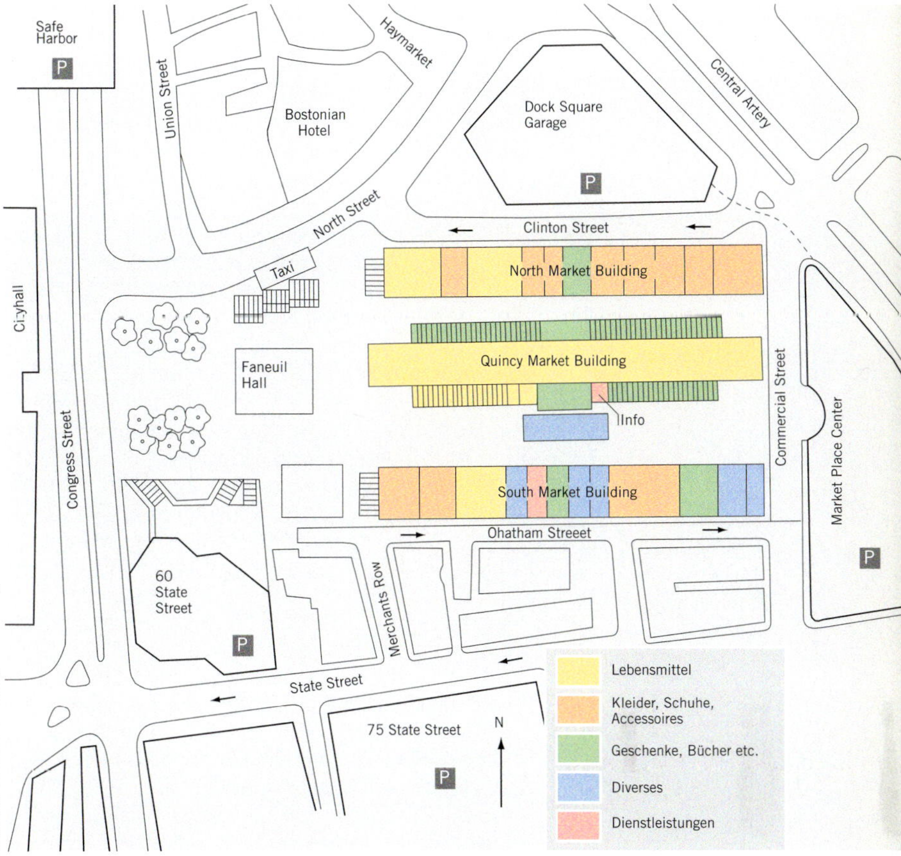

Quelle: R. Schneider-Sliwa, eigene Kartierung Boston.

Abb. 124: *Urban Malls, Boston, Massachusetts.*

Aufbauarbeit im Inland und das Zusammenführen der polarisierten Gemeinden ist als ein Hauptanliegen der amerikanischen Innenpolitik wiederentdeckt worden (US Information Service 1993). Drei neue Initiativen wurden ins Leben gerufen: eine innovative Erziehungsreform, Arbeitsbeschaffungsmaßnahmen in innerstädtischen Problemgebieten sowie der Ersatz des bestehenden Wohlfahrtssystems durch ein umfassendes Ausbildungs- und Umschulungssystem, verbunden mit Gesundheitsvorsorge und Kinderbetreuung, um den weiblichen Haushaltsvorständen in den städtischen Problemgebieten den Eintritt in das Berufsleben zu ermöglichen. Vor dem Kongress machte Präsident Clinton am 17. Februar 1993 deutlich: „We will offer plans to end welfare as we know it. (...) We will offer people on welfare the education, training, child care and health care they need to get back on their feet. Then, after two years, they must get back to work, in private business if possible, in public service, if necessary. It's time to end welfare as a way of life" (United States Information Service US Policy Information and Texts Nr. 18 vom 18. 2. 1993, S. 7). Als *work for pay*-Maßnahme lehnt sich diese Politik der demokratischen Regierung eng an die über vierhundert Jahre vertretene puritanische und republikanische Tradition der Selbstbewährung durch Arbeit an, eine Politik, die mittlerweile auch in Deutschland in der Debatte um Sozialhilfe zum Modell geworden ist.

Sozialorientierte Politikinitiativen amerikanischer Bundesregierungen waren stets von einer begrenzten Dauer oder Reichweite, obwohl oder gerade weil die amerikanische Gesellschaft im regelmäßigen dreißigjährigen Turnus das Wiedererwachen des sozialen Bewusstseins erlebt (Schlesinger 1986; Hirschman 1982). Beispiele dafür waren die *Progressive Era* zu Beginn des 20. Jahrhunderts, der *New Deal* der 1930er Jahre und die *Great Society*-Programme der 1960er Jahre; sie brachten einschneidende Veränderungen in der Gesetzgebung für die Stadtentwicklung und waren gefolgt von massiven Umstrukturierungen in Städten und Ballungsräumen. In keinem Fall konnten sozialer Zeitgeist und Gesetze die Problematik der Kernstädte ausräumen: Sie veränderten sie lediglich und schufen neue Dimensionen und Problemgebiete; teilweise wurden bestehende Probleme auch erheblich verschärft. Da privatwirtschaftlichen Akteuren eine Hauptaufgabe bei der Lösung der Verfallsproblematik übertragen war, rückte die wirtschaftliche Verwertbarkeit von Problemgebieten in den Vordergrund. Es wurde spekulativ und teilweise ohne Rücksicht auf Armut, Verfall und sozialräumliche Polarisierung saniert. Stadtviertel wurden eher als Ware und nicht als Sozialsystem oder Wohnraum gehandelt. Es überrascht nicht, dass auch nach sechs Jahrzehnten der Großstadtpolitik des Bundes eine massive, geographisch konzentrierte Armuts- und Verfallsproblematik in amerikanischen Kernstädten fortbesteht. Ein einzelnes verslumtes Gebiet kann zwar erfolgreich mit Hilfe von Gentrifizierung und Revitalisierungsmaßnahmen umgestaltet werden. Die Slumproblematik verschiebt sich dadurch aber geographisch nur auf andere Stadtteile. Die Gentrifizierung Downtown-naher Bereiche ist z. B. mit steigender Obdachlosigkeit und Überbelegung von Slumwohnungen verbunden. Die Revitalisierung eines oder mehrerer verfallener Stadtteile bedeutet daher nicht unbedingt, dass die Verfallsproblematik als solche verschwindet: Es zeichnet sich eher eine Verschärfung der Problematik ab.

Das neue soziale Bewusstsein der 1990er Jahre – das mit dem von der Clinton-Regierung vorgestellten Konzept der Wiedervereinigung Amerikas einherging – wandte sich gleichfalls dem Abbau sozialräumlicher Disparitäten zu, welche sich in einer multikulturellen Gesellschaft ergeben hatten. In die Amtszeit Clintons fiel immerhin auch der Vorschlag von afroamerikanischen Interessensverbänden, die Nachfahren der Sklaven seitens der Bundesregierung zu entschädigen. Gegenüber dem sogenannten „Schwarzen Holocaust" bzw. dem gezielten Genozid, wie ihn afroamerikanische Organisationen nennen, nahm jedoch auch diese – demokratische – Regierung eine ambivalente bis ablehnende Haltung ein. Damit zeigt sich einmal mehr, dass sozialer Gerechtigkeit, in welchen Aspekten auch immer, nur dann von der amerikanischen Bundesregierung Bedeutung beigemessen wird, wenn es wirtschaftlich opportun ist. Eine Entschädigung an Millionen von Nachfahren der Sklaven oder etwa eine angemessene Entschädigung der Indianernationen für enteignete Territorien wäre wirtschaftlich nicht interessant.

Bisher haben die auf Großstädte bezogenen Gesetze und Maßnahmen jeder Regierung lediglich das Konzept der *private city* verankert. Die Unterschiede bei der Gesetzgebung demokratischer oder republikanischer Regierungen waren dabei eher graduell als prinzipiell, genauso wie bei der Ausländer- und Minderheitenpolitik.

Den Kommunen blieb immer ihr Ermessensspielraum auf Planungsebene erhalten. Dies hat auf kommunaler Ebene eine Revitalisierungspolitik und Planungsstrukturen entstehen lassen, die mit Ausnahme einzelner Städte wenig Raum für Sozialorientierung haben und in verfallenen Stadtteilen keine Gesundung brachten. Die Großstadtpolitik des Bundes allgemein (auch die der Clinton- und der Bush-Jun.-Administration) steht daher einem „amerikanischen Dilemma" gegenüber (Berry 1980): Es gilt, nicht nur wirtschaftliche und soziale Ungleichheiten abzubauen, sondern sozialunverträgliche Stadtstrukturen zu beeinflussen, die permanent aus dem speziell amerikanischen Demokratieverständnis, der zentralen Bedeutung der Kommunen und der bereits bestehenden, großstadtbezogenen Gesetzgebung neu erwachsen. Mit anderen Worten: „Die Städte sind vielleicht nicht das Hauptproblem der amerikanischen Politik, aber Politik ist das Hauptproblem amerikanischer Städte" (Stone 1989, S. xii). Bezeichnend dafür sind die beiden folgenden Zitate: „Es gibt keine nationalen, sondern nur endlos viele lokale Großstadtprobleme" (Presidential Committee for a National Urban Policy 1980). „Individuelle

Handlungen, die von der Regierung nicht behindert werden, treiben die Wirtschaft voran. Rücksicht auf die Armen in Form spezieller Programme untergräbt die Kräfte, welche die Armen zu wirtschaftlichem Handeln und aus der Armut heraustreiben. Wenn sich die Regierung nicht mehr den Leuten in den Weg stellt, können sie es alleine schaffen" (Glazer 1984).

Gegenwärtige Strukturen in Agglomerationen und Kernstädten

Die Kernstadtstrukturen zu Beginn des dritten Jahrtausends sind eine Momentaufnahme und Spiegelbild der Großstadtpolitik des Bundes aus sieben Jahrzehnten sowie der Stadtentwicklungsprioritäten lokaler Planungsallianzen und ihrer jeweiligen Macht- und Planungsstrukturen (*Urban Regimes*).

Bei einer Betrachtung aus heutiger Sicht bleiben drei Fragen wichtig:

1. Welche sichtbaren räumlichen Auswirkungen hat der geplante und von Bundesgesetzen ermöglichte Strukturwandel auf bauliche und funktionale Strukturen der Stadt gehabt und
2. in welcher Weise sind sozialräumliche Strukturen in Städten und Stadtregionen tangiert worden?
3. Welche Interdependenzen gibt es zwischen Planungen, Segregationsdynamiken und neuartigen, allgemein gesellschaftlichen Entwicklungen, die zu einer Fortschreibung bestehender, „vielfach geteilter" Städte führen?

Die Luftbilder verdeutlichen die Homogenität der städtebaulichen und funktionalen Grundstrukturen, die intensive Nutzung von Cities sowie die Baulandreserven der *Urban Renewal*-Ära, die in der *zone of transition* z.T. seit dreißig oder mehr Jahren als Parkplätze zwischengenutzt sind. Dem morphogenetischen Erscheinungsbild von der Downtown in die City-nahen Randbereiche folgend wird auch eine Art „Entwicklungsgradient" sichtbar: Zonen höchster Wirtschaftskraft sind die Downtowns, obwohl sich seit den 1980er Jahren signifikante Leerstandsraten hinter den neuen Wolkenkratzern verbergen. Es folgen *Urban Renewal*-Freiflächen mit mehr oder wenig stark ausgeprägtem „Marktpotenzial". Neuerdings werden auf solchen ausgewählten Arealen innerstädtische *gated communities* gebaut. Eine große Verkehrsinfrastruktur, die zumeist aus den Highway-Programmen der 1970er Jahre resultiert, bildet häufig die äußere Begrenzung der Downtowns und City-nahen Baulandreserven für Downtown-Erweiterungen. Diese wurden in nicht wenigen Fällen als physische Abgrenzung gegen die verfallenen Wohnviertel errichtet, welche jenseits der großen Stadtautobahnen beginnen, teilweise noch von Gewerbe und Industrie durchsetzt sind und dem unterem Mittelstand und der *urban underclass* zuzurechnen sind.

Auffallend sind in den City-nahen Gebieten die Großsportarenen als neue, jedoch umstrittene Symbole der Downtown-Attraktivität. So mussten beispielsweise in Atlanta für das in den 1960er Jahren errichtete Fulton County Stadium ca. 50 000 Personen der unteren Einkommensschicht aus dem Planungsareal weichen. Auch für olympische Sportstätten wurden noch in jüngerer Zeit verslumte, bewohnte Gebiete geräumt. Es ist nicht immer klar, wohin die verdrängten Personen ziehen, zumal der soziale Wohnungsbau nicht Schritt hält. Das Phänomen des *doubling up*, also der Überbelegung bereits bestehender Slums, ist seit der Ära des *Urban Renewal* nachgewiesen. Eine von der amerikanischen Regierung in Auftrag gegebene Studie zu den Verdrängungseffekten diverser *Urban Renewal*-Projekte ging seinerzeit schon von 1,5 Mio. betroffenen Personen aus (Anderson 1964).

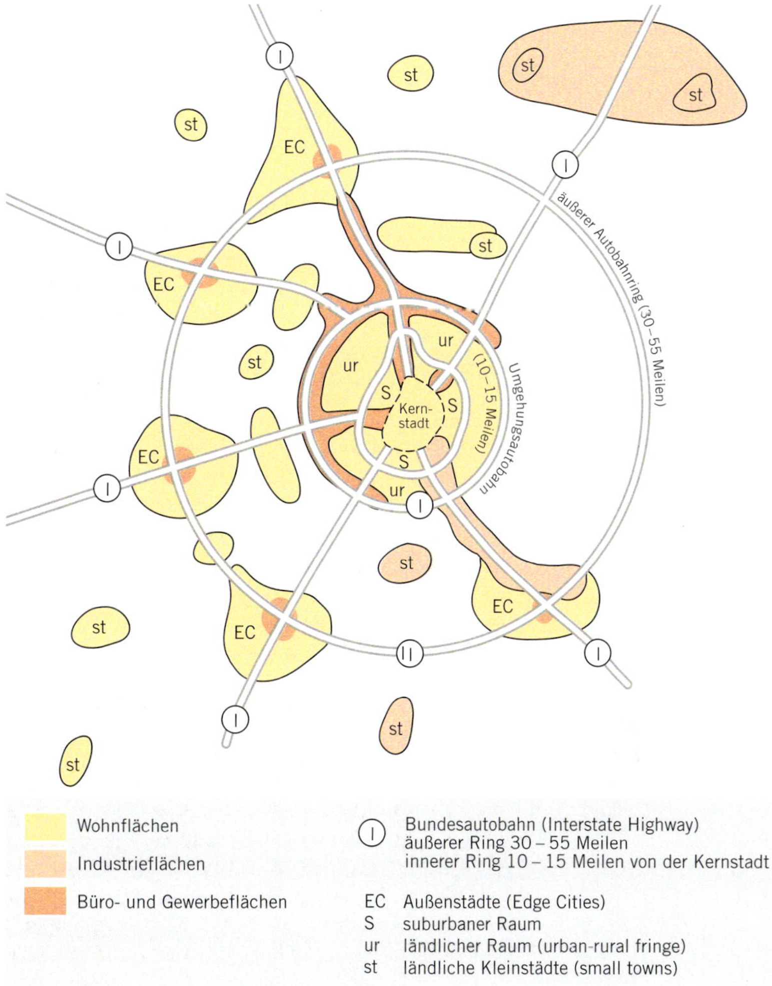

Quelle: R. Schneider-Sliwa 1996, 2000.

***Abb. 125:** Modell der amerikanischen Agglomeration.*

Seit den 1970er Jahren sind diese Stadtviertel von *Gentrification* erfasst worden. Während die baulichen und funktionalen Grundstrukturen dieser City-nahen Altbauquartiere erhalten blieben bzw. eine Aufwertung erfuhren, sind die sozialen Strukturen zumeist völlig verändert worden. Generell geht Gentrifikation mit einer sozialen Umschichtung einher, bei der ärmere durch einkommensstärkere Bevölkerungsschichten verdrängt und ersetzt werden. Gut verdienende, karriereorientierte, oft kinderlose Haushalte (*DINKs – double income, no kids*) tragen zu einer Wiederbelebung dieser Innenstadtquartiere und ihrer Infrastrukur bei. Um ein entsprechendes Ambiente bieten zu können, erfahren diese Stadtteile eine Lifestyle-orientierte Stadtraumgestaltung, die auf Lebensstilpluralismus und -konkurrenz der höheren Sozialschichten eingeht. Aus diesen Prozessen resultiert hinsichtlich der baulich-funktionalen Stadtstrukturen gegenwärtig ein anderes Modell als beispielsweise das von Hahn (1990, S. 62) aufgezeigte.

Nordamerikanische Städte der Gegenwart dokumentieren, dass überkommene Segregationsmuster keinen grundlegenden Wandel erfuhren, sondern dass die Sanierung der Innenstädte bestehenden sozialräumlichen Segregationsmustern lediglich einen neuen Impuls verlieh. Dabei haben sich räumliche Dimensionen und das Ausmaß der Segregation verändert. In seiner zweibändigen Studie für die amerikanische Bundesregierung wies G. Ford schon 1936 nach, dass sich bauliche und soziale Verfallsprozesse stetig ausweiten. Gewarnt wurde vor einer Ausgrenzung, die weite Bevölkerungsteile völlig von den Wirtschaftskreisläufen abkoppelt und als einzige Berührungspunkte mit der Normalgesellschaft die Polizeistationen oder die Ausgabestellen staatlicher Hilfeleistungen belässt.

Akzentuierung disparitärer Strukturen

Der planvolle Strukturwandel der Städte akzentuierte sozialräumliche Disparitäten. Dies ist in den USA zu einem erheblichen Teil als unbeabsichtigte Folge der bundesstaatlichen und kommunalen Sanierungspolitik zu sehen. Darüber hinaus müssen jedoch disparitäre Strukturen im übergeordneten gesellschaftlichen und kulturellen Kontext des *Privatism* verstanden werden, der auch eine spezifische Form der Planung hervorgebracht hat.

Heutige Strukturen nordamerikanischer Innenstädte zeigen eine über Jahrzehnte betriebene, auf Imageaufwertung und gehobene Einkommensschichten abgestimmte Stadtraumgestaltung. Stadtplanung in diesem Sinne bedeutet ein bewusstes Rückführen auf hochwertige und hoch besteuerbare Nutzungen und Einkommensgruppen sowie das Verdrängen minderer Nutzungen im Bereich des Wohnens und des Gewerbes. Downtown-Bebauung zielt auf den steuererhöhenden Effekt einer *corporate city* ab. Die Innenstadtgestaltung fokussiert eindeutig auf gehobene Lebensstilgruppen und „weiche Standortfaktoren" für die Wirtschaft: eine bestimmte städtebauliche Erscheinung und ein breites Angebot an Dienstleistungen, insbesondere Kultur- und Freizeiteinrichtungen für das urbane Ambiente einer Dienstleistungs- und Konsumgesellschaft. Die Stadttransformation zeigt sich sehr deutlich als Ergebnis gesellschaftlicher und politischer Machtstrukturen und der Entscheidungsprozesse von Akteursgruppen, die neue räumliche Strukturen und damit auch neue soziale Realitäten schaffen.

Auf einer übergeordneten Ebene der Betrachtung unterstreicht das Beispiel der Planungen für den Strukturwandel mit seinen sozialräumlichen Auswirkungen, dass es besonders *Kollektive* von Entscheidungsträgern sind, die ihr Mandat aus sozialen Strukturen beziehen, welche dem Raum eine spezifische „Räumlichkeit" geben. Diese kann beabsichtigt oder unbeabsichtigt negativ behaftet sein. So können Verfallsräume und Slums im Vorfeld einer geplanten Sanierung medienwirksam „kriminalisiert" werden, und zwar in einem erheblich größeren Maße, als die Kriminalstatistik eines Gebietes das tatsächlich ausweist. Räumliche Probleme, wie jene in amerikanischen Städten und des spezifischen Governanzsystems, müssen daher als Probleme des Handelns verstanden werden, das sich aus den jeweiligen *Public-Private Partnerships* ergibt. Gegenwärtige amerikanische Stadtstrukturen sind aus dieser Sichtweise nicht das Produkt eines unabänderlichen Raum-Zeit-gebundenen Entwicklungsprozesses, sondern ein Handlungsergebnis. Die Freiflächen im Ergänzungsbereich sowie deren Abgrenzung von den zumeist ärmeren Wohnvierteln jenseits der Stadtautobahnen symbolisieren das Endresultat von Verteilungskämpfen um Bodenressourcen. Dabei wurden Kleingewerbe- und Wohngebiete des unteren Mittelstandes und der Armen zugunsten eines zukünftigen „Marktpotenzials" freigeräumt. Strukturelle Probleme außerhalb von Downtowns und Citynahen Ergänzungsbereichen sind gleichermaßen das Ergebnis einer Politik der Vernachlässigung wie auch Resultat übergeordneter gesellschaftlicher und wirtschaftlicher Entwicklungen (Globalisierung, De-Industrialisierung, Deregulierung), die in jenen Gebieten die größten Entzugseffekte haben.

Heutige Strukturen zeigen die Stadt einmal mehr als „Nahkampfschauplatz" antagonistischer Interessen und des Planungshandelns, in denen Stadtteile Verfügungsmasse für gehobene städtische Haushaltspolitik sowie Wohn- und Lebensinteressen werden.

Wirtschaftsstruktur, Wirtschaftspolitik, Vormachtstellung und Regionalentwicklung

Abb. 126: Halbleiterzentrum in Santa Barbara, „Silicon Valley“, Kalifornien.

Überblick

- Die USA stellen heute die einzige noch verbliebene ökonomische und militärische Supermacht der Welt dar. Sie weisen das mit Abstand höchste Bruttoinlandsprodukt (BIP) aller Länder auf.
- Metropolitanregionen sind heute die wichtigsten Wirtschaftsräume der USA. Sie erzeugen über 80 % des amerikanischen BIP. Arbeitskräfte, Konsumenten und Innovationsfähigkeit sind stark auf Stadtregionen konzentriert.
- Strukturelle Probleme der amerikanischen Wirtschaft sind ein exorbitantes, steigendes Handelsdefizit von derzeit über 500 Mrd. Dollar, kreditfinanzierter Konsum, De-Industrialisierung und Massenentlassungen, Marktsättigung im Bereich der New Economy, erschwerte Wettbewerbsbedingungen und wachsende Importabhängigkeit.
- Wirtschaftswachstum wird heute durch Arbeitsplatzabbau in der Industrie erreicht. Der tertiäre Sektor zeigt zunehmend eine duale Struktur: einerseits einen Zuwachs an hochqualifizierten, unternehmensbezogenen Dienstleistungen, andererseits Expansion der Niedriglohnbereiche. Hochtechnologiebereiche, die mit der inneren Sicherheit der USA verknüpft sind, erleben einen Aufschwung.
- Flugzeugbau und Automobilindustrie, zwei Schlüsselbranchen der amerikanischen Wirtschaft, sind von Massenentlassungen und massiven Umstrukturierungen betroffen.
- Obwohl Landwirtschaft und Agrobusiness Produktivitätssteigerungen verzeichnen, kennzeichnen Überschuldung, Konzentrationsprozesse zu Ungunsten der Kleinfarmer und Überproduktion bzw. Exportabhängigkeit den Sektor.
- Neue Exportmärkte schuf der Agrarsektor seit den 1950er Jahren über die Entwicklungshilfepolitik (*food aid*) der Bundesregierung und seit den 1990er Jahren durch Umstellung auf höherwertige Produkte.
- Die Schaffung eines neuen Binnenmarktes in der NAFTA und die Aufwertung von Mexiko als wichtigem Handelspartner eröffnen der amerikanischen Wirtschaft neue Perspektiven.

Wirtschaftswachstum und Schlüsselindikatoren der Wirtschaft

Eckdaten der Wirtschaft, strukturelle Stärken und Schwächen

In weniger als 130 Jahren entwickelten sich die USA von einem Agrarland zur führenden Industriemacht, „postindustriellen" Dienstleistungsgesellschaft und zur einzigen ökonomischen und militärischen Supermacht, die mit einer universellen Verfügungsgewalt amerikanische Warenkultur, wirtschaftliche Interessen, politisches, sicherheitspolitisches und militärisches Handeln weltweit nach ihrem Dafürhalten diktiert. Nicht nur geostrategisch, sondern auch über eine „McWorld"-Konsumkultur, die selbst von US-kritischen Verbrauchern übernommen wird, erobert sich die Wirtschaftsmacht USA eine Vorherrschaft in der Welt. Verschiedene Kennziffern der Statistik schaffen eine Perspektive für die wirtschaftliche Vorrangstellung der USA.

Das amerikanische Bruttoinlandsprodukt hat sich innerhalb von 30 Jahren verzehnfacht; heute beträgt es ein Vielfaches von dem anderer Länder (Tab. 35). Weltweit ist es das höchste mit 9896 Mrd. Dollar im Jahr 2000 und 10506 Mrd. Dollar im Jahr 2002. Allein zehn amerikanische Bundesstaaten, die zusammen 50 % des Bruttoinlandsprodukts (BIP) der USA erzeugen, können mit den wichtigsten Volkswirtschaften der Welt mithalten. Fast ebenso schnell wie das BIP wuchsen Unternehmensprofite; zwischen 1970 und 2002 stiegen sie von 74 Mrd. Dollar auf 653 Mrd. Dollar, womit auch Firmengewinne die gleiche Größenordnung wie das BIP bedeutender Volkswirtschaften annahmen. Allein der Wert der Exporte und Importe eines einzigen Sektors, der Landwirtschaft, die mit 50 Mrd. Dollar Produktionswert im Jahr 2002 nur 10 % des Werts des gesamten US-Handelsvolumens ausmachte, beträgt 20 bis 30 % des BIP so reicher Länder wie der Schweiz oder Norwegens (Council of Economic Advisors 2003, Economic Report of the President, Tab. B 1, Gross Domestic Product 1959–2002; Tab. B 91, Corporate Profits by Industry; Tab. B 102, US Exports and Imports of Agricultural Commodities). Auch die Export- und Importstatistiken zeigen beeindruckende Dimensionen im Vergleich zum Bruttoinlandsprodukt ganzer Volkswirtschaften. Der Wert der Exporte im Jahr 1999 lag bei 684 Mrd. Dollar, wovon allein die Exporte in die Industrieländer Kanada, Japan, Westeuropa, Australien, Neuseeland und Südafrika 401 Mrd. US-Dollar ausmachten.

Handelsbilanz

Beeindruckend sind auch die monetären Dimensionen des Imports, die jedoch auch ein Missverhältnis und die steigende Abhängigkeit der USA von bestimmten Regionen der Welt dokumentieren. So wuchs der Wert der Importe zwischen 1993 und 1999 um annähernd 75 %, der Wert der Exporte jedoch nur um 50 %. Das Volumen der Importe überstieg 1999 mit 1030 Mrd. Dollar das Exportvolumen um 346 Mrd. Dollar. Diese negative Handelsbilanz, die ebenfalls das Bruttoinlandsprodukt vieler Volkswirtschaften übersteigt, verdreifachte sich zwischen 1993 und 1999 und verdoppelte sich allein zwischen 1995 und 1999. Innerhalb dieser Negativentwicklung der Handelsbilanz, die 2002 bereits bei ca. minus 472 Mrd. und zu Beginn des Jahres 2003 bei minus 500 Mrd. Dollar lag, fällt die Umschichtung zwischen Ländergruppen besonders auf: Innerhalb des Zeitraums von 1993 bis 1999 verdoppelte sich Amerikas Handel mit Industrieländern und vervierfachte sich mit anderen Ländern außerhalb der „Triade", d.h. mit den Ländern der OPEC, Lateinamerikas und anderen Ländern Asiens und Afrikas (Council of Economic Advisors 2003, Tab. B 105 US International trade in goods by area). Nach Gruppen von Handelsgütern zeigt sich allerdings, dass das Handelsdefizit zu einem hohen Grad von dem Import-Export-Missverhältnis hochwertiger Güter im Handel mit der Triade bedingt ist, importieren doch die USA seit 1990 mehr höherwertige Güter aus der Triade als sie in diese exportieren.

Land oder US-Bundesstaat	Bruttosozialprodukt in Mrd. Dollar	BSP pro Einwohner in Dollar
USA	9896	33836
(USA 2002)	(10506)	
(USA 1970)	(1040)	
Europäische Union	7837	22611
Dänemark	162	33124
Deutschland	1873	25729
Finnland	122	25046
Frankreich	1294	23912
Großbritannien	1415	24228
Italien	1074	20473
Japan	4750	35517
Kanada	689	20822
Luxemburg	19	44688
Mexiko	574	4921
Niederlande	365	24906
Norwegen	162	34410
Schweden	227	27256
Schweiz	241	36247
Spanien	559	15220
Florida	419	
Illinois	426	
Kalifornien	1119	
Massachusetts	239	
Michigan	295	
New York	707	
New Jersey	319	
Ohio	341	
Pennsylvania	364	
Texas	646	

***Tab. 35:** Bruttosozialprodukt in den USA, ausgewählten Ländern (2000) und ausgewählten Bundesstaaten der USA (1998).*

Quelle: US Bureau of the Census 2001; Statistical Abstracts of the United States 2001, Tab. 1340, S. 841 (veränd.).

Ein mit ca. 12 % noch relativ kleiner, aber schnell wachsender Anteil an dieser Entwicklung der negativen Handelsbilanzen wird durch die Importe von Rohöl und Amerikas rapide steigendem Verbrauch von Erdöl und Erdölprodukten beigesteuert (Tab. 36 u. 37). Dabei kommt der industrielle Verbrauch auf nur gut ein Drittel des Gesamtverbrauchs, während privater Konsum, gewerblicher und der mit Personenkraftwagen und Transport verbundene Energieverbrauch jeweils ein weiteres Drittel in Anspruch nehmen. Wegen des hohen privaten Konsums und der im Vergleich zu den 1990er Jahren besonders stark zunehmenden Importe, insbesondere von Rohöl, wird aus Sicht der USA die Bemühung logisch nachvollziehbar, die Struktur der Importe zu ändern und damit die Abhängigkeit von bestimmten Regionen zu senken. So wurde beispielsweise der Ausfall der Erdölimporte aus dem Irak nach 1990 durch die steigenden Importe aus OPEC- und Nicht-OPEC-Ländern wie Venezuela, Nigeria, Kanada und Mexiko mehr als kompensiert. Importe von dort blieben anhaltend hoch, obwohl mit dem UNO-Programm „Nahrung für Öl" seit 1999 sogar mehr Öl aus dem Irak exportiert wurde als vor 1990.

Auch die Bemühungen der USA, in Alaska Ölvorkommen zu erschließen, waren ein Teil der Diversifizierungsstrategie. Seit Mitte der 1970er Jahre, in denen begonnen wurde, in Alaska Öl zu fördern, sind 14 Mio. Barrel produziert worden. 2003 deckten die USA noch rund ein Fünftel ihres Bedarfs durch Erdöl aus Alaska. Man geht jedoch von nicht mehr als weiteren 20 Mio. Barrel Erdölvorkommen aus, die bei dem massiv steigenden Energieverbrauch in weit weniger als 30 Jahren erschöpft wären. Obwohl die OPEC- wie auch die Nicht-OPEC-Länder kurz- und mittelfristig ihre Importe steigern können, um den wachsenden amerikanischen Konsum zu decken oder den Weltmarktpreis angesichts geopolitischer Krisen zu stabilisieren, wie dies im Irak-Krieg 2003 der Fall war, stellt die 75 %ige Steigerung des Verbrauchs in nur sieben Jahren von 1993 bis 2000 die USA jedoch vor die grundsätzliche Frage, wie ein solcher Konsumanstieg zukünftig und langfristig gedeckt werden kann. Diese Herausforderung ist umso größer, als die stetig wachsende negative Handelsbilanz auch eine wirtschaftliche Weltmacht auf lange Sicht schwächt.

Die gleichermaßen wichtige Frage, wie sich beispielsweise der Energieverbrauch senken ließe, ist zwar seit der sogenannten „Erdölkrise" von 1972 von der Automobilindustrie technisch dahingehend gelöst worden, dass man die Produktion kleiner und energiesparender Pkws vorantrieb. Dennoch ist die Frage der Senkung des privaten Energieverbrauchs allein schon deswegen nicht wirklich beantwortet worden, weil steigender Wohlstand und Mobilität seither in einer immer größer werdenden Anzahl von Haushalten zu mehr Pkws pro Haushalt geführt haben.

Die ungelösten Probleme, welche die negative Handelsbilanz aufwirft und die Rolle darin enthaltener, importierter Handelsgüter wie z. B. Rohöl, bleiben daher zu Beginn des 21. Jahrhunderts handlungsbestimmende Faktoren für die Weltmacht USA. Mit der sogenannten Bush-Doktrin der „präventiven Selbstverteidigung gegen Länder, die Terrorismus unterstützen oder Terroristen Zuflucht gewähren" – vorgestellt am 14. September 2001 und aus Sicht der USA Grundlage für den Systemsturz im Irak – kann zumindest der US-amerikanische Energiekonsum auf hohem Niveau, jedoch zu einem Bruchteil der bisherigen Kosten weitergeführt werden. Laut CNN vom 29. März 2003 (Reportage von Richard Blystone) werden „die irakischen Ölfelder die Weltökonomie revolutionieren". Das hochwertige, leichte Erdöl ist vielfältiger verwendbar als das saudi-arabische, es ist oberflächennah gelagert und kann zu 5 Dollar pro Barrel gefördert werden – bei einem Weltmarktpreis, der 2003 bei 30 Dollar pro Barrel lag. Die deutlich niedrigeren Produktionskosten würden eine Senkung des Weltmarktpreises auf 20 Dollar pro Barrel erlauben, was Verbrauchern weltweit und Unternehmen durch eine große Profitmarge zugute käme. „Revolutionieren" würde das Öl des Irak den Weltmarkt deshalb, weil dessen Erdölreserven größer als die Saudi-Arabiens sind und zum Zeitpunkt des Irak-Krieges 2003 mindestens dreimal größer als die der USA (CNN vom 29. März 2003).

Herkunftsland	1980	1990	1993	2000
Gesamtimport	**1921**	**2151**	**2477**	**3320**
Irak	166	188	–	227
Kuwait	10	29	126	96
Saudi-Arabien	456	436	468	558
Nigeria	307	286	264	320
Venezuela	57	243	369	448
OPEC insgesamt	**1410**	**1283**	**1317**	**1664**
Kanada	73	235	329	493
Mexiko	185	251	315	480
Nicht-OPEC insgesamt	**511**	**869**	**1160**	**1657**

Tab. 36: *Import von Rohöl nach Ländern, in Mio. Barrels (1 Barrel = 42 Gallonen = 158,97 Liter).*

Quelle: US Bureau of the Census 2001; Statistical Abstracts of the United States 2001, Tab. 904, S. 576 (veränd.).

Jahr	Gesamtimporte in Mrd. $	Verarbeitete Güter in Mrd. $	Landwirtschaftliche Güter in Mrd. $	Erdöl in Mrd. $
1970	40,4	27,3	5,8	3,1
1980	245,3	133,0	17,4	78,9
1990	495,3	388,8	22,3	64,7
1995	743,4	629,7	29,3	59,1
2000	1218,0	1012,7	39,2	135,4

Tab. 37: *Importanteil nach Warengruppen.*

Quelle: US Bureau of the Census 2001; Statistical Abstracts of the United States 2001, Tab. 1297, S. 799 (veränd.).

Konsum und Sparquoten

Privater Konsum als Zeichen einer starken oder sich erholenden Wirtschaft und wachsendes Einkommen als Indikator gesellschaftlichen Wohlstands waren zwischen 1995 und 2000 in wesentlichem Maße vom Boom des Aktienmarktes, insbesondere der Börsenentwicklung der sogenannten *New Economy* (Hochtechnologie-Branchen) und den damit einhergehenden Vermögenseffekten bedingt. Dabei konnte vor allem die oberste Einkommensschicht den privaten Konsum erheblich steigern, sind doch 96 % der Stammaktien bei einem Fünftel der Haushalte mit den höchsten Einkommen konzentriert. Das einkommensstärkste Prozent der Haushalte besitzt fast 50 % aller Aktien (Federal Reserve 2003). Da die Hälfte der amerikanischen Haushalte keinerlei Aktienkapital besitzt und weitere 30 % nur so wenig Aktien, dass sich deren Wertsteigerung nicht signifikant auf die Finanzlage auswirkt, sind es also die sehr Wohlhabenden, deren erheblicher Vermögenszuwachs in den ausgehenden 1990er Jahren den privaten Konsum besonders stark ankurbelte. Hatten private Haushalte und gemeinnützige Organisationen 1992 Wertpapiere im Wert von „nur" 3,1 Billionen Dollar, so steigerte sich dieses Vermögen bis Ende 1999, Börsenverluste abgerechnet, auf 9,6 Billionen Dollar. Der empirischen Erkenntnis folgend, wonach 1 Dollar Vermögenszuwachs zwischen 3 und 5 Dollar Konsum bewirkt, wird hier durch die wohlhabendste Schicht ein immenser Konsum ausgelöst. Zwar haben sich Einkommen insgesamt verbessert, jedoch haben die mittelständischen Haushalte aufgrund der guten Einkommensentwicklung eher ihre Ersparnisse erhöht. Von den ca. 100 Mio. Haushalten der USA verfügen die 20 % mit den größten Einkommen über 63 % des Vermögens und tätigen 46 % des privaten Konsums, ihre Sparquote sank von 1992 bis 2002 von 8,5 % auf −2,1 %; das Fünftel mit den zweithöchsten Einkommen hatte ebenfalls eine rückläufige Sparquote, während sich die der drei untersten Quantile von rund 3–4 % des Haushaltseinkommens auf rund 7 % erhöhte (Federal Reserve 2001). Im Durchschnitt ist durch das Konsumverhalten der sehr Wohlhabenden die private Sparquote seit 2001 auf Null oder unter Null gesunken.

Auch 2002 war der „Konsum auf Pump" – eine moderne Form des *pursuit of happiness* – in den USA ungebrochen. Um eine einbrechende Wirtschaft anzukurbeln, die von Megafusionen, Managementfehlern und Konzernpleiten, Standortverlagerungen, massiven Umsatzverlusten nach den Terroranschlägen vom 11. September 2001 und von Arbeitsplatzverlusten gekennzeichnet ist, bediente sich die Bundesnotenbank einer Zinssenkungspolitik. Die Zinsen waren im ausgehenden Jahr 2002 so tief wie schon seit 40 Jahren nicht mehr. Abzahlungskredite für Automobile und Eigenheimhypotheken wurden dadurch günstiger.

Gerade der Immobilienboom ist angesichts der Fehlentwicklungen am Aktienmarkt bereits seit 2000 zum Motor der amerikanischen Wirtschaft avanciert. Ausbau, Umbau und Zweitwohnungsbau bei stetig steigenden Immobilienwerten sind seit 2000 zur bevorzugten Geldanlage des Mittelstands geworden. Dabei erlauben die Trends in der Immobilienentwicklung, einmal erhaltene Hypotheken laufend billiger zu refinanzieren. Wegen steigender Häuserpreise beleihen viele Banken Objekte bis zu 110 % ihres Aktualwerts, und viele Zweithypotheken in mittlerer Höhe um ca. 40 000 Dollar können relativ leicht aufgenommen werden, um Bargeld für andere Zwecke zur Verfügung zu haben (BaZ 1995).

Das Konsumverhalten der jüngeren Vergangenheit einerseits und das teils spekulative Verhalten auf dem derzeitigen Immobilienmarkt andererseits sind zwei Zugpferde der Wirtschaft, die sich ähnlich wie die verheißungsvollen Entwicklungen auf dem Aktienmarkt der *New Economy* zwischen 1995 und 2000 jedoch ins Gegenteil kehren können. Insbesondere Hypotheken, bei denen größere Summen abgezahlt werden müssen, als das Haus an Wert besaß oder an Wertsteigerung erzielen konnte, können in eine ernsthafte Wirtschaftskrise münden. Die hohe aktuelle Verschuldung der Amerikaner, exzessiver Konsum verbunden mit Arbeitsplatzverlusten und stagnierenden oder rückläufigen Schlüsselbranchen der Wirtschaft können sich in einer lang anhaltenden Deflation mit sinkenden Einkommen und Gewinnen auswirken, welche die Rückzahlung der Schuldenlast gefährdet.

Beschäftigtenentwicklung

In einer derart sensiblen Wirtschaftslage von hohem Konsum und hoher Schuldenlast ist daher die Beschäftigung die entscheidende Größe der Volkswirtschaft. Die Arbeitslosigkeit in den USA lag in den Jahren 2002 und 2003 unter 6 % (US Department of Labor, Bureau of Labor Statistics 2003; Economy at a Glance), wobei seit Jahrzehnten ein Niveau von 4 % Arbeitslosigkeit als so normal angesehen wird, dass Ökonomen dies als „Vollbeschäftigung" ansehen. Allerdings häufen sich Massenentlassungen (Tab. 38).

Auffallend ist der stetige Zuwachs der Beschäftigten in jeder Dekade, allerdings auch der starke Rückgang an Beschäftigten zwischen 2000 und 2002. Betrachtet man das Geschlechterverhältnis, erkennt man weitere Dimensionen des Beschäftigtenabbaus: Die Gesamtzahlen, die einen Rückgang von ca. 1,3 Mio. Beschäftigten anzeigen, verschleiern die Tatsache, dass 2002 annähernd 5,8 Mio. Frauen weniger in den Beschäftigtenstatistiken auftauchten als 2001, während es bei Männern nur 1,1 Mio. weniger sind. Ein genaueres Bild über Massenentlassun-

Jahr	Gesamtzahl	Männer	Frauen
1970	78678	48990	29688
1980	99303	57186	42117
1990	118793	65104	53689
2000	135208/ 140863*	72293	68580
2002, Dez.	133952	71173	62779

Tab. 38: *Beschäftigtenentwicklung 1970 bis 2002, in Tausend (ohne Militärpersonal).*

Quelle: US Department of Labor, Bureau of Labor Statistics 2003; Tab. B–36 (veränd.).
*Quelle: US Bureau of the Census, Statistical Abstracts of the United States, Tab. 572, S. 370.

	alle Massenentlassungen	Privatindustrien	Landwirtschaft	verarbeitende Industrien	Bundesregierung	Kommunalverwaltungen	durch Firmenbankrott	durch Besitzerwechsel	Standortverlagerung
1996	5697	5394	653	1978	54	175	103	167	26
1997	5683	5394	741	1749	58	177	80	122	38
1998	5851	5592	751	2056	50	155	81	154	35
1999	5675	5467	932	1758	38	127	107	190	34
2000	5620	5418	860	1824	51	116	157	125	43
2001	8350	8129	784	3302	52	128	290	209	79

Tab. 39: Massenentlassungen 1996 – 2001, in Tausend.

Quelle: US Department of Labor, Bureau of Labor Statistics 2003; Mass Layoff Statistics.

gen ergeben die Statistiken des Bundesarbeitsministeriums (Tab. 39).

Die Beschäftigtenentwicklung als wichtigster Konjunkturindikator und das Phänomen der Massenentlassungen, die nicht überwiegend durch Standortverlagerungen ins Ausland bedingt sind, zeigen deutlich die Gefahr des exzessiven Konsums: Vermögensbedingter Konsum einer Elite und kreditfinanzierter Konsum des Mittelstands sind die Steuerkräfte der amerikanischen Wirtschaft, wobei beachtenswert ist, dass es sich hierbei nicht um kurzfristige konjunkturelle Trends, sondern um langfristige strukturelle Probleme handelt, die sich in jüngster Zeit aufgrund einer unsicheren Beschäftigtenentwicklung um ein Vielfaches verschärft haben. Es ist auch nicht kurzfristige Strategie, sondern über Jahrhunderte etablierte Tradition, dass man in Krisen- wie in Normalzeiten auf der politischen Ebene den *pursuit of happiness* mit dem *American Dream*, dem Eigenheim und dem Konsum bzw. dem Ideal eines *land of plenty* zu vermitteln sucht. Seit es die Heimstättengesetzgebung von 1862, die suburbane Eigenheimsubvention der Nachkriegszeit oder die Zinssenkungsrunden zu Beginn des 21. Jahrhunderts gibt, wird stets das verfassungsmäßig garantierte Glück, das für viele eben auch unbegrenzte Möglichkeiten des Konsums bedeutet, als gesellschaftlicher Wert von der Bundespolitik geschützt.

Dazu werden eine Vielzahl von Politikbereichen eingesetzt: von der Wirtschaftspolitik mit konsumentenfreundlicher Zinsgebung und unternehmensfreundlichem Neoliberalismus bis zu militärstrategischen Optionen, sodass die systemimmanenten strukturellen Schwächen der Wirtschaft einer Supermacht in den Hintergrund treten. Allein die Zinspolitik, welche die Bundesnotenbank zwischen dem Amtsantritt von Präsident Bush im Januar 2001 und seinem Irak-Feldzug im März 2003 zwölfmal zu Senkungen der Leitzinsen veranlasst hat, ist besonders aufschlussreich: Der Diskontsatz, also der Zinssatz, zu dem die Notenbank Geld an Banken leiht, wurde in mehreren, ungewöhnlich großen Schritten auf 0,75 % herabgesetzt – den niedrigsten Satz seit 89 Jahren. Der dadurch eingeleitete erwünschte Konsum, der Produktion und Beschäftigung zu einem neuen Aufschwung verhelfen sollte, wurde jedoch gleichzeitig von einem Kapitalabfluss nach Europa begleitet, wo Investitionswillige 2002 wegen der unverändert hohen Zinssätze der Europäischen Notenbank (3,25 %) und damit auch der Privatbanken höhere Erträge als in den USA erwirtschaften konnten. Fazit: Die amerikanische Wirtschaft wächst heute ganz wesentlich durch die Komsumfreudigkeit der Bevölkerung. Kreditfinanziertes Konsumverhalten, Massenentlassungen und unsichere Beschäftigungsverhältnisse verleihen dieser Art von Wachstum jedoch Instabilität.

Merkmale dieser selbst im traditionellen *rugged capitalism* der USA übersteigerten Entwicklung sind:

- die ahistorischen Managerlöhne, inkl. Aktienoptionen, die bis zu 685 Mio. Dollar pro Jahr erreichen können (Benz & Stutzer 2003, S. 5 – 19; Abowd & Bognanno 1995, S. 67 – 103; Abowd & Kaplan 1999, S. 145 – 168; Conyon & Peck 1998, S. 146 – 157),
- ferner Megafusionen und Bilanzfälschungen in bis dahin unbekanntem Ausmaß (Beispiel Enron), aber auch
- die unproduktiven Konsumausgaben der Bundesregierung wie schnelllebige militärische Verbrauchsgüter (Waffen),
- Kapitalabfluss in ertragreichere Länder und
- mangelnde Investitionen.

Mittlerweile wird diese Entwicklung als „Raubtier-“ oder „Dschungelkapitalismus“ thematisiert. So steht dem Bruttoinlandsprodukt von 10 586 Mrd. Dollar im Jahr 2002 eine Ausgaben-, Konsum- und Investitionstätigkeit der Bundesregierung von nur 2013 Mrd. Dollar gegenüber, wovon 465 Mrd. Dollar im Jahr 2002 Militärausgaben (*national defense*) und 312 Mrd. Dollar Zinszahlungen waren (US Bureau of Economic Analysis 2003, National Income and Product Accounts Tables, Tab. 1.1). Beide lassen sich nicht als Investitionen in die wirtschaftliche Entwicklung sehen, sondern sind prinzipiell konsumptive Ausgaben, welche nicht geeignet sind, grundsätzliche strukturelle Probleme zu lösen.

Die Toleranz für ein Handelsdefizit von rund 500 Mrd. Dollar, Verteidigungsausgaben in fast gleicher Höhe, Zinsleistungen in der Größenordnung des BIP kleinerer westlicher Industrieländer, eine Zins- und Steuerpolitik, die den Konsum insbesondere der Wohlhabenden anheizt – diese Merkmale der amerikanischen Makroökonomie können in ihrer Bedrohlichkeit sehr einfach verstanden werden, wenn man sich der mikroökonomischen Betrachtungsweise eines Familienhaushalts bedient: Jeder Privathaushalt, der deutlich weniger Einkommen erzielt als er ausgibt, der zudem in großem Umfang Kredite aufnimmt und dieses Geld in konsumptiven Ausgaben einsetzt, steuert auf ein finanzielles Problem zu. Jedes Land, das insgesamt weniger Exporteinnahmen erwirtschaftet als es für den Import ausgibt, das seine Steuereinnahmequellen senkt, zur Finanzierung wichtiger Ausgaben Kredite aufnimmt, (militärische) Konsumausgaben produktiven Investitionen vorzieht und zur Ankurbelung der Wirtschaft den kreditfinanzierten Konsum seiner Bevölkerung fördert, riskiert nachhaltigen Schaden seines Haushalts und seiner Wirtschaft. Ohne Änderung von Finanzierungs- und Ausgabeprioritäten dürfte hier auch die Supermacht USA keine Ausnahme bilden.

Die Toleranz für annähernd 44 Mio. Amerikaner, die unter der Armutsgrenze oder bis zu 125 % der Armutsgrenze leben, und die Millionen von Menschen, die ohne Gesundheitsversorgung, ausgewogene Ernährung oder adäquate, erschwingliche Wohnungen leben, verstärkt die soziale Problematik einer Nationalökonomie, die von jeher „nationale Interessen" verfolgte und dies seit dem ausgehenden 20. Jahrhundert in besonderem Maße auf der Triebkraft des Exzesses tut.

Folgt man der Sichtweise von Emanuel Todd (2002), wird daher Amerika als Wirtschafts- und Supermacht überschätzt. Nicht nur installieren die USA ihre Hegemonie heutzutage, im Gegensatz zur Nachkriegszeit, nicht mehr mit dem Einverständnis eines großen Teils der Welt, sondern auch die eigene Wirtschaft zeigt deutliche Anzeichen von systemimmanenten Schwächen. Zudem ist die industrielle Basis kleiner als die Europas und nur in etwa gleich groß wie die Japans. Das auf fast 500 Mrd. Dollar angelaufene Handelsbilanzdefizit und die Defizitfinanzierung „geopolitischer Risiken" – allein der Nachtragshaushalt für den Irak-Krieg wurde eine Woche nach Kriegsbeginn mit 75 Mrd. Dollar beantragt – können als Warnzeichen für die USA als Weltwirtschaftsmacht gelten. Im Gegensatz zum Industriekapitalismus des 19. und beginnenden 20. Jahrhunderts, in dem die USA der Welt stärkster Produzent und Investor wurden, sind die USA gegen Ende des 20. Jahrhunderts zum weltstärksten Konsumenten avanciert, wobei den übrigen Ländern die Rolle des Produzenten und Zulieferers von Nachschub zugewiesen wird.

In dieser Richtung aufschlussreich ist auch die Tatsache, dass das Handelsbilanzdefizit sich aus dem Missverhältnis von Exporten und Importen *aus der Triade* ergibt: Hatten die USA 1990 noch für 35 Mrd. Dollar mehr Spitzentechnologie exportiert als importiert, so ist die Handelsbilanz bei diesen Gütern der Innovationsfähigkeit, die heute als Indikator der Wirtschaftskraft gesehen werden, inzwischen negativ. Die Produktion hochinnovativer Güter in der EU überholt die USA inzwischen in einigen Bereichen: So war nach Todd (2002) die finnische Firma Nokia umsatzmäßig viermal größer als ihr amerikanischer Konkurrent Motorola; die Hälfte aller Satelliten wird mit europäischen Ariane-Raketen in die Erdumlaufbahn gebracht, der Flugzeughersteller Airbus hat bereits den amerikanischen Hersteller Boeing in Auftrags- und Umsatzvolumen überholt. Der erweiterte EU-Markt mit seinen ca. 780 Mio. Konsumenten, darunter ein großer, kaufkräftiger Mittelstand, aber auch seine Innovations- und Produktionsfähigkeit im Bereich hochwertiger Güter werden nach Todd die USA langfristig von der Position der einzigen wirtschaftlichen Supermacht verdrängen, als die sie sich zu Ausgang des 20. Jahrhunderts darstellte. Will man dieser These Glauben schenken, hat der Niedergang der wirtschaftlichen Supermacht USA schon begonnen, auch wenn sie sich in ihrem 2003 und danach präsentierten Militarismus noch als die einzige wichtige militärische Supermacht darstellt – denn in historischer Perspektive war das Ende eines Imperiums stets von exzessivem Militarismus begleitet, ohne dass dieser den Niedergang einer Großmacht hätte aufhalten können. Diese Perspektive wird auch nicht gänzlich dadurch widerlegt, dass der amerikanische Nobelpreisträger Gary S. Becker meint nachweisen zu können, dass die Ölpreise als Folge des Irak-Krieges stiegen und ein Land, das dieses und damit seinen eigenen Schaden riskiert, nicht am Erdöl interessiert sei, sondern dieses Risiko um der Demokratisierung der Welt willen auf sich nahm.

Betrachtet man zusammenfassend die Schwierigkeiten der amerikanischen Wirtschaft im Jahre 2003 nicht aus aktualökonomischer Sicht und den vom Tagesgeschehen geprägten Ereignissen heraus, sondern vor dem Hintergrund der Geschichte des Landes, so wird die lange Tradition von politischen Handlungsweisen deutlich. Um Ressourcen einer jungen und expandierenden Nation zu sichern, betrieb die US-Bundesregierung seit der Clark-Lewis-Expedition von 1803 die westwärts gerichtete Expansion. Um das Land zu erschließen, setzte die Bundesregierung bewusst auf Unternehmergeist und spekulative Tätigkeiten und zeigte große Toleranz für *paper towns* und andere Formen, das „Streben nach Glück" (auch auf Kosten anderer) verwirklichen zu können. Dazu gehörte auch die Nutzbarmachung von Indianer-Territorien und die Zuweisung von Indianern in Reservate. Um die Ressource „Stadt" zu nutzen, wurde dem Unternehmertum freie Hand gelassen. Zur Etablierung nationaler Interessen, zunächst in der westlichen Hemisphäre, dann weltweit, wurde ab 1823 die „Monroe-Doktrin" wichtig, nach der man insbesondere im 20. Jahrhundert nationale Interessen auch weltweit zu schützen suchte. Dazu zählte z. B. die Sicherung der für die US-Elektronikindustrie wichtigen Kupfervorkommen in Chile 1972, die von der US-amerikanischen Kennecott Company erschlossen wurden und von der sozialistischen Regierung Allende enteignet werden sollten. Dazu gehörte auch die Sicherung geostrategischer Positionen wie in Südkorea 1954, Vietnam 1958–1975 oder eben der für die USA ökonomisch wichtigen Regionen des Mittleren Ostens, welche mit der Unterstützung Persiens bis 1977 und Saudi-Arabiens seit den 1950er Jahren, zeitweilig aber auch mit Hilfe des Irak vollzogen wurde. Auch die „Sicherung der Erdölfelder“ des Irak gegen deren Nutzung durch vermeintlich Terror begünstigende Regimes im Rahmen der „präventiven Selbstverteidigung“ 2003 reiht sich in diese Tradition ein.

Schlüsselzweige der Wirtschaft zu Beginn des 21. Jahrhunderts

Während einer kurzen Phase zwischen 1991 und 2000 konnten sich die traditionellen konsumorientierten Schlüsselindustrien und jene der Neuen Ökonomie extrem vorteilhaft entwickeln. Die Aufschlüsselung der Beschäftigtenentwicklung zeigt die starke Veränderung im tertiären und quartären Sektor sowie die regionalen Schwerpunkte (Tab. 40; Abb. 127–132).

Eine Reihe neuer Branchen bildete sich in den 1990er Jahren im hochwertigen Dienstleistungssektor heraus. Deren Wachstumsprognosen werden auch für die nähere Zukunft als gut eingestuft (Tab. 41). Dazu gehören beispielsweise Kongress-Manager, Web-Master, Umweltingenieure, Netzwerkmanager, Liquidationsspezialisten, Desktop-Publishing-Spezialisten, Qualitätssicherungs-Manager, Konsumentenkreditberater, Volontärarbeit-Koordinatoren, Projektentwickler oder Kapazitätsauslastungs-Koordinatoren. Den größten Zuwachs jedoch verzeichneten der gesamte Bereich der Gesundheits- und Sozialdienste, der unternehmensbezogenen Dienstleistungen und des Bildungs- und Ausbildungswesens sowie Management-Assistenten, nachdem das traditionelle Sekretariatswesen von Computer, E-Mail-Gebrauch und *voice mail* abgelöst worden ist (US Department of Labor, Bureau of Labor Statistics 1998, Summary 98–11 und US Department of Labor 2003, Economic News Release, Tab. 3b).

Die Hightech-Branche erlebt seit 2001 wieder in einigen Bereichen Wachstum: Softwarefirmen und Sicherheitsunternehmen erhalten seit den Terroranschlägen vom 11. September 2001 in besonderem Umfang Staatsaufträge zur Terrorbekämpfung und Kriegsführung. Zur Prävention von neuen Terroranschlägen vergab beispielsweise das mit 170 000 Mitarbeitern neu geschaffene Department of Homeland Security einer Reihe von neuartigen Firmen Großaufträge, so z. B. an Hersteller von Sprengstofferkennungsgeräten, Tarnanzügen mit mobilen Computersystemen oder von Visualisierungssoftware zur Abbildung virtueller, dreidimensionaler Schlachtfelder, ferner an Entwickler von Gesichtserkennungsprogammen, Bombenerkennungssystemen, Infrarotkameras, Metalldetektoren und Röntgengeräten für Flughäfen, Analysen elektronischer Kommunikation, Lösungen für Probleme der Grenzsicherheit oder zur Abwehr biologischer Waffen. Der wichtigste Auftraggeber für Sicherheitstechnologie ist daher die US-Regierung. Sie investierte allein in den zwei Jahren nach dem 11. September 2001 mehr als 60 Mrd. Dollar in derartige Hochtechnologie und plant, ca. 60 Mrd. Dollar pro Jahr in den Bereichen Forschung für Verteidigung und *homeland security* auszugeben. Allein das US Department of Homeland Security ist mit einem Etat von jährlich 37 Mrd. Dollar ausgestattet; das Mandat und die Aufträge dieser Behörde gelten als wichtigster Anschub für die Informationstechnologie-Industrie, die schon vor den Angriffen vom 11. September 20 % ihrer Umsätze durch Aufträge der Bundesregierung erzielte und seither einen rasant steigenden Anteil verzeichnet. Zahlreiche große Technologiefirmen wie Microsoft haben bereits eigene Abteilungen für *homeland security* gegründet, die explizit Akquisition von Bundesaufträgen und Entwicklung für geeignete Technologien betreiben.

Während die traditionellen Geschäftsbereiche der Computerindustrie wie Betriebssystemsoftware und

Wirtschaftszweig	1980	1990	1995	2000
Gesamtbeschäftigung	**99 308**	**118 793**	**124 900**	**135 208/ 140 863***
Landwirtschaft	3 364	3 223	3 440	3 305
Bergbau	979	724	627	521
Bauwesen	6 215	7 764	7 668	9 433
Industrie	21 942	21 346	20 493	19 940
Transport, Kommunikation, Ver- und Entsorgung	6 525	8 168	8 709	9 740
Groß- und Einzelhandel	20 191	24 622	26 071	27 832
Einzelhandel	16 270	19 953	21 086	22 411
Finanz-, Versicherungs-, Immobilienwesen	5 993	8 051	7 983	8 727
Weitere Dienstleistungen gesamt, davon:	**28 752**	**39 267**	**43 953**	**49 695**
unternehmensbezogene Dienstleistungen und Reparaturdienste	3 848	7 485	7 526	9 961
Werbung	191	277	267	280
Arbeitsvermittlungs-agenturen	235	710	853	1 063
Computerdienstleistungen, Datenverarbeitung	221	805	1 136	2 496
Sicherheitsdienste	213	378	506	574
Automobilwartung und -reparatur	952	1 457	1 459	1 626
personenbezogene Dienstleistungen	3 839	4 733	4 375	4 515
Unterhaltung und Freizeit	1 047	1 526	2 238	2 582
Akademisches und anderes Fachpersonal	19 853	25 351	29 661	32 784
Hospitäler	4 036	4 700	4 961	5 028
andere Gesundheitsdienste	3 345	4 673	5 967	6 569
Elementar-, Mittel- u. Höhere Schulen	5 550	5 994	6 653	7 629
Colleges und Universitäten	2 108	2 637	2 768	2 903
Soziale Dienste	1 590	2 239	2 979	3 519
Rechtsdienste	776	1 215	1 335	1 362
Öffentliche Verwaltung	5 342	5 627	5 957	6 015

Tab. 40: *Beschäftigtenentwicklung nach ausgewählten Wirtschaftszweigen 1980 bis 2000, in Tausend.*

Quelle: US Bureau of the Census 2001, Statistical Abstracts of the United States 2001, Tab. 596, S. 384 (veränd.). * Quelle: US Bureau of the Census 2001, Tab. 572, S. 370.

Regionale Schwerpunkte der Beschäftigung in verschiedenen Sektoren und Berufsgruppen

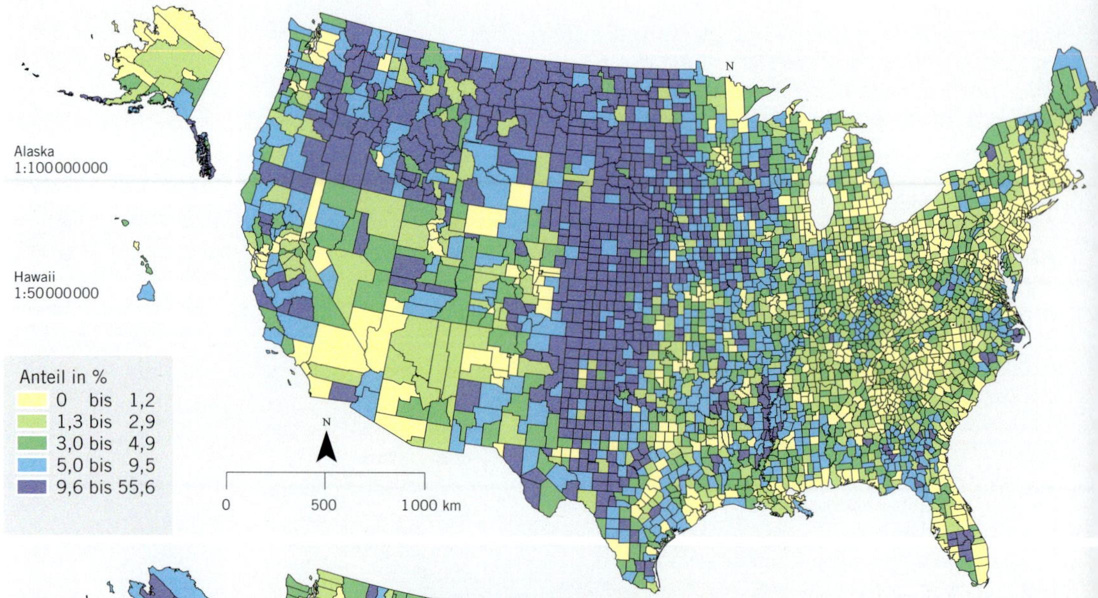

Abb. 127: *Anteil der Beschäftigten im Primären Sektor.*

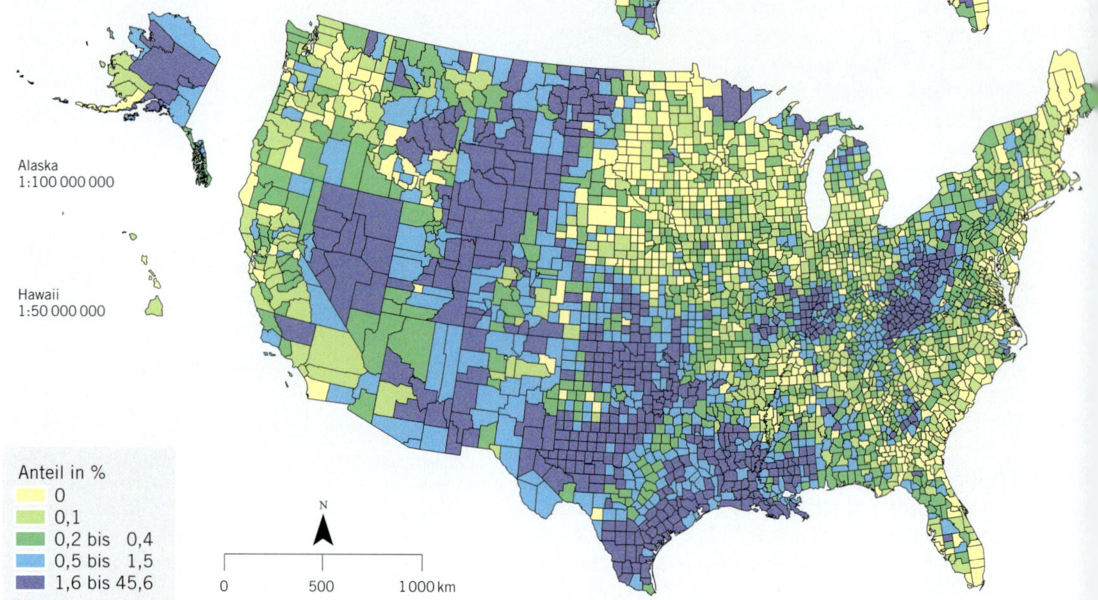

Abb. 128: *Anteil der Beschäftigten im Bergbau.*

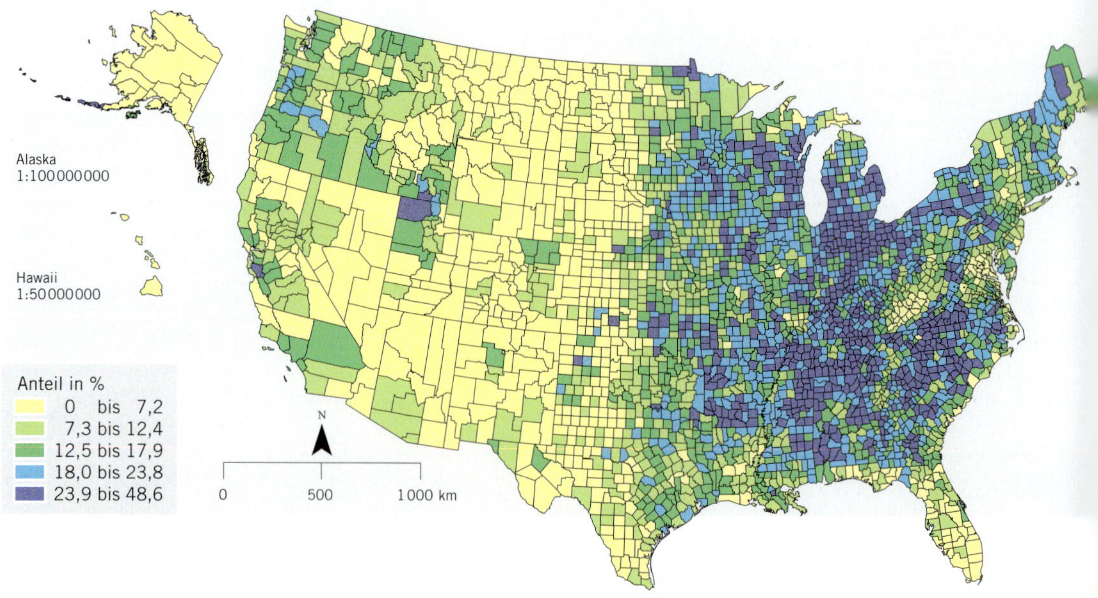

Abb. 129: *Anteil der Beschäftigten im produzierenden Gewerbe.*

Datengrundlage: US Department of Commerce, Bureau of the Census: Census 2000, Long Form, Washington, D.C.

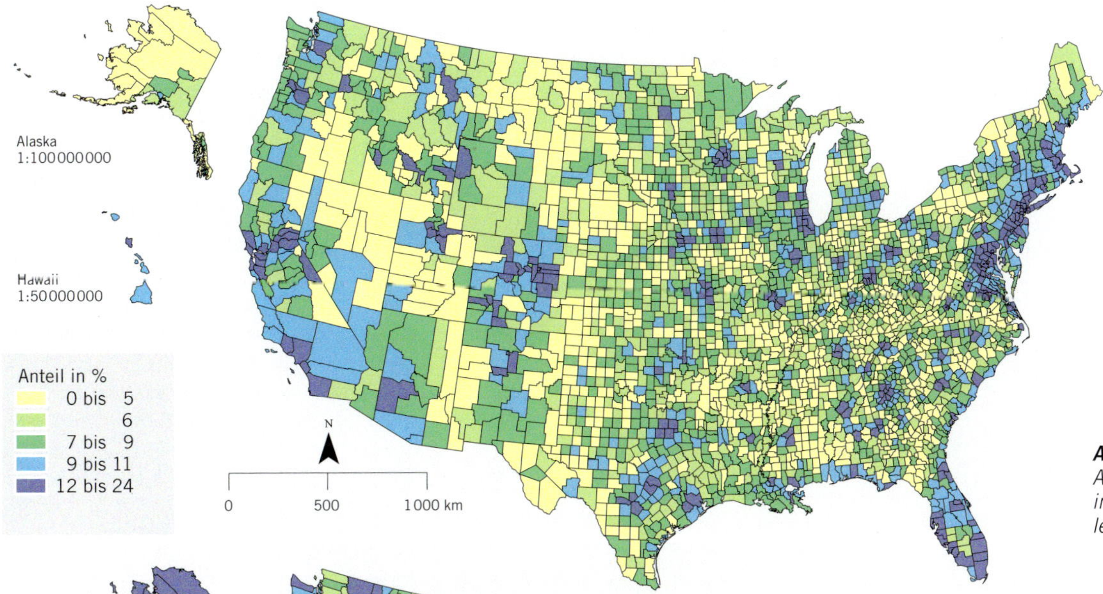

Abb. 130:
Anteil der Beschäftigten in der Forschung oder in leitenden Positionen.

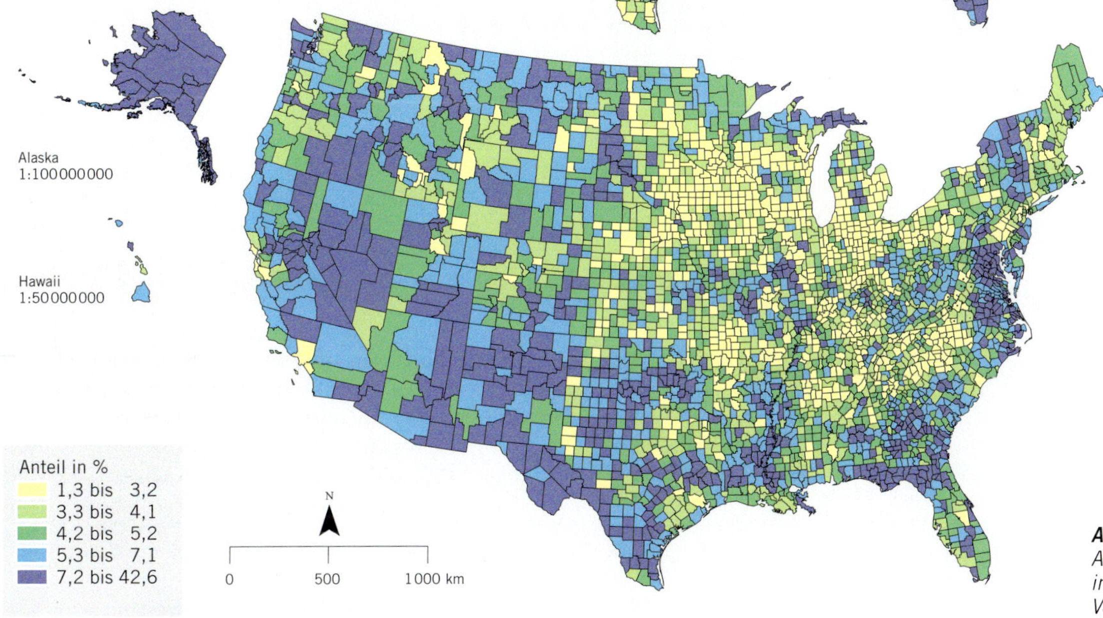

Abb. 131:
Anteil der Beschäftigten in der staatlichen Verwaltung.

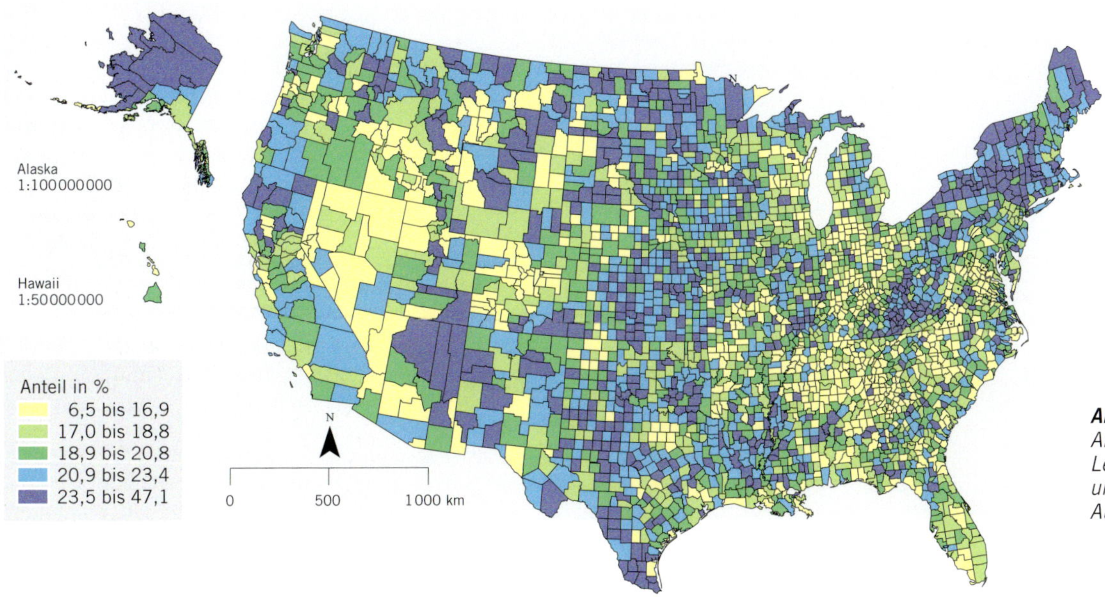

Abb. 132:
Anteil der Beschäftigten in Lehr-, Gesundheitsberufen und Berufen mit sozialer Ausrichtung.

Berufszweig	Beschäftigte 2000 (in Tsd.)	Beschäftigte 2010 (in Tsd.)	Veränderung (in %)
Computer-Software-Ingenieure, Entwicklung, anwenderorientierte Softwareentwicklung	380	760	100
Hardware- und Software-Dienstleister	506	996	97
Systemsoftware-Entwicklung	317	601	90
Netzwerk- u. Betriebssystemadministratoren	229	416	82
Netzwerk- u. Datenkommunikationsanalyse	119	211	77
Desktop Publishers	38	63	67
Datenbank-Administratoren	106	176	66
Personen- und Heimpflegepersonal	414	672	62
Computersystemanalyse	431	689	60

Tab. 41: *Am schnellsten wachsende Berufszweige 2000–2010 (Prognose).*

Quelle: United States Departmemt of Labor 2003, Bureau of Labor Statistics. Economic News Release, Tab. 3b.

Konsumenten-/Anwendertechnologie aufgrund der Marktsättigung wenig Wachstumstendenzen zeigen, sorgt vor allem das Verteidigungsbudget der Bundesregierung für lukrative Technologieaufträge. Für viele Firmen im Silicon Valley, die aus militärischen Forschungsprojekten hervorgegangen sind oder seit Jahren davon profitieren, wird ein Boom militärischer Aufträge, die viele kommerzielle Anwendungen erlauben, erwartet. Um die Investitionen in diesen Bereichen zu beschleunigen, haben das Pentagon und die CIA besondere Investitionsfirmen ins Leben gerufen, die vor allem im Silicon Valley bei San Francisco die Möglichkeiten für die Anschubfinanzierung von innovativen Ideen eruieren. So investierte die CIA-Firma IN-Q-Tel, welche Starthilfen im Silicon Valley ermöglicht, schon in 40 Kleinunternehmen. Die Anlagen in sicherheitsbezogenen Kleinunternehmen wachsen stetig. Auch die klassische Rüstungsindustrie hat begonnen, vermehrt in sogenannte „intelligente Kriegsmaschinerie" und hochsensible Informationstechnologien zu investieren. Biotechnologiefirmen profitieren vom Ausbau der Forschungskapazität zum Schutz vor biologischen Waffen (NZZ v. 3.4.2003, S. 27).

Das Modell „Silicon Valley"

Das Silicon Valley im Gebiet des Santa Clara County südlich von San Francisco, in dem Palo Alto, Stanford und San José liegen, ist mit den Gütern und Dienstleistungen, die rund 2 Mio. Beschäftigte stellen und jährlich über 100 Mrd. Dollar ausmachen, nicht zuletzt deswegen auch im Jahr 2003, wie schon in den Jahren zuvor, die wachstumsstärkste Region der USA: Allein zwischen 1992 und 1997 entstanden dort 125 000 neue Arbeitsplätze, davon 50 000 im Jahr 1996. Hochtechnologie im Hard- und Softwarebereich, die im Silicon Valley entwickelt wird, übertrifft die Umsätze der Automobilindustrie. Mit über 500 Mrd. Dollar Produktionswert ist die Hochtechnologie der umsatzstärkste Bereich der amerikanischen Wirtschaft und rangiert noch vor der Automobil-, jedoch hinter der Flugzeugbauindustrie (US Bureau of the Census 2001, Statistical Abstract of the United States 2001, Tab. 1002 bis 1009, S. 633–636). Der Erfolg des Silicon Valley begann 1937, als die Stanford-Absolventen William Hewlett und David Packard aus einer Garage in Palo Alto heraus begannen, ein Vorläufergerät des Computers zu entwickeln, was im Verlauf der nächsten Jahrzehnte weitere bahnbrechende Entwicklungen einleitete. Dies führte zur Herstellung von Computern und einer heutigen Gesamtproduktion der Firma Hewlett-Packard von rund 80 Mrd. Dollar jährlich, einer Beschäftigung von 141 000 Mitarbeitern in 178 Ländern, davon 22 000 Forschern/Produktentwicklern, weltweit 17 000 Patenten, im Jahr 2002 allein 7000 Neuanmeldungen, d. h. täglich 25 Anmeldungen auf weltweite Patente. Auch andere Firmengeschichten sind eng mit dem Aufstieg des Silicon Valley verbunden: So gründeten 1954 ehemalige Mitarbeiter von AT&T die Firma Fairchild Semiconductors, die ihrerseits zahlreiche weitere Spin-off-Firmen hervorbrachte, darunter den weltgrößten Produzenten von Siliziumchips für Computer, die Firma Intel. Hochtechnologie auch für die biomedizinische und gentechnologische Forschung fand ebenfalls ihren Anfang im Silicon Valley. Dazu gehört die Firma Genentech, die erste Gentechnologie-Firma der Welt, die 1976 im Silicon Valley gegründet wurde, im Jahr 2003 rund 3600 Patente weltweit besaß, 2600 weitere Neuanmeldungen lancierte und mit 10 proteinbasierten Pharmaprodukten gegen Krebs, Schlaganfall, Herzinfarkt, hormonelle Wachstumsstörungen und Mukoviszidose ca. 3 Mrd. Dollar Umsatz pro Jahr erzielt. Gerade das Beispiel Genentech zeigt, welche Multiplikatorwirkungen eine Firma auf die Region haben kann. Die Firma siedelte sich in South San Francisco in unmittelbarer Nähe zu drei renommierten Universitäten – University of California, Stanford und Berkeley – an. Die Ansiedlung dieser ersten gentechnologischen Firma führte bis 1995 zu 20 weiteren und bis 1997 zu 51 gentechnologisch arbeitenden Firmen mit weltweiten Umsätzen von 2,3 Mrd. Dollar, einem Arbeitsplatzwachstum von 60 %, wobei Genentech mit 6150 Arbeitsplätzen der größte Arbeitgeber der Gemeinde South San Francisco ist. Die Firma, die zu 60 % dem Schweizer Pharmakonzern Hoffmann-La Roche gehört, hat selbst 30 große Biotechnologiefirmen hervorgebracht. Die Bio- und Gentechnologie-Industrie gehörte mit rund 14–19 Mrd. Dollar Jahresumsatz 2003 und ihren 115 000 Mitarbeitern, davon 71 000 im Silicon Valley, zu den wichtigen Wachstumsbranchen. Mitarbeiter der Firma Genentech sind inzwischen mit ihrer eigenen Spin-off-Firma Tularik unter Schweizer Beteiligung führend in der Entwicklung von Medikamenten gegen Aids tätig.

Der amerikanische Staat hat für die Entwicklung des Silicon Valley zu seiner heutigen, weltweit führenden Rolle im Hochtechnologiebereich lediglich

Firma	1995–1998 Wachstum in %	Umsatz 1998 in Mio. $	1998–2000 Wachstum in %	Umsatz 2000 in Mio. $	2000–2001 Wachstum in %	Umsatz 2001 in Mio. $
Hewlett-Packard	14	47061	5	49539	−11	44211
Intel	18	26273	28	33726	−21	26539
Cisco Systems	46	8459	183	23906	−23	18290
Sun Microsystems	15	9791	96	19182	−27	14059
Oracle	27	7100	55	10970	−8	10093
Applied Materials	10	4042	162	10573	−43	5981
Apple	−18	5941	12	6647	−14	5731
Advanced Micro Devices	2	2542	83	4044	16	3892

Quelle: www.netvalley.com, 8.4.2003 und www.siliconvalley.com, 15.4.2002 (veränd.).

Tab. 42: *Wachstum, Umsatz und Schrumpfen der größten Computerfirmen mit Hauptsitz im Silicon Valley 1995–2001.*

Anschubfinanzierung beigetragen, dies allerdings in Milliardenhöhe in den 1950ern und 1960ern, als man solche Investitionen in Rüstung, Raumfahrt und in die begleitende Hochtechnologieindustrie mit dem Kalten Krieg legitimierte. Der Erfolg des Silicon Valley wird jedoch in den regionalen Clustern gesehen, welche sich durch die starke Konkurrenz entwickeln. Dies ist eine Ansammlung von Firmen – im Silicon Valley sind es zwischen 3000 und 5000 mit z. T. nicht mehr als 20 Mitarbeitern –, die durch den Wettbewerb um bahnbrechende Entdeckungen zu immer erfolgreicheren Forschungsleistungen gelangen (Tab. 42).

„Dot Coms" und die Begleiterscheinungen des Hochtechnologiebooms

Silicon Valley schuf im 20. Jahrhundert, ähnlich wie der Gold Rush um 1848, ein „goldenes" Zeitalter für einen kleinen Teil Kaliforniens, der für das gesamte Land von übergeordneter Bedeutung wurde. Wie schon im 19. Jahrhundert hat Silicon Valley eine weltweite, transatlantische und transpazifische Ausstrahlung, die jedoch dauerhafter ist, hat doch Silicon Valley in den vergangenen fünf Jahrzehnten eine führende Rolle in der weltweiten Hochtechnologieentwicklung gespielt.

Diese rasante Entwicklung wird jedoch auch von gewissen Unsicherheiten erschüttert. San Francisco beispielsweise hat von der jüngeren High-Tech-Entwicklung sowohl profitiert als auch die Probleme einer hochmodernen monostrukturierten Wirtschaft hinzuerhalten: Über 700 Internetfirmen, sogenannte „Dot Coms", die Technologie für das Internet entwickeln, arbeiten in der Stadt. Das Hyperwachstum der Dot Coms, welches die Arbeitslosenquote von durchschnittlich 6 % im Jahr 2000 auf unter 2 % senkte, trug auch zu einem neuen Boom im Immobilienmarkt bei, der die Mieten in einer Weise erhöhte, dass jetzt Verdrängungsprozesse eintreten: So werden in San Franciscos ehemals verfallenem Stadtteil South of Market Street (SoMa, einem heruntergekommenen Stadtquartier mit hoher Kriminalität und Sozialproblematik) Komplexe mit kombinierter Wohn- und Arbeitsfunktion in einer Schnelligkeit gebaut, dass sich dieses Viertel grundlegend verändert. Die nachrückende Dot-Com-Generation, welche mittlerweile den Mietermarkt dominiert, hat die Preise derart in die Höhe getrieben, dass für die vormals ansässige Bevölkerung kaum mehr Platz bleibt.

Die Computer- und Internetfirmen sorgen im Immobilienmarkt für Büro- und Wohnobjekte nicht nur für Rekordpreise, sondern sind auch Teil einer neuen Monostruktur, die bei Fehlschlägen auf dem Markt der *New Economy* eine ganze Region wirtschaftlich gefährden kann. So registrierte die Region San Francisco in den Jahren 1999 bis 2000 einen Stellenzuwachs in den Dot Coms von 300 000 bzw. einen Anstieg um 76 %. 2000 arbeiteten in der Region San Francisco allein 1,2 Mio. Menschen in den Hochtechnologiefirmen, während es 1993 nur ca. 240 000 gewesen waren. Die Risikokapitalgeber investierten im letzten Quartal des Jahres 1999 allein 8 Mrd. Dollar in die Bay Area, um innovative Jungunternehmen zu fördern. Allerdings haben es die jungen Firmen, die mit dem *Cyberspace* handeln, schwer, sich im aufstrebenden Hochtechnologiemarkt überhaupt zu etablieren – viele neue Firmen arbeiten aus überteuerten Einzimmerwohnungen heraus. Auch Einfamilienhäuser machen im Jahr 2003 mit einem Durchschnittspreis von 415 000 Dollar den Großraum San Francisco zu einem der teuersten Immobilienmärkte Amerikas.

So belastet die Ansiedlung von Dot-Com-Unternehmen in San Francisco und im Silicon Valley die sozioökonomischen Strukturen. Seit 2001 hat die Stadtverwaltung von Palo Alto beispielsweise mit einer Notverordnung die Vermietung von innerstädtischen Verkaufsläden an Internetunternehmen untersagt. Weitere Gemeinden des Silicon Valley arbeiten an ähnlichen Verordnungen oder haben diese bereits verabschiedet, da die mit der *New Economy* einhergehende Verdreifachung der Mieten lokal nicht mehr zu tragen ist. Unerschwingliche Wohnungsmarktpreise, Verkehrsstaus und fast unkontrollierbarer Zuwachs an Arbeitsplätzen in einer Industrie, die sich als Monostruktur im neuen Kleid erweist, machen sich lokal nicht nur positiv bemerkbar. Auch im Silicon Valley und der *Dot Com Area* San Francisco zeigt sich der lokale Effekt der Globalisierung, die in diesem Gebiet ihren Ausgangspunkt nahm.

Der Boom der Dot-Com-Unternehmen zeigte im Jahr 2001 seine problematische Seite: Die 50 am schnellsten wachsenden Dot Com-Unternehmen des Silicon Valley, die in diesem Jahr Produkte und

Dienstleistungen für über 10 Mrd. Dollar verkauften, mussten im gleichen Zeitraum auch Verluste von 28 Mrd. Dollar durch ihren Börsengang und sinkende Kurse hinnehmen. In der Folge sank die Zahl der Bestellungen allein in einzelnen Monaten des Jahres 2001 bei Computern um 22,3 %, bei Halbleitern um 25 % und bei der Kommunikationstechnologie um 70 %. Die Auslastung der Produktionsstätten war davon betroffen und sank von 90 % auf 65 % ab. Als Endergebnis werden im Silicon Valley mittlerweile Massenentlassungen registriert (Tab. 42).

Die Vermutung, dass der einheimische Markt auch in Zukunft nicht mehr unbegrenzt ausbaufähig ist, sondern einen deutlichen Sättigungsgrad erreicht hat, wird aus folgenden Statistiken deutlich: Mehr als die Hälfte der Bevölkerung, 143 Mio. Amerikaner, benutzten 2001 regelmäßig das Internet, wovon 40 % Interneteinkäufe tätigen. 174 Mio. Amerikaner, d. h. 66 % der Bevölkerung, gebrauchen Computer, davon 90 % der Kinder und Jugendlichen zwischen 5 und 17 Jahren; 75 % der Jugendlichen von 14 bis 17 Jahren und 65 % der 10- bis 13-Jährigen benutzen das Internet. Wegen des flächendeckenden Gebrauchs von Computern und Internet in den Schulen sind auch Kinder armer Familien mit deren Umgang vertraut, weswegen die Benutzung des Internet durch die ärmsten Haushalte, die unter 15 000 Dollar Jahreseinkommen aufweisen, zwischen 1998 und 2001 um jährlich 25 % stieg. Alle ethnischen Gruppen nutzen Computer und Internet gleichermaßen; so stieg die Nutzung zwischen 2000 und 2001 bei Afroamerikanern und *Hispanics* um jährlich jeweils rund 30 % an. Infolge der drohenden Marktsättigung suchen viele der im Silicon Valley ansässigen Hochtechnologiefirmen, allen voran Microsoft, IBM, Intel, Hewlett-Packard sowie Dell neue Märkte in China zu erschließen, das bis zum Jahr 2010 gut 90 % seiner Schulen an das Internet anschließen will. Zudem halten die zwei größten chinesischen Computerfirmen nur 35 % des Anteils im eigenen Markt. Auch Indien, ein Exportland für Software-Ingenieure, gilt als zukunftsträchtig, zumal die Nachfrage für Informationstechnologie amerikanischer Firmen dort jährlich um ca. 20 % wächst. Auch Südkorea, wo 10 Mio. der 16 Mio. Haushalte über Breitband-Internetverbindungen und 70 % der Einwohner über Mobiltelefone mit Wireless-Technologie für schnelle Datenübermittlung verfügen und wo amerikanische Computerfirmen führend sind, gilt als neuer Markt, der angesichts schrumpfender amerikanischer Nachfrage einen Ausgleich schaffen soll (US Department of Commerce, National Telecommunication and Information Administration 2002). Die Frage stellt sich allerdings, welche Märkte noch zu erschließen sind, wenn diejenigen von China und Indien auch übersättigt sein werden, wie das bei der anhaltend schnellen Entwicklung in absehbarer Zeit der Fall sein könnte.

Research Triangle North Carolina

Dem Modell Silicon Valley eifert das „Research Triangle" in North Carolina nach. Der Research Triangle Park (RTP) ist mit seiner Fläche von 8 Meilen Länge, 2 Meilen Breite und 7000 *acres* der größte Hochtechnologiepark der USA. In der Mitte zwischen den drei renommierten Universitäten Duke University, der University of North Carolina in Chapel Hill und North Carolina State University in Raleigh gelegen, verzeichnete das Areal im Jahr 2003 136 Organisationen, die Hochtechnologie risikofinanzieren, entwickeln und vermarkten, ferner 109 Forschungs- und Enwicklungsfirmen.

Der Vorteil dieses Standortes in North Carolina sind seine niedrigeren Gesamtkosten – von 48 Bundesstaaten im zusammenhängenden Staatsgebiet rangiert North Carolina auf Platz 33. Insbesondere die Lohnkosten für Biotechnologiefirmen sind niedrig, was durch die geringe gewerkschaftliche Einbindung in diesen Staaten des Südens bedingt wird (Research Triangle Park – RTP, North Carolina 2003 News; *http://www.rtp.org*). Fünfzig Prozent der 42 000 Beschäftigten des RTP arbeiten für multinationale Konzerne, 99,4 % in Forschung und Entwicklung. Vierzig Prozent der Firmen zählen jedoch mit weniger als 10 Mitarbeitern zu den ausgesprochen kleinen und mittelständischen Unternehmen. Die 2003 geplanten Expansionen sahen ca. 6 Mio. Quadratmeter neuer Nutzfläche vor, eine Investition von 2 Mrd. Dollar und eine geschätzte jährliche Lohnsumme von insgesamt 2,7 Mrd. Dollar. Die Beschäftigtenzahl stieg von 1960, als es nur drei Firmen mit 500 Angestellten im RTP gab, bis ins Jahr 1975 auf 23 Firmen mit 10 400 Beschäftigten.

Nachdem die Beschäftigtenzahl bis auf das Maximum von 44 000 Mitarbeitern in 106 Firmen im Jahr 2000 anwuchs, trat jedoch seither wie in der gesamten *New Economy* ein durch Börsenverluste bedingtes Firmensterben ein. 2002 operierten nur noch 100 Forschungsfirmen mit insgesamt 38 500 Mitarbeitern. Die Gesamtbevölkerung in den umliegenden Counties wuchs jedoch stetig – von 1990 mit 858 485 Einwohnern auf 1,232 Mio. im Jahr 2001 –, wozu auch die hohen mittleren Einkommen, die je nach County zwischen 62 800 und 66 300 Dollar pro Jahr liegen, beitragen.

Der Multiplikatoreffekt ist nach wie vor erheblich. So finanzieren die Firmen des RTP auch an den drei großen Universitäten Forschung in beträchtlicher Höhe: Von den Forschungsgeldern an die drei Universitäten, die zwischen 1999 und 2000 fast eine Milliarde Dollar betrugen, wurden 33 % von der Bundesregierung bereitgestellt und 17 % von den Firmen des RTP (Research Triangle Park – RTP, North Carolina 2003). Wegen der guten Forschungsmöglichkeiten sind die Universitäten auch im Ausbildungsbereich für diesen Hochtechnologiesektor führend: Fast 11 000 Ingenieur-/Computer-Science-Studenten sind im Jahr 2003 in den fünf *State Universities* von North Carolina eingeschrieben, und 17 200 angehende Computerfachleute sind in den 58 anderen Fachhochschulen des Bundesstaates immatrikuliert.

Im gesamten Bundesstaat waren 1998 rund 264 000 Personen im Hochtechnologiesektor beschäftigt (Hunt 2000).

Boston – Universitäten als Wirtschaftsfaktor

Eine Multiplikatorwirkung auf die engere Region und über die Forschungsleistungen und weltweiten Patente haben Universitäten wie jene im Silicon Valley oder im Research Triangle seit jeher gehabt. Die Region Boston ist eines der ältesten Beispiele dafür. Nicht nur zählten die Universitäten des Raumes Boston-Cambridge, wie z. B. Harvard, zu den ältesten und führenden Institutionen in der kulturellen Entwicklung des Landes – vielmehr generierten sie schon in kolonialen Zeiten Unternehmen und jenes Großkapital, das die infrastrukturelle Erschließung der USA, insbesondere durch Eisenbahngesellschaften, finanzierte. Der regionalwirtschaftliche Einfluss der acht großen Forschungsuniversitäten des Raumes Boston wird anhand einiger Kenngrößen deutlich. Die Universitäten sind: Boston College, Boston University, Brandeis University, Harvard University, Massachusetts Institute of Technology; Northeastern University, Tufts University und die University of Massachusetts, Boston. Mit Ausnahme der University of Massachusetts, Boston, die eine öffentliche Institution ist, sind alle anderen private Universitäten. Sie sind die führenden und sichersten Arbeitgeber der Region mit einer Gesamtbeschäftigung von 50 750 Personen, womit sie sämtliche großen Wirtschaftszweige wie Banken, Versicherungen, die Computerindustrie und die Management-Consulting-Unternehmen übertreffen.

Die jährlich 30 000 Hochschulabsolventen aus einer Gesamtzahl von 118 000 immatrikulierten Studierenden werden im Arbeitsmarkt für hochqualifizierte Stellen absorbiert. 310 000 Absolventen der Universitäten mit mehr als vier Jahren Universitätsausbildung leben im Raum Boston; sie stellen rund 30 % aller Akademiker des Raums Boston dar, die mindestens einen Bachelor-Abschluss oder dessen Äquivalent haben. Ihre Forschung ist stark auf neue „Zugpferd"-Hochtechnologien wie Genomforschung und Nanotechnologie ausgerichtet. Allein im Jahr 2000 investierten die acht Universitäten 1,5 Mrd. Dollar in die Forschung – zusammen mit den ihnen angeschlossenen Forschungskliniken erreichte die Gesamtinvestition 2,3 Mrd. Dollar, von denen 97 % bundesfinanzierte Forschungsaufträge waren. Zu den Forschungskliniken gehören ebenfalls die führenden der USA: Massachusetts General Hospital, Brigham & Women's Hospital, Dana Farber Cancer Institute, Beth-Israel Deaconess Medical Center, Children's Hospital, Tufts-New England Medical Center, Boston Medical Center, McLean Hospital, Massachusetts Eye and Ear Infirmery, St. Elizabeth's Hospital, Lahey Clinic. Sie alle zusammen vereinten 63 % der gesamten Bundesforschungsgelder für die medizinisch-klinische Forschung auf sich.

Der finanzielle Gesamtnutzen, den die acht großen Universitäten der Stadt im Jahr 2000 hatten, beläuft sich jährlich auf 7,4 Mrd. Dollar, einer Summe, die in der Größenordnung des regionalwirtschaftlichen Impakts von Olympischen Spielen liegt, im Gegensatz dazu jedoch jedes Jahr erwirtschaftet wird. Im Jahr 2000 gaben die acht Universitäten ferner 1,3 Mrd. Dollar an lokale und regionale Zulieferer von Gütern und Dienstleistungen aus. Zwischen den Jahren 2000 und 2004 wurden universitäre Bauaufträge im Gesamtwert von 850 Mio. Dollar jährlich ausgeführt. Da die Universitäten als Forschungs- und Bildungseinrichtungen weniger stark zyklischen Schwankungen unterworfen sind als andere Großunternehmen, bilden die Universitäten einen Stabilitätsfaktor der gesamten regionalen Ökonomie und zeigen starken Arbeitsplatzzuwachs, wenn andere Großunternehmen der Region Arbeitsplatzabbau betreiben (Engines of Economic Growth 2003).

Ihre Multiplikatorwirkung zeigen die Universitäten dadurch, dass sie 2002 über 37 000 Vollzeitarbeitsplätze in der Region mit einer Gesamtlohnsumme von 1,6 Mrd. Dollar finanzierten. Für ihre Forschungen erzielten die acht Universitäten im Jahr 2000 insgesamt 242 weltweite Patente, lizensierten 250 kommerzielle Produktionen und gründeten 41 neue Spin-off-Unternehmen. Wegen der Forschungscluster, der signifikanten Anteile der Forschungsfinanzierung durch die Bundesregierung und des weniger regulierten Forschungsmilieus ziehen diese Universitäten auch in hohem Maße ausländische Direktinvestitionen an. So lassen viele Großkonzerne, die in ihren Ursprungsländern gewisse Forschungen z. B. im gentechnologischen Bereich nicht oder nur sehr stark reguliert durchführen können, in Boston forschen. Dazu zählen die Pharmakonzerne Schering AG/Schering-Plough, die schweizerische Novartis (vormals Ciba-Geigy und Sandoz) und Hoffmann-La Roche (Engines of Economic Growth 2003).

Metropolitanräume als Motoren der wirtschaftlichen Entwicklung

Während Wissenschaftslandschaften mit ihren Clustern von Forschungsinstitutionen, physischer Infrastruktur, Humankapital und ihrem innovativen Milieu die Inkubatoren für Hochtechnologieentwicklung (*Silicon Landscapes*) wurden und mit ihnen zusammen die zukunftsorientierten, führenden Wirtschaftszweige des beginnenden 21. Jahrhunderts bilden, ist das allgemeine Wirtschaftswachstum engstens mit dem Wachstum der Metropolitanräume verbunden.

Waren im Industriekapitalismus noch einzelne große Industrien die Triebkraft hinter der nationalen Ökonomie, so sind heute Metropolitanräume die wichtigsten Motoren des Wirtschaftswachstums. Die 317 größten Metropolitanräume wachsen stetig, schaffen mehr Arbeitsplätze und produzieren mehr Güter und Dienstleistungen als andere Regionen oder sogar Länder im internationalen Vergleich. So rangierte beispielsweise der Großraum Chicago 1999 im Vergleich der BIP von Ländern weltweit auf Platz 20, Washington, D.C. auf Platz 28, Dallas auf Platz 37 und der Großraum Denver mit einem Bruttoinlandsprodukt von 72,5 Mrd. Dollar auf Platz 63 der Volkswirtschaften. Würde man die Bruttoinlandsprodukte von Ländern im globalen Vergleich mit amerikanischen Metropolitanräumen gleichsetzen, so wären die 48 größten Volkswirtschaften der Welt

	Gesamtbeschäftigte	Anteile (in %)
Bevölkerung über 16 Jahre	**217168077**	**100,0**
Berufstätige	138820935	63,9
nicht militärisch Beschäftigte	137668798	63,4
Erwerbstätige	129721512	59,7
Arbeitslose	7947286	3,7
Anteil an den Erwerbspersonen	5,8 %	(X)
militärisch Beschäftigte	1152137	0,5
nicht erwerbstätig	78347142	36,1
Frauen über 16 Jahren	**112185795**	**100,0**
nicht erwerbstätig	64547732	57,5
nicht militärisch Beschäftigte	64383493	57,4
erwerbstätig	60630069	54,0
eigene Kinder unter 6 Jahren	**21833613**	**100,0**
erwerbstätige Elternteile	12787501	58,6
Pendler		
nicht militärisch Erwerbstätige über 16 Jahre	**129721512**	**100,0**
Benutzung des Pkw oder Pick up, alleinfahrend	97102050	75,7
Carpool/Mitfahrgelegenheit in Pkws oder Pick ups	15634051	12,2
öffentlicher Personennahverkehr, inkl. Taxibenutzung	6067703	4,7
Fußgänger	3758982	2,9
andere Transportmöglichkeiten	1532219	1,2
zu Hause arbeitend	4184223	3,3
durchschnittliche Pendelzeit in Minuten	25,5	(X)
Berufsgruppen		
Management, akademische und hochqualifizierte Berufe	43646731	33,6
Dienstleistungen	19276947	14,9
Verkaufs- und Büropersonal	34621390	26,7
Land- und Forstwirtschaft, Fischerei	951810	0,7
Bauwesen, Bergbau und Wartungspersonal	12256138	9,4
Produktions- und Transportarbeiter inkl. Warentransport	18968496	14,6
Wirtschaftszweige		
Land- und Forstwirtschaft, Fischerei, Jagd, Bergbau	2426053	1,9
Bauwesen	8801507	6,8
verarbeitende Industrie	18286005	14,1
Großhandel	4666757	3,6
Einzelhandel	15221716	11,7
Transport und Lagerhaltung, öffentliche Versorgungswerke	6740102	5,2
Informationswesen	3996564	3,1
Finanz-, Versicherungs-, Immobilienwesen, inkl. Immobilienvermietung und -verpachtung	8934972	6,9
akademisches, wissenschaftliches, Management- und Administrativpersonal	12061865	9,3
Bildung, Gesundheit, Soziales	25843029	19,9
Kunst, Unterhaltung, Freizeitgestaltung, Übernachtungsgewerbe, Gastronomie	10210295	7,9
andere Dienstleistungen	6320632	4,9
öffentliche Verwaltung	6212015	4,8
Kategorien von Beschäftigten		
privatwirtschaftliche Lohn- und Gehaltsempfänger	101794361	78,5
Regierungsangestellte	18923353	14,6
selbständig Erwerbende	8603761	6,6
unbezahlte Familienangehörige	400037	0,3

Quelle: US Bureau of the Census 2003. American Fact Finder: DP-3, Profile of Selected Economic Characteristics 2000: Data Set Census 2000, Summary File 3.

Tab. 43: *Schlüsselgrößen der Wirtschaft.*

amerikanische Stadtregionen. Das BIP der 10 größten Metroregionen der USA übertraf 1999 das von 31 Ländern. Das Bruttoinlandsprodukt der fünf größten Metropolitanregionen rangierte im Ländervergleich, aber auch als Volkswirtschaft betrachtet, als viertes hinter den USA, Japan und Deutschland. Der Großraum New York produziert ein größeres BIP als Australien und Atlanta ein größeres als Finnland. Im inneramerikanischen Vergleich übertrifft das Bruttoinlandsprodukt von Buffalo das von Hawaii und dasjenige von New Haven das BIP von Nevada. Amerikanische Metropolitanräume generieren 83 % des Bruttoinlandsprodukts der USA, einen gleich hohen Anteil an Beschäftigung und waren verantwortlich für 89 % der 2 Billionen Dollar, um die die amerikanische Volkswirtschaft zwischen 1992 und 1998 wuchs (The United States Conference of Mayors 2002, S. 1–4).

Vor diesem Hintergrund sind folgende Statistiken besonders relevant, lassen sie sich doch nicht nur als Kenngrößen der amerikanischen Volkswirtschaft, sondern vor allem der Wirtschaftskraft ihrer Metropolitanregionen verstehen (Tab. 43). Im Jahr 2001 waren 91 % der Beschäftigung im Finanzwesen und 87 % der Beschäftigung im Transport- und Kommunikationswesen sowie in der Ver- und Entsorgung in Metropolitanregionen angesiedelt. Zwischen 1996 und 2001 fanden 89 % des Wachstums von 9,4 Mio. Beschäftigten in der Großstadt statt. Der größte Teil des Erwerbseinkommens wird ebenfalls in Metroregionen generiert. 2001 verdienten die in den Metropolitanregionen Beschäftigten 4,5 Billionen Dollar, während die Beschäftigten im ländlichen Raum nur knapp 600 Mrd. Dollar verdienten. Im Durchschnitt bedeutet dies ca. 40 600 Dollar Jahresgehalt pro Beschäftigten in der Großstadt, im Vergleich zu 28 200 Dollar durchschnittlichen Jahresgehalts im ländlichen Raum (The United States Conference of Mayors 2002, S. 5–6).

Städte bieten durch ihre Konzentration von Arbeitskräften und Consumermärkten sowie Unternehmen der Wirtschaft einzigartige Bedingungen für innovative, neuartige Wirtschaftszweige und sehr dynamische Entwicklungen der Produktivität. Mit wenigen Ausnahmen nahmen alle großen, nicht landwirtschaftlichen Wirtschaftszweige der USA ihren Ausgang in Großstädten: die Automobilindustrie in Detroit, die Fernseh- und Kommunikationstechnologie in New York, die PC-Herstellung in San José. Auch die derzeitigen Wachstumsindustrien – Hochtechnologie-Unternehmen und unternehmensorientierte Dienstleistungen, in denen die neuesten Branchen Telekommunikation, Internetdienste, Managementberatung sowie die Entwicklung von optischen Hochpräzisionsinstrumenten konzentriert sind – finden sich fast ausschließlich in Metropolitanregionen.

Beispiel New York

New York ist Sitz der weltweit größten Finanz- und Handelsbörsen sowie der weltgrößten Finanzfirmen und Investmentbanken. Die sogenannten FIRE-Branchen (*finance, insurance, real estate*) und Immobilienbanken verzeichneten 2001 insgesamt mehr als 12 % der Beschäftigten der gesamten Metroregion mit einer Bevölkerung von knapp 19 Mio. Menschen, während dieselben Branchen im nationalen Durchschnitt nur 5,8 % ausmachten. Aufgrund der Beschäftigtenentwicklung in den wichtigsten Wirtschaftsbereichen gilt der Großraum als der strukturstärkste der USA, obwohl ein signifikanter Wandel der Beschäftigungsstruktur stattgefunden hat. Dienstleistungen haben in den vergangenen 25 Jahren anteilsmäßig die Bedeutung übernommen, die ehemals dem verarbeitenden Gewerbe zukam.

Amerikanische Metropolitanregionen sind wegen ihrer volkswirtschaftlichen Bedeutung in ihrer Gesamtheit zu wichtigen Steuerungszentren der globalen Wirtschaft geworden; sie stehen miteinander und auch mit Metropolen weltweit stärker in Konkurrenz als mit Ländern. 85 % der 317 Metroregionen der USA zeigten im Jahr 2001 trotz der Ereignisse vom 11. September ein inflationsbereinigtes Wirtschaftswachstum, das den nationalen Durchschnitt überstieg. Dabei ist beachtenswert, dass die Industrien und auch ihre Massenentlassungen, die im selben Jahr 1,5 Mio. Personen betrafen, dieses Wachstum kaum statistisch beeinträchtigen konnten, findet das Wirtschaftswachstum doch vor allem in tertiären Sektor statt. Da industrielle Produktion in der Volkswirtschaft keine so dominante Rolle mehr spielt wie noch im Industriezeitalter, sondern die amerikanische Wirtschaft im Wesentlichen auf den Bedürfnissen und dem Konsum einer Dienstleistungsgesellschaft wächst, wird nachvollziehbar, warum eine Konsumorientierung auch alle Bereiche der Politik, inklusive der Außenpolitik, sowie die Sicherung nationaler Interessen weltweit bestimmt.

Da die Städte die bedeutendsten Zentren der gesamten Volkswirtschaft und des Wirtschaftswachstums sind und sich von den 317 Metropolitanregionen der USA 31 in zwei Bundesstaaten und drei weitere in vier Bundesstaaten ausdehnen, werden lokale und einzelstaatliche Grenzen in zunehmendem Maße für die Wirtschaft irrelevant. Städte dominieren ihre Bundesstaaten erheblich. So werden 71 % des BIP des Bundesstaates Illinois in Chicago erstellt, wo auch 70 % der Beschäftigten des Staates tätig sind. In Kalifornien werden 97 % des BIP in Metropolitanregionen erstellt. In 31 Bundesstaaten vereinigen die Ökonomien der Metropolitanregionen mehr als 75 % des BIP der jeweiligen Einzelstaaten auf sich. Es gibt daher neue Notwendigkeiten, Wirtschaftsförderung und -wachstum stärker im Kontext der Zusammenarbeit innerhalb der Gemeinden einer Metropolitanregion zu sehen. Ganz klar bedeutet inneramerikanische Wirtschaftspolitik heutzutage Investitionsprioritäten in den 317 größten und wirtschaftsstärksten Metropolitanregionen, insbesondere in Infrastruktur, verfallene Stadtgebiete, Bildungs- und Ausbildungsförderung (The United States Conference of Mayors 2002).

Metropolitaner Arbeitsmarkt und Arbeitslosigkeit

Wegen der herausragenden Bedeutung von Großstädten in der amerikanischen Volkswirtschaft muss deren Arbeitsmarkt bzw. Arbeitslosigkeit besondere Beachtung geschenkt werden. 2003 verzeichneten 169 Metropolitanregionen geringere Arbeitslosenquoten als im Jahr zuvor. Allerdings hatten 139 Metroregionen noch höhere Arbeitslosenquoten als im Jahr zuvor, und nur wenige Metropolitangebiete zeigten keine Veränderung.

Die Städte mit den höchsten Arbeitslosenquoten sind ein Indikator für eine anhaltende Strukturschwäche, die *nicht* durch die Ereignisse des 11. September ausgelöst wurde. Von den dreizehn Metroregionen mit der höchsten Arbeitslosigkeit von mindestens 10 % (und damit signifikant höher als der Bundesdurchschnitt von 6,5 %) lagen neun in Kalifornien. In Merced, Fresno, Salinas und Yuba City, um nur einige zu nennen, lag die Arbeitslosenquote zwischen 15 und knapp 18 %. Von den 51 Metropolitanregionen, deren Bevölkerung größer als eine Million ist, wurden die höchsten Arbeitslosenquoten zwischen 8 und 9 % in San José, Portland-Vancouver und New York City verzeichnet, was mit der schwierigeren Marktlage der Dot-Com-Unternehmen und der Marktsättigung im Informations- und Telekommunikationsmarkt zusammenhängt. Die größten absoluten Arbeitsplatzverluste mussten 2002 die Hochburgen der Hochtechnologieentwicklung San José (–44 100), New York (–38 400) und Boston (–35 200) hinnehmen (US Department of Labor, Bureau of Labor Statistics 2003; Metropolitan Area Employment and Unemployment Data Files).

Die niedrigsten Arbeitslosenquoten wurden in Washington, D.C. mit 3,5 % verzeichnet, was mit der Neuschaffung des Department of Homeland Security zusammenhängt, das mit 170 000 neuen Mitarbeitern 2001 seinen Dienst aufnahm. Stark sinkende Arbeitslosenquoten verzeichneten Charlotte, North Carolina, was durch die neuen Aufträge im Bereich der Hochtechnologieentwicklung im Research Triangle bedingt wird, wo wegen der allgemein geringeren gewerkschaftlichen Entwicklung billiger als in anderen Silicon Landscapes der USA gearbeitet werden kann; ferner der Raum Miami, wo die „Rentnerindustrie“ für einen stabil wachsenden

New York City– Duale Struktur einer Global City

Über die Hälfte der Arbeitsplätze des fast 19 Mio. Menschen umfassenden Metropolitanraums liegt in New York City. Die Pendlerströme zeigen, dass 40 % der Erwerbstätigen des Großraums innerhalb des Ballungsraums über die County- oder Borough-Grenzen hinweg pendeln; noch im peripheren Ring werden rund 70 % des Gesamteinkommens durch Arbeitsplätze im Großraum New York verdient. Dies zeigt die außerordentliche wirtschaftliche Verflechtung und Integration innerhalb des Großraums, ebenso aber auch, dass das Wirtschaftswachstum der Region sehr stark an den Ausbau und die Entwicklung des Verkehrssystems (Autobahnen, Schnellstraßen, Brücken, Tunnel, öffentlicher Personennahverkehr zu Land und zu Wasser) gebunden ist. Das öffentliche Transportwesen ist also von zentraler Bedeutung für die Wirtschaft des Großraums New York und seiner Peripherie. Transportwesen und Telekommunikation gelten ebenfalls als Grundlage für die überregionale bzw. globale Rolle, die bestimmte Branchen New Yorks innehaben. Modernste Telekommunikationstechnologie und der internationale Flug- und Schiffsverkehr tragen dazu bei, dass New York in Bezug auf einige seiner wirtschaftlichen Sektoren führend in der Welt wurde und von zentraler Bedeutung für die USA ist.

New York City ist durch seine Konzentration von Kapitalhandelshäusern und Finanzierungsunternehmen, die international tätig sind, Wertpapierhandel und Kapitalanlagen in Milliardenhöhe betreiben und in der Weltwirtschaft entscheidende Kontrollfunktionen einnehmen, eine sogenannte *global city*, von der wirtschaftliche Entscheidungen weltweiter Tragweite ausgehen. Angesiedelt sind die „Kapitalfabriken" im südlichen Teil Manhattans, wo auch andere hochspezialisierte, unternehmensbezogene Dienstleitungen wie Wirtschafts-, Rechts- und Unternehmensberatung, ferner Markt- und Produktforschung und Werbung konzentriert sind. Zudem findet sich hier eine Häufung von Herstellern oder Händlern von Luxusartikeln wie Diamanten, Pelzen oder Antiquitäten. Insgesamt befinden sich im Central Business District von New York City, also Downtown und Midtown Manhattan, 455 Hauptkonzernverwaltungen, davon 200 multinationale Unternehmen, weil eine erstklassige Adresse und *face to face*-Kontakte in den *front offices* für diese Dienstleistungen wichtige Standortfaktoren sind. Die eigentlichen Routine- und Verwaltungsfunktionen der Firmen, wie z. B. Datenverarbeitung, sind dagegen in den *back offices* in angrenzende Stadtteile, z. B. an den Ufern, die Manhattan gegenüberliegen (*waterfront*-Bereich), oder in die peripheren Counties des Großraums ausgelagert. Es zeichnen sich also im Großraum New York Tendenzen zu einer Dualität innerhalb des tertiären Sektors ab, wobei Managementfunktionen und leitende Angestellte in der Wirtschaftscity bleiben, die Masse der Dienstleistungen der unteren und mittleren Ebene aber weniger zentral in angrenzenden Stadtteilen und Counties liegt und entsprechende Pendlerströme anzieht.

Die Büroflächenentwicklung für *front offices* und *back offices* zeigt sich sehr stark im *waterfront*-Gebiet, also dem Uferbereich des südlichen Manhattan und den gegenüberliegenden Ufern von Brooklyn und Queens sowie New Jersey. Noch fast zur Wirtschaftscity gehören die Ufer von Brooklyn, Queens und New Jersey, wo für ergänzende Dienstleistungen und das Wohnen im urbanen Milieu, das verkehrsmäßig günstig über U-Bahnen, Tunnel, Brücken und Fähren an die Wirtschaftscity angebunden ist, geplant wurde. Auch auf Manhattan selbst wurde die Wirtschaftscity ausgedehnt. Hier wurde Battery Park City geschaffen, ein aufgeschütteter Landstreifen an der Westseite von Manhattan. Die Planungen dazu begannen in den 1960er Jahren; ausgeführt wurden sie später unter Verwendung des Aushubs vom World Trade Center und seiner fünf Nebentürme, eines Großhotels und fünf neuer U-Bahn-Höfe im Umfeld. Der Großteil wurde jedoch durch ausgebaggerte Flusssedimente geschaffen. Battery Park City ist 1,5 km lang und ca. 250 m breit und der Bebauung des benachbarten Finanzdistrikts von Manhattan angepasst. Wie auch in den anderen neuen Bürogebäuden von Downtown Manhattan handelt es sich bei Battery Park City um „intelligente" Gebäude, bei denen sämtliche Büroflächen total vernetzt sind und den Zugang zu weltweiten Datenbanken und Computerinformationsdiensten erlauben. Totalverkabelung und Vernetzung der Kommunikationssysteme gilt in den Bürogebäuden Manhattans als Grundversorgungseinrichtung, wozu auch eigene Breitband-Lokalnetze mit duplizierten Leistungsnetzen für den Notfall und die eigene Notstromversorgung gehören.

Außerhalb der Wirtschaftscity Manhattans gibt es in einigen Teilen der Kernstadt regionale Schwerpunktgebiete für die Industrieansiedlung durch besondere Förderungsprogramme für Industrieparks, z. B. in der Bronx für hafenbezogene Industrien, Gewerbe und Dienstleistungen. Auf diesen Industrie-, Gewerbe- und Technologieparks werden bis zu 22 Jahren Steuerfreiheit gewährt, um diese Gebiete geringeren Profitpotenzials für Investoren interessant zu machen. Trotz der wirtschaftlichen Dynamik des Großraums und der besonderen planerischen Anstrengungen, die lokale Wirtschaft in stagnierenden Stadträumen zu beleben, kann nicht verhindert werden, dass sich in New York vor allem in sozialer Sicht eine duale Stadt abzeichnet und die Polarisierungstendenzen eher stärker werden. Zwischen der Wirtschaftscity Manhattans und den *waterfront*-Bereichen von Queens, Brooklyn und New Jersey sowie den weiträumigen mittelständischen Periphergebieten des Großraums liegt ein Ring anderer Realität, der Teile von New Jersey, Brooklyn, Queens und der Bronx umfasst und als Auffangbecken derer gilt, die nicht in der Wirtschaftscity arbeiten können. Diese Stadtteile sind überwiegend Konzentrationsgebiete der Minderheiten, vor allem der Afroamerikaner, und dicht besiedelt. Soziale Ungleichheit war immer ein Kennzeichen New Yorks; die Zustände in getrennten Welten innerhalb der Stadt waren schon um die Wende zum 20. Jahrhundert Auslöser großer Sozialreformen. Waren jedoch seinerzeit die Armen und Neueinwanderer überwiegend in die Wirtschaft der Stadt integriert, so haben die modernen Dienstleistungen heute kaum noch Bedarf an den vielen minderqualifizierten Bewohnern, die in den ärmeren Wohngebieten konzentriert sind. Daher entwickeln sich im Gegensatz zur sozialen Ungleichheit früherer Jahrzehnte Stadträume, die funktional entkoppelt sind, kaum noch eine Aufwärtsmobilität erlauben und die Versorgung nicht mehr sicherstellen, denn es gibt nur wenige Subzentren, die als Versorgungseinheiten oder Ausgangspunkte lokaler Wirtschaftskreisläufe fungieren könnten.

Markt sorgt. Aus ähnlichen Gründen verzeichnete Las Vegas den größten Arbeitsplatzzuwachs, der sich aus drei wichtigen Faktoren ergibt: Rentnerkolonien in und im weiteren Umland von Las Vegas – auch als *Mobile Home*-Billigvariante –, ferner militärische Nutzungen des Bundesstaates im Interesse der nationalen Sicherheit und schließlich die Tatsache, dass im Bundesstaat Nevada keine Bundessteuern auf Einkommen erhoben werden, womit besonders für sehr Wohlhabende der normalerweise größte Anteil der steuerlichen Belastung nicht anfällt.

Die Industrie, die bis weit in die zweite Hälfte des 20. Jahrhunderts hinein noch das Zugpferd des Wirtschaftswachstums war, ist nicht länger der Motor. In 209 Metropolitanregionen wurde massiver Arbeitsplatzverlust in den Industrien verzeichnet, wobei auch die Informations- und Telekommunikationsindustrie im produzierenden Bereich, ferner der Handel, das Transportwesen und die städtischen Versorgungsbetriebe einen Arbeitsplatzabbau in 152 Großstädten registrieren. Arbeitsplatzwachstum findet sich besonders in den postindustriellen Bereichen der Ausbildungs- und Gesundheitsdienstleistungen.

Die Großregionen der USA spiegeln das Bild des Arbeitsmarktes ihrer Städte und die zum Teil einseitige Orientierung auf Hochtechnologiebranchen wider, während ein Teil dieser Branchen, vor allem im Bereich der Gebrauchscomputer-Technologie, eine starke Marktsättigung erfährt. Kalifornien verzeichnete mit 6,5 % insgesamt die höchste Arbeitslosenquote. Andere Regionen mit hochspezialisierter Ausrichtung der Wirtschaft erfuhren ebenfalls starke Einbußen, so z. B. der vom Flugzeugbau abhängige pazifische Nordwesten, der aufgrund der Terroranschläge, zurückgehender Fluggastzahlen und Flugzeugbestellungen eine dramatische Abwärtsentwicklung erlebte. Die US-Luftfahrtbranche befand sich bereits zuvor über mehrere Jahre hinweg in einer Phase massiver Verluste.

Schon vor dem 11. September 2001 hatte der Kampf um Marktpositionen zu einem Flugnetzausbau geführt, der sich als nicht wirtschaftlich erwies und Liquidationen, Stellenabbau und Versuche von Angestellten, ihre Airlines durch Eigenbeteiligung betriebsfähig zu halten, zur Folge hatte. Die Verluste nach den Anschlägen überstiegen die vorherigen noch um ein Vielfaches. Ebenso wie US-Air und United Airlines suchte auch die dritte große amerikanische Fluggesellschaft – American Airlines, die auch die größte der Welt ist – 2003 den Gläubigerschutz nach „Kapitel Elf", der Konkursverordnung nach Nettoverlusten von fast 500 Mio. Dollar im ersten Quartal 2003 und 3,2 Mrd. im gesamten Vorjahr (2002). Kapitel Elf ist eine juristische Maßnahme zum beidseitigen Schutz von Gläubigern und Schuldnern, wonach der Schuldner während mehrere Monate den Betrieb mit minimierten Kosten aufrechterhalten darf. *Chapter Eleven*-Insolvenzen erlauben es, Massenentlassungen und Personalbeurlaubungen vorzunehmen, Lohnkürzungen zu erzwingen und Pensionen zu streichen, bevor eine Totalliquidation notwendig wird. Allerdings erfolgt nicht selten beides: Zunächst kommt es zu Lohn- und Pensionsverlusten und später zur Liquidation.

Insgesamt bauten die amerikanischen Fluggesellschaften im Jahr 2001 über 100 000 Stellen ab, wobei die Auswirkungen der Terroranschläge längst fällige Restrukturierungsmaßnahmen beschleunigten. Die Fluggesellschaften hatten nicht nur im Jahr 2002 10 Mrd. Dollar und 2001 8 Mrd. Dollar Verluste verzeichnet, sondern auch schon in den Jahren vor den Terroranschlägen erhebliche Einbußen erlitten. Auch die 5 Mrd. Dollar Soforthilfe der amerikanischen Bundesregierung und die in Aussicht gestellten Bundeskredite in Höhe von 10 Mrd. Dollar zur Sanierung der Fluggesellschaften konnten fehlende Konkurrenzvorteile oder Rationalisierungen nicht ersetzen.

Insgesamt sind alle industriell geprägten Regionen von der anhaltenden Strukturkrise des amerikanischen Arbeitsmarktes betroffen oder sogar in starkem Maße dafür verantwortlich. In den 50 Bundesstaaten und im District of Columbia verzeichneten fast alle Bereiche der industriellen Produktion ganzjährig Arbeitsplatzabbau. Ganzjährige Beschäftigtenzunahmen sind jährlich in 41 Bundesstaaten nur im Bereich der Regierung/Verwaltung, wozu auch das Militär gehört, sowie im Dienstleistungssektor zu vermerken (US Department of Labor, Bureau of Labor Statistics 2003, Regional and State Employment and Unemployment Summary).

Industrien – Motoren des Wirtschaftswachstums?

Das Wirtschaftswachstum im Industriezeitalter schien zu bestätigen, dass mit dem Wachstum der Industrien auch das BIP insgesamt wuchs. Den Industrien und ihrem Arbeitsplatzwachstum wurde von jeher eine führende und strategische Rolle im Prozess des gesamten Wirtschaftswachstums eingeräumt (Kusnetz 1966). Die heutigen Zahlen und Verhältnisse zeigen, dass diese Rolle nicht mehr besteht: Das BIP der USA steigt, während der gesamte Industriesektor Beschäftigte abbaut und die Produktivität der verbleibenden Beschäftigten das BIP nicht mehr erkennbar steigert (Tab. 44). Anders gesagt: Das Wirtschaftswachstum steigt oder wird erkauft, *weil* Arbeitsplätze abgebaut werden.

Strukturelle Probleme und Anpassungen des industriellen Sektors

Deutlich wird das strukturelle Problem der sich fast verdoppelnden Lohnsummen, obwohl Arbeitsplätze in starkem Maße abgebaut werden, nicht zuletzt aufgrund der steigenden Personalkosten. Wie gravierend dies ist, zeigt auch die Betrachtung eines längeren Zeitraumes: Zwischen 1960 und 2000 verdoppelten sich die Arbeitsplätze in den USA von

Jahr	Gesamtbeschäftigung Anzahl	Lohnsumme (in Tausend Dollar)	Produktionsarbeiter Anzahl	Lohnsumme (in Tausend Dollar)
1980	19 311 400	316 494 500	13 900 100	198 164 000
1990	17 579 400	472 622 300	12 232 700	275 208 400
1995	17 419 200	545 362 700	12 253 100	317 767 500
2000	16 681 425	618 216 523	11 959 223	363 272 413
2004	14 365 000			

***Tab. 44:** Entwicklung des Industriesektors.*

Quelle: US Bureau of the Census, Economics and Statistics Administration 2003 und 2004; Annual Survey of Manufactures, Tab. 1 (veränd.).

68,5 Mio. auf 140,9 Mio. Die Zahl der industriellen Arbeitsplätze, die 1960 noch 17,3 Mio. betrug, stieg bis 1979 auf den Maximalwert von 21,4 Mio. an und fiel seither kontinuierlich. Während dieses Zeitraums sank der Anteil der Industriearbeiter an der Gesamtbeschäftigung von vormals 25 % auf 15 %, wobei der größte Niedergang seit 1980 zu verzeichnen war. Innerhalb der De-Industrialisierung gab es eine herausragende Kategorie von Industrien, die Hochtechnologiebranchen, die bis zum Jahr 2000 nicht nur ein rasantes Wachstum vorlegten, sondern auch für über 90 % des Wachstums in der Gesamtindustrie verantwortlich waren (US Department of Commerce, Economics and Statistics Administration, Office of Business and Industrial Analysis, 1995. Engines of Growth. Manufacturing Industries in the US Economy).

Innerhalb des Industriesektors verändert sich die Struktur der Beschäftigten: Da immer mehr Produktionsarbeitsplätze in Niedriglohnländer ausgelagert werden, sind heute anteilsmäßig weniger Produktionsarbeiter im verarbeitenden Sektor zu verzeichnen als 1960 oder 1980. Seit den 1980er Jahren wurden Hunderttausende von gut bezahlten Facharbeiterstellen in den USA wegrationalisiert. Das gleichzeitig stattfindende enorme Wachstum der Arbeitsplätze im Dienstleistungsbereich brachte jedoch auch hohe Anteile von Stellen im Niedriglohnbereich, in denen zum Teil nur ein Drittel des Industrielohns verdient wird. Zudem konnte dieser Bereich den Verlust industrieller Arbeitsplätze, vor allem der Facharbeiterstellen, durch das Dienstleistungswachstum nicht ganz auffangen, da in beiden Sektoren der Wirtschaft verschiedene Qualifikationsvoraussetzungen herrschen.

Die Umstrukturierung der Industrien als Anpassung an Wettbewerbsfähigkeit ist verschiedener Art:

- Verlagerung industrieller Produktionsprozesse nach Übersee, während die Entscheidungsfunktionen (*headquarters*) in den USA verbleiben. Die Verlagerung der Produktionsstätten bringt die im Inland arbeitenden amerikanischen Industriearbeiter in direkten Wettbewerb mit den Billiglohnarbeitern in Übersee.
- Massenentlassungen.
- Die Einstellung von nicht gewerkschaftlich organisierten Arbeitskräften (*non union labor*) und die Verlagerung von Firmenabteilungen und Produktionsstätten in Bundesstaaten, die traditionell eine gewerkschaftlich wenig organisierte Bevölkerung haben, oder in Teilräume, die hohe Anteile neuer Immigranten stellen. Die neuen Einwandererwellen in die USA haben in amerikanischen Städten einen Arbeitsmarkt nach Drittweltstruktur entstehen lassen, mit Arbeitskräften, die ohne Sozialleistungen unter dem Mindestlohn arbeiten und in instabilen Arbeitsverhältnissen leben. Solche neuen Standorte sind auch suburbane Räume, Ghettos, ferner die Städte entlang der mexikanischen Grenze und ländliche Kleinstädte, die weit außerhalb des gewerkschaftlich noch stark organisierten, ehemaligen *Manufacturing Belt* liegen.
- Spekulative finanzielle Operationen.
- Deregulation und Zerschlagung einiger Gewerkschaften (z. B. Fluglotsen) durch den Gesetzgeber.
- Umstellung auf Zeitarbeit und weniger Vollzeitbeschäftigte (*labor flexibility*), womit die Sozialversicherung umgangen werden kann. Kurz- und mittelfristig werden für Arbeiter die Möglichkeiten zum sozialen Aufstieg (*opportunity structure*) und die soziale Alterssicherung reduziert.
- Umstellung der Leistungsbemessung: Nicht mehr Arbeit nach Festlohn, sondern nach Stückzahl wird in vielen Produktionsstätten praktiziert. Dies erlaubt, bei schlechter Auftragslage die Stückzahl/den Gesamtoutput zu reduzieren. Das bedeutet jedoch auch geringere und unsicherere Einkommen und ein erhöhtes Risiko, in die Armut abzugleiten. Ferner gibt es Kurzarbeitsvereinbarungen von weniger als 40 Stunden pro Woche oder Verträge, die für mehr als 40 Stunden dennoch nur denselben Lohn vorsehen.

Veränderungen der Firmenstrukturen – virtuelle Unternehmen

Die Möglichkeiten der Informations- und Telekommunikationstechnologie erlauben es Konzernen, sich aufgaben- und projektspezifisch neu zu strukturieren. Wettbewerbsdruck und Technologiefortschritte, über die man sich mittels gemeinsamer Netzwerke austauschen und Produktionsprozesse untereinander absprechen kann, erlauben es, sich jederzeit so zu organisieren, dass man in der Produktion wie eine Organisation handeln kann. Dies ermöglicht Firmen, sich auf ihre Kernkompetenzen zu besinnen und die Produktions- oder Vermarktungsprozesse einzustellen, in denen sie nicht marktführend sind. An die Stelle der vertikal integrierten Unternehmen treten mittlerweile in den USA die Firmen, die in strategischen Allianzen mit anderen Firmen effizienter und als Marktführer produzieren, was sie zuvor innerhalb ihrer vertikalen Unternehmensstruktur nicht vermochten. Durch strategische Allianzen gebildete, virtuelle Unternehmen lassen eine stärkere Spezialisierung in der Kernkompetenz, die Eliminierung von Doppelspurigkeiten innerhalb und zwischen Firmen und Wettbewerbsvorteile in hochspezialisierten Produkten mit Marktführerposition zu (US Department of Commerce, Economics and Statistics Administration, Office of Business and Industrial Analysis 1995, S. 32).

Stärkere Spezialisierung und Verschlankung auf Kernkompetenzen sind jedoch stets mit Stellenabbau verbunden. Die Massenentlassungen in der Industrie haben Auswirkungen von gesamtwirtschaftlicher Tragweite, auch wenn die Verluste rein statistisch durch Zuwachs im Dienstleistungssektor ausgeglichen werden. So hinterlassen die Massenentlassungen ihre Wirkung auf die Börsen, die in immer stärkerem Maße in engen Handelsbreiten der Anlagemöglichkeiten reagieren. Dadurch erreichen Aktienumsätze für ausgewählte Industrien Tiefstände, was sich wiederum auf deren Kapitalgenerierungs- und Funktionsfähigkeit auswirkt. Industrien befinden sich zu Beginn des 21. Jahrhunderts in einem Prozess des Niedergangs, weil gesamtgesellschaftliche Entwicklungen und Massenkonsum, der auch zur Marktsättigung führt, die Nachfrage an viele Industrien verringert und Bedürfnisse eher im Bereich des tertiären Sektors gewachsen sind.

Schlüsselbranchen der Industrie – Automobilproduktion

Die Automobilproduktion ist mit 6,6 Mio. Beschäftigten, die 2001 direkt oder indirekt von dieser Industrie abhängig waren und eine Lohnsumme von insgesamt 243 Mrd. Dollar auf sich vereinigten, die größte verarbeitende Industrie der USA. Kein anderer Wirtschaftszweig ist stärker mit Zulieferindustrien sowie im Vertrieb und Handel vernetzt oder generiert mehr Beschäftigung – insgesamt 5 % der privatwirtschaftlich Beschäftigten, wobei die Löhne in dieser Branche mit rund 65 100 Dollar pro Jahr im Jahr 2001 um 73 % höher lagen als der amerikanische Durchschnittsverdienst. Für andere Komsumgüterindustrien lag er bei 50 900 Dollar pro Jahr, für die gesamten verarbeitenden Industrien bei 48 300 und für die USA insgesamt bei 37 600 Dollar pro Jahr: Die direkte Beschäftigung, insgesamt 1 338 700 Personen, sowie die indirekte Beschäftigung in Zulieferindustrien und die 3 133 700 durch Nachfrage der Beschäftigten induzierten Arbeitsplätze sind in jedem Bundesstaat ein wichtiger Wirtschaftsfaktor, der Milliarden an Lohnsummen und Jahresumsätzen erzeugt (Tab. 45). Die Zahlen belegen eindrücklich, warum auch die Bundesregierung die Automobilindustrie und die für die Mobilität Amerikas so wichtige Erdölindustrie so stark fokussiert.

Die amerikanischen Automobilhersteller gehören mit einer Produktion von 11 424 689 Fahrzeugen 2001 und 12 274 917 im Jahr 2002, davon über 5 Mio. Pkws und 7 Mio. andere Fahrzeuge (*light commercial vehicles*), zu den Konsumenten mit der größten Nachfrage für Aluminium, Kupfer, Eisen, Blei, Kunststoffe, Kautschuk/Gummi, Textilien, Vinyl, Stahl und Computerchips. Produktion und Verkauf der Automobilindustrie generieren 3,7 % des amerikanischen Bruttoinlandsprodukts (BIP). Das Wachstum lag sogar während der Rezessionsjahre zwischen 1987 und 1999 – gemessen in konstanten Preisen auf Basis des Jahres 1996 – bei 47 %. Im Bereich der Forschung und Entwicklung investierte die Autoindustrie 18,4 Mrd. Dollar im Jahr 1998, ein Investitionsvolumen, welches dasjenige jeder anderen Industrie übertraf. Der Verkaufswert der Exporte der Automobilindustrie stieg zwischen 1988 und 1997 von 33,4 Mrd. Dollar auf 74 Mrd. Dollar, also um 122 %, und die Anzahl der Fahrzeuge von 970 000 auf 1,33 Mio., also um 37 %. Im Jahr 1998 machten Fahrzeugexporte 12 % der gesamten nicht landwirtschaftlichen Exporterzeugnisse aus. Auch der Vertrieb und Handel von Fahrzeugen ist ein wesentlicher Teil der gesamten Automobilbranche. 1999 erzielten allein die 22 500 Autohändler, die Neuverkäufe tätigen, Umsätze von 608 Mrd. Dollar und schufen 1,9 Mio. Arbeitsplätze mit einer Lohnsumme von 65 Mrd. Dollar. Automobile sind ein wesentliches Element der *Highway Society* USA, waren doch 1999 rund 210 Mio. Autos registriert, die von 180 Mio. Führerscheininhabern gelenkt wurden. Mit rund 17 Mio. produzierten Fahrzeugen im Boom-Jahr 2000, einer Zahl, die dreimal größer als die japanische Autoproduktion und viermal größer als die deutsche ist, war die amerikanische Automobilindustrie die größte der Welt, was durch die enorme Nachfrage nach Privatkraftwagen bedingt ist. Gemessen am Wert des Output produziert die amerikanische Autoindustrie mehr als jede andere Industrie, 1999 waren es annähernd 350 Mrd. Dollar bzw. 3,7 % des BIP, berechnet in konstanten Dollar mit Basisjahr 1996 (University of Michigan, Institute of Labor and Industrial Relations, University of Michigan Transportation Research Institute, Office for the Study of Automotive Transportation & Environmental Research Institute of Michigan, Center for Automotive Research 2001).

Stabilität und Wachstum der Automobilindustrie

Vier Faktoren können für die relative Stabilität der Automobilindustrie und das Wachstum verantwortlich gemacht werden:

1. Die Tatsache, dass *internationale Automobilhersteller Produktionsstandorte in den USA* aufgenommen haben, womit sie Importzölle umgehen und auf dem amerikanischen Markt außerordentlich wettbewerbsfähig sind.
2. Die Tatsache, dass man *innerhalb der USA durch geschickte Standortwahl Optimierungschancen* wahrnehmen konnte. Die amerikanische Automobilindustrie zeigt zwar noch eine starke Einbindung in den traditionellen Standort des *Manufacturing Belt*, der vor allem im Großraum Detroit verhaftet ist, sie hat sich jedoch seit den 1970er Jahren auch in andere Teilräume der USA verlagert. Ebenso zeigt auch die ausländische Automobilproduktion in den USA ein sehr disperses Standortmuster. Bei der amerikanischen Automobilindustrie waren transportorientierte Entscheidungen (hinsichtlich der Rohstoffe, der zuliefernden Industrien und der Absatzmärkte) immer maßgeblich, insbesondere seit Beginn der Massenproduktion. Mit den Exporten preiswerter Kleinwagen aus Europa und Japan ergab sich seit Mitte der 1960er Jahre die Notwendigkeit zur Rationalisierung. Die Automobilkonzerne entwickelten eigene

Bundesstaat	Anzahl Beschäftigte	Einrichtungen der Automobilindustrie	Weitere Automobil-bezogene Unternehmen	Gesamtlohnsumme der Beschäftigten (Mrd. Dollar) (ohne Zulieferer)*	Jahresumsatz aus dem Neuwagenverkauf (Mrd. Dollar)
Michigan	1 007 500	22 % der Beschäftigten des Bundesstaates bzw. über 1 Mio. Arbeitsplätze hängen direkt oder indirekt von der Autoindustrie ab. Vier Produktionsstätten von DaimlerChrysler in Detroit, Sterling Heights und Warren; vier Ford-Produktionsstätten in Dearborn und Wayne, Ford-Mazda-Produktionsstätte in Flat Rock, sechs weitere GM-Produktionsstätten. Hinzu kommt eine große Anzahl von Zulieferunternehmen.	89	44,7	28,3
Ohio	630 800	Sieben Produktionsstätten von DaimlerChrysler, Ford, VW, Isuzu, Nissan, GM.	36	22,6	28,3
Kalifornien	462 900	Toyota-GM-Joint-Venture-Produktionsstätten, Produktionsstätten für Fahrzeugteile von Toyota, Ford, Isuzu, Mazda, Mitsubishi, Nissan. Ferner US-Hauptverwaltungssitze asiatischer Automobilhersteller.	106	17,8	68,5
Texas	318 900	Eine GM-Produktionsstätte.	32	11,5	50,0
Illinois	311 900	Drei Produktionsstätten von DaimlerChrysler, Ford, Mitsubishi. Zulieferbetriebe von Ford und GM.	23	12,1	24,9
New York	274 000	Zulieferindustrien von DaimlerChrysler, GM, Toyota. Registrierte Fahrzeuge 1998: 10,4 Mio.	20	12,3	29,7
Indiana	263 700	Drei Produktionsstätten von GM, Isuzu/Subaru und Toyota. 5,4 Mio. registrierte Fahrzeuge 1998.	14	8,9	13,5
Tennessee	229 900	Zwei Produktionsstätten von GM und Nissan, Zulieferbetriebe von Ford und Nissan.	5	8,0	12,2
Missouri	221 200	Produktionsstätten von DaimlerChrysler, Ford, Mazda, GM. Zulieferindustrien von Toyota.	10	7,6	11,9
Pennsylvania	220 800	Ein Zulieferbetrieb von GM.	9	7,7	26,7
Georgia	182 900	Zwei Produktionsstätten von Ford und GM. 6,9 Mio. registrierte Fahrzeuge 1998.	19	6,4	20,5
Florida	182 900	11,3 Mio. registrierte Fahrzeuge 1998.	19	5,7	42,1
Kentucky	165 500	Keine näheren Angaben			
New Jersey	162 000	Zwei Produktionsstätten von Ford und GM. 5,7 Mio. registrierte Fahrzeuge 1998.	28	7,0	20,5
Wisconsin	157 200	Eine Produktionsstätte, Zulieferbetrieb von DaimlerChrysler. 4,2 Mio. registrierte Autos 1998.	6	5,0	12,4
North Carolina	153 800	Vier DaimlerChrysler-Produktionsstätten für schwere Fahrzeuge. 5,8 Mio. registrierte Fahrzeuge 1998.	11	4,8	17,3

Tab. 45: *Bundesstaaten mit der größten Anzahl der direkt und indirekt in der Automobilindustrie Beschäftigten.*

Quelle: The Alliance of Automobile Manufacturers, 2003; US Auto Industry Employment: Direct and Spin-Off Jobs (veränd.). * Hauptverwaltungen, Forschungs- und Entwicklungsstätten, Verkaufs- und Marketingzentren, Ingenieurdesign, Finanzierungszentren, Ersatzteilverteilzentren.

compacts, handliche und preiswerte Kleinwagen, die überwiegend als Zweitwagen dienten. Rationalisierungen bedeuteten Werkschließungen oder Umstellung auf Lkw-Produktion. Allerdings öffneten auch neue amerikanische Produktionsstätten für *compacts*. Diese Werke waren größtenteils verkehrsgünstig an Eisenbahnstrecken, im 5–10-km-Umkreis vom nächsten Highway oder im 50–75-km-Radius von einem internationalen Flughafen angelegt. Zwar folgte der zweiten Importwelle von Kleinwagen und der Ölpreiskrise von 1972 eine weitere Anpassung der amerikanischen Automobilindustrie durch *subcompacts*; diese Anpassung an neue Wettbewerbsbedingungen war jedoch nicht schnell genug. Die japanische Automobilindustrie hatte eine längere Tradition in der Herstellung preiswerter und verbrauchsarmer Fahrzeuge. Daher konnte die japanische Autoindustrie bis 1980 fast 27 % des US-Marktes erobern, was auch dadurch erleichtert wurde, dass die japanischen Konzerne ihre Werke während der Ölpreiskrise 1972/73 gezielt in einigen Krisengebieten des amerikanischen *Manufacturing Belt* anlegten wie Illinois, Indiana, Michigan, Ohio oder Kentucky. Es waren einerseits Gebiete hoher Arbeitslosigkeit und Sozialbedürftigkeit, andererseits relativ starker gewerkschaftlicher Einbindung der Arbeitnehmer im Vergleich zu den Staaten des Alten Südens. Dadurch, dass japanische Autokonzerne nicht in erster Linie Niederlassungen in Bundesstaaten mit geringer gewerkschaftlicher Repräsentanz etablierten, sondern Arbeitsplätze in den Krisengebieten der amerikanischen Automobilindustrie schufen, steigerten sie die Akzeptanz für die japanische Produktion in den USA erheblich.

Insgesamt aber ist bei der amerikanischen Automobilindustrie in jüngerer Zeit eine Südwanderung festzustellen, um Kosten zu minimieren. Dabei sind Transportkosten nicht länger der ausschlaggebende Standortfaktor, vielmehr sind weitere wichtige Faktoren, wie die Lohnkosten und deren Entwicklung, hinzugekommen. Neuere Standorte machen eine Abwägung zwischen Transport- und Lohnkosten notwendig. Die Tendenz geht dahin, Montage- und Zulieferwerke in den Bundesstaaten zu etablieren, die traditionell gegen Gewerkschaften eingestellt waren, oder Arbeitskräfte einzustellen, die nicht gewerkschaftlich organisiert sind. Ferner profitieren Bundesstaaten, die sich in jüngerer Zeit als ausgesprochen investorenfreundlich erwiesen haben, z. B. durch die Ausweisung von steuerbegünstigten oder -freien Enterprise-Zonen. Es sind außerdem ländliche Gebiete, in denen die Arbeitsplatzstruktur schwach ist, und Gebiete, die noch nicht Standorte der (von Gewerkschaften sonst sehr stark dominierten) Automobilindustrie waren, die anziehend wirken. Der Kostenvorteil in „Billiglohn-Bundesstaaten" (aufgrund des hohen Anteils gewerkschaftlich nicht organisierter Arbeitskräfte) wiegt dabei den Kostennachteil (höhere Transportkosten zu den großen Absatzmärkten) offenbar auf und ist bislang auch nicht durch verstärktes Engagement der Gewerkschaften im Süden beeinträchtigt worden.

3. Die Tatsache, dass der Pkw in der amerikanischen Gesellschaft zum weitaus wichtigsten Transportmittel geworden ist. Die *Automobil-Orientierung* ist ein Kennzeichen der modernen amerikanischen Gesellschaft. Die Familie mit einem oder mehreren Autos ist die Norm und Lebensweise, für die alle neueren suburbanen Arbeitsplatz- und Versorgungszentren gezielt in Clustern und in einer Erreichbarkeit von jeweils rund 30 Autominuten angelegt sind. Die amerikanische Gesellschaft ist bereits seit den 1920er Jahren auf Automobile ausgerichtet. 1929 wurden 4,5 Mio. Pkw in den USA hergestellt, was einem Verhältnis von 190 Pkw pro 1000 Einwohnern entspricht und in Westeuropa erst in den ausgehenden 1960er Jahren erreicht wurde. Die Massenfertigung und der Massenbesitz des Automobils schon in den zwanziger Jahren (jeder vierte amerikanischer Haushalt verfügte seinerzeit über ein Auto) haben zusammen mit der Subventionierung der Autobahnen ebenfalls seit den zwanziger Jahren eine *Highway Society* entstehen lassen (Abb. 133). Die Automobilfreundlichkeit neu angelegter Wohnviertel in den *Suburbs* ist eine moderne Manifestation des agrar-romantischen Ideals Thomas Jeffersons, das sich seit mehr als 150 Jahren in einer Wohnpräferenz weiter Schichten der amerikanischen Bevölkerung für die pseudo-ländliche Welt der *Suburbs* äußert.
4. *Die Steigerung des Sicherheitsempfindens durch die Privatisierung des öffentlichen Raumes mit dem Automobil.* Amerikaner verbringen einen Großteil ihres Lebens im Auto. Für Berufspendler sind tägliche An- und Abfahrzeiten bis zu jeweils zwei Stunden in großstädtischen Ballungsräumen

Abb. 133: *Autofriedhof mit Zubringerstraße, Ayer, Massachusetts (Foto: Alex S. MacLean).*

nicht ungewöhnlich; auch das Einkaufs- und Freizeitverhalten verlangt die Benutzung des Autos. Zudem wird das persönliche Sicherheitsempfinden durch die Benutzung des privaten Automobils auf öffentlichen Räumen erheblich gesteigert. In zunehmendem Maße werden somit diese öffentlichen Räume zum privaten Lebensraum. Autobahnen sind das Bindeglied zwischen der Privatgarage, die in den meisten amerikanischen Häusern zweckmäßig im Haus mit einem Eingang zum Küchenbereich liegt, und der Tiefgarage des Arbeits- oder Einkaufsplatzes. Das Auto ermöglicht es, sich in einer immer stärker polarisierten Gesellschaft, in der das individuelle Sicherheitsempfinden in öffentlichen Räumen stark beeinträchtigt ist, sicher in seiner Privatsphäre zum nächsten Ziel zu bewegen, ohne diese private Sicherheitszone – das Auto – verlassen zu müssen. Dabei sind ja auch die wichtigsten Ziele neben dem Arbeitsplatz, die *shopping malls*, bereits aufgrund ihrer zentralen Besitz- und Managementstruktur sowie der privaten Sicherheitsdienste mit weit reichenden Vollmachten privatisierte, d. h. sichere, öffentliche Räume. Das Automobil schafft also nicht nur eine private Sicherheitszone während der Fahrt zu wichtigen Bezugszentren der amerikanischen Gesellschaft (Arbeits- und Einkaufszentren), sondern ist – weil es diese Verbindung herstellen kann und ein sicheres Leben von privater Garage zur Garage eines privatisierten, öffentlichen Raumes ermöglicht –, das wichtigste, (über-)lebensnotwendigste Gut in der Highway-Gesellschaft; das Automobil wird in zunehmendem Maße das verlängerte Ich (*extended self*). Es überrascht aus amerikanischer Perspektive nicht, dass auch die Bundespolitik, insbesondere die Wirtschafts- und Außenpolitik, dieses die individuelle Freiheit/Mobilität und Sicherheit gewährleistende, quasi gesellschaftliche Gut mit allen Mitteln fördert und dabei ihre „nationalen Interessen“ an Ressourcen, die dafür notwendig sind, auch im Ausland zu sichern sucht.

Landwirtschaft und der ländliche Raum Amerikas – Eckdaten und strukturelle Probleme

Strukturen der Landwirtschaft

Mit der Tertiärisierung der Wirtschaft verringerte sich auch die Bedeutung des Agrarsektors, was sich durch eine Abnahme der landwirtschaftlichen Betriebe und der in der Landwirtschaft Beschäftigten zeigt. Die Zahl der Farmbevölkerung, die direkt oder indirekt von der Landwirtschaft lebte, nahm im Lauf von nur zwei Generationen von über 30 Mio. Menschen in den 1930er Jahren auf rund 4,6 Mio. Menschen zu Beginn der 1990er Jahre ab. Der Anteil der Farmbevölkerung an der Gesamtbevölkerung sank damit von rund einem Viertel auf 1,8 % (Klohn & Windhorst 1995, S. 8,18).

Während 1960 noch 3,963 Mio. Farmen im Zensus erfasst wurden, waren es 1974 nur noch 2,795 Mio. Nach der 1974 erfolgten Neudefinition von Farmbetrieben (alle Einheiten mit einer Agrarproduktion von mindestens 1000 Dollar jährlichem Verkaufswert) gab es 1975 2,521 Mio. Betriebe und 2003 2,13 Mio. Farmen. Die Zahl der in der Landwirtschaft Beschäftigten sank von 3,364 Mio. (1980) auf 3,281 Mio. (1999) (US Bureau of the Census; 1987: 620, 1989: 628, 1990: 637 und 2001, S. 384, US Department of Agriculture, National Agricultural Statistics Service, Farms and Land in Farms, 2003). Das gesamte landwirtschaftlich bewirtschaftete Land betrug 2003 938,7 Mio. *acres* bei einer Durchschnittsgröße von 441 *acres* (Tab. 46).

Die Verteilung der landwirtschaftlichen Betriebe nach Größenklassen – in den USA üblicherweise nicht als Flächengröße, sondern nach Höhe des Verkaufswertes agrarischer Güter – ergibt ein differenziertes Bild (Tab. 47).

Danach haben 54,4 % aller landwirtschaftlichen Betriebe mit einem Anteil an der landwirtschaftlichen Nutzfläche von 13,2 % Einkünfte von unter 10 000 Dollar pro Jahr, während 16,1 % der Betriebe mit einem Flächenanteil von 57,7 % einen Verkaufserlös von über 100 000 Dollar jährlich verzeichnen. Über ein Viertel aller landwirtschaftlichen Betriebe, die nur 4,5 % des bewirtschafteten Landes ausmachen, ist in der sehr kleinen Größenklasse des jährlichen Verkaufswertes von unter 2500 Dollar angesiedelt. 3,2 % der landwirtschaftlichen Betriebe, die immerhin 18,1 % des bewirtschafteten Landes stellen, sind in der Größenklasse der Farmen mit einem Verkaufswert von über einer halben Million Dollar registriert. Sehr deutlich wird hier die duale Struktur des amerikanischen Agrarsektors, der seit Jahrzehnten Konzentrationsprozessen unterliegt, bei dem Familienfarmen mittlerer Größe gegenüber Großfarmen und agrarindustriellen Unternehmen stetig an Bedeutung verlieren.

Der Wert der landwirtschaftlichen Produktion betrug 2000 über 208 Mrd. Dollar, davon lag annähernd die Hälfte in der Fleischproduktion, die von 2,172 Mio. Farmen betrieben wurde. Betrachtet man die Tatsache, dass die Produktion der Automobilindustrie im gleichen Jahr über 500 Mrd. Dollar ausmachte, so erkennt man in der Landwirtschaft einen der wichtigsten Wirtschaftszweige der USA, wobei nur ca. 300 000 *corporate farms* seit den 1980er Jahren rund 85 % des landwirtschaftlichen Output erzeugen. Insbesondere *corporate farming* arbeitet mit saisonalen Erntehelfern: 2003 waren rund 884 000 bezahlte Farmarbeiter auf den landwirtschaftlichen Betrieben der USA tätig. Diese erhielten im Durchschnitt 9,32 Dollar Stundenlohn, wobei Erntearbeiter im Durchschnitt 8,30 Dollar bei einer 38,5-Stunden-Woche erhielten (der Mindestlohn in den USA betrug 2003 5,25 Dollar). Der größte Teil der bezahlten Farmarbeiter (84 %) arbeitete als saisonale Arbeiter, also weniger als 150 Tage im Jahr.

Die Exportabhängigkeit der amerikanischen Landwirtschaft

Da die Produktivität der amerikanischen Landwirtschaft schneller steigt als die Nachfrage nach einheimisch produzierten Lebensmitteln, sind die amerikanische Landwirtschaft und ihre Einkommen stark vom Export abhängig. Während mehr als 30 Jahren machten Exporterlöse 20 bis 30 % des Farmeinkommens aus, wobei erwartet wird, dass dieser Trend mindestens bis zum Jahr 2010 anhält (US Department of Agriculture, Briefing Room; US Agricultural Trade, 2003). Die Exporterlöse der Landwirtschaft haben auch Multiplikatorwirkungen auf den nicht landwirtschaftlichen Sektor.

Bei einigen landwirtschaftlichen Produkten ist die Abhängigkeit vom Export besonders ausgeprägt. Rund 50 % der Reis-, Baumwoll- und Weizenproduktion werden exportiert, bei einigen Obstsorten und Nüssen liegt der Anteil noch höher (Tab. 48). Dabei ist der asiatische Exportmarkt seit 1996/97 nach einer Krise in den dortigen Kapitalmärkten zunehmend von Exporten nach Kanada und Mexiko ersetzt worden.

Hatten bis in die 1990er Jahre die Produkte Weizen, Reis, Getreide, Ölsaaten, Baumwolle und Tabak die US-amerikanischen Agrarexporte dominiert, so zeichnet sich seither eine Umstrukturierung der Agrarexportorientierung auf das weltweit gestiegene Einkommen und das Bevölkerungswachstum ab: Zunehmend werden wertschöpfungsreichere Agrarprodukte weltweit exportiert, und zwar Fleisch, Geflügel, Öle, Obst, Gemüse und Getränke (Säfte, Wein und anderes). Der Gesamtwert dieser hochwertigen Produkte übersteigt seit 1991 den der klassischen agrarischen Handelsprodukte der USA. Im Jahr 2000 machten diese Produkte bereits 65 % des Exporteinkommens von Agrarprodukten aus, während nur noch 35 % auf die Grundnahrungsgetreide sowie Tabak entfielen. Die wichtigsten Importeure amerikanischer Agrarprodukte sind nach Rangfolge des Importwerts: Japan, die Europäische Union, Kanada, Mexiko, Südkorea, China, Taiwan, Hongkong, Ägypten, Russland. Da die US-Agrarexporte seit den 1950er Jahren den Wert der Agrarimporte bei weitem übersteigen, verzeichnen die USA einen Handelsüberschuss im Bereich der Agrarprodukte, der von großer Bedeutung ist: Die kommerzielle Landwirtschaft (Abb. 134 u. 135) trägt wesentlich dazu bei, das Gesamthandelsdefizit der USA, das sich aus dem Missverhältnis von Export und Import nicht landwirtschaftlicher Waren ergibt, auf das Niveau von „nur" minus 500 Mrd. Dollar (Stand 2003) zu senken.

Der Import landwirtschaftlicher Produkte in die USA stieg seit den 1990er Jahren stark an und spiegelt das amerikanische Konsumverhalten und seine veränderten Präferenzen wider. So erhöhte sich die Einfuhr von Gartenbauprodukten (Obst, Gemüse, Nüsse, Wein, Malzgetränke und Setzlinge), die 40 % der landwirtschaftlichen Importe ausmachen. Lebendtier- und Fleischprodukte sind die nächstgrößere Gruppe, ferner tropische Pflanzenprodukte wie Kaffee, Kakao und Kautschuk. Die wichtigsten Exporteure in die USA sind Kanada, Mexiko, die Europäische Union, Indonesien, Kolumbien, Brasilien und Australien (US Department of Agriculture, Briefing Room; US Agricultural Trade, 2003).

Jahr	Anzahl landwirtschaftlicher Betriebe (in Tausend)	Agrarisch bewirtschaftetes Land (in Tausend *acres*)	Durchschnittsgröße landwirtschaftlicher Betriebe (in *acres*)
1992	2107	978503	464
1995	2196	962515	438
2000	2192	943090	434
2001	2149	942070	438
2002	2135	940300	440
2003	2127	938750	441

Tab. 46: *Anzahl der landwirtschaftlichen Betriebe, agrarisch bewirtschaftetes Land und Durchschnittsgröße landwirtschaftlicher Betriebe.*

Quelle: US Department of Agriculture, National Agricultural Statistics Service, Farms and Land in Farms, 2003.

Höhe des Verkaufswerts (in Dollar)	Anteil an der Gesamtzahl landwirtschaftlicher Betriebe (in %)	Anteil des bewirtschafteten Landes (in %)	Durchschnittsgröße (in acres, 1 *acre* = 0,405 ha)
1000 – 2499	26,9	4,5	73
2500 – 4999	14,8	3,8	113
5000 – 9999	12,7	4,9	169
10000 – 24999	12,7	7,7	264
25000 – 49999	8,7	9,9	496
50000 – 99999	8,1	11,5	619
100000 – 249999	8,8	23,5	1161
250000 – 499999	4,1	16,1	1708
500000 – 999999	2,0	8,6	1872
1000000 und mehr	1,2	9,5	3457
	100,0	100,0	436

Tab. 47: *Anteil der Farmen nach Größenklasse des Verkaufswerts 2002.*

Quelle: US Department of Agriculture, National Agricultural Statistics Service, 200; Farms and Land in Farms, 2003.

Agrarprodukt	Exportanteil an der Produktion (in %)
Mandelkerne	70
Walnusskerne	60
Getr. Pflaumen	48
Maisöl	42
Reis	42
Leder	41
Grapefruit	38
Pistazienkerne	37
Kirschen	37
Unverarb. Tabak	37
Rosinen	36
Sojabohnen, Sojaöl, Tofu	33
Sonnenblumenöl	33
Weizen	33

Quelle: US Department of Agriculture, Briefing Room. US Agricultural Trade, 2003.

Tab. 48: *Exportanteil an der Gesamtproduktion 1999.*

Überschuldung, Farmsterben und Konzentrationsprozesse in der Landwirtschaft

Die volkswirtschaftlich gesehen vergleichbar gute Position des US-amerikanischen Agrarsektors zeigt nicht die eigentliche Problematik des Farmsektors an, die sich mit dem mehrere Jahrzehnte dauernden Strukturwandel ergeben hat. Zwei strukturelle Merkmale sind zu nennen: die Überschuldung eines Teils des Farmsektors und die Konzentrationsprozesse, die mit

Abb. 134: *Farmington, New Mexico (Foto: Alex S. MacLean).*

Abb. 135: *Eastern Washington (Foto: Alex S. MacLean).*

einem „Farmsterben", aber auch der Zunahme des Agrobusiness einhergehen.

Die Gesamthöhe der Verschuldung im Farmsektor betrug 2003 202 Mrd. Dollar und entsprach damit ungefähr der Höhe des Verkaufswerts der gesamten Agrarproduktion. Die Kreditaufnahme bei kommerziellen Banken nahm darin 69 % ein, beim bundeseigenen *Farm Credit System* waren es 26 % der 2002 vollzogenen Kreditaufnahme von ca. 10 Mrd. Dollar. Der private Bankensektor verzeichnete rund 40 % der gesamten Schulden. Der Anteil des *Farm Credit System* an den Gesamtschulden betrug zum Ende des Jahres 2002 rund 30 %.

Der wachsende Kapitaleinsatz und die Kreditaufnahme in der Landwirtschaft sind von einem Ansteigen der durchschnittlichen Farmgrößen und der Ausbildung einer dualen Struktur begleitet, d. h. einem relativ kleinen Prozentsatz sehr großer „Megafarmen", die vertikal integrierten Unternehmen angeschlossen sind, und einer großen Anzahl von kleinen, oft marginal wirtschaftenden Farmen (Windhorst 1987, S. 474 f.). Zwischen 1940 und 1980 stieg die Durchschnittsgröße der Farmen durch den Erwerb von Ländereien aufgegebener Farmen von 67,5 auf 173,7 ha (167 bzw. 430 *acres*). Dieser Trend setzte sich bis in die 1980er Jahre in allen Regionen fort und nahm danach ab. Zu den Faktoren, die in den einzelnen Regionen den Rückgang beschleunigten, gehören in East South Central und South Atlantic die Neuindustrialisierung mittels Niedriglohnbranchen sowie in West South Central der hohe Mechanisierungsgrad der Landwirtschaft, verbunden mit besser bezahlten Arbeitsplätzen in den übrigen Branchen. In den nördlichen Agrarregionen wiegen neben der allgemeinen Mechanisierung der Landwirtschaft die damit verbundene Überschuldung der Farmen, schlechte Absatzmöglichkeiten oder Weltmarktpreise, Wertverlust des landwirtschaftlichen Grundbesitzes und niedrige Farmeinkommen besonders schwer.

Strukturelle Anpassungen im Farmsektor

Die Unterschiede *zwischen* den Regionen reflektieren allerdings in erster Linie agrarökologische und historische Entwicklungen (wie z. B. größere Landzuteilungen durch die Heimstättengesetzgebung von 1862 in ariden Gebieten westlich des 100. Längengrades) und weniger den postindustriellen Wandel zu einer dualen Struktur. Letzterer ist in den Größenveränderungen *innerhalb* der jeweiligen Region sichtbar: Die Konzentrationsprozesse gehen dahin, dass eine große Anzahl von Farmen nur einen geringen Anteil an der Agrarproduktion und ein kleiner Prozentsatz großer Farmen den überwiegenden Teil der Erzeugung und des Farmeinkommens auf sich vereint (Tab. 49, Abb. 136). Der Rückgang der Klein- und Kleinstfarmen ist direkt mit der Steigerung der Leistungsfähigkeit des Farmsektors in Verbindung zu bringen, die auch vom Größenmaßstab und der dadurch bedingten Effizienz der Inputs abhängt. In den Regionen mit hohem Anteil an Kleinfarmen haben Farmergenossenschaften den Trend zur automatisierten, rentableren Großfarm durch Miete und Pacht von Land und Wirtschaftsgebäuden aufgegebener Farmen mitgetragen.

Trotz solcher Betriebsvergrößerungen, die eine stärkere Automatisierung erlaubten und teilweise erhebliche Steigerungen des Marktwerts der Farmen mit sich brachten, verlief das Farmsterben stetig: Waren 1974 noch 2,314 Mio. Farmen zu verzeichnen, so waren es 2000 nur noch 2,172 Mio. Farmen. Obwohl auf Bundes- und agrarpolitischer Ebene die Farmkrise als Gesundschrumpfung des Farmsektors begrüßt wurde und einige Unterstützungsprogramme ausliefen oder drastisch gekürzt wurden, bleiben einige Förderungsmaßnahmen bestehen (oft wegen der wahlpolitischen Bedeutung der Farmregionen). Dazu gehören Ausgleichszahlungen, die die Bundesregierung dann gewährt, wenn die Preise für Agrarprodukte unter ein festgesetztes Niveau fallen. Im Jahr 2001 machten staatliche Ausgleichszahlungen zur Stabilisierung der Einkommen mit rund 22 Mrd. Dollar etwa 10 % des gesamten landwirtschaftlichen Produktionswerts aus. Im Gegensatz zu den 9,8 Mrd. Dollar Zahlungen im Jahr 1990 ist dies zwar eine erhebliche Steigerung, im Vergleich zum Jahr 2000 mit 33,5 Mrd. Dollar jedoch eine signifikante Kürzung (US Bureau of the Census 2001: Statistical Abstracts of the United States 2001, Tab. 463, S. 307).

Landwirtschaftliche Produktivität

Trotz Abnahme der Durchschnittsgrößen der Farmen waren dauerhafte und beträchtliche Ertragssteigerungen festzustellen. Dieses Wachstum war während des ganzen 20. Jahrhunderts in erster Linie auf Produktivitätssteigerungen und nicht auf die Ausweitung der Anbaufläche zurückzuführen. Weniger als die Hälfte der Landfläche der USA galt je als Farmland oder ist landwirtschaftlich genutzt worden, wovon wiederum nur rund ein Drittel als Anbaufläche kultiviert wurde, während der Rest nur unter bestimmten Marktbedingungen als Anbaufläche zum Einsatz kam.

Die heutige duale Struktur des Agrarsektors ist ein Ergebnis effizienzsteigernder Maßnahmen seitens der amerikanischen Bundesregierung seit den 1950er Jahren. In fast allen Regionen trug direkte oder indirekte Farmpolitik seit den 1930er Jahren mit dazu bei, dass Farmen, z. B. durch staatliche Bodenerhaltungsmaßnahmen in erosionsgefährdeten Gebieten, aufgegeben wurden. Seit den 1980er Jahren wurden vor allem marginal wirtschaftende Farmen, die staatlich unterstützt worden waren, nach Auslaufen der Subventionsprogramme verstärkt aufgegeben (Lutrell 1984; Clark 1985). Dieses Farmsterben ist nicht etwa Kennzeichen eines schwachen, sondern im Gegenteil eines starken Agrarsektors, dessen Output in immer weniger Betrieben fortwährend gesteigert und den modernen Konsumgewohnheiten einerseits, den Weltmarkt- sowie geo- und wirtschaftsstrategischen Bedürfnissen der USA andererseits angepasst werden kann.

Statistische Region	1990 (in *acres*)	2000 (in *acres*)	Anzahl der Farmen 1990 (in Tausend)	Anzahl der Farmen 2000 (in Tausend)
US-Durchschnitt	**460**	**434**	**2146**	**2172**
New England	148	98,7	28	28
Middle Atlantic	147	162	100	107
East North Central	238	239	368	351
West North Central	705	748	608	575
South Atlantic	210	194,5	243	245
East South Central	208	182,5	174	180
West South Central	428	388,5	345	389
Mountain	2572	2107	121	131
Pacific ohne Alaska und Hawaii	427	380	159	166

***Tab. 49:** Durchschnittsgröße und Anzahl der Farmen 1990 und 2000.*

Quelle: US Bureau of the Census 2001; Statistical Abstract of the United States 2001, Tab. 804, S. 526 (veränd., eig. Ber.).

Da sich die Hauptlandwirtschaftsgebiete der USA über rund 25 Breitengrade und entsprechend differenzierte Klimazonen erstrecken und die *corporate farms* online mit dem Landwirtschaftlichen Beratungsdienst des US Department of Agriculture (USDA) verbunden sind, kann stets in irgendeinem

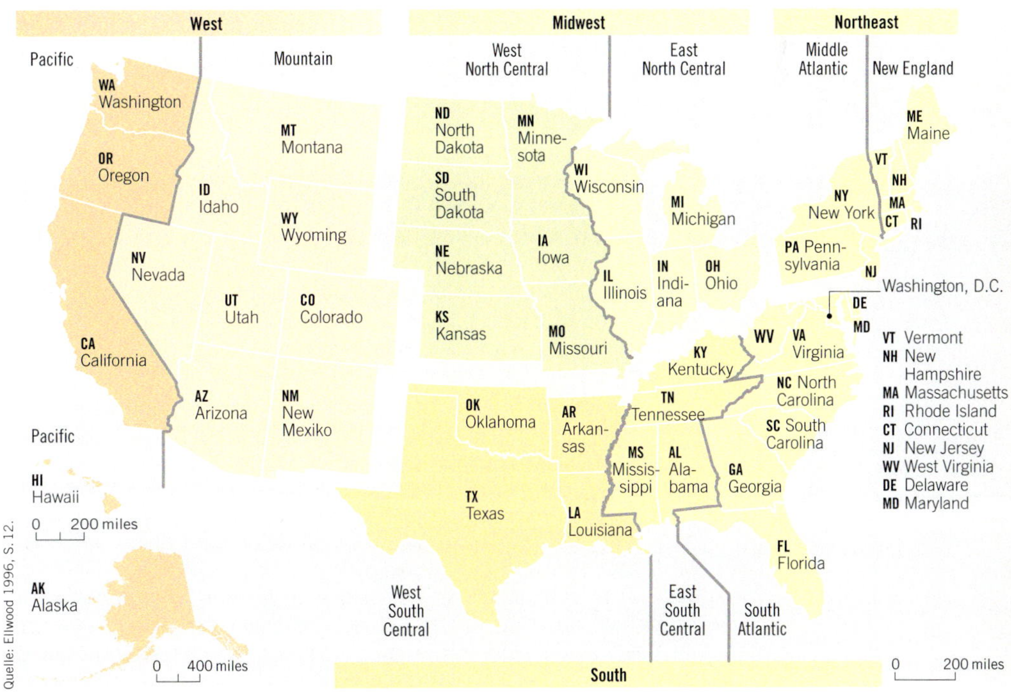

Quelle: Ellwood 1996, S. 12.

***Abb. 136:** Censuseinteilungen und Regionen der USA.*

Landesteil eine „börsengerechte" Aussaat beginnen, die noch innerhalb derselben Anbausaison einen Ernteverlust in einem anderen Land durch amerikanische Produktion und den Verkauf auf dem Weltmarkt ausgleichen kann. Insbesondere Satelliten, die für das USDA im Abstand von rund 18 Tagen dieselben Areale überfliegen, hatten schon seit den 1980er Jahren die Ernte- oder Krankheitsentwicklung, auch Schädlingsbefall bei Weizen insbesondere in der damaligen Sowjetunion, genauestens erfassen können. Zeichnete sich die Entwicklung von Ernteverlusten bei Weizen in der Ukraine ab, die im Vergleich zu den USA weiter nördlich liegt, konnten sie in fast allen Weizenanbaugebieten der USA, insbesondere auch in den südlich gelegenen Sommerweizenanbaugebieten, durch späte Aussaat noch wettgemacht werden.

Bundespolitik zur Unterstützung des Agrarsektors und des Agrobusiness

Wegen der volkswirtschaftlichen und geopolitischen Bedeutung der Landwirtschaft hat die amerikanische Bundespolitik mehrere wichtige Ansätze zur Förderung des Agrarsektors hervorgebracht: erstens eine generelle Unterstützung mittels Kredithilfen, zweitens die Unterstützung des Agrobusiness, wobei Steuerinstrumente und die Entwicklungshilfe durch Nahrungsmittel (*food aid*) zum Tragen kommen, drittens Hilfsmaßnahmen für den ländlichen Raum, vor allem für rückständige Regionen.

Kredithilfen

Die bundesstaatliche Farmkreditversicherung (Federal Agricultural Mortgage Corporation – kurz Farmer Mac genannt) stellt ein bundeseigenes Instrument und Unternehmen dar, das vom Kongress 1987 gegründet wurde. Mit dem Landwirtschaftsgesetz (Agricultural Credit Act von 1987, Public Law 100–233, insbes. Titel VIII) wurde das Farmkreditgesetz von 1971 ausgedehnt. Dem Gesetz zufolge hat das bundeseigene Farmkreditunternehmen das öffentliche Mandat, einen stützenden Markt für Farmkredite zu bieten, welcher wiederum Finanzmittel für weitere Farmkredite bereitstellen kann. Nach den Modifikationen von 1996 kann Farmer Mac Ersthypotheken für landwirtschaftliche Immobilien, Nutzgebäude und Agrarland von Privatbanken aufkaufen, die somit wieder liquide Mittel für die weitere Kreditvergabe erhalten. Auf diese Weise haben auch Farmer, die für Hypotheken ihre Gebäude und ihr Land als Sicherheit einsetzen, eine verstärkte Sicherheit, das Land im Ernstfall einer wegen Zahlungsschwierigkeiten gekündigten Hypothek nicht verlieren zu müssen, sondern von einem Bundesprogramm abgefedert zu sein. Bei dem konsolidierten Aufkauf von Schuldverschreibungen von Privatbanken durch das Bundesunternehmen fallen darüber hinaus keine Kosten an, wie sie im privaten Bankensektor üblich sind. Farmer Mac, das seine Kreditaufkäufe durch die zwei Programme Farmer Mac I und II abwickelt, sowie Privatbanken bestritten 2002 rund 70 % des Kreditvolumens und der staatliche Farm Credit Service rund 25 % des Zuwachses an landwirtschaftlichen Krediten (Federal Agricultural Mortgage Corporation, Legislative History 2003; USDA Economic Research Service, Agricultural Income and Finance Outlook, Summary 2003).

Auch mit Hilfe anderer Mechanismen unterstützt der Staat den Farmsektor; so stieg die Nachfrage nach Krediten für den Erwerb von Farmen um fast 30 % im Jahr 2003. Diese Unterstützung steht in der jahrhundertealten Tradition der amerikanischen Bundesregierung zur Förderung der Landwirtschaft, des Farmsektors und der Farmer. Bedenkt man die oben geschilderten Konzentrationsprozesse im Farmsektor und die zunehmenden Rolle von *corporate farms*, so erkennt man darin nicht nur die Unterstützung des Agrobusiness seitens der amerikanischen Bundesregierung, sondern ebenfalls eine angestammt amerikanische Kulturtradition, dem Unternehmertum jeden Spielraum zu gewähren, wenn dies für die nationalen Interessen, also die Volkswirtschaft, die Versorgung und die weltwirtschaftliche Marktposition amerikanischer Firmen und Interessen dienlich ist.

Die Kreditvergabe bzw. Sicherung der Hypothekenvergabe kommerzieller Banken ist nur eine von vielen Strategien, welcher sich die amerikanische Regierung bediente, um den Agrarsektor als einen der wichtigsten Wirtschaftszweige auszubauen und zum weltweit wichtigen Lieferanten von Agrarprodukten zu machen.

Agrobusiness in den USA

Insgesamt gesehen gehört der auf *corporate farming* basierende Agrarsektor der USA zu den Wirtschaftszweigen mit der größten Wettbewerbsfähigkeit auf dem Weltmarkt, wie sich an dessen Marktdurchdringung zeigt. In vielen agrarischen Produktgruppen werden die Importe von amerikanischen Erzeugnissen dominiert. Der globale Marktanteil amerikanischer Erzeugnisse fiel zwar zwischen 1976 und 1999 von 34 % auf nur noch 18 %. Dabei sank der Anteil von *bulk commodities* (Grundnahrungsgetreiden) von über 40 % auf 29 %, während der Prozentsatz der hochwertigen Spezialprodukte des Agrarsektors von 19 auf 12,5 % fiel. Dennoch ist der Anteil in vielen Bereichen führend: Zählt man das Volumen weltweiter Maisexporte zusammen, so machten amerikanische Exporte im Jahr 1999 52 % des Weltmarkts aus, bei Sojabohnen 51 %, bei Tabak 24 % und bei Reis 11 %. Ein Großteil des Output und der Exporte werden von vertikal integrierten Unternehmen produziert. Schon in den 1990er Jahren wurden 85 % des landwirtschaftlichen Output der USA von nur ca. 300 000 Megafarmen, die Teile großer Agrokonzerne sind oder ihnen zuliefern, hergestellt.

Die Unterstützung des Agrobusiness seitens der amerikanischen Bundesregierung hat mehrere Stoßrichtungen: Bereits seit 1942 hatte die Bundesregierung amerikanischen Firmen, die in Lateinamerika als Western Hemisphere Trade Corporations tätig wurden, erhebliche Steuervorteile gewährt. Zusätzlich können amerikanische Firmen so lange ihre Steuerzahlung verzögern, wie das im Ausland erzielte Einkommen auch dort verbleibt. Ferner werden Steuerzahlungen an ausländische Regierungen großzügig von der in den USA zu zahlenden Steuer abgeschrieben. Diese steuerlichen Anreize begünstigen ausländische Direktinvestitionen amerikanischer Firmen, auch wenn sie, nur um US-Steuern zu sparen, als Briefkastenfirmen auf den Bahamas oder in Panama als *off-shore subsidiary/one room subsidiary* registriert sind. Durch geschickte firmeninterne Verkäufe kann ein amerikanischer Agrokonzern beispielsweise in Mexiko anbauen lassen, seine Produkte in Panama seiner eigenen Firmenniederlassung verkaufen und von dort in die USA einführen. Die jeweils an Fremdregierungen gezahlten Steuern können von den in den USA fälligen Körperschaftssteuern auf die Gesamtaktivitäten des Konzerns abgeschrieben werden.

Ferner versicherte die Bundesregierung durch ihre Overseas Private Investment Corporation (OPIC) amerikanische Firmen in ihren Überseefilialen gegen politisches Risiko. Die vom amerikanischen Finanzministerium finanzierte OPIC, die eine sogenannte *political risk insurance* verkauft, hilft Firmen in mehr als 150 Ländern weltweit, ihre Investitionen zu schützen (Overseas Private Investment Corporation, Washington, D.C. 2003). Das Bundesprogramm versichert Firmen gegen Verluste, wenn lokale Währungen auf den internationalen Finanzmärkten nicht konvertierbar sind, ferner bei kriegsbedingten Verlusten und bei Verstaatlichungen. Rund zwei Drittel aller amerikanischen Direktinvestitionen in Übersee, ohne die Erdölbranche einzurechnen, sind OPIC-versichert. Ein großer Teil dieser staatlichen Mittel wird für die Subventionen von rund einem Dutzend amerikanischer Großkonzerne aufgewendet, darunter z. B. Del Monte oder Ralston Purina. OPIC versichert nicht nur gegen politisches Risiko, sondern handelt auch die besten Investitionsbedingungen mit ausländischen Regierungen aus.

Dabei waren diese Bundessubventionen teilweise umstritten. So hat der amerikanische Dachverband der Gewerkschaften (AFL-CIO – American Federation of Labor/Congress of Industrial Organisation) seit den 1970er Jahren angemahnt, dass gerade die ausländischen Direktinvestitionen amerikanischer Firmen in den USA selbst zu Arbeitsplatzverlusten führen. Auch wird aus verschiedenen Kreisen kritisiert, dass sich die OPIC-versicherten ausländischen Direktinvestitionen vielfach in Ländern mit undemokratischen Strukturen befinden und diese daher stützen.

Eine weitere Unterstützung der Bundesregierung für den Farmsektor wird seit 1954 mit der Entwicklungshilfe gewährleistet. Insbesondere amerikanische Nahrungsmittelhilfe (*food aid*) ist ein wichtiger stabilisierender Faktor für die von preissenkenden Überproduktionen gekennzeichnete amerikanische Landwirtschaft. Mit einem Gesetz von 1954 (Public Law – P. L. 480) wurde es möglich, neue Märkte für amerikanische Agrarprodukte in Entwicklungsländern zu erschließen, dadurch amerikanische Überproduktion abzusetzen und Amerikas strategische Interessen wahrzunehmen.

Ein Beispiel dafür bietet P. L. 480-Wheat: Während der Hungerkatastrophe in Indien von 1951 ersuchte das Land die USA um Lebensmittellieferungen. Mit dem India Emergency Food Act von 1951, dem Vorläufer des P. L. 480, reagierten die USA mit Weizenlieferungen aus der einheimischen Überproduktion. Diese war zu einem volkswirtschaftlichen Problem und Politikum geworden. Auf dem einheimischen und internationalen Markt abgesetzt, hätte sie einen massiven Preisverfall eingeleitet. Umgekehrt hatten die USA im beginnenden Kalten Krieg einen Bedarf an strategischen Ressourcen. Da Indien als blockfreier Staat einen Exportstopp auf radioaktives Erz, das für die atomare Nutzung geeignet war, verhängt hatte, sahen die USA im P. L. 480 eine ideale Lösung mehrerer Probleme: Mit dem India Emergency Food Act und dem späteren P. L. 480, das unter dem Schlagwort *food for peace* bekannt wurde, wurde der gegenseitige Handel wichtiger Ressourcen eingeleitet: Indien erhielt fortan Weizenlieferungen in großem Maßstab und gab den USA im Gegenzug die für ihre atomare Produktion wichtigen Ressourcen frei. Der beidseitige volkswirtschaftliche Vorteil lag auf der Hand: Nicht nur konnten die USA ihre Weizenlieferungen ohne Preisverluste weltweit weiter durchführen und dafür strategische Ressourcen geliefert bekommen. Auch Indien hatte einen Vorteil: Es erhielt die Lebensmittellieferungen, ohne Devisen aufbringen zu müssen.

Nach dem Gesetz P. L. 480 von 1954 wurden viele weitere Länder, deren Währungen nicht konvertierbar waren und international nicht gehandelt werden konnten, mit Weizen beliefert. Im Gegenzug tauschten sie in Naturalien diverse, für die USA wichtige Rohstoffe ein. Wegen der kostengünstigen Abwicklung des *food for peace*-Geschäfts konnte die US-Regierung für amerikanische Produktionsstätten, die einen Zugang in ausländischen Märkten suchten, unter dem Cooley-Loan Agreement billige Kredite gewähren, so z. B. Union Carbide, American Express, Goodyear und anderen. Im Gegensatz zur Wirtschaft der USA profitierten die Empfängerländer vom P. L. 480-Weizen allerdings nicht im gleichen Maße: Wegen der Billigimporte amerikanischen Weizens sank die einheimische Getreideproduktion in mehreren Ländern (Kolumbien, Indien und andere) seit 1955, während ihre Importabhängigkeit stieg (Weltbank Jahresberichte, versch. Jahre, Washington, D.C.). Kontrovers war die amerikanische *food for peace*-Politik nicht nur hinsichtlich der ökonomischen Abhängigkeiten, die sie schuf, sondern auch wegen ihres Einsatzes als strategisches Mittel, wie Senator Hubert Humphrey 1956 vorschlug:

„... this is a worldwide struggle between the forces of evil and the forces of decency (...) We (...) are engaged in the struggle for men's minds, for their loyalties. There is a struggle between ways of life, a system of values (...) If it is a worldwide struggle, it would seem to be we would want to mobilize all the resources we possibly can in order to win it. And in a world of want and hunger what is more powerful than food and fibre?" (Hubert Humphrey, Aussage vor dem Senatskomitee für Auswärtige Angelegenheiten 1959, zit. in Moore Lappé 1975, S. 379).

Da die P. L. 480-Weizenlieferungen nach Übersee keiner Zuweisungen oder Bedingungen des Kongresses bedurften, konnten und wurden sie in der Folgezeit flexibel eingesetzt. So konnten Empfänger-Regierungen die P. L. 480-Weizenlieferungen auf dem lokalen Markt verkaufen und mit diesem Geld ihre eigenen strategischen Zwecke finanzieren, wie z. B. in Südvietnam, das noch 1973 sein Militärbudget damit aufstockte – dies sogar in Absprache mit den USA. Während insbesondere im Vietnamkrieg zeitweise mehr als die Hälfte des P. L. 480-Weizens in die Region floss, gingen beispielsweise nur 15 % in den gesamten Kontinent Afrika. Nach 1973 wurde das in den USA mittlerweile als *food for war* kritisierte Programm vom Kongress dahingehend modifiziert, dass laut Abkommen Regierungen ihre lokalen Weizenverkäufe nicht mehr direkt den Militärausgaben, sondern ihrem allgemeinen Haushalt zuführen mussten, was deren Weiterverwendung nicht mehr transparent machte.

Dadurch, dass P. L. 480-Weizen die einheimische Produktion niedergehen ließ, der so importierte Weizen jedoch vor Ort strategisch eingesetzt wurde, verschärfte sich Kritikern zufolge die Hungerproblematik in vielen Entwicklungsländern erheblich (Moore Lappé 1975).

Regionalentwicklung und der Staat

Dualität des Agrarsektors und des ländlichen Raums

Trotz der massiven Subventionierung des Agrarsektors in den USA sind bis in die Gegenwart Dualität und Armutsenklaven festzustellen. Zu den ärmeren Gebieten gehören auch im 21. Jahrhundert immer noch Appalachia und der Alte Süden, insbesondere das Mississippi-Delta. Für das Gebiet der Appalachen hatte die Bundesregierung über mehrere Jahrzehnte gezielte Aufbauhilfen für die Regionalentwicklung gewährt.

Während um 1960 noch über 33 % der Bevölkerung in den Appalachenregionen offiziell als arm galten, waren es um 1998 nur noch rund 15 % der Bevölkerung, allerdings hatte ein Viertel aller Counties der Region keine wirtschaftlichen Fortschritte zu verzeichnen gehabt (Appalachia Regional Commission 1998 Annual Report 1998; Isserman & Rephann 1995, S. 345–364).

Das Planungsgebiet der von der Bundesregierung eingerichteten Appalachia Regional Commission umfasst drei Großregionen: Northern Appalachia mit Teilen Marylands, Ohios, Pennsylvanias und West Virginias; dies ist die am stärksten verstädterte Teilregion. Ferner Central Appalachia mit Teilen Kentuckys, Tennessees, Virginias und West Virginias, die größtenteils ländlich geprägt sind. Diese Gebiete wurden gezielt durch militärisch-strategische Anlagen in Wert gesetzt, so z. B. den Militärstützpunkt Christian County, Kentucky, der mit 24 000 Stationierten allein im Jahr 2000 über 600 Mio. Dollar an Löhnen in die Region brachte, oder Anderson County, Tennessee, das im Jahr 2000 für 1,7 Mrd. Dollar Aufträge von der Bundesregierung erhielt (Bagi, Reeder & Calhoun 2002). Die dritte Region ist Southern Appalachia mit Teilen von Georgia, North Carolina, Tennessee und Virginia, die stark von staatlichen Transferleistungen abhängig bleibt.

Die allgemeine Wohlstandsentwicklung in den USA insbesondere in den 1990er Jahren erfasste viele ländliche Gebiete nicht, die aufgrund ihrer Armut Abwanderungsgebiete blieben (Beale 2000, S. 27–31; Gibbs & Cromartie 2000, S. 18–26; Johnson 1999).

Armut hat in einigen Gebieten eine über einhundertjährige Tradition, zu der ungleiche Landbesitzstrukturen, Naturrisiken wie Dürren, verspätete Gleichstellungsgesetzgebung und teils verfehlte regionalplanerische Maßnahmen beitrugen (Abb. 137; Flora & Christensen 1991). So wurde zwar 1953 eine Rentenversicherung und Arbeitslosenunterstützung eingeführt, allerdings bezog diese erst seit 1976 Farmarbeiter mit ein. Auch der Fair Labor Standards Act von 1938, der Minimallöhne für Industriearbeiter vorschrieb, wurde erst ab 1966 auf Farmarbeiter angewendet, ebenso der National Labor Relations Act von 1935, der jedem Arbeiter das Recht auf gewerkschaftliche Organisation zuge-

Federal Regional Policy

1961 Redevelopment Act zur Förderung dieses strukturschwachen Raumes.
1963 Conference of Appalachian Governors zur Bildung einer Federal State Commission; Gründung einer Presidential Appalachian Regional Commission zur Vorbereitung einer umfassenden Programm-Maßnahme für die Region.
1965 Appalachian Regional Development Act als Teil der War on Poverty-Programme; Schaffung der Appalachian Regional Commission mit den Aufgaben, die Hilfspolitik für die Region zu bestimmen, die Finanzmittel vom Kongress zu sichern, die Planungsabläufe zu koordinieren und durchzuführen.
1965 Bildung weiterer Regionalkommissionen für strukturschwache Peripherräume der USA: Ozarks Regional Commission, die New England Regional Commission, die Upper Great Lakes Regional Commission, die Four Corners Regional Commission, die Coastal Plains Regional Commission, Old West Regional Commission, Pacific Northwest Regional Commission und die Southwest Border Regional Commission, die wegen mangelnder finanzieller Unterstützung und Ineffizienz 1982 aufgelöst wurden.
1972 Rural Development Act für die Entwicklung des ländlichen Raumes.
1980 Rural Development Policy-Gesetze mit dem Schwerpunkt der industriellen Entwicklung des ländlichen Raumes.

stand, um kollektive Lohn- und Sozialvertragsleistungen zu erhalten. Letzterer wurde von den meisten Bundesstaaten (mit Ausnahme von Hawaii 1945 und Kalifornien 1975) nicht für ihre Farmarbeiterschaft übernommen, solange mit den Bracero-Programmen billige Farmarbeiter aus Mexiko zur Verfügung standen. Nicht zuletzt gibt es eine bis in die Gegenwart andauernde Politik der Diskriminierung seitens der öffentlichen Hand, insbesondere auf lokaler Ebene, welche Gebiete de jure und de facto benachteiligen. Dazu gehören überwiegend *Black Counties* im Mississippi-Delta, die von einer weißen, wohlhabenden und die Lokalpolitik bestimmenden Elite bewusst vernachlässigt werden, welche sich hier bis in die Gegenwart billige Arbeitskräfte dadurch sichert, dass sie diesen die Teilhabe an bestimmten Aufstiegsmöglichkeiten verweigert. Ebenso gehören verarmte Indianerreservate dazu,

- die als eigenständige Gebiete mit Sonderstatus keine Steueraufkommen haben,
- deren Land vom Bureau of Indian Affairs verwaltet wird und nicht in eigener Initiative verkauft oder beplant werden und Einkommen generieren kann,
- die in hohem Maße von staatlichen Transferleistungen, ebenso aber auch von den Sparmaßnahmen der Bundesregierung abhängen, besonders in Zusammenhang mit strategischen Entscheidungen, was die Ressourcennutzung und Eigentümerrechte solcher Areale angeht (Kodras 1997).

Zur Verbesserung der Situation in der ärmsten ländlichen Region der USA, dem Mississippi-Delta, wurde 2000 die Delta Regional Authority gegründet, die nach dem Vorbild der Appalachia Regional Commission in den acht Anrainerstaaten des unteren Mississippi in mehreren Aufgabenbereichen tätig ist: Regionalentwicklungspläne und -strategien zu konzipieren, Hilfs- und Aufbauprogramme für die Region durchzuführen, lokale Entwicklungsdistrikte aufzubauen und zu unterstützen, Information und technische Hilfe bereitzustellen, Entwicklungsbemühungen zu evaluieren, Finanzierungshilfen aus Programmen des Bundes und der Bundesstaaten sowie von privaten und gemeinnützigen Trägern zu beantragen (US Department of Transportation – DOT 2000).

Staat als Faktor der Regionalentwicklung

Die im Industriezeitalter entstandene, regionale Struktur der US-amerikanischen Wirtschaft unterlag seit Mitte des 20. Jahrhunderts verstärkt einem Wandel: Es findet eine Ablösung des alten, zentral-peripheren Gefüges durch ein Muster mit vielfachen Wirtschaftszentren statt. Der starke Aufschwung des tertiären Sektors, soziale Entwicklungen und Änderungen im demographischen Verhalten, Fortschritte im Kommunikationswesen und andere technische Neuerungen, ebenso aber auch die Wirtschafts- und Strukturpolitik der öffentlichen Hand waren einige der Ursachen.

Nicht alle Standortkonzentrationen tertiärer Aktivitäten waren bevölkerungs- und marktbedingt, sondern z. T. auch das Resultat staatlicher Planung für periphere Räume, die weit entfernt von den großen Bevölkerungs- und Marktzentren liegen, so z. B. East South Central (Kentucky, Tennessee, Mississippi, Alabama), und die eine strukturelle Anpassung nicht ohne staatliche Hilfe leisten konnten. Die relativ hohe Konzentration von Funktionen der öffentlichen Verwaltung hier wie auch in South Atlantic (West Virginia, North Carolina, South Carolina, Georgia, Florida) ist in diesem Zusammenhang zu sehen und auf den geplanten Ausbau von bundeseigenen Einrichtungen (NASA, Militäreinrichtungen, Forschungszentren, Auslagerungen von Bundesbehörden) zurückzuführen. Obwohl eine solche Konzentration der öffentlichen Verwaltung als Entwicklungsindikator angesehen wird und oft als sogenannter *growth pole* geschaffen wurde, ist ihre eigentliche Auswirkung auf die Regionalentwicklung oft sehr begrenzt. Vor allem dort, wo öffentliche Verwaltung zum großen Teil militärische Anlagen, Stützpunkte und Beschäftigte umfasst (North Carolina, Georgia, Alabama, Virginia), werden wenig *trickle-down effects* spürbar. Die Tausenden von Beschäftigten, die sich im Verlauf eines Jahres auf solchen Anlagen aufhalten, können ihre Nachfrage nach Unterkünften und täglicher Lebenshaltung durch ein bundeseigenes, subventioniertes und unter dem Marktpreis liegendes Angebot decken. Auch die erheblichen Investitionen der Bundesregierung, die von großer na-

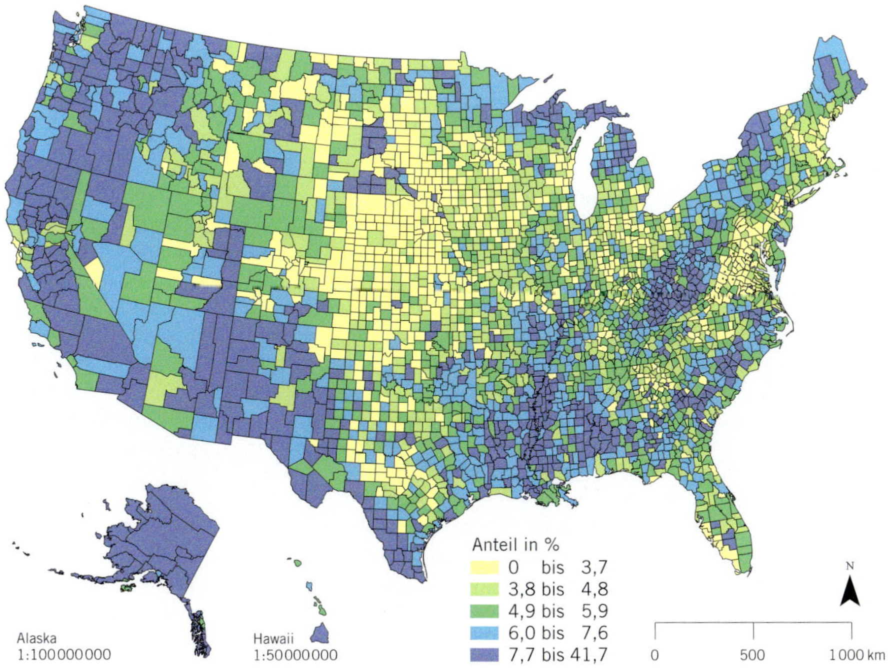

Datengrundlage: US Department of Commerce, Bureau of the Census: Census 2000, Long Form, Washington D.C.

Abb. 137: *Arbeitslosenrate in den Counties der USA, 2000. Aufteilung in Klassen nach dem Prinzip der Quantile (siehe Abb. 71).*

tionaler Bedeutung sind, wirken sich oft mehr auf einzelne Städte aus als auf den Bundesstaat oder die Gesamtregion, sodass auch zu Beginn des 21. Jahrhunderts noch Teile von East South Central und South Atlantic als relativ arme Gebiete gelten. Die Konzentration der öffentlichen Verwaltung in der dünn besiedelten Mountain-Region ist durch den hohen Anteil der Beschäftigten in bundeseigenen Behörden und R & D-Stätten (Research and Development) zu erklären, ferner durch die Arbeitsplätze, die mit der Erhaltung der großen Naturparks in Idaho, Wyoming, Utah oder Arizona verbunden sind. Verhältnismäßig wenig öffentliche Verwaltung weisen die altindustrialisierten Gebiete New England und East North Central auf, die als Teil des ehemaligen wirtschaftlichen Kernlandes der USA nicht im selben Maße wie andere Regionen, z. B. der Alte Süden, der regionalplanerischen Intervention der Bundesregierung mit gleichzeitigem Wachstum des *federal employment* bedurften.

Beachtenswert ist, dass bundeseigene Forschungs- und Entwicklungszentren generell breiter gestreut sind als privatwirtschaftliche, da diese Standorte im Rahmen der Regionalplanung nach einem gesamtstaatlichen Dispersionsverfahren gewählt wurden, ferner nach strategischen bzw. verteidigungspolitischen Aspekten, wonach sowohl Standorte in entlegenen Teilen des Landesinneren als auch an der Küste ausgebaut wurden. Neben Washington, D.C. mit einer großen Anzahl von R & D-Beschäftigten in seinen Bundesbehörden und bundeseigenen Forschungszentren gibt es weitere Konzentrationen von regierungseigener R & D im *space triangle* Houston (Texas)/Huntsville (Alabama)/Titusville-Cocoa Beach (Florida), ferner in New Orleans (Louisiana), Oak Ridge Knoxville (Tennessee) und Albuquerque (New Mexico) auf dem Energiesektor, in Pennsacola (Florida), Newport News/Hampton (Virginia) im Verteidigungssektor sowie in Dayton (Ohio) in der Luft- und Raumfahrt (Clark 1985, S. 95).

NAFTA – regionalwirtschaftliche Effekte der nordamerikanischen Freihandelszone

Gezielt in Wert gesetzt wurde seitens der Bundesregierung das Lohngefälle entlang der mexikanisch-amerikanischen Grenze, indem die nordamerikanische Freihandelszone geschaffen wurde.

Die Nordamerikanische Freihandelszone (NAFTA – *North American Free Trade Agreement*) schließt seit dem 1. Januar 1994 die USA, Mexiko und Kanada in einem nordamerikanischen Handelsblock zusammen, um den Schutz der eigenen Märkte vor Importen aus Übersee zu gewährleisten und die internationale Wettbewerbsfähigkeit der eigenen Industrien auszubauen. Das Abkommen hatte folgende Zielsetzungen:

- Beseitigung von Einfuhrzöllen,
- Förderung fairen Wettbewerbs bei Wahrung eines angemessenen Rechtsschutzes,
- Förderung der trilateralen und multilateralen Zusammenarbeit,
- Ausbau des bilateralen und trilateralen Güter- und Dienstleistungsverkehrs sowie der Investitionstätigkeit,
- Abbau von nicht tarifären Handelshemmnissen wie Kontingentierungen, technischen Normen, Standards, Lizenzen, nationalen Anforderungen mit Ausnahme der sensiblen Bereiche wie Agrarprodukte, Kraftfahrzeuge, Energie und Textilerzeugnisse,
- Sonderbehandlung von einzelnen Produktgruppen aus dem Bereich der Textilindustrie, der Landwirtschaft, der Petrochemie und des Dienstleistungsaustausches, des Landtransports, der Finanzdienstleistungen sowie Investitionen, die der mexikanischen Sonderstellung als wirtschaftlich schwächerem Partner Rechnung tragen.

Freier Personenverkehr gehörte nicht zum Abkommen der NAFTA, da er der Einwanderung aus südamerikanischen Ländern hätte Vorschub leisten können.

Wegen der unterschiedlichen Wirtschaftskraft der Partnerländer wurde ein gestaffelter Abbau der Zollschranken vereinbart, der ein Zusammenwachsen und eine Angleichung der drei Wirtschaftsräume erlauben sollte. Danach wurde mit Inkrafttreten des Abkommens ein Großteil der Zölle auf mexikanische Exporte in die USA und Kanada eliminiert. Bis 1999 wurden auf fast dem gesamten Rest der mexikanischen Exporte Zölle abgebaut, während Mexiko als Gegenleistung auf 2500 amerikanische und kanadische Warengruppen die Zölle beseitigte. Bis 2003 wurden weitere Zölle abgeschafft; in einem Zeitraum von 15 Jahren nach Inkrafttreten des Abkommens sollten bis auf einige wichtige Produktgruppen alle Zölle abgeschafft sein. Die Produkte, die ausgeschlossen werden sollten, waren Mais, Milchpulver und Bohnen, die im mexikanischen Agrarsektor wichtig sind und deren preiswerterer Import aus den USA oder Kanada die einheimische Landwirtschaft existenziell gefährden könnte. Da Mexikos Erdöl- und Erdgasreserven die siebtgrößten der Welt und daher von besonderer Bedeutung für die USA sind (Kretschmar 1994, S. 197–217), war es von großer Wichtigkeit, die Belange Mexikos im NAFTA-Abkommen sorgfältig zu berücksichtigen.

Die Rücksichtnahme auf mexikanische Interessen diente insbesondere der Stabilität des Landes, was in einem Zusammenschluss der drei Volkswirtschaften von Bedeutung ist. Als Folge der Freihandelszone ist ein Binnenmarkt entstanden, der 2003 annähernd 420 Mio. Menschen umfasste und dem Handel zwischen den drei Ländern einen wichtigen Anschub gegeben hat. 1999 hatte der Handel zwischen Mexiko und den USA ein Volumen von 215 Mrd. Dollar erreicht und sich damit in nur fünf Jahren seit Gründung der NAFTA mehr als verdoppelt. Das Handelsvolumen zwischen Mexiko und den USA betrug täglich rund 700 Mio. Dollar. Mexiko war bereits 1999 der drittgrößte Exporteur in die USA, seine Exporte machten 11 % der amerikanischen Importe aus. Das südliche Nachbarland hat sich mit einem Gesamtexport von 137 Mrd. Dollar im Jahr 1999 zum achtgrößten Exportland der Welt entwickelt. Besonders folgende Produkte werden von Mexiko in die USA exportiert – in der Reihenfolge nach Warenwert von 225 Mio. Dollar sind es: Satellitenantennen, Helikopter, Waschmaschinen, Mikrowellenherde, Baumwollstoffe, einmotorige Flugzeuge, Mikrophone, Luftfahrtturbinen, Rauchdetektoren, Eisen- und Straßenbahnwaggons.

Mexiko ist für amerikanische Direktinvestitionen ein besonders attraktiver Standort geworden – rund 1 Mrd. Dollar werden jährlich in mexikanische Industriestandorte investiert. Auch mexikanische Industrien investierten in den ersten fünf Jahren der NAFTA ca. 2,6 Mrd. Dollar in den USA. Die Direktinvestitionen modernisierten die Industriestruktur und verhalfen damit Mexiko, zu einem führenden Produktionsstandort für Automobile und Fahrzeugteile, Textilien, elektronische Geräte und elektrische Haushaltsgeräte zu werden. Mexiko exportierte 1999 Fahrzeuge und Fahrzeugteile für 34 Mrd. Dollar in die USA und ist damit nach Kanada der zweitgrößte Lieferant der USA für Automobile und Ersatzteile. Mexikanische Textilexporte machten 1999 rund 17 Mrd. Dollar aus, die Exporte elektronischer Güter rund 53 Mrd., Haushaltsgeräte ca. 8,5 Mrd. Dollar. Nach Warenwert der Exporte sind die wichtigsten mexikanischen Importe in die USA: Pkws, Autoradios, Herren-Sweatshirts, Kühlschränke, Alarmsysteme, Halbleiter, Wohnmobile, elektrische Verstärkeranlagen und Mobiltelefone.

Mexiko ist Amerikas verlängerte Werkbank. In Mexiko selbst wurde dadurch eine größere Anzahl besser bezahlter Arbeitsplätze geschaffen, die im Schnitt 40 % über dem normalen mexikanischen Lohnniveau in nicht exportorientierten Branchen liegen (*www.naftaworks.org/2003*). Als Resultat der NAFTA wuchs Mexikos Bruttoinlandprodukt im Jahr 2000 um 7,8 %. Eigene Investitionen und ausländische Direktinvestitionen lassen das Land zu einem wichtigen internationalen Handelspartner und zu einem strategischen Standort in der Globalisierung werden. Auch während der Konjunkturkrise, die sich nach dem 11. September 2001 deutlich zeigte, wuchs das Handelsvolumen der NAFTA-Partner weiterhin stark: 2000 lag das gesamte trinationale Handelsvolumen der NAFTA-Partnerländer bei insgesamt 622 Mrd. Dollar, ca. 1,7 Mrd. Dollar täglich, was einem 95 %igen Anstieg entsprach und sich daraus erklärt, dass die NAFTA sukzessive Einfuhrzölle abgebaut hat und Konsumenten hochwertige Güter zu günstigeren Preisen einkaufen können.

Das Beispiel der Elektronikindustrie belegt dies: 1993 betrugen die Einfuhrzölle auf amerikanische Elektronik- und Computerprodukte nach Mexiko noch 13,3 %, im Jahr 1999 nur noch 1,3 %, im Jahr 2003 wurden sie aufgehoben. Auch die Einfuhrzölle auf mexikanische Elektronikartikel in die USA lagen 1999 nur noch bei 1,6 % und wurden 2003 ganz abgeschafft. Im Vergleich dazu müssen Nicht-NAFTA-Länder beim Import von Elektronikartikeln nach Mexiko 15,4 % und in die USA 16,4 % bezahlen. Der Nutzen der eliminierten Handelsbeschränkungen ist beidseitig: 1999 betrug der Wert aller Elektronikexporte von den USA nach Mexiko 26 Mrd. Dollar, während der Wert der mexikanischen Exporte insgesamt 27 Mrd. Dollar ausmachte. Haupthandelsorte für den mexikanisch-amerikanischen Handel sind Laredo und El Paso, Texas, San Diego, Kalifornien, Nogales, Arizona und Cleveland, Ohio (*www.Naftaworks.org/*Nafta Works for Electronics, 2003).

Maquiladora-Industrie

Ein wichtiges Element in der Entwicklung des Produktions- und Handelsvolumens stellt die Maquiladora-Industrie dar. So nennt sich die Veredelungsindustrie, die in *plants* oder *twin plants* (Ablegern) entlang der mexikanisch-amerikanischen Grenzregion arbeitet. Sie wurde 1965 von der mexikanischen Regierung unter dem Namen *Border Industrialization Program* mit dem Ziel gegründet, die US-nahen Grenzregionen zu industrialisieren und dadurch Arbeitsplätze und Deviseneinkommen zu schaffen.

Das Maquiladora-Programm löste das Bracero-Programm der Wanderarbeiter in die USA ab, das zuvor für Lohneinkommen in der mexikanischen Grenzregion gesorgt hatte. Der Name des Programms kommt von dem spanischen Verb *maquilar*, was den Anteil Mehl bedeutet, den die Müller sich für das Mahlen einbehalten konnten. Die Lohnarbeit in den Industrien wurde sozusagen zur Grundlage des Wirtschaftszweiges, der an der Grenze in großem Maße industriell gefertigte Güter hervorbrachte und auf beiden Seiten der Grenze Nachfrage generierte (Arreola & Curtis 1993, S. 202). Allerdings war die Industrie von vornherein nicht nur auf die lokalen und regionalen Wirtschaftskreisläufe, sondern die USA als einen der größten Märkte ausgerichtet.

Die Maquiladora-Industrie arbeitet zwar vorwiegend mit amerikanischem Kapital, jedoch auch mit europäischem, japanischem und kanadischem. Nicht amerikanische Maquiladoras sind häufig amerikanischen Unternehmen angeschlossen, und ihre Produktion ist für den amerikanischen Markt bestimmt. Es werden *captured maquilas* unterschieden, bei denen die Kapitalmehrheit in ausländischem Besitz ist, *sheltered maquilas* in mexikanischem, nicht staatlichem Besitz, der von ausländischen Kapitalgesellschaften gemanagt wird, sowie *subcontracting maquilas*, die in mexikanischem oder ausländischem Besitz sein können und unter Vertrag mit verschiedenen ausländischen Firmen arbeiten (Hufbauer und Schott 1992, S. 95f.).

2001 förderte die mexikanische Maquiladora-Industrie insbesondere folgende Branchen: Elektro- und Elektronikartikel, Möbel, Spielzeuge, Schuhe, Metall- und Bergbauprodukte, Fotoapparate, landwirtschaftliche Maschinen, chemische Erzeugnisse, Gummi und Plastik, medizinische Apparate, Transportausrüstung, Papier und Karton, Lederwaren, Automobile, Textilien und Bekleidung (NAFTA Works, 2001, A Practical Guide to Mexico's Maquila 2001 Program). Insbesondere die Elektronikindustrie expandierte stark in Mexiko, seit die Einfuhrzölle in die USA von 13,8 % im Jahr 1993 auf 1,8 % gesenkt

***Abb. 138:** Calexio, Kalifornien – Maquiladora-Industrien an der mexikanisch-amerikanischen Grenze (links Mexiko, rechts USA). Foto: Alex S. MacLean.*

und im Jahr 2003 eliminiert wurden, was der mexikanischen Elektronikindustrie gegenüber anderen ausländischen Firmen, die 1999 noch 15,4 % Einfuhrzoll in die USA bezahlen mussten, einen beachtlichen Wettbewerbsvorteil brachte. Zwischen 1994 – dem Jahr des NAFTA-Abkommens – und dem Jahr 2000 wuchs das Handelsvolumen zwischen Mexiko und den USA für elektronische Artikel auf 53 Mrd. Dollar; 1999 erzielten die mexikanischen Exporte von Elektronikartikeln in die USA den Wert von 26 Mrd. Dollar. Dabei wurden einige der bereits genannten Städte als Einfuhrhäfen besonders wichtig: Laredo (Einfuhren im Wert von 8,7 Mrd. Dollar), El Paso (4,6 Mrd. Dollar), San Diego (3,4 Mrd. Dollar), Nogales, Arizona (1,4 Mrd. Dollar). Mexiko, das 1993 nur rund 10 % der Elektronikexporte in die USA bestritt, hatte 1999 bereits einen Anteil von 17 %. Seit 1999 wurde Mexiko zum führenden Handelspartner der USA in Sachen Elektronik und zum größten Exportmarkt für amerikanische Elektronik. Mexiko war 1999 der zweitwichtigste Exporteur elektronischer Artikel in die USA nach Japan, das im gleichen Jahr elektronische Güter im Wert von 34 Mrd. Dollar in die USA exportierte.

Die Maquiladora-Industrie ist nicht ohne Kritiker. Warnende Stimmen erheben sich wegen wahrgenommener negativer Folgen für die Regionalentwicklung in verschiedenen Bundesstaaten (Public Citizen 2003). Verschiedene Entwicklungen werden als ungünstig erachtet: Die Ausnutzung mexikanischer Arbeiter, die mehrheitlich junge Frauen sind, wird ebenso angeprangert wie die Missachtung von Kinderschutzgesetzen – die USA haben als eines der wenigen Länder der Welt die UNO-Konvention über die Rechte des Kindes nicht unterzeichnet –, ferner die Arbeitsbedingungen. Hauptkritikpunkt ist der Export amerikanischer Arbeitsplätze durch die NAFTA nach Mexiko, das zu einer einzigen Maquiladora wird (Hufbauer und Schott 1992, S. 101, 103).

Zudem unterstützt das Abkommen die Investitionen von Konzernen in einem bis dahin ungekannten Ausmaß. Das Abkommen erlaubt, dass Konzerne nationale Regierungen in Verhandlungstribunalen verklagen, von denen die Öffentlichkeit ausgeschlossen ist. Die Fälle, die zur Verhandlung kommen können, sind solche, in denen das Unternehmen seine Interessen in Konflikt mit NAFTA-Regularien sieht. Gewinnt das Unternehmen, muss die jeweilige Landesregierung aus Steuergeldern eine Rechnung in einer vom Tribunal bestimmten Höhe bezahlen. Diese „Investor gegen Staat"-Fälle werden in besonderen internationalen Verhandlungsorganisationen der Weltbank und der Vereinten Nationen ausgetragen, wobei die Öffentlichkeit weder teilnehmen noch beobachten oder eine Eingabe machen kann. Ein Entscheidungsgremium von drei professionellen Unterhändlern führt die Anhörungen, bewertet die Argumente und hat die Befugnis, den Konzernen einen Betrag in unbegrenzter Höhe zuzusprechen, sofern das NAFTA-Abkommen ihnen ihre Investorenprivilegien und -rechte ungebührlich beschnitten hätte (Public Citizen 2003).

Einblicke

Institutionelle Systeme

Soziales System und Sozialpolitik

Bildungssystem

Bundespolitisches Planungssystem

Institutionelle Systeme

Präsidiales Regierungssystem

Das politische System der USA ist eine präsidiale Demokratie, in der der Präsident gleichzeitig Staatsoberhaupt und Regierungschef ist. Ein Kabinett mit Ministern ist in den Verfassungswerken nicht vorgesehen, entsprechende Funktionen werden von Departments mit Verwaltungsleitern ausgeübt.

Die amerikanische Demokratie ist, im Gegensatz zu westeuropäischen parlamentarischen Regierungssystemen, ein präsidiales Regierungssystem und damit von einem grundlegend anderen Verhältnis von Legislative und Exekutive gekennzeichnet. Seine Merkmale sind (Kleinsteuber 1974, 1989, S. 68ff.; Hübner 1989, S. 105–107):

- Eine Zentralisierung der gesamten Führung der Exekutive in der Person des Präsidenten, (Einheit der Exekutive), der zugleich Staatsoberhaupt und Regierungschef ist; diese Funktionen teilen sich in der Bundesrepublik Deutschland beispielsweise der Bundespräsident und der Bundeskanzler.
- Eine Regierung, die formal nur aus dem Präsidenten besteht. Anstelle eines Kabinetts mit Ministern unterstehen dem Präsidenten „Abteilungen" (Departments) mit Verwaltungsleitern. Ein Kabinett mit Ministerien ist in den Verfassungswerken (mit Ausnahme des 25. Zusatzartikels zu der Verfassung vom 6. 7. 1965, in Kraft getreten am 10. 2.1967) nicht erwähnt oder vorgesehen. Auch in dieser Erwähnung kommt den Leitern wichtiger Behörden keinerlei große Befugnis zu, vor allem keine eigenen Entscheidungsbefugnisse in der Politik. Zwar fungieren die Behördenleiter als Minister, der Sprachgebrauch macht aber ihren tatsächlichen Status deutlich, der es ihnen nicht erlaubt, in ihrem Ressort eigenverantwortliche Bundespolitik betreiben zu können: Sie sind „Secretary" – so ist der Außenminister der *Secretary of State*, der Verteidigungsminister der *Secretary of Defense* usw. Wenn also in Angelegenheiten, welche die USA als in ihrem nationalen Interesse liegend definieren, die jedoch von weltpolitischer Tragweite sind, eine einzige Person – der Präsident – die Stoßrichtung in einem Maße bestimmt, dass die politischen Verbündeten und *Secretaries* als die vom Präsidenten bestimmten Ressortleiter dies unterstützen, so entspricht dies dem seit über 200 Jahren praktizierten, verfassungskonformen Verfahren. Es versteht sich von selbst, dass in einer präsidialen Demokratie der Person und Persönlichkeit des Präsidenten eine ganz besondere Bedeutung zukommt.
- Eine Unvereinbarkeit der Funktionen als Abgeordneter im Kongress und einer Funktion als öffentlicher Angestellter im Arbeitsbereich des Präsidenten (US-Verfassung Art. 1, Abschnitt 6, Abs. 2). Dies soll eine Abhängigkeit gewählter Volksvertreter vom Präsidenten verhindern und steht im Gegensatz zur parlamentarischen Demokratie, in welcher der Regierungschef und seine Minister auch gleichzeitig noch stimmberechtigte Mitglieder des Parlaments sind.
- Eine Verantwortung des Präsidenten allein der Verfassung und nicht dem Kongress gegenüber. Anders ist es in der parlamentarischen Demokratie, in der ein Regierungschef mit einem Misstrauensvotum aus dem Amt abberufen werden kann. Aufgrund des Wahlverfahrens kann der Präsident auch gegen eine Kongressmehrheit aus der anderen Partei regieren, ohne dass diese seine Amtsführung nachhaltig beeinträchtigen und Regierungskrisen heraufbeschwören könnte.
- Ein aufschiebendes Vetorecht des Präsidenten gegenüber Gesetzesbeschlüssen des Kongresses, das jedoch mit der notwendigen Mehrheit im Kongress wiederum übergangen werden kann. Im Gegensatz dazu hat der Regierungschef in der parlamentarischen Demokratie das Recht, das Parlament aufzulösen und Neuwahlen anzuberaumen.

Da es in den Parteien keinen Fraktionszwang gibt, müssen für alle wichtigen politischen Entscheidungen Allianzen geschmiedet werden.

- Eine Trennung von Exekutive und Legislative auf eine Weise, dass der Präsident nicht selbst Gesetzesvorlagen einbringen, sondern dies nur über Abgeordnete und strategische Verbündete tun kann. Für alle wichtigen Gesetze und Entscheidungen, die im Kongress getroffen werden, müssen Allianzen aufgebaut werden, da es keinen Fraktionszwang der Parteien gibt.
- Eine Notwendigkeit für Aushandlungsstrategien: Als Vertreter seiner Partei und als von der gesamten Partei gewählter Präsidentschaftskandidat hat der Präsident zwar einen gewissen Status, aber in der Partei keine dominierende Funktion und kann keinen Fraktionsdruck veranlassen.
- Anders als in der parlamentarischen Demokratie handelt die Partei nur im Vorfeld von Wahlen und bei der Berufung auf politische Ämter als geschlossene Einheit.
- Wegen dieser Machtdiffusion zwischen Legislative und Exekutive, die über alle wichtigen Entscheidungen ein Konsensverfahren beschreiten müssen, ist die präsidiale Demokratie nicht allein von der Führerpersönlichkeit des Präsidenten abhängig, sondern vom *good will* des Kongresses, der im demokratischen Verfahren in jedem Einzelfall erzielt werden muss.
- Im Vergleich dazu gilt das parlamentarische System als „Diktatur auf Zeit", da der Regierungschef mit Hilfe des Fraktionszwangs fast immer die parlamentarische Zustimmung erhalten kann. Dennoch ist die absolute Entscheidungsbefugnis des amerikanischen Präsidenten nicht zu unterschätzen: Da er allein der Verfassung verantwortlich ist, ist das Richtergremium des Obersten Gerichtshofes von zentraler Bedeutung. Dieses Lebenszeitamt wiederum wird vom Präsidenten bestimmt. Über die Entscheidung, wer zum Obersten Verfassungsrichter berufen wird, besteht die Möglichkeit, dass Richter auf Lebenszeit ernannt werden, die in jeder Beziehung eine präsidiale Linie unterstützen.

Merkmale des föderalen politischen Systems

Merkmale der föderalen Struktur des amerikanischen Regierungssystems sind:

- Die Gewaltenteilung auf Bundesebene in Legislative, welche im Repräsentantenhaus und im Senat erreicht ist, ferner der Exekutive, verkörpert im Präsidenten und seinen *Secretaries*, und der Judikative, dem Verfassungsgericht (*Supreme Court*) und den untergeordneten Bundesgerichten. Die Gewaltenteilung zeigt sich unter anderem daran, dass der Präsident sich auf eine Wahl durch das Volk berufen kann und daher bei oppositionellen Mehrheiten im Kongress nicht regierungsunfähig wird.
- Die Kompetenzaufteilung zwischen der Bundes- und den Einzelstaatsregierungen. Sie ist auf zwei Arten geregelt: Einerseits definiert der Bund Zuständigkeit für gewisse Aufgabenbereiche wie die nationale Sicherheit, andererseits wurde 1791 per Generalklausel im 10. Zusatzartikel zur Verfassung festgelegt, dass jene Rechte und Aufgaben, die der Bund nicht ausdrücklich in seinem Aufgabenbereich definiert hat, von den Bundesstaaten oder den Kommunen übernommen werden. Er besagt im Wortlaut: *Die Machtbefugnisse, die von der Verfassung weder den Vereinigten Staaten übertragen noch den Einzelstaaten entzogen werden, bleiben den Einzelstaaten oder dem Volke überlassen.*
- Die Aufgabe der Einzelstaaten, Zuständigkeiten für solche Aufgabenbereiche festzulegen oder diese an die Kommunen zu delegieren. Was es bedeutet, wichtige Aufgaben im föderativen System den Kommunen zu übertragen, lässt sich anhand einiger Zahlen erahnen: 1997 waren 87 453 lokale Regierungen in 3043 Counties und 19 372 Gemeinden registriert. Die Bedeutung, die im föderativen System den Bundesstaaten und Gemeinden zukommt, resultiert aus der Zeit, als gleichzeitig eine Union und selbständige Einzelstaaten nebeneinander bestanden und ein gemeinsamer Staat, der die Existenz beider Einheiten sichern sollte, im Entstehen war (Adams 1991, 1996, S. 46).

Die Kompetenzaufteilung im föderalen System

Laut Verfassung hat der Bund nur die folgenden acht Hauptkompetenzen als seine Handlungsdomäne identifiziert (Adams 1991, 1996, S. 47ff.; Peltason 1985, S. 20):

1. Die dem Bund explizit zugesprochenen Aufgaben (*enumerated powers*) wie der Aufbau der nationalen Verteidigung.
2. Die sich daraus logischerweise ergebenden impliziten Aufgaben (*implied powers*) wie der Aufbau von Militärstützpunkten, wobei die impliziten Befugnisse seit 1819 als verfassungskonform anerkannt und kontinuierlich ausgebaut wurden. Dies steht im Zusammenhang mit der Definition von „nationalen Interessen" und der Monroe-Doktrin.
4. Die sich aus mehreren, explizit als Bundeskompetenz definierten Rechten ergebenden Pflichten (*resulting powers*).
5. Die Aufgaben, die darin begründet sind, dass sich die USA mit anderen Nationalstaaten auseinander setzen müssen (*inherent powers*).
6. Die ausdrücklich und alleinig vom Bunde ausgeübten Pflichten (*exclusive powers*) wie die Einsetzung von Botschaftern.
7. Die vom Bund und den Bundesstaaten gemeinsam wahrgenommenen Pflichten (*concurrent powers*) wie die Erhebung von Mehrwertsteuern (*sales tax*), wobei die Rechte der Bundesregierung im Streitfall vor denen der Bundesstaaten stehen.
8. Die ausdrücklich dem Bund untersagten Aufgaben (*expressly forbidden*), z. B. die Erhebung eines Ausfuhrzolls, der die Wirtschaft schädigen könnte.
9. Die impliziten Begrenzungen der Bundesregierung (*implicit limitations on national power*), die sich aus den wirtschaftlichen Interessen der Einzelstaaten ergeben, die vom Bund nicht gefährdet werden dürfen.

Durch die Verfassung oder den Obersten Gerichtshof klar definierte Bundesaufgaben sind demnach (Adams 1991, 1996, S. 48):

- Außenvertretung der USA durch den Präsidenten,
- Landesverteidigung,
- Regelung des Außenhandels und des Verkehrs zwischen den Bundesstaaten,
- Erhebung von Steuern und Einfuhrzöllen,
- Festlegung der staatlichen Kreditaufnahme bzw. Verschuldung,
- Prägung der Landeswährung,
- Standardisierung von Maßen und Gewichten,
- Postdienst,
- Copyright und Patentrecht,
- Schlichtung von Rechtsfällen zwischen den Bundesstaaten durch den Supreme Court,
- Schutz der Rechte und Privilegien der Bürger,
- Schutz der Bundesstaaten vor Invasion und vor Bedrohungen von außen. Aus diesem Recht wie auch aus dem Recht auf Landesverteidigung leitet sich beispielsweise das Recht zur

						Sonderbezirke (Auswahl)			
	Alle lokalen Regierungen	County	Gemeinden	Township	Schulbezirke	Gesamt	Natur- und Ressourcenschutz	Feuerschutz	Wohnungsbau
USA	**87453**	**3043**	**19372**	**16629**	**13726**	**34683**	**6983**	**5601**	**3469**
Kalifornien	4607	57	471	–	1069	3010	472	369	79
Illinois	6835	102	1288	1433	944	3068	935	827	113
Kansas	3950	105	627	1370	324	1524	260	–	204
Minnesota	3501	87	854	1794	360	406	114	–	176
Missouri	3416	114	944	324	537	1497	181	273	143
Nebraska	2894	93	536	455	681	1130	84	419	126
New York	3413	57	615	929	686	1126	2	912	–
Pennsylvania	5070	66	1023	1546	516	1919	7	–	91
Texas	4700	254	1177	–	1987	2182	428	103	395
Wyoming	3069	72	583	1266	442	696	184	–	171

Tab. 50: *Anzahl der lokalen Regierungen in den USA und in ausgewählten Bundesstaaten, 1997.*

Quelle: US Bureau of the Census 2001; Statistical Abstract of the United States 2001, Tab. 414, S. 259.

„präventiven Selbstverteidigung" und die Gründung des neuen Ministeriums für Innere Sicherheit ab,
- Aufnahme neuer Bundesstaaten,
- Verwaltung des District of Columbia mit der Hauptstadt Washington,
- Regelung der Einwanderung und der Einbürgerung,
- Regelung von Kompetenzverteilung zwischen Bund und Bundesstaaten in begründeten Fällen. So wurde mit dem 24. Zusatzartikel zur Verfassung von 1964, dem Bürgerrechtsgesetz von 1964 und dem Wahlrechtsgesetz von 1965 eine einzelstaatliche Gesetzgebung außer Kraft gesetzt, die Rassendiskriminierung zuließ und das Wahlrecht der Afroamerikaner eingeschränkt hatte.

Aufgaben der Bundesstaaten sind:
- einzelstaatliche Steuern mit Ausnahme auf Bundesbesitz oder Ausfuhren zu erheben,
- Wahrung der Sicherheit im Bundesstaat (*police power*) unter Beachtung der Rahmengesetze des Bundes und der Grundrechte des Einzelnen,
- Einrichtung und Erhalt öffentlicher Schulen und Ausbildungsstätten,
- Adoption von Bundesgesetzen durch eine einzelstaatliche Gesetzgebung (*state enabling legislature*) in Bereichen, die laut 10. Zusatzartikel der Verfassung den Einzelstaaten obliegen, jedoch von einer Rahmengesetzgebung des Bundes geregelt sind. Dazu gehört z. B. die Gesetzgebung zum sozialen Wohnungsbau, die als Stadtentwicklungsaufgabe nicht dem Bund untersteht, durch diesen jedoch geregelt ist.
- Rechtsprechung im einzelnen Bundesstaat, die auf Stadt-, County- und Oberstem Gericht des Bundesstaates verteilt ist, wobei Letzteres über die Verfassungskonformität von Einzelstaatsgesetzen im jeweiligen Bundesstaat befindet und eine Weiterleitung an den Obersten Gerichtshof der Vereinigten Staaten ermöglicht, wenn Bundes- oder Verfassungsrechte tangiert sind.
- Die Aufgaben der Kommunen sind von erheblicher Tragweite: Sie beinhalten nicht nur die klassischen kommunalen Versorgungsaufgaben, sondern können die Stadtentwicklung mit großer Autonomie in ihren Hunderten von lokalen Regierungen ausgestalten (Tab. 50), was auch Spielraum für disparitäre Entwicklungen zulässt.

Politische Institutionen und das Wahlsystem – der Präsident

Der Präsident wird für eine Amtsperiode von vier Jahren gewählt (für einen Überblick über alle Präsidenten der USA, ihre Kabinette und die wichtigste personelle Besetzung in politischen Institutionen siehe Sautter 2000; Jäger 1998, S. 136–169). Seit dem 22. Zusatzartikel zur Verfassung von 1951 ist die Einmaligkeit der Wiederwahl festgeschrieben. Der Präsident wird im Verständnis der amerikanischen Präsidialdemokratie mittels eines Wahlmännergremiums (*electors*) vom Volk gewählt. Jeder Staat wählt so viele Wahlmänner in das Elektorat, wie er auch Vertreter im Kongress hat. Laut Verfassung sind dies üblicherweise mindestens drei Personen – analog zu den zwei Senatoren und mindestens einem Repräsentanten. 2003 waren dies 538 Wahlmänner (100 für die 100 Senatoren und 435 für die 435 Mitglieder des Repräsentantenhauses sowie 3 Delegierte des District of Columbia, laut 23. Zusatzartikel zur Verfassung von 1961).

Der Präsidentschaftskandidat, der in einem Bundesstaat die Mehrheit der Stimmen erhalten hat, erhält auch sämtliche Wahlmännerstimmen – unabhängig von deren Parteizugehörigkeit. Daher ist es für jeden Präsidentschaftskandidaten wichtig, in den bevölkerungsreichsten Bundesstaaten die Mehrheit der Wähler zu erhalten, da diese Bevölkerungsgrößen eine große Anzahl von Wahlmännern bedeuten. 2003 waren dies in Kalifornien 53, in New York 29 und in Illinois 19.

Das Prozedere der Präsidentschaftswahl wurde schon von den Gründervätern der Verfassung in den sogenannten *Federalist Papers* von 1787/88 konzipiert. In dieser Sammlung von Aufsätzen gaben Alexander Hamilton, James Madison und John Jay Vorschläge und Interpretationen zu einer Verfassung, die für das tatsächliche amerikanische Verfassungswerk zentral wurden. Die *Federalist Papers* gelten noch heute als die in Worte gefasste politische Kultur der USA, welche die politische Macht und ihre Begrenzung, das Wesen des Staates und die Beziehung des Einzelnen zu seinem Staat philosophisch auslegten (Ermacora 1958). Danach ist das Volk zwar nicht in der Lage, direkt das Staatsoberhaupt zu bestimmen, jedoch kann es in einem ihm überschaubaren Bereich und in einer überschaubaren Region jene Personen auswählen, die am geeignetsten sind, nach bestem Wissen und Gewissen den Regierungschef auszuwählen. Allerdings bestimmen mittlerweile seit vielen Jahren die politischen Parteien in den Bundesstaaten, wer in ihrem Bundesstaat für das Wahlmännergremium aufgestellt wird. Somit sind Wahlmäner de facto parteigebunden und müssen quasi wie im Fraktionszwang den von ihrer Partei aufgestellten Präsidentschaftskandidaten wählen (Bundeszentrale für politische Bildung 1983). Einen ähnlichen Demokratisierungsverlust hat die Wahl zum Präsidenten erlitten: Wurden die Präsidentschaftskandidaten ursprünglich von den Kongressfraktionen nominiert, sind es nun die Delegiertenkonferenzen (*National Conventions*) der Parteien, welche einen Präsidentschaftskandidaten küren. Um das Volk wieder stärker zu beteiligen, wurden seit dem beginnenden 20. Jahrhundert Vorwahlen (*primaries*) durchgeführt, und zwar als

- geschlossene Vorwahlen, praktiziert in 39 Bundesstaaten, in denen der Wähler direkt an der Wahl der Delegierten für die nationale Delegiertenkonferenz seiner Partei teilhaben kann, sofern er sich als Wähler registrieren lässt, sowie als
- offene Vorwahlen, praktiziert in 9 Staaten, in welchen der eingetragene Wähler durch sein Votum noch jeweils den einen oder anderen Präsidentschaftskandidaten wählen kann,
- verdeckte Vorwahlen, praktiziert in drei Staaten (Washington, Louisiana und Alabama), in denen der Wähler sowohl für demokratische als auch republikanische Vertreter im Kongress stimmen kann (Bundeszentrale für politische Bildung 1983).

Wer der jeweilige Präsidentschaftskandidat der demokratischen oder republikanischen Partei wird, entscheidet sich auf dem Nationalkonvent der Parteien. Nicht selten dienen die *primaries* als Meinungsmacher für das Stimmverhalten der ganzen Nation. Wegen des gestaffelten Stimmverfahrens und der Tatsache, dass einige Staaten früher mit ihren Vorwahlen als andere beginnen, sind daher einige vergleichsweise gering bevölkerte oder wenig industrialisierte Bundesstaaten prägend für das Wahlverhalten der Nation. So kann man beispielsweise nachweisen, dass selten ein Kandidat Präsidentschaftskandidat wurde, der nicht schon in den Vorwahlen, die als erste – und zwar im Bundesstaat Iowa – gehalten werden, den Sieg errang.

Kritisch sind auch die Stimmenabgaben in anderen Bundesstaaten des Mittelwestens, die agrarisch geprägt sind. Selten hat ein Präsidentschaftskandidat, der die Bauernlobby nicht hinter sich hatte, das Präsidentenamt auch tatsächlich erreicht. Ein ebenso bedeutender Staat für die Präsidentschaftswahlen ist der Bundesstaat New York, und zwar nicht nur aufgrund seines hohen Anteils an Wahlmännern. Der Bundesstaat New York, dessen Vorwahlen in der Hauptzeit aller Vorwahlen stattfindet, und insbesondere die Stadt New York stellen einen hohen Anteil an jüdischer Bevölkerung. Der New Yorker Stadtteil Brooklyn wäre die Stadt mit dem höchsten Anteil jüdischer Bevölkerung außerhalb des Staates Israel. In der Nachkriegsgeschichte ist kein Kandidat Präsident geworden, der nicht vom Bundesstaat New York unterstützt wurde. Die Israel-Politik der USA ist daher in hohem Maße von wahlstrategischen Überlegungen bestimmt: So entfielen in den späten 1970er und 1980er Jahren rund 50 % der gesamten US-amerikanischen Entwicklungshilfe auf die beiden Staaten Israel und Ägypten, um eine gewisse Stabilität in der Region herbeizuführen, die durch die Camp-David-Friedensgespräche gefestigt wurde. Wegen des zeitlich gestaffelten Vorwahlsystems und der Besonderheiten der Meinungsbildung für die Präsidentschaftskandidaten und die Bewerber um andere öffentliche Ämter kommt dem Lobbyismus und der politischen Steuerungsfunktion des Verbandsystems in den USA eine besondere Bedeutung zu (Adams 1991, 1996, S. 77–87).

Der Kongress

Der Kongress besteht aus zwei im Gesetzgebungsprozess gleichwertigen Kammern: dem Senat und dem Repräsentantenhaus.

Der Kongress als das gesetzgebende Organ der Vereinigten Staaten besteht aus zwei Kammern: dem Senat und dem Repräsentantenhaus, die am Gesetzgebungsprozess gleichberechtigt beteiligt sind. Der Kongress ist kein Parlament, sondern eine Legislative, deren höchste Funktion und Gewalt die Gesetzgebung ist (Steffani 1998, S. 110–135).

Im Senat sitzen jeweils zwei Vertreter eines jeden Bundesstaates, unabhängig von dessen Bevölkerungsgröße. Diese werden laut 17. Zusatzartikel zur Verfassung von 1913 von den stimmberechtigten Bürgern eines jeden Bundesstaates für sechs Jahre gewählt, um eine langfristige Planung zu ermöglichen. Wegen der Bedeutung dieses Verfassungsorgans und um seine Kontinuität und Funktionstüchtigkeit zu sichern, werden nie alle Senatoren zum gleichen Zeitpunkt neu gewählt, sondern jeweils ein Drittel aller Senatoren im Turnus von zwei Jahren. Als Nachteil ergibt sich daraus für die USA, dass stets irgendwo im Land bedeutende Wahlen stattfinden und daher die Politik in hohem Maße vom Zeithorizont der Wahl- oder Legislaturperioden einzelner Staatsämter dominiert wird. In Verbindung mit dem geringen Stellenwert von Planung (s. weiter unten) gibt dies der Politik eine kurzfristigere Orientierung, als es für eine Welt- und Supermacht im 21. Jahrhundert vielleicht angebracht wäre, deren erklärtes Ziel es ist, weltweit Orientierung zu vermitteln.

Im Repräsentantenhaus vom Kongress hat jeder Staat ein Anrecht auf mindestens einen Repräsentanten mit einer zweijährigen Amtszeit. Zusätzliche Repräsentanten werden auf der Grundlage der Bevölkerungszahl des Bundesstaates zugelassen, im Allgemeinen ein Repräsentant pro ungefähr 500 000 Einwohner. Der Kongress bestimmt über die Größe des Repräsentantenhauses und die Verfahren zur Bestimmung der Anzahl der Repräsentanten in jedem Bundesstaat. Durch einzelstaatliche Gesetzgebung werden die Abgrenzungen der für den Kongress relevanten Wahlbezirke bestimmt. Auf der Grundlage der seit 1791 im Zehnjahrsturnus durchgeführten Volkszählung wird dann die Zahl der Repräsentanten festgesetzt. Die Repräsentanten werden in jedem Staat durch Vorwahlen ermittelt (US House of Representatives, Office of the Clerk 2003).

Gesetzesinitiativen können nur vom Kongress als der gesetzgebenden Gewalt ausgehen. Der Präsident kann jedoch in seinen jährlichen Ansprachen „Zur Lage der Nation" dem Kongress Impulse für gesetzgeberisches Wirken geben. So hat die „Bush-Doktrin" nach dem 11. September 2001 zur „präventiven Selbstverteidigung" die Anregung zur Gesetzgebung für ein Bundesministerum für Innere Sicherheit gegeben.

Wichtigstes Steuerungsinstrument der Politik, auch der Exekutive, ist die Budget-Hoheit des Kongresses. Der Präsident bzw. sein Office of Budget and Management erstellen zwar den Haushaltsentwurf, jedoch kann der Kongress Ausgaben nur für einen begrenzten Zeitraum bewilligen, nur unter Vorgaben gestatten oder gänzlich verweigern. Das Congressional Budget Office verfügt mit seinem riesigen Mitarbeiterstab über ein Gegengewicht von Sachexperten, die die Haushaltspolitik und damit die Politik des Präsidenten relativieren können. In dem Mittel der Budget-Hoheit äußert sich die Macht des Kongresses, Politik mitzugestalten und die Exekutive zu begrenzen. Sein Budgetrecht ist daher eines von vielen von der Verfassung vorgesehenen *checks and balances* gegen Machtmissbrauch. Der Kongress wird in seiner Arbeit von einer Wissens-Infrastruktur von enormen Ausmaßen unterstützt: So ist die Kongressbibliothek (Library of Congress) die größte der Welt. Alle in den USA erscheinenden Druckwerke müssen in ihr erfasst sein. Als Präsenzbibliothek unterhält sie einen Auskunftsdienst, der innerhalb einer geringen Zeitspanne Materialien heraussuchen und an einen Arbeitsplatz bringen lassen kann. Mit dem kongresseigenen Amt für Beratung in Fragen der Gesetzgebung (Office of Legislative Counsel) können juristische Abklärungen in Vorbereitung der parlamentarischen Gesetzgebung vorgenommen werden. Wegen der Größe des Kongresses und der vielfältigen Interessen, die vertreten werden müssen (da es keinen Fraktionszwang gibt), wird die eigentliche Arbeit von einer großen Anzahl von Ausschüssen, Unterausschüssen, Untersuchungsausschüssen und Ad-hoc-Komitees abgewickelt. Wegen der großen Bedeutung der Kongressausschüsse vereinen deren Vorsitzende zusammen mit den Führern der Mehrheits- und der Minderheitspartei sowie des Sprechers des Abgeordnetenhauses eine große Machtfülle auf sich. Aus ihren Reihen kann sogar ein Amtsenthebungsverfahren (*impeachment*) gegen den Präsidenten eingeleitet werden, wie dies 1974 nach dem Watergate-Skandal der Fall war, nachdem die Beteiligung von Präsident Nixon an einer gesetzeswidrigen Handlung bekannt geworden war.

Auch innerhalb des Kongresses gibt es vielfältige *checks and balances*, um das Gemeinwesen auch vor Machtmissbrauch des Parlaments selbst zu schützen. Das Recht eines jeden Abgeordneten, den Partikularinteressen des Staates oder Wahlbezirks zuzuliefern, die ihn gewählt haben, ist hier der wichtigste Mechanismus. Diese Dezentralisierung sichert nicht nur die Repräsentanz der unteren Ebenen des föderativen Systems. Sie bietet auch Spielraum für einen Aushandlungsprozess vielschichtiger Anliegen, auch des Lobbyismus von Wirtschaftsinteressen. Dass dieser dezentrale Aushandlungsprozess auch Spielraum für Dominanz mächtiger Wirtschaftszweige bietet, z. B. dem Lobbyismus der Erdölindustrie in der gesamten Politik, ist hinreichend bekannt. So haben in der Regierung George W. Bush außer dem Präsidenten selbst eine Reihe von Personen mit Ministerstatus eine persönliche Verbindung zur Erdölindustrie, einige sogar in die Vorstandsetagen solcher Konzerne (Woodward 2002).

Um eine bestimmte Politikrichtung dennoch durchsetzen zu können, die erhebliche Bundesmittel bindet, muss der Präsident im Kongress und im Volk auf besonders intensive Weise Überzeugungsarbeit leisten. Jüngstes Beispiel war der Nachtragshaushalt von über 75 Mrd. Dollar im laufenden Haushaltsjahr 2003 für die Finanzierung des Irak-Feldzugs der USA, für dessen Zustimmung durch den Kongress eine monatelange vorbereitende Rhetorik eingesetzt wurde, deren Hauptargument auf der Vernichtung der im Irak vermuteten Massenvernichtungswaffen lag. Ein weiteres Mittel dieser Rhetorik war die Einbindung des Anliegens in uramerikanische „zivilreligiöse" Werte, also an fundamentale Überzeugungen eines jeden einzelnen Amerikaners, womit man das Volk in seiner Gesamtheit überzeugen wollte.

Da in den USA eine strikte konstitutionelle Trennung von Staat und Religion herrscht, religiöse Grundwerte jedoch bereits seit vorkolonialer Zeit und insbesondere in den USA seit 1776 eine gesellschaftsbestimmende Macht sind und die Gesellschaft sich mehrheitlich und stark religiös sieht, werden und lassen sich viele politische Inhalte leicht über ebensolche identitätsstiftenden, bekannten Muster vermitteln. Da jedoch die enge Verflechtung von Politik und Religion nicht institutionell, sondern nur individuell vermittelt werden darf, sieht man in Zeiten, in denen nationale Interessen sehr stark oder auf besondere Weise vertreten werden wollen, Politiker sich in hohem Maße in öffentlichen religiösen Bekenntnissen üben. Dieses Phänomen wurde schon 1967 als *civil religion* („zivile Religiosität") bezeichnet (Bellah 1967). Diese bürgerliche Religionskultur, von Kritikern auch als „Wohnzimmer-Deismus" bezeichnet, im neutralen Sprachgebrauch eher *public philosophy* oder „öffentliche Frömmigkeit" (*public theology*) genannt, ist als geistige Grundlage der US-amerikanischen Identität allen vertraut und daher stets als starkes Argument in der Politik nutzbar. Als sich beispielsweise George W. Bush am 20. September 2002 vor dem Kongress in seiner Ansprache auf Gott berief, der für die USA Partei im Kampf gegen das Böse ergreife (BaZ v. 8./9. März 2003, S. 37), oder als er sich in öffentlichen Argumentationen für den „Kreuzzug" gegen die „Achse des Bösen" vor christlicher Symbolik photographieren ließ, hat er nur die religiöse Prägung der amerikanischen Kulturgeschichte aktiviert. Es handelt sich dabei um die Begründung der für die Gesellschaft, die Politik, das Allgemeinwohl und die Wirtschaft wichtigen Werte, die als fest verankert in der besonderen Gottesbeziehung Amerikas gesehen werden. Das Sendungsbewusstsein als „Erlöser-Nation" und die zivilreligiöse Rhetorik gegen „das Böse", dem mit „infinite justice" (Bezeichnung für den Anti-Terror-Krieg) begegnet werden soll – diese Topoi finden im Volk und Kongress nahezu unbegrenzten Rückhalt (Bernhardt 2002; NZZ v. 12./13. April 2003, S. 61; Heinrichs 2002, S. 7–9).

Der Oberste Gerichtshof

Der *US Supreme Court* überprüft die Verfassungskonformität von Bundes- und im Rechtsstreit von Einzelgesetzen. Dieses Recht auf *judicial review* – eingeführt unter der Amtszeit des Bundesrichters John Marshall 1801–1835 – verleiht dem Obersten Gericht den Status einer politischen Institution, die über Rechts- und Revisionsfälle die Einheit der USA stärkt, indem einerseits die Einzelstaaten trotz erheblicher Autonomie auf die Bundesgesetzgebung zurückverwiesen werden, andererseits aber auch die Bundesgesetzgebung einer Kontrollinstanz unterliegt. Wie wichtig beides ist, ergibt sich aus der Besonderheit des angelsächsischen Gerichtswesens überhaupt: Anders als das auf römischer Gesetzgebungssystematik beruhende Gesetzes- und Gerichtswesen basiert es auf Präzedenzfällen und früheren Grundsatzentscheidungen. Da im amerikanischen System die verfassungsmäßigen Rechte des Einzelnen höchste Priorität genießen und der Autonomie auf der untersten Ebene des föderativen Systems der Verfassungsschutz durch den 10. Zusatzartikel zukommt, kann jeder Staat, jede Kommune und jedes Individuum gegen Gesetze, auch Bundesgesetze klagen, wenn man die verfassungsmäßigen Rechte darin beschnitten sieht. Es sind dann Grundsatzentscheide und Präzedenzfälle, die zur Basis der weiteren Rechtsprechung werden.

Den Bundesrichtern kommt daher eine starke Machtposition zu, welche im europäischen Rechtssystem in dieser Form unbekannt ist. Dem Vorwurf der „richterlichen Vorherrschaft" oder der „Justizokratie" lässt sich jedoch schon damit begegnen, dass der Präsident die Bundesrichter mit Zustimmung des Senats auf Lebenszeit ernennt. Die Zahl der Richter ist seit 1869 auf neun Personen festgelegt. Sofern, wie unter den Präsidenten Reagan und Bush Sen., sechs der neun Bundesrichter von republikanischen Regierungsadministrationen ernannt werden, die ebenfalls als konservativ gelten, können natürlich konservative Grundwerte auf mehr als eine Generation im Bundesgericht verankert werden und progressive Gesetzgebung oder Rechtsprechung beeinflussen.

Eine derart günstige Situation, bei ausscheidenden Bundesrichtern durch Neuernennung auf die Gesetzgebung Einfluss nehmen zu können, hatte es im 20. Jahrhundert nur einmal zuvor gegeben: Nachdem der Bundesgerichtshof zwischen 1865 und den 1930er Jahren starke privatwirtschaftliche Interessen erfolgreich vor staatlicher Reglementierung geschützt hatte, wurden in Präsident Franklin Delano Roosevelts Amtsperiode 1933–1945 sämtliche Bundesrichterpositionen zur Neubesetzung frei. Durch Besetzung mit sozial orientierten Richtern konnte nicht nur die gesamte Sozialgesetzgebung der USA, wie sie im *New Deal* von Präsident Roosevelt konzipiert wurde, eingesetzt und verankert werden. Dadurch wurde das im Folgenden beschriebene gesamte soziale Netz der USA geschaffen, das durch Bundespolitik und -programme gesichert ist. Aufgrund der Tatsache, dass drei dieser Bundesrichter Lebens- und Amtszeiten bis in die sozialreformerische „War on Poverty"-Ära der 1960er Jahre hatten und die Präsidenten Kennedy und Johnson noch vier Bundesrichter ernennen konnten, die ihre Politik mittrugen, konnten sowohl die zweite Phase der Sozialgesetzgebung der USA als auch die Bürgerrechtsgesetze als verfassungskonform durchgesetzt werden.

Soziales System und Sozialpolitik

Überblick – von privater Mildtätigkeit zu staatlichen Sozialleistungen

Wesentlich zum Verständnis des Sozialsystems und der Sozialpolitik in den USA ist die Tatsache, dass sich das „Gelobte Land" zu keiner Zeit als ein System verstand, im dem Segnungen nach Bedarf oder Bedürftigkeit verteilt werden sollten. Im Gegenteil: Ein fundamental gesellschaftsprägender Gedanke ist, dass sich wirtschaftliches Wohlergehen und „Glück" nur dem *arbeitenden* Menschen entfalten. Das institutionalisierte Sozialsystem spiegelt daher auch diese religiös-kulturellen Grundlagen aus puritanisch-vorkolonialer Zeit und der protestantisch-kapitalistischen Ethik des unabhängigen Amerika wider.

Entsprechend seiner geistig-ideellen Grundlagen ruht das heutige, fast unüberschaubar vielfältige amerikanische Sozialsystem auf drei Stützpfeilern: auf privaten, staatlichen und gemeinnützigen Vorkehrungen, die zusammen Sicherung gewährleisten, Not abwehren oder lindern sollen. Gemäß dem individualistischen Gesellschaftsmodell, in dem jeder für sich selbst Sorge zu tragen hat, wurde und wird die Verantwortung für eine soziale Absicherung in erster Linie dem Einzelnen und nicht dem Staat zugewiesen. Private Rentenvorsorge, eigene Ersparnisse, die in Lebensversicherung oder im Eigenheim angelegt sind, und Einzahlungen in betriebliche Altersversorgungen sind von jeher wichtiger gewesen als das staatliche Rentensystem. Die Rolle privater Organisationen und Initiativen für die soziale Sicherung und Wohlfahrtspflege nahm daher im System der sozialen Sicherungen stets einen sehr breiten Raum ein. Gegenwärtig liegt der Gesamtwert der karitativen, sozial-gemeinnützigen Schenkungen bei über 203 Mrd. Dollar (!), also knapp dem Wert der gesamten landwirtschaftlichen Produktion oder 40 % des Wertes der gesamten Automobilindustrie. Davon wurden 152 Mrd. Dollar durch private Spenden, 24,5 Mrd. Dollar durch Stiftungen, 11 Mrd. Dollar durch Konzerne und 16 Mrd. durch Vermächtnisse an karitative Organisationen aufgebracht. Dass private Spendentätigkeit auch Sozialleistungen der Bundesregierung ersetzen soll, ist von der Reagan-Administration nicht nur vorgeschlagen, sondern auch teilweise in die Tat umgesetzt worden, stieg doch die private Spendentätigkeit seit 1980 von nur 48,6 Mrd. auf die besagten 203 Mrd. Dollar an (US Bureau of the Census 2001, Statistical Abstract of the United States 2001, Tab. 561, S. 360). Dass der Geist der Spendentätigkeit ein wesentlicher Teil des Kapitalismus war – dienten doch Spenden in erstklassiger Weise über Steuerabschreibungen dazu, Geld zu akkumulieren und die Spender von noch höheren finanziellen Verpflichtungen an das Gemeinwesen zu befreien –, ist eine Tatsache, die schon Max Weber beschrieb und die auch heute noch nachweisbar ist (Groupe Caisses des Dépôts 2002).

Die Bevorzugung der privaten Spartätigkeit in einer Altersabsicherung wird auch daraus ersichtlich, dass die staatliche Rentenversorgung seit ihrer Gründung 1935 bis in die Gegenwart ein Drei-Säulen-Modell geblieben ist: Sie sieht eine staatliche Altersabsicherung in Höhe von nur rund einem Drittel des letzten Lohnes vor, wobei die anderen zwei Drittel zur eigenen Altersabsicherung mittels anderer privater Ersparnisse (Immobilien, Lebensversicherungen, Einzahlungen in betriebliche Versorgungen) gesichert werden sollen. Staatliche Versorgungsstrukturen, die überhaupt erst seit dem New Deal der 1930er Jahre und damit fast fünfzig Jahre später als in westeuropäischen Ländern eingesetzt wurden, hatten stets nur die Versorgung jener Menschen im Fokus, die *unverschuldet* in Not geraten. Vor den institutionalisierten staatlichen Versorgungen als einem Faktum des 20. Jahrhunderts hat es von jeher in den USA zahlreiche öffentliche und gemeinnützige Wohlfahrtsprogramme ohne Versicherungscharakter gegeben, und auch das private Spendentum wurde mittels Steuerabschreibungen seit über einhundert Jahren gefördert. Private soziale Volontärstätigkeit, die auch in der Gegenwart in Milliardenhöhe Finanzierung betreibt, wurde seit kolonialer Zeit als Teil der Nachbarschafts- und kirchlichen Gemeindetätigkeit ausgeübt. Solange die Gesellschaft eine agrarische mit einem hohen Grad an Selbstversorgung war, bestand kaum Bedarf, sich von der privat ausgeübten Form der Wohltätigkeit bei persönlichen Notlagen zu entfernen. Mit der Industrialisierung und dem Wachstum der Städte erwiesen sich jedoch die immer stärker ausdifferenzierende Gesellschaft und ihre kirchlichen oder privaten sozialen Leistungen den steigenden sozialen Belastungen nicht mehr gewachsen. Es ist bezeichnend, dass die Bundesregierung auch angesichts massiver Verelendung in den Städten und der sozialreformerischen Bewegungen zwischen 1890 und 1915 kaum Bemühungen unternahm, eine allgemeine soziale Absicherung zu schaffen.

Ob in der Armutsproblematik oder in der Frage der verelendenden Stadtviertel und ungenügenden Wohnraumversorgung: Die Bundesregierung wartete seit Beginn der Sozialreformbewegung (*Progressive Era* beginnend um 1890) noch 45 Jahre, bevor sie sich zum Eingreifen entschied.

Aufbau des sozialen Netzes

Das amerikanische Sozialsystem gliedert sich in mehrere Hauptbereiche: die Sozialversicherung, die betriebliche Alterssicherung sowie die öffentliche Wohlfahrt. Letzterer wird als einseitiger staatlicher Alimentierung Bedürftiger wenig Akzeptanz entgegengebracht, und sie ist nicht so gut ausgebaut wie in europäischen, sozialen Marktwirtschaften.

Mit der Weltwirtschaftskrise von 1929 und der wirtschaftlichen Depression der 1930er Jahre, die über 10 Mio. Arbeitslose schuf, wurde allgemein deutlich, dass jeder, Lohnempfänger wie Unternehmer, unverschuldet in Not geraten konnte. Mit dem Sozialversicherungsgesetz von 1935 (*Social Security Act*) wurde erstmals auf Bundesebene ein allgemeines Rentensystem eingerichtet, wodurch auf Ebene der Bundesregierung wie auf Ebene der Bevölkerung sich in diesen Notjahren eine Akzeptanz für eine Pflichtversicherung einstellen konnte. Es bedurfte weiterer zwanzig Jahre, bis zusätzliche Sozialversicherungsgesetze, z. B. bei Invalidität (1956), verabschiedet wurden. Denn auch angesichts der Depression wurde die feste Überzeugung vertreten, dass jeder letztlich auch nach einer Notlage sein Schicksal selbst meistern könne, dass der Staat nicht in der Lage sei, mehr als eine Minimalsicherung beizutragen, ferner auch, dass sich die Volkswirtschaft nach einer Krise so gut erholen könne, dass ein Ausbau der Sozialprogramme nicht notwendig sei. Während der New Deal eine große Anzahl von Gesetzen erbrachte, welche die Wirtschaft stabilisieren und die Menschen besser versorgen sollten, darunter die Infrastrukturprogramme (Bau von Autobahnen, Stauseen, Eisenbahnlinien), das erste soziale Wohnungsbauprogramm oder die Elektrifizierung weiter Teile des ländlichen Amerika, blieb die eigentliche Sozialgesetzgebung rudimentär.

Dem Ausbau des bundesstaatlichen Sozialsystems in den 1960ern in der Johnson-Ära mit seinen *War on Poverty*-Programmen folgte ein allmählicher Rückbau ab den 1970ern, in dem die zahlreichen Bundesprogramme zunächst konsolidiert, dann durch Pauschalzuweisungen an die Bundesstaaten abgelöst und gleichzeitig reduziert wurden. Die größere Verfügungsgewalt der einzelnen Bundesstaaten erlaubte es seither, die Sozialausgaben und -programme durchaus unterschiedlich zu handhaben.

Das amerikanische Sozialversicherungssystem bleibt bis in die Gegenwart wenig einheitlich, organisatorisch und finanziell in viele Bereiche aufgegliedert und generell weniger zahlungswillig als westeuropäische Sozialsysteme. Seit Einführung des Sozialsystems haben sich vier Hauptformen der Einkommenssicherung herauskristallisiert:

- die Sozialversicherung (*social security*),
- die betriebliche Altersversorgung,
- die öffentliche Wohlfahrt (*public assistance*) und
- Steuervergünstigungen.

Sozialversicherung

Die umfassendste Form der Einkommensversicherung bei Alter, Krankheit, Arbeitslosigkeit und Unfall ist die Sozialversicherung von 1935 (OASDI – Old Age, Survivors and Disability Insurance), welche als „wohlerworbener Anspruch“ jedem Arbeitnehmer zustehen sollte, der in den Ruhestand tritt, schwer krank wird oder unverschuldet seinen Arbeitsplatz verliert. Wichtig an diesem Konzept war jedoch, dass nur die allgemeine Rentenversicherung zu einer Pflichtversicherung wurde. Die anderen Formen der Absicherung wurden zwar erstmals möglich, blieben jedoch freiwillig. Da auch das allgemeine staatliche Rentensystem, obwohl es als Pflichtversicherung konzipiert ist, die Option zulässt, keine Beiträge zu zahlen, erklärt sich, dass auch 1998 nur 79 % der amerikanische Vollzeitbeschäftigten irgendeine Form der Rentenversicherung hatten (US Bureau of the Census 2001, Statistical Abstract of the United States 2001, Tab. 533, S. 351).

Die optionale Arbeitslosenversicherung wurde später an die Zuständigkeit der Bundesstaaten ausgelagert, weshalb auch im Jahr 1999 nur rund 37 % der nicht militärisch Beschäftig-

	1990	1995	1999
Gesamt	**561,4**	**841,0**	**964,2**
Rentenleistungen	263,8	350,0	402,8
Medizinische Versorgung	189,1	337,5	399,0
– davon im Rahmen von Sozialhilfeleistungen Medicaid/public assistance medical aid	78,2	155,0	188,9
Einkommenssicherung	63,5	100,4	104,1
Arbeitslosenversicherung	18,2	21,8	20,7
Zahlungen an Veteranen	17,7	20,5	24,1
Bundeshilfen für Ausbildungsprogramme	7,3	9,0	11,3
andere Leistungen an Individuen	1,7	1,6	2,0

Tab. 51: *Ausbau der Sozialleistungen in Mrd. Dollar.*

Quelle: US Bureau of the Census 2001, Statistical Abstract of the United States 2001; Tab. 519, S. 340.

ten eine staatliche Arbeitslosenversicherung hatten. Diese Zahlen spiegeln auch die jeweilige wirtschaftliche Lage wider: So fiel der Anteil derer mit Arbeitslosenversicherung von 1980, dem Beginn der Reagan-Ära, die 19 Mio. Stellen im Dienstleistungssektor – zumeist den Billiglohnbranchen – geschaffen hatte, von 43 % auf 31,5 % (1985), sank bis auf 30,8 % (1993), um dann unter dem Druck der wirtschaftlichen Lage wieder auf 37 % anzusteigen (US Bureau of the Census 2001, Statistical Abstract of the United States 2001, Tab. 531, S. 351).

Leistungsart und Beginn	Ausdehnung*	Vereinheitlichung	Finanzierungsträger	Verwaltungszuständigkeit
Sozialversicherung				
Rentenversicherung (Old Age, Survivors, Disability Insurance–OASDI) 1935	1999 rund 79 % 2000 rund 44,3 Mio. Bezieher	National, vereinheitlicht	Beiträge Arbeitnehmer, Arbeitgeber	Bund
Arbeitslosenversicherung (Unemployment Insurance) 1935	1999 rund 37,2 %	Einzelstaatliche Regelung	Beiträge Arbeitgeber, teilweise Arbeitnehmer	Einzelstaaten
Unfallversicherung (Workers' Compensation – WC) 1948	2000 rund 88 %	Einzelstaatliche Regelung	Beiträge Arbeitgeber, teilweise Arbeitnehmer	Einzelstaaten
Krankenversicherung (Medicare) 1965	1999 39,1 Mio. Empfänger	National, einheitlich	Beiträge Arbeitgeber, Arbeitnehmer	Bund
Sozialhilfe/Public Assistance (Geldzuweisungen)				
Alten-, Blinden- und Behindertenfürsorge (Supplemental Security Income–SSI) 1972	1999 6,5 Mio. Empfänger	National, einheitlich	Steuern, Bund	Bund
Familienfürsorge (AFDC – Aid to Families with Dependent Children/TANF – Temporary Aid to Needy Families) 1935	1994 5 Mio. Familien mit 14,1 Mio. Empfängern, 2000 2,2 Mio. Fam. mit 5,8 Mio. Empf.	Einzelstaatliche Regelung	Steuern, Bund, Staaten, Gemeinden	Bund, Einzelstaaten
Sozialhilfe (Sachleistungen)				
Krankenfürsorge (Medicaid) 1965	1999 27,8 Mio. Empfänger	Einzelstaatliche Regelung	Steuern, Bund, Staaten, Gemeinden	Bund, Einzelstaaten, Gemeinden
Ernährungsfürsorge (Food Stamps) 1964	2000 17,1 Mio. Empfänger	National, einheitlich (mit Ausnahmen)	Steuern, Bund	Bund, Einzelstaaten
Ernährungshilfen, die nicht als Sozialhilfe gelten				
WIC (Women, Infants, Children: Zusatzspeisungsprogramm) 1974	1980 1,9 Mio 2000 7,2 Mio. Empfänger	Nationale Regelung	Steuern, Bund, Staaten	Einzelstaaten, Bund

Tab. 52: *Die Grundstruktur der Sozialleistungsprogramme der USA im Überblick.*

Quelle: Murswieck 1991, 1996, S. 112, 105–128 (veränd.); *Quelle: US Bureau of the Census 2001, Statistical Abstract of the United States 2001, Tab. 540, S. 353; Tab. 572, S. 370; Tab. 536, S. 250; Tab. 544, S. 353; Tab. 543, S. 353; Tab. 131, S. 97; Tab. 136, S. 99.

Die Arbeitslosen- und Unfallversicherung blieb bis in die Gegenwart in ihrer Grundstruktur erhalten, lediglich das staatliche Rentensystem wurde bis in die 1970er Jahre in der Form ausgebaut, wie sie in anderen westlichen Industriestaaten üblich ist. Gleichwohl bleibt ein wichtiger Punkt bestehen: Anders als die Altersversorgung in westeuropäischen Ländern bleibt das staatliche US-amerikanische Rentensystem ein Drei-Säulen-Modell, in dem die staatliche Rente von rund einem Drittel des letzten Einkommens lediglich die eigenen Sparleistungen zusätzlich aufstockt. Ein solches Drei-Säulen-Modell ist in Westeuropa derzeit nur in der Schweiz seit Jahrzehnten gängig, wo ebenfalls calvinistisch geprägte Kulturnormen die eigene Sparleistung vor öffentliche Finanzierungen in den Vordergrund rücken und aufgrund einer langjährig stabilen Wirtschaft die Möglichkeit von Armut bis in die ausgehenden 1990er Jahre stark unterschätzt wurde.

Eine gesetzliche Krankenversicherung wurde mit dem Sozialversicherungssystem von 1935 in den USA nicht eingerichtet. Eine Krankenversicherung für alte Menschen wurde erst 1965 mit dem Medicare-Programm eingeführt. Die Sozialhilfe für die Bedürftigen wurde als Mischfinanzierung von Finanzzuschüssen des Bundes in die autonome Verantwortung der Einzelstaaten gelegt und in der Folge unterschiedlich ausgestaltet. Die Begrenzung auf bestimmte Personengruppen (Alte, Blinde, Kinder und weibliche Haushaltsvorstände mit Kindern) zeigt die Null-Toleranz für einen Sozialhilfebezug anderer Personengruppen. Lediglich während der Bürgerrechtsbewegung in den 1960er Jahren wurde schrittweise ein finanzieller Ausbau der Leistungen (Tab. 51) vorgenommen, nicht jedoch eine Umstrukturierung dieses Modells (Tab. 52). Es zeigt den Habitus des amerikanischen Denkens und der Wertvorstellung von einer kapitalistisch-protestantisch geprägten Arbeitsethik als einzig stabiler Absicherung des eigenen Lebens und lässt den Anteil der Sozialhilfeleistungen an die Nichtarbeitenden nie zu groß werden.

Rentenversicherung

Die amerikanische Altersversorgung besteht aus drei Säulen: privaten Sparleistungen sowie staatlichen und gemeinnützigen Versorgungsträgern. Private Alterssicherung ist von jeher bedeutender gewesen als das staatliche Rentensystem.

Die Rentenversicherung ist unter allen Sozialleistungen die umfassendste. Die Altersrenten, die periodisch mit den steigenden Lebenshaltungskosten dynamisiert werden, erhalten generell alle Versicherungspflichtigen, die als Lohnabhängige oder selbständig Erwerbende beschäftigt sind; seit 1988 gilt dies auch für ihre mithelfenden Familienangehörigen. Seit 1983 besteht für alle Angestellten des öffentlichen Dienstes – einschließlich des Präsidenten der USA – Versicherungspflicht, seit 1984 für alle Angestellten der gemeinnützigen Organisationen. Beitragszahlungen für Angestellte der Bundesstaaten und Gemeinden, die bis 1983 freiwillig waren, unterliegen seit der Rentenreform von 1983 der Versicherungspflicht. Die Rentenreform unter Präsident Reagan legte auch gesetzlich fest, dass 50 % einer Alters- oder Invaliditätsrente, die 20 000 Dollar im Jahr (bei Verheirateten 25 000 Dollar) übersteigt, nach der progressiven Einkommenssteuerregelung besteuert werden (Racine, Turner & White 1986a).

Entsprechend der Grundstruktur, wonach staatliche Renten nur ca. 30 % des letzten Nettoeinkommens und ca. 43 % des letzten Bruttoeinkommens finanzieren, fallen staatlich geregelte Monatsrenten aus europäischer Sicht vergleichsweise niedrig aus: Im Haushaltsjahr 2000 betrugen die Monatsrenten pro Arbeitnehmer durchschnittlich 844 Dollar, für ein Rentnerpaar 1420 Dollar, für eine durch Unfall oder Berufskrankheit arbeitsunfähige Person 786 Dollar, für die vom Rentenbezieher geschiedenen Mütter mit kleinen Kindern 595 Dollar, für Witwen und Witwer 810 Dollar, für hinterbliebene Kinder und Jugendliche von Rentenberechtigten 550 Dollar (US Bureau of the Census 2001, Statistical Abstract of the United States 2001, Tab. 527, S. 346).

Das Rentenalter, derzeit noch 65 Jahre, wird zwischen dem Jahr 2000 und 2022 schrittweise auf 67 Jahre angehoben, dies angesichts der Überalterung der Gesellschaft und der Tatsache, dass die Renten aus Umlageverfahren und Generationenvertrag, das heißt aus eigenen Beiträgen ohne bundes- oder einzelstaatliche Zuschüsse, aufgebracht werden müssen. Eine flexible Altersgrenze ab 62 Jahren ist seit 1956 für Frauen und seit 1961 für Männer möglich, wobei beim Renteneintritt in diesem Alter die Pensionen um jeweils 20 % niedriger ausfallen als bei einem Renteneintritt mit 65 Jahren. Die Frage, ob man von den staatlichen Renten gut leben kann, wird schon dadurch beantwortet, dass staatliche Renten nur zwischen 30 und 43 % des letzten Netto- bzw. Bruttoeinkommens ausmachen. Eine Alterssicherung, die einen einigermaßen guten Standard sichert, wird immer von den privaten Ersparnissen und Zusatzrenten, z. B. einer betrieblichen Versorgung, abhängen. Gerade bei den betrieblichen Renten hat der Einbruch des Aktienmarktes, insbesondere im zeitweise hoch gehandelten *New Economy*-Markt, dazu geführt, dass viele große Unternehmen die Renteneinlagen ihrer Belegschaft in einem hoch ertragreichen, aber auch hochriskanten Aktienmarkt angelegt und verspekuliert haben. Schon vor den großen Firmenbankrotten wie im Fall Enron (2002), wo die Altersversorgung der gesamten Belegschaft verloren wurde, waren Altersarmut und Arbeiten bis zum Letzten eine Realität für Millionen von Amerikanern. Gute Betriebsrenten sind nicht die Norm in den USA – nur rund 50 % der Arbeitnehmer profitieren von diesen *benefits*. Die Betriebsrenten machten schon vor dem Einbruch des *New Economy*- Markts nur ca. 10 bis 15 % der Alterseinkommen aus, sodass selbst Einkünfte aus Kapitalvermögen mit rund 25 % des gesamten durchschnittlichen Alterseinkommens höher waren. Einkommen aus zusätzlicher beruflicher Tätigkeit als Pensionär machten weitere 25 % aus.

Unfall- und Arbeitslosenversicherung

Die Unfall- und die Arbeitslosenversicherung werden von den einzelnen Bundesstaaten geregelt und verwaltet. Die Unfallversicherung, die in jedem Bundesstaat unterschiedlich gehandhabt wird, sieht medizinische Lohnersatz- und Rehabilitationsleistungen vor. Den ersten Anstoß zu dieser Versicherung gab ein 1908 verabschiedetes Gesetz über die Einrichtung einer Arbeitsunfallversicherung für Bundesbedienstete, ferner die seit 1920 in fast allen Bundesstaaten einzeln geregelten Arbeitsunfallbestimmungen. Die Finanzierung erfolgt fast ausschließlich über Arbeitgeberbeiträge, in einigen Staaten auch über besonders niedrige Arbeitgeberbeiträge, die entweder in eine staatliche oder eine private Versicherung eingezahlt werden. Für Bundesbedienstete, Hafenarbeiter und Bergleute bestehen eigene Arbeitsunfallversicherungen. Bei vorübergehender Arbeitsunfähigkeit infolge eines Betriebsunfalls erhalten die Versicherten nach einer Anspruchsvoraussetzung von 14 bis 20 Wochen Arbeit je nach Bundesstaat 60 bis 66 % des letzten Arbeitsentgelts bis zur Wiederherstellung der Arbeitsfähigkeit oder bis zum Zahlungsbeginn der Unfallrente. Auch Behandlungskosten werden in zeitlich begrenztem Umfang (maximal 26 Wochen) bis zu einem Kostenhöchstsatz getragen (Racine 1986, in: Racine, Turner & White 1986, S. 15–22).

Betreffend Arbeitslosigkeit waren es bis 1935 gewerkschaftliche Selbsthilferegelungen, die im Notfall Unterstützung zusicherten. Das Bundesgesetz von 1935 brachte auch keine Arbeitslosenversicherung per se, sondern eine bundesweite Vorgabe für Arbeitgeber mit mehr als sieben Beschäftigten, auf deren Lohnsumme eine 35 %ige Steuer abzuführen. Gleichzeitig wurde die Möglichkeit geschaffen, bis zu 90 % dieser Steuer erlassen zu bekommen, wenn stattdessen lohnbezogene Beiträge in eine einzelstaatliche Arbeitslosenversicherung gezahlt würden. Dieser Anreiz führte dazu, dass zwischen 1935 und 1937 alle Bundesstaaten eine Arbeitslosenversicherung einführten. Die staatlichen Arbeitslosenversicherungen tragen sich aus einer Mischfinanzierung der vom Bund erhobenen Steuer und der an die Einzelstaaten gezahlten Arbeitgeberbeiträge (Murswieck 1988). Da das Finanzierungssystem in Anbetracht des tatsächlichen Bedarfs nicht ausreichend Reserven generiert und die Staaten bei der Bundesregierung Kredite aufnehmen mussten, wurden seit 1987 im Rahmen eines allgemeinen Rückbaus sozialstaatlicher Aufgaben („Reaganomics") einerseits die Anspruchsberechtigung verschärft, andererseits die Leistungen gekürzt (Murswieck 1991, 1995, S. 121). Die schwachen Leistungen und die verschärften Anspruchsberechtigungen erklären auch, warum im Jahr 2000 von den 5,665 Mio. registrierten Arbeitslosen nur 2,187 Mio., also nur 38,7 %, überhaupt arbeitslosenversichert waren (US Bureau of the Census 2001, Statistical Abstract of the United States 2001, Tab. 606, S. 390). Im Gegensatz zum deutschen System gibt es in den USA keine Arbeitslosenhilfe nach dem Arbeitslosengeld, weswegen Arbeitslose nach Ablauf ihres Berechtigungszeitraums von maximal 26 Wochen auf die verschiedenen Formen der Sozialhilfen angewiesen sind. Auch hierin zeigt sich die über vierhundertjährige Tradition Amerikas, die individuellen Fähigkeiten zu Arbeit und Selbsterhalt nicht mit als unnötig und unamerikanisch empfundener staatlicher Unterstützung aufweichen zu wollen.

Krankenversicherung, Medicare und Medicaid

In den USA besteht mit Ausnahme der staatlichen Medicare, der Krankenversicherung im Alter, für die man als Erwerbstätiger Beiträge zahlt, keine obligatorische gesetzliche Krankenversicherung. Es ist sowohl den Erwerbstätigen als auch den Arbeitgebern freigestellt, ob sie Beiträge entrichten. Wo Arbeitgeber Krankenversicherungsbeiträge für ihre Arbeitnehmer übernehmen, gehört dies im wahrsten Wortsinne zu den „*benefits*" eines Arbeitsverhältnisses. Die Krankenversicherung wird durch eine Vielzahl privatwirtschaftlicher und einzelstaatlicher Versicherungen geleistet, in denen man sich unterschiedlich absichern kann. Obwohl das Gesundheitssystem marktwirtschaftlich organisiert ist und demzufolge auch die Preisstruktur für Leistungen stark diversifiziert ist, hatten 1999 71 % der Amerikaner eine private Gesundheitsversicherung und 10 % die für sozial Schwache eintretende, staatliche Medicaid (US Bureau of the Census 2001, Statistical Abstract of the United States 2001, Tab. 144, S. 102). Überhaupt keine Gesundheitsversicherung, sei es staatlich oder privat, hatten 1999 15,5 % der Bevölkerung bzw. 42,6 Mio. Menschen (US Bureau of the Census 2001, Statistical Abstract of the United States 2001, Tab. 144, S. 102).

Bei der privaten Gesundheitsversorgung besaßen über 172 Mio. Menschen eine *group health insurance*, bei der Arbeitgeber mit großen Versicherungsfirmen für ihre gesamte Belegschaft eine verbilligte Versicherung abschließen. Auf den beitragszahlenden Arbeitnehmer entfallen daher geringere Kosten. Rund 81 Mio. Menschen oder fast 30 % der Bevölkerung waren im Jahr 2000 in *health maintenance organizations* (HMOs) registriert (US Bureau of the Census 2001, Statistical Abstract of the United States 2001, Tab. 143, S. 101). Hierbei handelt es sich um wettbewerbsfähige, genossenschaftlich organisierte Gesundheitsdienstleister, denen Ärztegemeinschaften, Kliniken inkl. Tageskliniken und Reha-Zentren angeschlossen sind und die kostendämpfend arbeiten. Vertragsärzte der HMOs arbeiten als Lohnangestellte und nicht auf Honorarbasis, bei Arzneimitteln werden eher Generika eingesetzt, und die Facharztgemeinschaften können sicherstellen, dass man den Ausschluss von Krankheiten eher durch Konsultation als teure Labordiagnostik feststellen kann. Für Beitragszahler sind die monatlichen Kosten als Pauschale zu entrichten, die alle Leistungen einschließt und bei der die Gesunden, welche das System jahrelang nicht in Anspruch nehmen, die Kranken quer subventionieren.

Medicare ist die Krankenversicherung, die für Personen über 65 Jahre und die Behinderten eintritt. Es ist die zweite bundesstaatliche Pflichtversicherung neben der Rentenversicherung. Der obligatorische Teil der Medicare-Beiträge wird von Arbeitgebern als zweckgebundene Lohnsummensteuer und durch Arbeitnehmerbeiträge finanziert und trägt Krankenhausbehandlungen. Eine zusätzliche freiwillige Arztversicherung bezahlt nur noch der Arbeitnehmer. Auch die unter den Selbstbehalt der obligatorischen Medicare fallenden Leistungen wie Zahnbehandlung, Brillen, Hörgeräte und viele Medikamente, müssen durch weitere private Zusatzversicherungen abgedeckt werden, da Medicare lediglich eine Krankenhaus-Basisversicherung darstellt. Dennoch hat insbesondere in den vergangenen zwanzig Jahren eine Kostenexplosion stattgefunden, bei der die Medicare-Leistungen von 35 Mrd. Dollar im Jahr 1980 auf rund 220 Mrd. Dollar im Jahr 2000 angestiegen sind (US Bureau of the Census 2001, Statistical Abstract of the United States 2001, Tab. 132, S. 97). Wegen der Verdreifachung der Kosten in den 1980ern wurden in mehreren Gesetzen bis 1988 die Leistungen gesenkt und die Selbstbeteiligung erhöht. Da auch Medicare bis zum Jahr 2003 nicht alle Leistungen einschließt, wie z. B. Krebsvorsorge oder Medikamentenbehandlung außerhalb des Krankenhausaufenthalts, ebenso wenig die Kostendeckung von Krankheiten, die einen Klinikaufenthalt von mehr als 150 Tagen erfordern, verbleiben bis ins Jahr 2003 im Ernstfall enorme finanzielle Risiken. Da sich viele die außerhalb von Krankenhausaufenthalten notwendigen Medikamente, ferner die Krebsvorsorge nicht leisten können oder wollen, gibt es auch ganz erhebliche, nicht erkannte Gesundheitsrisiken in der älteren Normalbevölkerung. Dieses Problem wird allein zahlenmäßig dadurch verschärft, dass bis zum Jahr 2030 die letzten Babyboom-Kohorten, die als Erwerbstätige noch eine gute Gesundheitsabsicherung haben, dann im Rentenalter sein werden. Rund 77 Mio. Menschen werden Medicare-Bezieher mit den im Vergleich zu privaten Krankenversicherern verminderten Leistungen sein. Genau aus diesem Grund wurde 2003 eine umfassende Medicare-Reform eingeleitet, bei der die älteren Menschen im Vergleich zu Bundesangestellten zumindest weniger benachteiligt sein sollen (Tab. 53).

Die Eigenleistung selbst unter Medicare zeigt eindrücklich, dass bei schweren Krankheiten mit einem Klinikaufenthalt von mehr als 150 Tagen sämtliche Kosten dem Patienten zufallen und dass dabei Lebensersparnisse, darunter auch ein Eigenheim, zur Kostendeckung eingesetzt werden müssen.

Da das gegenwärtige Medicare-Programm auch keine Kostenübernahme von verschreibungspflichtigen Medikamenten außerhalb von Krankenhausaufenthalten zulässt, nehmen viele ältere Menschen die verschriebenen Medikamente nicht ein. Ebenso wenig wird die Präventivmedizin wie Krebs- oder Diabetesfrüherkennung gedeckt. In diesen Bereichen sah die Reform von 2003 Verbesserungen vor. Danach sollten alle Älteren eine Subventionierung ihrer Medikamentenverschreibung erhalten. Das von beiden Parteien im Konsens erarbeitete Modell sollte eine elektronische Medikamentenrabattkarte einführen, die ähnlich einer Kreditkarte bei jedem Medikamenteneinkauf vorgelegt wird und zu einer 10- bis 25 %igen Reduktion der tatsächlichen Kosten führt. Die Reduktion der Kos-

Aufenthalt im Krankenhaus	Patientenzuzahlung unter der gegenwärtigen Medicare-Regelung	Patientenzuzahlung unter der staatlichen Blue Cross/ Blue Shield-Versicherung für Bundesangestellte
1 bis 60 Tage	840 Dollar pro Einweisung	Zuzahlung von 100 Dollar pro Einweisung
61 bis 90 Tage	210 Dollar pro Tag	keine Zahlung
91 bis 150 Tage	420 Dollar pro Tag	keine Zahlung
über 150 Tage	sämtliche Kosten	keine Zahlung

***Tab. 53:** Kostendeckung der Medicare im Jahr 2003.*
Quelle: The Whitehouse, 2003; Framework to Modernize and Improve Medicare Fact Sheet; Executive Summary, Juni 2003; Washington, D.C.

ten wird damit wirksam, ohne die Medicare-Prämien zu erhöhen, und wird von der Bundesregierung übernommen. Sofern der verbleibende Selbstbehalt von 90 bis 75 % der Arzneikosten geringfügig genug wäre oder der Patient diese durch eine weitere private Versicherung abgedeckt hätte, wäre es denkbar, dass ältere Menschen sich die ihnen verschriebenen Medikamente nach der Reform besser leisten könnten. Es bleibt abzuwarten, ob Patienten, die sich vor der Reform keine private Zusatzversicherung für die diversen Selbstbehalte leisten konnten, nun durch die subventionierte Preisreduktion von Medikamenten eine Ersparnis haben, mit der sie solch eine private Zusatzversicherung erwerben könnten.

Medicaid ist die staatliche Krankenversicherung für die Armen jedes Alters. Die seit 1965 bestehende Versicherung arbeitet nach den gleichen Grundsätzen wie die Sozialhilfe für Familien AFDC-TANF (*Aid to Families with Dependent Children/Temporary Aid to Needy Families*). Für bedürftige Familien, die auch sozialhilfeberechtigt sind und zusätzliche staatliche Einkommenssicherungen erhalten, wird Medicaid wirksam. In 33 Bundesstaaten fallen zusätzlich „medizinisch Bedürftige" unter die Medicaid-Berechtigung, die zwar nicht dem Personenkreis der Sozialhilfebezieher zuzurechnen sind, sich aber eine ärztliche Behandlung wie z. B. Dialyse nicht leisten können. Zu ihnen können auch jene Medicare-Patienten zählen, die sich den Selbstbehalt nicht leisten können und durch Medicaid subventioniert werden. Dabei übernimmt Medicaid jedoch nicht den von Medicare nicht abgedeckten Restanteil medizinischer Kosten oder die Selbstbehalte. Die Bundesregierung übernimmt in diesen Fällen 50 % der Kosten, wobei ihr Anteil von Staat zu Staat unterschiedlich hoch sein kann. Die restlichen Kosten übernehmen die Einzelstaaten, die jedoch unterschiedliche Maßstäbe darüber anlegen, wer zu Medicaid berechtigt ist und wer nicht (Racine 1986b, S. 32–35). Von den 40,65 Mio. Medicaid-Empfängern im Jahr 1998 waren 26,9 Mio. Sozialhilfeempfänger, und von den fast 26 Mio. Medicare-Beziehern waren knapp 4 Mio. ältere Menschen (über 65 Jahre) auch Medicaid-berechtigt (US Bureau of the Census 2001, Statistical Abstract of the United States 2001, Tab. 139, S. 100).

Sozialhilfe-/ Fürsorgeprogramme – Welfare

Arme, die in die jährlich neu festgesetzte, offizielle Armutskategorie fallen, sind zum Bezug von Sozialhilfeleistungen verschiedener Art (*public assistance*) berechtigt. Anspruchsberechtigt ist jeder offiziell Arme unabhängig von vorher geleisteter Steuer- oder Beitragszahlung (Racine 1986c, S. 23–31). Im Gegensatz zu den oben erwähnten staatlichen Versicherungssystemen, die durch erhebliche Eigenbeiträge und eigene Leistungen im Umlageverfahren finanziert werden, genießen die verschiedenen Formen der *welfare*, die eine einseitige staatliche Alimentierung Bedürftiger darstellen, welche nicht durch eigene Leistungen quasi erworben wurde, eine nur sehr geringe Akzeptanz. Zu den *welfare*-Programmen – in ihrer Gesamtheit als *public assistance* bekannt – gehören mehrere Dutzend Einzelprogramme, die Geld- oder Sachhilfe nach Prüfung der Anspruchsvoraussetzung zur Verfügung stellen. Die Grundstruktur dieser Programme wurde in ihrer Gesamtheit 1935 festgelegt. Nach einem Ausbau der Programme in den 1960er Jahren wird seither eine Konsolidierung der Einzelprogramme angestrebt und seit 1987 sehr stark vollzogen. Zu den Hauptansätzen der *public assistance* gehören Geldleistungen wie Sozialhilfe für Familien (AFDC/TANF) und *supplemental security income* (SSI), welches anderen Personengruppen, z. B. älteren Menschen, eine zusätzliche minimale Einkommenssicherung gewährt. Ferner gehören dazu die Section-8-Wohnungsgutscheine (*housing vouchers*), die einen Teil der Miete in Sozialwohnungen (*public housing, public housing projects* – in vielen Städten auch kurz „projects" genannt) übernehmen. Im Gegensatz zu westeuropäischen Ländern, in denen Wohnberechtigungsscheine noch, wenn auch immer weniger, die Möglichkeit zulassen, dass sich die Einkommensschwächeren im Stadtbild besser verteilen, sind die *section 8 vouchers* an definierte Standorte des sozialen Wohnungsbaus gebunden. Obwohl der soziale Wohnungsbau in den USA nicht so ausgeprägt ist wie in Westeuropa, gelten diese Standorte als stigmatisiert. Dennoch bestehen lange Anmeldelisten für Anspruchsberechtigte, die dort wegen der günstigen Mieten und der *section 8*-Subventionierung wohnen möchten. Als weitere Sachbeihilfe gelten Ernährungsprogramme, allen voran das *Food Stamp*-Programm. Die vier Programme (TANF, SSI, Food Stamp und Medicaid), welche minimale Geldbeiträge, Ernährung, Wohnen und medizinische Versorgung sichern sollen, machen zusammen den größten Teil der Ausgaben der öffentlichen Wohlfahrt aus. Da die Bundesstaaten aufgrund der Pauschalzuweisungen des Bundes zu diesen Programmen und der damit verbundenen Entscheidungshoheit durchaus unterschiedliche Anspruchsvoraussetzungen anlegen, gibt es einen großen Ermessensspielraum der öffentlichen Hilfen. So gilt der Staat Texas als der am wenigsten sozial orientierte und der Bundesstaat Massachusetts als der progressivste, der selbst Möglichkeiten gefunden hat, illegal eingewanderte Bedürftige in offizielle Sozialhilfeprogramme einzubinden, ohne sie der Einwoh-

pro Kopf 1990 in Dollar	Massachusetts	Texas
Steuereinnahmen	2359 (+41%)	1662
Ausgaben der öffentlichen Hand	4598 (+41%)	3242
Öffentliche Verschuldung	4484 (+18%)	3775

Tab. 54: *Einzelstaatliche Politik – state policy response.*

Quelle: US Bureau of the Census; Government Finances: 1989-90, Series GF/90-5, Washington, D.C.

nerkontrolle melden zu müssen (Zimmermann & Fix 1995, S. 367–388). Wer als Bedürftiger dennoch aus dem sozialen Netz der Bundesregierung herausfällt, hat noch ein letztes soziales Netz, nämlich die sogenannte *general assistance*, das Wohlfahrtsprogramm des einzelnen Bundesstaates (Tab. 54).

Familienprogramme: AFDC/TANF

Das AFDC – vom TANF-Programm 1996 unter der Administration Clinton abgelöst – ist ein einzelstaatlich verwaltetes Geldbeihilfeprogramm, das vom Bund und den Einzelstaaten finanziert wird, wobei die vom Einzelstaat jeweils unterschiedlich definierten Anspruchsvoraussetzungen und Lebenshaltungskosten berücksichtigt werden. Anders als das Kindergeldsystem in westeuropäischen Ländern gibt es unter diesem Programm nicht automatisch eine Geldallokation an Familien mit Kindern. Auch wird nicht jeder Familie, die als arm klassifiziert ist, eine Zuteilung unter TANF gewährt. Das Programm ist zwar explizit auf die arme Bevölkerung ausgerichtet, jedoch darin nicht für alle Personenkreise.

Voraussetzung für den TANF-Bezug ist, dass ein Elternteil tot, ständig abwesend oder geistig bzw. körperlich behindert ist. Die Tatsache, dass nur Ein-Eltern-Familien bezuschusst werden, ist umstritten, fördert es doch ein Leben in offiziellen „Restfamilien", selbst wenn zwei Partner der Familie zur Verfügung stünden. Zwar finanziert das Programm arme Kinder in ehelicher Gemeinschaft nicht, doch ist die eheähnliche Familiensituation für viele ohnehin eher die Ausnahme. Generell sind Bezieher weibliche Haushaltsvorstände, afroamerikanisch, unter zwanzig Jahren und allein verantwortlich für zwei bis drei Kinder. Die Anzahl der TANF-Empfänger im Jahr 2000 betrug 5,8 Mio. Menschen (US Bureau of the Census 2001, Statistical Abstract of the United States 2001, Tab. 545, S. 54).

Obwohl das AFDC/TANF-Programm bereits eine doppelte Auswahl trifft, nämlich ausgewählte Personenkreise innerhalb der Armutsbevölkerung zu unterstützen, sind die ausufernden Kosten und seine vermeintlich abhängigkeitsfördernde Handhabung seit der Reagan-Ära stark in die öffentliche Kritik geraten. 1981 reformierte die Reagan-Administration das Programm dahingehend, die Bezieher stärker in die Pflicht zu nehmen, wieder eine Arbeit zu suchen. Die Sozialhilfe wurde zeitlich begrenzt, und mit dem Family Security Act von 1988 versuchte man die dauerhafte Integration der Bezieher in den Arbeitsmarkt mittels Bildungs- und Beschäftigungsprogrammen. Kinder sollten temporär betreut werden, damit die Haushaltsvorstände daran auch teilnehmen konnten (s. Kap. „Armut"). Die anhaltenden Debatten um diese Form der Sozialhilfe zeigen jedoch deutlich, dass ein bundeseinheitliches Programm, in dem jeder Bezugsberechtigte in jedem Bundesstaat gleichbehandelt werden würde, politisch in beiden Parteien nicht durchsetzbar ist und vom Kongress in keiner Administration Befürwortung findet.

Die Reform des Sozialhilfesystems von 1996 unter der Administration des demokratischen Präsidenten Clinton brachte den Wendepunkt in der über 15-jährigen Vorbereitung der Wohlfahrtsreform. Mit dem sogenannten Personal Responsibility and Work Opportunity Reconciliation Act (PROWORA) von 1996 wurde das herkömmliche Sozialhilfeverfahren AFDC durch TANF ersetzt. Das Programm hat mehrere Schwerpunkte: Anreize zu schaffen, sich in den Arbeitsmarkt zu integrieren (*work for pay*), ferner uneheliche Geburten zu reduzieren und Ehe- und Familienstrukturen zu fördern. Zusätzlich erhielten die Bundesstaaten und lokalen Gemeindeverwaltungen mehr Entscheidungsbefugnisse über die Abwicklung des Bundesprogramms. Zwei wesentliche Veränderungen wurden wirksam:

Der Bezug von Sozialhilfe wurde an die Aufnahme von Arbeit gebunden (*work requirement*) (Abb. 139). Dreißig Staaten verlangen eine sofortige Arbeitsaufnahme als Voraussetzung für die Sozialleistung. Acht Staaten verlangen eine Arbeitsaufnahme innerhalb von sechs Monaten nach Bezug der ersten Sozialleistung. Zwölf Staaten verlangen Arbeitsaufnahme innerhalb von 2 Jahren. Wegen der *work for pay*-Voraussetzung betrachtet die Bundesregierung das Programm als erfolgreich in dem Bemühen, sozial Schwache mit mangelnder Integrationsfähigkeit wieder im Arbeitsmarkt aufzufangen. Es muss jede Arbeit angenommen werden, auch wenn dabei größere Pendeldistanzen in Kauf zu nehmen sind oder wenn man als alleinstehender Elternteil seine Kinder nicht in Tageseinrichtungen unterbringen kann. Wegen dieser

Voraussetzung sank die Zahl der Empfänger von ihrem Höchststand von 14,4 Mio. Empfängern 1999 auf 5,3 Mio. im Jahr 2001. Um den Übergang von Sozialhilfe in eine Arbeitssituation zu erleichtern und das Signal zu setzen, dass sich Arbeit finanziell lohnt, haben die Bundesstaaten zusätzliche neue Maßnahmen ergriffen, indem sie einen Teil des Erwerbseinkommens nicht in die Bemessungsgrundlage für die Sozialhilfe einrechnen, was unter dem AFDC-Programm nicht der Fall war. So bezieht der Staat Idaho 60 % des Erwerbseinkommens nicht ein, Wyoming rechnet 200 Dollar pro Erwachsenen ab, was immerhin 25 % eines Mindestlohnverdienstes darstellt; der Bundesstaat Rhode Island erlaubt 170 Dollar Verdienst pro Erwachsenen plus 50 % des darüber hinausgehenden Verdienstes und bezieht nur den Rest in die Bemessungsgrundlage mit ein. Viele Bundesstaaten erlauben dem Soziahilfebezieher kleinere Ersparnisse, die nicht in die Bemessungsgrundlage eingerechnet werden. Diese können zwischen 1500 und 8000 Dollar liegen oder darüber, wenn in der Familie noch eine ältere oder behinderte Person oder mehr als ein Erwachsener lebt. Alle Bundesstaaten haben die Grenze eigener Ersparnisse oder Wertgegenstände über die vorherige Bemessungsgrundlage vom Wert eines Pkw angesetzt. 28 Bundesstaaten erlauben nun mindestens ein Auto pro Familie, das zwischen 4000 und 12 000 Dollar kosten kann.

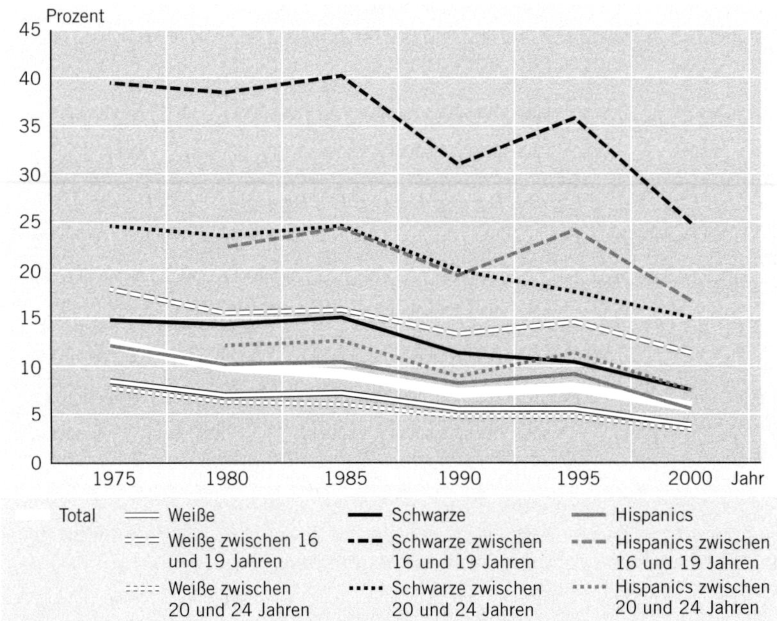

Quelle: US Census Bureau 2002: Statistical Abstract of the United States 2001, Tab. 598, S. 386 (verändert).

Abb. 139: *Entwicklung der Arbeitslosenquote einzelner Bevölkerungssegmente.*

TANF hat auch die Möglichkeit geschaffen, zweckgebundene Sparkonten für Sozialhilfeempfänger zu eröffnen. Diese *Individual Development Accounts* können in 31 Bundesstaaten eingerichtet werden, um damit eine Ausbildung, einen Erstwohnsitz oder eine Unternehmensgründung zu finanzieren, sofern die Finanzierung aus dem eigenen Verdienst erfolgt (US Department of Health and Human Services. Administration for Children and Families 2002. Temporary Assistance to Needy Families – TANF. Fourth Annual Report to Congress, 2002). Die TANF-Finanzierung selbst ist nicht sehr umfangreich und wird – wie auch die Finanzierung unter dem alten Programm – als Ergänzungsleistung, nicht als einziges Einkommen gesehen. TANF-Hilfen lagen 2003 bei durchschnittlich 349 Dollar. Die monatliche Zahlung betrug für ein Kind 285 Dollar, 356 Dollar für zwei Kinder, 423 Dollar für drei Kinder, 516 Dollar für vier und mehr Kinder. Der durchschnittliche Monatsverdienst aus Erwerbseinkommen lag bei 580 Dollar monatlich pro Familie. Jeder zehnte TANF-Bezieher hatte Ersparnisse in Höhe von durchschnittlich 252 Dollar, 80 % erhielten zusätzlich Lebensmittelhilfe (*food stamp assistance*) (US Department of Health and Human Services. Administration for Children and Families, Office of Planning, Research and Evaluation 2000. Characteristics and Financial Circumstances of TANF Recipients). Es darf also nicht übersehen werden, dass der Durchschnittshaushalt mit TANF-Bezügen und der verlangten Arbeitsaufnahme im Normalfall mit seinem gesamten Einkommen noch unter der Armutsgrenze bzw. unter der 125 %igen Armutsgrenze bleibt.

Die zweite wesentliche Veränderung ist die Fünf-Jahres-Lebenszeit-Begrenzung der Sozialhilfe, d. h., man kann nach der Reform von 1996 nur noch maximal fünf Jahre Sozialhilfe während seines gesamten Lebens erhalten. Bundesstaaten können diese Begrenzung bei bis zu 20 % ihrer Sozialhilfebezieher in Härtefällen lockern, allerdings dürfen sie für diese Finanzierung keine Bundesmittel verwenden. Sechs Bundesstaaten setzen die Sozialhilfe an Kinder auch nach der Fünf-Jahres-Begrenzung des Sozialhilfebezugs der Eltern fort (Kalifornien, District of Columbia, Maryland, Nebraska, New York und Rhode Island, in denen es hohe Anteile von Minderheiten gibt). Achtunddreißig Staaten haben die Fünf-Jahres-Begrenzung eingeführt. Da die Bundesstaaten die Begrenzung durch ihre eigene Regelung unterschreiten dürfen, haben drei Staaten eine Zwei-Jahres-Begrenzung eingeführt (Arkansas, Connecticut, Idaho). Vier Staaten haben 36- bis 48-Monats-Limits beschlossen (Delaware, Florida, Georgia, Utah). Zwei Staaten haben die Lebenszeitbegrenzung nicht eingeführt (Massachusetts und Michigan); sie wollen entweder ein jahrhundertealtes progressives Image bewahren oder verzeichnen einen hohen Anteil afroamerikanischer, arbeitsloser Industriearbeiter. Elf Staaten haben Sonderregelungen geschaffen, nach denen Familien unter bestimmten Umständen eine Verlängerung erhalten können (Arizona, Connecticut, Delaware, Hawaii, Indiana, Nebraska, Oregon, South Carolina, Tennessee, Virginia, Vermont). Einige Bundesstaaten haben begonnen, ihr TANF-Programm an die Kommunen zu delegieren, da es keine bundesstaatliche Vorgabe dafür gibt, dass das Programm notwendigerweise durch eine einzige einzelstaatliche Behörde verwaltet werden muss (US Department of Health and Human Services. Administration for Children and Families 2002. Temporary Assistance to Needy Families [TANF]).

Unter der TANF-Regelung werden Bundesstaaten gefördert, in denen die Geburtenrate unehelicher Kinder sinkt. Zu diesem Zwecke bieten TANF-Programme auch familienfreundliche Kurse an. So können Sozialhilfeempfänger in den Gemeinden einiger Staaten Kommunikations- und Partnerschaftskurse (*marriage skills training courses*) besuchen. Der Bund wiederum vergibt einen jährlichen finanziellen Anreiz an die fünf Bundesstaaten, deren Geburtenrate unehelicher Kinder (*Out of Wedlock Births*) am signifikantesten sinkt. So erhielten im Jahr 2001 die drei Bundesstaaten mit der größten Reduktion jeweils 25 Mio. Dollar als Bonus (District of Columbia, Alabama und Michigan).

Ernährungsbeihilfen – Food Stamps

Das 1939–1943 eingeführte Ernährungshilfeprogramm vergibt Geldzuteilungen für den Kauf von Lebensmitteln in Supermärkten und anderen Lebensmittelläden. Die monatliche Vergabe von Bezugsscheinen (*food stamps, coupons*) ist mittlerweile durch die Einführung einer elektronischen Karte (Electronic Benefits Transfer – EBT-Access Card) ersetzt worden. Mit ihr kann man wie mit einer Kreditkarte bis zur Höhe seiner monatlichen Zuteilung Lebensmittel einkaufen. Im Gegensatz zu einer Kreditkarte kann man die monatliche Zuteilung jedoch nicht „überziehen". Bezugsberechtigt ist jeder, der die Voraussetzungen für TANF erfüllt, insbesondere Haushaltsvorstände, Ehepartner von Haushaltsvorständen oder andere für einen Haushalt verantwortliche Personen. Das monatliche Bezugslimit unter dem *Food Stamp*-Programm betrug beispielsweise in Pennsylvania im Jahr 2003 für einen Einpersonenhaushalt mit Maximaleinkommen von 960 Dollar im Monat 139 Dollar, für einen Zweipersonenhaushalt mit 1294 Dollar Monatseinkommen 256 Dollar, für einen Dreipersonenhaushalt mit 1628 Dollar Monatseinkommen 366 Dollar, für einen Vierpersonenhaushalt mit 1961 Dollar Monatseinkommen 465 Dollar. Ausgenommen von der Bezugsberechtigung sind Alkoholika, Haustierfutter, warme Imbisse zum sofortigen Verzehr und *non-food*-Artikel wie Zigaretten, Papierwaren, Seifen, Arzneien oder Haushaltsgeräte (Pennsylvania Department of Public Welfare, Office of Income Maintenance 2003). Im Jahr 2000 waren insgesamt 14,9 Mio. Personen Empfänger von Nahrungsmittelgutschriften. 1995, vor der Reform der öffentlichen Wohlfahrt, waren es noch 25,6 Mio. Menschen (US Bureau of the Census 2001, Statistical Abstract of the United States 2001, Tab. 550, S. 356).

Ergänzende Einkommenssicherung: SSI – Supplemental Security Income und Section-8-Gutscheine

Wer über 65 Jahre alt oder jünger und erblindet oder anderweitig behindert ist und ein Armutseinkommen hat, somit TANF-, Medicaid- und *Food Stamp*-berechtigt ist, erfüllt die Voraussetzungen zur ergänzenden Einkommenssicherung durch SSI – *Supplemental Security Income*. Der Grundbeitrag ist bundesweit der gleiche, allerdings gewähren die Bundestaaten je nach Lebenshaltungskosten zusätzliche Finanzierung und zahlen dann den Gesamtbetrag, der sich aus einem Bundesbeitrag und dem des Einzelstaates zusammensetzt, aus. So erhält man beispielweise in Wisconsin als Alleinstehende(r) SSI-Hilfe bei einem Monatseinkommen unter 532 Dollar und bei 789 Dollar für Verheiratete. Der SSI-Auszahlungsbetrag des Bundesstaates Wisconsin für Alleinstehende bezifferte sich in diesen Fällen im Jahr 2003 auf 83,78 Dollar und für Verheiratete auf 132,05 Dollar.

Nach dem Wohnungsbaugesetz von 1949, Absatz 8 (daher der Begriff„section 8 housing"), erhalten (TANF-)Berechtigte eine partielle Mietkostenübernahme. Diese Übernahme wird aufgrund des Einkommens und des Anteils der Miete am Einkommen des Haushalts berechnet und als Gutschein ausgegeben. Der Bezugsberechtigte kann damit Wohnraum nach seiner Wahl mieten, sofern der Besitzer zur Vermietung unter dem Programm des Bundesministeriums für Wohnungs- und Städtebau (Department of Housing and Urban Development – HUD) bereit ist. Der Mieter zahlt die Differenz zwischen tatsächlicher Miethöhe und dem Wert des Gutscheins. Das Bundesprogramm wird von den lokalen Behörden des Bundesministeriums verwaltet (*Public Housing Authorities*), die einen großen Ermessensspielraum bewahren. Präferenz wird Obdachlosen gegeben, ferner den aus ihren Wohnungen aufgrund von Stadtteilsanierungen unfreiwillig zum Auszug gezwungenen Personen sowie Familien, die mehr als

50 % ihres niedrigen Einkommens für die Miete bezahlen (US Department of Housing and Urban Development, Public and Indian Housing 2003).

Die beschriebenen Programme TANF, SSI, Food Stamps, Medicaid- und Section-8-Berechtigung sind aus der Fülle der vielen Sozialleistungsprogramme die wichtigsten existenzsichernden Programme. Sie erlauben im Verständnis der amerikanischen Bundesregierung das tägliche Überleben und gewähren das dazu notwendige Einkommen, zusätzliche Ernährungshilfen, medizinische Grundversorgung sowie eine Unterkunft. Auffallend bleibt, dass die Bezugsberechtigten bei all diesen Programmen inklusive einer Mindestlohnarbeit das Armutseinkommen kaum übersteigen. Auch dies spiegelt die lange politisch-kulturelle Tradition wider, nach der der Staat die Eigeninitiative nicht ersetzt, sondern lediglich gleiche Startbedingungen (*equal opportunities*) schaffen möchte.

Bildungssystem

Grundstruktur des Schulwesens

Das Bildungssystem der USA ist von einer Dualität gekennzeichnet: ein auf Lebenspraxis ausgerichtetes Schulwesen mit deutlichen Mängeln in der akademischen Grundausbildung sowie äußerst leistungsorientierte, kompetitive Fachstudien, die nach marktwirtschaftlichen Prinzipien ausgerichtet sind und akademische Spitzenleistungen hervorbringen.

Während das Wohlfahrtssystem nicht wirklich die duale Struktur der amerikanischen Gesellschaft beseitigen kann oder soll und dem Individuum und seiner eigenen Leistung der höchste Stellenwert eingeräumt wird, haben die USA über das Bildungssystem selbst jenen Mechanismus zu schaffen versucht, der jedem das soziale Fortkommen garantieren soll. Besonders das Schulwesen ist egalitär angelegt: Es soll in der Tat *allen*, unabhängig von Herkunft, Wohlstand oder intellektueller Differenzierung gleiche Startchancen für das Leben gewähren. Folglich wird im Schulwesen eine Nivellierung angestrebt und vollzogen, die sich am Durchschnitt orientiert.

Zwei gegensätzliche Aspekte des amerikanischen Bildungswesens fallen besonders auf:

- zum Einen das aus europäischer Sicht mit erheblichen Leistungsmängeln belastete Schulwesen, dessen Schwachstellen in der ersten universitären Ausbildung (Bachelor-Abschluss) durch einjährige „nachhelfende Kurse" (*remedial courses*) ausgeglichen werden müssen,
- zum Anderen sind es das nach marktwirtschaftlichen Prinzipien funktionierende, höchst kompetitive amerikanische Fachstudium (Master-Abschlüsse und Äquivalente nach dem Bachelor-Abschluss) sowie die Doktoranden- und Post-Doktorandenausbildung mit einem Leistungsniveau, nach dem sich Universitäten in Europa und anderen Regionen der Welt derzeit umstrukturieren und ausrichten.

Ausbildung, insbesondere Hochschulausbildung, hat in den USA eine lange Tradition. Die renommiertesten Universitäten der USA bestehen seit dem 17. Jahrhundert und wurden von jeher als Eliteuniversitäten ausgebaut. Einzelne Bundesstaaten hatten bereits als Kolonien auch ein allgemeines Schulgesetz, so Massachusetts um 1747, wonach jede Stadt über 50 Einwohner einen Lehrer anstellen musste. Im Gegensatz dazu wurden eine landesweit vereinheitlichte, allgemeine Schulbildung erst in den Jahrzehnten vor dem Bürgerkrieg eingeführt, die öffentlichen Grundschulen ausgebaut und erst nach 1870 die Gymnasien (*high schools*), wobei jedoch weite Regionen noch ausgespart oder unterversorgt blieben. Da die Industrialisierung in zunehmendem Maße auch qualifizierte und höchstqualifizierte Arbeitskräfte benötigte, begannen mit der Errichtung der Oberschulen auch die soziale Öffnung und der soziale Aufstieg (Frühbrodt 1991, 1996, S. 143–212). Hatten 1900 nur 10 % aller Amerikaner einen High-School-Abschluss, so waren es 2000 84 %. Dabei stellt der High-School-Abschluss, anders als beispielsweise das Abitur, keine Berechtigung zum Eintritt in eine akademische Berufsausbildung dar. Es ist lediglich der Abschluss in einem bundesweit vereinheitlichten Schulsystem, das von seiner Struktur her so angelegt ist, dass es jedem die gleichen Startchancen für das Berufsleben gewährt. Dabei muss man die staatlich vereinheitlichte Grundstruktur von einem nationalen Schulsystem mit einheitlichen Curricula, Leistungsnachweisen oder Bildungschancen deutlich unterscheiden. Ein bundesweit einheitliches Schulbildungssystem gibt es nicht. Mit Ausnahme der Militärakademien existieren auch keine Ausbildungsstätten, die von der Bundesregierung geführt werden. Die Bundesregierung gibt jedoch generelle Orientierungen zur Gestaltung des Curriculums in öffentlichen und privaten Schulen und überwacht diese Programme durch das US Department of Education (*www.usembassy.de*. Education USA: A Diverse Educational System 2003).

K 12 und intellektuelle Weiterbildung

Seit Beginn des 20. Jahrhunderts ist die K-12-Struktur des amerikanischen Schulwesens festgelegt: Nach dem Kindergarten (K) mit Vorschul-Charakter müssen alle 12 Schuljahre absolvieren. Diese werden als 6 Jahre *Elementary School* abgeleistet, gefolgt von 6 Jahren *High School*. Letztere gliedert sich wiederum in eine *Junior High School* mit der 7. bis 9. Klasse und der *Senior High School* mit der 10. bis 12. Klasse. Die 12 obligaten Schuljahre sind in einigen Regionen der USA auch in drei mal vier Blöcke eingeteilt: *Elementary School*, *Middle School* und *High School*, in einigen auch als 8 Jahre *Elementary School* und 4 Jahre *High School*. Überall jedoch ist das Schulsystem, das allen Amerikanern – mit Ausnahme derer, welche die *High School* abbrechen – 12 Schuljahre abverlangt, die Norm. 2002 waren rund 47,6 Mio. Schüler in allen Stufen des K-12-Systems registriert (US Department of Education. Institute of Education Sciences. National Center for Education Statistics 2003. The Condition of Education 2003 in Brief).

Innerhalb des monostrukturierten Schulwesens ist eine intellektuelle und soziale Ausdifferenzierung über die verschiedenen Curricula möglich. So können Schüler je nach Veranlagung und Präferenz die unterschiedlichsten Fächerkombinationen in ihren High-School-Jahren wählen. Während einige ihre Leistungen durch Teilnahme an der Schulband attestieren lassen, sind wiederum andere bevorzugt in *vocational programs* engagiert, die auf eine Berufslaufbahn, z. B. im kaufmännischen Bereich, vorbereiten. Andere wiederum wählen Kurse, die zum *college preparatory program* gehören und jene Fähigkeiten fördern, die für die obligaten Einstiegsexamen in die universitären Studiengänge notwendig sind. Während die verpflichtenden 12 Schuljahre ohne Studiengebühr allen gleiche Einstiegsvoraussetzungen bieten sollen, gibt es für leistungsorientierte Schüler/Eltern auch die Option, ihre Kinder in Privatschulen ausbilden zu lassen. Privatschulen mit ihrer oft religiösen Zugehörigkeit sind aufgrund der Religionsfreiheit zugelassen. Ihr besonderer Status und vor allem ihre Reputation als leistungsstarke Bildungsinstitutionen rühren jedoch daher, dass sie aufgrund ihres Sonderstatus auch ein ausgesprochen kompetitives Curriculum bieten dürfen, das zusätzlich zu den verlangten Grundfähigkeiten Leistungen weit über das erforderliche Maß hinaus verlangen kann. Es zeichnen sich hier die katholischen, vor allem die Jesuitenschulen, aber auch die Schulen der Quäkergemeinschaft als sehr leistungsstark aus. Diese werden daher von Eltern/Schülern aller Konfessionen bevorzugt aufgesucht, um den Schülern einen Bildungsvorteil und das Erreichen der hohen Leistungsnachweise (Punkte im *Scholastic Aptitude Test* – SAT) zu verschaffen, die wiederum in den Zulassungsexamen zu den Elite-Universitäten ausschlaggebend sind.

Abbildung 140 gibt einen Überblick über das Schul- und Hochschulsystem. Die Grundschule (*Primary School*), in der die „drei R" – *reading, (w)riting, (a)rithmetic* – vermittelt werden, beginnt im Alter von 6 Jahren. Es folgen die *High School*-Jahre, die entweder als ein Programm von zweimal drei Jahren (*Middle School*) oder einem Drei- und Vierjahresprogramm (*Junior* und *Senior High School*) absolviert werden können. Das Bildungssystem ist stark an der Praxis orientiert. Ein Wahlfächersystem (*elective courses*) erlaubt den Schülern, neben den Pflichtfächern Mathematik, Biologie, Physik, Chemie, Sozialkunde und Sport sowie *English Language* aus einer Vielzahl von Angeboten selbst zu wählen. Die Wahlfächer machen fast die Hälfte des Pensums aus: Die Schüler können hier zwischen berufsvorbereitenden kaufmännischen Kursen bis hin zur Teilnahme an der Big Band der Schule wählen. Daran, dass alle Schüler seit den 1950er Jahren zudem als Kurs in der Schule ihre Führerscheinprüfung machen müssen, wird deutlich, dass es das Wesen der amerikanischen *High School* ist, eine lebensorientierte und praxisnahe Allgemeinbildung zu vermitteln. Sie ist nicht darauf ausgerichtet, eine qualifizierende Einstiegsvoraussetzung für eine akademische Ausbildung zu schaffen, sondern darauf, zu assimilieren und allen, auch den Immigranten, einen Einstieg in den Prozess des sozialen Aufstiegs zu geben (US Department of State. International Information Programs 2000. US Society and Values).

Dass ein Schulwesen, welches sich am Durchschnittsamerikaner orientiert, nur mäßige oder sogar schlechte Leistungen erbringt und daher reformbedürftig ist, lässt sich an den *Program Goals* 2000 erkennen, die Präsident George Bush 1989 mit Bundesmitteln einführte. Danach sollten bis zum Jahr 2000

- alle Kinder bei ihrer Einschulung auch lernfähig und lernbereit sein, was allein schon für viele Kinder ausländischer Herkunft, die zu Hause eine andere Muttersprache sprechen, schwierig war. Ein Vorschulprogramm, das bereits die Vierjährigen einbindet, sollte hier Abhilfe schaffen,
- 90 % der Schüler auch einen High-School-Abschluss absolvieren,
- alle Schüler in Schlüsselbereichen Kompetenzen erwerben,
- amerikanische Schüler in Mathematik und naturwissenschaftlichen Fächern im internationalen Vergleich einen Vorsprung haben,
- alle amerikanischen Erwachsenen lesen und schreiben können, das Phänomen der funktionalen Analphabeten, derjenigen also, die trotz Schulbesuchs nicht lese- und schreibkundig sind, sollte eliminiert werden.
- Ferner sollten alle Schulen drogen- und gewaltfrei gemacht werden (*www.usembassy.de*. Education USA: A Diverse Educational System 2003).

College- und Universitätsausbildung

Es folgt für viele die College- oder Universitätsausbildung. Das Studium mit Abschluss eines Bachelor ist die Undergraduate-Ausbildung. Sie besteht üblicherweise aus einem Vierjahresprogramm (s. Abb. 140). In den USA wird diese vierjährige akademische Grundausbildung als College bezeichnet. Es kann nach philosophisch-historisch bzw. sozialwissenschaftlichen Fächern ausgerichtet sein (*Liberal Arts College* mit den Schwerpunkten auf Sprachen, Literatur, Geschichte, Philosophie sowie einigen Naturwissenschaften). Es kann das Gewicht auch auf betriebswirtschaftliche Fächer (*Business College*) oder andere Fachbereiche legen. Das College kann als eigenständige Institution, z. B. als *Community College*, oder auch als Teil einer Universität bestehen. Der Begriff kann auch eine ganze Fakultät bezeichnen wie z. B. *College of Social Sciences* oder *College of Medicine* innerhalb der Universität. Rund ein Viertel aller Colleges werden von privaten religiösen Vereinigungen unterhalten, lassen aber alle Studie-

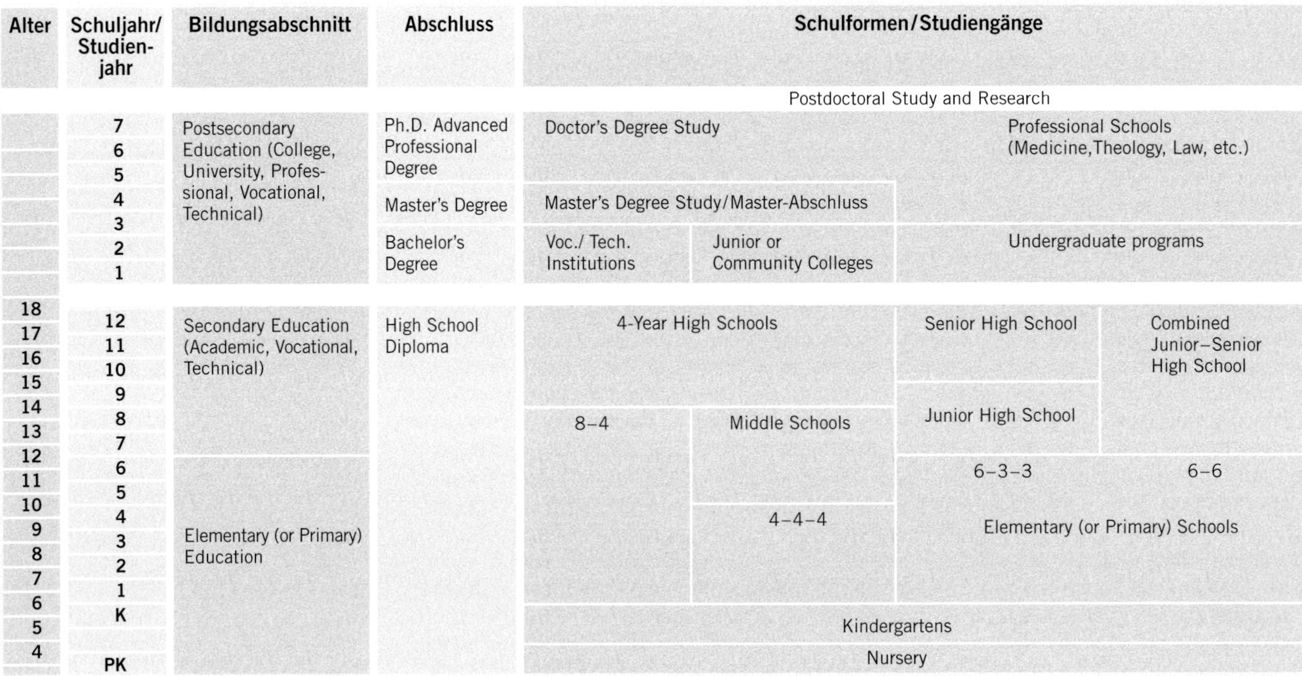

Quelle: US Department of Education, National Center for Education Statistics.

Abb. 140: Bildungssystem in den USA.

renden, unabhängig von ihrem Glauben, zu (*www.usembassy.de*. Education USA: A Diverse Educational System 2003).

Die Hochschulausbildung steht seit 1944 weiten Kreisen offen und prägte das Image von einer egalitären College-Ausbildung. 1944 wurde das Gesetz verabschiedet, das es entlassenen Armeeangehörigen und Kriegsveteranen erlaubte, mit Finanzierung der Bundesregierung eine College-Ausbildung nachzuholen. Da stets überproportional viele Angehörige von Minderheiten sowie Arme wegen der damit verbundenen sozialen Aufstiegschancen in der Armee dienten, wurde eine College-Ausbildung bereits in der Nachkriegszeit und insbesondere mit der Bürgerrechtsbewegung, die den Afroamerikanern den Zugang zu allen Hochschulen öffnete, zum Allgemeingut. Heute besuchen rund 63 % aller High-School-Absolventen auch das College, im Vergleich zu 45 % im Jahr 1960, wobei sowohl das Geschlechterverhältnis wie auch die Proportionen von Allgemeinbevölkerung und Minderheiten ausgewogen sind (US Bureau of the Census 2001; Statistical Abstract of the United States 2001, Tab. 262, S. 164).

Innerhalb der College- und Universitätsausbildung gibt es die beruflich orientierten – den deutschen Fachhochschulen ähnlichen – *Professional Schools* für die Bereiche Musik, Kunst, Ingenieurwesen, Betriebswirtschaften. Auch diese *Professional Schools* kann man mit weiterführenden *graduate studies*, die zu einem Master-Abschluss oder einem Äquivalent führen, beenden. Die Technischen Hochschulen (*Institutes of Technology*) sind auf ein mindestens vier Jahre dauerndes Studium in den Naturwissenschaften und den Ingenieurwissenschaften ausgerichtet. Technikerschulen (*Technical Institutes*) erlauben Fachabschlüsse in ausgewählten Bereichen wie medizinischer Technik, die jedoch nicht immer college- oder universitätsäquivalent sind. Der Bachelor-Abschluss, der nach vier Jahren College-Ausbildung vergeben wird, beendet die übliche 16-jährige Ausbildung in den USA. Eine weiterführende akademische Ausbildung wird im darauf folgenden, rund zweijährigen Graduate-Programm der Universitäten mit dem Master-Abschluss erreicht, der bei gutem Notendurchschnitt auch die Einstiegsvoraussetzung für das Doktorat ist. Im zumeist vierjährigen Doktorat erfolgt zunächst eine zweijährige vertiefende Ausbildung in einem strukturierten Programm, das sowohl ein Hauptfach (*major*) als auch Nebenfächer (*minors*) beinhalten kann und mit einer umfassenden Prüfung (*Ph.D. general exam*) abgeschlossen wird, die auch zur eigentlichen Dissertationsarbeit berechtigt. Diese wird nach wiederum rund zwei Jahren mit dem Rigorosum (*Ph.D. defense*) abgeschlossen. Master-Abschlüsse werden je nach Studienfach in den folgenden Fakultäten verliehen: Master of Arts (*M.A.*), Master of Sciences (*M.Sc.*), Master of Business Administration (*M.B.A.*), Master of Fine Arts (*M.F.A.*), Master of Social Work (*M.S.W.*), Master of Law (*LL.M.*), Erziehungswissenschaften (*Ed.S.*). Die gängigen Doktoratsabschlüsse sind: Doctor of Philosophy (*Ph.D.*), in den Erziehungswissenschaften (*Ed.D.*), Rechtswissenschaften (*J.D.*), Naturwissenschaften (*D.Sc.*), Medizin (*M.D.*) und Theologie (*D.D.*).

Die amerikanische Bundesregierung überwacht und anerkennt Universitäten und Colleges über eine Akkreditierungs-Institution, die vom Erziehungsministerium (US Department of Education) mit der Sicherung der Qualitätsstandards von Bildungsstätten und Studienprogrammen beauftragt ist. Die Akkreditierung einer Bildungsinstitution sichert die bundesweite Anerkennung von Abschlüssen durch andere Bildungseinrichtungen und die Arbeitgeber. Viele Studienrichtungen haben zusätzlich eine regionale Akkreditierungsbehörde, wie z. B. die Ingenieurwissenschaften, die Juristen oder Mediziner, welche zusätzlich sicherstellt, dass die Absolventen in den betreffenden Bundesstaaten ihren Beruf ausüben dürfen.

Kulturhoheit, Finanzierung und soziale Auswirkungen

Nach dem 10. Zusatzartikel zur Verfassung, der den Einzelstaaten oder dem Volk explizit alle Befugnisse zuweist, welche die Bundesregierung nicht für sich in Anspruch genommen hat, untersteht das Bildungswesen der USA der Kulturhoheit der einzelnen Bundesstaaten, die wiederum ihren lokalen Gebietskörperschaften einen hohen Handlungsspielraum bezüglich der Ausgestaltung des in seiner Grundstruktur vereinheitlichten Schul- und Bildungswesens erlaubt. Die Bundesstaaten übernehmen es, einen generellen Orientierungsrahmen für die Schulen und Schulbezirke vorzugeben, wie Rahmenpläne für Unterrichtscurricula oder die Festlegung der Schulpflicht. Lokale Schulbezirke unterstehen einer Schulaufsichtsbehörde, welche Curricula und Finanziell-Administratives festlegt und überwacht.

Das Schulwesen finanziert sich im Wesentlichen aus lokal erhobenen Steuermitteln, wobei die Grundvermögenssteuer (*property tax*) die wichtigste Einnahmequelle ist. Wegen des fehlenden kommunalen Finanzausgleichs, wie ihn die westeuropäischen sozialen Marktwirtschaften kennen, variieren schulische Ausstattung und sogar Lehrergehälter mit dem Steueraufkommen im Schulbezirk. Sofern es sich um ein Armutsgebiet handelt, wie beispielsweise die innerstädtischen Problemgebiete, spiegeln auch die Schulen diesen desolaten Zustand wider. Die Qualität der Ausbildung in den Schulen ist daher stets in Bezug zur Armut des Gebiets zu setzen. Das Fehlen eines kommunalen Finanzausgleichs ist somit vielleicht der wichtigste Mechanismus, der soziale Ungleichheit schon im Schulwesen vorprogrammiert, das eigentlich als Integrationsmedium gedacht war. Da in innerstädtischen Armutsgebieten auch Minderheiten und vor allem Personen ausländischer Herkunft konzentriert sind, bei denen eine andere Sprache als Englisch zu Hause gesprochen wird (1999 waren es 17 %) oder die mit der englischen Sprache Schwierigkeiten haben, sind Schüler dieser Gebiete in einer doppelt schwierigen Situation. 2003 lebten 24 % aller innerstädtischen Schüler in Metropolitangebieten in Armut, 20 % aller innerstädtischen Schüler von mittleren Großstädten und 18 % aller Schüler im ländlichen Raum (US Department of Education. Institute of Education Sciences. National Center for Education Statistics 2003. The Condition of Education 2003 in Brief). Die Bundesregierung hat jedoch mit der Gründung eines eigenen Bildungsministeriums 1979 (Department of Education) auch Subventionen für das staatliche Schulwesen ausgeschüttet, die wiederum teilweise an Schulbezirke im Sinne eines Pro-Kopf-Sockelbetrags für Schüler weiterverteilt werden konnten. Dennoch verbleiben insbesondere nach dem Rückbau sozialstaatlicher Leistungen unter den Reagan- und Bush-Administrationen die lokalen Grundvermögenssteuern, in einigen Bundesstaaten auch Anteile der Mehrwertsteuer, die wichtigste Finanzierungsquelle. Es ist nicht verwunderlich, dass die Schulen wegen dieser Finanzierung keine gleichen Voraussetzungen für alle Schüler im ganzen Land bieten können und dass es auch 2003 noch eine Dunkelziffer von 5–10 % in der Bevölkerung gibt, die funktionelle Analphabeten sind.

Anders ist die Finanzierung der privaten und öffentlichen Colleges und Universitäten gesichert. Sie finanzieren sich aus vier Hauptquellen: Studiengebühren, Schenkungen/Stiftungsvermögen, öffentlichen Mitteln (Zuschüsse von Bundesstaaten oder Gemeinden, Forschungsmittel der Bundesregierung oder der Privatwirtschaft) sowie Zinsen und Renditen aus privatwirtschaftlich getätigten Investitionen. Große Schenkungen und hohe Studiengebühren finanzieren in erster Linie die großen Elite-Universitäten. Studiengebühren entrichten alle Studierenden; sofern sie ihren Hauptwohnsitz in dem Bundesstaat haben, in dem sie studieren, wird eine niedrigere *in state tuition,* ansonsten eine wesentlich höhere *out of state tuition* berechnet. In öffentlichen Universitäten, die 1862 durch die *land grants* der Bundesregierung mit Grundbesitz und den ersten Fakultäten ausgestattet wurden (*state universities/land grant universities*), gibt es traditionsgemäß eine erstklassige Ausbildung und Ausstattung, wobei die Studiengebühren aufgrund hoher Eigenmittel der Universitäten relativ niedrig sind. So zahlte man 2003 an der Ohio State University nur knapp 6000 Dollar für ein akademisches Jahr von 9 Monaten, an der Michigan State University je nach Fakultät und Studiengang unterschiedliche Ansätze, z. B. in der Medizin 14 800 Dollar pro akademischem Jahr, im Studiengang für allgemeine Betriebswirtschaftslehre 10 700 Dollar und für die vertiefende Betriebswirtschaftslehre für Manager 31 300 Dollar pro Jahr. An der Harvard University betrugen die Studiengebühren im akademischen Jahr 2003 37 950 Dollar im *undergraduate*-Studium, was sich auf die eigentliche Studiengebühr (ca. 26 000 Dollar), das Wohnheim (4700 Dollar), die Verpflegung im Wohnheim (4200 Dollar) und ca. 3000 Dollar für Gesundheitsversicherung und diverse andere Gebühren verteilte. Ein vierjähriges Bachelor-Studium dort kostet also 151 800 Dollar.

Wenn diese und andere Universitäten als Elite-Einrichtungen gelten, dann nicht aufgrund ihrer hohen Studiengebühren, die sich längst nicht alle Studierenden leisten können, sondern aufgrund der Tatsache, dass zwei Drittel der Studierenden von der Universität in einem kompetitiven Auswahlverfahren ein Stipendium zugesprochen bekommen. Nicht die Höhe des Vermögens oder mangelndes Eigenkapital sind für das Studium in Harvard entscheidend, sondern allein Aufnahmeprüfungen und gute Leistungen. Finanziert werden solche Stipendien durch die vielfachen Schenkungen, Nachlässe und Stiftungen von Gönnern, vor allem an die eigene Alma Mater. Solche erheblichen Geld- und Sachmittel (neue Institutsgebäude, Sport-, Konzerthallen u. Ä.) werden, sofern von der Universität gemeinnützig, also zum Zwecke der Forschung, Lehre oder des Ausbaus der Universität angelegt, nicht besteuert.

Allerdings legen auch die großen Universitäten, darunter die *state universities*, große Kapitalmittel auf dem Aktienmarkt oder in ausländischen Direktinvestitionen gewinnbringend an. Grundsätzlich wirtschaften alle Universitäten – auch die öffentlichen *state universities* – nach privat- und betriebswirtschaftlichen Grundsätzen. Sie erwirtschaften und erhalten Vermögen großen Ausmaßes und haben sich nach ihrer mit Bundesmitteln geförderten Gründung und Ausstattung mit Grundbesitz im 19. Jahrhundert nicht mehr von Bundesmitteln zur Finanzierung des operativen Geschäfts abhängig gemacht.

Aufgrund der immensen Stiftungsvermögen und Renditen, eines Teils der Studiengebühren sowie kompetitiv vergebener Forschungsbeiträge der Bundesregierung, der Privatwirtschaft oder von Stiftungen sind die großen privaten und öffentlichen Universitäten bestens ausgestattet und können im internationalen Vergleich in vielen Fachbereichen führende Forschung und Ausbildung vor allem im *graduate*- und *postgraduate*-Studium betreiben. Im Bereich der Forschungsbeiträge machen jedoch Regierungsaufträge einen sehr hohen Anteil aus.

Forschung

Von den rund 67,8 Mrd. Dollar, welche die Bundesregierung 1999 für Forschung und Entwicklung ausgab (US Bureau of the Census 2001; Statistical Abstract of the United States 2001, Tab. 767, S. 507) und den 27,5 Mrd. Dollar, die die Universitäten in Forschung investierten, waren 18 Mrd. Dollar Mittel des Bundes. Ein Viertel aller Bundesforschungsmittel geht also direkt an Universitäten, ein Anteil, der bei ihnen selbst wiederum zwei Drittel der Forschungsgelder ausmacht. Hierbei ist zu beachten, dass es sich nicht um Subventionen, sondern um Auftragsmittel handelt, die kompetitiv vergeben werden. Rund 5,4 Mrd. Dollar bzw. fast 20 % ihrer Forschungsmittel generieren die Universitäten selbst über Erträge. Rund 4 Mrd. Dollar oder fast 15 % erhalten sie in Aufträgen von der Wirtschaft oder anderen Geldquellen wie Schenkungen. Von den rund 27,5 Mrd. Dollar Forschungsgeld stellten die Universitäten 1999 wiederum 68 % für die Grundlagenforschung bereit und 32 % für den Angewandten Bereich (US Bureau of the Census 2001; Statistical Abstract of the United States 2001, Tab. 773, S. 510).

Rund 60 % aller Bundesforschungsmittel wurden 1999 an 45 der bedeutendsten Universitäten vergeben (US Bureau of the Census 2001; Statistical Abstract of the United States 2001, Tab. 775, S. 511). Die für europäische Verhältnisse exorbitanten Forschungsaufträge der Bundesregierung an die Universitäten erklären sich auch aus der Erfolgstradition. Viele Grundlagenforschungen, die zu weltweit bahnbrechenden medizinischen oder technologischen Entwicklungen führten, fanden an amerikanischen Universitäten statt, darunter unter anderem:

- DNA-Technologien, welche neue medizinisch verwertbare und weltweit patentierbare Substanzen schufen, wie das Wachstumshormon Interferon oder den Hepatitis-B-Impfstoff (Stanford University, University of California – San Francisco 1974).
- Satelliten-Fernerkundungstechnologie in der Weltraumfahrt sowie für Wetterprognosen, geologische Prospektierung und militärische Aufklärung (University of Rochester, University of Madison – Wisconsin, 1960er Jahre).
- Grundlegende Berechnungen, die zur späteren Entwicklung des Globalen Positionssystem (GPS) führten (Columbia University 1938, Harvard University und Massachusetts Institute of Technology 1949).
- Erster digitaler Computer, der führend für die Weiterentwicklung von Computern und Mikroprozessoren wurde (University of Pennsylvania 1939–1940).
- Erstes Atomspaltungsgerät (University of California – Berkeley 1931) und grundlegende Arbeiten der Nuklearphysik mit Anwendung in der Medizin und geostrategischen Interessensgebieten.
- Entwicklung der Malaria-Präventivmedizin (University of Chicago 1950), der Salk-Polio-Schluckimpfung (University of Pittsburgh 1954), des Impfstoffes gegen bakterielle Meningitis (University of Rochester 1985).
- Entwicklung des Krebsvorsorgetests für Frauen (University of California – San Francisco, Cornell University 1932–1942).
- Entwicklung des ersten Bluttests für Krebs (Columbia University 1936), der Strahlentherapie bei Krebs (University of Rochester 1940er Jahre) und der Chemotherapie bei Krebs (Yale University 1942).
- Entwicklung des Dialyse-Verfahrens bei chronischer Nierenkrankheit (University of Washington 1960) und der ambulanten Heimdialyse (University of Missouri – Columbia 1970er Jahre).
- Herstellung des synthetischen Penicillins (Massachusetts Institute of Technology 1957), synthetischen Insulins (University of Pittsburgh 1964), des Antibiotikums Streptomycin (Rutgers University 1952) und des synthetischen Morphiums (University of Rochester 1952).
- Entwicklung der Pharmaprodukte, die zur Herstellung der Anti-Baby-Pille führten (Clark University, Pennsylvania State University 1930er Jahre).
- Entdeckung der genetischen Mutationen von Darmkrebs und eines diesbezüglichen Bluttests (Johns Hopkins University 1997).
- Entwicklung der Hauttransplantation bei Brandwunden (University of Kansas 1938), der Operationsmethoden am offenen Herzen und der Herz-Lungen-Maschine bei Herzoperationen (Case Western Reserve University 1947, 1952).
- Entwicklung der Lasertechnologie für Augenoperationen (Stanford University 1963).
- Entwicklung des ersten, extern getragenen Herzschrittmachers (Harvard University 1952) sowie des implantierten (University of Buffalo – State University of New York 1958–1960; Johns Hopkins University 1972; Pennsylvania State University 1977).
- Entwicklung der Knochenmarktransplantation bei Leukämie (University of Washington 1957), der Lebertransplantation (University of Colorado – Boulder 1967), des künstlichen Kniegelenks (University of California – Irvine 1972), der ersten Bluttransfusion (Case Western Reserve University 1908).
- Nachweis durch Mondgestein und Meteoritenanalysen, dass die chemischen Grundlagen für außerirdisches Leben auf dem Mars und im Universum allgemein existieren (University of Maryland, College Park und NASA, 1970er und 1980er Jahre) (Association of American Universities 2003. University Research – Societal Contributions).

Bundespolitisches Planungssystem

Wertpräferenzen der staatlichen Einflussnahme

Da die USA sich in ihrer Planungsstruktur bewusst von Europa lösten, lassen sich amerikanische Entwicklungskonzepte und Strategien nicht einfach auf europäische Verhältnisse übertragen.

Betrachten wir noch einen letzten Aspekt des amerikanischen institutionellen Systems – die Planung des Bundes. In der amerikanischen Planung, sei es in der Stadtplanung oder der Bundespolitik für den ländlichen Raum sowie in der Bildungs- oder Sozialpolitik, enthüllten sich der Habitus des amerikanischen Denkens, die kulturelle Identität und das andere politisch-demokratische Selbstverständnis. Amerika ist zwar mit dem europäischen Erbe vernetzt, aber nicht im Bereich der Planung; hier herrschen andere Prämissen, da ein Obrigkeitsdenken nie institutionalisiert wurde. Daher gibt es in den USA keine offizielle Raumordnungspolitik nach europäischem Vorbild. In den USA war die staatliche Macht immer fragmentiert und durchdrungen von Privatinteressen. Es gab jedoch raumwirksames Agieren politischer Handlungsträger und sogar eine sehr massive Intervention des Bundes in der Entwicklung der Regionen. Zwar besteht eine ländliche Regionalpolitik/Planung für besonders rückständige ländliche Räume, doch existieren in den USA, verglichen mit europäischen Ländern, keine festgefügten Planungsstrukturen.

Eine Gemeinde oder auch ein Bundesstaat braucht daher keine Ausgleichsmaßnahmen gegen disparitäre Entwicklungen vorzunehmen. Raumordnung, das gezielte staatliche Handeln gegen räumliche Disparitäten, das in allen westlichen Industrienationen durch das verfassungsmäßige Mandat zur Gleichbehandlung vorgegeben ist, hat daher in den USA keine verfassungsmäßige Grundlage. Dies erklärt die nichteuropäische Identität und Vorgehensweise der amerikanischen Regionalpolitik.

Privatism und Pluralismus kennzeichnen die Bundespolitik sowohl für die Städte als auch die Regionen, die mit weit über 1000 verschiedenen, unabhängig voneinander arbeitenden Einrichtungen der öffentlichen Hand (insgesamt 11 Bundesministerien, 49 Behörden und 1200 verschiedene Kommissionen mit weit reichenden Vollmachten für Regionen) plant, ohne dabei Raumordnung im europäischen Verständnis zu betreiben. Die Struktur des amerikanischen politischen Systems und der institutionellen Mechanismen für die Entwicklung strukturschwacher Regionen oder Stadtgebiete gibt dem Wettbewerb der Behörden aufgrund der Verfassung stärkeres Gewicht als der Koordination der Programme. Die verschiedenen Regierungsinstitutionen sind daher unabhängige Einheiten, die sich die Staatsgewalt zur räumlichen Entwicklung teilen (Long, Reid & Deavers 1987, S. 28; Lapping, Daniels & Keller 1989).

Eine Koordination oder Vereinheitlichung der Regionalplanungspolitik oder eine, die bis in die Städte Zielvorgaben für die kommunale Entwicklung macht, ist daher nicht zu erwarten. Bestärkt wird dies durch die dezentrale Entscheidungsfindung im Kongress: Seinen Committees und Subcommittees kommt nahezu exklusive Entscheidungsbefugnis über die Politik zu, welche in ihren Zuständigkeitsbereich fällt. Der einzige formale Mechanismus zur Koordinierung ländlicher Entwicklungspolitik ist das für den Bundeshaushalt zuständige Office of Management and Budget des Präsidenten.

Zum Vergleich: Das staatliche Regulativmandat in Deutschland

In Deutschland werden sozialstaatliche Aufgaben und diesbezügliche Planungspolitik grundsätzlich anders verstanden als in den USA. Im Gegensatz zu den USA, wo die staatliche Macht fragmentiert ist und die Verfassung kein Mandat zur Förderung von Regionen und Städten hat, steht die Staatslehre Deutschlands, die dem Bund eine Regulativfunktion bei der Lösung sozialstaatlicher Aufgaben zuweist. Als solche werden zum Beispiel Regional- und Stadtentwicklungen verstanden. Das Grundgesetz erlaubt den Kommunen und Ländern zwar einen Autonomiespielraum und kommunale Selbstverwaltung (Art. 28) (ähnlich wie in den USA) und spricht dem Volke die Staatsgewalt zu (Art. 20 GG), aber es weist dem Bund das Gesetzgebungsrecht zu, wenn die Einheitlichkeit der Lebensverhältnisse über das Gebiet eines Bundeslandes hinaus es erfordert (Art. 72, Abs. 2, Nr. 3 GG) und verankert die Rahmenkompetenz des Bundes für die Verabschiedung von Bundesraumordnungsgesetzen (Art. 75 Nr. 4 GG). Anders als in den USA regelt das Grundgesetz auch die Aufgaben und Ausgabenverteilung zwischen Bund und Ländern, speziell die Ausgleichsmechanismen in Form von Finanzhilfen, die zur „Abwehr von Störungen des gesamtwirtschaftlichen Gleichgewichtes oder zum Ausgleich unterschiedlicher Wirtschaftskraft im Bundesgebiet oder zur Förderung wirtschaftlichen Wachstums" eingesetzt werden (Art. 104a [4] GG).

Das dafür geschaffene Instrument ist der Finanzausgleich (Art. 107 GG). Auf der Grundlage des Bundesraumordnungsgesetzes von 1965 ist das Bundesgebiet „in seiner allgemeinen räumlichen Struktur einer Entwicklung zuzuführen, die der freien Entfaltung der Persönlichkeit in einer Gemeinschaft am besten dient" (BROG § 1 Abs. 1, Nr. 1, 1965). Eine Verbesserung der Lebensverhältnisse auf wirtschaftlichem, sozialem und kulturellem Gebiet soll unter Berücksichtigung der natürlichen Gegebenheiten und der räumlichen Zusammenhänge erreicht werden. Dabei sollen gesunde Lebens- und Arbeitsbedingungen dort gesichert und weiterentwickelt werden, wo sie bereits bestehen; in den Defizitgebieten sollen sie durch Maßnahmen zur Strukturverbesserung erzielt werden (30). Das Bundesraumordnungsgesetz entwarf erstmals umfassende Leitvorstellungen für eine ausgewogene räumliche Gestaltung des Bundesgebiets und erlegte den Bundesländern eine Pflicht auf, für ihr Gebiet umfassende und übergeordnete Pläne und Programme aufzustellen (§ 5,1 BROG). Die Schaffung gleichwertiger, gesunder Lebensverhältnisse in allen Teilgebieten der Bundesrepublik Deutschland ist das übergeordnete Ziel und wurde im Bundesraumordnungsprogramm von 1975 konkretisiert. Aufgrund dieser Leitvorstellungen konnte die Entwicklung des ländlichen Raumes in Deutschland durch eine zentrale, politisch-administrative Struktur mittels umfassender Steuerungsprogramme und mit Instrumenten der Raumordnung betrieben werden.

Diese Strukur ist hierarchisch vom Bund zu den Gemeinden angelegt und regelt Zielvorgaben des Bundes über Landesplanung, Landesentwicklungs- und Regionalpläne bis in die gemeindliche Flächennutzungs- und Bauleitplanung.

Das Grundverständnis von der Raumordnung ist also das einer umfassenden, übergeordneten Planung und Gestaltung des geographischen Raumes; sie ist auf Veränderungen und zielorientiertes Handeln ausgerichtet und bemüht sich konkret um die Reduzierung oder Beseitigung räumlicher Disparitäten, indem sie Entwicklungsressourcen verstärkt in rückständige Teilräume lenkt und systematisch den Aufbau der Infra- und Wirtschaftsstruktur fördert. In Deutschland besteht also ein Prinzip der Aktivsanierung, was bedeutet, dass staatliche Förderungsmaßnahmen so lange in benachteiligten Regionen durchgeführt werden müssen, bis eine Gleichwertigkeit der Lebensverhältnisse erreicht ist. Wie wichtig diese regionalpolitischen Steuerungsinstrumente sind, lässt sich dann ermessen, wenn man Länder betrachtet, in denen sie völlig fehlen, wie beispielsweise in den USA.

Fassen wir nun die Ausführungen zum Demokratieverständnis, zu Staatslehre und Planungstraditionen zusammen und überdenken die Übertragbarkeit planungspolitischer „Patentrezepte". Prinzipiell sind beide Länder als föderative Systeme ähnlich strukturiert – es gibt sogar Parallelen in der Staatsverfassung. Beide Länder folgen jedoch unterschiedlichen Auffassungen von sozialstaatlichen Aufgaben. Dies begründet wiederum unterschiedliche komplexe Akteursverpflichtungen auf den verschiedenen Ebenen des föderativen Systems und unmittelbar eine unterschiedliche Planungs- und Entscheidungskultur.

Regionalpolitik, Stadtplanung, Sozial- und Bildungspolitik haben in den USA nicht, wie in Westeuropa, übergeordnete politische Ziele, da eine Bundespolitik, die Regional- und Stadtentwicklungen oder den Bereich Soziales und Bildung bewusst zu steuern sucht, als „interventionistisch" gilt und als unamerikanisch abgelehnt wird. Man sei daran erinnert, dass die USA bei ihrer Gründung mit (planungs-)politischen Modellen nach europäischem Muster brachen. Daher ist grundsätzlich Vorsicht angebracht, wenn es um die Übertragung amerikanischer Strukturen, Modelle und Konzepte in den europäischen Kontext geht.

Die vergangenen Kapitel haben gezeigt, warum und wie die USA zu einer Führungsmacht aufsteigen konnten:

- Bewusste Abkehr von engen Herrschafts- und Gesellschaftsmodellen der damaligen Zeit;
- günstige geographische Voraussetzungen, Größe und Ressourcenreichtum des Landes;
- die Art, sich als neues Land und neue Gesellschaft zu mythologisieren, zu inszenieren und dies im Bewusstsein jeder Generation zu verankern;
- die Art und Weise, wie Amerikaner jeder Generation ihr Leben, ihre eigenen Probleme und die Probleme und Anliegen ihres Landes sehen und angehen.

Vielfältige Faktoren unterscheiden westliche soziale Marktwirtschaften von der Wirtschaft und Gesellschaft der USA. Gegensätze und Ambivalenzen prägen auch die europäischen Sichtweisen zu den USA. In der Welt der Globalisierung von Wirtschaft, Kultur, Interventionen und globalen Sicherheitsrisiken wird es jedoch immer wichtiger, einander zu verstehen. Man sei an den Appell erinnert (Bundeszentrale für politische Bildung 1990, S. 47): „Das kann nicht heißen, dass 'verstehen' immer zugleich 'billigen' bedeutet. Im Gegenteil! Die Vergangenheit und Gegenwart haben viele Beispiele geliefert, die beweisen, dass beiderseits Lernprozesse nötig sind, dass nämlich auch die Amerikaner bei ihren Entscheidungen, die ihren oft nur scheinbaren Interessen dienen, vermutlich die Erfahrung der Europäer im Allgemeinen einbeziehen müssen. Gegenseitige konstruktive Kritik ist nicht nur berechtigt, sondern auch notwendig."

Dies ist unumgänglich, wenn es um globale Friedensicherung, den Abbau von Armut und die Demokratisierung durch Dialogprozesse geht.

Zitierte Literatur

Vorwort

Adams, W. P. & P. Lösche (Hrsg.): Länderbericht USA. Geschichte, Politik, Geographie, Wirtschaft, Gesellschaft, Kultur. Frankfurt, New York 1999.

Adams, W. P.: Die USA vor 1900. Oldenbourg Grundriss der Geschichte. Hrsg. J. Bleicken, L. Gall & H. Jakobs, Bd. 28. München 2000.

Bahrenberg, G.: Die Länderkunde im Paradigmenstreit um 1970. In: Berichte zur deutschen Länderkunde, Bd. 70, H. 1, 1996, S. 41–54.

Birdsall, S. S. & J. Florin: Regional Landscapes of the United States and Canada. 4. Aufl. New York 1992.

Blume, H.: USA. Eine geographische Landeskunde. Band I. Der Großraum im strukturellen Wandel. Darmstadt 1975 (2. Aufl. 1985).

Boal, F. W. & S. A. Royle (eds.): North America. A Geographical Mosaic. London, New York 1999.

Boyer, R.: The Political in the Era of Globalization and Finance: Focus on Some Regulation Research. Intern. Journal of Urban and Regional Research 2, 2000, S. 274–322.

Giddens, A.: Die Konstitution der Gesellschaft. Grundzüge einer Theorie der Strukturierung. Frankfurt a. M. 1992.

Gilbert, A.: The New Regional Geography in English and French-speaking Countries. Progress in Human Geography 2, 1988, S. 208–228.

Goethe, J. W. von: Den Vereinigten Staaten. In: J. W. von Goethe: Werke, Band 1, Gedichte und Epen 1 (1827/1998), Hamburger Ausgabe Oktober. München 1998.

Hahn, R.: USA: Neue Raumentwicklungen oder eine neue regionale Geographie. Perthes-Länderprofile. Gotha 2002.

Hahn, R.: USA (Neubearb.), 1. Aufl. Klett Länderprofile – Geographische Strukturen, Daten, Entwicklungen. Stuttgart 1990.

Heeb, C. (Hrsg.): USA. München, Luzern 1990.

Hegel, G. W. F: Vorlesungen über die Philosophie der Geschichte. Stuttgart 1980.

Held, D., A. McGrew, D. Goldblatt & J. Parraton: Global Transformations. Politics, Economics and Culture. Cambridge 1999.

Hodgson, G. (Hrsg.): The United States. Handbooks to the Modern World 6. New York 1992.

Hofmeister, B.: Nordamerika. Fischer Länderkunde. Frankfurt a. M. 1973.

Hofmeister, B.: USA. Länder der Welt. Fotographiert von Christian Heeb. Dortmund 1992.

Johnston, R. J. (Hrsg.): Regional Geography. Current Developments and Future Prospects. London 1990.

Kafka, F.: Amerika, 1912/14 (Ausgabe von 1971).

Knox, P. L. et al.: The United States: A Contemporary Human Geography. Harlow 1988.

Leggewie, C.: Amerikas Welt. Die USA in unseren Köpfen. Hamburg 2000.

Mondada, L. & J.-B. Racine: Ways of Writing Geographies. In: A. Buttimer & J. Birchum (eds.): Text and Image in Geography. Baltimore 1998.

Patterson, J. H.: North America: A Geography of the United States. 9. Aufl. New York 1994.

Pohl, J.: Ansätze zu einer hermeneutischen Begründung der regionalen Geographie: Landes- und Länderkunde als Erforschung regionaler Lebenspraxis? In: Berichte zur deutschen Landeskunde 1, 1996, S. 73–92.

Schäfer, P.: Alltag in den Vereinigten Staaten. Von der Kolonialzeit bis zur Gegenwart. Graz, Wien 1998.

Tenbrock, C.: Amerika – wohin? Stuttgart 1996.

Tocqueville, A. de: Über die Demokratie in Amerika, 1835 und 1840 (Ausgabe von 1985, Stuttgart).

Uthmann, J. von: Volk ohne Eigenschaften. Amerika und seine Widersprüche. Stuttgart 1988.

Werlen, B.: Sozialgeographie alltäglicher Regionalisierungen. Band 1: Zur Ontologie von Gesellschaft und Raum (= Erdkundliches Wissen H. 116). Stuttgart 1995.

Werlen, B.: Sozialgeographie alltäglicher Regionalisierungen. Band 2: Globalisierung, Region und Regionalisierung. Stuttgart 1997.

Wirth, E.: Zur wissenschaftstheoretischen Problematik der Länderkunde. Geographische Zeitschrift 66, 1978, S. 241–261.

Wood, G.: Regionale Geographie im Umbruch? Ansätze einer sozialwissenschaftlichen „New Regional Geography" im angelsächsischen Sprachraum. Berichte zur deutschen Landeskunde 1, 1996, S. 55–57.

Politisch-kulturelle Tradition

Adams, W. P.: Die USA vor 1900. Die USA im 20. Jahrhundert. 2 Bde. München 2000.

Baldassare, M.: Trouble in Paradise: The Suburban Transformation in America. New York 1986.

Beck, R. H.: Die Frontiertheorie von Frederick Jackson Turner 1861–1932. Diss. phil I. Zürich 1955.

Becker, H., J. Jessen & R. Sander: Ohne Leitbild? – Städtebau in Deutschland und Europa. Stuttgart 1998.

Beitzinger, A. J.: A History of American Political Thought. New York, Toronto 1972.

Boorstin, D. J.: The Americans. The Colonial Experience. New York 1958, 1965.

Corwin, E. S.: The President, Office and Powers. 1787–1957. 4. Aufl. New York 1957.

Crèvecœur, J. H. St. John de: Letters from an American Farmer; 1782.

Fluck, W.: Kultur. In: W. P. Adams & P. Lösche (Hrsg.): Länderbericht USA. Geschichte, Politik, Geographie, Wirtschaft, Gesellschaft, Kultur. Frankfurt, New York 1999, S. 719–803.

Hall, T. C.: The Religious Background of American Culture. New York 1959.

Hofstadter, R.: The American Political Tradition and the Men Who Made It. New York 1947, 1973.

Huntington, S. P.: American Politics: The Promise of Disharmony. Cambridge, Mass., London 1981.

Kamphausen, G.: Ideengeschichtliche Ursprünge und Einflüsse. In: W. P. Adams, E. O. Czempiel, B. Ostendorf, K. L. Schell, P. B. Spahn & M. Zöller Hrsg.): Länderbericht USA I. Geschichte, Politische Kultur, Politisches System, Wirtschaft. Bundeszentrale für Politische Bildung. Schriftenreihe Studien zur Geschichte und Politik Band 293/I, 1992, S. 259–280.

Lerner, M.: Amerika. Wesen und Werden einer Kultur, Geist und Leben der Vereinigten Staaten. Frankfurt a. M. 1960.

Marty, M. E.: Pilgrims in Their Own Land. 500 Years of Religion in America. New York 1986.

Marty, M. E.: Religion and Republic. The American Circumstance. Boston 1987.

Persons, S.: American Minds. A History of Ideas. New York 1975.

Pope, A.: An Essay on Man. London 1950.

Purvis, T. L.: Revolutionary America 1763–1800 (Almanacs of American Life). New York 1995.

Sabine, G. H.: A History of Political Theory. New York 1963.

Savelle, M.: Seeds of Liberty. The Genesis of American Mind. Seattle 1965.

Schäfer, P.: Alltag in den Vereinigten Staaten. Von der Kolonialzeit bis zur Gegenwart. Graz, Wien, Köln 1998.

Scheuch, E. K. & U. Scheuch: Die Lebensweise. In: W. P. Adams, E. O. Czempiel, B. Ostendorf, K. L. Schell, P. B. Spahn & M. Zöller (Hrsg.): Länderbericht USA I. Geschichte, Politische Kultur, Politisches System, Wirtschaft. Bundeszentrale für Politische Bildung. Schriftenreihe Studien zur Geschichte und Politik Band 293/I, 1992, S. 484–507.

Schlesinger Jr., A. M.: The Disuniting of America. Reflections of a Multicultural Society. New York 1992.

Schneider, H. W.: A History of American Philosophy. New York 1947.

Schneider-Sliwa, R.: Kernstadtverfall und Modelle der Erneuerung in den USA: Privatism, Public-Private Partnerships, Revitalisierungspolitik und sozialräumliche Prozesse am Beispiel von Atlanta, Boston und Washington, D.C. Berlin 1996.

Shell, K. L.: Die Verfassung von 1787. In: W. P. Adams, E. O. Czempiel, B. Ostendorf, K. L. Shell, P. B. Spahn und M. Zöller (Hrsg.): Länderbericht USA I. Geschichte, Politische Kultur, Politisches System, Wirtschaft. Bundeszentrale für Politische Bildung. Schriftenreihe Studien zur Geschichte und Politik Band 293/I, 1992, S. 329–356.

Smith, A.: An Inquiry into the Nature and Causes of the Wealth of Nations. London 1776.

Tocqueville, A. de: Über die Demokratie in Amerika, 1835 und 1840 (Ausgabe von 1985, Stuttgart).

Turner, F. J.: The Significance of the Frontier in American History. In: Frederick Jackson Turner: Frontier and Section. Selected Essays of Frederick Jackson Turner. With an Introduction by Ray Allen Billington. Englewood Cliffs, N.J. 1961, S. 37–62 (Erstveröffentlichung: American Historical Association. Annual Report for 1893, Washington, D.C. 1894, S. 199–227.

Turner, F. J.: Contributions of the West to American Democracy. In: G. R. Taylor (Hrsg.): The Turner Thesis Concerning the Role of the Frontier in American History. Boston 1956.

US Information Agency, Bonn 1987.

Vorländer, H.: Politische Kultur. In: W. P. Adams & P. Lösche (Hrsg.): Länderbericht USA. Geschichte, Politik, Geographie, Wirtschaft, Gesellschaft, Kultur. Frankfurt, New York 1999, S. 280–304.

Warner, S. B.: The Private City: Philadelphia in Three Periods of its Growth. Philadelphia 1968.

Weber, M.: Die protestantische Ethik und der Geist des Kapitalismus. Gesammelte Aufsätze zur Religionssoziologie I. 1.–9. Aufl. 1988, S. 17–206.

Wirth, E.: Theoretische Geographie. Grundzüge einer Theoretischen Kulturgeographie. Stuttgart 1979, S. 28–30.

Zöller, M.: Politische Kultur und politische Soziologie. In: W. P. Adams, E. O. Czempiel, B. Ostendorf, K. L. Schell, P. B. Spahn & M. Zöller (Hrsg.): Länderbericht USA I. Geschichte, Politische Kultur, Politisches System, Wirtschaft. Bundeszentrale für Politische Bildung. Schriftenreihe Studien zur Geschichte und Politik Band 293/I, 1992, S. 281–302.

Naturraum und natürliche Ressourcen

Arnfield, J.: The Tornado Outbreak of April 3 and 4, 1974. In: J. Arnfield: Introduction to Physical Geography. Columbus, Ohio, 1976, S. 161–169.

Bailey, R. G.: Ecosystem Geography. New York 1996.

Birdsall, S. S. & J. Florin: Regional Landscapes of the United States and Canada. 4. Aufl. New York 1992.

Birot, P.: Les régions naturelles du globe. Paris 1970.

Bradshaw, M.: Regions and Regionalism in the United States. London 1988.

Collier, M.: An Introduction to the Geology of Death Valley. Death Valley Natural History Association, Death Valley, California 1990.

Czajka, W.: Die geographische Zonenlehre. Geographisches Taschenbuch 1956/57. Wiesbaden 1956. S. 410–429.

Drought Mitigation Center, University of Nebraska, Lincoln, 2003. Planning for Drought. State Drought Plans and Related Documents (*http://www.drought.unl.edu/plan/stateplans.htm*).

Eisbacher, G. H.: Geodynamik der Amerika-Platte. In: Geographische Rundschau 6, 1992, S. 372–379.

Eisbacher, G. H.: Nordamerika. Geologie der Erde. Bd. 2. Stuttgart 1988.

Ellwood, B. B.: Geology and America's National Park Areas. Upper Saddle River, N.J. 1996.

Fenneman, N. M.: Physiographic Divisions of the United States. Annals of the Association of American Geographers 18, 1928, S. 261–353.

Gersmehl, P. J.: Soil Taxonomy and Mapping. In: Annals of the Association of American Geographers 67, 1977, S.419–428.

Glawion, R.: Physisch-Geographische Großstrukturen der USA. Praxis Geographie 10, 1991, S. 6–11.

Hunt, C. B.: Natural Regions of the United States and Canada. San Francisco 1973.

Keller, E. A.: Introduction to Environmental Geology. Upper Saddle River, N.J. 1999.

Klijn, F.: Spatially needed ecosystems: Guidelines for classification from a hierarchical perspective. In: F. Klijn (Hrsg.): Ecosystem classification for environmental management. Dordrecht 1994, S. 85–116.

Köppen, W. P.: Grundriß der Klimakunde. Berlin 1931.

Leser, H. (Hrsg.): Wörterbuch Allgemeine Geographie. 9. Aufl. Braunschweig 1997.

Leser, H.: Landschaftsökologie. Ansatz, Modelle, Methodik, Anwendung. Stuttgart 1997.

Lukashova, E. N. (Hrsg.): Geographical belts and zonal types of landscapes in the world. Map 1 : 15 000 000. Moskau 1988 (in Russ.).

Maull, O.: Zonenbegriffe im länderkundlichen Sprachgebrauch. Geographisches Taschenbuch 1954/55. Wiesbaden 1954, S. 404–413.

Müller-Hohenstein, K.: Die Landschaftsgürtel der Erde. 2. Aufl. Stuttgart 1981.

Muller, R. A. & T. M. Oberlander: Physical Geography Today: A Portrait of a Planet. 2. Aufl., Random House 1978.

Munsart, C. A.: American History Through Earth Science. Portsmouth 1997.

National Aeronautic and Atmospheric Administration – NOAA Drought Information Center, 2003 (*http://www. drought.noaa.gov/*).

National Drought Mitigation Center, University of Nebraska, Lincoln 2003 (*http://drought.unl.edu/*).

Neef, E.: Das Gesicht der Erde. 3. Aufl. Leipzig 1970.

Passarge, S.: Die Landschaftsgürtel der Erde. Breslau 1929.

Paterson, J. H.: North America: A Geography of the United States and Canada. 9. Aufl. New York 1994.

River, E. P. & D. V. Harris: Geology of US Parklands. 5. Aufl., New York 1999.

Schultz, J.: Handbuch der Ökozonen. Stuttgart 2000a.

Schultz, J.: Konzept einer ökozonalen Gliederung der Erde. Geographische Rundschau 10, 2000b, S. 4–11.

Smith, R. B. & L. J. Siegel: Windows into the Earth: The Geological Story of Yellowstone and Grand Teton National Parks. New York 2000.

Strahler, A. N. & A. H. Strahler: Environmental Geoscience: Interaction between Natural Systems and Man. Santa Barbara 1973.

Strahler, A. N. & A. H. Strahler: Physische Geographie. Stuttgart 1999.

Thannheiser, D. & C. Wüthrich: Subzonale Differenzierung der polaren Ökozone. Geographische Rundschau 10, 2000, S. 12–18.

US Drought Monitor 2003 (*http://www.drought.unl.edu/*).

US Geological Survey – USGS Earthquake Hazards Program – Northern California, 2003 (*http://quake.usgs.gov/recent eqs/latest.htm*).

US Department of Agriculture, Soil Survey Staff: Soil Taxonomy. A Basic System of Soil Classification for Making and Interpreting Soil Surveys. USDA Handbook 436, US Government Printing Office, Washington, D.C. 1975.

US Geological Survey – USGS, Center for Coastal Geology, Hurricane and Extreme Storm Impact Studies, 2003 (*http://coastal.er.usgs.gov/hurricanes/*).

US Geological Survey – USGS: National Atlas of the United States of America. Washington, D.C. 1970.

Inwertsetzung des Naturraums – Erschließung, Besiedlung, geistig-politische Legitimationen

Adams, W. P., E. O. Czempiel, B. Ostendorf, K. L. Shell, P. B. Spahn & M. Zöller (Hrsg.): Länderbericht USA I. Geschichte, Politische Kultur, Politisches System, Wirtschaft. Bundeszentrale für Politische Bildung. Schriftenreihe Studien zur Geschichte und Politik Band 293/I, 1992.

Adams, W. P.: Die USA vor 1900. Die USA im 20. Jahrhundert. 2 Bde. München 2000.

Aetna Inc.; Fleet Boston Financial Corporation, CSX Corporation; New York Life Insurance, Info 2002.

Corbett, D. L.: Explorations, Descriptions and Attempted Settlements of Carolina 1584–1590. State Department of Archives and History, Raleigh, N.C. 1953.

Corwin E. S. & J. W. Peltason: Understanding the Constitution. 10. Aufl. New York 1985.

Crosby, A.W.: The Columbian Exchange: Biological and Cultural Consequences of 1492. Westport, Conn. 1972.

Cumming, W. P., R. A. Skelton & D. B. Quinn: The Discovery of North America. New York 1971.

Dippel, H.: Geschichte der USA. München 1999.

Ellis, J.: Sie schufen Amerika. Die Gründergeneration von John Adams bis George Washington. München 2000.

Gäbler, U.: Zeiten des Endes – Ende der Zeiten? Basler Universitätsreden, Rektoratsrede. Basel 2002, 16 S.

Harris, C.: France in North America. In: R. D. Mitchell & P. A. Groves (eds.): North America. The Historical Geography of a Changing Continent. Savage, Maryland 1990, S.65–92.

Hillard, S. B.: A Robust New Nation, 1783–1820. In: R. D. Mitchell & P. A. Groves (Hrsg.): North

America. The Historical Geography of a Changing Continent. Savage, Md. 1990, S. 149–171.
Hoffmann, B. G.: Cabot to Carter: Sources for a Historical Ethnography of Northeastern North America 1597–1550. Toronto 1961.
Homberger, E.: Atlas historique de l'Amérique du Nord. Etats-Unis, Mexique, Canada: une lutte pour l'espace. Paris 1996.
Hornbeck, D.: The Far West, 1840–1920. In: R. D. Mitchell & P. A. Groves (Hrsg.): North America. The Historical Geography of a Changing Continent. Savage, Maryland 1990, S. 279–298.

Jones, O. L.: Los Paisanos: Spanish Settlers on the Northern Frontier of New Spain. Norman 1979.

Lemon, J. T.: Colonial America in the Eighteenth Century. In: R. D. Mitchell & P. A. Groves (Hrsg.): North America. The Historical Geography of a Changing Continent. Savage, Maryland 1990, S. 121–148.

Mauk, D. & J. Oakland: American Civilization. An Introduction. London 1997.
Meinig, D. W.: The Shaping of America. A Geographical Perspective on 500 Years of History. Vol. 1, Atlantic America, 1492–1800. New Haven, London 1986.
Mitchell, R. D.: The Colonial Origins of Anglo America. In: R. D. Mitchell & P. A. Groves (Hrsg.): North America. The Historical Geography of a Changing Continent. Savage, Maryland 1990, S. 93–120.
Morrison, S. E.: The European Discovery of America: The Northern Voyages. A. D. 1500–1600. New York 1971a.
Morrison, S. E.: The European Discovery of America: The Southern Voyages 1492–1616. New York 1971b.

Neue Zürcher Zeitung v. 23. Mai 2002, Nr. 116, S. 56: „Klagen von Sklavennachfahren in den USA. Forderungen an amerikanische Versicherungsunternehmen."
Norstrand, R. L.: The Spanish Borderlands. In: R. D. Mitchell & P. A. Groves (eds.): North America. The Historical Geography of a Changing Continent. Savage, Maryland 1990, S. 48–64.

Quinn, D. B.: North America from Earliest Discovery to First Settlements: The Norse Voyages to 1612. New York 1977, 621 S.

Rode, R.: USA. München 1992.

Sauer, C. O.: Sixteenth Century North America: The Land and the People as Seen by the Europeans. Berkeley, Los Angeles 1971.
Sautter, U.: Die Vereinigten Staaten. Daten, Fakten, Dokumente. Tübingen, Basel 2000.
Schäfer, P.: Alltag in den Vereinigten Staaten. Von der Kolonialzeit bis zur Gegenwart. Graz, Wien, Köln 1998.
Spicer, E. H.: Cycles of Conquest: The Impact of Spain, Mexico and the United States on the Indians of the Southwest, 1533–1960. Tucson 1962.

Tocqueville, A. de: Über die Demokratie in Amerika. 1835 und 1840 (Ausgabe von 1985, Stuttgart).
Trudel, M.: The Beginnings of New France 1524–1663. Toronto 1973.

US Bureau of the Census, Historical Statistics 1970, Washington, D.C.

Vorsey, L. de.: The New Land: The Discovery and Exploration of Eastern North America. In: R. D. Mitchell & P. A. Groves (eds.): North America. The Historical Geography of a Changing Continent. Savage, Maryland 1990, S. 25–46.

Warner, S. B.: The Private City: Philadelphia in Three Centuries of Its Growth. Philadelphia 1967.

Zöller, M.: Politische Kultur und politische Soziologie. In: W. P. Adams, E. O. Czempiel, B. Ostendorf, K. L. Schell, P. B. Spahn & M. Zöller (Hrsg.): Länderbericht USA I. Geschichte, Politische Kultur, Politisches System, Wirtschaft. Bundeszentrale für Politische Bildung. Schriftenreihe Studien zur Geschichte und Politik Band 293/I, 1992, S. 281–302.

Territoriale Expansion, Industriekapitalismus, Urbanisierung

Adams, W. P.: Die USA vor 1900. Die USA im 20. Jahrhundert. 2 Bde. München 2000.

Birbeck, M.: Notes on a Journey in America from the Coast of Virginia to the Territory of Illinois, 4. Aufl. London 1818.
Birdsall, S. S. & J. Florin: Regional Landscapes of the United States and Canada. New York 1981.
Borden, M. & O. L. Graham: The American Profile. 2. Aufl. Lexington, Mass. 1978.
Boston Cooperative Building Company, Second Annual Report Boston 1873:8, zitiert in: E. Ladner-Birch & D. S. Gardner 1981.

Carstensen, V. (ed.): The Public Lands. Madison, Wisc. 1963
Christensen, C. A.: The American Garden City and the New Towns Movement. Ann Arbor, Mich. 1986.
Clark, D.: Post-Industrial America. A Geographic Perspective. New York 1985.
Clawson, M.: Man and Land in the United States. Lincoln, Nebr. 1964.
Clawson, M.: The Land System of the United States. An Introduction to the History and Practice of Land Use and Land Tenure. Lincoln, Nebr. 1986.

Faulkner, H. U.: Geschichte der amerikanischen Wirtschaft. Düsseldorf 1957.

Garreau, J.: Edge City. Life on the New Frontier. New York 1991.
Gates, P. W.: History of Public Land Law Development. Public Land Law Review Commission, Washington, D.C. 1968.
Gates, P. W.: The Role of the Land Speculator in Western Development. In: V. Carstensen (ed.): The Public Lands. Madison, Wisc. 1963, S. 349–394.
Gelfand, M. I.: A Nation of Cities. The Federal Government and Urban America 1933–1965. New York 1975.
Gould, J.: Eighth Special Report to the Commissioner of Labor: The Housing of the Working People. Washington, D. C. 1885. In: E. Ladner-Birch & D. S. Gardner 1981, 405, The Seven-Percent Solution. A review of Philanthropic Housing, 1870–1910. In: Journal of Urban History 7, 1980/81.

Heilbroner, R. L. & A. Singer: The Economic Transformation of America. 1600 to Present. New York 1984.
Holtfrerich, C.-L.: Wirtschaft USA. Strukturen, Institutionen und Prozesse. München, Wien 1991, 1996.
House of Representatives (Ed.): The Existing Laws of the United States of a General and Permanent Character and Relating to the Survey and Disposition of the Public Domain, December 1980. Reprint of the 1994 Edition, New York 1979.

Johnston, R. J.: City and Society. An Outline for Urban Geography. 2. Aufl. London 1984.

Krueckeberg, D. A.: A History of City Planning in the United States. Center for Urban Policy Research, New Brunswick, New Jersey 1983.

Ladner-Birch, E. & D. S. Gardner: The Seven-Percent Solution: A Review of Philanthropic Housing, 1879–1910. Journal of Urban History 7, 1981, S. 403–438.
Ladner-Birch, E.: Radburn and the American Planning Movement. The Persistence of an Idea. In: D. A Krueckeberg: A History of City Planning in the United States. New Brunswick, N. J. 1983, S. 122–152.
Lubove, R.: The Progressives and the Slums. Tenement House Reform in New York City, 1890–1917. Pittsburgh 1967.
Lubove, R.: The Urban Community: Housing and Planning in the Progressive Era. Englewood Cliffs, N.J. 1967.

Meinig, D.W.: The Shaping of America. A Geographical Perspective on 500 Years of History. Vol. 2, Continental America, 1800–1867. New Haven, London 1993.
Moore, C.: Daniel H. Burnham – Architect, Planner of Cities. Boston 1921.

Nagler, J.: Territoriale Expansion, Sklavenfrage, Sezessionskrieg, Rekonstruktion, 1815–1877. In: W. P. Adams & P. Lösche: Länderbericht USA. Frankfurt, New York 1999, S. 42–72.
Nagler, J.: Territoriale Expansion, Sklavenfrage, Sezessionskrieg, Rekonstruktion, 1815–1877. In: W. P. Adams & E. O. Czempiel, B. Ostendorf, L. Shell, P. B. Spalen & M. Zöller (Hrsg.): Länderbericht USA I. Geschichte, Politische Kultur, Politisches System, Wirtschaft. Bundeszentrale für Politische Bildung. Schriftenreihe Studien zur Geschichte und Politik Bd. 293/I, Bonn 1992, S. 87–118.

Ottoson, H. W.: Land Use Policy and Problems in the U.S. Lincoln, Nebr. 1963.

Philipott, T. L.: The Slum and the Ghetto: Neighborhood Deterioration and Middle Class Reforms, Chicago, 1880–1930. New York 1978.

Reps, J. W.: The Forgotten Frontier. Urban Planning in the American West Before 1890. Columbia, Mo., London 1981.

Reps, J. W.: The Making of Urban America. A History of City Planning in the United States. Princeton, N.J. 1965.

Riis, J. A.: A Ten Year's War. An Account of the Battle with the Slum in New York. Boston 1902, 1909.

Robbins, R. M.: Our Landed Heritage. The Public Domain 1776–1970. Lincoln, Nebr. 1976.

Robertson, R. M.: The Westward Movement before 1862. In: Ross M. Robertson 1964: History of the American Economy. New York 1964.

Robinson, C. M.: Modern Civic Art or the City Made Beautiful. New York 1909.

Sakolski, A. M.: The Great American Land Bubble– The Amazing Story of Land Grabbing, Speculations and Booms from Colonial Days to the Present Time. New York 1932.

Schäfer, P.: Alltag in den Vereinigten Staaten. Von der Kolonialzeit bis zur Gegenwart. Graz, Wien, Köln 1998.

Scheiber, H. N., H. G. Vatter & H. U. Faulkner: American Economic History. New York 1976.

Scott, M.: American City Planning since 1890. Berkeley 1969.

United Nations, Department of Economic and Social Affairs: The Determinants and Consequences of Population Growth. New Summary of Findings on Interaction of Demographic, Economic and Social Factors. Bd. 1. New York 1973.

Veiller, L., R. W. DeForest (Hrsg.): The Tenement House Problem. 2 Bde. New York 1903.

Zorbaugh, H. W.: The Gold Coast and the Slum. A Sociological Study of Chicago's Near North Side. Chicago 1929.

Bevölkerungsentwicklung und Bevölkerungsstrukturen

Adams, W. P.: Strukturen des politischen Systems. In: C.-L. Holtfrerich (Hrsg.): Wirtschaft USA. Strukturen, Institutionen, Prozesse. München 1991/1996, S. 45–101.

Adams, W. P.: Deutsche im Schmelztiegel der USA: Erfahrungen im größten Einwanderungsland der Europäer. 3. Aufl. Berlin 1994.

Adams, W. P.: Die USA vor 1900. Die USA im 20. Jahrhundert. 2 Bde. München 2000.

Bauer, Y.: American Jewry and the Holocaust. The American Jewish Joint Distribution Committee, 1939–1945. Detroit 1981.

Bennett, M. T.: American Immigration Policies: A History. Washington, D.C. 1963.

Blankenhorn, D.: Fatherless America: Confronting our Most Urgent Social Problem. New York 2002.

Briggs, V. M.: Immigration Policy and the American Labor Force. Baltimore 1984.

Butwin, F.: The Jews in America. Minneapolis, Minn. 1969.

Center for Disease Control 2002 (11. März): HIV/AIDS Among Hispanics in the United States. *http://www.cdc.gov/hiv/pubs/facts/hispanic.htm*

Center for Disease Control, National Center for Health Statistics 2000. Puerto Ricans' Health Fares Worse than Other US-Hispanics. Press Release v. 25. 2. 2002. *http://www.cdc.gov/nchs/releases/00facts/hispanics.htm*

Chalmers, D. M.: Hooded Americanism. The History of the Ku Klux Klan. London 1965 (3. Aufl. von 1981).

Chiswick, B.: The Dilemma of American Immigration. Beyond the Golden Door. New Brunswick, N.J. 1983.

Congressional Digest 1989 Vol. No 10 und Vol. 69 No 6–7. Washington, D.C. 1990.

Dillon, R.: North American Indian Wars. London 1983.

Dinnerstein, L. & D.M. Reimers: Ethnic Americans. A History of Immigration. New York 1988.

Dittgen, H.: Die Reformen in der Einwanderungs- und Flüchtlingspolitik in den achtziger Jahren. Amerikastudien 3, 1995, S. 345–366.

Divine, R. A.: American Immigration Policy, 1924–1952. New Haven 1957.

Farb, P.: Die Indianer. Entwicklung und Vernichtung eines Volkes. Wien 1971.

Feest, C. F.: Das rote Amerika. Nordamerikas Indianer. Wien 1976.

Feingold, H. L.: Zion in America. The Jewish experience from Colonial Times to the Present. New York 1974.

Fermi, L.: Illustrious Immigrants. The Intellectual Migration from Europe 1930–1941. Chicago 1968.

Feuchtwanger, L.: Ein Buch nur für meine Freunde. Frankfurt a. M. 1984.

Flack, J. M., H. Amaro, W. Jenkins et al.: Epidemiology of Minority Health. Health Psychology 7, 1995, S. 592–600.

Foner, P. S. & R. Schultz: Das andere Amerika. Geschichte, Kunst und Kultur der amerikanischen Arbeiterbewegung. Berlin 1983.

Generelle Informationen zu Indianern 2003:

Statistische Informationen: (*http://www.census.gov/population/www(cen2000/briefs.html* und *http://www.usgs.gov/indian*); National Congress of American Indians (*http://www.ncai.org/* und *http://130.94.214.68/index.asp*); Indianernationen (*http://www.indians.org*); National Congress of American Indians (*http://www.ncai.orf/main/pages/rtibal_directory/us_eastern.asp*); Internet-Informationen über Indianer (*http://bubl.ac.uk/link/a/american/indian*); Verzeichnis der Indianernationen (*http://www.indians.org/tribes*); Rechtsprechung bezüglich Indianerangelegenheiten (*http://www.geocities.com/CapitolHill/*); Gesetzeseingaben des United States Senate Committee on Indian Affairs, 106th Congress (*http://indian.senate.gov/106leg106_leg.htm*); gegen Indianer verübte Kriminalität (*http://www.ojp.usdoj.gov/bjs/pub/press/aic.pr*); Department of Justice, Bureau of Justice Statistics 2000 Special Report „American Indians and Crime" (NCJ 173386, by L. A. Greenfeld & S. K. Smith; *http://www.ojp.usdoj.gov/bjs*); Bureau of Justice Statistics American Indians and Crime (*http://www. ojp.usdoj.gov/bjs/abstract*); Krankheiten bei Indianern (*http://www.niddk.nih.gov/health/diabetes/pubs/amindian/amindian.htm*); Gohdes, D. (1995): Diabetes in North American Indians and Alaska Natives. In: National Diabetes Data Group, Diabetes in America (NIH Publication No. 95-1468, 2nd ed., pp. 683–701). Bethesda, Md.: National Institute of Diabetes and Digestive and Kidney Diseases, National Institutes of Health. National Diabetes Information Clearinghouse (2002). National diabetes statistics (NIH publication 02-3892. Fact sheet). Available at: *www.niddk.nih.gov/health/diabetes/pubs/dmstats/dmstats.htm*, accessed April 4, 2002. Lee, E. T. et al.: Diabetes and impaired glucose tolerance in three American Indian populations aged 45–74 years. Diabetes Care 5, 1995, S. 599–610. Will, J. C., K. F. Strauss, J. M. Mendlein, C. Ballew, L. White & D. G. Peter: 1997 Diabetes mellitus among Navajo Indians: Findings from the Navajo Health and Nutrition Survey. Journal of Nutrition, 127 (Suppl. 10), 2106S 2113S. US Department of Health and Human Services. 1998. Tobacco Use among US Racial/Ethnic Minority Groups – African Americans, American Indians and Alaska Natives, Asian Americans and Pacific Islanders, and Hispanics: A Report of the Surgeon General. Atlanta: US Department of Health and Human Services, Centers for Disease Control and Prevention. Atlanta.

Generelle Informationen zu Rassismus gegen Afroamerikaner 2003:

Anti-Defamation League (*http://www.adl.org*); Antiracist. com (*http://www.antiracist.com*); Black Church Fires Resources Guide, United Methodist Church (*http://gbgm-umc.org/advance/Church-Burnings/bguide.html*), (*http://gbgm-umc.org/advance/Church-Burnings/firevim.html*); Fighting Church Arson, National Arson Prevention Clearinghouse/FEMA (*http://www.fema.gov*); Habitat for Humanity (*http://www.habitat.org*); Hate Crime Preventions Center, The Leadership Conference Education Fund – Fighting Hate Across the Nation (*http://www.civilrights.org/lcef/hcpc/*); Hate Watch (*http://www.hatewatch.org*); National Association for the Advancement of Colored People (*http://www.naacp.org*); National Church Arson Task Force Report to the President, National Church Arson Task Force (*http://www.atf.treas.gov/ pub/arsonrpt2.htm*); NCCC Church Rebuilding Project Report (*http://ncccusa.org/ChurchBurning*); Not in Our Town, The Working Group (*http://www.pbs.org/niot*); Quaker Workcamps International (*http://www.quaker.org/qwi*); Recovering Racist Network (*http://www.rrnet.org/rrn*); Teaching Tolerance, Southern Poverty Law Center (*http://www.splcenter.org/teachingtolerance/tt-index.html*).

Halsey, W. D.: Collier's Encyclopedia, Col. 14. New York, London 1967.

Hayes-Bautista, D. E.: Latino Health Indicators and the Underclass Model: From Paradox to New Policy Models. In: A. Furino (ed.): Health Policy and the Hispanic. Boulder, Colorado 1992.

Heilbroner, R. L. & A. Singer: The Economic Transformation of America. 1600 to Present. New York 1984.

Hofstetter, R. R.: US Immigration Policy. Durham 1984.

Horn, S. F.: The Invisible Empire. The Story of the Ku Klux Klan, 1866–1871. New Jersey 1969.

Horseman, R.: Expansion and American Indian Policy 1783–1812. Michigan 1967.

Horseman, R.: United States Indian Policy 1776–1815. In: W. C. Sturtevant & W. E. Washburn (eds.): Handbook of North American Indian-History of Indian-White Relations. Vol. 4. Washington, D.C. 1988, S. 29–39.

Hutchinson, E. P.: Legislative History of American Immigration Policy 1798–1965. Philadelphia 1981, Congressional Quarterly 1980, 1986.

Jackson, K. T.: The Ku Klux Klan in the City. 1915–1930. New York 1967.

Jones, M. A.: American Immigration. Chicago 1972.

Joseph, S.: Jewish Immigration to the US – from 1981 to 1910. New York 1914.

Lester, J. C. & D. L. Wilson: (Ausgabe von 1971) Ku Klux Klan. Its Origins, Growth and Disbandment. New York 1905.

Marentes, C.: US need farm workers. Los Braceros 1942–1964, 1999 (*http://www.farmworkers.org/benglish.html*).

McKee, J. O.: Ethnicity in Contemporary America. A Geographical Appraisal. Dubuque, Iowa 1985.

Mecklin, J. M.: The Ku Klux Klan: A Study of the American Mind. New York 1963.

Neue Zürcher Zeitung (NZZ) vom 16. 12. 2002, Wachsende Kritik an Senator Lott in den USA. Nr. 292, S. 2.

Neue Zürcher Zeitung (NZZ) vom 12. 6. 1999, Nevadas Quadrat gegen den Kreis der Indianer. Nr. 133.

Neue Zürcher Zeitung (NZZ) vom 4. 12. 2002, Oregon entschuldigt sich für Eugenikgesetze. Mehr als 2600 Menschen zwangssterilisiert. Nr. 282, S. 56.

Perkins, D. & G. G. van Deusen: The United States of America. A History. Bd. II. New York 1962.

Prucha, F. P.: Andrew Jackson's Indian Policy. A Reassessment. In: Journal of American History 56, 1969, S. 527–539.

Prucha, F. P.: The Great Father: The United States Government and the American Indians, 2 Vols. 1984.

Randel, W. P.: Ku-Klux-Klan. Bern, München, Wien 1965.

Rice, A. S.: The Ku Klux Klan in American Politics. New York 1972.

Schäfer, P.: Alltag in den Vereinigten Staaten. Von der Kolonialzeit bis zur Gegenwart. Graz, Wien 1998.

Schlesinger, A.: The Disuniting of America. Reflections of a Multicultural Society. New York 1992.

Schlott, G.: Das Negerproblem in den USA. Trennung oder Verschmelzung der Rassen? Opladen 1967.

Schneider-Sliwa, R.: Kernstadtverfall und Modelle der Erneuerung: Privatism, Public-Private Partnerships, Revitalisierungspolitik und sozial-räumliche Prozesse in Atlanta, Boston und Washington, D. C. Berlin 1996.

Select Commission on Immigration and Refugee Policy, US Immigration Policy and the National Interest: Staff Report (supplemented to the final report). Washington, D.C. GPO 1981, p. 230ff.

Sims, P.: The Klan. New York 1978.

Strong, D. S.: Organized Anti-Semitism in America. The Rise of Group Prejudice During the Decade 1930–1940. American Council of Public Affairs, Washington, D.C. 1941.

Sword, W.: President Washington's Indian War – The Struggle for the Old Northwest 1790–1795. Norman, Oklahoma 1985.

Talbot, S.: Indianer in den USA. Unterdrückung und Widerstand. Berlin 1988.

US Bureau of the Census: Series C89, Migration. Colonial Times to 1970: Historical Statistics of the US Version? Washington, D.C. 1961.

US Bureau of the Census 2000, Census 2002 Summary Files.

US Department of Commerce, Economics and Statistics Administration, US Census Bureau 2002, Census Brief: The American Indian and Alaska Native Population: Washingon, D.C. 2000.

US News and World Report 1988 Vol. 104, No. 18.

Vollmar, R.: Wohnen in der Wildnis. Siedlungsgestaltung und Identität deutscher Auswanderer in den USA. Berlin 1996.

Wade, W. C.: The Fiery Cross. The Ku Klux Klan in America. New York 1987.

Zimmermann, W. & M. Fix: Immigrant Policy in the States: A Wavering Welcome. Amerikastudien 3, 1995, S. 367–388.

Einkommensdisparitäten, Armut, Parallelgesellschaften

Aron, L. & J. M. Fitchen: Rural Homelessness: A Synopsis. In: Homelessness in America. National Coalition for the Homeless, Washington, D.C. 1996.

Bickel, B. E.: The Condominium Bluebook. The Complete Guide to the Operation of Condominiums, Planned Developments and Other Common Interest Developments in California. San Francisco 1997.

Blakely, E. J. & M. G. Snyder: Fortress America: Gated Communities in the United States. Cambridge, Mass. 1992.

Blakely, E. J. & M. G. Snyder: Fortress America–Gated Communities in the United States. Washington, D.C. 1997.

Blankenhorn, D.: Fatherless America: Confronting our Most Urgent Social Problem. New York 2002.

Bluestone, B. & B. Harrison: The Great U-Turn: Corporate Restructuring and the Polarizing of America. New York 1988.

Bureau of Economic Analysis 2002, Regional Accounts Data, Local Area Personal Income 2000. Washington, D.C. 2002.

Chinatown Resource Center und Chinese Community Housing Corporation, Wai Ching Kwan, Planerin und Tan Chow, Community Organizer, persönl. Kommunikation, 1997.

Davis, M.: City of Quartz. Excavating the Future in Los Angeles. New York 1992.

Dunbar, P.: The Homeowners Association Manual. Talahassee, Fla. 1988.

Federal Reserve 2003 (zit. in NZZ v. 9. März 2003).

Flusty, St.: Building Paranoia: The Proliferation of Interdictory Space and the Erosion of Spatial Justice. West Hollywood. Los Angeles Forum for Architecture and Urban Design 1994.

Foldvary, F.: Public Goods and Private Communities. The Market Provision of Social Services. Brookfield, Vermont 1994.

Ford, J.: Slums and Housing with Special Reference to New York City. History – Conditions – Policy. 2 Bde. Cambridge, Mass. 1936.

Goldsmith, W. W. & E. J. Blakely: Separate Societies. Poverty and Inequality in US Cities. Philadelphia, Pa. 1992.

Harrison, B. & B. Bluestone: The Great U-Turn: Corporate Restructuring and the Polarizing of America. New York 1988.

Holtfrerich, C.-L.: Armutsstatistik. In: C.-L. Holtfrerich & W. P. Adams (Hrsg.): Wirtschaft USA. Strukturen, Institutionen und Prozesse. München 1991/1996, S. 131–138.

Institute for American Values. New York 2002 (*http://www.americanvalues.org/html/institute_at_a_glance.html*).

Künzler, G. & C. Knöpfel (Hrsg.): Arme sterben früher. Soziale Schicht, Mortalität, Rentenalterspolitik in der Schweiz. Luzern 2002.

Lawrence, R.: The Multidimensional Nature of Boundaries: An Integrative Historical Perspective. In: D. Pellow (ed.): Setting Boundaries. The Anthropology of Spatial and Social Organization. Westport, Conn. 1996, S. 9–36.

Link, B. et al.: Life-Time and Five-Year Prevalence of Homelessness in the United States: New Evidence on an Old Debate. In: American Journal of Orthopsychiatry 65, July 1995, S. 347– 354.

McKenzie, E.: Privatopia. Homeowner Associations and the Rise of Residential Private Government. New Haven, London 1994.

National Coalition for the Homeless – NCH. NCH Fact Sheet No 2, 2003 (*http://www.nationalhomeless.org*).

Neue Zürcher Zeitung (NZZ) v. 9. März 2003: Die USA entdecken den Klassenkampf. Ein als unamerikanisch geltender Begriff wird zum politischen Thema; von C. Piotrowski.

Patterson, J. T.: America's Struggle against Poverty 1900–1985. Cambridge, Mass. 1986, 284 S.

Rifkin, J.: The Age of Access: The New Culture of Hypercapitalism. Where All of Life is a Paid-For Experience. London 2000.

Riis, J. A.: A ten years' war. An account of the battle with the slum in New York. Cambridge 1902.

Schneider-Sliwa, R.: Kernstadtverfall und Modelle der Erneuerung in den USA: Privatism, Public-Private Partnerships, Revitalisierungspolitik und sozialräumliche Prozesse am Beispiel von Atlanta, Boston und Washington, D.C. Berlin 1996a.

Schneider-Sliwa, R.: „Hyper-Ghettos" in amerikanischen Großstädten: Lebensräume und Konstruktionsprinzip der „urban underclass". In: Geographische Zeitschrift, Heft 1, S. 27–43, 1996b.

Urban Institute: A New Look at Homelessness in America. Washington, D.C. 2000 (*http://www.urban.org/url.cfm?ID=900302*).

US Bureau of the Census 2000, The Black Population in the United States, Population Characteristics, S. 3 (*http://www.census.gov/prod/2000 pubs/p20-530.pdf*).

US Bureau of the Census 2000. Census Brief: Women in the United States: A Profile. Washington, D.C. (*http://www.census.gov/apsd/stat brief/sb95_19.pdf*).

US Bureau of the Census 2001, Statistical Abstracts of the United States 2001. Washington, D.C. (*http://www.census.gov/prod/www/statistical-abstract-02.html*).

US Bureau of the Census 2001: Money Income in the United States: 2000. Washington, D.C. (*http://www.census.gov/prod/2001pubs/p60-213.pdf*).

US Bureau of the Census 2002, CG-CT-P14, Income and Poverty 1999, 2000. Census Summary File 3 (SF 3).

US Bureau of the Census 2002, Poverty in the United States 2001. Washington, D.C.

US Bureau of the Census 2002. Poverty: 2001 Highlights, Washington, D.C. (*http://www.census.gov/hhes/poverty/poverty01/pov01hi.html*).

US Bureau of the Census 2002: Coming to America: A Profile of the Nation's Foreign Born (2000 Update), Washington, D.C. (*http://www.census.gov/prod/2002pubs/cenbr01-1.pdf*).

US Bureau of the Census 2001. Health Insurance Coverage 2000, Washington, D.C. (*http://www.census.gov/prod/2001pubs/p60-215.pdf*).

US Bureau of the Census, 2002: CG-CT-P11, Census Summary File 3, SF-3.

US Bureau of the Census, Current Population Reports, Consumer Income, Series P-60, laufend (*http://www.census.gov/prod/www/abs/income.html*).

US Bureau of the Census, Indicators of Children's Well Being, Appendix A, Detailed Statistics, Washington, D.C. (*http://www.childstats.gov/ac2002/pdf/appendixa.pdf*).

US Bureau of the Census, Indicators of Children's Well Being, Education Indicators. Washington, D.C. (*http://www.childstats.gov/ac2002/pdf/appendixa.pdf*).

US Bureau of the Census, Indicators of Children's Well Being, Part II, Economic Security Indicators, S. 16 (*http:// www.childstats.gov/ac2002/pdf/appendixa.pdf*).

US Bureau of the Census, Profile of the Foreign Born Population in the United States: 2000, Current Population Reports, Special Studies P23-206 (*http://www.census.gov/prod/2002 pubs/p23-206.pdf*).

US Bureau of the Census 1998, Census Brief. Children without Health Insurance, Washington, D.C. (*http://www.census.gov/prod/3/98pubs/cenbr981.pdf*).

US Conference of Mayors 1998, A Status Report on Hunger and Homelessness in America's Cities. Washington, D.C. (*http://usmayors.org/uscm/homeless/hhsummary.html*).

US Conference of Mayors 2001. A Status Report on Hunger and Homelessness in America's Cities 2001. Washington, D.C. (*http://usmayors.org/uscm/news/press_releases/documents/hunger_121101.asp*).

US Congress, Office of Technology Assessment 1990. Critical Connections – Communications for the Future. OTA-CIT-407. Washington, D.C. (*http://www.wws.princeton.edu/cgi-bin/byte serv.prl/~ota/disk2/1990/9014/9014.PDF*).

US Congress Office of Technology Assessment 1991a. Networking the Nation. The National Research and Educational Network. Washington, D.C.

US Congress, Office of Technology Assessment 1991b. Rural America at the Crossroads: Networking for the Future. Report OTA-TCT-471. Washington, D.C. (*http://www.wws.princeton.edu/cgibin/byteserv.prl/~ota/disk1/1991/9136/9136.pdf*).

US Department of Agriculture 2003. WIC – Women, Infants, Children (*http://www.fns.usda.gov/wic/ FAQs/FAQ.HTM#1*).

US Department of Education 2002: National Center for Education Statistics. The Condition of Education 2002. Poverty among School Age Children (*http://nces.ed.gov/programs/coe/ 2002/pdf/04_2002.pdf*).

US Department of Health and Human Services 2002, Center for Disease Control and Prevention, National Center for Health Statistics. Health Statistics (*ftp://ftp.cdc.gov/pub/ Health_Statistics/NCHS/Publications/Health_US/hus02/*).

US Department of Health and Human Services 2002, Population and Family Characteristics, Part I, America's Children: Key National Indicators of Well-Being 2002 (*http://www.nichd.nih.gov/publications/pubs/childstats/report 2002.pdf*).

US Department of Housing and Urban Development 1999, Office of Policy Development and Research. A Report on Worst Case Housing Needs in 1999: New Opportunities Amid Continuing Challenges 1999. UHD User, Rockville, Md.

Vissing, Y.: Out of Sight, out of Mind: Homeless Children and Families in Small Town America. Lexington, Ky. 1996, 271 S.

Walther, C.: Zur Dynamik des Arbeitsmarktes in den Vereinigten Staaten. Weltwirtschaft, H. 1, 1994, S. 113 – 132.

Wilson, W. J.: The Truly Disadvantaged, the Inner City, the Underclass and Public Policy. Chicago 1987, 254 S.

Stadtentwicklung und Stadtentwicklungspolitik

Abrams, Ch.: The City is the Frontier. New York 1965, S. 238 – 249.

Ahlbrandt, R. S.: Ideology and the Reagan's First National Urban Policy Report – Journal of the American Planning Association 4, 1984, Special Report.

Anderson, M.: The Federal Bulldozer. An Analysis of the Urban Renewal 1949 – 1964. Cambridge, Mass. 1964.

Barnekov, T., R. Boyle & D. Rich: Privatism and Urban Policy in Britain and the United States. Oxford 1989.

Barnekov, T. & D. Rich: The Corporation as a Social Welfare Institution. American Behavioral Scientist 5, 1972, S. 749 – 763.

Bendick, M. & D. W. Rasmussen: Enterprise Zones and Inner City Economic Revitalization. In: G. E. Peterson & C. W. Lewis (Hrsg.): Reagan and the Cities. Washington, D.C. 1986.

Berry, J. L.: Inner City Futures, An American Dilemma Revisited. Transactions, Institute of British Geographers 1, 1980, S. 1 – 28.

Borghorst, H.: Die wechselseitige Abhängigkeit von Bund und Kommunen in der Stadtsanierungspolitik der Vereinigten Staaten von Amerika. Berlin 1979, S. 102 – 128.

Butler, S. M.: Enterprise Zones, Greenlining the Inner Cities. New York 1981.

Campanella, T.: Cities from the Sky: An Aerial Portrait of America. New York 2001.

Clarke, S. E.: Neighborhood Policy Options: The Reagan Agenda. Journal of the American Planning Association 4, 1984, S. 493 – 501.

Clay, Ph.: Neighborhood Renewal. Middle-class Resettlement and Incumbent Upgrading in American Neighborhoods. Lexington, Mass. 1979, sowie E. Zeitz, 1979, Private Urban Renewal.

Diamondstein, B.: Remaking America. Buildings Reborn: New Uses, Old Places. New York 1986.

Edgar, R. E.: Urban Power and Social Welfare: Corporate Influence in an American City. Beverly Hills, Cal. 1970.

Ehrlich, B.: The Politics of Economic Development Planning: Boston in the 1980s. Boston 1987.

Fallows, J.: America's Changing Landscape. Atlantic Monthly, Mar. 1985, p. 47 – 68.

Ford, J. & K. Morrow: Slums and Housing. With Special Reference to New York City: History – Conditions – Policy. 2 Bde. Cambridge, Mass. 1936.

Ford, J.: Slums and Housing with Special Reference to New York City. History – Conditions – Policy. 2 Bde. Cambridge, Mass. 1936.

Frieden B. J. & L. B. Sagalyn: Downtown, Inc. Cambridge, Mass. 1989, S. 172f.

Frieden, B.: Center City transformed. Planners as Developers. Journal of the American Planning Association 4, 1990, S. 426.

Friedman, L. M.: Government and Slum Housing: A Century of Frustration. New York 1978.

Gans, H.: The Failure of Urban Renewal: A Critique and Some Proposals. In: J. L. Bellush & M. Hausknecht (Hrsg.): Urban Renewal, People, Politics and Planning, Garden City. New York 1967, S. 471.

Gelfand, M. I.: A Nation of Cities. The Federal Government and Urban America 1933 – 1965. New York 1975.

Glazer, N.: Welfare in America. Dialogue 1, Nr. 87, 1990.

Glazer, N.: Beyond the Melting Pot: The Negroes, Puerto Ricans, Jews, Italians, and Irish of New York City. Cambridge, London 1984.

Glickman, N. J: Economic Policy and the Cities. In Search of Reagan's Real Urban Policy. Lyndon B. Johnson School of Public Affairs, Austin, Tex. 1984.

Greer, S.: The Emerging City – Myth and Reality. New York 1962.

Greer, S.: Urban Renewal and American Cities. The Dilemma of Democratic Intervention. Indianapolis 1965.

Grigsby, W. G.: A General Strategy for Urban Renewal. In: J. Q. Wilson: Urban Renewal: The record and the controversy. Cambridge, Mass. 1966, S. 654 f.

Haar, Ch. M.: Between the Idea and the Reality, A

Study in the Origin, Fate, and Legacy of the Model Cities Program. Boston, Toronto 1975, S. 266f.

Hahn, R.: USA. Geographische Strukturen, Daten, Entwicklungen. Stuttgart 1990.

Hartman, Ch.: The Housing of Relocated Families. In: J. Q. Wilson, (Hrsg.): Urban Renewal – The Record and the Controversy. Cambridge, Mass. 1966.

Herbes, J.: Administration Seeks to Cut Aid to the Cities, Charging it is Harmful. New York Times vom 20. 6. 1982, S. 25.

Hirschman, A. O.: Shifting Involvements. Private Interests and Public Action. Oxford 1982.

House of Representatives, Committee on Banking, Finance and Urban Affairs, Subcommittee on Housing and Community Development Committee Print 98 – 18, Nov. 1984: 120 Basic Laws on Housing and Community Development. Washington, D.C.

Housing Act of 1949, P. L. 81 – 171, Sec. 2.

Housing Act, Public Law 412, Sept. 1937

Jeffrey-Jones, R.: Soziale Folgen der Industrialisierung, Imperialismus und der Erste Weltkrieg, 1890 – 1920. In: W. P. Adams (Hrsg.): Die Vereinigten Staaten von Amerika. Frankfurt a. M. 1988.

Kennedy, R. F.: To Seek a Newer World. Garden City, N.Y. 1967.

Kowinski, W. S.: The Malling of America. An Inside Look into the Great American Consumer's Paradise. New York 1985.

Ladner-Birch, E. & D. S. Gardner: The Seven-Percent Solution: A Review of Philanthropic Housing, 1879 – 1910. Journal of Urban History 4, 1982, S. 403 – 438.

Levitt, R. L.: Cities Reborn. The Urban Land Institute, Washington, D.C. 1986.

Levy, J. M.: Economic Development Programs for Cities, Counties, and Towns. S. 1. New York 1981, S. 175.

Logan, J. R. & H. L. Molotch: Urban Fortunes: The Political Economy of Place. Berkeley, Cal. 1987.

Lowe, J.: Cities in a race with Time. Progress and Poverty in America's Renewing Cities. New York 1967.

Lubove, R.: The Progressives and the Slums. Tenement House Reform in New York City, 1890 – 1917. Pittsburgh 1967.

Lubove, R.: The Urban Community. Housing and Planning in the Progressive Era. Englewood Cliffs, N.J. 1967.

Lubove, R.: Twentieth-Century Pittsburgh. Government, Business and Environmental Change. Univ. of Pittsburgh. New Dimensions in History. Historical Cities. Series Editor: Cantor N.F. New York 1969.

McQuade, W.: Urban Renewal in Boston. In: James Q. Wilson: Urban Renewal – The Record and the Controversy. Cambridge, Mass. 1966, S. 259 – 277.

Meyerson, M. & E. C. Banfield: Politics, Planning and the Public interest. The case of Public Housing in Chicago. London 1955.

Nixon, R.: The US Budget in Brief, Fiscal Year 1974. Washington, D.C. 1973.

Palley, M. L. & H. A. Palley: Urban America and Public Policies. Lexington 1977.

Palm, R.: The Geography of American Cities. New York, Oxford 1981.

Perloff, H. S. et al.: Modernizing the Central City. New Towns in Town ... and Beyond. Cambridge, Mass. 1975.

Peterson, G. E. & C. W. Lewis (Hrsg.): Reagan and the Cities. Washington, D.C. 1986.

Peterson, P. E.: The New Urban Reality. Brooking Institution, Washington, D.C. 1985.

Philipott, T. L.: The Slum and the Ghetto: Neighborhood Deterioration and Middle Class Reforms, Chicago, 1880 – 1930. New York 1978.

Rainwater, L.: Behind Ghetto Walls: Black Families in a Federal Slum. Chicago 1970.

Reps, J. W.: Town Planning in Frontier America. Princeton, N.J. 1965 (1969).

Richardson, J. F.: The American City. Historical Studies. Lexington 1972.

Riis, J. A.: A ten years' war. An account of the battle with the slum in New York. Cambridge 1902, 1909.

Robinson, C. M.: Modern Civic Art or the City Made Beautiful. New York 1903/1909.

Sagalyn, L. B.: Explaining the Improbable. Local Redevelopments in the Wake of Federal Cutbacks. Journal of the American Planning Association 3, 1990, S. 429 – 439.

Sakolski, A. M.: The Great American Land Bubble – The Amazing Story of Land Grabbing, Speculations and Booms from Colonial Days to the Present Time. New York 1932.

Salamon, L. M. & A. Abramson: The Nonprofit Sector. In: J. L. Palmer & I. V. Sawhill (Hrsg.): The Reagan Experiment: An Examination of Economic and Social Policies under the Reagan Administration. Washington, D.C. 1982.

Salamon, L. M.: Nonprofit Organization: The Lost Opportunity. In: J. L. Palmer & I. V. Sawhill (Hrsg.): The Reagan Record. An Assessment of America's changing domestic Priorities. Cambridge, Mass. 1984.

Savas, E. S.: A Positive Urban Policy for the Future. Urban Affairs Quarterly 4, 1983, S. 447 – 453.

Schlesinger, A. M.: The Cycles of American History. Boston 1986.

Schneider-Sliwa, R.: „Hyper-Ghettos" in amerikanischen Großstädten: Lebensräume und Konstruktionsprinzip der „urban underclass". Geographische Zeitschrift 1, 1996a, S. 27 – 43.

Schneider-Sliwa, R.: Kernstadtverfall und Modelle der Erneuerung in den USA. Privatism, Public-Private Partnerships, Revitalisierungspolitik und sozialräumliche Prozesse in Atlanta, Boston und Washington D. C. Berlin 1996b.

Short, J. F. (Hrsg.): The Social Fabric of the Metropolis. Contributions of the Chicago School of Urban Sociology. Chicago 1971.

Sogg, W. S. & W. Wertheimer: Legal and Governmental Issues in Urban Renewal. In: J. Q. Wilson (Hrsg.): Urban Renewal – The Record and the Controversy. Cambridge, Mass. 1966, S. 146 – 150.

Squires, G. (Hrsg.): Unequal Partnerships: The Political Economy of Urban Redevelopment in Postwar America. New Brunswick, N.J. 1989.

Sternlieb, G. & D. Listokin: Housing: A Review of Past Policies and Future Directions. In: G. Sternlieb (Hrsg.): Patterns of Development. New Brunswick, N.J. 1986, S. 40.

Stewman, S. & J. A. Tarr: Four Decades of Public-Private Partnerships in Pittsburgh. In: R. S. Fosler & R. A. Berger: Public-Private Partnership in American Cities: Seven Case Studies. Lexington, Mass. 1982.

Stone, C. N.: Regime Politics. Governing Atlanta 1946 – 1988. Lawrence 1989, S. xii.

The President's Commission for a National Agenda for the Eighties: A National Agenda for the Eighties, Washington, D.C. 1980, S. 65f.

United States Government: Public Papers of the Presidents of the United States, George Bush 1989, Washington, D.C. 1990, Bd. 1 Inaugural Adress, S. 1 – 4.

United States Information Service US Policy Information and Texts Nr. 18 vom 18. 2. 1993 Amerikanische Botschaft Bonn, S. 7.

Urban and Regional Policy Group Report von 1978, Sect. P-5 A New Partnership to Conserve America's Communities – A National Urban Policy. USHUD National Urban Policy Report Washington, D.C., S. 91.

US Department of Housing and Community Development, Office of Community Development and Planning: Consolidated Report to Congress on Community Development Programs, Executive Summary. Washington, D.C. 1987, S. xiii und ix.

US Department of Housing and Urban Development, Office of Policy Development and Research: An Evaluation of the UDAG Program. USHUD PDR-694. Washington, D.C. 1982.

US Department of Housing and Urban Development: HUD Programs and Services for the Homeless under the Stewart B. McKinney Homeless Assistance Act (P. L. 100 – 77). Washington, D.C. 1987.

US Department of Housing and Urban Development: The President's National Urban Policy Report. Washington, D.C. 1982.

US Department of Housing and Urban Development: The President's National Urban Policy Report, HUD-PDR 1068. 1986.

US Information Service, Amerikadienst – Sonderdienst: Amtsantritt Präsident Clinton: „USA müssen Herausforderungen im Ausland bewältigen", Rede des neuen Präsidenten bei seiner Amtseinführung am 20. 1. 1993. Amerikanische Botschaft Bonn 1993, S. 1 – 3, und D. Gergen: „Welcome to Great Society", US News & World Report 114, S. 42, März 1993.

Vollmar, R.: Urban Renewal in Boston – Ein Beispiel für außereuropäische Stadterneuerung, Geographische Rundschau 1, 1983, S. 2 – 11.

Weber, M.: The Protestant Ethic and Capitalism in the United States. New York 1985.

Webman, J. A.: 261 UDAG – Targeting Urban Economic Development. Political Science Quarterly 96, 1981, S. 189 – 207.

Werlen, B.: Sozialgeographie alltäglicher Regionalisierungen. Band 1. Zur Ontologie von Gesellschaft und Raum. Stuttgart 1995.

Wilson, D. E.: The National Planning Idea in US Public Policy: Five Alternative Approaches. Boulder, Col. 1980; bes. Kap. 3: Prologue: Past American Planning Efforts and Ideas, S. 25 – 74, und Kap. 4: American National Planning Efforts and Ideas in Retrospect 1900 – 1972, S. 75 – 94.

Wolman, H.: The Reagan Urban Policy and Its Impacts. Urban Affairs Quarterly 3, 1986, S. 311 – 335.

Wood, E. E.: Slums and Blighted Areas in the United States. Department of the Interior, Washington, D.C. 1935, S. 19.

Zeitz, E.: Private Urban Renewal. Lexington, Mass., Toronto 1979, S. 42.

Zorbaugh, H. W.: The Gold Coast and the Slum. Chicago 1929.

Wirtschaftsstruktur, Wirtschaftspolitik, Vormachtstellung und Regionalentwicklung

Abowd, J. M. & D. S. Kaplan: Executive Compensation: Six Questions That Need Answering. In: Journal of Economic Perspectives 4, 1999, S. 145–168.

Abowd, J. M. & M. Bognanno: International Differences in Executive and Managerial Compensation. In: R. B. Freeman & L. F. Katz (Hrsg.): Differences and Changes in Wage Structures. Chicago 1995, S. 67–103.

Appalachia Regional Commission: Annual Report 1998. Washington, D.C. 1998.

Arreola, D. & J. R. Curtis: Mexican Border Cities. Landscape Anatomy and Place Personality. Tucson, Ariz. 1993.

Bagi, F. S., R. J. Reeder & S. D. Calhoun: Federal Funding in Appalachia and Its Three Subregions. Rural America 4, 2002, S. 31–37.

Basler Zeitung vom 21. 02. 1995: Immer weniger Konsum auf Pump. Basel 1995.

Beale, C. L.: Nonmetro Population Growth Rate Recedes in a Time of Unprecedented National Prosperity. Rural Conditions and Trends 2, 2000, S. 27–31.

Benz, M. & A. Stutzer: „Was erklärt die gestiegenen Managerlöhne?" In: Die Unternehmung 1, 2003, S. 5–9.

Clark, D.: Post-Industrial America. A Geographical Perspective. New York 1985.

CNN vom 29. 3. 2003. Reportage von Richard Blystone. Atlanta.

Conyon, M. J. & S. J. Peck: Board Control, Remuneration Committees and Top Management Compensation. Academy of Management Journal 2, 1998, S. 146–157.

Council of Economic Advisors: Economic Report of the President, Tab. B 1, Gross Domestic Product 1959–2002; Tab. B 91, Corporate Profits by Industry. Washington, D.C. 2003.

Council of Economic Advisors: Tab. B 105. US International trade in goods by area. Washington, D.C. 2003.

Council of Economic Advisors: Tab. B 102. U.S. exports and imports of agricultural commodities. Washington, D.C. 2003.

Ellwood, B. B.: Geology and America's National Park Areas. Upper Saddle River, N.J. 1996.

Engines of Economic Growth. The Economic Impact of Boston's Eight Research Universities in the Metropolitan Boston Area, prep. by Appleseed, New York (*http:/www.umb.edu/news/2003 news/releases/03economic_official.html*).

Federal Agricultural Mortgage Corporation: Legislative History. 2003, und USDA Economic Research Service: Agricultural Income and Finance Outlook, Summary 2003. Washington, D.C.

Federal Reserve: Disentangling the Wealth Effect: A Cohort Analysis of Household Saving in the 1990s, by Dean M. Maki and Michael G. Palumbo. Washington, D.C. 2003.

Flora, C. B. & J. A. Christensen: Rural Policies for the 1990s. Rural Studies Series of the Rural Sociological Society. Boulder, Col. 1991.

Gibbs, R. & J. B. Cromartie: Low-Wage Counties Face Locational Disadvantage. Rural Conditions and Trends 2, 2000, pp. 18–26, *http://www.netvalley.com*, 8. 4. 2003.

Hufbauer, G. C. und J. J. Schott: North American Free Trade: Issues and Recommendations, Washington, D.C. 1992.

Hunt, J. B., Governor of North Carolina: High-Technology Industries in North Carolina. North Carolina Department of Commerce, Economic Policy and Research Division. Charleston, N.C. 2000.

Isserman, A. & T. Rephann: The Economic Effects of the Appalachian Regional Commission: An Empirical Assessment of 26 Years of Regional Development Planning. Journal of the American Planning Association 2, 1995, pp. 345–364.

Johnson, K. M.: The Rural Rebound. Population Reference Bureau. Washington, D.C. 1999.

Klohn, W. & H. W. Windhorst: Die Landwirtschaft der USA. Vechtaer Materialien zum Geographieunterricht 1, Vechta 1995.

Kodras, J. E.: The Changing Map of American Poverty in an Era of Economic Restructuring and Political Realignment. Economic Geography 1, 1997, S. 67–93.

Kretschmar, M.: Mexiko und die Nordamerikanische Freihandelszone (NAFTA) – Voraussetzungen, Aufgaben und Perspektiven. In: Asien, Afrika, Lateinamerika, 1994, S. 197–217.

Kusnetz, S.: Economic Growth. New York 1966.

Lutrell, C. B.: Re-examining the Shrinking Farmland Crisis. In: J. Baden (ed.): The Vanishing Farmland Crisis. Studies in Government and Public Policy. Lawrence, Kan. 1984.

Moore Lappé, F.: Food First. Beyond the Myth of Scarcity. Institute for Food and Development Policy. New York 1975.

NAFTA Works: A Practical Guide to Mexico's Maquila 2001 Program. Washington, D.C. 2001.

Neue Zürcher Zeitung v. 3. 4. 2003, Kriegsstimmung im Silicon Valley. Stetiger Fluss von Anlagegeldern in den Sicherheitsbereich. Börsen und Märkte, S. 27, Zürich.

Overseas Private Investment Corporation. Washington, D.C. 2003 (*www.opic.gov*).

Public Citizen 2003 (*http://www.citizen.org.trade/nafta/CH_11*).

Research Triangle Park–RTP, North Carolina 2003 News (*http://www.rtp.org*).

Schultz, Th. W.: The Dynamics of Soil Erosion in the United States. In: J. Baden (ed.): The Vanishing Farmland Crisis. Studies in Government and Public Policy. Lawrence, Kan. 1984.

The Alliance of Automobile Manufacturers: US Auto Industry Employment: Direct and Spin-Off Jobs. Washington, D.C. 2003.

The United States Conference of Mayors: The Role of Metro Areas in the US Economy. Lexington, Mass. (prep. by DRI-WEFA) 2002.

Todd, E.: Weltmacht USA. Ein Nachruf. München 2003 (franz. Originalausgabe: Après l'empire. Essai sur la décomposition du système américain. Paris 2002).

University of Michigan, Institute of Labor and Industrial Relations, University of Michigan Transportation Research Institute, Office for the Study of Automotive Transportation & Environmental Research Institute of Michigan, Center for Automotive Research 2001. Contribution of the Automotive Industry to the US Economy in 1998: The Nation and its fifty States, prep. for the Alliance of Automobile Manufacturers and the Association of International Automobile Manufacturers, Ann Arbor, Michigan.

US Bureau of Economic Analysis: National Income and Product Accounts Tables. Washington, D.C. 2003.

US Bureau of the Census: Statistical Abstract of the United States. Washington, D.C. 1990.

US Bureau of the Census: Statistical Abstract of the United States 2001. Washington, D.C. 2001.

US Bureau of the Census: American Fact Finder. DP-3. Profile of Selected Economic Characteristics 2000. Data Set Census 2000 Summary File 3, Washington, D.C. 2003.

US Bureau of the Census, Economics and Statistics Administration: Annual Survey and Manufacturers. Washington, D.C. 2003.

US Department of Agriculture: Briefing room. US Agricultural trade. Washington, D.C. 2003.

US Department of Agriculture, National Agricultural Statistics Service: Farms and Land in Farms. Government Printing Office, Washington, D.C. 2003.

US Department of Commerce, Economics and Statistics Administration, Office of Business and Industrial Analysis. Washington, D.C. 1995, S. 3.

US Department of Commerce, Economics and Statistics Administration, Office of Business and Industrial Analysis: Engines of Growth. Manufacturing Industries in the US Economy. Washington, D.C. 1999.

US Department of Commerce, National Telecommunication and Information Administration: A Nation Online: How Americans are Expanding their use of the Internet. Washington, D.C. 2002.

US Department of Labor, Bureau of Labor Statistics: Summary 98–11 und US Department of Labor 2003 Economic News Release, Washington, D.C. 1998.

US Department of Labor, Bureau of Labor Statistics: Economy at a Glance. Washington, D.C. 2003.

US Department of Labor, Bureau of Labor Statistics: Metropolitan Area Employment and Unemployment data files. Washington, D.C. 2003.

US Department of Labor, Bureau of Labor Statistics. Mass Layoff Statistics. Washington, D.C. 2003.

US Department of Labor, Bureau of Labor Statistics: Tab. B-36. Washington, D.C. 2003.

US Department of Labor, Bureau of Labor Statistics: Regional and State Employment and Unemployment Summary. Washington, D.C. 2003.
US Department of Transportation-DOT: Delta Vision, Delta Voices: The Mississippi Delta Beyond 2000. Washington, D.C. 2000.

Windhorst, H.-W.: Konzentrationsprozesse in der amerikanischen Agrarwirtschaft und ihre räumlichen Konsequenzen. Geographische Rundschau 9, 1987, S. 474 – 480.
www.Naftaworks.org/Nafta Works for Electronics 2003.

Einblicke

Adams, W. P.: Strukturen des politischen Systems. In: C.-L. Holtfrerich (Hrsg.): Wirtschaft USA. Strukturen, Institutionen, Prozesse. München, 1991/1996, S. 45 – 101.
Association of American Universities: University Research – Societal Contributions. Washington, D.C. 2003 (*http://www.aau.eu.resuniv./SocContr.html*).

Basler Zeitung vom 8./9. März 2003, Nr. 57, S. 37: „Harmagedon oder die finale Niederschlagung des Bösen“.
Bellah, R. N.: Civil Religion in America. Deutsche Übersetzung. In: H. Kleger & A. Müller (Hrsg.): Religion des Bürgers. Zivilreligion in Amerika und Europa (Religion, Wissen, Kultur 3). München 1986 , S. 19 – 41.
Bellah, R. N.: Civil Religion in America. In: Daedalus, Journal of the American Academy of Arts and Sciences 96 (1967), Boston, Massachusetts, S. 1 – 21.
Bernhardt, R.: Love like Jesus and Fight Like David. Religion als Matrix der politischen Kultur in den USA. Vortrag in der Ringvorlesung „Politische Religion“ am 30. 5. 2002 an der Universität Basel 2002.
Bundeszentrale für politische Bildung: Das politische System der USA. Informationen zur Politischen Bildung, Heft 199. Bonn 1983.

Ermacora, F. (Hrsg.): Der Föderalist. Wien 1958.

Frühbrodt, L.: Bildungssystem. In: C.-L. Holtfrerich (Hrsg.): Wirtschaft USA. Strukturen, Institutionen und Prozesse. München 1991/1996, S. 143 – 212.

Groupe Caisse des Dépôts: Une analyse européenne de la philanthropie américaine: nouvelles approches du don dans la Silicon Valley. Lettre économique et financière de la Caisse des Dépôts et Consignations (CDC), Etudes économiques et financières, Nr. 145, Nov., Paris 2002.

Heinrichs, H. J.: Die Achse des Bösen. Essay. Basler Magazin (Basler Zeitung) v. 19. 10. 2002, Nr. 42, S. 7 – 9.
Hübner, E.: Das politische System der USA. Eine Einführung. München 1989, S. 105 – 107.

Jäger, S.: Der Präsident. In: W. Jäger & W. Welz (Hrsg.): Regierungssystem der USA. Lehr- und Handbuch. München 1998, S. 136 – 169.

Kleinsteuber, H. J.: Die USA. Politik, Wirtschaft, Gesellschaft. Hamburg 1974.

Lapping, M. B., Th. L. Daniels & W. Keller (Hrsg.): Rural Planning and Development in the United States. New York 1989.
Long, R. W., J. N. Reid & K. L. Deavers: Rural Policy Formulation in the United States. US Department of Agriculture/Economic Research Service Report, Nr. AGES 87023. Washington, D.C. 1987, S. 28.

Murswieck, A.: Sozialpolitik in den USA. Eine Einführung. Opladen 1988.
Murswieck, A.: Sozialversicherung und Sozialfürsorge. In: C.-L. Holtfrerich (Hrsg.): Wirtschaft USA. Strukturen, Institutionen und Prozesse. München 1991/1996, S. 112, 105 – 128 (veränd.).

Neue Zürcher Zeitung (NZZ) vom 12./13. April 2003, Nr. 86, S. 61: „Großes Erwachen. Ein nötiger Blick auf die amerikanische Zivilreligion“.

Pennsylvania Department of Public Welfare, Office of Income Maintenance: Food Stamp Program. Philadelphia 2003.

Racine, D., J. A. Turner & E. E. White: Das soziale Netz in den Vereinigten Staaten. Ein Überblick. US Information Agency. Embassy of the United States of America. Bonn 1986a, S. 15–22.
Racine, D.: Die Krankenversorgung. In: D. Racine, J. A. Turner, E. E. White: Das soziale Netz in den Vereinigten Staaten. Ein Überblick. US Information Agency. Embassy of the United States of America. Bonn 1986b, S. 32 – 35.
Racine, D.: Die öffentliche Wohlfahrt. In: D. Racine, J. A. Turner & E. E. White 1986: Das soziale Netz in den Vereinigten Staaten. Ein Überblick. US Information Agency. Embassy of the United States, Bonn 1986c, S. 23 – 31.

Sautter, U.: Die Vereinigten Staaten. Daten, Fakten, Dokumente. Tübingen, Basel 2000.
Skocpol, T.: Social Policy in the United States. Future possibilities in Historical Perspective. Princeton, N.J. 1995 (bes. „America's First Social Security Systems: The Expansion of Benefits for Civil War Veterans“, S. 37 – 71 und „Brother, Can You Spare a Job?“, S. 228 – 249).
Steffani, W.: Der Kongress. In: W. Jäger & W. Welz (Hrsg.): Regierungssystem der USA. Lehr- und Handbuch. München 1998, S. 110 – 135.

The Whitehouse: Framework to Modernize and Improve Medicare Fact Sheet. Executive Summary. Juni 2003. Washington, D.C. 2003.

US Bureau of the Census. Government Finances: Series GF/90-5, Washington, D. C. 1989 – 90.
US Bureau of the Census: Statistical Abstract of the United States 2001. Washington, D.C. 2001.
US Department of Education. Institute of Education Sciences. National Center for Education Statistics: The Condition of Education 2003 in Brief. Washington, D.C. 2003.
US Department of Health and Human Services. Administration for Children and Families, Office of Planning, Research and Evaluation: Characteristics and Financial Circumstances of TANF Recipients. Oct. 1999 – Sept. 2000.
US Department of Health and Human Services. Administration for Children and Families: Temporary Assistance to Needy Families (TANF). Fourth Annual Report to Congress, 2002. Washington, D.C. 2002.
US Department of Housing and Urban Development. Public and Indian Housing: Housing Choice Vouchers Fact Sheet. Washington, D.C. 2003.
US House of Representatives, Office of the Clerk: Frequently asked questions. 2003 (*http://www.clerk.house.gov/members/memFAQ-php*).
US News & World Report. US News. Com. America's Best Colleges: National Universities – Doctoral. Top 50. 2003.

Woodward, B.: Bush at War. New York 2002.
www.usembassy.de. Education USA: A Diverse Educational System. 2003.

Zimmermann, W. & M. Fix: Immigrant Policy in the States: A Wavering Welcome. Amerikastudien 3, 1995, S. 367 – 388.

Verzeichnis der Abbildungen

Politisch-kulturelle Tradition

Naturraum und natürliche Ressourcen

Inwertsetzung des Naturraums

Territoriale Expansion, Industriekapitalismus, Urbanisierung

Bevölkerungsentwicklung und Bevölkerungsstrukturen

Einkommensdisparitäten, Armut, Parallelgesellschaften

Stadtentwicklung und Stadtentwicklungspolitik

Wirtschaftsstruktur, Wirtschaftspolitik, Vormachtstellung und Regionalentwicklung

Einblicke

Verzeichnis der Tabellen

Geographische Namen und Begriffe

Sachregister